NomosLehrbuch

Prof. Dr. Wilfried Erbguth,
Universität Rostock

Allgemeines Verwaltungsrecht

mit Grundzügen des Verwaltungsprozessrechts

2. Auflage

Nomos

Die Deutsche Nationalbibliothek verzeichnet diese Publikation in der Deutschen Nationalbibliografie; detaillierte bibliografische Daten sind im Internet über http://www.d-nb.de abrufbar.

ISBN 978-3-8329-2985-5

2., überarbeitete und erweiterte Auflage 2007

Vorwort

Die zur Vorauflage angedeutete Skepsis gegenüber der Akzeptanz eines weiteren Lehrbuchs zum allgemeinen Verwaltungsrecht hat sich glücklicherweise nicht realisiert. Das Buch ist freundlich aufgenommen worden, was wiederum Mut zur Neuauflage gemacht hat. An der konzeptionellen Ausrichtung hat sich nichts geändert. Es gilt also weiterhin, was dazu im nachfolgend wiedergegebenen Vorwort der ersten Auflage Ausdruck gefunden hat. Europarechtliche Einwirkungen auf das nationale Verwaltungsrecht haben allerdings verstärkt Berücksichtigung gefunden. Vor allem aber ist die Darstellung um „Grundzüge des Verwaltungsprozessrechts" erweitert worden, wie dies die meisten Juristenausbildungs- und Prüfungsordnungen der Länder als Pflichtstoff vorsehen. Dabei wird das Verwaltungsprozessrecht nicht in einem von dem allgemeinen Verwaltungsrecht gesonderten Teil abgehandelt, sondern problemorientiert in die jeweils einschlägigen Fragenkreise des Verwaltungsrechts eingebunden. Das erteilt nicht nur dem Schubladendenken eine Absage. So können auch Zusammenhänge und die praktische Bedeutung zentraler, vornehmlich die Rechtskreise übergreifender Strukturen erkannt, eingeordnet und veranschaulicht werden.

Gerade weil Letzteres Neuland beschreitet, bin ich weiterhin für Hinweise, Anregungen und Kritik dankbar.

Rostock, im Sommer 2007 *Wilfried Erbguth*

Vorwort zur 1. Auflage

Dem gut besetzten Kanon der Darstellungen zum allgemeinen Verwaltungsrecht ein weiteres Buch hinzuzufügen, stellt ein riskantes Unterfangen dar. Das Wagnis ist auch nur deshalb eingegangen worden, weil die Erfahrung lehrt, dass trotz aller – traditionsreichen wie jüngeren – Abhandlungen der Zugang zu diesem Rechtsgebiet von Seiten der Studierenden vielfach als dornig begriffen wird: Das (allgemeine) Verwaltungsrecht rangiert im ohnehin nicht sonderlich beliebten „Ö-"Recht regelmäßig am untersten Ende.

In Anbetracht dessen versteht sich die bewusst nicht ausufernd verfasste Darstellung als reines Lehrbuch. Es versucht auf sprachlich eingängige Weise und mit einer Vielzahl von Beispielen und Fällen die Materie nicht nur verständlich, sondern auch schmackhaft zu machen. Zur Vertiefung finden sich in den Fußnoten ergänzende Bemerkungen mit weiterführenden Hinweisen.

Zu danken ist Frau Wissenschaftlicher Mitarbeiterin *Jana Kenzler* für weitreichende inhaltliche Vorarbeiten. Frau *Kathrin Podehl*, die am Lehrstuhl für öffentliches Recht und am Ostseeinstitut für Seerecht, Umweltrecht und Infrastrukturrecht die Aufgaben der Verwaltung und Organisation wahrnimmt, hat – nicht zum ersten Mal – mit Sorgfalt die notwendigen Korrekturen und Formatierungen vorgenommen; auch ihr gebührt daher Dank.

Dankbar wäre ich schließlich für Hinweise, Anregungen und Kritik.

Rostock, im Januar 2005 *Wilfried Erbguth*

Teil 3 Verwaltungsakt

Verzeichnis der Übersichten und Prüfungsschemata

Abkürzungsverzeichnis

a.A.	andere Ansicht
ABl. EG	Amtsblatt der Europäischen Gemeinschaften
Abs.	Absatz, Absätze
a.E.	am Ende
a.F.	alte Fassung
AG	Aktiengesellschaft
AktG	Aktiengesetz
ALR	Allgemeines Preußisches Landrecht
Alt.	Alternative(n)
Anm.	Anmerkung
AO	Abgabenordnung
AöR	Archiv des öffentlichen Rechts (Zeitschrift)
arg.	Argument
Art.	Artikel
ASOG	Allgemeines Gesetz zum Schutz der öffentlichen Sicherheit und Ordnung
AsylVfG	Asylverfahrensgesetz
Aufl.	Auflage
AuslG	Ausländergesetz
BAföG	Bundes-Ausbildungsförderungsgesetz
BauGB	Baugesetzbuch
BauR	Zeitschrift für das gesamte öffentliche und zivile Baurecht
Bay	bayerisch(e/er/es)
BayVwVZG	Bayerisches Verwaltungsvollstreckungs- und Zustellungsgesetz
BayVBl.	Bayerische Verwaltungsblätter (Zeitschrift)
BB	Brandenburg
BBergG	Bundesberggesetz
BBesG	Bundesbesoldungsgesetz
Bbg	brandenburgisch(e/er/es)
BBG	Bundesbeamtengesetz
Bd.	Band
BDSG	Bundesdatenschutzgesetz
Bek.	Bekanntmachung
BerlHochschG	Berliner Hochschulgesetz
BFH	Bundesfinanzhof
BGB	Bürgerliches Gesetzbuch
BGBl.	Bundesgesetzblatt
BGH	Bundesgerichtshof
BGHZ	Entscheidungen des Bundesgerichtshofs in Zivilsachen
BGleiG	Bundesgleichstellungsgesetz
BGG	Behindertengleichstellungsgesetz
BGSG	Bundesgrenzschutzgesetz
BHO	Bundeshaushaltsordnung
BImSchG	Bundes-Immissionsschutzgesetz
Bln	Berlin/berlinisch(e/er/es)
BRAO	Bundesrechtsanwaltsordnung
Brem	Bremen/bremisch(e/er/es)
BRRG	Beamtenrechtsrahmengesetz
bspw.	beispielsweise
BVerfG	Bundesverfassungsgericht
BVerfGE	Entscheidungen des Bundesverfassungsgerichts

BVerfGG	Bundesverfassungsgerichtsgesetz
BVerwG	Bundesverwaltungsgericht
BVerwGE	Entscheidungen des Bundesverwaltungsgerichts
BVFG	Bundesvertriebenengesetz
BW	Baden-Württemberg
BWVBl.	Baden-Württembergische Verwaltungsblätter (Zeitschrift)
bzgl.	bezüglich
bzw.	beziehungsweise
cic	culpa in contrahendo
DDR	Deutsche Demokratische Republik
ders.	derselbe
d.h.	das heißt
DÖV	Die Öffentliche Verwaltung (Zeitschrift)
DRiG	Deutsches Richtergesetz
DSchG	Denkmalschutzgesetz
DVBl.	Deutsches Verwaltungsblatt (Zeitschrift)
DVP	Deutsche Verwaltungspraxis (Zeitschrift)
EAG	Europäische Atomgemeinschaft
EG	Europäische Gemeinschaft(en)/Vertrag zur Gründung der Europäische Gemeinschaft
EGGVG	Einführungsgesetz zum Gerichtsverfassungsgesetz
EigVO	Eigenbetriebsverordnung
EinigungsV	Einigungsvertrag
Einl.	Einleitung
EMRK	Europäische Konvention zum Schutz der Menschenrechte und Grundfreiheiten
EntG	Enteignungsgesetz
etc.	et cetera
EU	Europäische Union/ Vertrag über die Europäische Union
EuGH	Europäischer Gerichtshof
EuR	Europarecht (Zeitschrift)
EuZW	Europäische Zeitschrift für Wirtschaftsrecht
e.V.	eingetragener Verein
EWG	Europäische Wirtschaftsgemeinschaft
f., ff.	folgende(r/s), folgende
FeV	Fahrerlaubnis-Verordnung
FFH	Fauna, Flora, Habitat
FGG	Finanzgerichtsgesetz
Fn.	Fußnote
FStrG	Bundesfernstraßengesetz
G	Gesetz
GastG	Gaststättengesetz
GBl.-DDR	Gesetzblatt der DDR
gem.	gemäß
GenTG	Gesetz zur Regelung der Gentechnik
GewArch	Gewerbearchiv (Zeitschrift)
GewO	Gewerbeordnung
GG	Grundgesetz
ggf.	gegebenenfalls

GmbH	Gesellschaft mit beschränkter Haftung
GmbHG	GmbH-Gesetz
GMBl.	Gemeinsames Ministerialblatt
GoA	Geschäftsführung ohne Auftrag
GOrgG	Gerichtsorganisationsgesetz
grds.	grundsätzlich
GVBl.	Gesetz- und Verordnungsblatt
GVG	Gerichtsverfassungsgesetz
GWB	Gesetz gegen Wettbewerbsbeschränkungen
HandwO	Handwerksordnung
Hbg	Hamburg/hamburgisch(e/er/es)
Hess	hessisch(e/er/es)
h.M.	herrschende Meinung
HRG	Hochschulrahmengesetz
Hrsg.	Herausgeber
Hs.	Halbsatz
HWG	Hamburgisches Wegegesetz
i.d.F.d.	in der Fassung der (s)
i.d.R.	in der Regel
i.e.S.	im engeren Sinn
IfSG	Infektionsschutzgesetz
i.H.v.	in Höhe von
i.w.S.	im weiteren Sinn
i.S.d.	im Sinne der(/s)
i.S.e.	im Sinne einer(/s)
i.S.v.	im Sinne von
i.Ü.	im Übrigen
i.V.m.	in Verbindung mit
JA	Juristische Arbeitsblätter (Zeitschrift)
Jura	Juristische Ausbildung (Zeitschrift)
JuS	Juristische Schulung (Zeitschrift)
JuSchG	Jugendschutzgesetz
JZ	Juristenzeitung (Zeitschrift)
KAG	Kommunalabgabengesetz
KV	Kommunalverfassung
LBauO	Landesbauordnung(en)
LBG	Landesbeamtengesetz
LG	Landgericht
LKV	Landes- und Kommunalverwaltung (Zeitschrift)
LMBG	Lebensmittel- und Bedarfsgegenständegesetz
LOG	Landesorganisationsgesetz
LuftVG	Luftverkehrsgesetz
LVerf	Landesverfassung
LVwG	Allgemeines Verwaltungsgesetz (SH)
LWaG	Landeswassergesetz
m.a.W.	mit anderen Worten
MedR	Medizinrecht (Zeitschrift)
M-V	Mecklenburg-Vorpommern

m.w.N.	mit weiteren Nachweisen
Nds	Niedersachsen/niedersächsisch(e/er/es)
NJ	Neue Justiz (Zeitschrift)
NJW	Neue Juristische Wochenschrift (Zeitschrift)
NordÖR	Öffentliches Recht für Norddeutschland (Zeitschrift)
Nr.	Nummer(n)
NVwZ	Neue Zeitschrift für Verwaltungsrecht
NVwZ-RR	NVwZ-Rechtsprechungsreport Verwaltungsrecht (Zeitschrift)
NW	Nordrhein-Westfalen
NWVBl.	Nordrhein-Westfälische Verwaltungsblätter (Zeitschrift)
o.ä.	oder ähnlich(e)
OBG	Ordnungsbehördengesetz
OLG	Oberlandesgericht
OVG	Oberverwaltungsgericht
OVGE	Entscheidungen der OVG NW, Nds, SH mit Entscheidungen des VerfGH NW und des StGH Nds
OWiG	Gesetz über Ordnungswidrigkeiten
PAG	Polizeiaufgabengesetz
PBefG	Personenbeförderungsgesetz
PolG	Polizeigesetz
ProdSG	Produktsicherheitsgesetz
PTNeuOG	Postneuordnungsgesetz
resp.	respektive
RGBl.	Reichsgesetzblatt
RhlPf	Rheinland-Pfalz
rip	reformatio in peius
Rn.	Randnummer(n)
Rs.	Rechtssache
RsDE	Beiträge zum Recht der Sozialen Dienste und Einrichtungen (Zeitschrift)
S.	Seite(n), Satz/Sätze
S-A	Sachsen-Anhalt/sachsen-anhaltinisch(e/er/es)
Saarl	Saarland/saarländisch(e/er/es)
Sächs	sächsisch(e/er/es)
SächsVBl.	Sächsische Verwaltungsblätter (Zeitschrift)
SchwbG	Schwerbeschädigtengesetz
SGB	Sozialgesetzbuch
SGG	Sozialgerichtsgesetz
SH	Schleswig-Holstein
Slg.	Sammlung
s.o.	siehe oben
SOG	Sicherheits- und Ordnungsgesetz
sog.	sogenannte(r/s)
StAG	Staatsangehörigkeitsgesetz
StGB	Strafgesetzbuch
StGH	Staatsgerichtshof
StHG	Staatshaftungsgesetz
StiftG	Stiftungsgesetz
StrG	Straßengesetz

StrWG	Straßen- und Wegegesetz
StVG	Straßenverkehrsgesetz
StVO	Straßenverkehrs-Ordnung
StVollzG	Strafvollzugsgesetz
StVZO	Straßenverkehrs-Zulassungs-Ordnung
TA	Technische Anleitung
Thür	thüringisch(e/er/es)
ThürVBl.	Thüringer Verwaltungsblätter (Zeitschrift)
ThürVGH	Thüringer Verfassungsgerichtshof
TierSG	Tierseuchengesetz
TÜV	Technischer Überwachungsverein e.V.
u.a.	unter anderem, und andere(r/s)
u.ä.	und ähnlich(e/er/es)
UAG	Umweltauditgesetz
u.a.m.	und andere(s) mehr
UIG	Umweltinformationsgesetz
UN	United Nations (Vereinte Nationen)
URG	Umwelt-Rechtsbehelfsgesetz
u.U.	unter Umständen
UVPG	Gesetz über die Umweltverträglichkeitsprüfung
UZwG	Gesetz über den unmittelbaren Zwang bei Ausübung öffentlicher Gewalt durch Vollzugsbeamte des Bundes
VA	Verwaltungsrecht für die Anwaltspraxis (Zeitschrift/inzwischen eingestellt)
Var.	Variante(n)
VD	Verkehrsdienst (Zeitschrift)
Verf	Verfassung
VerfGH	Verfassungsgerichtshof
VersR	Versicherungsrecht (Zeitschrift)
Verw	Die Verwaltung (Zeitschrift)
VerwArch	Verwaltungsarchiv (Zeitschrift)
VGH	Verwaltungsgerichtshof
vgl.	vergleiche
VgV	Vergabeverordnung
Vorb	Vorbemerkung
VR	Verwaltungsrundschau (Zeitschrift)
VVStRL	Veröffentlichungen der Vereinigung der Deutschen Staatsrechtslehrer
VwGO	Verwaltungsgerichtsordnung
VwVG	Verwaltungsvollstreckungsgesetz (Bund, wenn ohne Landeszusatz))
VwVfG	Verwaltungsverfahrensgesetz (Bund, wenn ohne Landeszusatz)
VwZG	Verwaltungszustellungsgesetz
VwZVG	Verwaltungszustellungs- und Verwaltungsvollstreckungsgesetz
WaffG	Waffengesetz
WaStrG	Bundeswasserstraßengesetz
WassG	Wassergesetz
WBO	Wehrbeschwerdeordnung
WG	Wegegesetz
WHG	Wasserhaushaltsgesetz
WiVerw	Wirtschaft und Verwaltung (Zeitschrift)
w.N.	weitere Nachweise

WPflG	Wehrpflichtgesetz
WRV	Weimarer Reichsverfassung
z.B.	zum Beispiel
ZBR	Zeitschrift für Beamtenrecht
ZfBR	Zeitschrift für deutsches und internationales Baurecht
ZHR	Zeitschrift für das gesamte Handelsrecht und Wirtschaftsrecht
ZIP	Zeitschrift für Wirtschaftsrecht
ZPO	Zivilprozessordnung
ZRP	Zeitschrift für Rechtspolitik
z.T.	zum Teil
ZUR	Zeitschrift für Umweltrecht
ZVS	Zentralstelle für die Vergabe von Studienplätzen

Verzeichnis der abgekürzt zitierten Literatur

Battis, Ulrich, Allgemeines Verwaltungsrecht, 3. Aufl., 2002, zitiert: *Battis*

Baldus, Manfred/Grzeszick, Bernd/Wienhues, Sigrid, Staatshaftungsrecht, 2. Aufl., 2007, zitiert: *Bearbeiter* in: Baldus/Grzeszick/Wienhues

Brohm, Winfried, Öffentliches Baurecht, 3. Aufl., 2002, zitiert: *Brohm*

Bull, Hans Peter/Mehde, Veit, Allgemeines Verwaltungsrecht mit Verwaltungsrechtslehre, 7. Aufl., 2005, zitiert: *Bull/Mehde*

Degenhart, Christoph, Staatsrecht I, Staatsorganisationsrecht, 22. Aufl., 2005, zitiert: *Degenhart*

Detterbeck, Steffen, Allgemeines Verwaltungsrecht mit Verwaltungsprozessrecht, 5. Aufl., 2007, zitiert: *Detterbeck*

Detterbeck, Steffen/Windthorst, Kay/Sproll, Hans-Dieter, Staatshaftungsrecht, 2000, zitiert: *Detterbeck/Windthorst/Sproll*

Dörr, Oliver/Lenz, Christofer, Europäischer Verwaltungsrechtsschutz, 2006, zitiert: *Dörr/Lenz*

Erbguth, Wilfried/Schlacke, Sabine, Umweltrecht, 2005, zitiert: *Erbguth/Schlacke*

Erbguth, Wilfried/Wagner, Jörg, Grundzüge des Öffentlichen Baurechts, 4. Aufl., 2005, zitiert: *Erbguth/Wagner*

Erichsen, Hans-Uwe/Ehlers, Dirk, Allgemeines Verwaltungsrecht, 13. Aufl., 2006, zitiert: *Bearbeiter* in: Erichsen/Ehlers

Forsthoff, Ernst, Lehrbuch des Verwaltungsrechts, Bd. I, Allgemeiner Teil, 10. Aufl., 1973, zitiert: *Forsthoff*

Gersdorf, Hubertus, Verwaltungsprozessrecht, 3. Aufl., 2006, zitiert: *Gersdorf*

Grabitz, Eberhard/Hilf, Meinhard, Das Recht der Europäischen Union, Bd. II, EUV/EGV, Stand 2006, zitiert: *Bearbeiter* in: Grabitz/Hilf, EUV/EGV

Hendler, Reinhard, Allgemeines Verwaltungsrecht, 3. Aufl., 2001, zitiert: *Hendler*

Hufen, Friedhelm, Verwaltungsprozessrecht, 6. Aufl., 2005, zitiert: *Hufen*

Hobe, Stephan, Europarecht, 3. Aufl., 2005, zitiert: *Hobe*

Hoffmann-Riem, Wolfgang/ Schmidt-Aßmann, Eberhard/Voßkuhle, Andreas, Grundlagen des Verwaltungsrechts, Bd. 1, 2006, zitiert: *Bearbeiter* in: Hoffmann-Riem/Schmidt-Aßmann/Voßkuhle

Ipsen, Jörn, Allgemeines Verwaltungsrecht, 4. Aufl., 2005, zitiert: *Ipsen*

Jachmann, Monika, Allgemeines Verwaltungsrecht, 2. Aufl., 2003, zitiert: *Jachmann*

Jarass, Hans D./Pieroth, Bodo, Grundgesetz für die Bundesrepublik Deutschland, 9. Aufl., 2007, zitiert: *Bearbeiter* in: Jarass/Pieroth

Jellinek, Walter, Verwaltungsrecht, 3. Aufl., 1931 (Nachdruck 1966), zitiert: *Jellinek*

Knack, Hans Joachim, Verwaltungsverfahrensgesetz, Kommentar, 8. Aufl., 2004, zitiert: *Bearbeiter* in: Knack

Koch, Hans-Joachim/Rubel, Rüdiger/Heselhaus, Sebastian, Allgemeines Verwaltungsrecht, 3. Aufl., 2003, zitiert: *Koch/Rubel/Heselhaus*

Kopp, Ferdinand O./Ramsauer, Ulrich, Verwaltungsverfahrensgesetz, 9. Aufl., 2005, zitiert: *Kopp/Ramsauer*

Kopp, Ferdinand O./Schenke, Rüdiger, Verwaltungsgerichtsordnung, 14. Aufl., 2005, zitiert: *Kopp/Schenke*

Lemke, Hanno-Dirk, Verwaltungsvollstreckungsrecht des Bundes und der Länder, 1997, zitiert: *Lemke*

Maurer, Hartmut, Allgemeines Verwaltungsrecht, 16. Aufl., 2006, zitiert: *Maure*r

Mayer, Otto, Deutsches Verwaltungsrecht (Bd. 1 und 2), 3. Aufl., 1924 (Nachdruck 1969), zitiert: *Mayer*, Bd. I o. II

Obermayer, Klaus, Kommentar zum VwVfG, 3. Aufl., 1999, zitiert: *Bearbeiter* in: Obermayer

Oppermann, Thomas, Europarecht, 2. Aufl., 1999, zitiert: *Oppermann*

Ossenbühl, Fritz, Staatshaftungsrecht, 5. Aufl., 1998, zitiert: *Ossenbühl*

Palandt, Otto, Bürgerliches Gesetzbuch, 66. Aufl., 2006, zitiert: *Bearbeiter* in: Palandt

Papier, Hans-Jürgen, Recht der öffentlichen Sachen, 3. Aufl., 1998, zitiert: *Papier*

Peine, Franz-Joseph, Allgemeines Verwaltungsrecht, 8. Aufl., 2006, zitiert: *Peine*

Pieroth, Bodo/Schlink, Bernhard, Grundrechte, Staatsrecht II, 22. Aufl., 2006, zitiert: *Pieroth/Schlink*

Rengeling, Hans-Werner/Middeke, Andreas/Gellermann, Martin, Handbuch des Rechtsschutzes in der Europäischen Union, 2. Aufl., 2003, zitiert: *Bearbeiter* in: Rengeling/Middeke/Gellermann

Sachs, Michael, Grundgesetz, Kommentar, 4. Aufl., 2007, zitiert: *Bearbeiter* in: Sachs

Sadler, Gerhard, Verwaltungsvollstreckungsgesetz, Verwaltungszustellungsgesetz, Kommentar, 5. Aufl., 2002, zitiert: *Sadler*

Schenke, Wolf-Rüdiger, Verwaltungsprozessrecht, 10. Aufl., 2006, zitiert: *Schenke*

Schmidt-Aßmann, Eberhard, Das Allgemeine Verwaltungsrecht als Ordnungsidee. Grundlagen und Aufgaben der verwaltungsrechtlichen Systembildung, 2. Aufl., 2004, zitiert: *Schmidt-Aßmann*

Schoch, Friedrich/Schmidt-Aßmann, Eberhard/Pietzner, Rainer, Verwaltungsgerichtsordnung, Loseblatt, Stand: 2007, zitiert: *Bearbeiter* in: Schoch/Schmidt-Aßmann/Pietzner

Sodan, Helge/Ziekow, Jan, Grundkurs Öffentliches Recht, 2. Aufl., 2007, zitiert: *Sodan/Ziekow*

Sproll, Hans-Dieter, Allgemeines Verwaltungsrecht I, 1996, zitiert: *Sproll*, Bd. 1

Sproll, Hans-Dieter, Allgemeines Verwaltungsrecht II, 1996, zitiert: *Sproll*, Bd. 2

Stelkens, Paul/Bonk, Heinz Joachim/Sachs, Michael, Verwaltungsverfahrensgesetz, Kommentar, 6. Aufl., 2001, zitiert: *Bearbeiter* in: Stelkens/Bonk/Sachs

Streinz, Rudolf, Vertrag über die Europäische Union und Vertrag zur Gründung der Europäischen Gemeinschaft, Kommentar, 2003, zitiert: *Bearbeiter* in: Streinz, EUV/EGV

Tettinger, Peter J./Erbguth, Wilfried/Mann, Thomas, Besonderes Verwaltungsrecht, 9. Aufl., 2007, zitiert: *Bearbeiter* in: Tettinger/Erbguth/Mann

Tremml, Bernd/Karger, Michael, Der Amtshaftungsprozess, 2. Aufl., 2004, zitiert: *Tremml/Karger*

Wolff, Hans J./Bachof, Otto/Stober, Rolf/Kluth, Winfried, Verwaltungsrecht Bd. 1, 12. Aufl., 2007, zitiert: *Wolff/Bachof/Stober/Kluth,* Bd. 1

Wolff, Hans J./Bachof, Otto/Stober, Rolf, Verwaltungsrecht Bd. 2, 6. Aufl., 2000, zitiert: *Wolff/Bachof/Stober,* Bd. 2

Wolff, Hans J./Bachof, Otto/Stober, Rolf, Verwaltungsrecht Bd. 3, 5. Aufl., 2004, zitiert: *Wolff/Bachof/Stober,* Bd. 3

Wolff, Wilfried, Allgemeines Verwaltungsrecht, 4. Aufl., 2004, zitiert: *Wolff*

Würtenberger, Thomas, Verwaltungsprozessrecht, 2. Aufl., 2006, zitiert: *Würtenberger*

Zippelius, Reinhold, Allgemeine Staatslehre, 15. Aufl., 2007, zitiert: *Zippelius*

Teil 1 Einführung in das allgemeine Verwaltungsrecht

Verwaltungsrecht ist Teil des öffentlichen Rechts. Als „Recht der Verwaltung“ enthält es die rechtlichen Grundlagen für das Handeln der öffentlichen Verwaltung. Das **allgemeine Verwaltungsrecht** wiederum erfasst, gleichsam vor die Klammer gezogen, Anforderungen für prinzipiell jegliche Verwaltungstätigkeit. Klärungsbedürftig werden in Anbetracht dessen Begriff und Organisation der Verwaltung, ferner Abgrenzung und nähere Untergliederung der Rechtsgrundlagen, die Handlungsmittel der Verwaltung und ihre Rechtmäßigkeit, schließlich, ob und in welchem Umfang für schädigendes Verwaltungshandeln gehaftet werden muss – um nur einige wesentliche Ausprägungen des Rechtsgebiets zu nennen.[1] Bei alldem spielen natürlich Fragen der gerichtlichen Überprüfbarkeit des Verwaltungshandelns eine wichtige Rolle, etwa, wenn es um Abwehransprüche, aber auch, wenn es um Ansprüche des Einzelnen auf Tätigwerden der Verwaltung geht. Ohnehin können Begriffe und Institute des allgemeinen Verwaltungsrechts durchweg nur dann in ihrer praktischen Bedeutung erkannt werden, wenn ihre prozessrechtliche Seite beleuchtet wird. Deshalb nimmt sich die Darstellung zugleich der **Grundzüge des Verwaltungsprozessrechts** an und behandelt diese jeweils an den Stellen ihrer verwaltungsrechtlichen Relevanz, also bewusst nicht en bloc für sich. Nur so lässt sich bspw. veranschaulichen, dass die allgemeine Rechtsfigur des subjektiv-öffentlichen Rechts ihre eigentliche Brisanz dort findet, wo von ihr unter der Bezeichnung Klagebefugnis die Zulässigkeit bestimmter Klagen vor dem Verwaltungsgericht abhängt.

In dieser Verklammerung mit dem Verwaltungsprozessrecht geht die Darstellung den Weg vom Allgemeinen zum Besonderen. Deshalb ist zunächst zu klären, was unter öffentlicher Verwaltung zu verstehen ist.

§ 1 Begriff der öffentlichen Verwaltung

Öffentliche Verwaltung meint **staatliche** Verwaltung. Dabei ist der Begriff „Staat“ 1
weit zu begreifen.[2] Hierzu gehören Bund, Länder, Gemeinden und Gemeindeverbände sowie andere dem Staat zugeordnete Körperschaften, Anstalten, Stiftungen und Beliehene.[3] Nicht zur öffentlichen Verwaltung zählt die Verwaltung von Wirtschaftsunternehmen, privatrechtlichen Vereinen und Verbänden, unabhängig davon, welchen Zwecken ihre Tätigkeit dient.

Eine allgemein gültige Definition der öffentlichen Verwaltung existiert nicht. Um sich 2
einen Überblick darüber zu verschaffen, was diesem Begriff unterfällt, kann zwischen der Verwaltung als Organisation, der Verwaltung im formellen und der Verwaltung im materiellen Sinne unterschieden werden. Unter Verwaltung im **organisatorischen** Sinne versteht man die Gesamtheit aller staatlichen Einrichtungen, die Verwaltungs-

1 Vgl. allgemein die Beiträge von *Voßkuhle, Stolleis, Möllers* und *Franzius* in: Hoffmann-Riem/Schmidt-Aßmann/Voßkuhle, S. 1, 63, 121, 177.

2 Zum Staat als juristischer Person *Zippelius*, § 13.

3 Näher zu den Trägern öffentlicher Verwaltung § 6.

aufgaben erledigen, also die Verwaltungsträger und ihre Organe.[4] Verwaltung im **materiellen** Sinn ist die Staatstätigkeit, welche die Wahrnehmung von Verwaltungsangelegenheiten zum Gegenstand hat (z.B. Erteilung von Genehmigungen, Gewährung von Sozialleistungen, Betrieb öffentlicher Einrichtungen). Die Verwaltung im **formellen** Sinne erfasst alle Handlungen der Verwaltung im organisatorischen Sinne, unabhängig vom (materiellen) Gehalt dieser Tätigkeit.

3 Die Verwaltung im organisatorischen und diejenige im formellen Sinne sind mit Hilfe der vorstehenden Definitionen fass- und abgrenzbar. Demgegenüber erweist sich der Begriff der Verwaltung im materiellen Sinne als konturenunscharf.[5] Zwar finden sich vielfältige Versuche, diese materielle Seite **positiv** zu beschreiben.[6] Da hierbei vielfach nur auf Teilaspekte des Aufgabenbereichs abgestellt wird, andere Definitionen hingegen wenig praktikabel sind, wird die öffentliche Verwaltung (im materiellen Sinne) überwiegend **negativ** abgegrenzt. Dies geschieht in Anlehnung an die bereits von *Otto Mayer* etablierte[7] und von *Walter Jellinek* aufgegriffene[8] **Subtraktionsmethode**. Sie geht von dem in der Verfassung niedergelegten Gewaltenteilungsprinzip (Art. 20 Abs. 2 S. 2 GG) aus. Verwaltung bildet vor diesem Hintergrund das, was von den Staatsfunktionen nach Abzug der Legislative und Judikative übrig bleibt, also die Exekutive. Problematisch ist hieran zum einen die mangelnde Genauigkeit: Die drei Staatsgewalten lassen sich nicht immer eindeutig abgrenzen, vielmehr überschneiden sie sich personell wie funktionell. So ist aus Sicht der Exekutive diese berechtigt, Aufgaben der Rechtsetzung wahrzunehmen, indem sie (materielle) Gesetze auf der Grundlage des Art. 80 GG erlässt (z.B. Rechtsverordnung durch Bundesminister). Mit der Verantwortung für die Durchführung des verwaltungsgerichtlichen Vorverfahrens (§§ 68 ff. VwGO) obliegen ihr (zugleich) judikative Angelegenheiten. Des Weiteren erfasst die Exekutive nicht nur die Verwaltung, sondern auch die Regierung. Deren typisches (Regierungs-)Handeln richtet sich auf politische Leitentscheidungen und gehört nicht zum Bereich der Verwaltungstätigkeit – wobei die Abgrenzung von Verwaltungstätigkeit und Regierungshandeln u.U. schwierig sein kann.[9] Nicht ohne Berechtigung wird ferner die bloße subtraktive Bestimmung der Verwaltung kritisiert,[10] dies, obwohl ihr praktisch eine wesentliche Funktion staatlichen und sonstigen organisierten politischen Lebens zukommt.[11]

---

4 Hierzu § 6 Rn. 2 ff.

5 Insofern ist schon früh konstatiert worden, dass sich die Verwaltung zwar beschreiben, aber nicht definieren lasse, vgl. *Forsthoff*, S. 1.

6 Vgl. *Wolff/Bachof/Stober/Kluth*, Bd. 1, § 3 Rn. 1 ff. Zu weiteren Definitionsansätzen *Maurer*, § 1 Rn. 7.

7 *Mayer*, Bd. I, S. 7.

8 *Jellinek*, S. 6.

9 Vgl. hierzu *Detterbeck*, Rn. 5 f.

10 *Ehlers* in: Erichsen/Ehlers, § 1 Rn. 10.

11 *Wolff/Bachof/Stober/Kluth*, Bd. 1, § 3 Rn. 4; vertiefend *Hoffmann-Riem*, Eigenständigkeit der Verwaltung, in: Hoffmann-Riem/Schmidt-Aßmann/Voßkuhle, S. 623; allgemein *Poscher*, Die Funktionenordnung des Grundgesetzes, daselbst, S. 493.

Übersicht 1:
Die Staatsfunktionen, Art. 20 Abs. 2 S. 2 GG

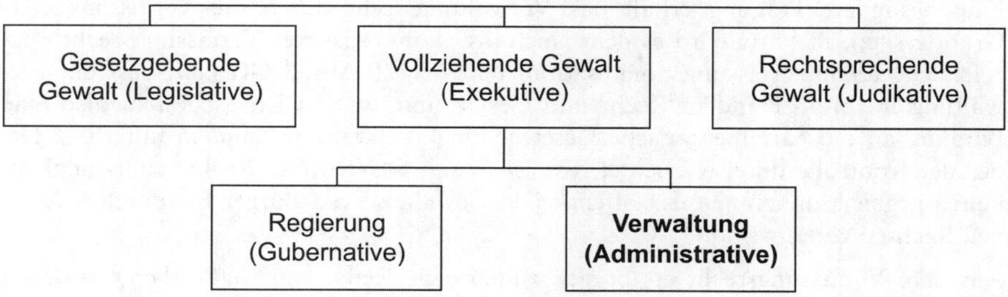

Angesichts dessen und wegen der Vielgestaltigkeit des Verwaltungshandelns, das zu- 4
dem in ständiger Entwicklung steht, muss der Versuch einer abschließenden Definition der Verwaltung im materiellen Sinne versagen. Das gilt umso mehr vor dem Hintergrund der zunehmenden Durchdringung und Veränderung der (mitglied)staatlichen Verwaltungs(rechts)ordnungen durch das Recht der Europäischen Gemeinschaft.[12] Der Vollzug des Gemeinschaftsrechts erfolgt nicht mehr allein durch mitgliedstaatliche Behörden (indirekter Vollzug),[13] sondern zunehmend in einem **europäischen Verwaltungsverbund,**[14] an dem mitgliedstaatliche und gemeinschaftseigene Institutionen (z.B. die Kommission) beteiligt sind, und innerhalb dessen die Zuordnung zum einen oder anderen Bereich oftmals schwer fällt (sog. europäisches Mehrebenensystem).[15]

Festgehalten werden kann aber die **Typik des Verwaltungshandelns**, die allgemein in der bürgergerichteten Umsetzung rechtsnormativer, insbesondere gesetzlicher Vorgaben liegt, und die im Näheren eingreifend (etwa Erlass einer Polizeiverfügung), verteilend (z.B. Aufstellung eines Bebauungsplanes) oder leistend (bspw. Gewährung eines finanziellen Zuschusses) agiert.

12 Vgl. unten § 3.

13 Vgl. unten § 3 Rn. 8; ferner *Sydow*, JuS 2005, 97.

14 Vgl. unten § 3 Rn. 9. Grundlegend *Sydow*, Verwaltungskooperation in der Europäischen Union, 2004; *Hofmann*, Rechtsschutz und Haftung im Europäischen Verwaltungsverbund, 2004; *Britz*, EuR 2006, 46; sowie die Beiträge in: *Schmidt-Aßmann/Schöndorf-Haubold* (Hrsg.), Der Europäische Verwaltungsverbund, 2005; *Schmidt-Aßmann*, Verfassungsprinzipien für den Europäischen Verwaltungsverbund, in: Hoffmann-Riem/Schmidt-Aßmann/Voßkuhle, S. 241.

15 *Dörr/Lenz*, Einl. Rn. 4; *Weiß*, Verw 38 (2005), 517.

§ 2 Verwaltungsrecht und Verfassungsrecht

1 Eine besondere Prägung erhält das Verwaltungsrecht durch die Verfassung (das Grundgesetz). Plakativ wird es denn auch als „konkretisiertes Verfassungsrecht" bezeichnet.[1] I.S.d. Verfassungsorganisation stellt **Art. 20 Abs. 3 GG** klar, dass die Verwaltung in ihrem Handeln Recht und Gesetz unterworfen ist; es besteht also eine Bindung an die parlamentarische Gesetzgebung. Verwaltungshandeln unterliegt ferner der Kontrolle durch Gerichte; Art. 19 Abs. 4 GG eröffnet Rechtsschutzmöglichkeiten gegen Maßnahmen der öffentlichen Gewalt, soweit Bürger hierdurch in eigenen Rechten verletzt sind.

2 Aus dem Verfassungsrecht ergibt sich zudem eine Reihe von Maßstäben, an denen sich das Handeln der Verwaltung orientieren muss. So ist die Verwaltung an die Grundrechte gebunden, **Art. 1 Abs. 3 GG.** Die hierdurch geschaffenen Schutzpositionen müssen etwa im Rahmen von Beurteilungs- und Ermessensspielräumen der Verwaltung beachtet werden.[2] Das gilt auch für die Einhaltung des Gleichheitssatzes (**Art. 3 Abs. 1 GG**) und kann zu einer Selbstbindung der Verwaltung bei der Behandlung gleich gelagerter Fälle führen.[3]

3 Aus den verfassungsrechtlichen Prinzipien des **Rechts- und Sozialstaates** (Art. 20 Abs. 1, 28 Abs. 1 GG) rühren allgemeine Grundsätze des Verwaltungsrechts, wie das Bestimmtheitsgebot, die Verhältnismäßigkeit von Mittel und Zweck und der Vertrauensschutz. Schädigende Folgen des Verwaltungshandelns werden über das System der Staatshaftung (vgl. **Art. 34** und **14 GG**) ausgeglichen.

4 Die **verfahrensrechtliche Dimension** der Grundrechte[4] beeinflusst die Ausgestaltung des Verwaltungsverfahrens. Verfahrensrechte der Bürger, wie das Recht auf Anhörung (§ 28 VwVfG) und Akteneinsicht (§ 29 VwVfG), sind daher als verfassungsrechtliches Minimum zu begreifen, soweit es im Gefolge von Verwaltungsmaßnahmen zu Grundrechtseingriffen kommen kann.[5]

1 *Werner*, DVBl. 1959, 527.

2 Zu Beurteilungsspielräumen § 14 Rn. 27 ff; zum Ermessen § 14 Rn. 36 ff.

3 Vgl. hierzu § 14 Rn. 47, § 24 Rn. 7.

4 BVerfGE 53, 31 (Mülheim-Kärlich).

5 Näher *Laubinger*, VerwArch 73 (1982), 60, 75 f.; *Erbguth*, Zur Vereinbarkeit der jüngeren Deregulierungsgesetzgebung im Umweltrecht mit dem Verfassungs- und Europarecht, 1999, S. 27 ff.

§ 3 Verwaltungsrecht und Europäisches Gemeinschaftsrecht

Das Europäische Gemeinschaftsrecht wirkt zunehmend auf das deutsche Verwaltungsrecht ein. Insoweit kann von einer „Europäisierung" des nationalen Verwaltungsrechts gesprochen werden,[1] die im Prozess der Europäischen Integration weiter voranschreiten wird.[2] 1

Das Gemeinschaftsrecht untergliedert sich in Primärrecht und Sekundärrecht. **Primäres Gemeinschaftsrecht** stellen die Gründungsverträge der Europäischen Gemeinschaften dar.[3] Hierbei handelt es sich um die Verträge zur Gründung der Europäischen Wirtschaftsgemeinschaft (EWG, nun: EG) und der Europäischen Atomgemeinschaft (EAG).[4] Demgegenüber werden mit **Sekundärrecht** die auf der Grundlage der EG-Verträge ergangenen Rechtsakte des Gemeinschaftsrechts bezeichnet: Verordnungen (Art. 249 Abs. 2 EG), Richtlinien (Art. 249 Abs. 3 EG), Entscheidungen (Art. 249 Abs. 4 EG) sowie Empfehlungen und Stellungnahmen (Art. 249 Abs. 5 EG).

I. Geltungsumfang des Gemeinschaftsrechts in den Mitgliedstaaten

Sowohl das primäre als auch das sekundäre Gemeinschaftsrecht sind gegenüber dem nationalen Recht vorrangig, es besteht ein **Anwendungsvorrang von Gemeinschaftsrecht.**[5] Entgegenstehendes nationales Recht ist zwar nicht nichtig, aber wegen Überlagerung oder Verdrängung durch das Europarecht unanwendbar.[6] Insofern besteht ein Unterschied zum Verhältnis zwischen kollidierendem Bundes- und Landesrecht, in dem Bundesrecht Geltungsvorrang zukommt, Art. 31 GG.[7] 2

Von der grundsätzlichen Frage des Anwendungsvorranges ist diejenige abzugrenzen, wann das Gemeinschaftsrecht in den Mitgliedstaaten Geltung beansprucht. Letztere bezieht sich auf das Problem der unmittelbaren Anwendbarkeit von Gemeinschaftsrecht. Die Bestimmungen des Primärrechts begründen, soweit sie an natürliche und juristische Personen adressiert sind, unmittelbar geltende Rechte und Pflichten. Dies 3

1 *Koch/Rubel/Heselhaus*, § 1 Rn. 31; *Ipsen*, Rn. 134. Zum Einfluss des Gemeinschaftsrechts auf nationales Verwaltungsrecht vgl. *Battis*, DÖV 2001, 988; zur Internationalisierung des deutschen und gemeinschaftsrechtlichen Verwaltungsverfahrens- und Verwaltungsprozessrechts *Walter*, EuR 2005, 302 – am Beispiel der Aarhus-Konvention.

2 Zu den diesbezüglichen Konsequenzen der nationalen Föderalismusreform 2006 *Ekardt/Weyland*, NVwZ 2006, 737.

3 Am 29.10.2004 haben die 25 EU-Mitgliedstaaten und die (damaligen) drei Kandidatenländer zudem den Vertrag über eine Verfassung für Europa unterzeichnet, die am 01.11.2006 in Kraft hätte treten sollen, wenn sie von jedem Unterzeichnerstaat in dem von seiner Verfassung vorgeschriebenen Verfahren ratifiziert worden wäre (für die Bundesrepublik: Art. 59 Abs. 2 GG); da Letzteres nicht erreicht werden konnte, wird in der EG über einen reduzierten Verfassungsvertrag nachgedacht. Ob ein solcher zustande kommen wird, ist noch unsicher; das gilt gleichermaßen dahingehend, ob eine derart verschlankte Fassung den EG- und den EU-Vertrag ablösen wird, wie dies mit dem ursprünglichen Verfassungsentwurf verfolgt worden war. Zur Europäischen Verfassung etwa *Ruffert*, EuR 2004, 165; zum Stand DVBl Report, DVBl. 2007, A 307.

4 Der Vertrag über die Europäische Gemeinschaft für Kohle und Stahl (EGKS) ist am 23.07.2002 ausgelaufen.

5 Dies gilt für das gesamte nationale Recht, auch für das Verfassungsrecht. Grenzziehend wirkt allerdings Art. 79 Abs. 3 GG. Ausführlich zum Anwendungsvorrang gegenüber nationalem Verfassungsrecht und zur Frage, welches Gericht – EuGH oder BVerfG – für die Überprüfung von auf Rechtsakten der EG beruhenden nationalen Entscheidungen zuständig ist, *Maurer*, § 4 Rn. 64 f; BVerfGE 73, 339, 378; BVerfGE 85, 191, 204.

6 EuGH, Slg. 1978, 629; auch BVerfGE 75, 223, 244, wo dieser Anwendungsvorrang anerkannt wird.

7 Vgl. *Oppermann*, Rn. 633; anders im Geltungsbereich des Art. 72 Abs. 3 GG; siehe ferner § 7 Rn. 16.

gilt insbesondere für die Grundfreiheiten, wie die Warenverkehrsfreiheit (Art. 23 ff. EG) und die Arbeitnehmerfreizügigkeit (Art. 39 ff. EG). Hinsichtlich des Sekundärrechts ist zu differenzieren: **Verordnungen** gelten ebenfalls unmittelbar und sind in all ihren Teilen verbindlich. Gemeinschaftsrechtliche Verordnungen finden sich vor allem auf dem Gebiet des Agrarrechts. Auch die gemeinschaftsrechtliche **Entscheidung** (z.B. der Europäischen Kommission darüber, ob eine unzulässig gewährte Beihilfe vom betreffenden Mitgliedstaat aufzuheben und zurückzufordern ist, Art. 88 Abs. 2 EG[8]) ist ein in allen Teilen unmittelbar verbindlicher Rechtsakt und wegen ihrer individualbezogenen Ausrichtung mit dem Verwaltungsakt vergleichbar.[9]

4 **Richtlinien** dagegen beanspruchen grds. keine unmittelbare Geltung in den Mitgliedstaaten. Sie müssen in nationales Recht umgesetzt werden.[10] So ist bspw. die „Richtlinie des Rates vom 15. Juli 1975 über Abfälle (75/442/EWG)“[11] durch das Abfallgesetz und – inzwischen – durch das Kreislaufwirtschafts- und Abfallgesetz (KrW-/AbfG)[12] umgesetzt worden. Hinsichtlich der Art und Weise ihrer Umsetzung lassen Richtlinien den Mitgliedstaaten regelmäßig einen gewissen Gestaltungsspielraum. In formeller Hinsicht muss die Umsetzung durch Rechtsnormen mit unmittelbarer Außenwirkung im Verhältnis Bürger – Staat erfolgen. Regelungen in Verwaltungsvorschriften, die nur die Verwaltung intern binden, genügen jener Anforderung nicht.[13] Ausnahmsweise entfalten Richtlinien **unmittelbare Wirkung** im mitgliedstaatlichen Bereich, wenn sie nicht, nicht fristgerecht oder nicht ordnungsgemäß umgesetzt worden sind.[14] Das gilt aber nur dann, wenn diese (insgesamt oder in Teilen) hinreichend bestimmt und inhaltlich unbedingt abgefasst sind. Eine solche unmittelbare Wirkung wird nur zugunsten eines Bürgers gegenüber dem Staat angenommen, sog. vertikale Direktwirkung.[15] Zu Lasten des Bürgers kommt dies prinzipiell nicht in Betracht.[16]

5 **Empfehlungen und Stellungnahmen** sind schließlich Akte von Gemeinschaftsorganen, die rechtlich unverbindlich sind, aber durchaus politische Bedeutung haben.

II. Auswirkungen des Gemeinschaftsrechts auf die mitgliedstaatliche Verwaltung

6 Allgemein gilt demzufolge, dass die Verwaltung im Vollzug des nationalen Rechts den beschriebenen Vorrang des Gemeinschaftsrechts (Verordnungen, Entscheidungen, u.U. Richtlinien) zu beachten hat. Als „Vorwirkung“ des Anwendungsvorrangs stellt sich die Pflicht zur europarechtskonformen Auslegung dar;[17] die Auslegung nationaler Vorschriften ist darauf auszurichten, dass sie im Einklang mit dem Europarecht stehen. Ferner gilt Folgendes:

8 Dazu auch § 16 Rn. 34 f.

9 Näher zum Verwaltungsakt §§ 12 ff.

10 Zur "Vorwirkung" von EG-Richtlinien auf die Anwendung des nationalen Rechts *Kühling*, DVBl. 2006, 857.

11 ABl. EG 1975, L 194, S. 47; sog. EG-Abfall-Rahmen-RL.

12 Anhand der Abfallwirtschaftsplanung *Erbguth*, Die Abfallwirtschaftsplanung, 2. Aufl., 2004, Rn. 45.

13 Siehe dazu § 24 Rn. 9.

14 Grundlegend EuGH, NVwZ 1996, 369. Zur unmittelbaren Wirkung von Richtlinien *Krämer* in: Festschrift für Eckard Rehbinder, 2007, S. 749; am Beispiel der UVP-Änderungsrichtlinie vgl. *Staupe*, NVwZ 2000, 508; *Steinbarth*, Jura 2005, 607.

15 EuGH, Slg. 1986, 723; EuGH, Slg. 1994, I-3325. In einer neueren Entscheidung hat der EuGH auch eine horizontale Direktwirkung, d.h. eine unmittelbare Geltung im Verhältnis der Bürger zueinander anerkannt, EuGH, EuZW 2001, 153. Dazu *Gundel*, EuZW 2001, 143.

16 Vgl. aber EuGH, NVwZ 2004, 593; hierzu *Jarass/Beljin*, EuR 2004, 714.

17 Dazu *Streinz* in: Streinz, EUV/EGV, Art. 10 EGV Rn. 35.

1. Umsetzung durch nationales Recht

7 Mit der Umsetzung europäischer Richtlinien (und ausnahmsweise Verordnungen) in nationales Recht ist nicht nur die Legislative (auf Bundes- wie auf Landesebene) befasst, sondern auch die Exekutive. Sofern eine hierauf gerichtete Ermächtigung zum Erlass von Rechtsverordnungen besteht (Art. 80 GG), ist die Verwaltung gefordert, Recht zur ordnungsgemäßen Umsetzung jenes Gemeinschaftsrechts zu setzen.

2. Vollzug durch nationale Behörden

8 Der Vollzug des Gemeinschaftsrechts durch eigene Vollzugsorgane der Europäischen Gemeinschaft (unmittelbarer Vollzug) stellt die Ausnahme dar. Europäisches Recht wird i.d.R. durch (Exekutiv-)Organe der Mitgliedstaaten vollzogen; man spricht insofern von **mittelbarem** oder **indirektem Vollzug.**[18] Der Vollzug des Gemeinschaftsrechts durch die Mitgliedstaaten richtet sich ganz überwiegend nach den Bestimmungen des nationalen Verwaltungs- und Verfahrensrechts.[19] Auftretende Konflikte zwischen europäischem und nationalem Recht werden zugunsten des Anwendungsvorrangs des Gemeinschaftsrechts gelöst. In solchen Fällen kommt es zu einem entsprechend modifizierten nationalen Verfahrensrecht.[20]

3. Vollzug durch nationale und europäische Behörden

9 Immer häufiger bedingt die sekundärrechtlich veranlasste Verlagerung von vormals nationalen Vollzugskompetenzen auf die Europäische Kommission und ihre Einrichtungen (z.B. Agenturen) die Einführung neuer Verwaltungsverfahren; diese sind durch ein kooperatives Zusammenwirken mitgliedstaatlicher und gemeinschaftseigener Einrichtungen geprägt. So finden sich im Umweltrecht[21] verstärkt **mehrstufige Verwaltungsverfahren**[22], an denen Gemeinschaftsinstitutionen und mitgliedstaatliche Behörden beteiligt und die dadurch charakterisiert sind, dass Vorentscheidungen die jeweils nächsthöhere Stufe binden (sog. vertikale Kooperationsverfahren).[23] Insbesondere im Hinblick auf den Rechtsschutz werfen derartige, im europäischen Verwaltungsverbund[24] getroffene Entscheidungen eine Reihe von Fragen auf, etwa hinsichtlich der Abgrenzung von Zuständigkeiten[25] oder solche der Effektivität[26].

---

18 *Hobe*, Rn. 174; § 1 Rn. 4.

19 Vgl. *Maurer*, § 2 Rn. 31 ff.; *Wolff*, 4. Kapitel Rn. 18.

20 Die aus dem Einfluss des Gemeinschaftsrechts resultierenden Besonderheiten des Verwaltungsrechts werden in den jeweiligen Kapiteln der Darstellung angesprochen.

21 Vgl. die Zulassung der Freisetzung genetisch veränderter Organismen (§ 16 GenTG), dazu *Calliess/Korte*, DÖV 2006, 10, oder die Ausweisung von Gebieten zum Schutz von Fauna, Flora und Habitaten (§ 33 BNatSchG), *Weiß*, Verw 38 (2005), 517, 522 ff.; *Stüer/Spreen*, VerwArch 96 (2005), 174.

22 Zur Mehrstufigkeit von Verwaltungsakten im nationalen Bereich vgl. § 12 Rn. 30.

23 *Sydow*, Verwaltungskooperation in der Europäischen Union, 2004, S. 284 ff.

24 Zum Begriff vgl. § 1 Rn. 4.

25 Z. B. im Kartellverfahrensrecht, näher *Weiß*, Verw 38 (2005), 517, 527 ff.

26 Vgl. *Schlacke*, ZUR 2005, 592, zum Rechtsschutz gegen FFH-Schutzgebietsfestsetzungen.

§ 4 Wiederholungs- und Verständnisfragen zu Teil 1

1. Wie kann öffentliche Verwaltung beschrieben werden? Ist eine konturenscharfe Definition möglich?
2. Durch welche Vorgaben wird das Verwaltungsrecht verfassungsrechtlich geprägt?
3. Was ist unter primärem und was unter sekundärem Gemeinschaftsrecht zu verstehen?
4. In welchem Verhältnis steht das primäre und sekundäre Gemeinschaftsrecht zum Recht der Mitgliedstaaten?
5. Gelten Richtlinien der Europäischen Gemeinschaft in den Mitgliedstaaten unmittelbar?
6. Wie gestaltet sich der Vollzug Europäischen Gemeinschaftsrechts?

Teil 2 Grundlagen des Verwaltungsrechts

§ 5 Einordnung und Abgrenzungen des Verwaltungsrechts im Gesamtrechtssystem der Bundesrepublik Deutschland

Die Rechtsordnung der Bundesrepublik Deutschland lässt sich wie folgt gliedern: Die grundlegendste Einteilung ist die in das private und das öffentliche Recht. Das öffentliche Recht kann seinerseits in verschiedene Teilbereiche unterschieden werden (Staatsrecht, Verwaltungsrecht, Europarecht, Völkerrecht). Das hier interessierende Verwaltungsrecht als Teilgebiet des **öffentlichen Rechts** regelt vornehmlich die Rechtsbeziehungen zwischen der öffentlichen Verwaltung und dem Bürger. 1

Übersicht 2:
Gegenstand des öffentlichen Rechts

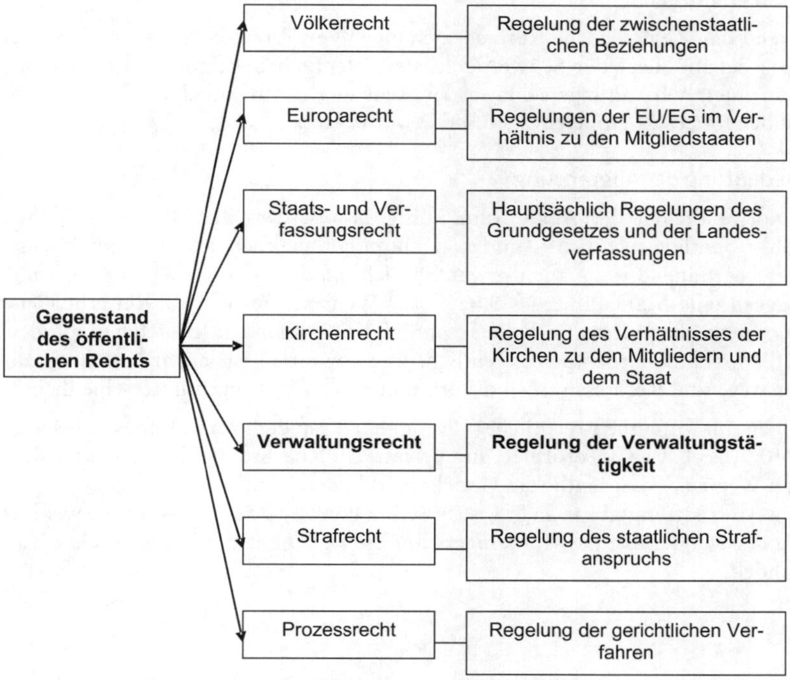

I. Verwaltungsrecht und seine Untergliederungen

Dem Verwaltungsrecht wiederum unterfällt das allgemeine und das besondere Verwaltungsrecht. Das **allgemeine Verwaltungsrecht** umfasst – gleichsam vor die Klammer gezogen – die Grundlagen und Grundsätze der Verwaltung und ihrer Tätigkeit. Es ist hauptsächlich, jedoch nicht ausschließlich, im Verwaltungsverfahrensgesetz des 2

Bundes und in den Verwaltungsverfahrensgesetzen der Länder geregelt.[1] Demgegenüber enthält das **besondere Verwaltungsrecht** Regelungen über die Tätigkeit einzelner Zweige der öffentlichen Verwaltung; dazu gehören das Baurecht, das Kommunalrecht und das Sicherheits- und Ordnungsrecht.

3 Eine weitere für das Recht der Verwaltung bedeutsame Differenzierung liegt in der Unterscheidung von Außenrecht und Innenrecht. Sie ist an den Adressaten des Verwaltungsrechts orientiert. Das **Außenrecht** betrifft Rechtsbeziehungen zwischen dem verwaltenden Staat und dem Bürger; es wirkt also zwischen verschiedenen Rechtssubjekten. Dazu zählen vor allem Gesetze, aber auch Rechtsverordnungen, Satzungen und Verwaltungsakte. Das **Innenrecht** regelt die Beziehungen innerhalb der Verwaltung, nämlich das Verhältnis der verschiedenen Behörden zueinander und die Amtspflichten der Angehörigen des Öffentlichen Dienstes. Innenrecht findet sich in Gesetzen (bspw. Beamtengesetzen), vor allem aber in Verwaltungsvorschriften (Erlassen und Richtlinien) sowie dienstlichen Anweisungen.[2]

II. Verwaltungsrecht als Teilgebiet des öffentlichen Rechts und seine Abgrenzung zum Privatrecht

4 Während das Zivilrecht die Rechtsbeziehungen von Privatrechtsträgern (im Regelfall: Bürger) betrifft, liegt der Schwerpunkt des öffentlichen Rechts und damit auch des (allgemeinen) Verwaltungsrechts in der Regelung des rechtlichen Verhältnisses zwischen dem Staat als **Hoheitsträger** und dem **Bürger**[3].

1. Bedeutung der Abgrenzung

5 Die Notwendigkeit der Abgrenzung rührt daraus, dass die öffentliche Verwaltung sowohl öffentlich-rechtlich – und hier einseitig/hoheitlich Rechte und Pflichten der Bürger begründend – als auch privatrechtlich handeln kann.[4] Wenn sich der Bürger nun gegen eine Maßnahme des Staates zur Wehr setzen will, ist von erheblicher Bedeutung, wie eben dieses Verhalten rechtlich einzustufen ist: Je nachdem, ob der Staat öffentlich-rechtlich oder privatrechtlich tätig geworden ist, eröffnet sich ein anderer Rechtsweg, sind Rechtsschutz und Verfahrensvoraussetzungen unterschiedlich:

- Allein für öffentlich-rechtliche Streitigkeiten ist der Verwaltungsrechtsweg gem. § 40 Abs. 1 VwGO eröffnet, für privatrechtliche Streitigkeiten lenkt § 13 GVG den Weg zu den ordentlichen Gerichten, d.h. den Zivilgerichten.[5]
- Die Amtshaftung greift nach § 839 BGB i.V.m. Art. 34 S. 1 GG nur, wenn es sich bei der Maßnahme des Amtsträgers um die Ausübung einer hoheitlichen Tätigkeit handelt.

1 Fragen des allgemeinen Verwaltungsrechts sind auch anderweitig geregelt, vgl. etwa §§ 68 ff. VwGO über das Vorverfahren (näher § 19a Rn. 2 ff.), das neben seiner verwaltungsprozessualen Funktion auch zum Verwaltungsverfahren gehört; bereits § 1 Rn. 3. Zum Anwendungsbereich des VwVfG § 14 Rn. 15.

2 *Maurer*, § 3 Rn. 4 f. Zu Verwaltungsvorschriften § 24.

3 Vertiefend *Masing*, Der Rechtsstatus des Einzelnen im Verwaltungsrecht, in: Hoffmann-Riem/Schmidt-Aßmann/Voßkuhle, S. 391.

4 Näher dazu § 25.

5 Die Wahl des unzutreffenden Rechtswegs ist heute allerdings wegen §§ 17 und 17a GVG nicht mehr wirklich folgenschwer – sollte der beschrittene Rechtsweg unzulässig sein, verweist der Richter den Rechtsstreit an das zuständige Gericht des zulässigen Rechtsweges, § 17a Abs. 2 S. 1 GVG; vgl. auch Rn. 22.

- Bei öffentlich-rechtlichem Handeln der Behörde kann das allgemeine Verwaltungsverfahrensrecht maßgebend sein; das gilt nicht für nach Privatrecht zu beurteilende Streitigkeiten.
- Eines der wichtigsten Handlungsinstrumente der Verwaltung, der **Verwaltungsakt**, bleibt den Behörden bei privatrechtlichem Handeln verschlossen; denn nach § 35 S. 1 VwVfG muss es sich bei ihm zwingend um eine Maßnahme auf dem Gebiet des öffentlichen Rechts handeln.

2. Ansatzpunkte für die Abgrenzung

Der in Ausbildung und Praxis bedeutsamste Anwendungsbereich für die Abgrenzung zwischen Verwaltungs- und Privatrecht ist derjenige des § 40 Abs. 1 VwGO. Die Vorschrift eröffnet den Rechtsweg zur Verwaltungsgerichtsbarkeit für „öffentlich-rechtliche" Streitigkeiten. Davon nicht umfasst sind jedoch diejenigen staatsrechtlicher Art (die Streitigkeit muss „nichtverfassungsrechtlicher" Art[6] sein), so dass es bei dem öffentlich-rechtlichen Streit um einen solchen im verwaltungsrechtlichen Sinne gehen muss. Ob dies der Fall ist, beurteilt sich anhand dessen, worüber die Parteien in rechtlicher Hinsicht streiten. Es geht um das Auffinden der im Streite stehenden Rechtsnorm(en), also der für das streitige Rechtsverhältnis relevanten Vorschrift(en) – und sodann um deren Zuordnung zum öffentlichen Recht oder zum Privatrecht. Ersterenfalls ist, sofern die weiteren Voraussetzungen des § 40 Abs. 1 VwGO erfüllt sind, der Verwaltungsrechtsweg eröffnet, letzterenfalls der Zivilrechtsweg, § 13 GVG.[7] 6

Nachfolgend geht es zunächst um die Abgrenzung zwischen öffentlichem und privatem Recht. Weitere Fragen zu § 40 VwGO werden anschließend behandelt.[8]

a) Abgrenzungstheorien

▶ **Fall 1:** Das Sportförderungsgesetz des Landes X bestimmt u.a.: „Zum Bau von Sportanlagen können Sportvereinen auf Antrag Grundstücke aus dem Grundvermögen der Gemeinden übertragen werden. Der Erwerb erfolgt für den Sportverein kostenlos. Der Gemeinde wird die Hälfte des Grundstückswertes aus Landesmitteln erstattet." Der Sportverein V stellt bei der Gemeinde G einen Antrag auf Übertragung eines in ihrem Eigentum stehenden Grundstücks, auf dem er einen Sportplatz errichten möchte. Dieser wird positiv beschieden. Als G vom Land Erstattung der Hälfte des Grundstückswertes verlangt, gibt es Streit über den von G geltend gemachten Grundstückswert. G verweigert nun die Übertragung des Grundstücks an V. Vor welchem Gericht kann V von der Gemeinde G die Überlassung des Grundstücks verlangen? ◀

Zur Abgrenzung des öffentlichen vom privaten Recht sind verschiedene Theorien entwickelt worden, freilich nur für die Bewältigung von Zweifelsfragen. Deshalb ist bei der Heranziehung dieser „Großformeln" Vorsicht geboten. Wenn die im Streite stehende Norm ohne weiteres dem öffentlichen Recht zugeordnet werden kann (z.B. wenn sie sich aus dem öffentlichen Baurecht, dem Recht der Gefahrenabwehr oder dem Kommunalrecht ergibt), ist eine Zuhilfenahme der Theorien nicht erforderlich. Ansonsten gilt: Obwohl sie jeweils unterschiedliche Kriterien der Abgrenzung 7

6 Vgl nachfolgend Rn. 26; näher zu verfassungsrechtlichen Streitigkeiten *Schenke*, AöR 131 (2006), 117.

7 Zur Prüfung der Eröffnung des Verwaltungsrechtswegs als Voraussetzung für die Erhebung verwaltungsgerichtlicher Klagen *Thiel/Garcia-Scholz*, JA 2001, 957.

8 Vgl. Rn. 22 ff.

zugrunde legen, kommen die Methoden nicht zwangsläufig zu abweichenden Ergebnissen; sie können und soll(t)en daher ergänzend herangezogen werden.[9]

8 Die **Interessentheorie** geht zurück auf den römischen Juristen *Ulpian* und besagt, dass die dem öffentlichen Interesse dienenden Vorschriften öffentlich-rechtlichen und die auf das Individualinteresse gerichteten Normen privatrechtlichen Charakter haben. Diese Sichtweise erweist sich allerdings in weiten Bereichen als unpraktikabel, weil viele Normen sowohl öffentlichen als auch privaten Interessen dienen und eine klare Abgrenzung mit Hilfe der Theorie somit nicht immer möglich ist:[10] Öffentlich-rechtliche Vorschriften richten sich nicht selten (auch) auf Individualinteressen, etwa dann, wenn sie subjektiv-öffentliche Rechtspositionen der Bürger gegenüber der Verwaltung vermitteln.[11] Umgekehrt können bspw. gemeinnützige Vereine, die privatrechtlich organisiert sind, öffentliche Interessen verfolgen.

9 Nach der **Subordinationstheorie** (auch: Subjektionstheorie bzw. Über-/Unterordnungstheorie) ist das öffentliche Recht durch ein Über-/Unterordnungsverhältnis zwischen Staat und Bürger gekennzeichnet.[12] Das folgt der Vorstellung, wonach öffentliches Recht Subordinationsrecht, Privatrecht hingegen Koordinationsrecht darstellt: öffentliches Recht typisiert durch einseitig verbindliche Regelungen (Gesetz, Verwaltungsakt), Privatrecht durch Vertrag. Der Subordinationstheorie werden im Wesentlichen zwei Kritikpunkte entgegengehalten. Zum einen sei ihr Ansatzpunkt unzutreffend, weil es auch im Privatrecht Über-/Unterordnungsverhältnisse gibt (z.B. Eltern-Kind-Beziehung, Vormundschaft, Weisungsrecht des Arbeitgebers) – und im öffentlichen Recht Gleichordnungsverhältnisse (etwa öffentlich-rechtlicher Vertrag).[13] Gewichtiger erscheint der auf Zirkelschlüssigkeit gerichtete Vorbehalt:[14] Die Theorie besagt, dass eine Rechtsnorm öffentlich-rechtlicher Natur ist, wenn sie eine Unterordnung des Bürgers unter den Staat begründet. Genau dies, die Stellung des Bürgers zum Staat, ist aber häufig die zu beantwortende Frage. So ist in den meist problematischen Fällen der Leistungsverwaltung gerade zweifelhaft, ob ein Verhältnis der Über-/Unterordnung oder der Gleichrangigkeit besteht (auch Fall 1).

10 Nach der **modifizierten Subjektstheorie** (auch Sonderrechtstheorie oder Zuordnungstheorie) ist eine Norm öffentlich-rechtlich, wenn sie einen Hoheitsträger als solchen berechtigt oder verpflichtet, sich also ausschließlich an den Staat oder einen sonstigen Träger hoheitlicher Gewalt in eben dieser Funktion richtet.[15] Das Privatrecht hingegen wird durch für jedermann geltende Rechtssätze charakterisiert. Der Vorteil dieser Definition ist darin zu sehen, dass sie das öffentliche Recht als Sonderrecht des Staates kennzeichnet und damit den gesamten Horizont öffentlich-rechtlichen Handelns erfasst.[16] Derartiges „Sonderrecht" können auch gemeinschaftsrechtliche Bestimmungen sein (z. B. die Grundfreiheiten), so dass die Sichtweise gleichermaßen eine dem Europarecht Rechnung tragende Zuordnung gewährleistet.[17] Die Theorie ermöglicht

9 *Maurer*, § 3 Rn. 19; *Bull/Mehde*, Rn. 106.

10 Kritische Darstellung zur Interessen-, aber auch zur Subjektstheorie (dazu nachfolgend im Text) bei *Leisner*, JZ 2006, 869.

11 Zu subjektiv-öffentlichen Rechten § 9.

12 *Forsthoff*, S. 113 m.w.N.

13 *Ipsen/Koch*, JuS 1992, 808, 811.

14 Hierzu *Erichsen*, Jura 1982, 537, 539.

15 Zurückgehend auf *Wolff*, AöR 76 (1950/51), 205.

16 *Ipsen*, Rn. 30.

17 *Huber*, BayVBl. 2001, 577, 578.

freilich dann keinen eindeutigen Zugriff, wenn (schon) unklar ist, auf welcher Norm das im Streite stehende staatliche Handeln beruht.

▶ **zu Fall 1:** Die Übertragung des Grundstücks von G auf den Sportverein V erfolgt nach Maßgabe des Sportförderungsgesetzes des Landes X. Das Gesetz enthält die im Streite stehenden Vorschriften. Sind diese öffentlich-rechtlicher Natur, ist der Rechtsweg zu den Verwaltungsgerichten zu beschreiten (§ 40 Abs. 1 VwGO); tragen sie privatrechtlichen Charakter, sind die Zivilgerichte zuständig (§ 13 GVG). Das Gesetz verbindet privatrechtliche Tatbestände (Übertragung von Eigentum) mit öffentlichen Zwecken (Förderung bzw. Subventionierung von Sportvereinen), so dass eine eindeutige bzw. offensichtliche Zuordnung der einschlägigen Bestimmungen zum öffentlichen oder zum privaten Recht ausscheidet. Daher ist auf die Abgrenzungstheorien einzugehen:

- Bei Anwendung der Interessentheorie, nach der die dem Streit zugrunde liegende Rechtsnorm überwiegend dem öffentlichen Interesse zugeordnet sein muss, damit der Verwaltungsrechtsweg eröffnet ist, würde sich im Ergebnis eine öffentlich-rechtliche Streitigkeit ergeben. Die Vergabe von Grundstücken zum Bau von Sportanlagen dient dem Allgemeininteresse.
- Die Subordinationstheorie, die eine Streitigkeit im Über-/Unterordnungsverhältnis verlangt, kommt zu keinem eindeutigen Ergebnis. Hier wird die Schwäche dieser Abgrenzungsmethode sichtbar. Die aus dem Bereich der Leistungsverwaltung hervorgehende Rechtsbeziehung zwischen V und der Gemeinde G kann weder eindeutig als solche der Über- bzw. Unterordnung charakterisiert werden, noch ist sie wie bei einem gegenseitigen Vertrag durch Gleichrangigkeit geprägt.
- Nach der modifizierten Subjektstheorie, die auf eine öffentlich-rechtliche Streitigkeit schließt, wenn die streitentscheidende Norm einen Träger öffentlicher Gewalt berechtigt oder verpflichtet, liegt eine öffentlich-rechtliche Streitigkeit vor. Die maßgebliche Vorschrift des Sportförderungsgesetzes berechtigt die Gemeinde(n) zur kostenlosen Übertragung von Grundstücken und verpflichtet das Land zur teilweisen Kostenerstattung. Damit werden ausschließlich Träger öffentlicher Gewalt berechtigt bzw. verpflichtet. Demgegenüber sind Private nicht ermächtigt, nach diesem Gesetz Grundstücke an Sportvereine zu vergeben und vom Land Erstattung der hälftigen Kosten zu verlangen. Die Streitigkeit beruht somit auf öffentlichem Recht und ist vor den Verwaltungsgerichten zu klären. ◀

Die Abgrenzungstheorien lösen Schwierigkeiten bei der Zuordnung einer Rechtsnorm zum öffentlichen Recht oder Privatrecht und sind, wie erwähnt, (nur) in solchen Zweifelsfällen heranzuziehen. In bestimmten Fallkonstellationen aber ist die Frage, ob das Handeln der Behörde als privat- oder öffentlich-rechtlich einzustufen ist, relativ schnell und eindeutig feststellbar: unter Berücksichtigung der von der Behörde erfüllten Aufgabe (siehe b), bei der Zwei-Stufen-Lehre (unter c) oder im Gefolge der gewählten Handlungsform (unter d). Andererseits gibt es Problemfälle, in denen es schwierig wird, die im Streite stehende Norm zu ermitteln (unter e). Dann führt auch die modifizierte Subjektstheorie zu keinen eindeutigen Ergebnissen, so dass zur Bestimmung, ob eine öffentlich-rechtliche oder privatrechtliche Streitigkeit vorliegt, weitere Kriterien zu Rate zu ziehen sind. 11

b) Aufgabenbereich der Behörde

▶ **Fall 2:** Ein Finanzministerium least beim Autohaus A Dienstfahrzeuge. Nach Ablauf der vereinbarten Nutzungsdauer stellt sich bei Rückgabe heraus, dass an einem Fahrzeug infolge eines durch den Beamten B verschuldeten Unfalls ein erheblicher Schaden entstanden ist. Das Finanzministerium weigert sich, den entstandenen Schaden auszugleichen. Es ist der Auffassung, dieser sei mit der in der Leasingrate enthaltenen Versicherungsprämie abgedeckt. A ist anderer Meinung und will klagen. Auf welchem Rechtsweg? ◀

12 Hilfreich für die Abgrenzung öffentliches Recht/Privatrecht ist oft schon ein Blick auf das allgemeine Aufgabenfeld der Behörde. Dem Grunde nach lassen sich insoweit die Fiskal-, die Eingriffs- und die Leistungsverwaltung unterscheiden.[18] Die diesbezügliche Zuordnung des behördlichen Handelns kann die Entscheidung zwischen öffentlichem oder privatem Recht erheblich vereinfachen.

13 **Eingriffsverwaltung** ist die Verwaltungstätigkeit, welche in die Freiheits- bzw. Vermögenssphäre des Bürgers einseitig und rechtsverbindlich eingreift – mit dem Zweck, die öffentliche Sicherheit oder Ordnung zu gewährleisten (Polizeiverfügungen, Bußgeldbescheide). Das Verwaltungshandeln bedarf hier aufgrund des Gesetzesvorbehalts[19] stets einer öffentlich-rechtlichen Ermächtigungsgrundlage; die hierauf gerichtete Auseinandersetzung stellt mithin eine öffentlich-rechtliche Streitigkeit dar.

Von **Fiskalverwaltung**[20] spricht man, wenn die öffentliche Verwaltung Sachgüter zur Bedarfsdeckung erwirbt, sich erwerbswirtschaftlich betätigt oder ihre Vermögensgegenstände verwaltet (z.B. Erwerb von Büromaterial, Beteiligungen an Aktiengesellschaften). Hierzu sind keine hoheitlichen Befugnisse erforderlich; fiskalisches Handeln der Verwaltung hat daher stets privatrechtlichen Charakter. Für einen diesbezüglichen Streit ist nicht der Weg zu den Verwaltungsgerichten, sondern der Zivilrechtsweg eröffnet.

Probleme bei der Abgrenzung zwischen öffentlich-rechtlicher und privatrechtlicher Verwaltungstätigkeit bereitet meist der Bereich der **Leistungsverwaltung.** Er umfasst zum einen das Erbringen von Leistungen, die das Dasein des Einzelnen in der Gemeinschaft sichern und verbessern sollen, also die sog. **Daseinsvorsorge** (z.B. Müllabfuhr, Wasser- und Energieversorgung, Betrieb von Krankenhäusern, Bibliotheken, Museen und Theatern). Ferner gehört dazu die Gewährung finanzieller Zuwendungen (Subventionen). Die Behörde hat für dieses Aufgabenfeld, soweit nicht eine Vorschrift die Art der Leistungserbringung zwingend vorschreibt, die Wahl, ob sie öffentlich-rechtlich oder privatrechtlich handelt (hinsichtlich Organisations- und Handlungsform).[21] Vielfach hilft dann die sogleich behandelte **Zwei-Stufen-Lehre.**

▶ **zu Fall 2:** Die Beschaffung von Dienstfahrzeugen fällt unter die Bedarfsdeckung der Verwaltung und ist demnach Bestandteil der Fiskalverwaltung. Die Verwaltung tritt hier als „Kunde" auf, handelt also nicht hoheitlich. Die insoweit relevanten Rechte und Pflichten der Behörde sind solche des Privatrechts; die Streitigkeit hat privatrechtlichen Charakter und ist vor die Zivilgerichte zu bringen. ◀

c) Zwei-Stufen-Lehre

▶ **Fall 3:** Die örtliche Untergliederung der X-Partei möchte die Stadthalle der Gemeinde G zwecks Durchführung einer Wahlveranstaltung mieten. Die Gemeinde lehnt dieses Begehren ab. Die X-Partei will gegen die Entscheidung vorgehen. Vor welcher Gerichtsbarkeit? ◀

18 Vgl. auch § 25.
19 Vgl. § 8 Rn. 3 ff.
20 Dazu § 25 Rn. 10 ff.
21 Zur Wahlfreiheit der Verwaltung § 25 Rn. 3.

Für die Einordnung einer Streitigkeit zum Privatrechrecht oder öffentlichen Recht kann die sog. Zwei-Stufen-Lehre von Aussagekraft sein.[22] Die Theorie geht davon aus, dass Entscheidungen im Bereich der **Leistungsverwaltung** (s.o.) einem zweistufigen Dezisionsprozess folgen. Auf erster Stufe klärt die Behörde, **ob** die Leistung gewährt wird. Die zweite Stufe betrifft die Entscheidung darüber, **wie** dies geschehen soll. Relevant wird die Zwei-Stufen-Lehre insbesondere beim Zugang zu öffentlichen Einrichtungen und bei der Vergabe von staatlichen Subventionen. Ob eine Subvention gewährt wird bzw. ein Anspruch auf Zulassung zu einer öffentlichen Einrichtung besteht,[23] ist regelmäßig nach öffentlichem Recht zu beurteilen, so dass der Weg zu den Verwaltungsgerichten offen steht. Die nähere Ausgestaltung, das „Wie" eines solchen Subventions- bzw. Benutzungsverhältnisses, ist davon getrennt zu bewerten. Es kann zivilrechtlicher oder öffentlich-rechtlicher Natur sein.[24] 14

▶ **zu Fall 3:** Die Entscheidung über die Gewährung der Nutzung der Stadthalle, einer kommunalen Einrichtung, betrifft den Bereich der Leistungsverwaltung. Allgemein kann danach die Behörde in öffentlich-rechtlicher oder privatrechtlicher Form handeln. Konkretisierend wirkt vorliegend allerdings die Zwei-Stufen-Theorie: Es geht hier um den Zugang zur Stadthalle, also das „Ob" der Benutzung. Diese Entscheidung unterfällt dem öffentlichen Recht (vgl. auch die entsprechenden Regelungen des Kommunalrechts, etwa § 14 Abs. 2 KV M-V). Somit liegt eine öffentlich-rechtliche Streitigkeit vor. ◀

d) Handlungsform

Maßgeblich für die Abgrenzung kann auch das von der Verwaltung eingesetzte Mittel sein, unabhängig davon, ob es den rechtlichen Vorgaben entspricht. Wählt die Verwaltung eine Handlungsform, die eindeutig auf eine hoheitliche Maßnahme hinweist (erlässt z.B. eine Satzung oder eine Rechtsverordnung, handelt ausdrücklich durch Verwaltungsakt, verlangt eine Gebühr, droht Zwangsmittel an oder fügt eine Rechtsbehelfsbelehrung bei), so ist die Natur der Streitigkeit stets öffentlich-rechtlicher Art, selbst wenn ein derartiges Vorgehen nach materiellem Recht unzulässig ist („Formenmissbrauch").[25] Benutzt die Verwaltung hingegen Instrumente des Privatrechts (erhebt Entgelte oder gebraucht Allgemeine Geschäftsbedingungen), ist die Streitigkeit privatrechtlicher Natur und daher vor den Zivilgerichten auszutragen. Die Frage des Formenmissbrauchs spielt hier wie vor der Verwaltungsgerichtsbarkeit keine Rolle für die Eröffnung des Rechtswegs und damit für die Zulässigkeit der Klage, sondern allein für deren Begründetheit[26]. Letztere folgt schon aus der Inanspruchnahme einer für die Maßnahme nicht zugelassenen Handlungsform.[27] 15

e) Problemfälle

Solange das Handeln der Verwaltung eindeutig auf einer einzigen Norm beruht bzw. sich dieser unschwer zuordnen lässt, kann die Abgrenzung nach den beschriebenen 16

22 Begründet von H.P. *Ipsen* für die Vergabe von Subventionen (Öffentliche Subventionierung Privater, 1956, S. 62 ff.); siehe auch § 25 Rn. 4 ff; zu deren Rückläufigkeit im Vergaberecht *Siegel*, DVBl. 2007, 942.

23 Für die Nutzung kommunaler Einrichtungen besteht nach dem Kommunalrecht der Länder ein öffentlichrechtlicher Zulassungsanspruch (z.B. in Mecklenburg-Vorpommern § 14 Abs. 2 KV M-V).

24 Näher zur Zwei-Stufen-Theorie bei der Gewährung von Subventionen und der Nutzung öffentlicher Einrichtungen § 25 Rn. 4 ff.

25 *Ipsen/Koch*, JuS 1992, 808, 814.

26 Zur Begründetheit von Anfechtungs- und Verpflichtungsklage § 19a Rn. 29 ff.

27 Vgl. *Bull/Mehde*, Rn. 77 ff.; auch § 12 Rn. 9.

Grundsätzen vorgenommen werden. Schwierig wird es, wenn sich entweder keine Rechtsgrundlage für das Handeln der Behörde finden lässt oder verschiedene Rechtsgrundlagen (privatrechtlicher und öffentlich-rechtlicher Natur) in Betracht kommen. In solchen Fällen kann (und muss) die Abgrenzung anhand einer Gesamtbetrachtung sämtlicher Umstände erfolgen. Die zu beurteilende Tätigkeit ist regelmäßig dann als öffentlich-rechtlich einzuordnen, wenn die Maßnahme mit einem anderen Verwaltungshandeln in engem Zusammenhang steht, das eindeutig dem öffentlichen Recht unterfällt.

aa) Realakte

▶ FALL 4: (Erweiterung zu Fall 2) Finanzbeamter B war auf dem Weg zu einer Buchprüfung der Firma F. Bei dem Unfall ist auch das Fahrrad des Studenten S erheblich in Mitleidenschaft gezogen worden. S möchte seinen materiellen Schaden ersetzt bekommen. Vor welchem Gericht muss er klagen? ◀

17 Problematisch wird die Zuordnung zum öffentlichen Recht oder Privatrecht, wenn die Verwaltung keinen Rechtsakt erlassen, sondern in tatsächlicher Weise gehandelt hat (mittels eines Realaktes), wofür es keine gesetzliche Grundlage gibt.[28] Klassische Beispiele sind der Unfall eines Beamten auf einer Dienstfahrt, Äußerungen einer Behörde gegenüber einem Bürger, aber auch Immissionen, die von öffentlich-rechtlich betriebenen Anlagen ausgehen. Der sich aus den streitentscheidenden Normen ergebende Ansatzpunkt für die Zuordnung zum öffentlichen oder privaten Recht fehlt in diesen Fällen. In Anbetracht dessen muss auf den Zweck, der mit der Handlung verfolgt wird, und auf den Gesamtzusammenhang der Tätigkeit abgestellt werden.[29]

18 Praktische Bedeutung kommt der Einordnungsfrage beim **Unfall eines Beamten** zu, nämlich deshalb, weil das zivilrechtliche Deliktsrecht (§§ 823 ff. BGB) andere Rechtsfolgen zeitigt als der öffentlich-rechtliche Anspruch aus Amtshaftung (§ 839 BGB i.V.m. Art. 34 GG).[30] Die Rechtsprechung hat in derartigen Fällen auf den Zusammenhang mit der öffentlich-rechtlichen Aufgabenerfüllung, d.h. auf die Zielsetzung der Fahrt abgestellt: Die Teilnahme am allgemeinen Straßenverkehr sollte öffentlich-rechtlich sein, wenn sie zur Wahrnehmung hoheitlicher Aufgaben erfolgte, privatrechtlich, wenn sie der Erledigung fiskalischer Geschäfte diente.[31] Um unangemessene Rechtsfolgen für den anspruchsberechtigten Dritten zu vermeiden, geht die Literatur hingegen überwiegend davon aus, dass sämtliche Verkehrsteilnehmer grds. haftungsrechtlich gleichgestellt sein müssen. Aufgrund des besonderen haftungsrechtlichen Interesses sei ausnahmsweise ein im Zusammenhang mit öffentlich-rechtlicher Aufgabenerfüllung stehendes Verwaltungshandeln des Staates privatrechtlich zu beurteilen.[32] Nach dieser Ansicht trägt die Dienstfahrt nur dann öffentlich-rechtlichen Charakter, wenn die Teilnahme am Straßenverkehr als Ausübung hoheitlicher Befugnisse

28 Zu Realakten § 20.

29 Für die Rechtsnatur von Abwehransprüchen kommt es auf die der abzuwehrenden Handlung an, vgl. BVerwGE 50, 282, 286.

30 Während der Anspruch nach § 823 BGB Schadensersatz für die Verletzung von Rechtsgütern wie Leben, Körper, Gesundheit, Freiheit und Eigentum sowie sonstiger Rechte, nicht aber bei bloßen Vermögensschäden gewährt, bietet § 839 BGB einen Ausgleich für sämtliche Schäden infolge der Verletzung einer (drittgerichteten) Amtspflicht, für den aber die besonderen Ausschlussgründe in § 839 Abs. 1 S. 2, Abs. 2 und 3 BGB zu beachten sind. Näher zu den Amtshaftungsansprüchen § 33.

31 BGHZ 29, 38.

32 So *Ipsen*, Rn. 829; *Maurer*, § 3 Rn. 22.

nach außen erkennbar wird, z.B. Sonderrechte gem. § 35 StVO, Blaulicht oder Martinshorn, in Anspruch genommen werden.[33]

Ähnlichen Schwierigkeiten begegnet die Einordnung **ehrverletzender Äußerungen eines Beamten** gegenüber einem Bürger. Ist aufgrund solcher Äußerungen das Persönlichkeitsrecht des Bürgers verletzt, hat er die Möglichkeit, Widerruf oder Unterlassung zu verlangen. Widerrufs- und Unterlassungsansprüche können sich sowohl aus dem Privatrecht (§§ 823, 1004 BGB) als auch aus dem öffentlichen Recht ergeben (öffentlich-rechtlicher Unterlassungsanspruch, Folgenbeseitigungsanspruch auf Widerruf ehrbeeinträchtigender Äußerungen)[34], für die jeweils unterschiedliche Rechtswege bereitstehen: im ersten Fall derjenige zu den Zivilgerichten, im zweiten der Verwaltungsrechtsweg. Welcher Anspruch einschlägig ist – und damit der zu beschreitende Rechtsweg –, entscheidet sich danach, in welchem Zusammenhang die Äußerung des Beamten steht.[35] Äußert sich der Beamte als Privatperson und erkennbar nicht in seiner Eigenschaft als Teil der Verwaltung, erwächst ein privatrechtlicher Anspruch, der allein zivilgerichtlich verfolgt werden kann.[36] So steht einem Unternehmer, der von einem Beamten abends am Stammtisch als Betrüger beschimpft wird, ein vor den Zivilgerichten geltend zu machender Widerrufsanspruch zu. Äußert sich der Amtsinhaber im Zusammenhang mit seiner dienstlichen Tätigkeit, ist wiederum zu differenzieren: Geht es um privatrechtliche Geschäfte (Fiskalverwaltung, z.B. im Rahmen von Verhandlungen zu einem Kaufvertrag), kommt es zu einem privatrechtlichen Anspruch (Zivilrechtsweg); erfolgt die Äußerung während der Erfüllung hoheitlicher Aufgaben (z.B. im Zusammenhang mit der Erteilung einer Genehmigung), so ist der Anspruch öffentlich-rechtlicher Natur (Verwaltungsrechtsweg).[37] 19

Das Kriterium des Sachzusammenhangs ist gleichermaßen für die Beurteilung von **Immissionen**, die von **öffentlichen Einrichtungen** ausgehen, und die (dem)entsprechende Qualifizierung von Abwehransprüchen relevant. Auch hier kommen öffentlich-rechtliche (Folgenbeseitigungsanspruch oder öffentlich-rechtlicher Unterlassungsanspruch[38]) sowie privatrechtliche Ansprüche (§§ 1004, 906 BGB) des betroffenen Nachbarn in Betracht, so dass die Frage nach dem Rechtsweg (unterschiedlich) beantwortet werden muss: Ein öffentlich-rechtlicher, vor den Verwaltungsgerichten geltend zu machender Abwehranspruch liegt vor, wenn die Immissionen von öffentlich-rechtlich betriebenen Einrichtungen ausgehen und sie in Zusammenhang mit der Erfüllung öffentlicher Aufgaben (insbesondere der Daseinsvorsorge)[39] stehen.[40] Ein pri- 20

33 Der haftungsrechtlichen Gleichstellung hat sich die Rechtsprechung dadurch angenähert, indem sie auf den Amtshaftungsanspruch nicht die Subsidiaritätsklausel des § 839 Abs. 1 S. 2 anwendet; Ausnahme: Einsatz von Sonderrechten; vgl. BGHZ 68, 217; BGHZ 118, 368, 372; hierzu auch § 33 Rn. 27.

34 Hierzu § 20, § 37.

35 OLG Dresden, NVwZ-RR 1998, 343.

36 Wegen einer ehrverletzenden Äußerung ist ein Beamter darüber hinaus auch dann – unabhängig davon, in welchem Zusammenhang diese Äußerung steht – vor den Zivilgerichten zu verklagen, wenn sie so sehr Ausdruck seiner persönlichen Meinung ist, dass sie dem Hoheitsträger nicht mehr zugerechnet werden kann, vgl. BVerwGE 34, 99, 106 f.

37 Umstritten sind Äußerungen in öffentlich-rechtlichen Rundfunk- und Fernsehsendungen. Der BGH und das BVerwG gehen von einer privatrechtlich zu beurteilenden Streitigkeit aus, BGHZ 66, 182, 185 ff., BVerwG, NJW 1994, 2500. Anders die überwiegende Meinung in der Literatur, die mit Überzeugungskraft eine öffentlich-rechtliche Streitigkeit annimmt, weil Organisation und Tätigkeit der öffentlich-rechtlichen Rundfunkanstalten in öffentlichen Vorschriften geregelt sind, *Bettermann*, NJW 1977, 513; *Detterbeck*, Rn. 38; *Maurer*, § 3 Rn. 23.

38 Vgl. allgemein § 20, § 37.

39 Vgl. zum Begriff der Daseinsvorsorge vorstehend Rn. 13.

vatrechtlicher Abwehr- und Unterlassungsanspruch ist dagegen anzunehmen, wenn das Nutzungsverhältnis privatrechtlich ausgestaltet ist[41] oder das Handeln außerhalb der öffentlichen Zwecksetzung liegt[42].

▶ **zu Fall 4:** Nach der älteren Rechtsprechung war auf die Zielsetzung der Fahrt abzustellen: Diese wäre wegen der Buchprüfung (Steuerrecht als Grundlage für Eingriffsverwaltung) hoheitlich einzustufen gewesen; die Anspruchsgrundlage beruhte dann auf Amtshaftung[43] und die Streitigkeit stellte sich als öffentlich-rechtliche dar (allerdings aufgrund der Sonderzuweisung in Art. 34 S. 3 GG vor den Zivilgerichten auszutragen). Nunmehr gilt der Grundsatz, dass alle Verkehrsteilnehmer haftungsrechtlich gleich gestellt sein sollen (d.h. zivilrechtlich haften). Abweichendes gilt ausnahmsweise, wenn Sonderrechte gem. § 35 StVO in Anspruch genommen werden und damit die Teilnahme am Straßenverkehr nach außen hin als hoheitlich erkennbar ist. Das liegt hier nicht vor. Der Anspruch des S ist somit privatrechtlicher Natur und vor den Zivilgerichten geltend zu machen. ◀

bb) Rechtsakte

▶ **Fall 5:** Der Bürgermeister der Gemeinde G spricht gegenüber den im Rathaus randalierenden Demonstranten A und B, die sich wegen der Verlegung des Ortes der von ihnen angemeldeten Versammlung beschweren wollen, ein Hausverbot aus. Welchen Rechtsweg können A und B beschreiten, um sich dagegen zu wehren? ◀

21 Zu den problematischen Fällen einer Zuordnung von **Rechtsakten** zum öffentlichen Recht oder Privatrecht zählt das gegenüber einem Bürger ausgesprochene **Hausverbot** für öffentliche Gebäude. Es kann sowohl auf privatrechtlichen Rechtsnormen (§§ 903, 1004 BGB) beruhen als auch öffentlich-rechtlich zu beurteilen sein (wenn die Einrichtung eine öffentliche Sache ist und damit dem öffentlichen Rechtsregime unterfällt[44]).[45]

Ein Teil der Rechtsprechung differenziert nach dem Ziel, das der vom Hausverbot Betroffene verfolgt: Dieser könne das Gebäude mit einem öffentlichen[46] oder einem privaten Interesse[47] betreten – dementsprechend sei auch das jeweilige Rechtsverhältnis einzustufen. Das Hausverbot ist hiernach öffentlich-rechtlich zu beurteilen, wenn es z.B. gegenüber einem Bürger ausgesprochen wird, der Widerspruch gegen eine erteilte Abrissverfügung einlegen will. Dem Privatrecht ist das Hausverbot dagegen zuzuordnen, wenn es während der Erledigung privatrechtlicher Geschäfte ergeht, bspw. im Zusammenhang mit Vertragsverhandlungen. Als überzeugender erweist sich jedoch die Gegenansicht[48], die sich an der jeweiligen Widmung des Gebäudes orientiert. So-

40 Öffentlich-rechtlicher Abwehranspruch gegen Geruchsbelästigungen einer gemeindlich betriebenen Kläranlage, BVerwG, DVBl. 1974, 239; gegen Lärmbelästigungen eines kommunalen Sportplatzes, BVerwGE 81, 197; gegen Lärmbelästigungen durch liturgisches Glockengeläut (zum Gottesdienst) einer Kirche, BVerwGE 68, 62.

41 Privatrechtlich genutzter Jugendzeltplatz einer Gemeinde, BGH NJW 1993, 1656.

42 Vgl. auch BVerwG, NJW 1994, 956, wo gegen das Zeitschlagen von Kirchenglocken (ohne liturgischen Bezug) ein privatrechtlicher Abwehranspruch zuerkannt wurde.

43 Zum Amtshaftungsanspruch § 33.

44 Zum Recht der öffentlichen Sachen Teil 5 (§§ 26 ff.).

45 Ausführlich *Schäfer*, JA 1992, 150, 152.

46 Hausverbot zum Betreten einer Universität gegenüber einem Doktoranden und wissenschaftlichen Mitarbeiter wegen sexueller Belästigungen, OVG Münster, NJW 1998, 1425.

47 Hausverbot im Zusammenhang mit der Vergabe von Entwicklungs- und Forschungsaufträgen, BVerwGE 35, 103, oder dem Fotografieren im Standesamt, BGHZ 33, 230.

48 *Maurer*, § 3 Rn. 24; *Bull/Mehde*, Rn. 957. So auch OVG Münster, NVwZ-RR 1989, 316; VGH München, DVBl. 1981, 1010.

lange das Hausverbot der Sicherung des öffentlichen Widmungszwecks des (Verwaltungs-)Gebäudes dient, was regelmäßig der Fall ist (Funktionsfähigkeit der Verwaltung), hat es öffentlich-rechtlichen Charakter; für einen hierüber geführten gerichtlichen Streit ist daher der Verwaltungsrechtsweg eröffnet.

▶ **zu Fall 5:** Vor welchem Gericht A und B gegen das Hausverbot vorgehen müssen, richtet sich nach dessen Rechtsnatur. Die Rechtsprechung knüpft teilweise an den Zweck des Besuchs an. Einerseits randalieren A und B im Rathaus; damit verfolgen sie keine öffentlich-rechtlich zu beurteilenden, sondern privatrechtliche Interessen. Andererseits wollen sie sich wegen der Verlegung der Demonstration beschweren und damit von ihrem Widerspruchsrecht Gebrauch machen; dies ist als öffentlich-rechtliche Angelegenheit einzuordnen. Letztlich ist bei querulatorischen oder störenden Einwirkungen, sofern der Gebrauch der Einrichtung nicht ausschließlich außerhalb der Zweckbestimmung erfolgt, das deswegen ausgesprochene Hausverbot nach verwaltungsgerichtlicher Rechtsprechung öffentlich-rechtlich und der Verwaltungsrechtsweg zu beschreiten.[49] Auch die Gegenansicht würde zum Ergebnis eines öffentlich-rechtlichen Hausverbots kommen: Dessen Ziel ist es, die von A und B ausgehenden Störungen im Rathaus zu unterbinden und damit die Funktionsfähigkeit der Verwaltungstätigkeit zu sichern. ◀

III. Verwaltungsprozessuale Bedeutung: Eröffnung des Verwaltungsrechtswegs

▶ **Fall 6:** Die Polizei hat einen ernstzunehmenden Hinweis erhalten, nach dem sich in einem vor dem Sitz der Landesregierung abgestellten Fahrzeug ein Sprengsatz befinden soll. Der zuständige Beamte ordnet daher an, das Fahrzeug, dessen Halter und Eigentümer A zunächst nicht erreicht werden konnte, von Sprengstoffexperten der Polizei durchsuchen zu lassen. Dazu muss der Wagen aufgebrochen werden, wobei erheblicher Sachschaden entsteht. Ein Sprengsatz wird jedoch nicht gefunden. Als A am nächsten Tag von den Geschehnissen unterrichtet wird, ist er empört. Er hält das Vorgehen der Polizei für rechtswidrig und möchte dies gerichtlich überprüfen lassen. Welchen Rechtsweg muss A beschreiten?

Abwandlung: Wie Fall 6, jedoch hat A nunmehr Verständnis für den Polizeieinsatz und sieht diesen als rechtmäßig an. Allerdings möchte er den an seinem Fahrzeug entstandenen Schaden ersetzt bekommen. Ist der Rechtsweg derselbe? ◀

Wie betont[50], hat die zuvor behandelte Abgrenzung zwischen öffentlichem und privatem Recht besondere Bedeutung im Prozessrecht, nämlich für die Eröffnung des Verwaltungsrechtswegs („öffentlich-rechtliche Streitigkeit“) – oder desjenigen vor den Zivilgerichten („privatrechtliche Streitigkeit“). Die aus verwaltungsgerichtlicher Sicht insoweit maßgebliche Vorschrift des § 40 VwGO enthält freilich noch weitere Voraussetzungen, wie ebenfalls bereits angeklungen ist[51]. Insgesamt stellen sich die Dinge wie folgt dar: 22

Umstritten ist zunächst, ob es sich bei der Eröffnung des Verwaltungsrechtswegs um eine **Zulässigkeitsvoraussetzung** des Rechtsbehelfs (also der Klage)[52] handelt – oder aber um eine hiervon zu unterscheidende, mithin vor und damit außerhalb der Zulässigkeit zu prüfende Maßgabe[53]. Vorzugswürdig erscheint erstere Auffassung (Zuläs-

49 OVG Münster, NJW 1998, 1425.

50 Vorstehend Rn. 6.

51 Vgl. ebenfalls vorstehend Rn. 6.

52 *Gersdorf*, Rn. 1 m.w.N.; *Detterbeck*, Rn. 1319.

53 So *Hufen*, § 10 Rn. 1.

sigkeitsvoraussetzung); denn die Rechtswegeröffnung betrifft zwar nicht die Zulässigkeit des Rechtsbehelfs als solchen (ist der gewählte Rechtsweg unzulässig, wird der Rechsstreit nicht etwa als unzulässig zurückgewiesen, sondern gem. § 17a Abs. 2 GVG i.V.m. § 173 Abs. 2 VwGO an das zuständige Gericht des zulässigen Rechtswegs verwiesen[54]), wohl aber seine Zulässigkeit vor den Verwaltungsgerichten.[55]

1. Aufdrängende Sonderzuweisungen

23 Als unproblematisch stellt sich die Eröffnung des Verwaltungsrechtswegs im Fall des Vorliegens einer sog. aufdrängenden Sonderzuweisung, also einer Norm dar, die den der Klage zugrunde liegenden Rechtsstreit vorbehaltlos der Verwaltungsgerichtsbarkeit zuweist, wie § 126 Abs. 1 BRRG (noch[56]) und § 54 BaföG. Diese stehen zu § 40 Abs. 1 VwGO im Verhältnis der Spezialität und sind damit vorrangig. Deshalb muss vor dem Rückgriff auf die allgemeine Vorschrift die Einschlägigkeit einer der Spezialzuweisungen ausgeschlossen werden (können).

2. Generalklausel des § 40 Abs. 1 VwGO

24 Ist das wie meist der Fall, beurteilt sich die Frage anhand von § 40 Abs. 1 VwGO. Hiernach ist der Verwaltungsrechtsweg in allen öffentlich-rechtlichen Streitigkeiten nichtverfassungsrechtlicher Art eröffnet[57], soweit diese nicht durch Bundesgesetz (oder Landesgesetz nach Maßgabe des § 40 Abs. 1 S. 2 VwGO) einem anderen Gericht ausdrücklich zugewiesen sind.

a) Öffentlich-rechtliche Streitigkeit

25 Die Feststellung des öffentlich-rechtlichen Charakters einer Streitigkeit bildet regelmäßig den Schwerpunkt der Prüfung des § 40 Abs. 1 S. 1 VwGO. Es gelten die zuvor dargestellten Abgrenzungsgrundsätze und ggf. –theorien.[58]

b) Nichtverfassungsrechtliche Streitigkeit

26 Darüber hinaus muss es sich um eine nichtverfassungsrechtliche Streitigkeit handeln. Das ist nach h.M.[59] dann der Fall, wenn es ihr an der sog. **doppelten Verfassungsunmittelbarkeit** (auch Verfassungsimmanenz) fehlt. Von doppelter Verfassungsimmanenz sind Streitigkeiten, die zum einen unmittelbar aus der Verfassung folgende Rechte und Pflichten zum Gegenstand haben (materielles Element), und zum anderen von am Verfassungsleben unmittelbar beteiligten Parteien (formelles Element) ausgetragen

54 Bereits vorstehend Rn. 5, nachfolgend Rn. 28.

55 *Gersdorf*, Rn. 1.

56 Die § 126 Abs. 1 BRRG zugrunde liegende Rahmengesetzgebungskompetenz des Bundes ist infolge der sog. Föderalismusreform 2006 (dazu in Kurzform *Erbguth* in: Sachs, Art. 30 Rn. 29) entfallen; das Beamtenrechtsrahmengesetz soll durch ein Beamtenstatusgesetz ersetzt werden, weil der Bund nunmehr im Beamtenrecht über eine konkurrierende Gesetzgebungskompetenz verfügt, aber nur bezogen auf Statusrechte und -pflichten der Beamten; zum Entwurf des Beamtenstatusgesetzes H. A. *Wolff*, DÖV 2007, 504. Diese **anstehende Änderung** gilt es auch bei weiteren beispielhaften Nennungen von § 126 BRRG (u.ä.) in der nachfolgenden Darstellung zu beachten.

57 Bereits § 5 Rn. 6.

58 Vgl. vorstehend Rn. 4 ff.

59 *Hufen*, § 11 Rn. 69; *Würtenberger*, Rn. 161; a.A. *Schenke*, Rn. 127 f.

werden.[60] Am Verfassungsleben unmittelbar beteiligt sind nur solche Personen, deren rechtliche Existenz sich direkt aus dem Verfassungsrecht ableitet.[61]

Der **Bürger** stellt keine unmittelbar am Verfassungsleben beteiligte Person dar, und zwar mangels des formellen Elements; auch wenn er sich auf die Verletzung von Grundrechten beruft, fehlt es mithin regelmäßig an einer verfassungsrechtlichen Streitigkeit, so dass eine solche verwaltungsrechtlicher Art vorliegt. Nur ausnahmsweise soll einem bürgerseits geführten streitigen (Gerichts-)Verfahren verfassungsrechtlicher Charakter zukommen, nämlich wenn der Einzelne die (unmittelbare) Überprüfung bzw. den Erlass eines formellen Gesetzes anstrebt.[62] Ähnlich verhält es sich bei **Parteien.** Da sie im gesellschaftlichen Bereich verwurzelt und staatsfrei sind, handelt es sich grds. nicht um am Verfassungsleben unmittelbar Beteiligte; sie sind daher auf den Verwaltungsrechtsweg verwiesen. Sofern eine Partei freilich gegen ein oberstes Bundesorgan Rechte geltend macht, die in ihrem besonderen verfassungsrechtlichen Status aus Art. 21 GG begründet sind, soll nach ständiger Rechtsprechung des Bundesverfassungsgerichts[63] eine verfassungsrechtliche Streitigkeit vorliegen, die im Wege des Organstreitverfahrens zu führen ist.[64] Der in § 40 Abs. 1 S. 1 VwGO verwandte Terminus „nichtverfassungsrechtlich" bezieht sich i.Ü. nur auf **staatliches Verfassungsrecht.** Sog. kommunalverfassungsrechtliche Streitigkeiten, also etwa zwischen Gemeindevertretung und Bürgermeister (u.ä.), sind nicht vom Ausschluss erfasst; es geht bei ihnen um Auseinandersetzungen über gemeindliches Verwaltungs- bzw. Organisationsrecht – und nicht um Verfassungsrecht; zu Recht werden sie daher der Verwaltungsgerichtsbarkeit zugeordnet.[65]

c) Fehlen einer abdrängenden Sonderzuweisung

Auch wenn die vorstehenden Anforderungen erfüllt sind, ist der Verwaltungsrechtsweg nach § 40 Abs. 1 S. 2 VwGO nur vorbehaltlich anderer bundesgesetzlicher und – bei Streitigkeiten auf dem Gebiet des Landesrechts – nach § 40 Abs. 1 S. 2 VwGO auch landesgesetzlicher Regelungen eröffnet.[66] Um solche „abdrängenden" Sonderzuweisungen handelt es sich bei § 33 FGO und § 51 SGG, die eine Verweisung an besondere Verwaltungsgerichte beinhalten; danach werden Streitigkeiten in Steuer- und Abgabenangelegenheiten der Finanzgerichtsbarkeit und sozialrechtliche Streitigkeiten der Sozialgerichtsbarkeit zugewiesen. Darüber hinaus finden sich zahlreiche Verweisungen zur ordentlichen Gerichtsbarkeit, so in Art. 34 S. 3 GG für die Geltendmachung von Amtshaftungsansprüchen, in Art. 14 Abs. 3 S. 4 GG für Streitigkeiten über die Höhe von Enteignungsentschädigungen, in § 23 EGGVG für Verfügungen von Justizbehörden auf dem Gebiet der Strafrechtspflege,[67] in § 49 Abs. 6 S. 3 VwVfG für die Geltendmachung des aufgrund Widerrufs eines Verwaltungsaktes entstandenen Vertrauensschadens sowie bspw. in § 77 SOG M-V für Entschädigungsansprüche bei Inanspruchnahme eines Nichtstörers im Rahmen der Gefahrenabwehr. Nicht zuletzt 27

60 BVerwGE 36, 228; BVerwGE 60, 172; BVerfGE 42, 112; *Erichsen*, Jura 1994, 418, 422; kritisch *Kopp/Schenke*, § 40 Rn. 32 m.w.N.; *Bethge*, JuS 2001, 1100; *ders.* Jura 1998, 529.

61 *Detterbeck*, Rn. 1327.

62 BVerfGE 70, 35, 55; BVerwGE 80, 355, 358; *Würtenberger*, Rn. 166; a.A. *Hufen*, § 11 Rn. 70.

63 Vgl. nur BVerfGE 6, 84, 88; BVerfGE 85, 264, 284.

64 *Gersdorf*, Rn. 14; vgl. ferner BVerfG, DVBl. 2007, 848: Volksinitiative ist kein Verfassungsorgan.

65 *Hufen*, § 11 Rn. 71.

66 Eingehend *Kunig*, Jura 1990, 386; Überblick bei *Kopp/Schenke*, § 40 Rn. 49.

67 Ausführlich dazu *Gersdorf*, Rn. 16.

enthält auch § 40 Abs. 2 S. 1 Hs. 1 VwGO selbst abdrängende Sonderzuweisungen an die ordentlichen Gerichten, nämlich bei Ansprüchen aus Aufopferung (streitig ist, ob dies auch für Ansprüche aus enteignungsgleichem bzw. enteignendem Eingriff[68] gilt)[69], aus öffentlich-rechtlicher Verwahrung sowie aus der Verletzung öffentlich-rechtlicher Pflichten, die nicht auf einem öffentlich-rechtlichen Vertrag[70] beruhen.[71] Sofern es an einer dergestalt abdrängenden Sonderzuweisung fehlt, ist der Verwaltungsrechtsweg gem. § 40 Abs. 1 VwGO eröffnet.

d) Verfahren bei Rechtswegstreitigkeiten

28 Kommt das Verwaltungsgericht zur Überzeugung, dass der Verwaltungsrechtsweg nicht eröffnet ist, nimmt es von Amts wegen eine Verweisung des Rechtsstreits an das zuständige Gericht vor, §§ 17a Abs. 2 GVG, 173 VwGO. Dieser Beschluss ist für das Gericht, an das der Rechtsstreit verwiesen wurde, hinsichtlich des Rechtsweges bindend (§ 17a Abs. 2 S. 3 GVG). Eine Zurückverweisung oder Weiterverweisung an ein drittes Gericht ist nicht möglich; Ausnahmen gelten nur bei grob fehlerhaften Verweisungen.[72] Umgekehrt kann das angerufene Verwaltungsgericht, wenn es den beschrittenen Rechtsweg für zulässig hält, vorab durch Beschluss eben diese Zulässigkeit feststellen (§ 17a Abs. 3 S. 1 GVG).[73]

▶ **ZU FALL 6:** An einer aufdrängenden (Sonder-)Zuweisung an die Verwaltungsgerichtsbarkeit fehlt es. Dann beurteilt sich der Zugang zu den Verwaltungsgerichten anhand § 40 Abs. 1 VwGO. Hiernach ist der Verwaltungsrechtsweg in allen öffentlich-rechtlichen Streitigkeiten nichtverfassungsrechtlicher Art gegeben, sofern keine anderweitige Zuweisung vorliegt. Öffentlich-rechtlich ist eine Streitigkeit, wenn die streitentscheidende Norm dem öffentlichen Recht angehört. Streitgegenstand ist hier das gewaltsame Öffnen und anschließende Durchsuchen des Kraftfahrzeugs durch die Polizei. Die Rechtmäßigkeit eines derartigen Vorgehens beurteilt sich nach den Vorschriften des jeweiligen (Landes-)Polizei- bzw. Sicherheitsgesetzes über die Durchsuchung von Sachen (z.B. § 57 SOG M-V) oder nach der polizeilichen Generalklausel (etwa § 13 SOG M-V). Diese Normen ermächtigen die Ordnungsbehörden und damit ausschließlich Träger hoheitlicher Gewalt in eben dieser Funktion, unter bestimmten Voraussetzungen Sachen zu durchsuchen; sie sind daher dem öffentlichen Recht zuzuordnen. Es handelt sich also um eine öffentlich-rechtliche Streitigkeit. Verfassungsrechtlich ist ein Rechtsstreit, wenn er doppelte Verfassungsunmittelbarkeit aufweist, also von unmittelbar am Verfassungsleben beteiligten Parteien geführt wird und direkt aus der Verfassung folgende Rechte und Pflichten zum Gegenstand hat. Weder A als Bürger noch die Polizei als Ordnungsbehörde sind in diesem Sinne unmittelbar am Verfassungsleben beteiligt; schon deshalb fehlt es an einer verfassungsrechtlichen Streitigkeit. Indem der Rechtsstreit nicht durch Anwendung und Auslegung von Verfassungsrecht, sondern des Polizei- und Ordnungsrechts geprägt ist, fehlt überdies das materielle Element der Verfassungsunmittelbarkeit – selbst wenn A eine Verletzung von Grundrech-

68 Dazu § 35 Rn. 30 ff.

69 So BGHZ 90, 17, 31; a.A. *Hufen*, § 11 Rn. 90; vgl. *Würtenberger*, Rn. 179; *Kopp/Schenke*, § 40 Rn. 61; vgl. § 35 Rn. 39, 48.

70 Dazu § 21.

71 Umfangreiche Aufzählung und detaillierte Darstellung abdrängender Sonderzuweisungen bei *Würtenberger*, Rn. 168 ff.

72 BVerwG, NVwZ 1993, 770, 771; *Hufen*, § 11 Rn. 97; *Würtenberger*, Rn. 195.

73 Auf Rüge eines Beteiligten an der Zulässigkeit des Rechtsweges ist es dazu verpflichtet, § 17a Abs. 3 S. 2 GVG; hiergegen ist nach §§ 17a Abs. 4 S. 3 GVG, 146 VwGO die Beschwerde möglich.

ten geltend macht. In (weiterer) Ermangelung einer abdrängenden Sonderzuweisung ist der Verwaltungsrechtsweg nach § 40 Abs. 1 S. 1 VwGO eröffnet.

Zur Abwandlung: Fraglich ist, ob auch in diesem Fall der Rechtsweg zum Verwaltungsgericht eröffnet ist. Eine aufdrängende Sonderzuweisung ist nicht ersichtlich. Es bleibt also bei § 40 Abs. 1 S. 1 VwGO, wonach eine öffentlich-rechtliche Streitigkeit nichtverfassungsrechtlicher Art ohne abdrängende Zuweisung gegeben sein muss. Der Streit um die Entschädigung für die bei der Durchsuchung am Kraftfahrzeug des A entstandenen Schäden bemisst sich nach Normen des Polizeirechts, die öffentlich-rechtlicher Natur sind (s.o.). Auch ist A kein unmittelbar am Verfassungsleben Beteiligter, weshalb es sich (erneut) um eine nichtverfassungsrechtliche Streitigkeit handelt. Allerdings sind sowohl für die in den jeweiligen Polizei- bzw. Sicherheitsgesetzen geregelten Entschädigungsansprüche (z.B. § 77 SOG M-V) als auch für den (bei Fehlen oder Nichtanwendbarkeit einer besonderen derartigen Regelung in Betracht kommenden) Anspruch aus enteigendem Eingriff[74] (§ 40 Abs. 2 S. 1 Hs. 1 VwGO[75]) abdrängende Sonderzuweisungen an die ordentlichen Gerichte einschlägig. ◀

IV. Wiederholungs- und Verständnisfragen

1. Wie ordnet sich das Verwaltungsrecht in das allgemeine Rechtssystem ein und wie lässt sich das Recht der Verwaltung untergliedern?
2. Wo wird die Abgrenzung von öffentlichem Recht und Privatrecht relevant?
3. Wie ist bei der Abgrenzung vorzugehen?
4. Welche Aufgabenbereiche der öffentlichen Verwaltung gibt es und wie kann anhand dessen eine Zuordnung zum öffentlichen und privaten Recht vorgenommen werden?
5. Wie ist die Abgrenzung bei schlicht-hoheitlichem Handeln vorzunehmen?
6. Was versteht man unter aufdrängender und abdrängender (Sonder-)Zuweisung i.S.d. § 40 Abs. 1 S. 1 VwGO?
7. Wann liegt eine nichtverfassungsrechtliche Streitigkeit nach § 40 Abs. 1 S. 1 VwGO vor?

74 Dazu § 35 Rn. 41.

75 Zum diesbezüglichen Streit vorstehend Rn. 27 m.w.N.

§ 6 Verwaltungsorganisation

▶ **Fall 6:** Eines Morgens bekommt B zwei für ihn unangenehme Briefe. Das erste Schreiben enthält einen Einberufungsbescheid des Kreiswehrersatzamtes. Im zweiten Brief findet sich eine Ablehnung seines Antrags auf Zuteilung eines Studienplatzes im Fach Medizin durch die ZVS. Zu allem Überfluss weigert sich am Nachmittag ein Prüfer des TÜV, am Wagen des B die TÜV-Plakette anzubringen, weil das Fahrzeug erhebliche Mängel aufweise. Ist B in allen Fällen mit Trägern der Staatsgewalt in Berührung gekommen? ◀

1 Wenn bislang von Verwaltung oder Staat die Rede war, bezog sich dies auf Verwaltungs- bzw. Hoheitsträger. Bei ihnen handelt es sich um Organisationen oder Subjekte, die Verwaltungsaufgaben wahrnehmen. Klärungsbedürftig bleibt, welche unterschiedlichen Träger öffentlicher Verwaltung es gibt und wie diese organisiert sind bzw. sich im Staatsgefüge einordnen.[1]

I. Grundbegriffe

1. Verwaltungsträger

2 Verwaltungsträger ist zuallererst der Staat in seinen Ausformungen **Bund** (§ 1 Abs. 1 Nr. 1 VwVfG) und **Länder** (§ 1 Abs. 1 Nr. 2 VwVfG). Bund und Länder sind Träger der sog. **unmittelbaren Staatsverwaltung.**[2] In § 1 Abs. 1 VwVfG werden noch weitere Verwaltungsträger benannt: Körperschaften, Anstalten und Stiftungen des öffentlichen Rechts, die Gemeinden und die Gemeindeverbände. Sie sind Träger der sog. **mittelbaren Staatsverwaltung.**[3] Einen Sonderfall des Verwaltungsträgers stellt der in § 1 Abs. 1 VwVfG nicht ausdrücklich genannte Beliehene dar.[4]

3 Verwaltungsträger sind grds. – eine Ausnahme bildet der Beliehene – **juristische Personen** des öffentlichen Rechts, die öffentliche Aufgaben wahrnehmen. Ebenso wie juristische Personen des Privatrechts haben sie eigene Rechtspersönlichkeit und sind Träger von Rechten und Pflichten, die selbst klagen und verklagt werden können.[5] Während sich aber die Gründung von juristischen Personen des Privatrechts nach Vorschriften des Zivilrechts richtet (z.B. die Errichtung einer AG aufgrund von § 1 AktG oder die Gründung einer GmbH nach § 13 GmbHG), können juristische Personen des öffentlichen Rechts nur durch ein Gesetz oder aufgrund eines Gesetzes errichtet werden, das dem öffentlichen Recht zuzuordnen ist (z.B. die Errichtung von Handwerkskammern als Körperschaften des öffentlichen Rechts aufgrund von § 90 Abs. 1 HandwO).

2. Organ, Behörde, Amt

4 Juristische Personen im Allgemeinen und Verwaltungsträger im Besonderen sind zwar Inhaber von Rechten und Pflichten und damit rechtsfähig. Dies bedeutet aber noch

1 Ausführlich zum Verwaltungsorganisationsrecht *Schmidt-De Caluwe*, JA 1993, 77, 115 und 143; vertiefend die Beiträge von *Groß*, *Jestaedt*, *Wißmann* und *Schuppert* in: Hoffmann-Riem/Schmidt-Aßmann/Voßkuhle, S. 841, 891, 943 und 995.

2 Siehe Rn. 11 ff.

3 Siehe Rn. 14 ff.

4 Siehe hierzu Rn. 22.

5 *Detterbeck*, Rn. 180.

nicht, dass sie auch handlungsfähig sind; letztere Fähigkeit besitzen nur Menschen.[6] Vonnöten sind daher noch die Handlungsfähigkeit herstellende „Werkzeuge“, die **Organe.** Hierbei handelt es sich um nichtrechtsfähige Verwaltungsstellen, durch welche die Verwaltungsträger ihre Aufgaben erfüllen. Sie werden mit Menschen (**Organwaltern**) besetzt, die den Organen zugewiesene Zuständigkeiten wahrnehmen. Im Unterschied zum Verwaltungsträger ist das Organ zwar nicht rechtsfähig, aber organisatorisch selbständig, d.h., es besteht als rechtlich geschaffene Einrichtung eines Verwaltungsträgers[7] auch unabhängig von der Besetzung mit Organwaltern. Das Handeln seiner Organe wird dem Verwaltungsträger zugerechnet. Organe des Landes sind z.B. der Regierungspräsident und die Finanzämter. Organe des Bundes sind u.a. die Bundesministerien und ihnen nachgeordnete Behörden.[8] Die Gemeindevertretung (Gemeinderat, Bürgerschaft) und der Bürgermeister sind Organe der Gemeinden. In Gesetzgebung und Praxis werden die Begriffe Organ und Organwalter aus nachfolgenden Gründen eher selten gebraucht; anders sieht es mit Blick auf Behörden aus, um die es nunmehr geht.

Solange das „Werkzeug“ nur innerhalb des Verwaltungsträgers tätig wird, ist es bloßes Verwaltungsorgan. Handelt es hingegen im Außenverhältnis (gegenüber einem Bürger oder einem verselbständigten Verwaltungsträger), wird es als **Behörde** tätig. Nach § 1 Abs. 4 VwVfG ist eine Behörde[9] „jede Stelle, die Aufgaben der öffentlichen Verwaltung wahrnimmt“. Erfasst werden zunächst alle organisatorisch verselbständigten Organe, die im Außenverhältnis im Namen des Verwaltungsträgers hoheitlich handeln.[10] D(ies)er sog. **funktionelle** Behördenbegriff stellt auf die Tätigkeit der jeweiligen Stelle ab: Sobald sie Aufgaben der öffentlichen Verwaltung wahrnimmt, ist sie Behörde. Danach sind auch sonstige Staatsorgane, die nicht zur Verwaltung gehören (Gesetzgebung, Rechtsprechung), oder Teile von ihnen Behörden, wenn sie Verwaltungsaufgaben[11] erledigen (wie der Bundestagspräsident, wenn er während einer Bundestagssitzung aufgrund seiner Polizeigewalt einen störenden Zuhörer aus dem Sitzungssaal weist, oder der Bundespräsident, wenn er Bundesbeamte ernennt). Sofern Staatsorgane jedoch gesetzgeberisch, regierend oder rechtsprechend handeln, sind sie keine Behörden. Auch Einzelpersonen oder juristische Personen des Privatrechts, die mit der Wahrnehmung von Aufgaben der öffentlichen Verwaltung beliehen worden sind (sog. Beliehene)[12], können als Behörde i.S.v. § 1 Abs. 4 VwVfG handeln; sie stellen aber kein Organ eines Verwaltungsträgers dar, vielmehr sind sie im Rahmen ihrer rechtlich selbständigen und eigenverantwortlichen Tätigkeit selbst Verwaltungsträger.[13] Abgesehen von dieser Besonderheit sind Behörden von Verwaltungsträgern strikt zu trennen; grds. gilt: Letztere haben Behörden, sind jedoch keine.[14] 5

Der Bestimmung des Verwaltungsträgers kommt Bedeutung im **Verwaltungsprozessrecht** zu. Wehrt sich ein Bürger gegen eine Entscheidung der Verwaltung, stehen ihm 6

6 *Maurer*, § 21 Rn. 19.

7 *Maurer*, § 21 Rn. 19.

8 Zum Behördenbegriff sogleich unter Rn. 5.

9 Der Begriff Behörde wird auch in anderen Gesetzen (Art. 35 Abs. 1, 84, 85, 87 GG, §§ 130, 136 BGB) verwendet, aber jeweils mit unterschiedlicher Bedeutung.

10 Zur Definition der Behörde auch BVerfGE 10, 20, 48.

11 Zur Bestimmung der Tätigkeit der Verwaltung § 1.

12 Hierzu Rn. 22.

13 So auch *Maurer*, § 21 Rn 11. Näher § 6 Rn. 22.

14 *Ipsen*, Rn. 213.

verschiedene Klagemöglichkeiten vor den Verwaltungsgerichten offen.[15] Gegen wen sich seine Klage zu richten hat, bestimmt sich nach Vorschriften der Verwaltungsgerichtsordnung. Die Klage (Anfechtungs- oder Verpflichtungsklage) ist nach dem Rechtsträgerprinzip gegen die juristische Person des öffentlichen Rechts bzw. den Verwaltungsträger, deren/dessen Behörde tätig geworden ist, zu richten, § 78 Abs. 1 Nr. 1 VwGO. Das jeweilige Landesrecht kann freilich vorsehen, dass gegen die handelnde Behörde selbst geklagt werden muss, § 78 Abs. 1 Nr. 2 VwGO.[16]

7 Behörden sind i.d.R. innerorganisatorisch in verschiedene Aufgabenbereiche untergliedert, die vielfach, insbesondere im kommunalen Bereich, als **Ämter** (im organisationsrechtlichen Sinne) bezeichnet werden, wie das Bauamt, Liegenschaftsamt oder Ordnungsamt einer Gemeinde.[17] Das Amt wird von natürlichen Personen wahrgenommen, sog. **Amtswalter**. Im Gegensatz zur Behörde besitzt das Amt keine Außenzuständigkeit im Verhältnis zum Bürger, weshalb nur die Behörde, nicht aber ein ihr untergeordnetes Amt bzw. der dort tätige Amtswalter im Verwaltungsprozess klagen oder verklagt werden kann.

II. Zuständigkeiten

8 Zuständigkeit meint die rechtssatzförmige Festlegung, welcher Verwaltungsträger und welches Verwaltungsorgan innerhalb der Verwaltungsorganisation eine bestimmte Aufgabe zu erledigen hat.[18] Da die Behörde nach außen für einen Verwaltungsträger tätig wird, knüpfen die Vorschriften zumeist an die Zuständigkeit der Behörde an. Regelungen der Zuständigkeit sind aus mehreren Gründen unverzichtbar: Durch sie wird die jeweilige Aufgabe der für die Ausführung geeigneten Stelle zugewiesen und für jede anfallende Aufgabe die Verantwortlichkeit begründet. Jene Bestimmungen dienen zudem der Verwaltungsökonomie; sie sollen Doppelzuständigkeiten aus Kostengründen vermeiden. Die Feststellung der Zuständigkeit (sachlich, örtlich, instanziell) ist vor allem mit Blick auf die formelle Rechtmäßigkeit von Verwaltungsakten bedeutsam.[19]

III. Verwaltungsaufbau

9 Die deutsche (Staats-)Verwaltung unterfällt in unmittelbare und mittelbare Bundes- sowie unmittelbare und mittelbare Landesverwaltung. Die Verteilung der hoheitlichen Funktionen auf Bund und Länder zeichnet sich nach dem Grundgesetz dadurch aus, dass anders als bei den Gesetzgebungskompetenzen (vgl. Art. 71 ff. GG) der Gesetzesvollzug, d.h. die Verwaltungstätigkeit, weitgehend Ländersache ist (Art. 30, 83 ff. GG). Bundesverwaltung ist nur zulässig, wenn eine der Zuordnungsnormen der Art. 86 ff. GG dies bestimmt (sog. bundeseigene Verwaltung).

15 Überblick bei § 11 Rn. 4 f.

16 Von dieser Möglichkeit hat z.B. Mecklenburg-Vorpommern mit § 14 Abs. 2 Gesetz zur Ausführung des Gerichtsstrukturgesetzes M-V Gebrauch gemacht. Näher zur Bestimmung des Klagegegners § 10 Rn. 16, § 19a Rn. 24, § 20 Rn. 12.

17 Die jeweilige Bezeichnung ist für die Zuordnung allerdings nicht ausschlaggebend. So handelt es sich beim Finanzamt, Umweltbundesamt, Statistischen Landesamt um keine Ämter im vorstehenden Sinne, sondern um Verwaltungsträger und – durch ihre Leitungsorgane (Vorsteher, Präsident) – nach außen wirkende Behörden.

18 Vgl. nur *Maurer*, § 21 Rn. 44; *Bull/Mehde*, Rn. 386; *Battis*, S. 61 f.; *Ipsen*, Rn. 222; näher *Collin/Fügemann*, JuS 2005, 694.

19 Deshalb wird auf Fragen der Zuständigkeit näher unter § 14 Rn. 9 ff. bei der Behandlung von Verwaltungsakten eingegangen.

Von **unmittelbarer Staatsverwaltung** spricht man, wenn Bund oder Länder durch eigene, nicht rechtsfähige Behörden tätig werden. Erfasst werden also Stellen, die nicht selbst Verwaltungsträger, sondern einem solchen als Organ zugeordnet sind. Um **mittelbare Staatsverwaltung** handelt es sich hingegen, wenn ausgegliederte Verwaltungsträger handeln, d.h. der Bund oder das Land seine Verwaltungsaufgaben nicht durch eigene Behörden erfüllt, sondern durch i.d.R. rechtlich eigenständige Organisationen (juristische Personen) wahrnehmen lässt. Unterscheiden lassen sich hier Verwaltungsträger mit Selbstverwaltungsbefugnissen (etwa Gemeinden)[20] und Verwaltungsträger ohne derartige Befugnisse (z.B. Beliehene)[21]. 10

Übersicht 3:
Organisatorische Grundstruktur der Bundes- und Landesverwaltung

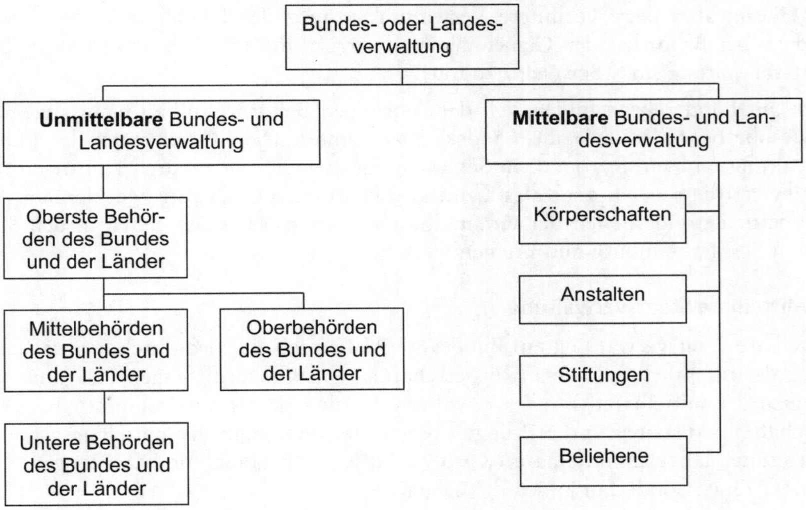

1. Unmittelbare Staatsverwaltung

a) Unmittelbare Bundesverwaltung

Die Verwaltung im Bund besteht nur z.T. aus drei Instanzen. An der Spitze stehen dann die **obersten Stellen** (z.B. Bundeskanzler, Bundesministerien), die sowohl mit Regierungsaufgaben als auch solchen der Verwaltung befasst sind; es sind Verfassungsorgane, sie bilden zugleich die Spitze des hierarchischen Verwaltungsaufbaus und sind keiner anderen Behörde untergeordnet.[22] Danach folgen die **mittleren** und **unteren Behörden.** Ein Beispiel für bundeseigene Verwaltung mit eigenem Verwaltungsunterbau ist die Bundeswehrverwaltung (Art. 87b GG): Oberste Bundesstelle ist der Bundesverteidigungsminister, die Mittelinstanz bilden die Wehrbereichsverwaltungen und die unteren Behörden sind die Kreiswehrersatzämter. Häufig aber fehlt 11

20 Sogleich Rn. 18.

21 Näher Rn. 22.

22 Vgl. *Maurer*, § 22 Rn. 37.

der (unmittelbaren) Bundesverwaltung der Verwaltungsunterbau, d.h. es gibt keine nachgeordneten Behörden auf mittlerer und unterer Verwaltungsstufe.[23]

12 Außerhalb dieses Instanzenzugs stehen sog. **Bundesoberbehörden**. Sie sind zwar einer **obersten** Behörde nachgeordnet, haben i.d.R. aber selbst keine nachgeordneten Behörden. Sie nehmen fachlich abgrenzbare Verwaltungsaufgaben für das gesamte Bundesgebiet wahr (etwa Umweltbundesamt, Kraftfahrt-Bundesamt).

b) Unmittelbare Landesverwaltung

13 Die unmittelbare Landesverwaltung wird von Landesbehörden wahrgenommen. Sie weist regelmäßig eine dreistufige Hierarchie auf: Oberste Landesbehörden sind die Ministerpräsidenten und Landesministerien, auf mittlerer Ebene finden sich vielfach Bezirksregierungen und zu den unteren Landesbehörden gehören z.B. die Finanzämter. Häufig aber liegt die untere Verwaltungsinstanz der Länder nicht bei eigenen, sondern bei Behörden der Gemeinden und Kreise, die insoweit Träger mittelbarer Staatsverwaltung sind (Beispiel: Landrat).[24]

Auch auf Länderebene finden sich dem normalen Behördenaufbau nicht zugehörige **Landesoberbehörden**, wie die Landeskriminalämter. Die Mittelinstanz der Landesverwaltung fehlt im Saarland, in Schleswig-Holstein, Brandenburg, Thüringen (dort gibt es stattdessen ein zentrales Landesverwaltungsamt) und in Mecklenburg-Vorpommern. Besonderheiten der unmittelbaren Landesverwaltung gelten in den Stadtstaaten Berlin, Hamburg und Bremen.

2. Mittelbare Staatsverwaltung

14 Mittelbare Staatsverwaltung auf Bundes- wie Länderebene wird durch juristische Personen des öffentlichen Rechts (Körperschaften, Anstalten, Stiftungen) ausgeführt. Im Rahmen der mittelbaren Bundesverwaltung werden sie als bundesunmittelbare Körperschaften, Anstalten und Stiftungen bezeichnet, innerhalb der mittelbaren Landesverwaltung landesunmittelbare Körperschaften, Anstalten und Stiftungen[25] genannt.[26] Einen Sonderfall bilden die Beliehenen.

a) Körperschaften

15 Bei Körperschaften des öffentlichen Rechts handelt es sich um mitgliedschaftlich verfasste und vom Wechsel der Mitglieder unabhängige Organisationen.[27] Sie werden durch Gesetz oder aufgrund eines Gesetzes eingerichtet, um bestimmte öffentliche Aufgaben i.d.R. mit hoheitlichen Verwaltungsmitteln (Hoheitsbefugnissen) und unter staatlicher Aufsicht zu erfüllen.[28] Die Mitgliedschaft in Körperschaften kann freiwillig, aber auch gesetzlich vorgeschrieben sein.[29] Sie steht regelmäßig in Abhängigkeit

23 Zu landesrechtlichen Bindungen von Bundesbehörden am Beispiel der pressegesetzlichen Auskunftspflichten *Hecker*, DVBl. 2006, 1416.

24 Näher Rn. 18.

25 Körperschaften, Anstalten und Stiftungen sind in § 10 Organisationsgesetz für das Land M-V (LOG M-V) legaldefiniert.

26 Die Bezeichnung bundes- bzw. landesunmittelbar bezieht sich nicht auf die Zuordnung zur unmittelbaren oder mittelbaren Staatsverwaltung, sondern auf diejenige zum Bund bzw. zu den Ländern.

27 Vgl. *Detterbeck*, Rn. 182.

28 Zur Aufsicht gegenüber selbständigen Körperschaften des öffentlichen Rechts nachfolgend Rn. 27.

29 Zur Rechtmäßigkeit der Zwangsmitgliedschaft siehe BVerfGE 10, 354 (Ärztekammer); BVerwGE 59, 231 (verfasste Studentenschaft); BVerwG, NJW 1998, 3510 (Industrie- und Handelskammern).

von bestimmten Kriterien. Anhand jener Anknüpfungspunkte für die Mitgliedschaft lassen sich verschiedene Arten von Körperschaften des öffentlichen Rechts unterscheiden:

Bei **Realkörperschaften** knüpft die Mitgliedschaft an Eigentum (z.B. an einem Grundstück), den Betrieb eines Unternehmens oder eine sachbezogene Berechtigung. Zu den Realkörperschaften gehören u.a. die Industrie- und Handelskammern. Die Mitgliedschaft in **Personalkörperschaften** ist abhängig von bestimmten Eigenschaften ihrer Mitglieder, typischerweise dem Beruf. Zu den Personalkörperschaften auf Bundesebene gehören etwa die Berufskammern wie die Bundesrechtsanwaltskammer. Auf Länderebene sind dies z.B. die Hochschulen[30] oder Landesärztekammern. Darüber hinaus können mehrere Körperschaften des öffentlichen Rechts zu einer gemeinsamen vereint werden, sog. **Verbandskörperschaften** (wie kommunale Zweckverbände). Dabei handelt es sich um freiwillig vorgenommene oder gesetzlich vorgeschriebene Zusammenschlüsse von Gemeinden zur gemeinsamen Erfüllung einer bestimmten öffentlichen Aufgabe (z.B. Abfallbeseitigungsverbände oder gemeinsam betriebene Energieversorgung). Bei **Gebietskörperschaften** bestimmt sich die Mitgliedschaft nach dem Wohnsitz oder dem Geschäftssitz.[31] Typische Gebietskörperschaften sind **Gemeinden** und **Gemeindeverbände.**[32] Sie sind der mittelbaren Staatsverwaltung zugeordnet. Ihre Zuständigkeit erstreckt sich auf das Gemeinde- bzw. Kreisgebiet und die dort ansässigen Personen. 16

Errichtung und wesentliche Strukturen der Körperschaften (Mitgliederkreis, Organisation und Aufgaben) muss der Gesetzgeber regeln. Die von den Körperschaften zu erfüllenden Aufgaben ergeben sich aus der vorgegebenen Zwecksetzung, die ihre Errichtung verfolgt. Berufskammern bspw. haben die Berufs- und Standesangelegenheiten ihrer Mitglieder zu erledigen (die Handwerkskammern etwa die aus dem Aufgabenkatalog in § 91 HandwO festgelegten Angelegenheiten, die Bundesrechtsanwaltskammer die Aufgaben aus § 177 BRAO). Die Ausgestaltung der Aufgabenerfüllung im Einzelnen ist den Körperschaften überlassen. Körperschaften, die in diesem Sinne ihre eigenen Angelegenheiten selbst wahrnehmen und verwalten, werden als **Selbstverwaltungskörperschaften** bezeichnet. 17

Besondere Bedeutung als Selbstverwaltungskörperschaften kommt den **Gemeinden** und **Kreisen** zu. Ihnen ist die **kommunale Selbstverwaltung** verfassungsrechtlich in Art. 28 Abs. 2 GG – wenn auch unterschiedlich ausgeprägt[33] – garantiert. Bei den Gemeinden versteht Art. 28 Abs. 2 S. 1 GG darunter das Recht, Angelegenheiten der örtlichen Gemeinschaft im Rahmen der Gesetze in eigener Verantwortung regeln zu können (Organisations-, Personal-, Gebiets-, Planungs- und Finanzhoheit).[34] Neben 18

30 Nach (bisherigem – vgl. § 5 Rn. 23 mit Fn. 56 anhand des Beamtenrechts –) § 58 Abs. 1 HRG sind Hochschulen Körperschaften des öffentlichen Rechts und zugleich staatliche Einrichtungen. Nach überwiegendem Verständnis soll mit der Bezeichnung „staatliche Einrichtung" klargestellt sein, dass die Hochschule auch – allerdings ohne den Status der Körperschaft zu verlieren – eine Anstalt ist, die personelle und sachliche Mittel für die wissenschaftliche Forschung und Lehre bereitstellt, vgl. *Reich*, HRG, 8. Aufl., 2002, § 58 Rn. 2.

31 *Bull/Mehde*, Rn. 167.

32 Der Begriff des Gemeindeverbands ist umstritten; Einigkeit soll dahingehend bestehen, dass als Minimum die Landkreise erfasst werden, *Maurer*, § 23 Rn. 24.

33 Vgl. dazu *Erbguth*, LKV 2004, 1.

34 BVerfGE 79, 127, 143 ff. (Rastede). Zur Planungshoheit *Erbguth/Wagner*, § 2 Rn. 5 ff. Näher zur Sparkassentätigkeit als kommunaler Selbstverwaltungsangelegenheit *Oebbecke*, LKV 2006, 145.

dieser Wahrnehmung von Aufgaben des eigenen Wirkungskreises[35] haben sie staatliche Aufgaben zu erfüllen, die ihnen durch Gesetz zur Erfüllung nach Weisung oder als Auftragsangelegenheiten durch das jeweilige Land übertragen worden sind (Aufgaben im übertragenen Wirkungskreis). Letzterenfalls nehmen sie Aufgaben der unteren Verwaltungsbehörde wahr.[36] Diese Differenzierung zwischen Aufgaben des eigenen und des übertragenen Wirkungskreises spiegelt sich in der unterschiedlichen Intensität der Aufsichtsbefugnisse der Länder gegenüber den Gemeinden wider.[37]

b) Anstalten

19 Bei **Anstalten**, so die herkömmliche Definition, handelt es sich um zu Rechtspersonen erhobene Bestände von sachlichen und persönlichen Mitteln, die in der Hand eines Trägers der öffentlichen Verwaltung einem besonderen öffentlichen Zweck dauernd zu dienen bestimmt sind.[38] Der öffentliche Zweck besteht hauptsächlich darin, bestimmte Leistungen zur Verfügung zu stellen. Deshalb werden Anstalten im Gegensatz zu Körperschaften nicht von Mitgliedern getragen, sondern haben **Nutzer**. Die Nutzung einer Anstalt ist meist freiwillig (kommunale Badeanstalt), sie kann aber auch gesetzlich zwingend vorgeschrieben sein (Strafvollzugsanstalt). Anstalten werden von einem Anstaltsträger, der seinerseits Verwaltungsträger ist (Gemeinden, aber auch der Bund und die Länder), errichtet. Er legt Aufgaben und Organisation der Anstalt fest und besitzt ihr gegenüber Aufsichtsbefugnisse.[39]

20 Zu unterscheiden sind rechtsfähige und nichtrechtsfähige Anstalten. Rechtsfähige Anstalten sind selbst Verwaltungsträger und müssen deshalb durch oder aufgrund eines Gesetzes errichtet werden. Die rechtsfähige Anstalt ist im Gefolge ihres Status berechtigt und verpflichtet, die ihr obliegenden Aufgaben eigenverantwortlich, ähnlich den Selbstverwaltungsbefugnissen von Körperschaften, wahrzunehmen. Zu den rechtsfähigen Anstalten zählen öffentlich-rechtliche Rundfunkanstalten[40], Stadt- und Kreissparkassen und die Deutsche Bundesbank. Nichtrechtsfähige Anstalten sind keine selbständigen Verwaltungsträger; sie stellen lediglich einen Teil ihres Anstaltsträgers dar. Beispiele sind Bibliotheken, Museen, Krankenhäuser oder Stadtwerke. Nichtrechtsfähige Anstalten einer Gemeinde werden auch als öffentliche (kommunale) Einrichtungen bezeichnet.[41]

c) Stiftungen

21 Unter **Stiftungen** des öffentlichen Rechts versteht man organisatorisch eigenständige und rechtsfähige Institutionen zur Verwaltung eines von einem Stifter übergebenen

35 Wobei diese den Kreisen gesetzlich zugewiesen sein müssen, vgl. Art. 28 Abs. 2 S. 2 GG; demgegenüber steht den Gemeinden das Selbstverwaltungsrecht qua Verfassung zu, Art. 28 Abs. 2 S. 1 GG.

36 Vorstehend Rn. 13; wie die Aufgabenwahrnehmung auf der unteren Stufe der Landesverwaltung organisatorisch ausgestaltet ist, ist in den einzelnen Ländern unterschiedlich geregelt. In den meisten Ländern bleibt der Bürgermeister einer Gemeinde auch bei der Erledigung von Aufgaben im übertragenen Wirkungskreis Kommunalbehörde. Der Landrat als Behörde des Landkreises wird jedoch oftmals bei dieser Art der Aufgabenerfüllung im Wege der „Organleihe" als untere Verwaltungsbehörde tätig. Hierzu ausführlich *Wolff/Bachof/Stober*, Bd. 3, § 85 Rn. 28 ff.

37 Sogleich Rn. 24 ff.

38 Diese Definition geht auf *Mayer*, Bd. II, S. 268, 331, zurück.

39 Dazu sogleich Rn. 27.

40 Zum Konflikt zwischen öffentlich-rechtlich gebundener, aber auch eigenverantwortlicher Wahrnehmung des Rundfunks und Fernsehens durch öffentlich-rechtliche Rundfunkanstalten BVerfGE 12, 205, 250 ff.

41 Vgl. auch § 29 Rn. 1.

Bestandes an Vermögenswerten für einen bestimmten Zweck[42] (etwa Stiftung Preußischer Kulturbesitz[43], Bundesstiftung „Mutter und Kind – Schutz des ungeboreren Lebens“[44]). Stiftungen haben weder Mitglieder noch Nutzer, sondern **Nutznießer**, die sog. Destinatäre, und werden mittels Stiftungsakts errichtet, der in einem eigens für die Stiftung erlassenen Gesetz bestehen kann oder eine rechtsgeschäftliche Willenserklärung mit staatlicher Genehmigung darstellt.[45] Stiftungen unterliegen der staatlichen Aufsicht.[46] Der Einfluss des Stifters wird durch den Stiftungsakt und die hiermit verbundene Zweckbestimmung begrenzt.[47]

d) Beliehene

Beliehene sind natürliche oder juristische Personen des Privatrechts, denen durch Gesetz oder aufgrund eines Gesetzes einzelne hoheitliche Aufgaben zur Wahrnehmung im eigenen Namen übertragen worden sind. Dementsprechend ist der Beliehene im Außenverhältnis Behörde i.S.v. § 1 Abs. 4 VwVfG. Obwohl die Beliehenen Privatrechtssubjekte bleiben, können sie – wenn auch in begrenztem Umfang – hoheitlich handeln und (etwa) Verwaltungsakte[48] erlassen. Sie unterliegen der Rechts- und Fachaufsicht[49] des beleihenden Verwaltungsträgers. Sinn der Beleihung ist es, dass sich der Staat die besondere Sachkunde von Personen zunutze macht und gleichzeitig den Verwaltungsapparat entlastet.[50] Beliehene sind z.B. der Bezirksschornsteinfegermeister[51] und der Technische Überwachungsverein[52]. 22

Vom Beliehenen ist der sog. **Verwaltungshelfer** zu unterscheiden und abzugrenzen. Dieser handelt nicht selbständig, sondern nimmt bloße Hilfstätigkeiten im Auftrag und nach Weisung der ihn betrauenden Behörden wahr. Sein Handeln wird unmittelbar der Behörde und dem entsprechenden Hoheitsträger zugerechnet, für die er tätig wird. Verwaltungshelfer (z.B. Schülerlotsen[53], ein vom Lehrer mit der Beaufsichtigung von Schülern beauftragter Ordnungsschüler[54] und – aktueller – Dritte nach § 4b BauGB[55]) sind daher (im Gegensatz zu den Beliehenen) selbst keine Verwaltungsträger – auch nicht partiell.[56] 23

Beliehene und Verwaltungshelfer sind wiederum von **privaten Unternehmern** abzugrenzen, mit denen der Staat zivilrechtliche Verträge (z.B. für den Bau von Straßen oder das Abschleppen verkehrswidrig geparkter Fahrzeuge) abschließt und die in Erfüllung dieser Verträge für ihn tätig werden. Von Verwaltungshelfern unterscheiden

42 *Burgi* in: Erichsen/Ehlers, § 52 Rn. 16.
43 Gesetz vom 25.7.1957, BGBl. I S. 841.
44 Gesetz vom 13.7.1984, BGBl. I S. 880.
45 Z.B. § 22 Abs. 1 StiftG M-V. Es gibt auch privatrechtliche Stiftungen (z.B. Volkswagenstiftung, Deutsche Bundesstiftung Umwelt), deren Errichtung sich nach §§ 80 ff. BGB bemisst.
46 Dazu Rn. 27.
47 *Wolff/Bachof/Stober*, Bd. 3, § 89 Rn. 15.
48 Zum Begriff des Verwaltungsaktes vgl. § 12.
49 Siehe nachfolgend Rn. 25, 27.
50 *Maurer*, § 23 Rn. 57; zum Wandel der Beleihung *Schmidt am Busch*, DÖV 2007, 533.
51 BGHZ 62, 372.
52 Vgl. BGHZ 49, 108, 113; BGHZ 122, 85, 87 ff.; VGH München, NJW 1975, 1796 – dazu Besprechungen von *Steiner*, NJW 1975, 1797, *Götz*, DÖV 1975, 211.
53 OLG Köln, NJW 1968, 655.
54 LG Rottweil, NJW 1970, 474.
55 Dazu etwa *Erbguth/Wagner*, § 5 Rn. 231.
56 *Ipsen*, Rn. 1261; *Maurer*, § 23 Rn. 62.

sie sich dadurch, dass sie nicht nur Hilfstätigkeiten ausführen, sondern im Rahmen ihres Auftrages selbständig tätig werden. Im Unterschied zu Beliehenen sind sie nicht mit hoheitlichen Befugnissen ausgestattet. Wie bei Verwaltungshelfern wird ihr Handeln unmittelbar der beauftragenden Behörde zugerechnet.[57]

▶ **zu Fall 6:** Die Kreiswehrersatzämter sind untere Verwaltungsbehörden in der Bundeswehrverwaltung (§ 14 Abs. 1 Nr. 3 WPflG); sie gehören zur unmittelbaren Staatsverwaltung. Die ZVS hat die Aufgabe, Studienplätze nach Maßgabe eines Verteilungs- oder Auswahlverfahrens zu vergeben. Sie ist eine rechtsfähige Anstalt des öffentlichen Rechts (§ 1 Abs. 1 Staatsvertrag über die Vergabe von Studienplätzen) und zählt zur mittelbaren Staatsverwaltung. Sowohl die ZVS als der mittelbaren Staatsverwaltung zugeordnete juristische Person des öffentlichen Rechts als auch das Kreiswehrersatzamt als Behörde der (unmittelbaren) Bundeswehrverwaltung werden hoheitlich tätig.

Mit Blick auf die Verweigerung der TÜV-Plakette gelten Besonderheiten. Der Technische Überwachungsverein stellt zwar als eingetragener Verein eine juristische Person des Privatrechts dar. Ihm ist allerdings die Durchführung der Kraftfahrzeug-Hauptuntersuchung nach § 29 StVZO übertragen.[58] Danach darf und muss er, wenn keine Bedenken an dem vorschriftsmäßigen Zustand eines Fahrzeuges bestehen, dem geprüften Fahrzeug die Prüfplakette zuteilen. Diese öffentlich-rechtliche Aufgabe nimmt er als Beliehener im eigenen Namen wahr und tritt nach außen als Behörde i.S.d. § 1 Abs. 4 VwVfG auf. ◀

IV. Staatsaufsicht

24 Juristische Personen des öffentlichen Rechts unterliegen bei ihrer Tätigkeit der Gesetzesbindung (Vorrang des Gesetzes).[59] Dass dem auch tatsächlich Rechnung getragen wird, unterliegt staatlicher Aufsicht. Mittels aufsichtsrechtlicher Instrumentarien wird darüber hinaus überwacht, ob die aus dem hierarchischen Verwaltungsaufbau folgenden Aufsichts- und Weisungsrechte übergeordneter gegenüber nachgeordneten Behörden und Stellen Beachtung finden.[60]

Die Aufsicht ist nicht auf Beobachtung beschränkt, sondern bedeutet auch Beeinflussung des Handelns des Beaufsichtigten durch Verwaltungsvorschriften[61] und Weisungen[62], um es mit den vorgegebenen Maßstäben in Übereinstimmung zu bringen bzw. zu halten.[63]

1. Arten der Aufsicht

25 Die **Rechtsaufsicht** ist beschränkt auf die Kontrolle der Rechtmäßigkeit des Handelns. Die **Fachaufsicht** ist grds. unbeschränkt und berechtigt neben der Rechtmäßigkeitskontrolle zur Überwachung der Zweckmäßigkeit des Verwaltungshandelns. Der Verwaltung stehen Zweckmäßigkeitserwägungen offen, wenn ihr in Gesetzen ein Beurteilungs- oder Ermessensspielraum zugewiesen ist.[64] Mit der Einflussnahme auf

57 Zur Amtshaftung bei Einschaltung von privaten Unternehmern zur öffentlichen Aufgabenerfüllung § 33 Rn. 5.

58 BGHZ 49, 108, 111.

59 Dazu auch § 8 Rn. 2.

60 Vgl. *Koch/Rubel/Heselhaus*, § 2 Rn. 16.

61 Zu Verwaltungsvorschriften § 24.

62 Zum Rechtscharakter von Weisungen § 12 Rn. 25 ff.

63 Zu Grundfragen der Aufsicht im Bereich öffentlicher Verwaltung *Schröder*, JuS 1986, 371.

64 Zu Beurteilungsspielräumen § 14 Rn. 27 ff.; zum Ermessen der Verwaltung § 14 Rn. 36 ff.

die Zweckmäßigkeit hat die Aufsichtsbehörde mithin die Möglichkeit, Art und Weise der Handhabung solcher Entscheidungs- und Handlungsspielräume zu bestimmen.

Die **Dienstaufsicht** ist vor allem ein personalwirtschaftliches Instrument und bezieht sich auf die internen Angelegenheiten der Behörde, insbesondere auf Entscheidungsbefugnisse in Personalangelegenheiten und bei der Ausstattung mit Sachmitteln.[65]

2. Aufsicht bei unmittelbarer Staatsverwaltung

Im Rahmen unmittelbarer Staatsverwaltung verfügen die obersten Behörden neben der Rechtsaufsicht über Fach- und Dienstaufsichtsbefugnisse gegenüber den nachgeordneten Behörden, die ihrerseits gegenüber ihnen unterstellten Behörden zur Aufsicht berechtigt und verpflichtet sind.[66] An der Spitze der Hierarchie steht der jeweilige Fachminister der parlamentarisch verantwortlichen Regierung. Mit den umfangreichen Aufsichtsbefugnissen wird sichergestellt, dass sich jede abgeleitete hoheitliche Tätigkeit letztlich auf das Parlament zurückführen lässt (demokratische Legitimation[67]). 26

3. Aufsicht bei mittelbarer Staatsverwaltung

Träger mittelbarer Staatsgewalt (Stiftungen, Anstalten, Körperschaften) unterliegen grds. der Rechtsaufsicht durch Organe der unmittelbaren Staatsverwaltung.[68] Bei Körperschaften gilt dies für die ihnen zugewiesenen eigenen Aufgaben, die sog. Selbstverwaltungsaufgaben. Fachaufsicht ist nur eröffnet, wenn ihnen staatliche Aufgaben zur Wahrnehmung übertragen wurden bzw. im Bereich der sog. Auftragsverwaltung (Aufgaben, die sich nicht auf die Erfüllung ihrer eigenen Angelegenheiten beziehen).[69] So unterstehen Gemeinden und Kreise als Gebietskörperschaften der Rechtsaufsicht im Rahmen der Erfüllung von Aufgaben des eigenen Wirkungskreises (etwa bei der Aufstellung von Bebauungsplänen).[70] Sie unterliegen jedoch fachaufsichtlichen Weisungen bei der Wahrnehmung von Aufgaben im übertragenen Wirkungskreis (vom Land durch Gesetz zugewiesene Aufgaben, etwa im Bereich der Gefahrenabwehr).[71] Rechtsfähige Anstalten stehen unter der Aufsicht des Anstaltsträgers, der i.d.R. Rechtsaufsicht ausübt, sich aber auch weitergehende Einflussrechte vorbehalten kann. Stiftungen unterliegen ebenfalls der staatlichen Rechtsaufsicht. Das Vorstehende stellt freilich nur eine grobe Skizze der Aufsichtsrechte dar. Wer gegenüber wem welche Aufsichtsbefugnisse hat, ist in den jeweiligen Spezialgesetzen geregelt. 27

4. Aufsicht des Bundes gegenüber den Ländern

Aufsichtsbefugnisse zwischen Bund und Ländern sind im Grundgesetz (Art. 84 ff. GG) gesetzlich angeordnet. Die Länder unterstehen der Rechtsaufsicht des Bundes, 28

65 *Bull/Mehde*, Rn. 392.

66 *Battis*, S. 79.

67 Zur Vertiefung *Trute*, Die demokratische Legitimation der Verwaltung, in: Hoffmann-Riem/Schmidt-Aßmann/Voßkuhle, S. 307.

68 *Bull/Mehde*, Rn. 105.

69 Vgl. Rn. 18.

70 Zur Staatsaufsicht über Kommunen *Knemeyer*, JuS 2000, 521. Mittel der Rechtsaufsicht des Staates gegenüber den Kommunen sind z.B. Anordnung (§ 82 Abs. 1 KV M-V), Beanstandung (§ 81 KV M-V) oder Ersatzvornahme (§ 82 Abs. 2 KV M-V).

71 Z.B. § 87 Abs. 2 KV M-V. Vgl. Rn. 18.

soweit sie Bundesgesetze als eigene Angelegenheiten (Art. 84 Abs. 3 GG) ausführen – und seiner Fachaufsicht im Rahmen der Bundesauftragsverwaltung (Art. 85 Abs. 4 GG).

V. Wiederholungs- und Verständnisfragen

1. **Wie wird eine Behörde definiert?**
2. **Welche Arten von Staatsverwaltung gibt es und wer übt diese jeweils aus?**
3. **Welche Aufsichtsarten sind zu unterscheiden?**
4. **Wie ist der Beliehene in das System der Staatsverwaltung einzuordnen und von Verwaltungshelfern und privaten Unternehmern, die zur Erfüllung hoheitlicher Aufgaben herangezogen werden, abzugrenzen?**

§ 7 Rechtsquellen der Verwaltung

Als Rechtsquellen[1] der Verwaltung werden die rechtlichen Grundlagen bezeichnet, die das Verwaltungshandeln bestimmen und dergestalt das für die Verwaltung maßgebliche Recht bilden.[2] Sie lassen sich nach verschiedenen Gesichtspunkten untergliedern. So wird zwischen Innen- und Außenrecht differenziert.[3] Dabei ist umstritten, ob unter dem Begriff der Rechtsquelle bzw. Rechtsnorm nur das gegenüber dem Bürger wirkende Außenrecht zu verstehen oder ob darunter auch das lediglich verwaltungsinterne Innenrecht zu fassen ist.[4] Bedeutsamer als diese eher begriffliche Zuordnung ist jedoch die Frage, ob der jeweilige Rechtssatz im konkreten Einzelfall Anwendung findet und verbindlich ist. Weiterhin kann zwischen geschriebenem Recht, also schriftlich fixierten Regelungen (Verfassung, Gesetze), und ungeschriebenem Recht, das durch tatsächliche Übung und Überzeugung entsteht (wie das Gewohnheitsrecht), unterschieden werden. 1

I. Verfassungsrecht

Verfassungsrecht bildet das im Grundgesetz und in den jeweiligen Landesverfassungen enthaltene Recht sowie die daraus abgeleiteten Prinzipien. Obwohl es kaum Befugnisnormen für die Verwaltung enthält, ist es doch Grundlage allen Verwaltungshandelns (z.B. Grundsatz der Gesetzmäßigkeit der Verwaltung, Art. 20 Abs. 3 GG).[5] 2

II. Formelle Gesetze

Gesetze sind regelmäßig **generell-abstrakte** Vorschriften, die Rechte und Pflichten begründen, ändern oder aufheben. **Generell** sind solche Regelungen, weil sie nicht für eine bestimmte Person, sondern für jedermann gelten; **abstrakt** deshalb, weil sie nicht auf den Einzelfall zugeschnitten sind, sondern für eine Vielzahl von Fällen Anwendung finden. 3

Als **formelle** Gesetze werden die Rechtsnormen bezeichnet, die von der Legislative in dem verfassungsrechtlich vorgeschriebenen Gesetzgebungsverfahren (Art. 76 ff. GG, Landesverfassungen) erlassen worden sind. Formelle Gesetze sind Parlamentsgesetze. Es handelt sich um die vom Bundestag und den Landtagen erlassenen einfach-gesetzlichen Normen. 4

III. Materielle Gesetze

Gesetze im materiellen Sinne sind untergesetzliche Rechtsnormen, die durch die Verwaltung erlassen werden: Rechtsverordnungen, Satzungen. 5

1 Zum Begriff der Rechtsquelle *Maurer*, § 4 Rn. 2 ff.; *Ossenbühl* in: Erichsen/Ehlers, § 5 Rn. 2 ff.; *Ipsen*, Rn. 84 ff.; *Ruffert*, Rechtsquellen und Rechtsschichten des Verwaltungsrechts, in: Hoffmann-Riem/Schmidt-Aßmann/Voßkuhle, S. 1083.

2 *Detterbeck*, Rn. 86; *Peine*, Rn. 134; oben vor § 1.

3 Siehe § 5 Rn. 3.

4 So ist insbesondere die Einordnung der Verwaltungsvorschriften wegen ihres verwaltungsinternen Regelungsgehalts als Rechtsquelle strittig, vgl. hierzu Rn. 8.

5 Auch § 2. Näher zum Grundsatz der Gesetzmäßigkeit der Verwaltung § 8.

1. Rechtsverordnungen

6 Rechtsverordnungen als Normen der Exekutive entfalten für den Bürger die gleiche Bindungswirkung wie formelle Gesetze.[6] Sie unterscheiden sich von ihnen durch die sie erlassende Stelle. Die Befugnis der Exekutive zur Gesetzgebung folgt aus Art. 80 GG bzw. den Landesverfassungen[7]: Danach bedarf es einer gesetzlichen Ermächtigung (durch das Parlament), in der Inhalt, Zweck und Ausmaß der von der Exekutive zu erlassenden Rechtsnorm bestimmt sind.

2. Satzungen

7 Satzungen sind Rechtsnormen, die von einer juristischen Person des öffentlichen Rechts (z.B. Gemeinden, Ärztekammern oder öffentlich-rechtlichen Rundfunkanstalten) zur Regelung ihrer eigenen Angelegenheiten erlassen werden.[8] Sie unterscheiden sich von Rechtsverordnungen dadurch, dass sie nicht von staatlichen Exekutivorganen, sondern von rechtlich selbstständigen, wenn auch dem Staat zugehörigen Organisationen stammen.[9]

IV. Verwaltungsvorschriften

8 Verwaltungsvorschriften sind, wie Gesetze, generell-abstrakte Regelungen – jedoch mit dem Unterschied, dass Verwaltungsvorschriften grds.[10] keine unmittelbare Bindungswirkung nach außen gegenüber den Bürgern entfalten.[11] Sie sind dem **Innenrecht** zugeordnet. Dabei handelt es sich um Bestimmungen, die von vorgesetzten an nachgeordnete Stellen bzw. an unterstellte Angestellte oder Beamte gerichtet sind. Verwaltungsvorschriften bezwecken vornehmlich die Vereinheitlichung des Vollzugs von Rechtsvorschriften. Wegen ihrer fehlenden Außenwirkung ist strittig, ob sie Rechtsquellen bzw. -normen darstellen.[12] Einigkeit besteht aber überwiegend darüber, dass sie für ihre Adressaten (innerhalb der Verwaltung) verbindlich sind und beachtet werden müssen, insoweit also Rechtsqualität besitzen.[13]

V. Gewohnheitsrecht

9 Gewohnheitsrecht[14] entsteht durch längere und gleichmäßige Übung und muss von der Überzeugung der Beteiligten getragen sein, dass diese Übung rechtlich geboten ist. Aufgrund der weitgehenden Kodifikation des Rechts ist die Bedeutung des Gewohnheitsrechts im Verwaltungsrecht deutlich **rückläufig**; allenfalls im Staatshaftungsrecht wird darauf noch zurückgegriffen. Gewohnheitsrechtlich anerkannt ist bspw. der Aufopferungsanspruch.[15]

---

6 Näher zu Rechtsverordnungen § 22.

7 Z.B. § 57 Verf M-V; eingehend *Saurer*, Die Funktionen der Rechtsverordnung, 2005.

8 BVerfGE 33, 125, 156. Näher zu Satzungen § 23.

9 Hierzu bereits § 6 Rn. 14 ff.

10 Vgl. aber § 24 Rn. 8 f.

11 Insgesamt näher zu Verwaltungsvorschriften § 24; *Sauerland*, Die Verwaltungsvorschrift im System der Rechtsquellen, 2005.

12 Vgl. bei Rn. 1; auch das Innenrecht ausdrücklich als Rechtsquelle ansehend *Sproll*, Bd. 1, § 4 Rn. 3.

13 *Maurer*, § 21 Rn. 2; *Ossenbühl* in: Erichsen/Ehlers, § 6 Rn. 41.

14 Kritisch zum Verwaltungsgewohnheitsrecht T. I. *Schmidt*, NVwZ 2004, 930.

15 Näheres zum Aufopferungsanspruch im Teil über die Haftung für Verwaltungshandeln, §§ 33 ff., § 36 Rn. 2.

VI. Richterrecht

Die Gerichtsbarkeit ist zur Rechtsanwendung berufen, nicht aber zur Rechtsetzung. Wenn es jedoch für den zur Entscheidung anstehenden Fall an einer gesetzlichen Regelung fehlt, sie lückenhaft oder widersprüchlich ist, müssen die Gerichte ggf. selbst rechtsschöpferisch tätig werden. Auf diese Weise kann sich eine „ständige Rechtsprechung" entwickeln (etwa zur polizeilichen Generalklausel).[16] Derartigen Rechtsprechungsgrundsätzen und Gerichtsentscheidungen kommt zwar keine normative Bindungswirkung zu (Ausnahme: § 31 Abs. 2 BVerfGG, § 47 Abs. 5 VwGO); gleichwohl hat die Verwaltung höchstrichterliche Rechtsprechung bei ihren Entscheidungen tunlichst zu berücksichtigen, damit diese vor Gericht bestehen (können).[17] 10

VII. Allgemeine Grundsätze des Verwaltungsrechts

Allgemeine Grundsätze des Verwaltungsrechts sind von Rechtsprechung und Rechtslehre entwickelt worden, als das Verwaltungsrecht noch wenig und unvollständig gesetzlich geregelt war.[18] Zu ihnen gehör(t)en z.B. die Grundsätze über Bestandskraft, Aufhebbarkeit und Nichtigkeit von Verwaltungsakten, die Verwirkung im öffentlichen Recht, über die Selbstbindung der Verwaltung, die Ermessensgrundsätze, das Verhältnismäßigkeitsprinzip, ferner die Grundsätze über das Verwaltungsverfahren, über den öffentlich-rechtlichen Entschädigungs-, Erstattungs- und Folgenbeseitigungsanspruch sowie der Grundsatz des Vertrauensschutzes.[19] Viele dieser Anforderungen sind mittlerweile in Rechtsvorschriften aufgenommen worden;[20] ihnen kommt daher allenfalls ergänzende oder lückenfüllende Bedeutung zu. 11

VIII. Europäisches Gemeinschaftsrecht und Völkerrecht

1. Europäisches Gemeinschaftsrecht

Auch europäisches Gemeinschaftsrecht bildet eine Rechtsquelle für das Verwaltungshandeln.[21] Das **primäre Gemeinschaftsrecht** begründet grds. für Mitgliedstaaten und Bürger unmittelbar geltende Rechte und Pflichten.[22] 12

Hinsichtlich des **sekundären Gemeinschaftsrechts** ist zu differenzieren: Verordnungen und Entscheidungen gelten unmittelbar in den Mitgliedstaaten, d.h. auch gegenüber den Bürgern. Abweichend verhält es sich dem Grundsatz nach bei Richtlinien; sie erlangen erst im Wege der Umsetzung Geltung, also durch die auf ihrer Grundlage erlassenen nationalen Gesetze.[23] 13

16 Zu den verfassungsrechtlichen Grenzen des Richterrechts *Hufen*, ZRP 2003, 248; kritisch *Rüthers*, NJW 2005, 2759.

17 Umstritten ist denn auch, ob das Richterrecht als Rechtsquelle anzusehen ist, hierzu *Wolff/Bachof/Stober/Kluth*, Bd. 1, § 25 Rn. 28 ff.; *Gusy*, DÖV 1992, 461. Das BVerfG hat die Rechtsfortbildung durch Gerichte anerkannt, ihr aber durch die Bindung an Recht und Gesetz (Art. 20 Abs. 3 GG) Grenzen gesetzt, vgl. BVerfGE 34, 269, 286 ff.

18 Das VwVfG trat erst 1976 in Kraft.

19 Vgl. die Aufzählung bei *Peine*, Rn. 165.

20 Z.B. in §§ 48, 49 VwVfG; vgl. auch § 16.

21 Siehe schon § 3 Rn. 3.

22 Zur bürgergerichteten Wirkung bereits § 3 Rn. 3; ferner § 9 Rn. 6a, 11.

23 Vgl. näher § 3 Rn. 4 und § 9 Rn. 6a, 11.

2. Völkerrecht

14 **Allgemeine Regeln des Völkerrechts** (Völkergewohnheitsrecht, allgemeine Rechtsgrundsätze des Völkerrechts) sind Bestandteil des Bundesrechts, Art. 25 S. 1 GG. Sie binden damit die innerstaatlichen Behörden. Sonstiges Völkerrecht, insbesondere **Völkervertragsrecht** (z.B. Seerechtsübereinkommen der UN[24]), hat keine direkte Wirkung im innerstaatlichen Recht. Es muss mittels eines Transformationsgesetzes in nationales Recht umgewandelt werden, Art. 59 Abs. 2 GG.

IX. Rangordnung der Rechtsquellen

15 Die Rechtssätze der Rechtsquellenlehre bilden eine Normenpyramide i.S.v. Rangstufen (**Geltungsvorrang**). Dies bedeutet, dass im Kollisionsfall (Rechtsnormen widersprechen einander) das ranghöhere das rangniedere Recht bricht. Der Regelung auf niedrigerer Stufe kommt dann keine Geltung (mehr) zu. Dergestalt rechtswidrige Rechtsnormen sind regelmäßig nichtig und entfalten keine Rechtswirkung. Freilich können nur rechtmäßige Rechtsnormen entgegenstehendes Recht einer niedrigeren Stufe brechen.

16 Die Normenhierarchie sieht wie folgt aus:

Übersicht 4:
Normenhierarchie

Europäisches Gemeinschaftsrecht (Primär- und Sekundärrecht)
Verfassung (Grundgesetz oder Landesverfassungen)
Allgemeine Regeln des Völkerrechts
Formelle Gesetze (Bundes- oder Landesgesetze; Art. 59 Abs. 2 GG)
Rechtsverordnungen und Satzungen (Rechtsverordnungen des Bundes oder der Länder; Satzungen der Träger mittelbarer Staatsverwaltung)

Das **Gemeinschaftsrecht** geht dem gesamten innerstaatlichen Recht vor, auch dem Verfassungsrecht; grenzziehend wirkt allerdings Art. 79 Abs. 3 GG.[25] Im Gegensatz zum Geltungsvorrang bei (höherrangigem) nationalem Recht genießt das Europäische Gemeinschaftsrecht im Kollisionsfall lediglich **Anwendungsvorrang.** Die deutsche Vorschrift, die mit einer gemeinschaftsrechtlichen Regelung nicht in Einklang steht, ist nicht nichtig, sondern nur im Einzelfall nicht anwendbar.[26] Der Anwendungsvorrang gilt für das primäre wie für das sekundäre Europarecht.[27]

24 Dazu etwa *Erbguth/Schlacke*, § 15 Rn. 12 ff.

25 § 3 Rn. 2.

26 BVerfGE 85, 191, 204; § 3 Rn. 2.

27 Der Vorrang des Gemeinschaftrechts gilt nicht nur gegenüber generell-abstrakten Normen, sondern auch gegenüber individuell-konkreten Verwaltungsentscheidungen, EuGH, Slg. 1999, I-2517.

Nationales **Verfassungsrecht** bildet die zweite Ebene.

Allgemeine Regeln des **Völkerrechts** stehen im Rang unter dem Verfassungsrecht, gehen jedoch den (formellen und materiellen) Gesetzen vor (Art. 25 S. 2 GG). Dagegen teilt das Völkervertragsrecht den Rang des innerstaatlichen Transformationsgesetzes (Art. 59 Abs. 2 GG).

Formelle **Gesetze** sind gegenüber materiellen Gesetzen (Rechtsverordnungen und Satzungen) vorrangig. Bundesrecht genießt gegenüber Landesrecht Geltungsvorrang (Art. 31 GG: „Bundesrecht bricht Landesrecht"[28]). Daraus folgt, dass bundesrechtliche Rechtsnormen jeder Stufe prinzipiell[29] Vorrang vor landesrechtlichen Vorschriften aller Ebenen haben.

Gewohnheitsrecht ist auf sämtlichen Stufen der Normenpyramide denkbar; welcher es im Einzelfall zuzuordnen ist, hängt von dem Bereich ab, den es durch seine Übung aktualisiert. Für die **allgemeinen Grundsätze** des Verwaltungsrechts gilt Entsprechendes.

Bei der **Anwendung** von Gesetzen ist jedoch umgekehrt von unten („konkretere Norm") nach oben vorzugehen; es besteht ein **Anwendungsvorrang**[30] dergestalt, dass die Verwaltung ihr Handeln zunächst auf einschlägige Rechtsverordnungen oder Satzungen und (erst) dann – falls diese nicht vorhanden sind – auf ein formelles Gesetz zurückführen können muss. Nur ausnahmsweise, wenn jegliche Regelungen einfachgesetzlicher Art fehlen, kann sie ihr Handeln ggf. unmittelbar auf Verfassungsrecht stützen. 17

X. Prüfungs- und Verwerfungskompetenz der Verwaltung

Strittig ist, ob die zum Vollzug verpflichtete Behörde ein Gesetz, das sie für rechtswidrig und damit nichtig hält, anwenden muss oder nicht. Die Problematik wird unter dem Stichwort **Prüfungs- und Verwerfungskompetenz der Verwaltung** diskutiert.[31] 18

Für verfassungswidrige **formelle Gesetze** ergibt sich Folgendes: Das Prinzip der Gesetzmäßigkeit der Verwaltung (Art. 20 Abs. 3 GG) verlangt von der Verwaltung bzw. von den für sie tätigen Personen, die Gesetze zu beachten. Zwar besteht eine Prüfpflicht hinsichtlich der Rechtmäßigkeit der anzuwendenden Vorschrift. Fraglich bleibt aber, ob ein Beamter[32] die in seinen Augen rechtswidrige Norm anwenden muss oder sie im Einzelfall unangewendet lassen darf (sog. Verwerfungsbefugnis). Das wird auch für die Amtshaftung relevant: Handelt ein Amtswalter rechtswidrig (z.B. weil er eine rechtswidrige Norm vollzieht) und schuldhaft, kann ein dadurch geschädigter Bürger Schadensersatzansprüche gem. § 839 BGB i.V.m. Art. 34 GG geltend machen.[33] Verschiedene Lösungswege sind vorstellbar:[34] 19

- der Beamte darf ein solches Gesetz nicht anwenden;[35]

28 Vgl. aber auch Art. 72 Abs. 3 GG.
29 Vgl. aber vorstehende Fn.
30 Hierzu *Maurer*, § 4 Rn. 50.
31 So bei *Maurer*, § 4 Rn. 52 ff.; *Detterbeck*, Rn. 124 ff.
32 Oder: Angestellter im öffentlichen Dienst u.ä.
33 Siehe zu alldem § 33.
34 Einen Überblick über den Meinungsstand gibt *Gril*, JuS 2000, 1080.
35 *Arndt*, DÖV 1959, 81.

- der Beamte muss ein solches Gesetz anwenden;[36]
- der Beamte muss das Verfahren aussetzen und die Frage der Rechtmäßigkeit der Rechtsnorm seinem Vorgesetzten vorlegen; hält dieser die Vorschrift für rechtswidrig, muss er ebenso verfahren – bis schließlich die Bundes- oder Landesregierung mit der Sache befasst ist, der dann die Erhebung einer abstrakten Normenkontrolle zum Bundesverfassungsgericht offen steht (nach Art. 93 Abs. 1 Nr. 2 GG).[37]

Ließe ein Beamter entsprechend der **ersten** Lösungsvariante ein (ggf. sogar objektiv rechtmäßiges) Gesetz unberücksichtigt, würde sein Verhalten dem Grundsatz der Bindung der Verwaltung an Recht und Gesetz (s.o.) und dem damit einhergehenden Auftrag der Gesetzesanwendung[38] widersprechen.[39] Aus der Gewaltenteilung (Art. 20 Abs. 2 S. 2 GG) folgt überdies, dass die Verwerfung eines Gesetzes als Kehrseite der Normsetzung dem Normgeber, also dem Parlament, vorbehalten sein muss, Derartiges durch die Verwaltung hingegen nicht in Betracht kommt.[40] I.Ü. ist die Normenkontrolle grds. der Rechtsprechung zugewiesen.[41] Würde ein Beamter i.S.d. **zweiten** Weges ein rechtswidriges Gesetz anwenden, läge ebenfalls eine Verletzung des Art. 20 Abs. 3 GG vor, nämlich der Rechtsbindung.[42] Im Ergebnis liefe mithin ein mit dem Gesetzesvollzug beauftragter Beamter nach den ersten beiden Auffassungen immer Gefahr, gegen Art. 20 Abs. 3 GG zu verstoßen.

Vorzugswürdig scheint deshalb die **dritte** Lösung. Sie entspricht zudem den Regelungen in §§ 56 Abs. 2 BBG, 38 Abs. 2 BRRG: Wie bei einer rechtswidrigen dienstlichen Anordnung muss der Beamte auch die – seiner Meinung nach bestehende – Rechtswidrigkeit eines anzuwendenden Gesetzes bei seinem Vorgesetzten geltend machen (sog. Remonstration).[43] Dieser Weg wirft freilich dort Probleme auf, wo eilige Entscheidungen zu treffen sind (z.B. zur Abwehr einer drohenden Gefahr). Dann muss der Beamte nach sorgfältiger Prüfung einer vertretbaren Rechtsansicht folgen und sich für die Rechtmäßigkeit oder Rechtswidrigkeit der Norm entscheiden, sie dementsprechend anwenden oder nicht.[44] Auch wenn er irrt und sein Handeln rechtswidrig ist, handelt er gleichwohl nicht schuldhaft, so dass keine Amtshaftung zu befürchten ist.

20 Die Diskussion erstreckt sich des Weiteren auf die Verwerfungskompetenz in Bezug auf **Rechtsverordnungen** und **Satzungen**. In diesem Zusammenhang stellt sich insbesondere die Frage nach der (Nicht-)Anwendung eines nichtigen Bebauungsplanes durch die Baugenehmigungsbehörde.[45] Gegen eine Verwerfungskompetenz bei materiellen Gesetzen spricht, dass eine Nichtbeachtung durch den gesetzesausführenden Beamten die Kompetenzgliederungen der Verwaltung missachten würde. Zuständig für die Aufhebung einer Norm ist das Organ, welches die Norm erlassen hat (bei Be-

36 *Pietzcker*, JuS 1979, 710, 711.

37 *Detterbeck*, Rn. 126.

38 Vgl. § 1 Rn. 3.

39 *Detterbeck*, Rn. 128.

40 *Gril*, JuS 2000, 1080.

41 Bei formellen nachkonstitutionellen Gesetzen ist in diesem Zusammenhang das Verwerfungsmonopol des BVerfG zu beachten (Art. 100 GG).

42 *Detterbeck*, Rn. 127.

43 *Bull/Mehde*, Rn. 225.

44 *Maurer*, § 4 Rn. 56.

45 Vgl. BVerwGE 75, 142. Hierzu auch *Engel*, NVwZ 2000, 1258.

bauungsplänen: Gemeindevertretung). Auch in diesen Fällen gilt es daher, ähnlich wie vorstehend zu verfahren. Zunächst ist das Verfahren über den Gesetzesvollzug auszusetzen. Innerhalb der Exekutive besteht solcherart die Möglichkeit, die normgebende Stelle auf die Rechtswidrigkeit der Vorschrift hinzuweisen; diese kann sodann die Norm zuständigkeitsgemäß aufheben. Bei Satzungen nach dem Baugesetzbuch (insbesondere bei Bebauungsplänen), aber ggf. auch bei sonstigen Rechtsverordnungen und Satzungen des Landesrechts (sofern dies landesgesetzlich vorgesehen ist, vgl. § 47 Abs. 1 Nr. 2 VwGO) eröffnet sich der normvollziehenden, ferner der mit der Norm lediglich befassten Behörde überdies ein Vorgehen im Normenkontrollverfahren nach § 47 VwGO vor dem Oberverwaltungsgericht.[46] Ansonsten und vor allem bei Rechtsverordnungen des Bundes muss auf dem Remonstrationsweg erwirkt werden, dass sich die (Landes- bzw.) Bundesregierung mit der streitigen Norm befasst – wegen deren Berechtigung für die Erhebung einer abstrakten Normenkontrolle (vgl. Art. 93 Abs. 1 Nr. 2 GG, §§ 76 ff. BVerfGG).

Für die Anwendung von **EG-Recht** gilt **Abweichendes:** Mitgliedstaatliche Verwal- 21
tungsbehörden dürfen eine nationale Norm nicht anwenden, die sie für gemeinschaftswidrig halten; insoweit ist eine Art Normverwerfungskompetenz der Exekutive anzuerkennen.[47] Sie folgt aus dem Anwendungsvorrang des Gemeinschaftsrechts gegenüber dem nationalen Recht.[48]

XI. Wiederholungs- und Verständnisfragen

1. Welches sind geschriebene und welches ungeschriebene Rechtsquellen der Verwaltung?
2. In welcher Rangfolge stehen die nationalen Rechtsquellen?
3. Wie sind das Europa- und das Völkerrecht in die Normenpyramide einzuordnen?
4. Steht der Verwaltung eine Normverwerfungskompetenz zu?

46 *Kopp/Schenke*, § 47 Rn. 82. Zum Normenkontrollverfahren nach § 47 VwGO vgl. § 11 Rn. 4; näher § 24a.

47 EuGH Slg. 1989, 1861, 1870 f.

48 Hierzu Rn. 16; § 3 Rn. 2.

§ 8 Grundsatz der Gesetzmäßigkeit der Verwaltung

▶ **FALL 7:** Die V-GmbH ist Verlegerin einer regionalen Tageszeitung, deren Auflage rückläufig ist. Weil im Landeshaushaltsplan entsprechende Mittel für eine finanzielle Unterstützung von regionalen Unternehmen bereitgestellt sind, weist das Wirtschaftsministerium der V-GmbH nach Maßgabe von Vergaberichtlinien eine Subvention i.H.v. 100.000 Euro zu. Wie ist die Vergabe zu beurteilen? ◀

1 Die Verwaltung ist in ihrem Handeln an Recht und Gesetz gebunden. Dieser Grundsatz der Gesetzmäßigkeit der Verwaltung ergibt sich aus Art. 20 Abs. 3 GG[1]. Ihm werden nach ganz einhelliger Auffassung die Prinzipien des Vorrangs des Gesetzes und des Vorbehalts des Gesetzes zugeordnet.[2]

Übersicht 5:
Grundsatz der Gesetzmäßigkeit der Verwaltung, Art. 20 Abs. 3 GG

Vorrang des Gesetzes	**Vorbehalt des Gesetzes**
Kein Handeln der Verwaltung gegen Gesetz	Kein Handeln der Verwaltung ohne Gesetz

I. Vorrang des Gesetzes

2 Die Bindung an Recht und Gesetz bedeutet zum einen, dass die Verwaltung so handeln muss, wie es die Gesetze vorschreiben. Daraus folgt zugleich, dass sie nichts tun darf, was gegen gesetzliche Vorschriften verstößt (**kein Handeln gegen Gesetz**). Der Gesetzesvorrang gilt für das gesamte Tätigkeitsfeld der Verwaltung.[3] Verstößt das Verwaltungshandeln (z.B. der Erlass eines Verwaltungsaktes, einer Rechtsverordnung oder Satzung) gegen ein Gesetz, ist es rechtswidrig. Hinsichtlich der Frage, ob es auch nichtig, d.h. unwirksam ist, muss unterschieden werden: Rechtswidrige Rechtsverordnungen sind regelmäßig nichtig[4]. Für Satzungen gilt Ähnliches; zunehmend wird die Nichtigkeit allerdings von Heilungs- und Unbeachtlichkeitsregelungen abhängig gemacht (symptomatisch §§ 214 f. BauGB). Ein rechtswidriger Verwaltungsakt[5] ist nur ausnahmsweise nichtig (§ 44 VwVfG); ansonsten ist er anfechtbar und kann im Widerspruchsverfahren (§§ 68 ff. VwGO) oder im gerichtlichen Verfahren aufgehoben werden. Öffentlich-rechtliche Verträge[6] sind nur unter den Voraussetzungen des § 59 VwVfG nichtig.

II. Vorbehalt des Gesetzes

1. Begriff

3 Zum anderen wird der Grundsatz vom Vorrang des Gesetzes durch den Gesetzesvorbehalt ergänzt. Er besagt, dass ein Tätigwerden der Verwaltung nur dann rechtmäßig

1 Bereits vorstehend, etwa § 7 Rn. 19.
2 Zur Vertiefung *Detterbeck*, Jura 2002, 235; *Erichsen*, Jura 1995, 550; *Wehr*, JuS 1997, 231, 419.
3 Zu den einzelnen Handlungsformen siehe Teil 3 und 4.
4 Ausnahme etwa: § 246 Abs. 2, §§ 214 f. BauGB, § 47 Abs. 1 Nr. 1 VwGO.
5 Vgl. dazu § 15 Rn. 1 ff.
6 § 21 Rn. 23 ff.

ist, wenn die Verwaltung gesetzlich zu eben diesem Handeln ermächtigt wird (**kein Handeln ohne Gesetz**). Anders als der Vorrang gilt der Vorbehalt des Gesetzes nicht für jegliche Verwaltungstätigkeit.[7]

Der Vorbehalt des Gesetzes ist nicht ausdrücklich im Grundgesetz erwähnt; insbesondere kann er nicht unmittelbar bzw. allein aus dem Wortlaut des Art. 20 Abs. 3 GG erschlossen werden. Zu seiner Begründung wird deshalb auf das Demokratieprinzip (Art. 20 Abs. 1 GG, Art. 20 Abs. 2 S. 1 GG, Art. 28 Abs. 1 S. 1 GG) und das Rechtsstaatsprinzip (Art. 28 Abs. 1 S. 1, Art. 20 Abs. 2 S. 2, Art. 20 Abs. 3, Art. 1 Abs. 3, Art. 19 Abs. 4, Art. 23 Abs. 1 S. 1 GG) rekurriert.[8] Aus dem Demokratieprinzip folgt, dass die für die Gemeinschaft wesentlichen Entscheidungen vom unmittelbar demokratisch legitimierten Gesetzgeber zu treffen sind. Die Verwaltung bedarf für ihr Handeln in diesen Bereichen also einer gesetzlichen Ermächtigung; sie hat insoweit keine Handlungsbefugnisse kraft eigenen Rechts.[9] Nach dem Rechtsstaatsprinzip müssen die rechtlichen Beziehungen zwischen Staat und Bürger durch allgemeine Gesetze geregelt sein, damit das Verwaltungshandeln für den Bürger voraussehbar und berechenbar ist.[10]

Neben jenem allgemeinen Vorbehalt des Gesetzes resultiert aus den Grundrechten ein **besonderer** Gesetzesvorbehalt: Die Grundrechte schützen die Freiheit, das Eigentum u.a.m. und können aufgrund der in ihnen enthaltenen Schranken- und Gesetzesvorbehalte nur durch Gesetz oder aufgrund eines Gesetzes eingeschränkt werden, sog. **grundrechtlicher Gesetzesvorbehalt**. Dieser Schutz ist umfassend: Greifen spezielle Freiheitsgrundrechte und somit deren Gesetzesvorbehalte nicht, findet zumindest Art. 2 Abs. 1 GG Anwendung, der die allgemeine Handlungsfreiheit umfassend garantiert[11], sie freilich unter Schrankenvorbehalt stellt. Im Bereich der Eingriffsverwaltung bedeutet der grundrechtliche Gesetzesvorbehalt eine Konkretisierung des allgemeinen Gesetzesvorbehalts, der Letzterem vorgeht. 4

Die vom Vorbehalt des Gesetzes geforderte normative Ermächtigung der Verwaltung verlangt entweder ein formelles Gesetz (also Parlamentsgesetz) oder ein materielles Gesetz (Rechtsverordnungen, Satzungen). Bei Rechtsverordnungen sind überdies die Anforderungen des Art. 80 GG (bzw. der entsprechenden Vorschriften der Landesverfassungen) zu beachten; insbesondere müssen sie auf einem formellen Gesetz beruhen, das seinerseits Inhalt, Zweck und Ausmaß der Rechtsverordnung bestimmt.[12] 5

2. Vorbehalt des Gesetzes und Parlamentsvorbehalt

Wie angedeutet, hat das Bundesverfassungsgericht mit der von ihm entwickelten **Wesentlichkeitstheorie**[13] die Geltungskraft des Gesetzesvorbehalts dahingehend konkretisiert, dass ein formelles Gesetz für alle wesentlichen Entscheidungen notwendig ist 6

7 Vgl. nachfolgend Rn. 7 ff.; eingehend zum Gesetzesvorbehalt *Voßkuhle*, JuS 2007, 118.

8 So BVerfGE 45, 400, 417; BVerfGE 47, 46, 78.

9 *Maurer*, § 6 Rn. 5.

10 *Jachmann*, ZBR 1994, 1, 10.

11 Vgl. aber zur aktuellen Diskussion um die Reichweite des Schutzbereichs der Grundrechte *Kahl*, Der Staat 2004, 167; Erwiderung von *Hoffmann-Riem*, Der Staat 2004, 203.

12 Zu Rechtsverordnungen näher § 22.

13 BVerfGE 40, 237, 249; kritisch zur Wesentlichkeitstheorie wegen der Unbestimmtheit des Begriffs „wesentlich" etwa *Hölscheidt*, JA 2001, 409, 412.

(sog. Parlamentsvorbehalt[14]). „Wesentlich" sind hierbei zunächst die zur Verwirklichung der Grundrechte „wesentlichen" (wichtigen und bedeutsamen) Angelegenheiten. Auch Maßnahmen, die keine unmittelbare Grundrechtsrelevanz aufweisen, aber grundlegende Entscheidungen für das Gemeinwesen („Weichenstellungen") darstellen, können nach der Wesentlichkeitstheorie eine Regelung in einem formellen Gesetz erfordern.[15]

Die in diesem Sinne „wesentlichen" Angelegenheiten unterliegen einem Delegationsverbot; sie dürfen weder durch Satzung noch durch Rechtsverordnung geregelt werden.[16] Hinsichtlich des Grades an Detailliertheit der erforderlichen formell-gesetzlichen Regelung liefert die Wesentlichkeitstheorie indes keine konkreten Anhaltspunkte. Das Bundesverfassungsgericht stellt lediglich darauf ab, dass je stärker die Grundrechte betroffen sind, je gewichtiger die Angelegenheit für die Allgemeinheit und je stärker der betroffene Fragenkomplex in der Öffentlichkeit umstritten ist, desto präziser und enger die (formell-)gesetzlichen Regelungen ausgestaltet sein müssen.[17] Jenseits dessen ist daher untergesetzlicher Vorschriftenerlass eröffnet.

3. Reichweite des Vorbehalts des Gesetzes

7 Klärungsbedürftig bleibt, welche (Verwaltungs-)Maßnahmen im Näheren vom Grundsatz des Vorbehalts des Gesetzes erfasst werden. Anerkannt ist zunächst, dass nicht für sämtliche Verwaltungstätigkeiten eine gesetzliche Grundlage erforderlich ist. Ein sog. Totalvorbehalt besteht nicht.

a) Eingriffsverwaltung

8 Aus den grundrechtlichen Schranken- bzw. Gesetzesvorbehalten ergibt sich, dass immer dann, wenn Verwaltungshandeln Eingriffe in Grundrechtspositionen des Bürgers bewirkt, dieses gesetzlich legitimiert sein muss. Ein Tätigwerden im Rahmen der Eingriffsverwaltung (z.B. Gewerberecht, Bauordnungsrecht) hat also immer auf einer formell-gesetzlichen Grundlage i.S. vorgenannter Anforderungen zu beruhen.[18]

b) Leistungsverwaltung

9 I.Ü. gilt die Wesentlichkeitstheorie, wie sie vorstehend dargestellt worden ist. Umstritten ist freilich, ob vor diesem Hintergrund auch begünstigende Verwaltungstätigkeit im Rahmen der sog. Leistungsverwaltung dem Vorbehalt des Gesetzes unterliegt. Da

---

14 Die Wesentlichkeitstheorie und der in diesem Sinne gemeinte Parlamentsvorbehalt müssen vom sog. einfachen Parlamentsvorbehalt unterschieden werden. Letzterer verlangt für bestimmte Entscheidungen lediglich die Zustimmung des Bundestages, die nicht in Form eines Gesetzes getroffen werden muss. So ist bspw. für die Zustimmung zur Entsendung bewaffneter Streitkräfte zu Auslandseinsätzen ein schlichter Parlamentsbeschluss ausreichend, vgl. BVerfGE 90, 286, 381 ff.

15 BVerfGE, NJW 1998, 2515. Z.B. die Errichtung von Verwaltungsträgern und Behörden, grds. auch die Festlegung von Zuständigkeiten. Vgl. VerfGH NW, NJW 1999, 1243, wonach die Zusammenlegung von Innen- und Justizministerium als wesentlich angesehen wurde, mit der Folge, dass diese nicht durch Organisationserlass, sondern in einem formellen Gesetz geregelt sein muss; dazu *Erbguth*, NWVBl. 1999, 365.

16 Z.B. die Entscheidung über die Einführung von Sexualkundeunterricht, BVerfGE 47, 46, 80 ff.; die Grundsatzentscheidung für oder gegen die Zulassung der friedlichen Nutzung von Kernenergie, BVerfGE 49, 89, 127. Nicht als wesentlich in diesem Sinne hat das BVerfG die Einführung neuer Rechtschreibregeln in der Schule erachtet, BVerfGE 98, 218, 252 ff; kritisch *Roth*, BayVBl. 1999, 257.

17 BVerfGE 83, 130, 152. Vgl. auch *Maurer*, § 6 Rn. 11b; *Detterbeck*, Jura 2002, 235, 237.

18 Vgl. bereits Rn. 4.

viele Bereiche der Leistungsverwaltung gesetzlich normiert worden sind[19], handelt es sich vornehmlich um ein Problem bei der **Vergabe von staatlichen Leistungen (Subventionen)**.[20] Derartige Zuwendungen finden regelmäßig Aufnahme in die Haushaltspläne der Länder oder des Bundes, die wiederum durch das Haushaltsgesetz festgestellt werden (vgl. auf Bundesebene Art. 110 Abs. 1 und 2 GG). Darin wird über das „Ob" der Subvention entschieden. Die Kriterien für die Vergabe der Subvention („Wie") sind oftmals in Verwaltungsvorschriften festgelegt (Vergaberichtlinien). Dieser Praxis stehen Stimmen in der Literatur kritisch gegenüber, die für die Verteilung staatlicher Mittel durch die Verwaltung eine formell-gesetzliche Grundlage fordern, welche die Vergabe im Einzelnen bindend und vorhersehbar festlegt (Art und Ausmaß, wichtigste Voraussetzungen der Subvention).[21] Die bloße Ausweisung im Haushaltsplan genügt dieser Auffassung nach nicht den Anforderungen des Gesetzesvorbehalts: Das Haushaltsgesetz sei zwar ein formelles Gesetz, das Behörden binde; als intern wirkendes Recht entfalte es jedoch keine Außenwirkung im Verhältnis zu den Bürgern.[22] Auch Verwaltungsvorschriften (wie Vergaberichtlinien) könnten die Vergabe von Subventionen nicht legitimieren, weil ihnen als verwaltungsinternen Regelungen keine Außenwirkung gegenüber den Bürgern zukomme. Diese Bedenken werden vom Bundesverwaltungsgericht nicht geteilt; es hält in ständiger Rechtsprechung daran fest, dass die Bewilligung von Subventionen keineswegs notwendig der Regelung durch außenwirksame Rechtsvorschriften bedarf.[23] Dafür spricht, dass ein generelles Erfordernis konkreter und detaillierter gesetzlicher Normierung für die Gewährung von Subventionen der Exekutive die Fähigkeit nehmen würde, flexibel auf die jeweilige Bedarfssituation zu reagieren.[24] Allerdings ist nach Auffassung des Gerichts die Bereitstellung von Mitteln im Haushaltsplan dann nicht ausreichend, wenn die Subvention mit gezielten Eingriffen in die Grundrechte von nicht am Förderungsverhältnis beteiligten Dritten verbunden ist. In einem solchen Fall muss die Vergabe von Subventionen in einem formellen Gesetz geregelt sein – wie im Falle der finanziellen Förderung von Vereinen, die Aufklärungsarbeit betreffend jugendgefährdende Sekten leisten.[25] Das versteht sich freilich angesichts der vorausgesetzten Eingriffsqualität von selbst.[26]

Die Nichtgeltung des Gesetzesvorbehalts[27] bedeutet indes nicht, dass die Verwaltung 10
bei der Gewährung von Leistungen (insbesondere Subventionen) gänzlich von rechtlichen Bindungen freigestellt ist. Eine Vergabebindung ergibt sich neben den die Subventionen ausweisenden Haushaltsgesetzen bzw. -plänen aus (besagten) Verwaltungsvorschriften. Eine Subvention ohne jegliche Rechtsgrundlage wird für unzulässig erachtet.[28] Die Vergabe muss darüber hinaus unter Wahrung der einschlägigen Be-

19 Z.B. die Ausbildungsförderung nach dem BAföG. Für den Sozialleistungsbereich ist der Vorbehalt des Gesetzes ausdrücklich in § 31 SGB I angeordnet; zur Leistungsverwaltung bereits § 5 Rn. 13 f.

20 Ausführlich *Detterbeck*, Jura 2002, 235, 238.

21 *Maurer*, § 6 Rn. 14; *Detterbeck*, Jura 2002, 235, 238 f.

22 Zur Bindungswirkung von Verwaltungsvorschriften § 24 Rn. 7 f.

23 BVerwG, DVBl. 2003, 139.

24 So *Bull/Mehde*, Rn. 168; *Degenhart*, Rn. 329.

25 BVerwGE 90, 112, 126.

26 Vgl. vorstehend Rn. 8.

27 Der Bereich des Verwaltungshandelns, für den der Vorbehalt des Gesetzes nicht gilt, wird auch als sog. gesetzesfreie Verwaltung bezeichnet; ferner § 12 Rn. 43.

28 BVerwG, DVBl. 1963, 859.

stimmungen des Gemeinschaftsrechts[29] und des Grundgesetzes (insbesondere des allgemeinen Gleichheitssatzes, Art. 3 Abs. 1 GG) erfolgen.[30]

▶ **zu Fall 7:** Die Rechtmäßigkeit der Vergabe von Subventionen ist davon abhängig, ob die Bereitstellung entsprechender Mittel durch den Haushaltsplan und die Regelung der Vergabekriterien durch Verwaltungsvorschriften ausreichend ist, oder ob es dafür einer formell-gesetzliche Grundlage bedarf. Speziell bei Pressesubventionen sind die Auswirkungen auf die durch Art. 5 Abs. 1 S. 2 GG geschützte Pressefreiheit zu berücksichtigen. Die Verfassungsnorm enthält neben einem Abwehrrecht gegen staatliche Eingriffe in die Pressefreiheit auch eine objektiv-rechtliche Institutsgarantie der freien Presse.[31] Dem wäre zuwider gehandelt, wenn der Staat lenkend oder gestaltend in die Pressetätigkeit eingreifen würde. Die Medien müssen ihre Aufgaben unabhängig von jedem staatlichen Einfluss wahrnehmen können.[32] Schaltet sich der Staat in den Wettbewerb der Presseunternehmen dergestalt ein, dass er ein Unternehmen fördert und andere nicht, besteht die Gefahr, dass das geförderte Unternehmen seine Neutralität gegenüber dem Staat verliert. Deshalb ist es ihm grds. verwehrt, auf die Konkurrenzsituation der sich im gesellschaftlichen Raum frei artikulierenden Presseunternehmen Einfluss zu nehmen.[33] Zumindest ist aber für die Gewährung einer solchen Subvention eine hinreichend präzise gesetzliche Ermächtigung erforderlich, i.d.R. ein formelles Gesetz.[34] Eine bloße Ausweisung im Haushaltsplan reicht nicht aus, um die Subvention mit dem Vorbehalt des Gesetzes in Einklang zu bringen. Angesichts dessen ist ihre Gewährung rechtswidrig. ◀

III. Wiederholungs- und Verständnisfragen

1. Was besagt der Vorrang des Gesetzes?
2. Was ist unter dem Vorbehalt des Gesetzes zu verstehen?
3. Für welche Art der Verwaltungstätigkeit ist der Gesetzesvorbehalt immer zu beachten?
4. Gilt der Vorbehalt des Gesetzes bei der Vergabe von Subventionen?

29 Vgl. hierzu auch § 16 Rn. 34 f.

30 *Sproll*, Bd. 1, § 5 Rn. 31.

31 BVerfGE 10, 118, 121.

32 BVerfGE 80, 124, 134.

33 BVerfGE 20, 162, 174 f. Somit sind Subventionen an die Presse als teilweise oder gänzlich unvereinbar mit Art. 5 Abs. 1 GG anzusehen; offen gelassen von OVG Berlin, NJW 1975, 1938.

34 OVG Berlin, NJW 1975, 1938, 1939.

§ 9 Subjektiv-öffentliche Rechte

▶ **Fall 8:** B ist Eigentümer eines mit einem Einfamilienhaus bebauten Grundstücks, auf dem er eine Garage errichten möchte. Der zum Nachbargrundstück des N erforderliche Grenzabstand kann dabei nicht eingehalten werden. Dennoch wird B von der zuständigen Behörde die Genehmigung zum Bau der gewünschten Garage erteilt. Kann N sich dagegen wehren? ◀

▶ **Fall 9:** Wäre in Fall 8 eine Klage des N unter dem Gesichtspunkt der Klagebefugnis vor dem Verwaltungsgericht zulässig? ◀

Die bundesdeutsche Rechtsordnung unterscheidet zwischen objektivem und subjektivem Recht. **Objektives Recht** stellt die Summe aller geschriebenen und ungeschriebenen Rechtssätze dar. Die Verwaltung ist gem. Art. 20 Abs. 3 GG (Vorrang des Gesetzes) zu deren Einhaltung verpflichtet.[1] Der Bürger hingegen kann die Einhaltung des objektiven Rechts von der Verwaltung nur dann verlangen, wenn ihm insoweit ein **subjektiv-öffentliches Recht** zur Seite steht. Einen Anspruch darauf, dass Rechtsnormen als solche generell beachtet bzw. durchgesetzt werden, mithin einen allgemeinen Gesetzesvollziehungsanspruch, gibt es nicht.[2] 1

I. Begriffsbestimmung

Im öffentlichen Recht wird unter einem subjektiven Recht die einem Bürger zuerkannte Rechtsmacht verstanden, vom Staat zur Verfolgung eigener Interessen ein bestimmtes Verhalten verlangen zu können.[3] 2

II. Voraussetzungen des subjektiv-öffentlichen Rechts

Im Zivilrecht ist die Feststellung eines subjektiven Rechtes, jedenfalls im Vertragsrecht, nicht schwierig. Aus den objektiven Rechtsnormen des Zivilrechts resultieren unmittelbar Pflichten der einen Vertragsseite, die mit den Rechten bzw. Ansprüchen der anderen (Vertrags-)Seite korrespondieren. Aus der objektiven Rechtsnorm des § 433 BGB über den Kaufvertrag ergeben sich bspw. für Verkäufer und Käufer bestimmte Rechte und Pflichten, die sie jeweils dem anderen gegenüber durchsetzen können. Dieses Korrespondenzverhältnis folgt aus der Funktion des Privatrechts, das darauf gerichtet ist, die Interessen der Bürger auszugleichen und voneinander abzugrenzen. Derartiges kann auf das öffentliche Recht nicht übertragen werden, (schon) weil die Verwaltung vorrangig im öffentlichen Interesse tätig wird. Aus objektiven Rechtsnormen des öffentlichen Rechts folgen nicht zwingend subjektiv-öffentliche Rechte. Wann von einer ein solches Recht vermittelnden Vorschrift gesprochen werden kann, klärt nach h.M. die sog. **Schutznormtheorie.** Danach liegt ein subjektiv-öffentliches Recht vor, wenn die (zwischen Verwaltung und Bürger im Streite stehende) Bestimmung nicht nur dem öffentlichen Interesse, sondern auch demjenigen einzelner Bürger, zu denen der Betreffende zählt, zu dienen bestimmt ist.[4] 3

---

1 Bereits vorstehend, etwa § 8 Rn. 2.

2 *Bull/Mehde*, Rn. 145.

3 *Maurer*, § 8 Rn. 2.

4 BVerwGE 7, 354, 355; zum öffentlichen Umweltrecht insoweit *Erbguth/Schlacke*, § 6 Rn. 11 ff; zum öffentlichen Baurecht *Erbguth/Wagner*, § 15 Rn. 32 ff.; *Erbguth* in: Tettinger/Erbguth/Mann, Rn. 1296 ff.

Folglich gilt zu prüfen,

- ob die fragliche Vorschrift des objektiven Rechts auch subjektive Rechte von Bürgern schützen will, und
- ob der sich auf die Norm berufende Bürger zum geschützten Personenkreis zählt.

4 Allein aus dem Umstand, dass dem Einzelnen aus einer öffentlich-rechtlichen Norm Vorteile erwachsen, kann noch nicht der Schluss auf ein subjektiv-öffentliches Recht gezogen werden. Begünstigungen des Bürgers müssen vom Gesetzgeber gewollt sein. Nicht bezweckte, rein faktische Vergünstigungen gewähren keine subjektiven Rechte; sie werden als bloße **Rechtsreflexe** bezeichnet. Klassisches Beispiel für einen solchen Rechtsreflex ist § 1 Abs. 3 S. 1 BauGB. Er statuiert die Pflicht der Gemeinden, einen Bebauungsplan aufzustellen, wenn städtebauliche Gründe es erfordern. Dies kann für jemanden, der in einem bislang nicht beplanten Gebiet Grundstücke besitzt, die durch einen hiernach erforderlichen Bebauungsplan in wesentlich wertvolleres Bauland umgewandelt werden, von Vorteil sein. Dennoch gewährt die Vorschrift kein subjektives Recht; die aus ihr folgende Begünstigung des Bürgers stellt lediglich eine Nebenwirkung dar. Dem entspricht die Regelung in § 1 Abs. 3 S. 2 BauGB, wenn sie klarstellt, dass (u.a.) auf die Aufstellung von Bebauungsplänen kein Anspruch besteht.

5 Ob eine Vorschrift nur dem Allgemeininteresse dient oder (zumindest) auch Rechte des Einzelnen schützt, ist durch Auslegung zu ermitteln. Keine Schwierigkeiten bei der Annahme eines subjektiv-öffentlichen Rechts treten auf, wenn der Wortlaut einer Norm ausdrücklich darauf hinweist, dass es ihr um Rechte für den Bürger geht. Dergestalt ordnet § 1 BAföG an, dass auf Ausbildungsförderung nach Maßgabe des Gesetzes ein Rechtsanspruch besteht, und vermittelt diesbezüglich ein subjektiv-öffentliches Recht. § 5 Abs. 1 S. 1 Nr. 1 BImSchG regelt, dass genehmigungsbedürftige Anlagen so zu errichten sind, dass schädliche Umwelteinwirkungen u.a. für die Nachbarschaft nicht hervorgerufen werden, und will damit jenem Adressatenkreis ein Recht gewähren. Aus vielen Vorschriften lässt sich jedoch nicht ohne weiteres ablesen, ob sie Individualinteressen schützen und damit subjektive Rechte vermitteln oder nicht. So verhält es sich regelmäßig im Bau-, Gewerbe- und Subventionsrecht. Dann ist neben der grammatikalischen Auslegung auf die systematische, die historische und die teleologische Interpretationsmethode abzuheben.[5]

6 Subjektiv-öffentliche Rechte stellen natürlich die **Grundrechte**[6] dar. Als Abwehrpositionen des Bürgers gegen den Staat schützen sie den Einzelnen vor staatlichen Eingriffen[7]; unter gewissen Voraussetzungen gewähren sie auch Leistungsrechte.[8] Aufgrund des Anwendungsvorrangs einfach-gesetzlicher Regelungen[9] ist mit der Suche nach individualschützenden Normen aber zunächst bei diesen und nicht bei Grundrechten anzusetzen. Im Rahmen der Auslegung, ob dergestalt gesetzlichen Vorschriften individualschützende Wirkung zukommt, sind freilich Grundrechtspositionen mit zu be-

5 Zum Nachbarschutz im Baurecht z.B. BVerwGE 52, 122; BVerwGE 94, 151; *Erbguth/Wagner*, § 15 Rn 32 ff.; *Erbguth* in: Tettinger/Erbguth/Mann, Rn. 1296 ff. Zur Konkurrentenklage im Gewerbezulassungsrecht, OVG Münster, NJW 1980, 2323. Zur Konkurrentenklage im Subventionsrecht, BVerwGE 30, 191. Vgl. zu Kritik und neuen Ansätzen hinsichtlich der Lehre für die Bestimmung subjektiv-öffentlicher Rechte *Battis*, S. 90; *Peine*, Rn. 259. Eine Übersicht findet sich bei *Gersdorf*, Rn. 36.

6 Zur Abhängigkeit des subjektiv-öffentlichen Rechts von einfach-gesetzlichen Normen einerseits und Grundrechten andererseits *Wahl*, DVBl. 1996, 641.

7 *Pieroth/Schlink*, Rn. 58.

8 *Maurer*, § 8 Rn. 14.

9 Siehe schon § 7 Rn. 17.

rücksichtigen. Im Zweifel spricht eine grundrechtskonforme Auslegung für die Annahme von Individualschutz.[10] Soweit Regelungen des einfachen Rechts kein subjektiv-öffentliches Recht zu entnehmen ist, kann (dann) auf Grundrechte zurückgegriffen werden.

Individualschützende Normen lassen sich ferner unmittelbar dem **Europarecht** entnehmen. So sind die Gewährleistungen der Europäischen Konvention zum Schutz der Menschenrechte und Grundfreiheiten[11] als subjektiv-öffentliche Rechte anerkannt.[12] Aber auch das Gemeinschaftsrecht selbst kann solche Positionen enthalten.[13] Für deren Ermittlung ist jedoch nicht die vorstehend behandelte nationale Sicht vom subjektiven Recht heranzuziehen; vielmehr sind die vom Europäischen Gerichtshof insoweit entwickelten Maßstäbe zugrunde zu legen.[14] Als Kriterien zur Identifizierung einer derartigen, den Bürger begünstigenden Vorschrift dienen dem Gericht das Schutzziel der Norm, die Berührung wirtschaftlicher Interessenssphären und die Betroffenheit des Bürgers.[15] Eine Individualberechtigung ergibt sich, wenn die Gemeinschaftsrechtsnorm wenigstens auch Interessen Einzelner dienen soll. Unproblematisch erweist sich dies für die EG-Grundfreiheiten (Art. 28 ff., 39 ff., 43 ff., 56 ff. EG) sowie für die zu ihrer Durchführung ergangenen Sekundärrechtsnormen.[16] Hinsichtlich sonstiger sekundärer Rechte aus EG-Verordnungen oder Richtlinien bejaht der Europäische Gerichtshof (i.S.d. des Effektivitätsgebots[17]) eine Subjektivität dann, wenn die betreffende Regelung auf personenbezogene Rechtsgüter Bezug nimmt[18] und geht insoweit über die deutsche Schutznormtheorie[19] hinaus.[20] Die Tendenz dieser Rechtsprechung, bei der Zuerkennung individueller Rechte zunehmend großzügiger zu verfahren, wird auch in Zukunft Herausforderungen für die deutsche Verwaltungsrechtsdogmatik nach sich ziehen. So ist derzeit im Umweltrecht umstritten, ob aus dem Gemeinschaftsrecht ein Anspruch einzelner Bürger auf Aufstellung eines Aktionsplans zur Reduzierung von Schadstoffemissionen in Städten (Stichwort: Feinstaub) abgeleitet werden kann.[21] Nachdem das Bundesverwaltungsgericht die Frage in Auslegung der deutschen Vorschrift (§ 47 Abs. 2 S. 1 BImSchG) zunächst verneint hatte, ist sie gerichtlicherseits nunmehr dem Europäischen Gerichtshof zur Klärung vorgelegt worden.[22] 6a

10 So auch *Maurer*, § 8 Rn. 11; *Peine*, Rn. 260.

11 Vom Europarat am 4.11.1950 beschlossen, BGBl. 1952 II S. 686; konsolidierte Fassung BGBl. 2002 II S. 1055.

12 *Dörr/Lenz*, Rn. 627.

13 *Huber*, BayVBl. 2001, 577, 581.

14 *Rengeling/Middeke/Gellermann*, § 37 Rn. 108, *Kopp/Schenke*, § 42 Rn. 153.

15 EuGH, Slg. 1991, 2567 Rn. 16; EuGH, Slg. 1991, 4983 Rn. 14; EuGH, Slg. 1991, 825 Rn. 6 f.; EuGH, Slg. 1991, 3757 Rn. 22 f.; EuGH, Slg. 1995, I-2302.

16 *Huber*, BayVBl. 2001, 577.

17 Es besagt, dass nationale Verfahrensbestimmungen die gerichtliche Verfolgung gemeinschaftsrechtlicher Vorgaben nicht übermäßig erschweren oder praktisch unmöglich machen dürfen; ständige Rechtsprechung, vgl. EuGH, Slg. 2000, I-3201 Rn. 31; EuGH, Slg. 2001, I-1727 Rn. 85; auch *Dörr/Lenz*, Rn. 417; *Ehlers*, Verw 37 (2004), 255, 258.

18 EuGH, Slg. 1996, I-4845 Rn. 43.

19 Vgl. oben § 9 Rn. 3.

20 Vgl. oben § 3 Rn. 4; unten § 9 Rn. 11.

21 Vgl. *Winkler*, ZUR 2007, 364 m.w.N. zum Streitstand; *Schlacke*, JA 2007, 361.

22 BVerwG, ZUR 2007, 360.

▶ **ZU FALL 8:** N könnte die Aufhebung der an B gerichteten Baugenehmigung verlangen, wenn ihm ein subjektiv-öffentliches Recht zur Seite steht. Dann müsste die dem B erteilte Genehmigung gegen eine den N schützende Rechtsnorm verstoßen. Letzteres wird bei Regelungen über den seitlichen Grenzabstand (vgl. etwa § 6 BauO M-V), die vorliegend nicht beachtet wurden, angenommen.[23] Über sie soll die Feuersicherheit und ein gewisses Maß an Licht- und Luftzufuhr der Nachbargrundstücke gewährleistet werden.[24] Die Vorschriften schützen damit die individuellen Rechte eines bestimmbaren Personenkreises, nämlich den der Nachbarn, dem N angehört. Er kann sich folglich auf ein subjektiv-öffentliches Recht berufen und die Beachtung besagter Vorschrift von der Baubehörde verlangen. ◀

III. Verwaltungsprozessrechtliche Bedeutung: Klagebefugnis

7 Praktische Bedeutung erlangen subjektiv-öffentliche Rechte wegen ihrer gerichtlichen Durchsetzbarkeit, Art. 19 Abs. 4 GG. Danach steht jedem, der durch die öffentliche Gewalt in seinen Rechten verletzt ist, der Rechtsweg offen. Diese Individualrechtsgarantie wird durch § 113 Abs. 1 S. 1, Abs. 5 S. 1 VwGO, insbesondere aber durch § 42 Abs. 2 VwGO konkretisiert. Letztere normiert die **Klagebefugnis** als (Zulässigkeits-)Voraussetzung für die Erhebung bestimmter verwaltungsgerichtlicher Klagen.

1. Funktion und Bedeutung der Klagebefugnis

8 Gegenüber Maßnahmen der Verwaltung eröffnen sich dem Bürger unterschiedliche Klagearten.[25] Für die Anfechtungs- und Verpflichtungsklage (§ 42 Abs. 1 VwGO) ordnet § 42 Abs. 2 VwGO die Maßgabe der Klagebefugnis ausdrücklich an. Die Vorschrift gilt nach h.M. allerdings analog für weitere verwaltungsgerichtliche Klagen (Leistungs- und Fortsetzungsfeststellungsklage[26]).[27] Auch in den Verfahren des einstweiligen Rechtsschutzes[28] sowie im Widerspruchsverfahren[29] wird in analoger Anwendung des § 42 Abs. 2 VwGO das Vorliegen der **Antrags- bzw. Widerspruchsbefugnis** verlangt;[30] im Rahmen der Feststellungsklage ist die entsprechende Heranziehung des § 42 Abs. 2 VwGO dagegen umstritten[31]. Beim Normenkontrollverfahren sieht § 47 Abs. 2 S. 1 VwGO in ähnlicher Weise die Geltendmachung einer Rechtsverletzung als Antragsvoraussetzung (Antragsbefugnis) vor.[32]

Das Erfordernis der Klage- bzw. Antragsbefugnis im Verwaltungsprozessrecht spiegelt die verfassungsrechtlich (Art. 19 Abs. 4 GG) vorgegebene grundsätzliche Entscheidung für ein Individualrechtsschutzsystem im Gegensatz zu einem System der objektiven Rechtmäßigkeitskontrolle wider.[33] Klagen jedweder, d.h. rechtlich offensichtlich nicht betroffener Personen sollen ausgeschlossen und damit Überlastungen der Verwaltungsgerichte verhindert werden (Ausschluss sog. Popularklagen).[34] Aller-

23 BVerwGE 94, 151, 158; näher *Erbguth/Wagner*, § 11 Rn. 17 ff.
24 *Brohm*, § 5 Rn. 8.
25 Zum Überblick über die verwaltungsgerichtlichen Klageearten vgl. § 11 Rn. 4.
26 Vgl. dazu § 20 Rn. 8 ff., 19a Rn. 36 ff.
27 *Kopp/Schenke*, § 42 Rn. 62 ff.
28 Soweit es um Verwaltungsakte geht; zum einstweiligen Rechtsschutz näher § 19b.
29 Siehe § 19a Rn. 1 ff., 41 f., § 20 Rn. 1.
30 *Detterbeck*, Rn. 1363.
31 § 10 Rn. 14.
32 Vgl. § 24a Rn. 8.
33 *Hufen*, § 14 Rn. 67.
34 BVerwGE 36, 199; BVerwG, DÖV 1966, 577; *Knuth*, JuS 1986, 523, 526; *Kopp/Schenke*, § 42 Rn. 59.

dings stellt § 42 Abs. 2 Hs. 1 VwGO die Klagebefugnis unter den Vorbehalt abweichender Regelungen („Soweit gesetzlich nichts anderes bestimmt ist, ...") – mit der Folge, dass es auch **Ausnahmen** von der prinzipiell geforderten individuellen Betroffenheit gibt. So bestimmt § 61 Abs. 1 BNatSchG, dass anerkannte Umweltverbände gegen bestimmte Maßnahmen der Verwaltung Rechtsbehelfe nach der Verwaltungsgerichtsordnung auch ohne die Geltendmachung der Verletzung eigener Rechte einlegen können („altruistische Verbandsklage"), sofern ein in § 61 Abs. 2 Nr. 1 BNatSchG aufgeführter Rechtsverstoß gerügt wird.[35] Derartige überindividuelle Klagebefugnisse stellen aber nicht zugleich Popularklagemöglichkeiten dar; denn sie sind lediglich spezifischen Amtswaltern, z. B. Gleichstellungsbeauftragten oder hoheitlich anerkannten privaten Organisationen wie Umweltverbänden, eröffnet. Eine Zwitterstellung kommt diesbezüglich dem gemeinschaftsrechtlich bedingten Umwelt-Rechtsbehelfsgesetz[36] zu: § 2 Abs. 1 URG berechtigt anerkannte Umweltverbände zwar zur Erhebung einer Klage, ohne dass eine Verletzung verbandseigener Rechte geltend gemacht werden muss. Rügefähig sind aber nur Verletzungen drittschützender Umweltrechtsvorschriften (§ 2 Abs. 1 Nr. 1 URG).[37]

Auch die **Prozessstandschaft**, also die Geltendmachung fremder Rechte in eigenem Namen, ist aufgrund dieses Vorbehalts zulässig, wenn sie gesetzlich angeordnet ist (wie in § 2212 BGB für den Testamentsvollstrecker).[38] Eine gewillkürte, auf eine rechtsgeschäftliche Ermächtigung zurückgehende Prozessstandschaft (etwa: Umweltverband soll Rechte eines Eigentümers geltend machen) ist dagegen mit § 42 Abs. 2 VwGO nicht vereinbar.[39]

2. Vorliegen der Klagebefugnis

Aufgrund § 42 Abs. 2 VwGO muss der Kläger für die Zulässigkeit seiner Klage eine 9
Verletzung eigener Rechte geltend machen. Die Anforderungen an den diesbezüglichen Sachvortrag sind allerdings nicht sonderlich hoch. Ein schlüssiger Vortrag ist nicht erforderlich;[40] es reicht vielmehr aus, wenn nach dem Vorbringen zumindest die Möglichkeit besteht, dass der Kläger bzw. Antragsteller durch das Verwaltungshandeln in seinen Rechten verletzt ist („Möglichkeitstheorie").[41] Nur wenn offensichtlich und eindeutig nach keiner Betrachtungsweise die geltend gemachten Rechte verletzt sein können,[42] soll es an der Klagebefugnis fehlen. Mithin muss ein (subjektives) Recht vorliegen; darauf, ob es tatsächlich verletzt ist, kommt es an dieser Stelle hin-

35 Vgl. hierzu *Seelig/Gündling*, NVwZ 2002, 1033; *Gellermann*, NVwZ 2006, 7, 9 ff.; *Schlacke*, NuR 2004, 629. Weitere Beispiele sog. überindividueller Klagebefugnisse finden sich im Handwerksrecht (§§ 8 Abs. 4, 12 HandwO), im Gleichstellungsrecht (§ 22 Abs. 1 BGleiG) sowie im Behindertenrecht (§ 13 BGG); zu Letzterem *Schlacke*, RsDE 2002, 60, 74; ferner grundlegend *Schlacke*, Überindividueller Rechtsschutz, Habilitationsschrift, 2007 (i. E.).

36 BGBl. 2006 I S. 2816.

37 Ausführlich u. a. auch zur Frage der Europarechtskonformität des URG *Schlacke*, NuR 2007, 8; ferner *Ziekow*, NVwZ 2007, 259; *Ewer*, NVwZ 2007, 267; *Kment*, NVwZ 2007, 274; *Koch*, NVwZ 2007, 369. Zur Verbandsklage nach dem Umweltschadensgesetz *Schrader/Hellenbroich*, ZUR 2007, 289.

38 *Hufen*, § 12 Rn. 38.

39 *Hufen*, wie vor; dem kommt die im Text vorstehend beschriebene Neuregelung des URG allerdings bedenklich nahe.

40 So aber *Ule*, Verwaltungsprozessrecht, 9. Aufl., 1987, § 33 II.

41 *Hipp/Hufeld*, JuS 1998, 802, 804; *Schenke*, Rn. 494.

42 BVerwGE 44, 1, 3; BVerwGE 92, 316; BVerwGE 95, 133 f.

gegen nicht an; das ist nicht Gegenstand der formellen Prüfung im Rahmen der Zulässigkeit der Klage, sondern derjenigen, ob die Klage auch (materiell) begründet ist.[43]

Die Feststellung des Rechts macht keine Schwierigkeiten, wenn der Kläger bzw. Antragsteller Adressat eines belastenden Verwaltungsaktes[44] ist. Da Letzterer immer zumindest einen Eingriff in die allgemeine Handlungsfreiheit (Art. 2 Abs. 1 GG) darstellt, ist die Möglichkeit einer Rechtsverletzung stets gegeben („**Adressatentheorie**").[45] Probleme wirft die Prüfung der Klagebefugnis dagegen regelmäßig in den **Dritt- oder Nachbarschutzfällen**[46] auf, wie in Fall 8 und 9, aber etwa auch im Rahmen von Subventions- oder Lizenzvergaben[47]; das Vorliegen eines subjektiv-öffentlichen Rechts bedarf dann regelmäßig näherer Untersuchung, wie dies zuvor dargestellt worden ist[48]. An der Möglichkeit einer Rechtsverletzung fehlt es, wenn der Rechtsschutzsuchende mit den von ihm geltend gemachten Rechten offensichtlich **präkludiert**, also ausgeschlossen ist. Insbesondere durch Verabsäumen der Geltendmachung eigener Rechte im Verwaltungsverfahren,[49] aber auch aufgrund Verzichts[50] oder Verwirkung[51] kann eine derartige (materielle) Präklusion eintreten.[52] Bestehen Zweifel an der Präklusion, ist wegen der nicht auszuschließenden (s.o.) Möglichkeit einer Rechtsverletzung die Klagebefugnis gegeben; auf die Frage des Eintritts der Präklusion ist dann im Rahmen der Begründetheitsprüfung[53] einzugehen.

10 In Konsequenz des systemprägenden Individualrechtsschutzes und, weil die Rechtsverletzung für die Zulässigkeit des Rechtsschutzes nur möglich erscheinen muss, hängen die weiteren – materiellen – Erfolgsaussichten (**Begründetheit**) der genannten Klage- und Antragsverfahren prinzipiell davon ab, ob der Kläger (bzw. Antragsteller) in seinen Rechten auch tatsächlich verletzt ist, § 113 Abs. 1 S. 1, Abs. 5 S. 1 VwGO. Die bloße Rechtswidrigkeit des Verwaltunghandelns reicht für den Erfolg der Klagen nicht aus. Anders verhält es sich hinsichtlich der Begründetheit eines Normenkontrollverfahrens oder eines Umwelt-Rechtsbehelfs.[54] Bei Ersterem genügt eine Verletzung (allein) objektiver Rechtsnormen (§ 47 Abs. 1 VwGO). Bei Letzterem führen nur Verletzungen von Vorschriften, die dem Umweltschutz dienen, Rechte Einzelner

43 *Schenke*, Rn. 493; zur Begründetheitsprüfung vgl. § 19a Rn. 31 ff.

44 Siehe § 12 Rn. 39.

45 BVerwG, NJW 2004, 698; *Hipp/Hufeld*, JuS 1998, 805; *Hufen*, § 14 Rn. 75.

46 Überblick bei *Kopp/Schenke*, § 40 Rn. 96, 103.

47 Vgl. dazu *Würtenberger*, Rn. 291 ff.

48 Vgl. vorstehend Rn. 3 ff.

49 Dazu ist eine gesetzliche Regelung erforderlich, wie sie bspw. § 73 Abs. 4 S. 3 VwVfG für das Planfeststellungsverfahren enthält. Demnach sind mit Ausnahme von privatrechtlichen Titeln alle Einwendungen, die bei Ablauf der Einwendungsfrist nicht vorgebracht wurden, ausgeschlossen; deutlich auch § 47 Abs. 2a VwGO.

50 Durch öffentlich-rechtlichen Vertrag oder öffentlich-rechtliche Willenserklärung, vgl. *Schenke*, Rn. 502k m.w.N.

51 Dabei handelt es sich um eine materielle Verwirkung, die z.B. durch den „Verkauf" (Verzicht gegen Geld oder andere Vorteile) des Abwehrrechts eintreten kann, vgl. *Schenke*, Rn. 502k. Sie darf nicht mit der Verwirkung von Rechtsbehelfen (dazu unter § 19a Rn. 30) verwechselt werden.

52 *Schenke*, Rn. 502 f.

53 Zur Begründetheitsprüfung vgl. § 19a Rn. 31 ff.

54 Vgl. oben § 9 Rn. 8.

(also subjektive Rechte) begründen und für die Entscheidung von Bedeutung sind, zu einer erfolgreichen Klage.[55]

3. Klagebefugnis kraft Gemeinschaftsrechts

Die Klagebefugnis gem. § 42 Abs. 2 VwGO kann sich auch aus **Gemeinschaftsrecht** 11
ableiten. Wenn gemeinschaftsrechtliche Vorgaben von mitgliedstaatlichen Behörden vollzogen werden, obliegt die Kontrolle der Verwaltung insoweit den nationalen Gerichten, die sie nach nationalem Prozessrecht vorzunehmen haben. Allerdings ist nach dem Europäischen Gerichtshof Rechtsschutz bereits dann zu gewähren, wenn die verletzte Norm den Einzelnen begünstigt;[56] auf die näheren Kriterien ist hingewiesen worden.[57] Dieser für das deutsche Rechtsschutzsystem (bislang) fremde **Interessentenschutz** begründet schon bei faktischem Betroffensein bzw. tatsächlichen Nachteilen hinsichtlich geschützter Individualinteressen die Klagebefugnis.[58] Dem ist im Rahmen des nationalen Individualrechtsschutzsystems Rechnung zu tragen.[59]

Das bereitet naturgemäß keine Probleme bei „überschießendem" EG-Recht, wenn also unmittelbar anwendbares Gemeinschaftsrecht subjektive Rechte enthält oder der nationale Gesetzgeber im Wege der Umsetzung von Gemeinschaftsrecht derartige Positionen begründet (hat).[60] Letzteres trifft etwa auf § 3 Abs. 1 S. 1 UIG[61] zu, der einen die Merkmale eines subjektiven Rechts erfüllenden Jedermann-Anspruch auf Zugang zu Umweltinformationen normiert. Schwierigkeiten erwachsen hingegen in jenen Fällen, in denen die Umsetzung eines gemeinschaftsrechtlichen Individualrechts nicht die Kriterien eines subjektiven Rechts erfüllt.[62] Das ist derzeit bzgl. des immissionsschutzrechtlichen Anspruchs auf Aufstellung eines Aktionsplans zur Luftreinhaltung (§ 47 Abs. 2 S. 1 BImSchG) virulent.[63] Zur Bereinigung dieser durch das Gemeinschaftsrecht bedingten Divergenz lassen sich im Wesentlichen drei **Lösungsansätze** verfolgen: § 42 Abs. 2 VwGO soll bei Klagen vor deutschen Verwaltungsgerichten, durch welche die Verletzung von Vorschriften des EG-Rechts gerügt wird, gemeinschaftsrechtskonform ausgelegt und die Schutznormtheorie entsprechend erweitert werden (sog. materielle Lösung).[64] Demgegenüber wird eine Anwendung von § 42 Abs. 2 Hs. 1 VwGO[65] befürwortet (sog. prozessuale Lösung)[66] oder eine gesetzgebe-

55 Hinzukommen muss ferner, dass der Verstoß Belange des Umweltschutzes berührt, die zu den satzungsmäßigen Zielsetzungen des klagebefugten Verbandes gehören (§ 2 Abs. 5 S. 1 Nr. 1 URG). Beachtlich ist ferner die von § 47 Abs. 1 VwGO abweichende Sonderregelung des § 2 Abs. 5 S. 1 Nr. 2 URG zur Normenkontrolle UVP-pflichtiger Bebauungspläne. Vgl. *Schlacke*, NuR 2007, 8, 12 f.

56 EuGH, Slg. 1987, 4097 Rn. 17; EuGH, Slg. 1992, I-6313 Rn. 14 ff.

57 Vgl. Rn. 6a.

58 Näher *Calliess*, NVwZ 2006, 1, 2 ff.; *Schlacke*, ZUR 2006, 360, 362.

59 *Calliess*, NJW 2002, 3577, 3578.

60 *Schenke*, Rn. 531b.

61 Das UIG dient der (deutschen) Umsetzung der Richtlinie 2003/4/EG des Europäischen Parlaments und des Rates vom 28.1.2003 über den Zugang der Öffentlichkeit zu Umweltinformationen und zur Aufhebung der Richtlinie 90/313/EWG des Rates, ABl. EG 2003, L 41, S. 26.

62 *Schenke*, Rn. 531b.

62 Vgl. *Würtenberger*, Rn. 71.

63 Vgl. oben § 9 Rn. 6a m.w.N.

64 So *Classen*, VerwArch 88 (1997), 645, 678; *Schoch*, NVwZ 1999, 457, 465 f.; *ders.*, NordÖR 2002, 1, 7; *Ruffert*, DVBl. 1998, 69, 74; *Würtenberger*, Rn. 72.

65 Dazu Rn. 8.

66 Vgl. *Maurer*, § 8 Rn. 15a; *Wahl* in: Schoch/Schmidt-Aßmann/Pietzner, Vorb. § 42 Abs. 2 Rn. 128.

rische Neuformulierung des § 42 Abs. 2 VwGO gefordert.[67] Der materiellen Lösung dürfte der Vorzug zu geben sein. Im Unterschied zu den anderen Auffassungen ermöglicht sie eine hinreichende Flexibilität, um den Zugang zu verwaltungsgerichtlicher Kontrolle bei Verletzung gemeinschaftsrechtlich induzierter Individualpositionen zu gewährleisten, ohne dass eine Gesetzesänderung bzw. -modifizierung und damit einhergehend eine Aufweichung des verfassungsrechtlich gewährleisteten (Individual-) Rechtsschutzes erforderlich würden.

▶ **ZU FALL 9:** N begehrt die Aufhebung der Baugenehmigung, die einen Verwaltungsakt darstellt. Demnach ist die Anfechtungsklage statthaft, § 42 Abs. 1 VwGO. A muss dann gem. § 42 Abs. 2 VwGO geltend machen können, durch die Baugenehmigung in seinen Rechten verletzt zu sein. Das ist der Fall, wenn nach dem Sachvortrag des N die Verletzung seiner Rechte möglich ist. Da die Baugenehmigung nicht an ihn adressiert ist, sondern N nur mittelbar trifft, kann die Adressatentheorie nicht herangezogen werden. N macht aber einen Verstoß gegen § 6 LBauO M-V geltend, der drittschützenden Charakter hat (s.o. zu Fall 8), und rügt damit die Verletzung des subjektiv-öffentlichen Rechts auf Einhaltung des Grenzabstands bei der Errichtung eines benachbarten Gebäudes. Als Nachbar des B fällt N auch in den von § 6 LBauO M-V geschützten Personenkreis. Schließlich muss die Verletzung des geltend gemachten Rechts möglich erscheinen. Das genehmigte Vorhaben unterschreitet den gesetzlich vorgeschriebenen Grenzabstand; eine Verletzung des in § 6 LBauO M-V verankerten Rechts auf Einhaltung des Grenzabstands ist mithin nicht ausgeschlossen, die Klagebefugnis daher gegeben. ◀

IV. WIEDERHOLUNGS- UND VERSTÄNDNISFRAGEN

1. Was sind subjektiv-öffentliche Rechte?
2. Wie werden subjektiv-öffentliche Rechte hergeleitet?
3. Inwiefern wird das subjektiv-öffentliche Recht im Verwaltungsprozess relevant? Was gilt insoweit für europarechtliche Vorgaben?
4. Was besagt die Möglichkeitstheorie im Zusammenhang mit § 42 Abs. 2 VwGO?
5. Warum liegt für den Adressaten eines belastenden Verwaltungsaktes die Voraussetzung des § 42 Abs. 2 VwGO immer vor? Wie sieht es in sog. Dritt- oder Nachbarschutzfällen aus?

67 Vgl. *Wegener*, Rechte des Einzelnen, 1998, S. 295 f.; *Winter*, NVwZ 1999, 467, 473.

§ 10 Verwaltungsrechtsverhältnisse

▶ **FALL 10:** Künstler A will eine von ihm geschaffene Monumentalfigur auf einem Hügel in freier Landschaft aufstellen. Die Bauaufsichtsbehörde hält das nur für zulässig, wenn A zuvor eine Baugenehmigung eingeholt hat; ansonsten müsse der „Schwarzbau" wieder abgerissen werden. A beruft sich auf seine Kunstfreiheit; deshalb bedürfe sein Kunstwerk keiner Baugenehmigung. Er möchte das gerichtlich festgestellt sehen. Wäre eine Feststellungsklage nach § 43 VwGO zulässig? ◀

I. Begriff des Verwaltungsrechtsverhältnisses

Der Begriff des Verwaltungsrechtsverhältnisses ist an den des zivilrechtlichen Schuldverhältnisses angelehnt. Unter einem Rechtsverhältnis wird die sich aus einem konkreten Sachverhalt ergebende Rechts- und Pflichtenbeziehung zwischen zwei oder mehr Personen bzw. zwischen Personen und Sachen verstanden.[1] Es handelt sich um ein solches des Verwaltungsrechts, wenn die(se) rechtliche Beziehung verwaltungsrechtlich geprägt ist.[2] 1

II. Arten von Verwaltungsrechtsverhältnissen

Die Möglichkeiten, Verwaltungsrechtsverhältnisse zu klassifizieren, sind vielfältig. Eine abschließende Typologie existiert nicht. Hinsichtlich ihrer Dauer werden **kurz-** und **langfristige** Verwaltungsrechtsverhältnisse unterschieden. Kurzfristige Rechtsverhältnisse dieser Art entstehen aus einem konkreten, einmaligen Anlass, z.B. bei polizeilichen Maßnahmen (Platzverweis, Ingewahrsamnahme, Durchsuchung oder Beschlagnahme).[3] Demgegenüber sind langfristige oder Dauerverwaltungsrechtsverhältnisse auf einen weiter abgesteckten Zeitraum angelegt, in dem die rechtlichen Beziehungen zwischen den Beteiligten geregelt werden, wie dies bei der Gewährung von Arbeitslosengeld der Fall ist. 2

Eine weitere Differenzierung bildet diejenige zwischen **bi-** und **mehrpoligen** Verwaltungsrechtsverhältnissen. Bipolige Verwaltungsrechtsverhältnisse entstehen im einseitigen Verhältnis Staat-Bürger (Bürger als Adressat einer Ordnungsverfügung/Bürger als Empfänger von Arbeitslosengeld). Mehrpolige (insbesondere tripolige) Verwaltungsrechtsverhältnisse sind dadurch gekennzeichnet, dass es der Staat nicht nur mit dem Adressaten seiner Maßnahme, sondern mit mehreren unterschiedlichen Interessen(ten) zu tun hat. Typische Beispiele für mehrpolige Verwaltungsrechtsverhältnisse finden sich im Baurecht: rechtliche Beziehungen zwischen der Baubehörde, die über den Erlass einer Baugenehmigung entscheidet, dem Bauherrn, der sein Bauvorhaben realisieren will, und den Nachbarn, für die der geplante Bau möglicherweise negative Auswirkungen hat. 3

Inhaltlich bilden sich auf den Gebieten des besonderen Verwaltungsrechts spezielle Verwaltungsrechtsverhältnisse heraus, etwa das Abgabenrechtsverhältnis, das Beamtenverhältnis oder das Anstaltsbenutzungsverhältnis.[4] 4

---

1 Vgl. BVerwGE 100, 264.

2 *Ipsen*, Rn. 169; *Maurer*, § 8 Rn. 16.; zum Rechtsverhältnis als Grundbegriff der Verwaltungsrechtslehre *Hase*, Verw 38 (2005), 453.

3 *Detterbeck*, Rn. 414.

4 *Battis*, S. 96; vgl. auch *Ipsen*, Rn. 181 ff.

5 Nicht mehr aktuell ist die Rechtsfigur der **besonderen Gewaltverhältnisse.**[5] Damit wurden diejenigen Verwaltungsrechtsverhältnisse bezeichnet, bei denen sich Bürger in besonderer Nähe zum Staat befanden, weil sie in bestimmte Verwaltungsbereiche eingeordnet waren. Namentlich betrafen sie das Ausbildungsverhältnis in Schule und Hochschule, das Beamtenverhältnis, das Wehrdienstverhältnis und das Strafgefangenenverhältnis. Die dem verwaltungsinternen Bereich zugeordneten Rechtsverhältnisse sollten der Bindung an die Grundrechte und den Vorbehalt des Gesetzes entzogen sein. Es war ausschließlich der Verwaltung und nicht dem Gesetzgeber vorbehalten, derartige Rechtsbeziehungen zu regeln. Das Bundesverfassungsgericht[6] hat von dieser Rechtsfigur zu Recht Abschied genommen und entschieden, dass auch in solchen Verhältnissen die Grundrechte und der Gesetzesvorbehalt gelten. Zwar ist anzuerkennen, dass jene Beziehungen eine gewisse Eigenart aufweisen und besonderer Regelungen bedürfen. Wie andere Rechtsverhältnisse auch unterliegen sie indes rechtsstaatlichen Anforderungen. Als gesonderte Kategorie mit den bezeichneten Rechtsfolgen sind sie nicht akzeptabel.

III. Begründung von Verwaltungsrechtsverhältnissen

6 Die das Verhältnis zwischen Staat und Bürger kennzeichnenden Rechte und Pflichten sind zumeist abstrakt-generell in Gesetzen geregelt. Aus dieser allgemeinen Staat-Bürger-Beziehung ergibt sich freilich noch kein Verwaltungsrechtsverhältnis. Ein solches setzt konkrete Rechts- und Pflichtenstellungen zwischen den Beteiligten voraus.[7] Sie werden vielfach durch einen Verwaltungsakt ausgelöst – bspw. im Beamtenverhältnis (Beamtenernennung). Das Anstalts- und Benutzungsverhältnis findet sich durch die oftmals konkludente Benutzungszulassung (durch Gewähr des Eintritts) begründet. Ohnehin entsteht ein Verwaltungsverhältnis nicht zwingend erst mit dem Erlass eines Verwaltungsaktes; dies ist auch im Vorfeld möglich. Stellt bspw. der Bürger einen Antrag auf Erlass eines Verwaltungsaktes, beginnt das Verwaltungsverfahren (§ 9 VwVfG) und mit ihm entsteht ein Verwaltungsverfahrensrechtsverhältnis.[8]

7 Ein Verwaltungsrechtsverhältnis kann sich ferner daraus ergeben, dass Verwaltung und Bürger einen Vertrag (**öffentlich-rechtlicher Vertrag**[9]) schließen. Ferner ist auf die besondere praktische Bedeutung von **öffentlich-rechtlichen bzw. verwaltungsrechtlichen Schuldverhältnissen**[10] (z.B. öffentlich-rechtliche Verwahrungsverhältnisse) hinzuweisen. Dabei handelt es sich um Beziehungen zwischen Staat und Bürger, die zivilrechtlichen Schuldverhältnissen gleichen, jedoch mit dem Unterschied, dass ein Vertragspartner ein Hoheitsträger ist. Wegen ihres schuldrechtsähnlichen Charakters sind in diesen Verhältnissen die entsprechenden Vorschriften des Zivilrechts (insbesondere das Leistungsstörungsrecht, §§ 280 ff. BGB) analog anwendbar.

5 Auf O. *Mayer* zurückgehend, vgl. *Mayer*, Bd. I, S. 101.

6 BVerfGE 33, 1: Im sog. Strafgefangenenbeschluss wurde die damals übliche Praxis, Briefe von Strafgefangenen aufgrund von Dienstanordnungen, die dem Charakter von Verwaltungsvorschriften entsprachen, zu kontrollieren und u.U. zurückzuhalten, für rechtswidrig erklärt, weil die Einschränkung der Grundrechte von Strafgefangenen (Meinungsäußerungsfreiheit, Art. 5 Abs. 1 GG, und Briefgeheimnis, Art. 10 Abs. 1 GG) nur durch oder aufgrund eines Gesetzes möglich sei. Heute ist die Kontrolle und Einbehaltung der Post von Strafgefangenen im StVollzG geregelt.

7 *Battis*, S. 94, Rn. 1.

8 Zum Verwaltungsverfahren § 14 Rn. 14 ff.

9 Dazu § 21.

10 Dazu näher § 39.

Schließlich kann durch schlicht-hoheitliches Handeln bzw. durch **Realakte** der Verwaltung ein Verwaltungsrechtsverhältnis entstehen (Auskünfte, Hinweise, Warnungen von Behörden). 8

IV. Verwaltungsprozessrechtliche Bedeutung: Feststellungsklage

Dem Vorstehenden kommt verwaltungsprozessrechtliche Bedeutung zu. Mit der **Feststellungsklage** kann, sofern der Kläger ein berechtigtes Interesse an alsbaldiger Feststellung hat, die Feststellung des Bestehens oder Nichtbestehens eines Rechtsverhältnisses verlangt werden, § 43 Abs. 1, 1. Alt. VwGO.[11] 9

Wie bei jeder Klage sind im (Prüfungs-)**Aufbau der Feststellungsklage** deren Zulässigkeit und Begründetheit zu unterscheiden. Im Rahmen der Zulässigkeit wiederum sind neben den sog. allgemeinen Sachentscheidungsvoraussetzungen, also Zulässigkeitskriterien für jedwede Klage,[12] besondere Sachentscheidungsvoraussetzungen[13] als spezifisch auf bestimmte Klagen zugeschnittene Maßgaben zu beachten. Nachfolgend werden insoweit nur die wesentlichen Anforderungen der (allgemeinen) Feststellungsklage behandelt; zum Aufbau insgesamt folgt ein Prüfungsschema. Diese Vorgehensweise gilt auch für die später behandelten Klage- und Antragsverfahren.[14]

1. Statthaftigkeit

a) Richtiger Streitgegenstand

Die allgemeine Feststellungsklage ist in § 43 VwGO geregelt. Die Statthaftigkeit der Klage richtet sich nach dem Begehren des Rechtsschutzsuchenden, § 88 VwGO. Begehrt der Kläger die Feststellung des Bestehens oder Nichtbestehens eines **Rechtsverhältnisses** (§ 43 Abs. 1, 1. Alt. VwGO) bzw. die Feststellung der **Nichtigkeit eines Verwaltungsaktes** (§ 43 Abs. 1, 2. Alt. VwGO), so ist die Feststellungsklage statthaft. Gegenstand einer Klage nach § 43 Abs. 1, 1. Alt VwGO ist ein (Verwaltungs-)Rechtsverhältnis im behandelten Sinne.[15] Das Rechtsverhältnis und die in Rede stehende Rechtsfrage[16] müssen hinreichend konkretisiert sein.[17] Davon ist auszugehen, wenn der zu Grunde liegende Sachverhalt bestimmt oder bestimmbar ist[18] und die Rechtsfrage einzelne Rechte und Pflichten, die sich aus einer Rechtsvorschrift ergeben, betrifft.[19] 10

11 Siehe dazu auch *Ehlers*, Jura 2007, 179; *Kunig*, Jura 1997, 326.

12 Etwa die schon behandelte Eröffnung des Verwaltungsrechtsweges, § 40 VwGO, vgl. § 5 Rn. 22 ff., aber auch die Beteiligtenfähigkeit, die Prozessfähigkeit und der richtige Klagegegner, vgl. dazu im Zusammenhang mit der Anfechtungs- und Verpflichtungsklage § 19a.

13 Wie die zuvor dargestellte Klagebefugnis, § 9 Rn. 7 ff., aber auch das vorherige Durchlaufen eines Vorverfahrens, die Einhaltung von Klagefristen etc., vgl. näher bei der Anfechtungs- und Verpflichtungsklage, § 19a.

14 Vgl. § 19a, § 19b, § 20 Rn. 8 ff., § 24a.

15 Vgl. vorstehend § 10 Rn. 1 ff.

16 Nicht zulässig sind Fragen, die allein Tatsachen zum Gegenstand haben, wie bspw. ein Antrag auf die Feststellung, dass die Polizei das Kraftfahrzeug des Klägers durchsucht hat. Vgl. *Detterbeck*, Rn. 1396 f.; *Würtenberger*, Rn. 402.

17 Dazu § 10 Rn. 6.

18 *Gersdorf*, Rn. 145; so betrifft bspw. die Frage, ob die Polizei zur Durchsuchung von Kraftfahrzeugen berechtigt ist, keinen bestimmten Sachverhalt und ist daher unzulässig. Zulässig wäre demgegenüber die Frage, ob die Polizei zu der bereits durchgeführten Durchsuchung des dem Kläger gehörenden Kraftfahrzeuges berechtigt war.

19 *Detterbeck*, Rn. 1396; *Würtenberger*, Rn. 402.

Beispiel: Feststellungsklage gegen Gebührenpflicht aufgrund landesgesetzlicher Einführung einer Studiengebühr für Studenten mit Zweitwohnsitz am Studienort.

11 Feststellungsfähig sind auch Rechtsverhältnisse zwischen dem Beklagten und einem Dritten[20], also ohne Beteiligung des Klägers (etwa: Ordnungsbehörde – Obdachloser, der in die Wohnung des Klägers eingewiesen worden ist), sowie in Vergangenheit oder Zukunft liegende Rechtsverhältnisse[21] (bspw. zurückliegendes oder bevorstehendes Wehrdienstverhältnis).

Die Nichtigkeitsfeststellungsklage nach § 43 Abs. 1, 2. Alt. VwGO hat dagegen einen (nichtigen) **Verwaltungsakt**[22] zum Gegenstand.

b) Subsidiarität

12 Die Feststellungsklage ist gem. § 43 Abs. 2 S. 1 VwGO **subsidiär** gegenüber Gestaltungs- und Leistungsklagen.[23] Gemeint sind die Anfechtungsklage, die Verpflichtungsklage (als „besondere" Leistungsklage) und die allgemeine Leistungsklage.[24] Die Regelung will eine doppelte Inanspruchnahme der Gerichte verhindern,[25] und zugleich die Umgehung der besonderen Sachentscheidungsvoraussetzungen von Anfechtungs- und Leistungsklage(n)[26] unterbinden.[27]

Die Subsidiarität greift dagegen nach § 43 Abs. 2 S. 2 VwGO nicht bei Feststellungsklagen wegen Nichtigkeit eines Verwaltungsaktes, ferner nicht in Fällen, in denen eine Leistungs- oder Gestaltungsklage **weniger rechtsschutzintensiv** wäre[28]. Nach der Rechtsprechung besteht überdies im Verhältnis zur Leistungsklage dann keine Subsidiarität, wenn Klagegegner die **öffentliche Hand** ist. Wegen deren Bindung an Recht und Gesetz (Art. 20 Abs. 3 GG) könne davon ausgegangen werden, dass ein Feststellungsurteil vom Hoheitsträger beachtet wird; eine doppelte Inanspruchnahme der Gerichte sei dann ausgeschlossen. Dem ist nicht nur der eindeutige Wortlaut des § 43 Abs. 2 S. 1 VwGO, sondern auch der Umstand entgegen zu halten, dass der Gesetzgeber von der Notwendigkeit einer Regelung der Zwangsvollstreckung gegen öffentliche Rechtsträger ausgegangen ist (§§ 170, 172 VwGO).[29]

Die Subsidiarität der Feststellungsklage tritt auch gegenüber vorbeugenden Unterlassungsklagen als (Sonder-)Form der allgemeinen Leistungsklage[30] ein.[31] Eine Ausnah-

20 BVerwGE 39, 247, 248.

21 Ausführlich dazu *Sodan/Kluckert*, VerwArch 94 (2003), 23; *Würtenberger*, Rn. 404.

22 Zum Begriff des Verwaltungsaktes vgl. § 12, zu seiner Nichtigkeit § 15 Rn. 2 ff.

23 *Ehlers*, Jura 2007, 179; kritisch zum Begriff der Subsidiarität *Klenke*, NWVBl. 2003, 170.

24 Zu dieser vgl. § 20 Rn. 8 ff.

25 Wenn der Beklagte nämlich das nicht vollstreckbare Feststellungsurteil ignoriert, müsste der Kläger erneut vor Gericht ziehen, um ein vollstreckbares Leistungsurteil zu erstreiten; *Würtenberger*, Rn. 412.

26 Vgl. § 19a Rn. 20 ff., 40 ff., § 20 Rn. 10 ff.; zum Normenkontrollverfahren § 24a.

27 *Würtenberger*, Rn. 413; *Schenke*, Rn. 417; hinsichtlich der allgemeinen Leistungsklage kann es zu einer solchen Umgehung allerdings nur kommen, wenn man § 42 Abs. 2 VwGO keine analoge Anwendung auf die Feststellungsklage finden lässt, vgl. dazu nachfolgend Rn. 14.

28 BVerwGE 32, 335; BVerwGE 51, 75; *Kopp/Schenke*, § 43 Rn. 29; *Würtenberger*, Rn. 414. So ist einem Kläger, der feststellen lassen möchte, dass die von ihm beabsichtigte Errichtung eines Gebäudes keiner Baugenehmigung bedarf, nicht damit geholfen, wenn er auf die Verpflichtungsklage zur Erteilung der Baugenehmigung verwiesen wird; zur neueren verfassungsgerichtlichen Rechtsprechung insoweit § 22 Rn. 10 m.w.N.

29 Vgl. nur *Detterbeck*, Rn. 1401; *Würtenberger*, Rn. 415.

30 Vgl. § 20 Rn. 9, 13.

31 *Gersdorf*, Rn. 146; zur allgemeinen Leistungsklage siehe § 20 Rn. 8 ff.

me gilt hingegen für den Fall, dass der Kläger sich gegen eine Verpflichtung aufgrund straf- bzw. bußgeldbewehrter oder anderweitig sanktionierter Norm wendet, die zu ihrer Wirksamkeit keines konkretisierenden Verwaltungsaktes bedarf (etwa: bußgeldbewehrte gesetzliche Anleinpflicht für bestimmte Hunderassen).[32]

2. Besondere Sachentscheidungsvoraussetzungen

a) Feststellungsinteresse

Die allgemeine Feststellungsklage ist nur zulässig, wenn der Kläger ein **berechtigtes** 13
Interesse an der **baldigen** Feststellung nachweisen kann, § 43 Abs. 1 VwGO. Das Erfordernis soll ein gerichtliches Vorgehen ohne sachlichen Grund und ohne Bezug zur Gegenwart ausschließen. Das Interesse muss auf vernünftigen Erwägungen beruhen und kann **rechtlicher**, **wirtschaftlicher** oder **ideeller** Art sein.[33] Es setzt (natürlich) voraus, dass die das Rechtsverhältnis betreffende Rechtsfrage oder die Nichtigkeit des Verwaltungsaktes umstritten ist.[34] An (als)baldiger Feststellung besteht ein Interesse, wenn die gerichtliche Beantwortung der streitigen Rechtsfrage zum gegenwärtigen Zeitpunkt erforderlich ist.[35] Das Feststellungsinteresse fehlt, wenn klagende Partei eine Behörde ist, die das streitige Rechtsverhältnis durch Erlass eines Verwaltungsaktes selbst klarstellen kann.[36]

Hat die begehrte Feststellung ein in der Vergangenheit liegendes Rechtsverhältnis zum Gegenstand, so werden an das berechtigte Interesse erhöhte Anforderungen gestellt, nämlich ähnliche wie an das berechtigte Interesse des Klägers im Rahmen der Zulässigkeit einer Fortsetzungsfeststellungsklage:[37] Erforderlich ist insbesondere eine Wiederholungsgefahr oder ein Rehabilitationsinteresse.[38] Die Präjudizität für einen Zivilprozess[39] vermag dagegen kein besonderes Feststellungsinteresse zu begründen, zumal die Subsidiaritätsklausel des § 43 Abs. 2 S. 1 VwGO auch für zivilrechtliche Leistungsklagen gilt, so dass die Feststellungsklage ggf. aus diesem Grund schon unzulässig ist.[40]

b) Klagebefugnis

Die Anwendbarkeit des § 42 Abs. 2 VwGO auf die Feststellungsklage ist umstritten.[41] Während nach h.M. die Klagebefugnis zur Verhinderung von Popularklagen in analoger Anwendung der Vorschrift grds. auch für die Feststellungsklage gilt,[42] ist 14

32 *Schenke*, Rn. 421b.

33 **Rechtliches** Interesse etwa, wenn der Kläger die Genehmigungsfreiheit seines Vorhabens oder seiner Tätigkeit feststellen lassen will. **Wirtschaftliches** Interesse dagegen, wenn der Kläger die Feststellung begehrt, dass eine bestimmte öffentlich-rechtliche Zahlungsverpflichtung für ihn nicht besteht. **Ideell** ist bspw. ein Interesse, das an der Feststellung der Rechtswidrigkeit einer von der Polizei durchgeführten Durchsuchung des Klägers besteht. Vgl. auch *Detterbeck*, Rn. 1402; *Würtenberger*, Rn. 419.

34 BVerwG, NJW 1983, 2208; *Würtenberger*, Rn. 420.

35 *Detterbeck*, Rn. 1402.

36 *Würtenberger*, Rn. 423.

37 *Gersdorf*, Rn. 156; zum berechtigten Interesse bei der Fortsetzungsfeststellungsklage siehe § 19a Rn. 41.

38 Dazu anhand der Fortsetzungsfeststellungsklage § 19a Rn. 41.

39 Vgl. vorstehende Fn.

40 *Würtenberger*, Rn. 423.

41 Ausführlich dazu *Knöpfle* in: Wege und Verfahren des Verfassungslebens, Festschrift für Peter Lerche, 1993, S. 771.

42 BVerwGE 99, 64, 66; BVerwGE 100, 262, 271; BVerwG NVwZ 1991, 470; *Brüning*, JuS 2004, 884; *Ehlers*, NVwZ 1990, 110; *Fehrmann*, NWVBl. 1989, 305.

dies nach a.A. nur in Ausnahmekonstellationen der Fall.[43] Hiernach soll bei der Nichtigkeitsfeststellungsklage die Klagebefugnis erforderlich sein, weil sie in ihrer Funktion der Anfechtungsklage entspreche,[44] und zudem an der Feststellung der Nichtigkeit eines Verwaltungsaktes kein schutzwürdiges Interesse bestehe, wenn er bzw. sein Rechtsschein Rechte des Klägers nicht zu beeinträchtigen vermag.[45] Auch wenn Streitgegenstand ein Rechtsverhältnis zwischen dem Beklagten und einem Dritten ohne Beteiligung des Klägers ist,[46] liegt es wegen der besonderen Gefahr von Popularklagen nahe zu verlangen, dass von dem Rechtsverhältnis eigene Rechte des Klägers abhängen müssen.[47]

Demgegenüber ist eine generelle Übertragung der Klagebefugnis auf die Feststellungsklage abzulehnen. Mit dem Erfordernis des Feststellungsinteresses besteht eine spezielle Regelung, die Popularklagen regelmäßig zuverlässig ausschließen wird, dies jedenfalls im Verbund mit den für das feststellungsfähige Rechtsverhältnis geltenden Maßgaben.[48] Die Klagebefugnis ist demnach nur ausnahmsweise (s.o.)[49] zu prüfen.

c) Widerspruchsverfahren und Klagefrist[50]

15 Für die Zulässigkeit der Feststellungsklage ist die Durchführung eines **Widerspruchsverfahrens** nicht vorausgesetzt. Ausnahmen gelten kraft besonderer gesetzlicher Anordnung, bspw. (bislang[51]) bei Feststellungsklagen im Beamtenrecht (§ 126 Abs. 3 BRRG, § 172 BBG). Vergleichbar ist die Rechtslage hinsichtlich der **Klagefrist**. Allgemein muss bei der Feststellungsklage keine Frist eingehalten werden; Abweichendes schreiben für beamtenrechtliche Streitigkeiten wiederum §§ 126 Abs. 3 BRRG, 172 BBG vor.

d) Klagegegner

16 Da es sich um keine Anfechtungs- oder Verpflichtungsklage o.ä. handelt, wird der Gegner einer Feststellungsklage nach dem Rechtsträgerprinzip (§ 78 Abs. 1 Nr. 1 VwGO) – und nicht in Anwendung des § 78 Abs. 1 Nr. 2 VwGO[52] – bestimmt. Klagegegner ist also der Träger öffentlicher Gewalt als Beteiligter des Rechtsverhältnisses, nicht seine Behörde.

3. Allgemeine Sachentscheidungsvoraussetzungen

17 Schließlich müssen im Rahmen der Feststellungsklage die allgemeinen Sachentscheidungsvoraussetzungen vorliegen, also etwa die Eröffnung des Verwaltungsrechtswegs, die Beteiligten- und die Prozessfähigkeit.[53] Die Prüfung des allgemeinen Rechts-

43 *Erichsen*, Jura 1994, 386; *Hufen*, § 18 Rn. 26.

44 *Gersdorf*, Rn. 151.

45 *Würtenberger*, Rn. 428.

46 Dazu vorstehend Rn. 11.

47 *Gersdorf*, Rn. 150; *Würtenberger*, Rn. 427; vgl. auch *Schenke*, Rn. 409 f., 433, der diese Erwägungen bereits bei der Prüfung der Feststellungsfähigkeit des Rechtsverhältnisses im Rahmen der Statthaftigkeit anstellt.

48 *Hufen*, § 18 Rn. 27.

49 Eingehend *Würtenberger*, Rn. 425 ff.

50 Näher zum Widerspruchsverfahren § 19a Rn. 1 ff., 21; zur Klagefrist § 19a Rn 22 f.

51 Vgl. § 5 Rn. 23.

52 Siehe dazu § 19a Rn. 22.

53 Zu den allgemeinen Sachentscheidungsvoraussetzungen § 19a Rn. 23 ff.

schutzinteresses ist freilich entbehrlich, weil die diesbezüglichen Gesichtspunkte bereits im Rahmen des insoweit speziellen Feststellungsinteresses von Relevanz sind.

4. Begründetheit

Die allgemeine Feststellungsklage gem. § 43 Abs. 1 VwGO ist begründet, wenn das behauptete Rechtsverhältnis besteht bzw. das bestrittene Rechtsverhältnis nicht besteht. Begründetheit der Nichtigkeitsfeststellungsklage liegt vor, wenn der in Rede stehende Verwaltungsakt nichtig ist. In sämtlichen Fällen ergeht ein nicht vollstreckbares (eben:) Feststellungsurteil. 18

Übersicht 6:
Prüfungsschema für die Feststellungsklage

A. Zulässigkeit 19

I. Eröffnung des Verwaltungsrechtswegs
   1. Aufdrängende Sonderzuweisung, z.B. § 126 Abs. 1 BRRG
   2. § 40 Abs. 1 VwGO (Generalklausel)
      a) öffentlich-rechtliche Streitigkeit
      b) nichtverfassungsrechtlicher Art
      c) keine abdrängende Sonderzuweisung

II. Statthaftigkeit, § 43 Abs. 1 VwGO
   1. Richtiger Streitgegenstand
      § 43 Abs. 1, 1. Alt. VwGO – Feststellung des Bestehens/Nichtbestehens eines Rechtsverhältnisses
      § 43 Abs. 1, 2. Alt. VwGO – Feststellung der Nichtigkeit eines Verwaltungsaktes
   2. Subsidiarität, § 43 Abs. 2 VwGO

III. Feststellungsinteresse, § 43 Abs. 1 VwGO
   Schutzwürdiges Interesse rechtlicher, wirtschaftlicher oder ideeller Art

IV. Klagegegner
   Wird nach dem Rechtsträgerprinzip ermittelt.

V. Beteiligtenfähigkeit, § 61 VwGO

VI. Prozessfähigkeit, § 62 VwGO

VII. Zuständigkeit des Gerichts
   1. sachlich: §§ 45 ff. VwGO
   2. örtlich: § 52 VwGO

B. Begründetheit

Die allgemeine Feststellungsklage ist begründet, wenn das behauptete Rechtsverhältnis besteht bzw. das bestrittene Rechtsverhältnis nicht besteht. Die Nichtigkeitfeststellungsklage ist begründet, wenn der zu überprüfende Veraltungsakt nichtig ist.

▶ **Zu Fall 10:** Die Feststellungsklage ist statthaft, wenn ein konkretes Rechtsverhältnis im Streit steht. Hier geht es um die Errichtung der Monumentalfigur auf besagtem Hügel. Aufgrund dieses Sachverhalts steht eine konkrete Rechts- bzw. Pflichtenbeziehung zwischen der Bauaufsichtsbehörde und A im Streit, nämlich, ob A die Figur nur mit Baugenehmigung der Behörde nach Bauordnungsrecht[54] aufstellen darf oder ob er dies ohne ei-

54 Dazu *Erbguth* in: Tettinger/Erbguth/Mann, Rn. 1213 ff.

ne solche Genehmigung tun kann. Die Feststellungsklage dürfte nicht nach § 43 Abs. 2 S. 1 VwGO subsidiär sein. Mit einer Verpflichtungsklage als allein denkbarer Alternative könnte A lediglich die Erteilung einer Baugenehmigung verfolgen, was er ersichtlich nicht will. Vielmehr müsste A nach seinem Klagebegehren mit einem solchen Antrag unterliegen, weil er gerade von einer Genehmigungsfreiheit seines Vorhabens ausgeht. A fehlt ferner auch nicht das Interesse an alsbaldiger Feststellung, weil er seine Figur bereits fertiggestellt hat und sie aufgrund ihrer Ausmaße sinnvollerweise nur im Freien aufgestellt werden kann. Angesichts des in § 43 Abs. 1 VwGO zur Begrenzung des potentiell klagebefugten Personenkreises ausdrücklich normierten Feststellungsinteresses (ver)bleibt zudem keine Regelungslücke für eine etwaige analoge Heranziehung der Klagebefugnis nach § 42 Abs. 2 VwGO, jedenfalls nicht bei der (normalen) Klage i.S.d. § 43 Abs. 1, 1. Alt. VwGO. Da für die Feststellungsklage kein vorheriges Widerspruchsverfahren vorgeschrieben ist und ebenso wenig Fristen gelten, schließlich hinsichtlich der Einhaltung weiterer allgemeiner Sachenscheidungsvoraussetzungen keine Bedenken bestehen, ist die Klage zulässig. ◀

V. Wiederholungs- und Verständnisfragen

1. Welche Arten von Verwaltungsrechtsverhältnissen können unterschieden werden?
2. Wie werden Verwaltungsrechtsverhältnisse begründet?
3. Welche prozessuale Bedeutung kommt Verwaltungsrechtsverhältnissen zu?
4. Setzt die Zulässigkeit der Feststellungsklage die Klagebefugnis des Klägers voraus?
5. Warum ist die allgemeine Feststellungsklage gem. § 43 Abs. 2 S. 1 VwGO gegenüber Gestaltungs- und Leistungsklagen subsidiär? Welche Ausnahmen gibt es?
6. Wie wird der Klagegegner der allgemeinen Feststellungsklage bestimmt?

§ 11 Systematisierung des Verwaltungshandelns

Zur Erfüllung ihrer Aufgaben stehen der Verwaltung vielfältige Handlungsformen zur Verfügung. Das ist bereits im vorstehenden Zusammenhang zum Ausdruck gekommen. Überblicksartig lassen sich folgende Formen des Verwaltungshandelns benennen: 1

Aufgrund ihrer Aufgabe zum Gesetzesvollzug im Einzelfall besteht die Tätigkeit der Verwaltung vorrangig in der Festlegung von Rechten und Pflichten bestimmter Bürger in einer bestimmten Situation. Das hierfür bereitgestellte Handlungsinstrument ist der **Verwaltungsakt.**[1] Das Tätigwerden der Verwaltung ist aber nicht auf die Regelung des Rechts- und Pflichtenkreises von Bürgern beschränkt; es kann des Weiteren in einem **schlicht-hoheitlichen Handeln (Realakt)**[2] bestehen, das keine rechtliche Regelung enthält, sondern in tatsächlicher Weise auf die Situation des Einzelnen einwirkt. Das Vorgehen der Exekutive beschränkt sich ferner nicht nur auf einseitige Festlegungen; vielmehr ist sie auch befugt, mit Bürgern einen auf einer einvernehmlichen Regelung beruhenden **öffentlich-rechtlichen Vertrag**[3] abzuschließen. Neben solchen Regelungen in einer konkreten Situation (Einzelfall) kann die vollziehende Gewalt gem. Art. 80 Abs. 1 GG vom Gesetzgeber zum Erlass von **Rechtsverordnungen**[4] ermächtigt werden, die für eine Vielzahl von Fällen und Personen Geltung beanspruchen. Abstrakt-generelle Regelungen stellen auch **Satzungen**[5] dar, zu deren Erlass juristische Personen des öffentlichen Rechts (der mittelbaren Staatsverwaltung) zur Regelung ihrer eigenen Angelegenheiten befugt sind.[6] Gemeinsames Merkmal der bislang aufgezählten Handlungsinstrumente ist ihre grds. gegenüber dem Bürger, mithin außerhalb des Bereichs der Verwaltung eintretende Wirkung. Andere Handlungsformen betreffen hingegen die Regelung von Verwaltungsinterna. Derartige Anordnungen im Innenbereich des Staates sind verwaltungsinterne Maßnahmen im Einzelfall oder allgemeine **Verwaltungsvorschriften**[7]. Zu diesem Katalog an Instrumenten, der bislang ausschließlich auf öffentlich-rechtlich zu beurteilenden Betätigungen bezogen war, tritt das **privatrechtliche Handeln**[8] der Verwaltung. 2

Welcher Handlungsform sich die Verwaltung zur Erfüllung ihrer Aufgaben zu bedienen hat, ist nur in seltenen Fällen gesetzlich vorgeschrieben (etwa für den Bebauungsplan, der als Satzung aufzustellen ist, § 10 BauGB, oder das gemeindliche Vorkaufsrecht, das in Form eines Verwaltungsaktes auszuüben ist, § 28 Abs. 2 BauGB). Soweit für das Verwaltungshandeln keine bestimmte Rechtsform vorgesehen ist, kann die Behörde unter den verschiedenen Instrumenten auswählen.[9]

1 Dazu §§ 12 ff.
2 § 20.
3 § 21.
4 § 22.
5 § 23; bereits § 7 Rn. 7.
6 Vgl. § 6 Rn. 14 ff.
7 § 24; bereits § 7 Rn. 8.
8 § 25.
9 Zur Wahlfreiheit zwischen öffentlich-rechtlichen und privatrechtlichen Handlungsformen bereits § 5 Rn. 13 und nachfolgend § 25 Rn. 3.

Übersicht 7:
Arten des Verwaltungshandelns

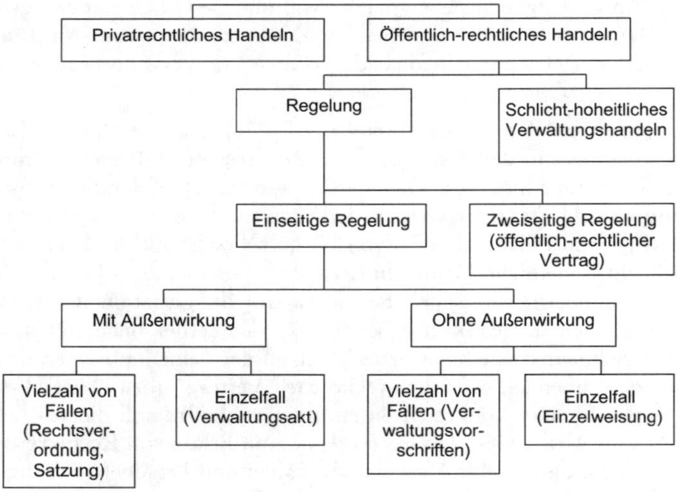

3 Die(se) Systematisierung des Verwaltungshandelns hat für die Bestimmung der richtigen verwaltungsgerichtlichen Klageart ausschlaggebende Bedeutung. Im Gefolge der Verwaltungsgerichtsordnung stehen je nachdem, wogegen bzw. worauf sich das Klageziel richtet, sechs verschiedene Klage- bzw. Antragsmöglichkeiten bereit, wie dies in der vorangegangenen Darstellung angesprochen worden ist:

4 Die **Anfechtungsklage**[10] ist auf die Aufhebung von Verwaltungsakten gerichtet (z.B. einer gewerberechtlichen Untersagungsverfügung). Mit der **Verpflichtungsklage**[11] kann der Erlass eines Verwaltungsaktes begehrt werden (etwa: Klage auf Erteilung einer Baugenehmigung). Die **Leistungsklage**[12] ist nicht ausdrücklich in der VwGO geregelt, wird aber in mehreren Vorschriften erwähnt (§§ 43 Abs. 2, 111, 113 Abs. 4 VwGO). Ihr Klageziel richtet sich auf oder gegen Verwaltungshandeln, das nicht im Erlass oder in der Aufhebung eines Verwaltungsaktes besteht, sondern (insbesondere) in schlicht-hoheitlichem Handeln oder der Geltendmachung einer Forderung aus einem öffentlich-rechtlichen Vertrag. Gegenstand der **Feststellungsklage**[13] ist das Bestehen oder Nichtbestehen eines (Verwaltungsrechts-)Verhältnisses bzw. die Feststellung der Nichtigkeit eines Verwaltungsaktes. Mit der **Fortsetzungsfeststellungsklage**[14] kann die Feststellung erreicht werden, dass ein Verwaltungsakt, der sich erledigt hat, rechtswidrig gewesen ist (z.B. Feststellung nach Verstreichen des Termins einer Versammlung, dass ein gegen sie ergangenes Versammlungsverbot rechtswidrig war). Schließlich dient das verwaltungsgerichtliche **Normenkontrollverfahren**[15] dazu, eine untergesetzliche Rechtsnorm (Rechtsverordnung oder Satzung) des Landesrechts für unwirksam erklären zu lassen (bspw. Antrag auf Überprüfung eines Bebauungsplans).

10 Vgl. § 19a Rn. 17 ff.
11 Siehe ebendort.
12 Vgl. § 20 Rn. 8 ff.
13 Siehe § 10 Rn. 9 ff.
14 Vgl. § 19a Rn. 36 ff.
15 Siehe § 24a Rn. 1 ff.

Teil 3 Verwaltungsakt

Der Begriff des Verwaltungsaktes wurde erstmals von *Otto Mayer* in das deutsche Verwaltungsrecht eingeführt – und definiert als „ein der Verwaltung zugehöriger obrigkeitlicher Ausspruch, der dem Unterthanen im Einzelfall bestimmt, was für ihn Rechtens sein soll.“[1] Der Verwaltungsakt stellt das klassische Handlungsinstrument der Verwaltung dar. Neben ihm gibt es weitere Handlungsformen, die Gegenstand der Darstellung in Teil 4 sind. Die herausragende Bedeutung des Verwaltungsaktes liegt in seiner **Individualisierungs- und Konkretisierungsfunktion**[2]– auf der Grundlage allgemein gehaltener Vorgaben in gesetzlichen Vorschriften weist er seinem Adressaten für einen bestimmten Sachverhalt konkrete Rechte und Pflichten zu.[3]

§ 12 Begriff, Funktionen und Arten des Verwaltungsaktes

1 Inzwischen wird der Verwaltungsakt in § 35 S. 1 VwVfG **legaldefiniert**[4] als „jede Verfügung, Entscheidung oder andere hoheitliche Maßnahme, die eine Behörde zur Regelung eines Einzelfalles auf dem Gebiet des öffentlichen Rechts trifft und die auf unmittelbare Rechtswirkung nach außen gerichtet ist“. Diese Beschreibung findet sich gleichlautend in § 31 SGB X und in § 18 AO. Verwaltungsakte werden in der Praxis oft nicht als solche bezeichnet. Als Synonyme sind in der Legaldefinition die Begriffe Verfügung und Entscheidung genannt. Darüber hinaus finden die Bezeichnungen Bescheid, Beschluss, Erlaubnis und Genehmigung Verwendung.

2 In § 35 S. 2 VwVfG hat der Gesetzgeber die **Allgemeinverfügung** als Unterfall des Verwaltungsaktes eingeordnet und zugleich begrifflich beschrieben. Dies ist „ein Verwaltungsakt, der sich an einen nach allgemeinen Merkmalen bestimmten oder bestimmbaren Personenkreis richtet oder die öffentlich-rechtliche Eigenschaft einer Sache oder ihre Benutzung durch die Allgemeinheit betrifft“. Hierauf wird noch näher einzugehen sein.[5]

I. Tatbestandsmerkmale des Verwaltungsaktes

3 Ein Verwaltungsakt liegt nach der Definition des § 35 S. 1 VwVfG nur vor, wenn besagte Voraussetzungen erfüllt sind; namentlich muss es sich um

- eine hoheitliche Maßnahme
- einer Behörde
- auf dem Gebiet des öffentlichen Rechts
- zur Regelung
- eines Einzelfalls
- mit Außenwirkung

1 *Mayer*, Bd. I, S. 95.

2 Oder auch Regelungsfunktion, siehe nachfolgend Rn. 31.

3 Zu dieser und weiteren Funktionen des Verwaltungsaktes nachfolgend Rn. 31.

4 Dazu kritisch *Emmerich-Fritsche*, NVwZ 2006, 762.

5 Rn. 22 f.

handeln.[6] Die(se) Voraussetzungen haben nicht nur begrifflich zuordnenden Gehalt, sondern dienen gleichzeitig der Abgrenzung von anderen Handlungsformen der Verwaltung.

1. Hoheitliche Maßnahme

4 Als **Maßnahme** einer Behörde gilt jegliches Handeln mit Erklärungsgehalt, das ihr zurechenbar ist.[7] In erster Linie sind damit von Menschen ausgeführte Handlungen gemeint. Verwaltungsakte können auch konkludente Erklärungen sein; bspw. stellt die erhobene Hand eines Polizisten im Straßenverkehr ein derartiges Haltegebot dar. Daneben ergehen Verwaltungsakte oft in automatisierter Form unter Zuhilfenahme von Maschinen, insbesondere Computern, wie computergefertigte Steuerbescheide. Auch dabei handelt es sich um der Verwaltung zurechenbare Maßnahmen[8], von deren Existenz in §§ 37 Abs. 5, 39 Abs. 2 Nr. 3 VwVfG ausdrücklich ausgegangen wird.

5 Vom Verwaltungsaktsbegriff werden des Weiteren nur **hoheitliche** Maßnahmen erfasst. Hoheitlich meint ein einseitiges Gebrauchmachen von Befugnissen des öffentlichen Rechts.[9] Aufgrund dieser Einseitigkeit der Pflichtenbegründung grenzt sich der Verwaltungsakt vom öffentlich-rechtlichen Vertrag (§§ 54 ff. VwVfG) ab, in dem die Pflichtenbegründung einvernehmlich durch Einigung erfolgt.[10] Teilweise wird in der Literatur „hoheitlich" mit dem Merkmal „auf dem Gebiet des öffentlichen Rechts" (§ 35 S. 1 VwVfG) gleichgesetzt.[11] Im Gefolge dieser Ansicht kommt der Tatbestandsvoraussetzung „hoheitlich" keine eigenständige Bedeutung zu.[12] § 35 S. 1 VwVfG nennt indes beide Begriffsmerkmale – hoheitlich und auf dem Gebiet des öffentlichen Rechts; deshalb und weil das Element der Einseitigkeit nur dem Merkmal „hoheitlich" und nicht demjenigen „auf dem Gebiet des öffentlichen Rechts" innewohnt, kann nicht davon ausgegangen werden, dass eines der gesetzlichen Merkmale nicht zum Tragen kommen soll.[13] Der vorgenannten Auffassung kann daher nicht gefolgt werden.

2. Behörde

6 Verwaltungsakt ist die Maßnahme einer **Behörde**. Maßgeblich wird insoweit der Begriff des § 1 Abs. 4 VwVfG, nach dem jede Stelle, die Aufgaben der öffentlichen Verwaltung wahrnimmt, eine Behörde ist (funktioneller Behördenbegriff).[14] Keine Behörden sind Private (Ausnahme: Beliehene). Ebenso wenig sind Verfassungsorgane in ihrem verfassungsrechtlichen Rechtskreis (als Organe der Gesetzgebung, Regierung

6 Ausführlich zu den Begriffsmerkmalen des Verwaltungsaktes *Kahl*, Jura 2001, 505.

7 *Kahl*, Jura 2001, 505, 507.

8 BVerwGE 45, 189, 190.

9 *Ipsen*, Rn. 324; *Peine*, Rn. 335; P. *Stelkens*/U. *Stelkens* in: Stelkens/Bonk/Sachs, § 35 Rn. 68; *Erichsen* in: Erichsen/Ehlers, § 12 Rn. 22.

10 Ausführlich zu öffentlich-rechtlichen Verträgen § 21.

11 *Maurer*, § 9 Rn. 11; *Hendler*, Rn. 101.

12 *Ipsen*, Rn. 324; *Peine*, Rn. 338.

13 Allenfalls könnte angenommen werden, dass hoheitliche Maßnahmen immer solche auf dem Gebiet des öffentlichen Rechts sind bzw. sein müssen.

14 Vgl. oben § 6 Rn. 5.

oder Rechtsprechung) Behörden. Etwas anderes gilt, wenn sie Verwaltungsaufgaben wahrnehmen.[15]

3. Auf dem Gebiet des öffentlichen Rechts

7 Die Maßnahme einer Behörde ergeht auf dem **Gebiet des öffentlichen Rechts,** wenn die mögliche Rechts- bzw. Ermächtigungsgrundlage für ihren Erlass als öffentlich-rechtlich einzustufen ist (Gebietsklausel).[16] Ob das der Fall ist, richtet sich nach den für die Abgrenzung von öffentlichem und privatem Recht entwickelten Abgrenzungskriterien.[17]

8 Entscheidend ist mithin, dass die Befugnis zum Handeln aus öffentlich-rechtlichen Vorschriften folgt. Es kommt nicht darauf an, auf welchem Gebiet die Maßnahme Rechtsfolgen zeitigt.[18] Sog. **privatrechtsgestaltende Verwaltungsakte,** wie die Ausübung des behördlichen Vorkaufsrechts gem. §§ 24 ff., 28 Abs. 2 BauGB, deren Rechtsfolge ein privatrechtlicher Vertrag ist, entfalten ihre Wirkungen im Bereich des Privatrechts. Gleichwohl stellen sie Maßnahmen auf dem Gebiet des öffentlichen Rechts dar, weil ihre Ermächtigungsnormen öffentlich-rechtlich zu qualifizieren sind.

9 Beachtung verdienen Fälle, in denen die Verwaltung eine Maßnahme ausdrücklich in Form eines Verwaltungsaktes getroffen hat, z.B. Kündigung eines Angestelltenverhältnisses durch Verwaltungsakt. Maßnahmen, die expressis verbis als Verwaltungsakte ergangen sind, sind stets auch als solche und damit öffentlich-rechtlich einzuordnen. Es handelt sich um sog. **formelle** Verwaltungsakte.[19] Ob die Behörde berechtigt war, mittels eines Verwaltungsaktes zu handeln, spielt für die begriffliche Zuordnung der Maßnahme im Rahmen des § 35 VwVfG keine Rolle.[20] Die Frage ist vielmehr eine solche der Rechtmäßigkeit des Verwaltungsaktes.[21]

4. Regelung

▶ **Fall 1:** Autofahrer A ist in den vergangenen fünf Jahren des Öfteren wegen verkehrsrechtlicher Verfehlungen bestraft worden. Diese betrafen Überschreitungen der höchstzulässigen Fahrgeschwindigkeit, eine fahrlässige Körperverletzung, weil er bei Nebel auf ein anderes Fahrzeug aufgefahren war und dabei den Fahrer dieses Wagens verletzt hatte, sowie zu dichtes Auffahren auf der Überholspur. Die zuständige Behörde richtet daraufhin ein Schreiben an A und fordert ihn auf, ein Gutachten eines medizinisch-psychologischen Instituts beizubringen, um die wegen der Vorfälle bestehenden Zweifel an seiner Eignung zum Führen von Kraftfahrzeugen auszuräumen. A überlegt, ob er gegen diese „Anordnung" vorgehen kann. ◀

---

15 Siehe § 6 Rn. 5.

16 Vgl. *Ipsen*, Rn. 332.

17 § 5 Rn. 6 ff.

18 *Peine*, Rn. 355.

19 Vgl. hierzu bereits § 5 Rn. 15. Darüber hinaus nimmt die h.M. an, dass eine Maßnahme, die zunächst nicht ausdrücklich in der Form eines Verwaltungsaktes erlassen wurde, aufgrund eines – als Folge der Erhebung eines Widerspruchs – erlassenen Widerspruchsbescheids die Gestalt eines Verwaltungsaktes bekommen kann, BVerwG, NVwZ 1988, 51; OVG Magdeburg, DVBl. 2000, 283.

20 So die h.M., vgl. BVerwG, NJW 1990, 2482; *Ipsen/Koch*, JuS 1992, 809, 813; a.A., die nicht die Form, sondern den Inhalt als entscheidend für das Vorliegen eines Verwaltungsaktes ansieht, *Schenke*, NVwZ 1990, 1009.

21 Hierzu § 14; auch § 5 Rn. 15.

10 Eine **Regelung** liegt vor, wenn die Maßnahme nach ihrem objektiven Sinngehalt auf die Begründung, Änderung, Aufhebung, aber auch verbindliche Festlegung von Rechten und Pflichten oder eines Rechtsstatus gerichtet ist,[22] kurz: Ein Verwaltungsakt muss unmittelbar auf die Herbeiführung einer Rechtsfolge zielen.

11 Anhand der jeweils festgelegten Rechte und Pflichten können verschiedene Arten von Regelungen unterschieden werden:[23]

- **Verbote:** den Adressaten wird ein bestimmtes Verhalten untersagt,
- **Gebote:** von den Adressaten wird ein positives Tun (Handeln) verlangt,
- **Rechtsgewährung:** eine Erlaubnis (Baugenehmigung) oder sonstige Rechtsstellung wird erteilt; eine Leistung (Subvention) wird gewährt,
- **Versagung:** ein beantragter Verwaltungsakt wird durch Bescheid abgelehnt,
- **Rechtsgestaltung:** ein Rechtsverhältnis wird umgestaltet, z.B. Aufhebung einer Genehmigung, Schließung des Studiengangs einer Fakultät,
- **Feststellung:** eine zweifelhafte oder umstrittene Rechtslage wird verbindlich entschieden, bspw. Feststellung der Staatsangehörigkeit einer Person, oder
- **dingliche Regelung:** Bestimmung der öffentlich-rechtlichen Eigenschaft einer Sache bzw. Regelung ihrer Benutzung.

a) Abgrenzung zu Realakten

12 Das Merkmal der Regelung dient in erster Linie der Abgrenzung von schlicht-hoheitlichem oder schlichtem Verwaltungshandeln bzw. von **Realakten.**[24] Realakte sind nicht auf einen Rechtserfolg, sondern auf einen tatsächlichen Erfolg gerichtet. Dazu zählen tatsächliche Verrichtungen, wie der Bau von Straßen, die Fahrt mit einem Dienstfahrzeug oder die Auszahlung von Geld. Zu den Realakten gehören auch Auskünfte (Hinweise, Stellungnahmen[25], Empfehlungen, Warnungen) von Behörden über tatsächliche oder rechtliche Umstände.[26] Als reine Wissenserklärungen kommt ihnen keine Regelungswirkung zu.

13 Von der tatsächlichen (realen resp. schlicht-hoheitlichen) Handlung ist die vorgelagerte Entscheidung über das „Ob" des Handelns zu trennen. So wird i.d.R. die Gewährung einer Leistung (Realakt) zuvor mittels eines Verwaltungsaktes festgesetzt, z.B. ein Bewilligungsbescheid vor der tatsächlichen Auszahlung von Arbeitslosengeld oder einer Subvention erlassen.[27] Nach h.M. ist insbesondere die Entscheidung über die Erteilung einer **Auskunft** ein Verwaltungsakt, wenn deren Schwerpunkt nicht in der Auskunft selbst, sondern in der (Ermessens-)Entscheidung über ihre Erteilung liegt.[28] Dies kann etwa für den Fall angenommen werden, dass jemand, der vom Verfassungsschutz aufgesucht worden war, die Bekanntgabe des Verfassungsschutzinformanten begehrte. Die Entscheidung darüber hat das Bundesverwaltungsgericht als

22 Vgl. BVerwGE 77, 268, 271.

23 Zu den unterschiedlichen Arten von Verwaltungsakten siehe nachfolgend Rn. 32 ff.

24 Ausführlich zu Realakten § 20.

25 Z.B. dienstliche Beurteilungen von Beamten, BVerwG, DÖV 1968, 429; Untersuchungsberichte, BVerwGE 14, 323; zu staatlichen Warnhinweisen OVG Hamburg, NordÖR 2005, 23.

26 Zu den rechtlichen Wirkungen behördlicher Äußerungen auch Rn. 44 ff.

27 Vgl. auch BVerwGE 12, 296, wonach die Entscheidung über die Gewähr von Einsicht in die Personalakten als Verwaltungsakt angesehen wurde.

28 Auskunftsansprüche sind z.B. in § 25 S. 2 VwVfG, § 19 BDSG, § 3 Abs. 1 UIG zu finden. Besteht keine gesetzliche Grundlage, steht die Auskunftserteilung im Ermessen der Behörde. Vgl. zum behördlichen Ermessen § 14 Rn. 36 ff.

Verwaltungsakt angesehen, weil vor Erteilung der Auskunft eingehend überprüft und mit den privaten Belangen abgewogen werden musste, ob diese mit der Erfüllung der gesetzlichen Aufgaben der Behörde, die eine weitgehende Geheimhaltung der Ermittlungen verlangte, vereinbar war.[29]

Die Abgrenzung schlicht-hoheitlicher Maßnahmen in Gestalt von Hinweisen auf eine bestimmte Rechtslage von **feststellenden** oder **gesetzeskonkretisierenden Verwaltungsakten**, die eine bestehende Rechtslage verbindlich festlegen, kann im Einzelfall Schwierigkeiten bereiten. Eine Regelung und damit ein Verwaltungsakt ist dann anzunehmen, wenn sich die getroffene Feststellung auf ein Rechtsverhältnis bezieht, für das aus Sicht des Bürgers ein Bedürfnis zur verbindlichen Klärung besteht, und sich nicht auf die rein deklaratorische Wiederholung der Gesetzeslage beschränkt:[30] 14

Ein feststellender Verwaltungsakt liegt bspw. in der „Mitteilung" der vorgesetzten Dienstbehörde an einen Beamten, der wegen einer vorsätzlich begangenen Straftat zu einer Freiheitsstrafe von einem Jahr und sechs Monaten verurteilt worden ist, dass sein Beamtenverhältnis nach § 48 BBG zum 1.6. des Jahres beendet ist und er ab dann keine Dienstbezüge mehr erhält. Diese „Mitteilung" wiederholt nicht lediglich den Inhalt der Vorschrift, sondern trifft eine in Anwendung der Vorschrift konkretisierte Aussage darüber, ab welchem Zeitpunkt die genannten Rechtsfolgen gelten sollen. Sie bezieht sich mithin auf ein klärungsbedürftiges Rechtsverhältnis und enthält eine eigenständige Regelung.[31]

Zu erinnern bleibt daran, dass die Unterscheidung zwischen (schlicht-hoheitlichem Verwaltungshandeln bzw.) Realakten und Verwaltungsakten für die Bestimmung der richtigen Klageart von erheblicher Bedeutung ist: Bei Verwaltungsakten ist die Anfechtungs- bzw. Verpflichtungsklage statthaft[32]. Gegen (oder auf) schlichtes Verwaltungshandeln (Realakte) steht die Leistungsklage[33] zur Verfügung.[34] 15

b) Vorbereitungs- und Teilakte

Regelungen i.S.v. § 35 VwVfG sind nur solche endgültiger Art; davon zu unterscheiden sind unselbständige **Vorbereitungs-** oder **Teilakte.** Hierbei handelt es sich zumeist um Zwischenschritte im Verfahren (Verfahrenshandlungen), z.B. Ladung zur mündlichen Prüfung im juristischen Staatsexamen oder zur Anhörung in einem Genehmigungsverfahren. Damit wird noch keine abschließende Entscheidung, aus der sich für den Bürger Rechtsfolgen ergeben, getroffen; diese wird erst vorbereitet. Dem entspricht verwaltungsprozessual § 44a VwGO: Rechtsschutz findet sich nicht gegen die Verfahrenshandlung selbst, sondern erst im Rahmen des gegen die endgültige Entscheidung eingelegten Rechtsbehelfs gewährt. Als derartige Teilakte, die noch keine abschließende Regelung darstellen, wird die Bewertung von Klassenarbeiten und Ein- 16

29 BVerwGE 31, 301, 306 ff. Vgl. auch BVerwGE 88, 122, wonach die Mitteilung über die beabsichtigte Löschung einer Eintragung in der Handwerksrolle nach § 13 Abs. 3 HandwO als Verwaltungsakt anzusehen ist.

30 BVerwGE 72, 367.

31 BVerwGE 34, 353, 354. Feststellender Verwaltungsakt ist nach überwiegender Ansicht auch die Bekanntgabe des Smog-Alarms, weil er verbindlich feststellt, dass die Voraussetzungen für den Smog-Alarm erfüllt sind und die damit verbundenen Beschränkungen in Kraft treten, vgl. VGH München, BayVBl. 1985, 122; hierzu *Ehlers*, DVBl. 1987, 972; *Hansmann*, NVwZ 1987, 89; *Jarass*, NVwZ 1987, 95.

32 Dazu § 19 a Rn. 17 ff.

33 Vgl. näher § 20 Rn. 8 ff.

34 Zu den verschiedenen verwaltungsgerichtlichen Klagearten im Überblick § 11 Rn. 4.

zelklausuren oder werden Einzelnoten eines Abschlusszeugnisses angesehen;[35] anfechtbarer Verwaltungsakt ist hingegen die Feststellung des Gesamtergebnisses einer Prüfung.[36] Etwas anderes soll gelten, wenn einzelne Noten im Abschlusszeugnis rechtserheblich sind, etwa (im Abitur) für den Zugang zum Studium.[37] Keine unselbständigen Teilakte, sondern eigenständige und anfechtbare Verwaltungsakte stellen die Teilgenehmigung (z.B. § 8 BImSchG) und der Vorbescheid (bspw. § 9 BImSchG) dar.[38]

c) Öffentlich-rechtliche Willenserklärungen

17 Die Regelungswirkung der Verwaltungsakte ist ferner von **verwaltungsrechtlichen** bzw. **öffentlich-rechtlichen Willenserklärungen** ohne Anordnungscharakter abzugrenzen. Dazu gehören die Aufrechnungserklärung (§§ 387 ff. BGB analog), die Stundung einer Forderung, eine Kündigung oder die Geltendmachung eines Zurückbehaltungsrechts (§ 273 BGB analog). Anerkannt ist, dass die (entsprechende) Anwendung der zivilrechtlichen Vorschriften über derartige rechtsgeschäftliche Willenserklärungen auch auf dem Gebiet des öffentlichen Rechts möglich ist.[39] Solche öffentlich-rechtlichen Erklärungen sind zwar rechtserheblich, d.h. sie wollen eine Rechtswirkung erzielen (Sinn der Aufrechnung ist es bspw., den Erfüllungsvorgang zu vereinfachen). Sie enthalten jedoch keine rechtsverbindliche Anordnung, weil sie lediglich an eine gesetzlich vorgegebene Rechtsfolge anknüpfen (so will die Aufrechnung keine verbindliche Entscheidung der Behörde über den Eintritt der Erlöschenswirkung des Schuldverhältnisses herbeiführen).[40] Darüber hinaus betreffen öffentlich-rechtliche Willenserklärungen vertragliche Beziehungen, so dass sich Verwaltung und Bürger nicht in einem Über-/Unterordnungsverhältnis gegenüberstehen, sondern auf Gleichordnungsebene befinden. Damit ist auch das Merkmal der hoheitlichen Maßnahme, das für den Verwaltungsakt eine einseitige Regelung voraussetzt, nicht erfüllt.[41]

▶ **ZU FALL 1:** Die Möglichkeiten des A, gegen die „Anordnung“ der Fahrerlaubnisbehörde vorzugehen, richten sich danach, wie diese rechtlich einzuordnen ist. Würde es sich um einen Verwaltungsakt handeln, könnte A hiergegen Widerspruch erheben (§§ 68 ff. VwGO). Die Anordnung ist eine einseitige Maßnahme einer Behörde. Sie ergeht auch auf dem Gebiet des öffentlichen Rechts, weil die Vorschriften der Fahrerlaubnisverordnung, welche die Einholung eines medizinisch-psychologischen Gutachtens vorsehen, dem öffentlichen Recht zuzuordnen sind. Fraglich ist indes, ob der Anordnung eine Regelungswirkung zukommt. Als Rechtsfolge könnte das Gebot anzusehen sein, das fragliche Gutachten vorzulegen. Gem. § 11 Abs. 2 FeV dient dieses Gutachten aber nur zur Vorbereitung der Entscheidung über die Entziehung der Fahrerlaubnis nach § 3 Abs. 1 StVG, § 46 Abs. 1 FeV. Regelung i.S.d. § 35 VwVfG verlangt hingegen nach endgültiger Rechtswirkung; Maßnahmen, welche die Entscheidung lediglich vorbereiten, entsprechen dem nicht.[42] Die Anordnung der Beibringung jenes Gutachtens stellt nur eine solche rein vorbereitende Maßnahme dar.

35 BVerwG, NVwZ-RR 1994, 582; vgl. auch BVerwG, NVwZ 1995, 492.

36 BVerwGE 24, 64; OVG Münster, DVBl. 2001, 823.

37 BVerwGE 73, 376.

38 Vgl. hierzu Rn. 49 f.

39 BVerwGE 66, 218; vgl. die gesetzliche Regelung in § 84 Abs. 2 BBG.

40 Etwas anderes gilt jedoch dann, wenn die Behörde die Aufrechnung ausdrücklich in Form eines Verwaltungsaktes erklärt. Dann handelt es sich um einen sog. formellen Verwaltungsakt, BFH, NVwZ 1987, 1118. Vgl. Rn. 9.

41 Siehe bereits Rn. 5.

42 Vgl. Rn. 16.

Von einer endgültigen Regelung in Form eines eine Handlungspflicht auferlegenden Gebots könnte nur dann gesprochen werden, wenn es für den Fall, dass es nicht erfüllt wird, zwangsweise durchsetzbar ist.[43] Dies trifft auf die Pflicht zur Beibringung des Gutachtens nicht zu. Aus § 11 Abs. 8 FeV ergibt sich, dass die Behörde im Fall der Nichtbefolgung auf die Nichteignung des Betroffenen schließen darf. Zwangsmaßnahmen sind also nicht vorgesehen. Somit begründet die Anordnung keine durchsetzbare Handlungspflicht, sondern konkretisiert die Mitwirkungslast des Betroffenen bei der Sachverhaltsaufklärung.[44] ◀

5. Einzelfall

▶ **Fall 2:** Im Dezember des Jahres 1952 traten in einigen Städten Nord- und Südwürttembergs Fälle von Typhus-Erkrankungen auf, die bald darauf epidemische Ausmaße annahmen. Die Behörden ermittelten Endiviensalat als Auslöser. Daraufhin erließ das Innenministerium eine Anordnung, die den Groß- und Einzelhandel mit Endiviensalat in den betroffenen Gebieten untersagte. Bekannt gemacht wurde diese Anordnung durch Rundfunk und Presse. Handelt es sich dabei um einen Verwaltungsakt i.S.d. § 35 VwVfG? ◀

Der Verwaltungsakt ist darauf gerichtet, eine verbindliche Rechtsfolge für den bzw. im Einzelfall zu setzen. Er grenzt sich anhand des Merkmals Einzelfall von **Rechtsnormen** ab, die durch die Verwaltung erlassen werden können (Rechtsverordnung, Satzung). Letztere setzen ebenso wie Verwaltungsakte einseitig eine oder mehrere Rechtsfolgen, regeln im Unterschied zu ihnen jedoch keinen Einzelfall, sondern enthalten Vorgaben für eine Vielzahl von Fällen. Der Erlass eines Verwaltungsaktes einerseits und derjenige einer Rechtsnorm andererseits ist an jeweils unterschiedliche Voraussetzungen geknüpft – insbesondere hinsichtlich Zuständigkeit, Verfahren sowie Form[45] – und zieht verschiedenartige Rechtschutzmöglichkeiten[46] nach sich, weshalb eine Unterscheidung erforderlich ist. 18

a) Merkmale konkret-individuell/abstrakt-generell

Die Abgrenzung zwischen Verwaltungsakt und Rechtsnorm wird überwiegend anhand zweier Merkmale vorgenommen: 19

- zum einen hinsichtlich der/des erfassten Sachverhalte(/s) – hier lassen sich konkrete und abstrakte Regelungen unterscheiden,
- zum anderen mit Blick auf die von der Regelung betroffenen Adressaten – weshalb nach individuellen und generellen Regelungen zu differenzieren ist.[47]

Wird ein bestimmter Sachverhalt hinsichtlich Zeit, Ort und sonstiger Umstände geregelt, liegt eine konkrete Regelung vor. Wenn sich eine Maßnahme an einen bestimmten (objektiv feststehenden) Adressaten richtet, ist sie individuell. Solche **konkret-individuellen** Maßnahmen stellen eine Einzelfallregelung dar und sind Verwaltungsakte – z.B. wenn jemand verpflichtet wird, sein Handwerk aufzugeben.

43 BVerwGE 34, 248, 250.

44 BVerwGE 34, 248, 250; ausführlich zur Einordnung der medizinisch-psychologischen Untersuchung nach der FeV *Schreiber*, ZRP 1999, 519.

45 Zu den Voraussetzungen für den Erlass von Verwaltungsakten § 14, von Rechtsverordnungen § 22 Rn. 3 ff. und Satzungen § 23 Rn. 2 ff.

46 Bei Verwaltungsakten ist die Anfechtungs- bzw. Verpflichtungsklage gem. § 42 Abs. 1 VwGO statthaft, gegen bestimmte Rechtsnormen das Normenkontrollverfahren gem. § 47 VwGO; vgl. hierzu insbesondere § 19a, § 24a.

47 P. *Stelkens*/U. *Stelkens* in: Stelkens/Bonk/Sachs, § 35 Rn. 82.

Das typische Erscheinungsbild von Rechtsnormen ist hingegen dadurch geprägt, dass sie für eine Vielzahl von Lebenssachverhalten (abstrakt) und für eine unbestimmte Anzahl von Adressaten (generell) gelten. Solche Regelungen, wie die Ausweisung eines Wasserschutzgebietes mit einer Vielzahl von Verboten und Geboten, haben **abstrakt-generellen** Charakter.

Aus den zuvor genannten Anknüpfungspunkten für die Abgrenzung von Verwaltungsakten und Rechtsnormen lassen sich weitere Begriffspaare, nämlich konkret-generell und abstrakt-individuell bilden. Die Einordnung derartiger Maßnahmen gestaltet sich dann weniger eindeutig.

20 Um eine **abstrakt-individuelle** Regelung handelt es sich, wenn sie sich an einen einzelnen, individualisierten Adressaten richtet, aber die Anzahl der geregelten Fälle unbestimmt ist. Beispiel: Einem Unternehmen wird aufgegeben, immer dann, wenn die aus seinem Kühlturm entweichenden Wasserschwaden (Wasserdampfwolken) vereisen, wegen der entstehenden Glatteisgefahr die im Umkreis des Kühlturms befindlichen, genau bezeichneten Straßen zu streuen.[48] Abgefasst ist diese Regelung in Konditionalform („wenn …, dann …"), was eigentlich auf eine Rechtsnorm hindeutet. Für die Einordnung als Verwaltungsakt spricht dagegen, dass der Adressat der Maßnahme eindeutig individualisiert ist. Überdies hat auch der Regelungsgegenstand Konkretisierung erfahren (Streuen der genau bezeichneten Straßen); unklar ist allein, wie häufig dieses Ereignis eintreten wird. Nach allgemeiner Auffassung hat eine solche Art der Regelung Einzelfallcharakter, weil sie zwar zunächst eine abstrakte Fallkonstellation beschreibt, diese sich jedoch beim Hinzutreten der in der Maßnahme aufgeführten Umstände konkretisiert.[49] Angesichts dessen wird auch vertreten, dass es sich nicht um eine abstrakte, sondern um eine konkrete Regelung handelt.[50] Ausschlaggebend dürfte nach Sinn und Zweck sein, dass die behördliche Maßnahme aus lediglich verwaltungsökonomischen Gründen die Bündelung ansonsten bei Vereisungen gesondert zu erlassender Einzelverfügungen darstellt.

21 Eine **konkret-generelle** Regelung liegt vor, wenn die Maßnahme einen bestimmten Sachverhalt betrifft, aber an eine unbestimmte Anzahl von Personen gerichtet ist. Ein Beispiel dafür ist das Verbot einer Demonstration durch die Polizei. Hier handelt es sich um die Regelung eines konkreten Sachverhalts (geplante Demonstration). Allerdings ist nicht vorhersehbar, wie viele und welche Personen an der geplanten Demonstration teilzunehmen beabsichtigen; der Adressatenkreis ist demnach individuell nicht näher bestimmt, die Regelung hat generellen Charakter. Es kann sich aber um eine Allgemeinverfügung nach § 35 S. 2 VwVfG handeln (dazu sogleich).

b) Allgemeinverfügung

22 Ein Teil solcher konkreten Regelungen, die sich an mehrere Personen richten, wird von § 35 S. 2 VwVfG erfasst; es handelt sich um sog. **Allgemeinverfügungen**. Die Voraussetzungen jener Vorschrift ersetzen das Merkmal „Einzelfall". Liegt keine individuelle, sondern eine generelle Regelung vor, ist diese mithin an § 35 S. 2 VwVfG zu messen: Erfüllt die zu überprüfende Regelung eine der dort genannten Alternativen, handelt es sich nach der Legaldefinition ebenfalls um einen Verwaltungsakt. Die

48 Sog. Kühlturmfall, OVG Münster, OVGE 16, 289.

49 *Erichsen* in: Erichsen/Ehlers, § 12 Rn. 48; *Detterbeck*, Rn. 477.

50 *Maurer*, § 9 Rn. 20; *Peine*, Rn. 123.

Abgrenzung von „normalen" Verwaltungsakten zu Allgemeinverfügungen ist erforderlich, weil für Letztere verfahrensrechtliche Sonderregelungen gelten.[51]

Es werden folgende Allgemeinverfügungen unterschieden: 23

- Die **adressatenbezogene Allgemeinverfügung** (§ 35 S. 2, 1. Alt. VwVfG) ist ein Verwaltungsakt, der sich an einen nach allgemeinen Merkmalen bestimmten oder bestimmbaren Personenkreis richtet – wie eine Räumungsverfügung für einen Stadtteil während der Entschärfung eines Bombenblindgängers. Eine derartige Allgemeinverfügung ist gegeben, wenn der Personenkreis bei Erlass der Maßnahme noch nicht feststeht, aber anhand von objektiven Merkmalen gattungsmäßig bestimmt werden kann.[52] Somit fällt das oben genannte Versammlungsverbot unter den Begriff der Allgemeinverfügung.
- Die **sachbezogene Allgemeinverfügung** (§ 35 S. 2, 2. Alt. VwVfG) regelt die öffentlich-rechtliche Eigenschaft einer Sache, indem sie diese verleiht, entzieht oder ändert. Beispiele hierfür sind Widmungen zu öffentlichen Straßen oder Eintragungen von Denkmälern in eine Denkmalliste.[53] Weil diese Form der Allgemeinverfügung den sachenrechtlichen Zustand einer öffentlichen Sache regelt, wird sie teilweise auch als dinglicher Verwaltungsakt bezeichnet.[54] Beachtlich bleibt jedoch, dass neben die dingliche eine personale Wirkung tritt. Denn aus der sachenrechtlichen Regelung folgen unmittelbar Konsequenzen für die mit der Sache in Berührung kommenden Personen (etwa Straßenbenutzer).[55]
- Die **benutzungsregelnde Allgemeinverfügung** (§ 35 S. 2, 3. Alt. VwVfG) bestimmt die Benutzung einer Sache durch die Allgemeinheit. Sie legt Rechte und Pflichten der Benutzer fest. Beispiele sind Benutzungsregeln einer Fachbereichsbibliothek und Verkehrszeichen[56], die Verbots- oder Gebotszeichen sind, wie Geschwindigkeitsbegrenzungen oder Halteverbotsschilder gem. § 41 StVO[57], nicht jedoch Gefahrenzeichen nach § 40 StVO.

51 Eine Anhörung ist gem. § 28 Abs. 2 Nr. 4 VwVfG nicht erforderlich, hierzu § 14 Rn. 21; auf die Begründung kann verzichtet werden, § 39 Abs. 2 Nr. 5 VwVfG, hierzu § 14 Rn. 23; es bestehen erleichterte Voraussetzungen bei der öffentlichen Bekanntmachung, § 41 Abs. 3 S. 2 VwVfG, hierzu § 13 Rn. 11.

52 *Erichsen* in: Erichsen/Ehlers, § 12 Rn. 51; a.A. *Obermayer*, NJW 1980, 2386, 2389, nach dem die Bestimmtheit bereits im Zeitpunkt des Erlasses der Maßnahme gegeben sein muss. Dieser Auffassung steht jedoch der Wortlaut des § 35 S. 2 VwVfG entgegen, nach dem der Adressatenkreis nicht individuell, sondern nur nach allgemeinen Kriterien und damit nach Gattungsmerkmalen bestimmt sein muss.

53 Zur Widmung öffentlicher Sachen § 26 Rn. 9 ff.

54 *Henneke* in: Knack, § 35 Rn. 93; Rn. 11; kritisch zur Rechtsfigur des dinglichen Verwaltungsaktes *Maurer*, § 9 Rn. 56 f.

55 Vgl. *Peine*, Rn. 403.

56 Die frühere Rechtsprechung sah in Verkehrszeichen Rechtsnormen, weil sie eine Vielzahl von Verkehrsfällen regeln und sich an eine unbestimmte Anzahl von Verkehrsteilnehmern richten, VGH München, NJW 1979, 670. Nunmehr werden sie den Allgemeinverfügungen zugeordnet – mit dem Argument, dass durch die in der Aufstellung eines Verkehrszeichens liegende Anordnung ein konkreter Sachverhalt generell für alle Benutzer der Straße geregelt werde, vgl. BVerwGE 27, 181; BVerwGE 59, 221, 224. Zu den Besonderheiten der Bekanntgabe von Verkehrsschildern § 13 Rn. 12.

57 Die zuständige Behörde hat zu gewährleisten, dass die jeweilige Regelung bei straßenverkehrsrechtlichen Ge- und Verboten erkennbar ist; Zweifel an der Erkennbarkeit gehen zu Lasten der Behörde, OVG Münster, NWVBl. 2005, 176.

Übersicht 8:
Abgrenzungen zwischen Verwaltungsakt und Rechtsnorm

Betroffene Adressaten / Geregelte Sachverhalte	**Individuell** Regelung richtet sich an eine bestimmte Anzahl von Personen	**Generell** Regelung richtet sich an eine Vielzahl von Personen
Konkret Regelung eines bestimmten Sachverhalts	Verwaltungsakt	Verwaltungsakt als Allgemeinverfügung nach Maßgabe des § 35 S. 2 VwVfG
Abstrakt Regelung einer Vielzahl von Sachverhalten	Verwaltungsakt	Rechtsverordnung, Satzung

▶ **MERKE:** Nur abstrakt-generelle Regelungen sind Rechtsnormen; in allen anderen Fällen liegt ein Verwaltungsakt vor, ggf. in Form der Allgemeinverfügung. ◀

▶ **ZU FALL 2:** Fraglich ist, ob die Anordnung, welche den Groß- und Einzelhandel mit Endiviensalat verbietet, eine Rechtsnorm oder ein Verwaltungsakt ist. Eine abstrakte Regelung könnte angenommen werden, weil sie eine unbestimmte Anzahl von Verkaufsvorgängen untersagt.[58] Jedoch ist zu berücksichtigen, dass Anlass des Verkaufsverbotes ein einzelnes Vorkommnis ist, nämlich die von Endiviensalat ausgehende Gefahr der Ausbreitung einer Epidemie. Diese konkrete Situation und die aus jenem Bezug folgende zeitliche Begrenzung sprechen im Ergebnis für die Annahme einer konkreten Regelung.[59] Die Anordnung gilt jedoch nicht für einen Einzelnen oder genau benannten Personenkreis, sondern für eine Vielzahl von Adressaten, nämlich alle Händler von Endiviensalat in den typhusbefallenen Gebieten, und stellt somit eine generelle Regelung dar. Als solche könnte sie eine adressatenbezogene Allgemeinverfügung i.S.d. § 35 S. 2, 1. Alt. VwVfG sein. Dann müsste der Adressatenkreis nach allgemeinen Merkmalen bestimmt sein oder sich bestimmen lassen. Die Maßnahme richtet sich an alle Händler, die Endiviensalat in den genannten Gebieten verkaufen; der Adressatenkreis ist damit nach Gattungsmerkmalen bestimmt. Dass eine Epidemie sich typischerweise gebietlich teilweise ausbreitet, z.T. auch zurückzieht, dürfte nichts an einer zumindest fortbestehenden Bestimmbarkeit der Adressaten des Verkaufsverbots nach § 35 S. 2 VwVfG ändern. Es handelt sich daher um einen Verwaltungsakt in Form der Allgemeinverfügung. ◀

6. Außenwirkung

▶ **FALL 3:** O ist als Oberinspektor im Amt für Umwelt und Natur der Stadt R beschäftigt. Bislang war er Sachbearbeiter in der Abteilung für Naturschutz- und Landschaftspflege. Nunmehr wird er durch seinen Dienstherrn der Abteilung Personalwesen zugewiesen. Seine Stellung als Oberinspektor und die Höhe seiner Bezüge bleiben davon unberührt. Handelt es sich bei der Zuweisung um einen Verwaltungsakt? ◀

24 § 35 S. 1 VwVfG bestimmt, dass der Verwaltungsakt „auf unmittelbare Rechtswirkung nach außen gerichtet" sein muss. Die vom Verwaltungsakt herbeigeführte Regelung darf also nicht im Innenbereich der Verwaltung (dem die erlassende Behörde angehört) verbleiben. Sie muss außerhalb der Verwaltung Wirkung zeitigen, indem sie

58 So *Koch/Rubel/Heselhaus*, § 3 Rn. 33, die eine Rechtsverordnung annehmen.

59 Vgl. BVerwGE 12, 87.

erweiternd, einschränkend, feststellend oder sonst regelnd in die Rechtsposition von Bürgern bzw. juristischen Personen des Privatrechts oder in eigenständig wahrzunehmende Kompetenzen anderer Verwaltungsträger (etwa Selbstverwaltungsrecht einer Gemeinde) eingreift.[60] Die Außenwirkung hat nach dem objektiven Sinngehalt des Verwaltungsaktes intendiert, d.h. beabsichtigt zu sein.[61] Für die Annahme einer nach außen gerichteten Regelung ist nicht ausreichend, wenn sie lediglich mittelbar bzw. faktisch eine solche Rechtsfolge setzt.

a) Abgrenzung zu innerdienstlichen Weisungen

Rein verwaltungsinterne Maßnahmen sind z.B. **innerdienstliche Weisungen.** Beispiel 25 für eine solche Weisung ist die Anordnung eines Vorgesetzten an einen ihm unterstellten Beamten, den Abbruch eines rechtswidrig errichteten Wochenendhauses anzuordnen. Die Weisung richtet sich ausschließlich an den Beamten und wirkt daher verwaltungsintern. Unerheblich ist, dass der Inhaber des Hauses in seiner Rechtsstellung als Eigentümer betroffen ist, wenn der Beamte die Anordnung erlässt. Dabei handelt es sich um eine rein mittelbare (faktische) Außenwirkung der Weisung; eine direkt verbindliche Regelung gegenüber dem Hausinhaber ist bzw. war mit ihr nicht beabsichtigt. Erst die daraufhin vom Beamten ausgesprochene Abbruchverfügung ist ein Verwaltungsakt, gegen den der Eigentümer mit der Anfechtungsklage vorgehen kann.

Insgesamt erfordern Anweisungen von Vorgesetzten im Beamtenverhältnis jedoch ei- 26 ne differenzierende Betrachtung:

Sie können an untergebene Beamte ausschließlich in **amtlicher Hinsicht**, d.h. in deren Eigenschaft als Amtsträger und austauschbares Glied der Verwaltung gerichtet sein, indem sie lediglich die Art und Weise der dienstlichen Tätigkeit (Organisation und Gestaltung der Arbeit) regeln. Eine solche Anweisung, wie im vorgenannten Beispiel, ist in ihrer Wirkung auf binnenorganisatorische Angelegenheiten beschränkt und somit eine rein interne Maßnahme.[62] Verwaltungsgerichtlicher Rechtsschutz ist dagegen nicht eröffnet. Mangels Verwaltungsaktsqualität ist eine Anfechtungsklage (§ 42 Abs. 2, 1. Alt. VwGO) nicht statthaft. Auch eine Leistungsklage scheitert an der Zulässigkeit, weil schlicht-hoheitliches Handeln als ihr Gegenstand Außenwirkung voraussetzt.[63]

Demgegenüber können Weisungen von Vorgesetzten **gezielt** in die **persönliche bzw. individuelle Rechtsstellung** des Beamten eingreifen, d.h. ihn als gegenüber seinem Dienstherrn selbständige Rechtsperson (in seinem Status) und nicht mehr nur als „bloßes" Glied der Verwaltung treffen. Beispiele für solche Anordnungen sind die Entlassung eines Beamten,[64] seine Beförderung, Versetzung oder Abordnung,[65] Urlaubsregelungen oder die Rückforderung von Dienstbezügen[66]. Diese richten sich an den Beamten als eine außerhalb der Verwaltung stehende (selbständige) Person und

60 *Hendler*, Rn. 130.

61 BVerwGE 41, 258.

62 *Detterbeck*, Rn. 487 ff.; *Maurer*, § 9 Rn. 28.

63 Vgl. bereits § 11 Rn. 2; der Beamte hat bei Bedenken gegen die Rechtmäßigkeit dienstlicher Anordnungen das Recht zur Remonstration gegenüber seinem unmittelbaren Vorgesetzten, § 56 Abs. 2 BBG; dazu bereits § 7 Rn. 19.

64 BVerwGE 26, 65.

65 Hierzu die Lösung zu Fall 3.

66 BVerwGE 40, 237, 238.

entfalten somit Außenwirkung.[67] Rechtsschutz gegen solche Anordnungen kann der Beamte mit der Anfechtungsklage suchen.[68] Weil er durch sie in seiner persönlichen Rechtsstellung betroffen ist, steht ihm (auch) die Klagebefugnis zu.[69]

Dieser Unterscheidung von verwaltungsinternen, gerichtlich nicht angreifbaren Weisungen und solchen, denen Außenwirkung zukommt, und die als Verwaltungsakte anfechtbar sind, hat das Bundesverwaltungsgericht eine weitere Kategorie hinzugefügt: verwaltungsinterne Maßnahmen, die zwar nicht gezielt, aber **faktisch** auf die **persönliche Rechtsstellung** des Beamten Einfluss nehmen. Dabei handelt es sich zwar um interne Regelungen, denen keine Verwaltungsaktsqualität zuerkannt wird, und die nicht mit der Anfechtungsklage angreifbar sind. Gegen sie soll aber die allgemeine Leistungsklage statthaft sein.[70] Bspw. ist eine Änderung des Aufgabenbereichs eines Beamten durch die Behörde eine verwaltungsinterne Maßnahme, weil sie auf Umstrukturierung des verwaltungsinternen Dienstbetriebs und nicht auf Herbeiführung einer Veränderung der Rechtsstellung des Beamten in der Verwaltung gerichtet ist. Dennoch trifft eine Veränderung des Aufgabenfeldes den Beamten individuell; diese Wirkung wird durch die Anordnung nicht bezweckt, ist aber ihre mittelbare Folge. Zielrichtung der Rechtsprechung ist es, dem betroffenen Beamten, obwohl es sich eigentlich um eine verwaltungsinterne Regelung und nicht um einen Verwaltungsakt handelt, wegen der faktischen Folgen Rechtsschutz zu eröffnen.[71] Zwar scheidet die Anfechtungsklage aus, weil es sich (eben) nicht um einen Verwaltungsakt handelt. Es soll jedoch die Möglichkeit bestehen, eine Leistungsklage auf Wiederherstellung des ursprünglichen Zustands zu erheben (vgl. Lösung Fall 3).

27 Die für das Beamtenverhältnis entwickelten Maßgaben zur Abgrenzung von verwaltungsinternen dienstlichen Anordnungen und Verwaltungsakten können auch für die Qualifikation von Maßnahmen in anderen verwaltungsrechtlichen Sonderbeziehungen (insbesondere Schul-, Hochschul- und Soldatenverhältnis) herangezogen werden; gerade im Schulverhältnis sind jene Kriterien von praktischer Relevanz. Dementsprechend ist eine schulische Maßnahme ein Verwaltungsakt, wenn sie an den Betroffenen (Schüler oder Lehrer) als Träger eigener Rechte gerichtet ist und nicht lediglich seine Einbindung in typische Abläufe des (Schul-)Betriebs betrifft (dann rein verwaltungsinterne resp. -organisatorische Maßnahme).[72]

b) Maßnahmen zwischen verschiedenen Verwaltungsträgern

28 Verwaltungsintern wirken grds. Anordnungen zwischen Behörden, Ämtern oder Dienststellen desselben Verwaltungsträgers. Anordnungen zwischen verschiedenen Verwaltungsträgern können demgegenüber Außenwirkung und damit Verwaltungs-

---

67 Auf die nicht mehr existente Rechtsfigur der besonderen Gewaltverhältnisse (dazu § 10 Rn. 5) geht die gelegentlich anzutreffende Unterscheidung zwischen Maßnahmen, die das Betriebsverhältnis (den Beamten in amtlicher Hinsicht) und solchen, die das Grundverhältnis (den Beamten in persönlicher Hinsicht) betreffen, zurück. Unterschiedliche Ergebnisse der Abgrenzung ergeben sich dadurch i.d.R. nicht.

68 Dazu § 19a Rn. 17 ff.

69 Vgl. § 9 Rn. 7 ff.

70 BVerwG, DVBl. 1981, 495; BVerwGE 60, 144; BVerwGE 98, 334; kritisch *Erbguth* in: Ehlers/Erbguth, Aktuelle Entwicklungen im Seerecht II, 2003, S. 137, 143.

71 BVerwGE 98, 334, 335 f.

72 Verwaltungsakte sind bspw. die Aufnahme in eine Schule, die Verweisung oder Entlassung von der Schule, die Versetzung (VGH München, BayVBl. 1985, 631), ein Ausschluss von der Klassenfahrt (OVG Greifswald, NJW 1997, 1721). Keinen Verwaltungsakt stellt hingegen die Entscheidung über den Ausfall einer Unterrichtsstunde oder über „Hitzefrei“ dar, vgl. *Kopp/Ramsauer*, § 35 Rn. 88a.

aktsqualität haben.[73] Dies gilt insbesondere für aufsichtsrechtliche Weisungen von Trägern unmittelbarer Staatsverwaltung gegenüber Trägern mittelbarer Staatsverwaltung im Rahmen bloßer **Rechtsaufsicht**, d.h. solche, die sich auf die Ausführung von Angelegenheiten im sog. eigenen Wirkungskreis beziehen.[74]

Wenn Weisungen dergestalt den Rechtskreis der betroffenen juristischen Person des öffentlichen Rechts unmittelbar erweiternd, verringernd oder feststellend gestalten, greifen sie in deren Selbstverwaltungsbereich ein, innerhalb dessen Träger der mittelbaren Staatsgewalt dem Staat ähnlich wie Bürger gegenüberstehen. Insbesondere Gemeinden als Gebietskörperschaften sind hinsichtlich jener Art Anordnungen in ihrem in Art. 28 Abs. 2 S. 1 GG verankerten Recht auf kommunale Selbstverwaltung[75] betroffen. Diesbezüglich stehen sie zum Staat wie ein eigenständiges Rechtssubjekt, so dass eine nach außen wirkende Regelung angenommen werden muss, bspw. im Falle der Genehmigung einer gemeindlichen Satzung (Bebauungsplan) oder deren Versagung.[76] Für den Rechtschutz bedeutet dies, dass Gemeinden (aber auch andere juristische Personen des öffentlichen Rechts im Rahmen ihres eigenen Rechtskreises) belastenden Maßnahmen der Rechtsaufsicht durch Anfechtungsklage begegnen können. Da sie in ihrem Recht auf Selbstverwaltung betroffen sind, steht ihnen auch die Klagebefugnis zu.

Weisungen der **Fachaufsicht**, die sich auf die Wahrnehmung von Aufgaben des übertragenen Wirkungskreises[77] beziehen, haben nach h.M. keine Außenwirkung.[78] Derartige Anordnungen richten sich nicht an die Gemeinde(n) bzw. sonstige juristische Personen als Selbstverwaltungskörperschaften, sondern als Teil der allgemeinen Staatsorganisation.[79] Gegen fachaufsichtliche Weisungen ist verwaltungsgerichtlicher Rechtsschutz nicht eröffnet.[80]

Das Bundesverwaltungsgericht hat in einigen Entscheidungen angenommen, dass 29
Maßnahmen, die zum einen verwaltungsinternen Charakter haben, zum anderen aber in bestimmten Konstellationen Außenwirkung entfalten, den Beteiligten gegenüber unterschiedliche Rechtswirkungen aufweisen und sie als sog. **relative Verwaltungsakte** bezeichnet.[81] Treffe die Rechtswirkung eines Verwaltungsaktes nicht jedermann, sondern nur einen bestimmten Kreis, sei die Entscheidung allein diesem gegenüber ein Verwaltungsakt. So hat das Gericht aufsichtsrechtliche Maßnahmen des Staates gegenüber Kommunen als relative Verwaltungsakte angesehen.[82] Sie seien ausschließlich an die Gemeinden adressiert und nur ihnen gegenüber Verwaltungsakte. Für den Bürger sollen sie keine Wirkung entfalten, so dass sie sich in diesem Verhältnis nicht als Verwaltungsakte darstellen. Jene Rechtsprechung ist zu Recht auf Kritik gesto-

73 Dies betrifft jedoch nicht Weisungen des Bundes gegenüber den Ländern im Rahmen des landeseigenen Vollzugs von Bundesgesetzen und der Bundesauftragsverwaltung. Derartige Streitigkeiten sind verfassungsrechtlicher Natur, P. *Stelkens*/U. *Stelkens* in: Stelkens/Bonk/Sachs, § 35 Rn. 104.

74 Vgl. § 6 Rn. 27.

75 Dazu § 6 Rn. 18.

76 BVerwGE 19, 121. Vgl. auch BVerwGE 52, 313, 316, zur Verweigerung der Zustimmung eines Landes zur Erteilung eines Lehrauftrages durch eine Universität.

77 Dazu § 6 Rn. 17 f.

78 *Kopp/Ramsauer*, § 35 Rn. 101.

79 Vgl. *Maurer*, § 23 Rn. 23.

80 BVerwG, DVBl. 1995, 744, 745; aber auch BVerwG, NVwZ 1995, 910.

81 BVerwG, NVwZ 1994, 784; BVerwG, DVBl. 1986, 1003.

82 BVerwG, NVwZ 1994, 784.

ßen.[83] Der Wortlaut des § 35 VwVfG beschränkt das Vorliegen eines Verwaltungsaktes nicht auf seinen Adressatenkreis. Liegen die Tatbestandsmerkmale des § 35 S. 1 VwVfG vor, handelt es sich mithin uneingeschränkt um eine derartige Verfügung.[84] Bei Nicht-Adressaten kann lediglich das Vorliegen eines subjektiv-öffentlichen Rechts und damit der Klagebefugnis nach § 42 Abs. 2 VwGO Probleme aufwerfen.[85]

c) Mehrstufige Verwaltungsakte

30 Im Zusammenhang mit der Außenwirkung von Verwaltungsakten bedürfen sog. **mehrstufige Verwaltungsakte** näherer Betrachtung. Gemeint ist Folgendes: In bestimmten Verfahren ist vor Erlass eines Verwaltungsaktes durch die zuständige Behörde die Mitwirkung einer anderen Behörde (oder mehrerer von ihnen) erforderlich. Sieht das Gesetz vor, dass der Verwaltungsakt nur „im Benehmen", „nach Anhörung" oder „nach Stellungnahme" einer anderen Behörde ergehen darf[86], wird schon das Vorliegen des Tatbestandsmerkmals „Regelung" abzulehnen sein. Bei solchen Mitwirkungshandlungen handelt es sich meist um Teilakte eines mehrstufigen Verwaltungsverfahrens, die für die federführende Behörde nicht bindend sind und keine eigenständige Rechtswirkung entfalten.[87] Schwieriger wird es, wenn das Einvernehmen, die Genehmigung oder Zustimmung einer anderen Behörde vor Erlass eines Verwaltungsaktes erforderlich ist. Hierbei handelt es sich um Veto-Rechte. Dennoch stellen solche verfahrensbezogenen Mitwirkungsakte neben der Entscheidung der nach außen zuständigen Behörde im Regelfall keine Verwaltungsakte, sondern lediglich verwaltungsinterne Beteiligungsformen dar. Abweichendes (i.S. eigenständiger Außenwirkung) gilt, wenn die Mitwirkungshandlungen einen gegenüber dem Bürger eigenständigen Regelungsgehalt aufweisen. Dies ist anzunehmen, wenn der zu beteiligenden Behörde bestimmte Aufgaben zur alleinigen Wahrnehmung übertragen sind, sie also besondere Gesichtspunkte geltend zu machen resp. zu kontrollieren hat.[88] Verfügen mithin Ausgangs- und Mitwirkungsbehörde über einen inkongruenten, verschiedenartigen Prüfungsmaßstab, wie bei der Ausnahmegenehmigung nach § 4 Abs. 3 BRRG betreffend die Ernennung eines Ausländers zum Beamten, ist ein (nach außen gerichteter) Verwaltungsakt der zustimmungsberechtigten (o.ä.) Behörde gegeben.[89] Prüft die Mitwirkungsbehörde dagegen lediglich dieselben rechtlichen Gesichtspunkte wie die Ausgangsbehörde, sind m.a.W. die Prüfungsaufgaben der beiden Behörden identisch, so kann in der Mitwirkungshandlung kein Verwaltungsakt liegen. Dies gilt etwa für das gemeindliche Einvernehmen gem. § 36 Abs. 1 BauGB, wie § 36 Abs. 2 S. 1 BauGB ausdrücklich betont.[90]

83 *Erichsen* in: Erichsen/Ehlers, § 12 Rn. 42; *Detterbeck*, Rn. 494 f.

84 Vgl. auch *Detterbeck*, Rn. 495.

85 Vgl. § 9 Rn. 7 ff.

86 So z.B. § 5 Abs. 4 S. 4 FStrG, wonach die Festsetzung einer Ortsdurchfahrt einer Bundesstraße durch die oberste Landesstraßenbaubehörde im Benehmen mit der höheren Verwaltungsbehörde nach Anhörung der Gemeinde erfolgt.

87 *Kahl*, Jura 2001, 505, 512.

88 BVerwGE 26, 31, 39.

89 VGH Kassel, DVBl. 1981, 1069. Eine inkongruente Prüfungskompetenz wurde auch für die Ausnahmegenehmigung nach § 9 Abs. 8 FStrG (BVerwG, NJW 1987, 456, 457) und beim Einverständnis nach § 123 Abs. 2 S. 1 BRRG (OVG Münster, DVBl. 1985, 1247) angenommen.

90 Vgl. auch BVerwGE 28, 145, 146 f.; zu dessen Ersetzung OVG Lüneburg, NordÖR 2005, 29. Ebenso wenig ist die Zustimmung gem. § 9 Abs. 2 FStrG Verwaltungsakt, BVerwG, NJW 1966, 513 und 1530.

▶ **zu Fall 3:** Es geht um den Rechtscharakter der Anordnung, die den Tätigkeitsbereich des Beamten verändert. Allgemein zu unterscheiden sind in diesem Zusammenhang die Versetzung, die Abordnung und die Umsetzung eines Beamten. Gemeinsam ist ihnen, dass es sich um dienstliche Anordnungen handelt.

Die Versetzung (vgl. etwa § 26 BBG) ist die auf Dauer angelegte Übertragung eines anderen Amtes in einer anderen Behörde. Im Fall der Abordnung gem. § 27 BBG handelt es sich um die vorübergehende Zuweisung einer Tätigkeit bei einer anderen Behörde. Wenn der Beamte dergestalt bei einer neuen Behörde tätig wird, verliert er sein bisheriges Amt und ist in seiner persönlichen Rechtsstellung betroffen. Dies gilt sowohl für eine dauerhafte als auch für eine vorübergehende Tätigkeit. Derartige Anordnungen gehen über eine rein behördeninterne Wirkung hinaus. Versetzungen und Abordnungen sind daher als Verwaltungsakte einzuordnen.[91] Demgegenüber verbleibt die Tätigkeit des B bei derselben Behörde, in der er bereits arbeitet. Eine Versetzung bzw. Abordnung liegt hier nicht vor. Es könnte sich vielmehr um eine Umsetzung des B handeln. Eine solche bewirkt, dass der konkrete Tätigkeitsbereich des Beamten innerhalb derselben Behörde verändert wird – wie hier die Zuweisung von der Abteilung Naturschutz und Landschaftspflege zum Personalwesen innerhalb des Amtes für Umwelt und Natur. Bestimmungsgemäß beschränkt sich die Umsetzung auf die Regelung des verwaltungsinternen Bereichs; sie will den Beamten nicht in seiner persönlichen Rechtsstellung (in seinem Status) treffen.[92] Demgemäß handelt es sich um eine verwaltungsinterne Maßnahme und nicht um einen Verwaltungsakt. Davon zu trennen ist nach der Rechtsprechung die Frage des Rechtsschutzes; dieser steht B (im Wege der allgemeinen Leistungsklage) offen, wenn er geltend machen kann, durch die Umsetzung (faktisch bzw. mittelbar) in eigenen, d.h. subjektiv-öffentlichen Rechten verletzt zu sein.[93] ◀

Übersicht 9:
Zusammenfassende Übersicht zu den Tatbestandsmerkmalen eines Verwaltungsaktes und hiermit verbundenen Abgrenzungen

Tatbestandsmerkmal des Verwaltungsaktes	Definition/Problemfälle	Abgrenzungen
hoheitliche Maßnahme	– jede der Verwaltung zurechenbare Willenserklärung – einseitiges Handeln im Über-/Unterordnungsverhältnis	verwaltungsrechtliche Verträge im Gleichordnungsverhältnis
einer Behörde	jede Stelle, die Verwaltungsaufgaben wahrnimmt, § 1 Abs. 4 VwVfG	– Private, außer: Beliehene – Legislativ- und Judikativorgane in Ausübung ihrer verfassungsrechtlichen Tätigkeiten

91 BVerwGE 75, 138.
92 BVerwGE 60, 144, 147.
93 Vorstehend Rn. 26.

Tatbestandsmerkmal des Verwaltungsaktes	Definition/Problemfälle	Abgrenzungen
auf dem Gebiet des öffentlichen Rechts	Handeln aufgrund einer öffentlich-rechtlichen Ermächtigungsgrundlage; auch – privatrechtsgestaltende Verwaltungsakte – formelle Verwaltungsakte	privatrechtliches Handeln
zur Regelung	Maßnahme, die darauf gerichtet ist, eine Rechtsfolge unmittelbar herbeizuführen; auch – feststellende Verwaltungsakte	– Realakte, schlichtes bzw. schlicht-hoheitliches Verwaltungshandeln (Auskünfte, Hinweise) – Vorbereitungs- und Teilakte – verwaltungsrechtliche Willenserklärungen ohne Anordnungscharakter
eines Einzelfalls	– konkret-individuelle Maßnahme – abstrakt-individuelle Maßnahme – konkret-generelle Maßnahme (Allgemeinverfügung)	(abstrakt-generelle) Rechtsnorm (Rechtsverordnung, Satzung)
mit Außenwirkung	Maßnahme ist dazu bestimmt, Rechtswirkungen gegenüber verwaltungsexternen Personen/Stellen zu entfalten, auch – Weisungen gegenüber Beamten, die ihn in persönlicher Rechtsstellung treffen (ferner: Schul-, Hochschulverhältnis)	– innerdienstliche Weisungen – im Regelfall Mitwirkungen anderer Behörden bei Erlass eines Verwaltungsaktes

II. Funktionen des Verwaltungsaktes

31 Den Verwaltungsakt als immer noch wichtiges Handlungsinstrument der Verwaltung zeichnen funktionelle Besonderheiten aus[94]:

- Zum einen kommt ihm materiell-rechtliche **Regelungsfunktion** zu. Die in Gesetzen enthaltenen abstrakt-generell verfassten Vorgaben werden durch den Verwaltungsakt konkretisiert und dergestalt wird dem Bürger gegenüber im Einzelfall festgelegt, welche Rechte und Pflichten sich daraus für ihn ergeben. Dabei entfaltet der Verwaltungsakt seine Wirkung zunächst unabhängig davon, ob er rechtmäßig oder rechtswidrig ist.[95]
- Auch für die Frage des Rechtsschutzes ist die Einordnung einer Maßnahme als Verwaltungsakt von Bedeutung; dem Verwaltungsakt kommt **Rechtsschutzfunktion** zu. Die Verwaltungsgerichtsordnung stellt mit der Anfechtungs- und Verpflich-

94 Vgl. die Aufzählung bei *Hendler*, Rn. 90b; *Maurer*, § 9 Rn. 37 ff.

95 Nur ein ausnahmsweise nichtiger Verwaltungsakt entfaltet keine Wirksamkeit; ein rechtswidriger, aber wirksamer Verwaltungsakt kann angefochten werden; näher zum Ganzen § 13 Rn. 1 und § 15 Rn. 1 ff.

tungsklage (§ 42 Abs. 1 VwGO) eigene Klagearten für Verwaltungsakte bereit. Mit der Anfechtungsklage kann die Aufhebung eines rechtswidrigen Verwaltungsaktes gefordert werden. Die Verpflichtungsklage dient der Geltendmachung eines Anspruchs auf Erlass eines Verwaltungsaktes. Zudem wird durch das behördliche Widerspruchsverfahren als Vorverfahren zum Verwaltungsprozess (§§ 68 ff. VwGO) Rechtsschutz gewährt.[96]

- Darüber hinaus besitzt der Verwaltungsakt **Bestandskraftfunktion**. Jeder Verwaltungsakt ist auf eine bestandskräftige Entscheidung gerichtet; Einwände gegen ihn können grds. nur bis zum Ablauf der Widerspruchs- oder Klagefrist (§§ 70 Abs. 1, 74 VwGO) geltend gemacht werden. Nach Ablauf der Rechtsbehelfsfristen erwächst der Verwaltungsakt in Bestandskraft.[97] Dies gilt unabhängig davon, ob der Verwaltungsakt rechtmäßig oder rechtswidrig ist.[98]
- Der Verwaltungsakt stellt einen Vollstreckungstitel dar: Gem. §§ 3, 6 VwVG bzw. entsprechenden Regelungen der Länder ist die Verwaltung befugt, von ihr erlassene Verwaltungsakte – soweit sie sofort vollziehbar oder unanfechtbar sind – eigenständig durchzusetzen, ohne zunächst auf die Hilfe der Gerichte angewiesen zu sein. Insofern hat der Verwaltungsakt **Vollstreckungsfunktion**.[99]
- Nach § 9 VwVfG ist die Ausrichtung der Behördentätigkeit auf den Erlass (o.ä.) eines Verwaltungsaktes Voraussetzung für die Anwendung des Verwaltungsverfahrensgesetzes. Dieses enthält vornehmlich formelle Anforderungen an den Erlass eines Verwaltungsaktes. Dem Verwaltungsakt kommt somit **Verfahrensfunktion** zu.[100]

III. Arten von Verwaltungsakten

Verwaltungsakte lassen sich anhand verschiedener Kriterien zuordnen. Im Folgenden geht es um die wichtigsten Unterscheidungen[101]: 32

1. Befehlende, gestaltende und feststellende Verwaltungsakte

Anknüpfend an den Regelungsinhalt von Verwaltungsakten[102] kann zwischen befehlenden, gestaltenden und feststellenden Verwaltungsakten differenziert werden. 33

a) Befehlende Verwaltungsakte

Befehlende Verwaltungsakte ordnen zwingend eine bestimmte Handlungsweise an (**Gebot**) bzw. untersagen eine solche (**Verbot**).[103] Kommt der Verpflichtete dem Gebot oder Verbot nicht nach, kann die Behörde den befehlenden Verwaltungsakt 34

96 Zum Vorstehenden näher § 19a.

97 Dazu mehr in § 15 Rn. 10 ff.

98 Zu den Rechtmäßigkeitsvoraussetzungen von Verwaltungsakten § 14. Eine Ausnahme besteht hiervon lediglich – bei Vorliegen spezifischer Voraussetzungen – für bestandskräftige Verwaltungsakte, bei denen sich zwischenzeitlich eine Unvereinbarkeit mit dem Gemeinschaftsrecht herausgestellt hat, vgl. EuGH, Slg. 2004, I-837; hierzu *Kenntner*, EuZW 2005, 235, 237; *Classen*, JZ 2006, 157, 165; vgl. ferner BVerwG, DÖV 2005, 651 f.; ausführlich *Gärditz*, NWVBl. 2006, 441; auch § 16 Rn. 10.

99 Zur Vollstreckung von Verwaltungsakten § 19.

100 Zu den wichtigsten Regelungen im Verwaltungsverfahren zum Erlass eines Verwaltungsaktes § 14 Rn. 13 ff.

101 Vgl. die Übersichten bei *Detterbeck*, Rn. 497 ff.; *Hendler*, Rn. 151 ff.; *Maurer*, § 9 Rn. 44 ff.; *Peine*, Rn. 416 ff.

102 Hierzu schon Rn. 11.

103 *Maurer*, § 9 Rn. 44.

zwangsweise durchsetzen (vollstrecken).[104] Klassische Beispiele hierfür sind Polizeiverfügungen, Steuer- und Gebührenbescheide, Abrissverfügungen, Gewerbeuntersagungen und Versammlungsverbote.

b) Gestaltende Verwaltungsakte

35 **Gestaltende** Verwaltungsakte begründen, verändern oder beseitigen **unmittelbar** (ohne dass es der Vollstreckung bedarf) ein konkretes Rechtsverhältnis.[105] Das trifft etwa für die Beamtenernennung und -entlassung[106], die Einbürgerung und Genehmigungen aller Art zu.[107] Genehmigungsentscheidungen beruhen zumeist auf einem repressiven Verbot mit Befreiungsvorbehalt oder einem präventiven Verbot mit Erlaubnisvorbehalt.

36 **Repressive Verbote** dieser Art verwendet der Gesetzgeber zum Zwecke der grundsätzlichen Unterbindung eines bestimmten, als sozial unerwünscht oder schädlich angesehenen Verhaltens. Um mit dem Verbot einhergehende, aber ungewollte Härten zu vermeiden bzw. auszugleichen, enthalten die Vorschriften zumeist einen **Befreiungsvorbehalt:** Die Behörde kann unter bestimmten, gesetzlich normierten Voraussetzungen durch Erteilung einer Ausnahmebewilligung (synonym werden die Begriffe „Befreiung“ und „Dispens“ verwandt) von der Einhaltung des Verbots absehen. Die Entscheidung über die Ausnahme steht in ihrem Ermessen.[108] Ein solches Verbot mit Befreiungsvorbehalt findet sich bspw. in § 2 Abs. 1 i.V.m. §§ 7, 8 WHG (wasserrechtliche Erlaubnis, Bewilligung). Indem die Ausnahmebewilligung den Rechtskreis des Bürgers erweitert, weil ihm eine vom Gesetzgeber eigentlich nicht zugestandene Betätigung doch gestattet wird, stellt sie eine Begünstigung dar.

37 Im Gegensatz zu repressiven Verboten mit Befreiungsvorbehalt dienen **präventive Verbote** nicht dazu, ein Verhalten generell zu verbieten. Es soll nur im Vorfeld die Übereinstimmung der Betätigung oder des Vorhabens mit dem materiellen Recht überprüft werden. Ist das Ergebnis der Prüfung positiv, muss die Genehmigung aufgrund von Rechtspositionen des Antragstellers (etwa aus Art. 14, 12 GG) erteilt werden; es besteht dann ein Anspruch auf Erlaubnis („gebundener“ Verwaltungsakt,[109] z.B. Baugenehmigung, Gewerbeerlaubnis, Anlagengenehmigung nach BImSchG): Verbot mit **Erlaubnisvorbehalt.** Genau genommen schützen jene Normen den Antragsteller. Könnte z.B. der Bauherr das geplante Gebäude ohne Genehmigung (d.h. ohne vorherige Prüfung auf die Vereinbarkeit mit der materiellen Rechtslage) errichten und stellte sich dann die (materielle) Rechtswidrigkeit des Baus heraus, wäre die

104 Zur Vollstreckung von Verwaltungsakten § 19.
105 *Hendler*, Rn. 153; *Detterbeck*, Rn. 499.
106 Zu ernennungsähnlichen Verwaltungsakten im Beamtenrecht *Lindner*, NVwZ 2006, 543.
107 Vgl. bereits Rn. 11.
108 Hierzu § 14 Rn. 36 ff.
109 Dazu nachfolgend Rn. 43.

Behörde berechtigt, dessen Abriss anzuordnen.[110] Um den Bauherrn davor zu bewahren, wird dem Bau ein Genehmigungsverfahren vorgeschaltet, in dem die Vereinbarkeit mit dem materiellen Recht geprüft und bei positivem Ergebnis die Baugenehmigung erteilt wird. Z.T. werden daher statt der Bezeichnung „Verbot“ die Begriffe „Kontrollerlaubnis“ bzw. „Eröffnungskontrolle“ verwendet.[111] Formell betrachtet stellt die Genehmigung eine Begünstigung dar, materiell dagegen nur die Konkretisierung der ohnehin grundrechtlich gewährleisteten Rechtsstellung. Die Verweigerung einer solchen Genehmigung bedeutet immer einen Eingriff in subjektive Rechte des Bürgers (Rechtsfolge etwa § 28 Abs. 1 VwVfG[112]).

c) Feststellende Verwaltungsakte

Derartige Verwaltungsakte stellen Rechte oder rechtlich erhebliche Eigenschaften von Personen bzw. Sachen fest oder lehnen diese ab. Im Gegensatz zu gestaltenden Verwaltungsakten sind sie nicht darauf gerichtet, die materielle Rechtslage zu ändern, sondern bestätigen nur verbindlich das vom Gesetz vorgegebene Recht (z.B. Feststellung der Ein- oder Ausfuhrfähigkeit von Gütern).[113] 38

2. Begünstigende und belastende Verwaltungsakte

Die Unterscheidung zwischen begünstigenden und belastenden Verwaltungsakten zeigt sich in der Regelungswirkung für den Bürger.[114] Nach der Legaldefinition des § 48 Abs. 1 S. 2 VwVfG begründet oder bestätigt ein **begünstigender** Verwaltungsakt ein Recht oder einen rechtlich erheblichen Vorteil (bspw. Genehmigung oder die Bewilligung von Ausbildungsförderung). Ein **belastender** Verwaltungsakt liegt dagegen vor, wenn sich die Regelung für den betroffenen Bürger als nachteilig erweist, sei es, weil eine begehrte (grund)rechtlich abgesicherte Begünstigung nicht gewährt, sei es, weil in seine Rechte eingegriffen wird (Ge- und Verbote, Exmatrikulation, Entlassung als Beamter). 39

Ein Verwaltungsakt kann nicht nur entweder belastend oder begünstigend sein; es ist auch möglich, dass er sowohl belastend als auch begünstigend wirkt. Ein solcher Verwaltungsakt **mit Doppelwirkung** (auch Verwaltungsakt mit Mischwirkung genannt) liegt z.B. vor, wenn die begehrte Begünstigung nur teilweise gewährt wird, etwa von einer Subvention nur die Hälfte der begehrten Summe, oder eine Baugenehmigung mit der Auflage erteilt wird, dass der Dachboden nicht ausgebaut werden darf. Dann stellt zwar die Gewährung der Subvention bzw. die Erteilung der Bauge- 40

110 So in den (allerdings zunehmenden) Fällen der Genehmigungsfreistellung u.a.m. nach den Landesbauordnungen, vgl. etwa *Erbguth* in: Tettinger/Erbguth/Mann, Rn. 1216 ff.; ansonsten muss beim Bauen ohne erforderliche (!) Genehmigung zwischen formeller und materieller Rechtswidrigkeit differenziert werden: Fehlt die Erlaubnis, ist der Bau formell rechtswidrig; er ist darüber hinaus auch materiell rechtswidrig, wenn er gegen eine die Ablehnung der Genehmigung rechtfertigende Vorschrift (aus den Landesbauordnungen, dem BauGB oder sonstigen Gesetzen) verstößt. Bei allein formeller Rechtswidrigkeit darf die Baubehörde nur die Einstellung des Bauvorhabens bis zur Genehmigungserteilung anordnen (vgl. § 79 Abs. 1 Nr. 1 LBauO M-V); die Beseitigung eines rechtswidrig errichteten Baus kann lediglich verlangt werden, wenn er auch materiell rechtswidrig ist (z.B. § 80 LBauO M-V); zu alldem näher *Erbguth/Wagner*, § 13 Rn. 49 ff.; *Stollmann*, Öffentliches Baurecht, 4. Aufl., 2007, § 19.

111 *Maurer*, § 9 Rn. 51; *Peine*, Rn. 468 ff.

112 Strittig, siehe § 14 Rn. 20.

113 Zur Abgrenzung des feststellenden Verwaltungsaktes zum bloßen Hinweis auf die Rechtslage bereits Rn. 13 f.

114 Hierzu auch § 16 Rn. 6 ff. sowie vorstehend Rn. 36 f.

nehmigung eine Begünstigung dar, die Nichtgewährung der anderen Hälfte bzw. die Einschränkung der Baugenehmigung ist hingegen eine Belastung.[115]

41 Zudem kann sich ein Verwaltungsakt auch auf andere Betroffene als nur den Adressaten der Maßnahme rechtlich auswirken. Es handelt sich dann um **Verwaltungsakte mit Drittwirkung** (teilweise auch als Verwaltungsakte mit drittbelastender Doppelwirkung bezeichnet), §§ 80 Abs. 1 S. 2, 80a VwGO. Ein solcher Verwaltungsakt begünstigt z.B. seinen Adressaten, belastet aber gleichzeitig einen Dritten. Klassisches Beispiel ist die Baugenehmigung für den Bauherrn (begünstigend), die den Nachbarn in seinen Rechten einschränkt (belastend). Auch der umgekehrte Fall ist denkbar: Dem Bauherrn wird die erstrebte Erlaubnis versagt; für ihn stellt sich die Regelung als belastend dar, für den Nachbar wirkt sie dagegen begünstigend.

3. Einseitige und mitwirkungsbedürftige Verwaltungsakte; einstufige und mehrstufige Verwaltungsakte

42 Mitwirkungsbedürftige Verwaltungsakte sind im Unterschied zu einseitigen Verwaltungsakten solche, die eine Mitwirkungshandlung des Bürgers verlangen. I.d.R. besteht die Mitwirkung darin, einen Antrag auf Erlass des Verwaltungsaktes zu stellen (z.B. auf Erteilung einer Baugenehmigung oder Einbürgerung) oder eine Zustimmung (z.B. bei Beamtenernennung durch Entgegennahme der Ernennungsurkunde) zu erteilen.

Während einstufige Verwaltungsakte keine Beteiligung anderer Behörden erfordern, dürfen mehrstufige Verwaltungsakte erst erlassen werden, wenn andere Behörden beteiligt worden sind, bspw. ihre Zustimmung oder ihr Einvernehmen erklärt haben.[116]

4. Ermessensentscheidungen, gebundene Entscheidungen, gesetzesfreie Verwaltungsakte

43 Ein gebundener Verwaltungsakt muss von der Behörde erlassen werden, sofern die gesetzlichen Voraussetzungen für seinen Erlass erfüllt sind.[117] Demgegenüber liegt ein Ermessens-Verwaltungsakt (auch: nichtgebundener Verwaltungsakt) vor, wenn der Behörde bei ihrer Entscheidung über den Erlass des Verwaltungsaktes ein Ermessenspielraum gesetzlich zugewiesen ist.[118] Gesetzesfreie Verwaltungsakte sind solche, welche die Verwaltung ohne gesetzliche Grundlage verfügt;[119] ob eine Behörde derartige Verwaltungsakte erlässt, liegt in ihrem pflichtgemäßen Ermessen.

5. Behördliche Äußerungen – Zusage, Zusicherung, Vorbescheid, Teilgenehmigung, vorläufiger und vorsorglicher Verwaltungsakt

▶ **FALL 4:** Bauherr B erhält von der zuständigen Baubehörde eine schriftliche Zusicherung, dass ihm die Baugenehmigung für sein Grundstück an einem See erteilt wird, wenn er einen entsprechenden Antrag stellt. Da eine Erteilung der Genehmigung gegen baurechtliche Vorschriften verstoßen hätte, wird sie dann doch versagt. Kann sich B dem gegenüber auf die Zusicherung der Behörde berufen? ◀

115 Aus dem Blickwinkel nachträglicher Aufhebbarkeit von Verwaltungsakten vgl. aber § 16 Rn. 7 f.
116 Zu den mehrstufigen Verwaltungsakten bereits Rn. 30.
117 Vgl. ansatzweise bereits Rn. 37.
118 Hierzu § 14 Rn. 36 ff.
119 Vgl. *Battis*, S. 137; auch § 8 Rn. 10.

Behördliche Äußerungen lassen sich rechtlich nicht immer einfach einordnen. Folgende Formen können unterschieden werden: 44

a) Zusage

Die – gesetzlich nicht geregelte – Zusage[120] ist eine einseitige, verbindliche Willenserklärung einer Behörde, in Zukunft eine bestimmte Handlung vorzunehmen oder diese zu unterlassen (etwa: Zusage der Beförderung gegenüber einem Beamten).[121] Der in einer Zusage enthaltende Bindungswille unterscheidet diese von der Auskunft, mit der die Behörde nur informieren will. 45

Umstritten ist die Rechtsnatur der Zusage. Teilweise wird sie als Verwaltungsakt angesehen. Die Zusage verändere Rechtspositionen des Adressaten verbindlich, indem sie eine sichere Anwartschaft begründe, die nicht ohne weiteres wieder beseitigt werden könne.[122] Nach a.A. ist die Zusage kein Verwaltungsakt, weil sie lediglich eine Selbstverpflichtung enthalte und ihr deshalb der regelnde Charakter des Verwaltungsaktes fehle.[123] 46

Der Meinungsunterschied zeitigt Konsequenzen bei der Frage, ob die Grundsätze prinzipieller Wirksamkeit auch rechtswidriger Verwaltungsakte[124] für die Zusage gelten, m.a.W., ob rechtswidrige Zusagen (insbesondere, wenn ihr Inhalt nur unter Rechtsverstoß erfüllbar ist) verpflichtend sein können. Nach Auffassung des Bundesverwaltungsgerichts sind derartige Zusagen verbindlich, wenn der Empfänger auf ihre Einhaltung vertraut hat, und eine Nichteinhaltung zu untragbaren Verhältnissen für den Betroffenen führen würde, mithin unverhältnismäßig wäre.[125] Danach sind Zusagen in ihrer Wirkung Verwaltungsakten ähnlich.

Der Streit um die Qualifikation der Zusage als Verwaltungsakt hat an praktischer Relevanz verloren, weil ein wichtiger (Unter-)Fall der Zusage – die Zusicherung – in § 38 VwVfG gesetzlich verankert ist und der Geltung bestimmter Vorschriften über Verwaltungsakte (etwa derjenigen über die Wirksamkeit von Verwaltungsakten) unterliegt.

Fraglich bleibt, ob § 38 VwVfG analog auf Zusagen anzuwenden ist, insbesondere, ob das in Abs. 1 S. 1 der Vorschrift angeordnete Schriftformerfordernis auch hier gilt. Der Wortlaut des § 38 VwVfG, der ausdrücklich nur die Zusicherung weitgehend dem Verwaltungsakt gleichstellt, nicht aber Zusagen generell erfasst, spricht gegen eine entsprechende Anwendung der Vorschrift.[126]

b) Zusicherung

Die Zusicherung als Unterfall der Zusage ist in § 38 Abs. 1 VwVfG legaldefiniert. Sie beinhaltet die verbindliche Absichtserklärung, einen bestimmten Verwaltungsakt zu erlassen oder zu unterlassen. Ein Beispiel hierfür ist die Zusicherung des Dienstherrn, einen Beamten zu einem bestimmten Stichtag zu ernennen. Während mit der Zusage 47

120 Ausführlich zur Zusage und Zusicherung *Erichsen*, Jura 1991, 109.

121 BVerwG, NVwZ 1998, 1082 f.; BVerwGE 26, 31, 36.

122 *Bull/Mehde*, Rn. 783.

123 So *Peine*, Rn. 873.

124 Im Einzelnen dazu § 13 Rn. 1 und § 15 Rn. 1. Gleiches gilt für die Zusicherung aufgrund § 38 Abs. 2 VwVfG; dazu insbesondere die Lösung zu Fall 4.

125 BVerwG, DVBl. 1966, 837.

126 Näher *Maurer*, § 9 Rn. 61; *Detterbeck*, Rn. 522 m.w.N; a.A. *Hendler*, Rn. 114.

irgendeine verwaltungsrechtliche Tätigkeit versprochen wird, erfasst die Zusicherung nur ein Handeln durch Verwaltungsakt. Die Zusicherung muss, um wirksam zu sein, von der zuständigen Behörde erteilt werden.[127] Zuständig ist die Behörde, die befugt ist, den in Aussicht gestellten Verwaltungsakt zu erlassen bzw. diesen zu unterlassen.[128] Darüber hinaus unterliegt die Zusicherung dem Schriftformerfordernis des § 38 Abs. 1 S. 1 VwVfG. Gem. § 38 Abs. 3 VwVfG steht die Zusicherung unter dem Vorbehalt gleichbleibender Sach- und Rechtslage. Tritt insoweit eine Änderung nach näherer Maßgabe der Bestimmung ein, ist die Behörde nicht mehr an ihre Zusicherung gebunden. Die Bindungswirkung der Zusicherung entfällt (dann) kraft Gesetzes; eine gesonderte Aufhebungsentscheidung durch die Behörde ist, anders als beim Verwaltungsakt, nicht erforderlich.[129]

48 Wie bei der Zusage ist umstritten, ob die Zusicherung als Verwaltungsakt einzuordnen ist. Dem fehlen freilich wegen § 38 Abs. 2 VwVfG, wonach Regelungen zum Verwaltungsakt (z.B. über Rücknahme und Widerruf, §§ 48, 49 VwVfG) für entsprechend anwendbar erklärt werden, Anlass und Grund.[130] Dieser ausdrücklichen Anordnung ist nämlich zu entnehmen, dass der Gesetzgeber die Zusicherung nicht als Verwaltungsakt ansieht.[131]

c) Vorbescheid

49 Mittels Vorbescheids[132] wird von der Behörde abschließend und verbindlich über einzelne Zulässigkeits- oder Genehmigungsvoraussetzungen größerer Projekte entschieden; es handelt sich dabei um einen eigenständigen Verwaltungsakt. Beispiel für einen gesetzlich normierten Vorbescheid bildet § 9 BImSchG: Im Rahmen der Erteilung einer immissionsschutzrechtlichen Genehmigung kann über einzelne Genehmigungsvoraussetzungen sowie über den Standort einer Anlage durch Vorbescheid entschieden werden.[133]

d) Teilgenehmigung

50 Die Teilgenehmigung[134] stellt einen bereits endgültigen, wenn auch inhaltlich beschränkten Verwaltungsakt dar. Im Gegensatz zum Vorbescheid wird nicht über bestimmte Zulässigkeits- oder Genehmigungsvoraussetzungen entschieden, sondern über die Genehmigung einzelner Teile des Gesamtprojekts. So kann im Wege einer Teilbaugenehmigung der Beginn von Bauarbeiten für Bauteile oder Bauabschnitte schon vor Erteilung der (Gesamt-)Baugenehmigung schriftlich gestattet werden[135] (vgl. § 74 LBauO M-V; ferner § 8 BImSchG). Auch die Teilgenehmigung ist ein selbständiger Verwaltungsakt.

127 Insofern geht § 38 Abs. 1 S. 1 VwVfG über den nach § 38 Abs. 2 VwVfG anwendbaren § 44 VwVfG, nach dem nur Verwaltungsakte, die von der örtlich unzuständigen Behörde erlassen wurden, nichtig und damit unwirksam sind (§ 44 Abs. 2 Nr. 3 VwVfG), hinaus. Zur Nichtigkeit von Verwaltungsakten näher § 15 Rn. 2 ff.

128 *Henneke* in: Knack, § 38 Rn. 12.

129 BVerwGE 97, 323, 330 f.; zur nachträglichen Aufhebung bei Verwaltungsakten vgl. § 16.

130 Ausführlich hierzu P. *Stelkens*/U. *Stelkens*: Stelkens/Bonk/Sachs, § 38 Rn. 9 ff.

131 *Erichsen* in: Erichsen/Ehlers, § 12 Rn. 33.

132 Vgl. bereits vorstehend Rn. 16.

133 Zum Bauordnungsrecht insoweit *Erbguth* in: Tettinger/Erbguth/Mann, Rn. 1242.

134 Bereits vorstehend Rn. 16.

135 Zum Bauordnungsrecht *Erbguth* in: Tettinger/Erbguth/Mann, Rn. 1244 f.

e) Vorläufiger Verwaltungsakt

Um einen vorläufigen Verwaltungsakt handelt es sich, wenn eine Regelung getroffen wird, die nicht endgültig wirken soll, sondern vor einer abschließenden Sachverhaltsermittlung unter dem Vorbehalt späterer Nachprüfung und endgültiger Entscheidung gestellt ist.[136] Der vorläufige Verwaltungsakt bildet bereits den Rechtsgrund für die Gewährung einer Leistung, allerdings nur vorläufig bis zum Erlass des abschließenden Bescheids. Trifft die Behörde ihre endgültige Regelung, ersetzt bzw. erledigt (§ 43 Abs. 2 VwVfG) diese den vorläufigen Verwaltungsakt rückwirkend. Seine gesonderte Aufhebung (durch Rücknahme oder Widerruf) soll nicht erforderlich sein. Die Rechtsprechung des Bundesverwaltungsgerichts hat einen vorläufigen Verwaltungsakt bspw. für eine Subventionsbewilligung vorbehaltlich der Ergebnisse einer noch ausstehenden Betriebsprüfung angenommen:[137] Im Falle eines negativen Ausgangs der Sachprüfung hätten die Voraussetzungen der Subventionsgewährung von Anfang an nicht vorgelegen. Gesetzlich speziell geregelt sind vorläufige Verwaltungsakte z.B. im Steuerrecht. Gem. § 164 AO können Steuern, solange der Steuerfall nicht abschließend geprüft ist, unter dem Vorbehalt der Nachprüfung festgesetzt werden. In diesem Zeitrahmen lässt sich die Steuerfestsetzung aufheben oder ändern. 51

Die Rechtsfigur des vorläufigen Verwaltungsaktes wird – außerhalb gesetzlich ausdrücklich geregelter Konstellationen – von Teilen der Literatur kritisiert, weil das Verwaltungsverfahrensgesetz in §§ 36 Abs. 2 Nr. 1 und 2, 43 ff. für den Verwaltungsakt ein System der Wirksamkeit und Wirksamkeitsbeendigung geschaffen habe, das als abschließend zu verstehen sei und nicht unterlaufen werden dürfe.[138]

Dem ist insoweit zuzustimmen, als mit der Figur des vorläufigen Verwaltungsaktes der Verwaltung keine neuen Handlungsspielräume zu Lasten des Bürgers eröffnet werden dürfen. Deshalb muss ein vorläufiger Verwaltungsakt jedenfalls bei belastenden Maßnahmen ausscheiden. Sie dürfen nicht unter dem Vorbehalt späterer Nachprüfung erlassen werden, weil ein Eingriff in Rechte des Bürgers nur bei Erfüllung aller Tatbestandsvoraussetzungen zulässig ist.[139] Im Bereich der Leistungsverwaltung steht jedoch nichts im Wege, den vorläufigen Verwaltungsakt als Alternative zur Nichtgewährung einer Leistung Einsatz finden zu lassen.[140]

f) Vorsorglicher Verwaltungsakt

Der vorsorgliche Verwaltungsakt[141] ist eine Wortschöpfung des Bundesverwaltungsgerichts. Im Gegensatz zum vorläufigen Verwaltungsakt enthält er eine abschließende Regelung, die aber unter dem Vorbehalt der Feststellung einer anderen Behörde steht. Fällt diese aus, wird der vorsorgliche Verwaltungsakt bedeutungslos.[142] Als vorsorglicher Verwaltungsakt wurde die Zustimmung der zuständigen Hauptfürsorgestelle zur Kündigung eines ggf. schwerbehinderten Arbeitnehmers, dessen Eigenschaft als 52

136 *Jachmann*, Rn. 83.

137 BVerwGE 67, 99.

138 Vgl. *Erichsen* in: Erichsen/Ehlers, § 12 Rn. 35. Kritisch zum vorläufigen Verwaltungsakt *Eschenbach*, DVBl. 2002, 1247.

139 Vgl. *Kopp/Ramsauer*, § 35 Rn. 24c; *Henneke* in: Knack, § 35 Rn. 120, vgl. auch *Axer*, DÖV 2003, 271, 273.

140 *Kopp/Ramsauer*, § 35 Rn. 24c.

141 Dazu näher *Sanden*, DÖV 2006, 811.

142 Ausführlich zum vorsorglichen Verwaltungsakt *Sanden*, DÖV 2006, 811.

Schwerbehinderter jedoch noch nicht feststand, angesehen.[143] Erfolgte die Feststellung der Schwerbehinderung nicht, wurde die Zustimmung rechtlich irrelevant. Eine über diese besondere Fallkonstellation hinausgehende praktische Relevanz ist dem vorsorglichen Verwaltungsakt bislang nicht zugewachsen.[144]

▶ **ZU FALL 4:** Die Voraussetzungen einer wirksamen Zusicherung sind hier erfüllt. Sie wurde von der zuständigen Behörde unter Wahrung des Schriftformerfordernisses erteilt (§ 38 Abs. 1 S. 1 VwVfG). Eine Ausnahme vom Grundsatz der Verbindlichkeit gem. § 38 Abs. 3 VwVfG liegt nicht vor. Die Erteilung der Baugenehmigung würde jedoch gegen geltendes Recht verstoßen; eine darauf gerichtete Zusicherung ist gleichermaßen rechtswidrig. Fraglich ist, ob die rechtswidrige Zusicherung verbindlich ist. Verwaltungsakte sind grds. unabhängig von ihrer Rechtswidrigkeit wirksam und damit verbindlich, §§ 43, 44 VwVfG. Der Sinngehalt dieser Vorschriften ist auf die Zusicherung entsprechend anwendbar, wie die Verweisungsnorm des § 38 Abs. 2 VwVfG klarstellt. B kann sich also zunächst auf die Zusicherung berufen. Der Behörde steht jedoch die Möglichkeit offen, die rechtswidrige Zusicherung zurückzunehmen (§ 48 VwVfG analog).[145] ◀

6. Transnationaler Verwaltungsakt

53 Das Institut des transnationalen Verwaltungsaktes[146] erlangt insbesondere unter dem Einfluss des Gemeinschaftsrechts Bedeutung. Solche Verwaltungsakte haben grenzüberschreitende Wirkung, d.h. sie gelten nicht nur in dem Staat, in dem sie erlassen worden sind, sondern auch in anderen Staaten, ohne dass sie noch ein besonderes Anerkennungsverfahren zu durchlaufen hätten.[147] Grundlage der transnationalen Wirkung eines Verwaltungsaktes ist das Prinzip der gegenseitigen Anerkennung in seiner europarechtlichen Ausformung.[148] Eine Reihe von europäischen Richtlinien sehen ausdrücklich vor, dass nationale Behörden die Verwaltungsentscheidungen anderer Mitgliedstaaten wie eigene anzuerkennen haben, etwa Diplome bzw. Prüfungszeugnisse und behördliche Entscheidungen über die Zulassung von Produkten.[149] Ziel des transnationalen Verwaltungsaktes ist es, die Verwirklichung der EG-Freiheiten zu erleichtern, ohne gleichzeitig die nationalen Rechtsordnungen im Detail harmonisieren oder angleichen zu wollen.[150] Nationale Behörden müssen einen rechtswidrigen transnationalen Verwaltungsakt – solange dieser wirksam ist – beachten;[151] Entsprechendes gilt gegenüber dem Bürger. Beispiel für einen transnationalen Verwaltungsakt ist die Erteilung einer Freisetzungsgenehmigung nach §§ 14 ff. GenTG[152].

143 BVerwGE 81, 84, 94, noch für die Zustimmung der Hauptfürsorgestelle nach §§ 18 i.V.m. 12 SchwbG; nunmehr ist gem. § 85 SGB IX die Zustimmung des Integrationsamtes erforderlich.

144 *Detterbeck*, Rn. 530; *Maurer*, § 9 Rn. 63c.

145 Dazu § 16 Rn. 9 ff.

146 Zum transnationalen Verwaltungsakt eingehend *Neßler*, NVwZ 1995, 863; *Ruffert*, Verw 34 (2001), 453.

147 *Peine*, Rn. 477.

148 *Neßler*, NVwZ 1995, 863, 864 ff.

149 Vgl. die Beispiele bei *Neßler*, NVwZ 1995, 863, 864.

150 *Neßler*, NVwZ 1995, 863, 865.

151 P. *Stelkens*/U. *Stelkens* in: Stelkens/Bonk/Sachs, § 35 Rn. 256; *Henneke* in: Knack, § 35 Rn. 8a.

152 Zur Umsetzung insbesondere von Art. 5 ff. der Richtlinie 2001/18/EG über die absichtliche Freisetzung genetisch veränderter Organismen in die Umwelt und zur Aufhebung der Richtlinie 90/220/EWG des Rates, ABl. EG, L 106, S. 1; vgl. *Sydow*, JuS 2005, 202, 205, mit weiteren Beispielen.

IV. Wiederholungs- und Verständnisfragen

1. Welche Bedeutung kommt Verwaltungsakten zu?
2. Wie ist das Tatbestandsmerkmal „hoheitliche Maßnahme" zu definieren?
3. Handelt es sich bei der Aufrechnung um einen Verwaltungsakt?
4. Nach welchen Merkmalen ist zu bestimmen, ob eine Einzelfallregelung vorliegt?
5. Welche Arten der Allgemeinverfügung sind in § 35 S. 2 VwVfG geregelt und wie werden diese definiert?
6. Wonach sind bei Anordnungen im Beamtenverhältnis verwaltungsinterne Maßnahmen von Verwaltungsakten zu unterscheiden?
7. Wann handelt es sich bei Maßnahmen zwischen verschiedenen Verwaltungsträgern um Verwaltungsakte?
8. Worin liegt der Regelungsgegenstand einer Zusicherung? Was unterscheidet sie von der Zusage?
9. Ist eine Behörde an eine von ihr rechtswidrig erteilte Zusage gebunden?
10. Was unterscheidet einen Vorbescheid von einer Teilgenehmigung?
11. Welches sind die rechtlichen Besonderheiten eines transnationalen Verwaltungsaktes?

§ 13 Bekanntgabe und Wirksamkeit von Verwaltungsakten

▶ **FALL 6:** L wird die Baugenehmigung für einen Gewerbebetrieb erteilt und mittels eingeschriebenen Briefs zugestellt. 8 Monate später sind die Bauarbeiten abgeschlossen und der Betrieb verursacht erste Lärmstörungen. Nachbar N, der von der Erteilung der Baugenehmigung nicht unterrichtet wurde, aber die Bautätigkeit auf dem Nachbargrundstück stetig verfolgt hat, beschwert sich bei der zuständigen Behörde und erhebt Widerspruch gegen die Baugenehmigung. Sachbearbeiter S lehnt den Widerspruch mit der Begründung ab, er sei zu spät erhoben worden. Zu Recht? ◀

1 Mit der Bekanntgabe[1] verlässt der Verwaltungsakt das Internum der Verwaltung und gelangt an die Öffentlichkeit; ihm erwächst rechtliche Existenz.[2] Die Bekanntgabe ist gem. § 43 Abs. 1 VwVfG Grundvoraussetzung für die Wirksamkeit eines Verwaltungsaktes. Nur ein wirksamer Verwaltungsakt kann seine Regelungswirkung entfalten. Die Wirksamkeit eines Verwaltungsaktes ist zunächst unabhängig davon, ob sein Inhalt rechtmäßig ist oder nicht.[3] § 43 Abs. 2 VwVfG bestimmt, dass ein Verwaltungsakt wirksam bleibt, „solange und soweit er nicht zurückgenommen, widerrufen, anderweitig aufgehoben oder durch Zeitablauf oder auf andere Weise erledigt ist.“ Dass die Rechtswidrigkeit eines Verwaltungsaktes grds. keinen Einfluss auf seine Wirksamkeit hat, ergibt sich daraus, dass § 43 Abs. 2 VwVfG nicht auf rechtmäßige Verwaltungsakte abhebt, sondern generell von Verwaltungsakten ausgeht.[4] Grenzziehend wirkt allerdings § 44 VwVfG (Nichtigkeit).[5]

I. Wirksamkeit von Verwaltungsakten

2 Es ist zwischen äußerer und innerer Wirksamkeit von Verwaltungsakten zu unterscheiden. **Äußere Wirksamkeit** meint, dass der Verwaltungsakt als solcher rechtlich existent ist; sie tritt mit der Bekanntgabe des Verwaltungsaktes an einen Hauptbeteiligten ein.[6] Ein Verwaltungsakt erlangt **innere Wirksamkeit**, wenn seine Regelungen (Rechtsfolgen) gegenüber dem Betroffenen gelten. Der Eintritt von äußerer und innerer Wirksamkeit deckt sich im Regelfall. Abweichungen ergeben sich dann, wenn der Verwaltungsakt an eine aufschiebende bzw. auflösende Bedingung oder Befristung geknüpft ist.[7] Innere und äußere Wirksamkeit fallen bspw. im folgenden Fall auseinander: Dem Beamten B wird am 24.6. die Ernennungsurkunde ausgehändigt, nach der er mit Wirkung zum 1.7. befördert wird; die rechtliche Existenz und damit die äußere Wirksamkeit des Verwaltungsaktes treten am 24.6 mit der Aushändigung (Bekanntgabe) der Ernennungsurkunde ein; innere Wirksamkeit, d.h. Rechtsfolgen gegenüber B, entfaltet die Ernennung hingegen erst am 1.7.

3 Hinsichtlich der Wirkungen eines wirksamen Verwaltungsaktes wird unterschieden zwischen:

1 Ausführlich zur Bekanntgabe von Verwaltungsakten *Erichsen/Hörster*, Jura 1997, 659.

2 *Maurer*, § 9 Rn. 64; *Peine*, Rn. 540 ; *Detterbeck*, Rn. 537.

3 *Bull/Mehde*, Rn. 748. Der Adressat eines rechtswidrigen Verwaltungsaktes hat aber die Möglichkeit, diesem seine Wirksamkeit zu nehmen, indem er die Aufhebung des Verwaltungsaktes von der Behörde oder vom Gericht verlangt, hierzu Rn. 3 und § 15 Rn. 8 ff.; bereits § 12 Rn. 52 (zu Fall 4).

4 *Peine*, Rn. 719.

5 Dazu § 15 Rn. 2 ff.

6 *Sachs* in: Stelkens/Bonk/Sachs, § 43 Rn. 155.

7 Zur Bedingung und Befristung von Verwaltungsakten § 18 Rn. 3 f.

- **Bindungswirkung:** Damit ist gemeint, dass die erlassende Behörde (soweit sie den Verwaltungsakt nicht zurücknimmt oder widerruft) und der betroffene Bürger (sofern er den Verwaltungsakt nicht anficht) an die im Verwaltungsakt getroffene Regelung gebunden sind.[8]
- **Tatbestandswirkung:** Sie besagt, dass alle anderen Behörden bzw. Träger öffentlicher Gewalt und grds. auch die Gerichte sich bei ihren Entscheidungen an die im Verwaltungsakt getroffenen Regelungen halten müssen; sie dürfen die Rechtmäßigkeit des Verwaltungsaktes nicht (über)prüfen.[9] Bspw. ist das Abschleppen eines Fahrzeuges wegen Verstoßes gegen ein Halteverbot als rechtmäßig zugrunde zu legen, auch wenn die Aufstellung des Verkehrszeichens gegen Vorschriften der Straßenverkehrsordnung verstieß.[10]
- **Feststellungswirkung:** In seltenen Fällen erstreckt sich die Bindungswirkung des Verwaltungsaktes nicht nur auf seinen Regelungsgehalt (die Entscheidung: „Tenor"), sondern auch auf die ihn tragenden rechtlichen und tatsächlichen Feststellungen in den Gründen (Begründung).[11] Eine solche Feststellungswirkung muss ausdrücklich gesetzlich angeordnet sein (etwa in § 15 Abs. 4 BVFG a.F. oder § 42 AsylVfG).

Wie erinnerlich,[12] bleibt ein Verwaltungsakt wirksam, solange er nicht zurückgenommen[13], widerrufen[14], anderweitig aufgehoben wurde (z.B. durch ein auf Aufhebung eines Verwaltungsaktes gerichtetes Urteil) oder sich durch Zeitablauf (bei einem befristeten Verwaltungsakt)[15] bzw. auf andere Weise (etwa durch Eintritt einer auflösenden Bedingung)[16] erledigt hat (§ 43 Abs. 2 VwVfG). Zu beachten ist ferner, dass ein nichtiger Verwaltungsakt keine Wirksamkeit erlangt, § 43 Abs. 3 VwVfG.[17] 4

8 *Detterbeck*, Rn. 544.

9 *Kopp/Ramsauer*, § 43 Rn. 16 ff. Dies gilt natürlich nicht für das mit der Anfechtung des Verwaltungsaktes angerufene Gericht.

10 Dazu auch § 19 Rn. 13.

11 *Maurer*, § 11 Rn. 9.

12 Vgl. vorstehend Rn. 1.

13 § 48 VwVfG; hierzu § 16 Rn. 9 ff.

14 § 49 VwVfG; hierzu § 16 Rn. 24 ff.

15 Vgl. auch § 18 Rn. 3.

16 Vgl. auch § 18 Rn. 4.

17 Zur Nichtigkeit von Verwaltungsakten § 15 Rn. 2 ff.

Übersicht 10:
Wirksamkeit von Verwaltungsakten

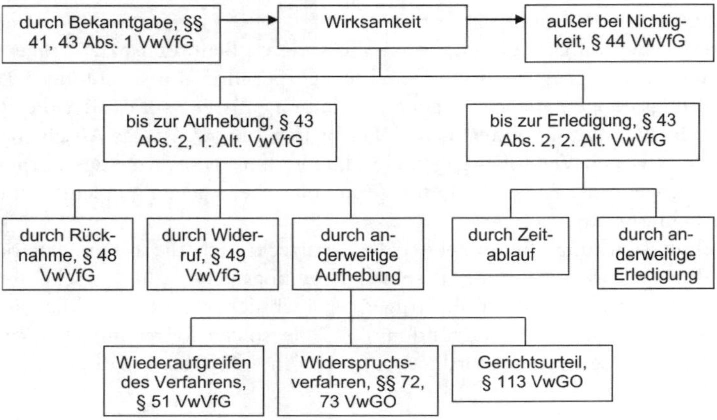

II. Bekanntgabe

5 Die Modalitäten der Bekanntgabe finden sich in § 41 VwVfG geregelt, wobei auch die Formvorschriften des § 37 Abs. 2 bis 4 VwVfG zu berücksichtigen sind.

1. Adressat der Bekanntgabe

6 Gem. § 41 VwVfG ist der Verwaltungsakt denjenigen Beteiligten bekannt zu geben, für die er bestimmt oder die von ihm betroffenen sind (einzelne Person oder mehrere Personen).[18] Eine Baugenehmigung muss demzufolge nicht nur dem Bauherrn als Adressaten, sondern auch einem von der Baugenehmigung betroffenen Nachbarn bekannt gegeben werden. Daraus resultiert, dass derselbe Verwaltungsakt gegenüber verschiedenen Betroffenen zu unterschiedlichen Zeitpunkten (innere) Wirksamkeit entfalten kann oder sogar nur für einen Teil der von ihm Betroffenen wirksam wird. Im letzteren Fall kommt ihm dennoch rechtliche Existenz zu (er entfaltet äußere Wirksamkeit), weil er bereits einem Hauptbeteiligten bekannt gegeben worden ist.[19]

2. Voraussetzungen der Bekanntgabe

7 Die Bekanntgabe und damit die Wirksamkeit eines Verwaltungsaktes sind an mehrere Voraussetzungen geknüpft:

Die Bekanntgabe muss von der zuständigen Behörde in **amtlicher Eigenschaft** veranlasst werden. Nicht ausreichend ist es, wenn der dort tätige Beamte die Mitteilung im privaten Kreis weitergibt (z.B. während eines abendlichen Stammtisches). Der Verwaltungsakt stellt zudem eine empfangsbedürftige Willenserklärung dar[20]; hieraus ergeben sich für die Bekanntgabe zwei weitere Konsequenzen: Zum einen hat der Verwaltungsakt dem richtigen **Adressaten** (Empfänger) zuzugehen. Er muss also in den Machtbereich des Empfängers eintreten und dieser muss bei gewöhnlichem Verlauf und normaler Gestaltung der Verhältnisse die Möglichkeit haben, von ihm Kenntnis

18 Schon § 12 Rn. 41.
19 Bereits vorstehend Rn. 2.
20 Vgl. P. *Stelkens*/U. *Stelkens* in: Stelkens/Bonk/Sachs, § 41 Rn. 4a.

zu erlangen. Auf eine tatsächliche Kenntnisnahme kommt es hingegen nicht an.[21] Zum anderen muss die Bekanntgabe **wissentlich** und **willentlich** (mit Bekanntgabewillen)[22] durch die Behörde erfolgen. Daran fehlt es, wenn der Adressat des Verwaltungsaktes zufällig von ihm Kenntnis erlangt.

Fehlt es an einer der vorstehenden Voraussetzungen, ist mangels Bekanntgabe kein Verwaltungsakt ergangen. Der Betroffene wird durch die Maßnahme nicht berechtigt oder verpflichtet; sie erlangt keine Wirksamkeit.

3. Verwaltungsprozessuale Relevanz der Bekanntgabe

Die Bekanntgabe des Verwaltungsaktes ist nicht zuletzt verwaltungsprozessual von 8
Bedeutung. Mit seiner rechtlichen Existenz bzw. äußeren Wirksamkeit ist der Verwaltungsakt anfechtbar. Der Bürger hat die Möglichkeit, gegen ihn (zunächst) Widerspruch (§§ 68 ff. VwGO) einzulegen und (dann) Anfechtungsklage (§ 42 Abs. 1, 1. Alt. VwGO) zu erheben.[23] Die Einlegung von Rechtsbehelfen ist an Fristen gebunden, die an die Bekanntgabe des Verwaltungsaktes anknüpfen. Die Frist für die Erhebung des Widerspruchs beträgt einen Monat nach Bekanntgabe des Verwaltungsaktes, § 70 Abs. 1 VwGO. Die Anfechtungsklage wiederum, die i.d.R. nur bei zuvor erfolglos durchgeführtem Widerspruchsverfahren zulässig ist, muss innerhalb eines Monats nach Zustellung (als besonderer Form der Bekanntgabe)[24] des Widerspruchsbescheides eingelegt werden, § 74 VwGO.[25] Die Fristen beginnen für jeden Rechtsbehelfsführer gesondert, d.h. ab Bekanntgabe an ihn, zu laufen.[26]

4. Formen der Bekanntgabe

Ist keine besondere Form vorgeschrieben, kann der Verwaltungsakt mündlich oder in 9
jeder anderen geeigneten Form bekannt gegeben werden – u.a. schriftlich, elektronisch (per E-Mail)[27], sog. **formlose Bekanntgabe** (§ 37 Abs. 2 S. 1 VwVfG). Erfolgt die Bekanntgabe schriftlicher Verwaltungsakte durch einfachen Brief per Post oder durch E-Mail, ist die Fiktion des § 41 Abs. 2 VwVfG zu berücksichtigen. Danach gilt der Verwaltungsakt drei Tage nach der Aufgabe bei der Post als bekannt gegeben, auch wenn er tatsächlich früher zugegangen ist.[28] Gleiches ist für die elektronische Übermittlung eines Verwaltungsaktes anzunehmen. Diese Drei-Tages-Fiktion kommt dann nicht zur Anwendung, wenn der Verwaltungsakt nicht oder zu einem späteren Zeitpunkt zugegangen ist. Für den Zugang ist allerdings – ähnlich wie im Zivilrecht –

21 Bei schriftlichen Verwaltungsakten kann § 130 BGB entsprechend herangezogen werden, vgl. hierzu *Erichsen/Hörster*, Jura 1997, 659, 661.

22 BVerwGE 29, 321: kein Bekanntgabewille, wenn eine unzuständige Behörde eine von der zuständigen Behörde getroffene Entscheidung gegen deren Willen an den Adressaten weitergibt.

23 Siehe § 15 Rn. 10 ff.

24 Sogleich Rn. 10.

25 Zu Widerspruch und Anfechtungsklage gegen Verwaltungsakte § 15 Rn. 9 ff., § 19a.

26 BVerwGE 44, 294. Insbesondere gilt nicht § 58 Abs. 2 VwGO, wonach die Frist für die Einlegung des Rechtsbehelfs auf ein Jahr verlängert wird. Diese Vorschrift ist nur auf den dort geregelten Fall einer fehlerhaften Rechtsbehelfsbelehrung anwendbar. Näher zur Rechtsbehelfsbelehrung § 14 Rn. 24.

27 Nach dem zwischenzeitlich eingeführten § 3a VwVfG kann eine durch Rechtsvorschrift angeordnete Schriftform durch die elektronische Form ersetzt werden. Siehe dazu *Laubinger* in: Institutionenwandel in Regierung und Verwaltung, Festschrift für Klaus König, 2004, S. 517; allgemein zu den hiermit im Zusammenhang stehenden Fragen H. *Schmitz*, DÖV 2005, 885.

28 BVerwG, NVwZ 1988, 63.

nicht die tatsächliche Kenntnisnahme entscheidend, sondern, ob der Verwaltungsakt in den Herrschaftsbereich des Adressaten gelangt ist.[29]

Fraglich kann sein, ob die Bekanntgabe (und damit der Lauf für Rechtsbehelfsfristen) unter Anwendung der gesetzlichen Fiktion in § 41 Abs. 2 VwVfG auch dann auf den dritten Tag nach Aufgabe zur Post bzw. Übermittlung der E-Mail fällt, wenn dieser Tag ein Samstag, Sonntag oder Feiertag ist. Nach h.M. findet die Regelung des § 31 Abs. 3 VwVfG i.V.m. § 193 BGB, wonach erst der darauffolgende Werktag als Bekanntgabetag gelten würde, auf die Fiktion des § 41 Abs. 2 VwVfG keine Anwendung, d.h. die Frist verlängert sich nicht auf den nachfolgenden Werktag.[30]

Zweifel am Zugang eines schriftlichen Verwaltungsaktes gehen i.Ü. zu Lasten der Behörde (§ 41 Abs. 2 S. 2 Hs. 2 VwVfG). Da dem Betroffenen ein substantiierter Vortrag insoweit nicht möglich ist, genügt hinsichtlich des (fehlenden oder verspäteten) Zugangs eine entsprechende Behauptung. I.d.R. wird die Behörde nicht das Gegenteil beweisen können. Um dem zu entgehen, muss sie von den nachfolgend behandelten förmlichen Zustellungsarten Gebrauch machen.[31]

10 Eine besondere Form der Bekanntgabe bildet die **Zustellung** gem. § 41 Abs. 5 VwVfG i.V.m. dem Verwaltungszustellungsgesetz (des Bundes) bzw. den Zustellungsgesetzen der Länder. Mit ihr wird die Übergabe eines Schriftstücks beurkundet. Die Bekanntgabe eines Verwaltungsaktes durch Zustellung ist vorzunehmen, wenn dies im Gesetz vorgesehen ist (etwa Widerspruchsbescheid, § 73 Abs. 3 S. 1 VwGO). Die Zustellung kann auch, wenn sie gesetzlich nicht festgeschrieben ist, durch die Behörde angeordnet werden, vgl. § 1 Abs. 2 VwZG. Die förmliche Zustellung[32] erfolgt einerseits durch die Post mittels Postzustellungsurkunde (§ 3 VwZG[33]) oder eingeschriebenen Briefs[34] (§ 4 VwZG). Darüber hinaus kann die Zustellung durch die Behörde selbst gegen Empfangsbekenntnis (§ 5 VwZG) vorgenommen werden. Wie für die formlose Bekanntgabe durch einfachen Brief gilt bei der förmlichen Zustellung durch eingeschriebenen Brief die Drei-Tages-Fiktion, vgl. § 4 Abs. 2 VwZG.[35]

11 Unter besonderen Voraussetzungen kann ein Verwaltungsakt öffentlich bekannt gemacht werden, § 41 Abs. 3, 4 VwVfG. Die **öffentliche Bekanntgabe** ist zulässig, wenn Rechtsvorschriften dies eröffnen. Entscheidungen in förmlichen Verwaltungsverfahren und Planfeststellungsbeschlüsse, die an mehr als 50 Personen zuzustellen wären, können mittels einer öffentlichen Bekanntmachung bekannt gegeben werden, §§ 69 Abs. 2 S. 3, 74 Abs. 5 S. 1 VwVfG.[36] Auch eine Allgemeinverfügung darf dergestalt bekannt gemacht werden, wenn eine (individuelle) Bekanntgabe an die Beteiligten untunlich ist. Die öffentliche Bekanntgabe erfolgt durch Publikation in einem Amtsblatt

29 Siehe Rn. 7.

30 So OVG Münster, NWVBl. 2001, 429, 430; VGH Mannheim, NVwZ 1992, 799. Zur Parallelvorschrift des § 4 VwZG sogleich Rn. 10; a.A. P. *Stelkens*/U. *Stelkens* in: Stelkens/Bonk/Sachs, § 41 Rn. 63.

31 Ausführlich dazu *Hebeler*, DÖV 2006, 112.

32 Näher zur Reform des Verwaltungszustellungsrechts des Bundes *Kremer*, NJW 2006, 332; *Tegethoff*, JA 2007, 131; *Humberg*, VR 2006, 325.

33 Zur Ersatzzustellung durch Niederlegung, wenn der Zustellungsadressat den Anschein erweckt, unter der Zustellungsanschrift tatsächlich wohnhaft zu sein, OVG Lüneburg, NVwZ-RR 2005, 760.

34 § 4 VwZG erfasst nur das sog. Übergabeeinschreiben, nicht dagegen das Einwurfeinschreiben, BVerwG, NJW 2001, 458. Zu den Folgen fehlerhafter Zustellung sogleich unter Rn. 13.

35 Vgl. Rn. 9.

36 Zu den förmlichen Verwaltungsverfahren § 14 Rn. 16.

oder in der Tageszeitung. Der Verwaltungsakt gilt dann zwei Wochen nach der ortsüblichen Bekanntmachung als bekannt gegeben.

Einen Sonderfall der öffentlichen Bekanntmachung bildet die Bekanntgabe von **Verkehrsschildern**. Sie bemisst sich nach speziellen Regelungen der Straßenverkehrsordnung und erfolgt durch Aufstellen der Verkehrszeichen (§§ 39 Abs. 2 und 3, 45 Abs. 4 StVO). Hinsichtlich der Bekanntgabe und damit der Entfaltung der Rechtswirkung des Verkehrsschildes für jeden von dessen Regelung betroffenen Verkehrsteilnehmer ist ausreichend, wenn ein durchschnittlicher Kraftfahrer bei Einhaltung der nach § 1 StVO erforderlichen Sorgfalt das Schild schon mit einem raschen und beiläufigen Blick erfassen kann.[37] Den Verkehrsteilnehmern gehören nicht nur die am Straßenverkehr aktiv Teilnehmenden an; dazu zählt auch der Halter eines am Straßenrand geparkten Fahrzeugs, solange er Inhaber der tatsächlichen Gewalt über das Fahrzeug ist.[38] Entscheidend für die Bekanntgabe von Verkehrszeichen ist somit, 12

- dass das Verkehrszeichen sichtbar ist,
- dass die Person davon betroffen ist, und
- dass der Betroffene Verkehrsteilnehmer ist.

Lässt sich im Streitfall nicht aufklären, ob der Verkehrsteilnehmer bei Erfüllung der gebotenen Sorgfalts- und Informationspflicht das Verkehrszeichen erkennen konnte, geht dies zu Lasten der zuständigen Behörde.[39]

Erfolgte die Bekanntgabe unter **Verletzung** der für sie maßgeblichen **Formvorschriften**, ist der Verwaltungsakt gleichwohl wirksam (weil er tatsächlich bekannt gegeben wurde), aber rechtswidrig (weil dies unter Verletzung von Formvorschriften geschehen ist).[40] Das liegt etwa vor, wenn der Verwaltungsakt mündlich bekannt gegeben worden ist, obwohl er schriftlich hätte erlassen werden müssen.[41] Eine formfehlerhafte Bekanntgabe führt jedoch lediglich dazu, dass der Lauf der Rechtsbehelfsfristen (§§ 70, 74 VwGO) nicht beginnt.[42] Abweichendes gilt für die Fehlerfolgen, wenn der Verstoß aufgrund § 44 VwVfG die Nichtigkeit des Verwaltungsaktes nach sich zieht; dann liegt kein wirksamer Verwaltungsakt vor.[43] 13

Bei einer fehlerhaften Zustellung von Verwaltungsakten ist die Vorschrift des § 8 VwZG zu beachten: Lässt sich eine formgerechte Zustellung nicht nachweisen oder ist das Schriftstück unter Verletzung zwingender Zustellungsvorschriften zugegangen (z.B. weil der Verwaltungsakt formlos per einfachen Brief zur Post aufgegeben wurde), so gilt dieser Mangel in dem Zeitpunkt als geheilt, in dem der Empfangsberechtigte den Verwaltungsakt nachweislich erhalten hat. Zur Herbeiführung der Heilungswirkung ist mithin die bloße Möglichkeit der Kenntnisnahme nicht ausreichend; vielmehr bedarf es der Übergabe des betreffenden Schriftstücks.[44]

---

37 BVerwGE 102, 316.

38 *Hendler*, JZ 1997, 782.

39 OVG Münster, NWVBl. 2005, 176; etwaige Abschleppmaßnahmen wären dann mangels Wirksamkeit der Grundverfügung rechtswidrig; dazu § 19 Rn. 13.

40 *Maurer*, § 9 Rn. 67; *Detterbeck*, Rn. 557. A.A. *Erichsen/Hörster*, Jura 1997, 659, 664. Zur Rechtmäßigkeit von Verwaltungsakten vgl. § 14.

41 Vgl. auch VGH Mannheim, NVwZ-RR 1997, 582. Keine Bekanntgabe ist jedoch anzunehmen, wenn der Verwaltungsakt öffentlich bekannt gemacht wurde, obwohl er individuell hätte bekannt gegeben werden müssen, vgl. BVerwG, DVBl. 1987, 629.

42 Siehe schon Rn. 8.

43 Zu den Nichtigkeitsgründen des § 44 VwVfG näher § 15 Rn. 2 ff.

44 *Erichsen/Hörster*, Jura 1997, 659, 664.

Übersicht 11: Bekanntgabe von Verwaltungsakten

- Grundsatz: individuell, § 41 Abs. 1 VwVfG
  - formlos, § 41 VwVfG
  - förmlich
    - durch Post
      - durch Postzustellungsurkunde, § 3 VwZG
      - durch Einschreiben, § 4 VwZG
    - durch Behörde
      - gegen Empfangsbekenntnis, § 5 VwZG
- Ausnahme: öffentlich, § 41 Abs. 3, 4 VwVfG

▶ **ZU FALL 6:** L wurde die Baugenehmigung durch eingeschriebenen Brief zugestellt, §§ 41 Abs. 5 VwVfG, 4 VwZG. Dabei handelt es sich um eine besondere Form der Bekanntgabe. Mit der Zustellung hat die Baugenehmigung äußere Wirksamkeit erlangt und ist rechtlich existent geworden, § 43 Abs. 1 S. 1 VwVfG. Gegenüber L entfaltet sie auch innere Wirksamkeit. Als Verwaltungsakt mit Drittwirkung muss die Genehmigung jedoch auch gegenüber dem von ihr betroffenen Nachbarn N – um ihm gegenüber (innere) Wirksamkeit zu entfalten – bekannt gegeben werden. Dies ist nicht geschehen. Für die Bekanntgabe spielt es keine Rolle, ob N auf andere Weise Kenntnis von der Baugenehmigung erhalten hat (z.B. durch Baubeginn auf dem Nachbargrundstück). Folge der fehlenden Bekanntgabe gegenüber N ist, dass für ihn die Rechtsbehelfsfristen nicht in Gang gesetzt werden. Eine analoge Anwendung von §§ 70 Abs. 2, 58 Abs. 2 VwGO, wonach sich die Frist bei fehlerhafter Rechtsbehelfsbelehrung auf ein Jahr verlängert, kommt nicht in Betracht.[45] N verstößt jedoch im Hinblick auf das „nachbarschaftliche Gemeinschaftsverhältnis" gegen Treu und Glauben und verwirkt sein Widerspruchsrecht, wenn er nicht innerhalb eines Jahres nach tatsächlicher Kenntniserlangung von der Baugenehmigung seine Rechte wahrnimmt und Widerspruch einlegt.[46] Vorliegend kann davon ausgegangen werden, dass N wegen der von ihm beobachteten Bautätigkeit auf dem Nachbargrundstück Kenntnis von der Baugenehmigung des L hatte. Seit Baubeginn sind aber erst acht Monate vergangen, so dass N sein Widerspruchsrecht noch nicht verwirkt hat. Der Widerspruch des N ist daher fälschlicherweise als verfristet abgewiesen worden. ◀

45 Vgl. Rn. 8.

46 BVerwGE 44, 294; *Erbguth/Wagner*, § 14 Rn. 18; vgl. § 19a Rn. 10, 30.

III. Wiederholungs- und Verständnisfragen

1. Was ist unter rechtlicher Existenz, äußerer und innerer Wirksamkeit von Verwaltungsakten zu verstehen?
2. Wann gilt ein Verwaltungsakt als bekannt gegeben?
3. Welche Formen der Bekanntgabe gibt es?
4. Welches sind die Folgen einer formfehlerhaften Bekanntgabe? Gibt es dafür Heilungsvorschriften?

§ 14 Rechtmäßigkeitsvoraussetzungen des Verwaltungsaktes

1 Handelt es sich nach dem vorstehend Behandelten begrifflich um einen Verwaltungsakt, der auch wirksam geworden ist, stellt sich die Frage seiner Rechtmäßigkeit. Das folgt aus dem schon verschiedentlich angesprochenen Gesetzmäßigkeitsprinzip der Verwaltung (Art. 20 Abs. 3 GG), wonach das Handeln der Verwaltung mit der Rechtsordnung in Einklang stehen muss.[1] Verwaltungsakte dürfen demzufolge nicht gegen gesetzliche Bestimmungen verstoßen. Vor diesem Hintergrund gilt allgemein, dass ein Verwaltungsakt rechtmäßig ist, wenn er allen Maßgaben gerecht wird, die von der Rechtsordnung an ihn gestellt werden. Demgegenüber ist er rechtswidrig, wenn er auch nur gegen eine der für ihn geltenden Rechtmäßigkeitsanforderungen verstößt. Maßstab für die Prüfung der Rechtmäßigkeit bildet in diesem Sinne die Vereinbarkeit mit untergesetzlichen Normen (Rechtsverordnungen und Satzungen), formellen Gesetzen und Verfassungsrecht sowie Europa- und (ggf.) Völkerrecht.[2]

2 Grundsätzliche Voraussetzungen, die Verwaltungsakte zu erfüllen haben, sind,

- dass die dem Handeln zugrunde liegende Norm (Rechtsgrundlage, meist: **Ermächtigungsgrundlage**) wirksam ist,
- dass die zuständige Behörde die Verfahrens- und Formvorschriften einhält (**formelle Rechtmäßigkeit**) und
- dass der Verwaltungsakt dem geltenden Recht inhaltlich nicht entgegensteht (**materielle Rechtmäßigkeit**).

3 Entspricht der Verwaltungsakt nicht den Vorgaben, die an seine Rechtmäßigkeit gestellt werden,[3] führt dies zur Rechtswidrigkeit des Verwaltungsaktes. Aber auch ein rechtswidriger Verwaltungsakt bleibt zunächst wirksam (§ 43 VwVfG),[4] es sei denn, er ist nichtig (§ 44 VwVfG).[5] Der von einem rechtswidrigen Verwaltungsakt Betroffene kann sich hiergegen mit der Anfechtungsklage wehren – mit der Folge, dass der Verwaltungsakt vom Gericht nach Maßgabe des § 113 Abs. 1 S. 1 VwGO aufgehoben wird.[6] Dabei ist zu berücksichtigen, dass einige Fehler, die zur Rechtswidrigkeit führen, geheilt werden bzw. unbeachtlich sein können.[7]

Das Vorstehende gilt dem Grunde nach auch für **transnationale Verwaltungsakte.**[8] Allerdings ist Maßstab für die Beurteilung der Rechtmäßigkeit des Verwaltungsaktes das Recht desjenigen Mitgliedstaates, der den anzuerkennenden Verwaltungsakt erlassen hat;[9] hieraus werden sich vielfach Abweichungen von den vorliegend zu behandelnden Anforderungen des deutschen Rechts ergeben; das gilt freilich nicht für europarechtliche Vorgaben[10]. Entsprechendes teilt sich der gerichtliche Prüfungs- und

1 Näher § 8.
2 Vgl. § 7 Rn. 2 ff.
3 Dazu nachfolgend Rn. 4 ff.
4 Vgl. dazu schon § 13 Rn. 1.
5 Dazu § 15 Rn. 2 ff.
6 Vgl. bereits § 11 Rn. 4 und § 15 Rn. 9 ff.
7 Auch hierzu § 15 Rn. 15 ff., 19 f.
8 Zu deren Begrifflichkeit vgl. § 12 Rn. 53.
9 *Neßler*, NVwZ 1995, 863, 864.
10 Zum spezifischen Richtlinienrecht vgl. § 12 Rn. 53; allgemein insoweit § 3.

Aufhebungskompetenz mit, d.h. der Entscheidung über die Rechtmäßigkeit und Wirksamkeit solcher Verwaltungsakte.[11]

I. Ermächtigungsgrundlage zum Erlass von Verwaltungsakten

▶ FALL 7: K stellt auf einer wenig befahrenen Straße vor seinem Wohnhaus eine gut erhaltene Couch mit dem Hinweis ab, wer sie haben wolle, könne sie mitnehmen. Sein Nachbar N sieht dadurch den ohnehin sehr begrenzt zur Verfügung stehenden Parkraum weiter minimiert und überlegt, ob die Verwaltung einen Verwaltungsakt gegen K zur Beseitigung der Couch erlassen darf. ◀

Der erste Schritt der Rechtmäßigkeitsprüfung besteht regelmäßig darin, herauszufinden, auf welcher Rechtsgrundlage das Handeln der Verwaltung im jeweiligen Fall beruht. Diese bestimmt die konkreten Anforderungen formeller und materieller Art, die an den Erlass des Verwaltungsaktes zu stellen sind. 4

1. Erforderlichkeit der Ermächtigungsgrundlage – Vorbehalt des Gesetzes

Die Frage, ob und wann eine gesetzliche Ermächtigungsgrundlage für den Erlass eines Verwaltungsaktes erforderlich ist, beantwortet sich anhand des Grundsatzes vom Vorbehalt des Gesetzes: Zwingend bedarf das Verwaltungshandeln einer rechtlichen Grundlage im Bereich der Eingriffsverwaltung. Ansonsten gilt die Wesentlichkeitstheorie; im Bereich der Leistungsverwaltung und hier insbesondere bei der Vergabe von Subventionen ist die Geltung des Gesetzesvorbehalts umstritten.[12] 5

Nach Maßgabe des Anwendungsvorrangs[13] beginnt die Suche nach der Rechtsgrundlage bei untergesetzlichen Rechtsnormen (Rechtsverordnungen und Satzungen), geht – wenn solche nicht existieren bzw. einschlägig sind – bei formellen Gesetzen weiter und endet schließlich (ausnahmsweise) im Verfassungsrecht. Zu beachten ist überdies, dass speziellere Normen vor allgemeinen Vorschriften (wie Generalklauseln) zu prüfen sind.

Ergibt sich, dass es an der Ermächtigungsgrundlage fehlt, obwohl die im konkreten Fall getroffene Regelung vom Gesetzesvorbehalt erfasst wird, ist der Verwaltungsakt rechtswidrig. Das gleiche gilt, wenn sich herausstellt, dass die Ermächtigungsgrundlage inhaltlich gegen höherrangiges Recht (etwa Verfassungsrecht, Europarecht[14]) verstößt.

2. Verwaltungsaktsbefugnis

Fraglich ist, ob der Gesetzesvorbehalt nicht nur für den Inhalt der Verwaltungsmaßnahme gilt, sondern auch für deren Form – ob sich also die Verwaltung des Instruments Verwaltungsakt nur bedienen darf, wenn dies gesetzlich gestattet ist, sog. **Verwaltungsaktsbefugnis**. Nach wohl h.M. muss sich die Verwaltungsaktsbefugnis zwar aus der jeweiligen (materiellen) Ermächtigungsgrundlage ergeben; sie braucht jedoch nicht ausdrücklich eingeräumt worden zu sein, sondern kann auch durch Auslegung bzw. aus dem allgemeinen Regelungskontext ermittelt werden.[15] 6

11 *Peine*, Rn. 481.

12 Hierzu bereits § 8 Rn. 9 f.

13 Siehe § 7 Rn. 17.

14 Zum Europarecht insoweit aber § 7 Rn. 16, § 3 Rn. 2.

15 BVerwGE 97, 117, 119; eingehend *von Mutius* in: Krebs, Liber Amicorum Hans-Uwe Erichsen, 2004, 135.

7 Zuweilen lässt sich die Verwaltungsaktsbefugnis ohne Schwierigkeiten aus der Ermächtigungsgrundlage ableiten. Einige Vorschriften eröffnen der Verwaltung ausdrücklich ein Vorgehen im Wege des Verwaltungsaktes, z.B. § 49a Abs. 1 S. 2 VwVfG. Von einer gesetzlich geregelten Verwaltungsaktsbefugnis ist auch in den Fällen auszugehen, in denen das Gesetz anordnet, dass die Behörde eine Genehmigung, einen Bescheid, ein Verbot, eine Verfügung etc. erlassen darf. Besonderer Behandlung bedürfen die Fälle, in denen die Befugnis zum Erlass eines Verwaltungsaktes nicht ausdrücklich vorgesehen ist.

- Anerkannt ist, dass die Verwaltung **Leistungen aus öffentlich-rechtlichen Verträgen** nicht mittels eines Verwaltungsaktes durchsetzen darf, sondern stattdessen zur Durchsetzung ihres Anspruchs (Leistungs-)Klage vor den Verwaltungsgerichten erheben muss.[16] Der Grund liegt darin, dass sich die Verwaltung mit dem Abschluss eines öffentlich-rechtlichen Vertrages auf die Ebene der Gleichordnung begeben hat und hieran auch bei Durchsetzung der daraus entstehenden Ansprüche gebunden ist.[17] Z.B. muss eine Gemeinde im Gefolge eines öffentlich-rechtlichen Vertrages, in dem sie einen Baudispens[18] gewährt und der Bauherr sich zur Zahlung von 5.000 Euro verpflichtet, Leistungsklage erheben, wenn der Bauherr die Zahlung verweigert. Sie darf die Zahlung des vereinbarten Geldbetrages nicht durch Verwaltungsakt festsetzen. Abweichendes gilt nur bei entsprechender gesetzlicher Ermächtigung.[19]
- Als nicht unproblematisch erweist sich, ob **gesetzlich normierte Ansprüche im Beamten- oder Soldatenverhältnis** (z.B. Anspruch auf Rückerstattung überzahlter Dienstbezüge nach § 12 Abs. 2 BBesG, Schadensersatzansprüche des Dienstherrn aus Dienstpflichtverletzungen gem. § 78 Abs. 1 BBG) durch Verwaltungsakt festgesetzt werden dürfen oder (nur) im Wege einer Leistungsklage durchzusetzen sind. Die Rechtsprechung sieht hier im Verwaltungsakt das geeignete Mittel zur Geltendmachung der Ansprüche und stützt sich dabei auf das subordinationsrechtliche Verhältnis zwischen dem Beamten und seinem Dienstherrn.[20] Dies soll zum einseitigen Handeln mittels Verwaltungsaktes ermächtigen und eine ausdrückliche gesetzliche Verwaltungsaktsbefugnis entbehrlich machen. Danach kann bspw. die Behörde einen Beamten zur Zahlung von Schadensersatz durch Verwaltungsakt auffordern, wenn dieser bei einem Unfall schuldhaft ein Dienstfahrzeug beschädigt hat. Kritikwürdig bleibt an dieser Sichtweise das Ausblenden der Fürsorgepflicht des Dienstherrn (vgl. etwa § 70 BBG).
- Umstritten ist ferner, wie seitens der Behörde die **Rückzahlung von Subventionen,** die aufgrund eines Verwaltungsaktes gewährt worden sind, geltend zu machen ist. Die Rechtsprechung hat in diesem Zusammenhang die sog. Kehrseitentheorie entwickelt, derzufolge die Rückabwicklung einer Maßnahme die Rechtsnatur ihrer Vornahme teilt:[21] Wird eine Leistung durch Verwaltungsakt gewährt, kann sie

16 Vgl. auch § 21 Rn. 28.

17 BVerwGE 50, 171, 173 ff.; anders OVG Berlin-Brandenburg, NVwZ 2006, 204, für den Fall der (sofort vollziehbaren!) Rückforderung einer durch privatrechtlichen Vertrag gewährten Beihilfe, die gegen EG-Beihilferecht verstieß: Schutz des Gemeinschaftsrechts; mit guten Gründen kritisch *Hildebrandt/Castillon*, NVwZ 2006, 298; auch *Hoffmann/Bollmann*, EuZW 2006, 398; zur Rücknahme insoweit § 16 Rn. 34 ff.

18 Vgl. § 31 Abs. 2 BauGB: Befreiungen von Festsetzungen des Bebauungsplans für ein bauliches Vorhaben.

19 BVerwGE 89, 345, 348.

20 Zu § 12 Abs. 2 BBesG vgl. BVerwGE 71, 354, 357; zu § 78 Abs. 1 BBG siehe BVerwGE 19, 243, 246.

21 BVerwG, NJW 1977, 1838, 1839. Kritisch zur Kehrseitentheorie *Erichsen* in: Erichsen/Ehlers, § 29 Rn. 31; *Ipsen*, Rn. 624.

auch durch Verwaltungsakt zurückgefordert werden. Praktische Relevanz kommt der Theorie kaum noch zu, weil zwischenzeitlich § 49a Abs. 1 VwVfG klarstellt, dass die Rückforderung von Leistungen, die aufgrund eines aufgehobenen Verwaltungsaktes gewährt worden sind, gleichermaßen durch Verwaltungsakt erfolgt.

▶ **ZU FALL 7:** Fraglich ist die Berechtigung der Verwaltung, durch Verwaltungsakt anzuordnen, dass K die von ihm auf der Straße abgestellte Couch beseitigen muss. Aus § 32 StVO ergibt sich zunächst, dass es verboten ist, Gegenstände auf Straßen zu bringen oder dort liegen zu lassen, wenn dadurch der Verkehr gefährdet oder erschwert werden kann. Der für solche verkehrswidrige Zustände Verantwortliche hat sie unverzüglich zu beseitigen. Die Vorschrift enthält jedoch keine Befugnis zum Erlass einer Beseitigungsverfügung; sie stellt lediglich ein straßenverkehrsrechtliches Verbot dar. Verstöße dagegen werden ordnungswidrigkeitsrechtlich sanktioniert (vgl. § 49 Abs. 1 Nr. 27 StVO).[22] Auch § 44 Abs. 1 StVO, der die Straßenverkehrsbehörden für die Ausführung der Straßenverkehrsordnung zuständig erklärt, ist keine Ermächtigungsgrundlage für Anordnungen der Straßenverkehrsbehörde. Jedoch ermächtigen die Sicherheits- und Ordnungsgesetze der Länder durch ihre Generalklauseln dazu, Maßnahmen zur Abwehr von Gefahren für die öffentliche Sicherheit oder Ordnung zu ergreifen.[23] Weil K gegen § 32 StVO verstoßen hat, liegt eine Gefahr für die öffentliche Sicherheit vor, so dass sich aus der polizeilichen Generalklausel die Befugnis der Straßenverkehrsbehörde zu einem Einschreiten – auch durch Verwaltungsakt (vgl. etwa § 16 SOG M-V) – ergibt, und sie die Beseitigung der Couch gegenüber K anordnen darf.[24] ◀

II. Formelle Rechtmäßigkeit

Formell rechtmäßig ist der Verwaltungsakt nur dann, wenn er von der örtlich, sachlich und instanziell zuständigen Behörde unter Beachtung von Verfahrens- und Formvorschriften erlassen wird[25] bzw. Verstöße hiergegen nach § 45 VwVfG geheilt sind. In Fällen der Unbeachtlichkeit formeller Fehler nach § 46 VwVfG bleibt es bei der Rechtswidrigkeit; die Aufhebung des Verwaltungsaktes ist indes ausgeschlossen.[26] 8

Mit Blick auf die formelle Rechtmäßigkeit ergibt sich folgende Prüfungsfolge:

- Zuständigkeit
- Verfahren
- Form

1. Zuständigkeit

▶ **FALL 8:** In der mecklenburgischen Gemeinde B kommt es an einem Sonntag zu gewalttätigen Auseinandersetzungen zwischen Jugendlichen. Die zuständigen Ordnungs- und Polizeibehörden in B sind zu diesem Zeitpunkt jedoch in einen anderen Großeinsatz eingebunden, so dass der Bürgermeister der benachbarten Gemeinde G entsprechende Maßnahmen trifft, um die Ausschreitungen zu unterbinden. War er hierfür zuständig? ◀

22 Vgl. auch *Sproll*, Bd. 2, § 10 Rn. 39.

23 Z.B. § 13 SOG M-V.

24 Sog. unselbständige Verfügungen, vgl. VGH München, DÖV 1982, 251. Unter Rückgriff auf die polizeiliche Generalklausel kann auch aus anderen Ge- und Verbotsnormen im Falle von deren Nichtbeachtung eine Eingriffsbefugnis der Verwaltung hergeleitet werden.

25 Eingehend zur formellen Rechtswidrigkeit von Verwaltungsakten *Sachs*, VerwArch 97 (2006), 573.

26 Zu den Regelungen der §§ 45, 46 VwVfG vgl. § 15 Rn. 14 ff.

9 Der Verwaltungsakt ist nur rechtmäßig, wenn er von der zuständigen Behörde erlassen wurde. Zu unterscheiden sind hierbei die sachliche, instanzielle und die örtliche Zuständigkeit.

a) Sachliche Zuständigkeit

10 Die **sachliche Zuständigkeit** betrifft den gegenständlichen (inhaltlichen) Aufgabenbereich der Behörde. Sie regelt, welche Behörde über Bau-, Schul- oder Gewerbeangelegenheiten u.a.m. zu entscheiden hat. Die sachliche Zuständigkeit umfasst die Verbands- und Organ- bzw. Behördenzuständigkeit sowie die instanzielle Zuständigkeit.[27] Die **Verbandskompetenz** klärt die Frage, welche juristische Person des öffentlichen Rechts eine bestimmte Verwaltungsaufgabe wahrzunehmen hat. Dies kann z.B. der Bund, ein Land, eine Gemeinde oder eine Universität sein. Im Rahmen der **Organ- bzw. Behördenzuständigkeit** wird geprüft, welches Organ oder welche Behörde innerhalb des Verwaltungsträgers zuständig ist, z.B. in einer Gemeinde der Gemeinderat oder der Bürgermeister.[28]

11 Die **instanzielle Zuständigkeit** beantwortet die Frage, ob innerhalb des mehrstufigen Verwaltungsaufbaus die richtige Instanz gehandelt hat. Grds. sind die unteren Verwaltungsbehörden zuständig; jedoch kann sich die Zuständigkeit einer Behörde übergeordneter Instanz ergeben, wenn dies ausdrücklich gesetzlich bestimmt ist – man spricht dann vom **vertikalen Selbsteintrittsrecht** (z.B. § 44 Abs. 1 S. 2 StVO).

b) Örtliche Zuständigkeit

12 Die örtliche Zuständigkeit bestimmt den räumlichen Tätigkeitsbereich einer Behörde. Sie ist zumeist in spezialgesetzlichen Vorschriften geregelt; wenn solche fehlen, ist auf § 3 VwVfG zurückzugreifen. Zu beachten bleibt, dass ein Verstoß gegen die örtliche Zuständigkeit in Angelegenheiten, die sich auf unbewegliches Vermögen oder ein ortsgebundenes Recht oder Rechtsverhältnis (§ 3 Abs. 1 Nr. 1 VwVfG) beziehen, nicht lediglich die Rechtswidrigkeit des Verwaltungsaktes nach sich zieht, sondern seine Nichtigkeit gem. § 44 Abs. 2 Nr. 3 VwVfG zur Folge hat.[29]

▶ **ZU FALL 8:** Gem. § 5 Abs. 1 SOG M-V (bzw. entsprechenden Regelungen anderer Landesgesetze) ist für Gefahrenabwehrmaßnahmen die Ordnungsbehörde örtlich zuständig, in deren Bezirk die zu schützenden Interessen verletzt oder gefährdet werden – in diesem Fall der Bürgermeister von B. Können jedoch, wie vorliegend, die zuständigen Stellen nicht ohne Verzögerung, durch die der Erfolg des Eingreifens beeinträchtigt würde, erreicht werden, so ist nach § 5 Abs. 3 S. 1 SOG M-V für unaufschiebbare Maßnahmen eine örtlich zuständige Ordnungsbehörde der angrenzenden Bezirke zuständig, hier der Bürgermeister der Gemeinde G. Die nach § 5 Abs. 1 SOG M-V zuständige Behörde ist jedoch unverzüglich über das Eingreifen zu unterrichten. ◀

2. Verfahren

▶ **FALL 9:** G beantragt eine Gaststättenerlaubnis gem. § 2 GastG. Der zuständige Sachbearbeiter S, ein Schwager des G, lehnt den Antrag ab, ohne ihn vorher angehört zu haben. Wie ist die formelle Rechtmäßigkeit der ablehnenden Entscheidung zu beurteilen? ◀

---

27 *Hendler*, Rn. 203.

28 Zu den Begriffen Verwaltungsorgan und Behörde § 6 Rn. 4 f.

29 Hierzu auch § 15 Rn. 3.

Das Verwaltungsverfahrensgesetz enthält eine Reihe von Vorschriften, die im Verfahren, das zum Erlass eines Verwaltungsaktes führt, beachtet werden müssen.[30] Das Verwaltungsverfahren ist legaldefiniert in § 9 Hs. 1 VwVfG als „nach außen wirkende Tätigkeit der Behörden, die auf die Prüfung der Voraussetzungen, die Vorbereitung und den Erlass eines Verwaltungsaktes oder auf den Abschluss eines öffentlich-rechtlichen Vertrags gerichtet ist". 13

a) Verwaltungsverfahren

Über den **Beginn des Verwaltungsverfahrens** entscheidet die Behörde nach pflichtgemäßem Ermessen, § 22 S. 1 VwVfG, es sei denn, sie muss von Amts wegen oder auf Antrag tätig werden, § 22 S. 2 VwVfG. Das Verwaltungsverfahren wird entweder mit Erlass eines Verwaltungsaktes oder mit einem öffentlich-rechtlichen Vertrag **abgeschlossen.**[31] 14

aa) Anwendungsbereich des VwVfG

Die Voraussetzungen für die Anwendbarkeit des Verwaltungsverfahrensgesetzes[32] ergeben sich aus §§ 1, 2 und 9 VwVfG.[33] Zunächst ist zu klären, ob das (Verwaltungsverfahrens-)Gesetz des Bundes (von dem nachfolgend ausgegangen wird) oder dasjenige des jeweiligen Landes anzuwenden ist. Dies richtet sich gem. § 1 Abs. 3 VwVfG danach, ob eine Bundesbehörde (dann Verwaltungsverfahrensgesetz des Bundes) oder eine Landesbehörde (dann Verwaltungsverfahrensgesetz des – jeweiligen – Landes) tätig wird.[34] Das so bestimmte Verwaltungsverfahrensrecht ist für öffentlich-rechtliche Verwaltungstätigkeiten von Behörden einschlägig.[35] § 2 VwVfG enthält Ausnahmen vom Geltungsbereich des Verwaltungsverfahrensgesetzes. Insbesondere fallen Verfahren von Bundes- und Landesfinanzbehörden nach der Abgabenordnung (§ 2 Abs. 2 Nr. 1 VwVfG) und Verfahren nach dem Sozialgesetzbuch (§ 2 Abs. 2 Nr. 4 VwVfG) nicht unter das Gesetz. Die(se) besonderen Verfahrensvorschriften decken sich jedoch teilweise mit denen des Verwaltungsverfahrensgesetzes. Ferner gilt für die Anwendung des Verwaltungsverfahrensgesetzes das Subsidiaritätsprinzip (§ 1 Abs. 1 letzter Hs. VwVfG): Inhaltsgleiche oder entgegenstehende Vorschriften aus anderen Gesetzen, vornehmlich des besonderen Verwaltungsrechts, gehen ihm vor. 15

bb) Verfahrensarten

Im Verwaltungsverfahrensgesetz sind drei verschiedene Verfahrensarten geregelt: das nichtförmliche Verfahren, das förmliche Verfahren und das Planfeststellungsverfahren. Im Regelfall werden Verwaltungsakte im **nichtförmlichen** Verwaltungsverfahren erlassen (§ 10 VwVfG), das einfach, zweckmäßig und zügig durchzuführen und dem Grunde nach an keine besonderen Formen gebunden ist. 16

Das förmliche **Verwaltungsverfahren** (§§ 63 ff. VwVfG) ist an weitergehende Voraussetzungen als das nichtförmliche Verfahren geknüpft. Es findet nur dann statt, wenn

30 Das gilt auch für den Abschluss öffentlich-rechtlicher Verträge, hierzu § 21; zur europarechtlich vorgegebenen Öffentlichkeitsbeteiligung *Lecheler*, GewArch 2005, 305.

31 Vgl. vorstehend Rn. 13.

32 Und damit auch für die (subsidiären) Zuständigkeitsvorschriften, vgl. vorstehend Rn. 12.

33 Ausführlich zum Anwendungsbereich der Verwaltungsverfahrensgesetze *Ehlers*, Jura 2003, 30.

34 Inhaltlich bestehen zwischen den Vorschriften des VwVfG des Bundes und derjenigen der Länder kaum Unterschiede.

35 Die öffentlich-rechtliche Natur des Verwaltungshandelns bestimmt sich nach den für die Abgrenzung von öffentlichem Recht und Privatrecht aufgestellten Grundsätzen. Hierzu § 5 Rn. 6 ff.

es gesetzlich angeordnet ist, z.B. in § 36 BBergG. Jenseits dessen regeln zahlreiche Gesetze des besonderen Verwaltungsrechts die Durchführung spezieller förmlicher Verfahren (etwa §§ 104 ff. BauGB, § 10 BImSchG); §§ 63 ff. VwVfG gelten dann nicht. Kennzeichnendes Merkmal des förmlichen Verfahrens nach dem Verwaltungsverfahrensgesetz ist es, dass die Behörde vor ihrer Entscheidung eine mündliche Verhandlung durchzuführen hat, deren Ablauf in § 68 VwVfG geregelt ist.

Ein weiteres besonderes Verfahren ist mit dem **Planfeststellungsverfahren** in §§ 72 ff. VwVfG festgeschrieben. Wie förmliche Verfahren ist es durchzuführen, wenn besondere Rechtsvorschriften dies anordnen. Es dient vor allem der Durchführung bestimmter raumbedeutsamer Vorhaben, wie Bundesfernstraßen, § 17 FStrG, oder Flughäfen, §§ 8 ff. LuftVG. Spezifizierend für das Planfeststellungsverfahren wirkt das in § 73 VwVfG geregelte Anhörungsverfahren und der verfahrensbeendende Planfeststellungsbeschluss, § 74 VwVfG.[36]

Als Verfahren i.w.S. wird durch das **Rechtsbehelfsverfahren** (§§ 79, 80 VwVfG) die Recht- und Zweckmäßigkeit von Verwaltungsakten überprüft. § 79 VwVfG verweist insoweit auf die Vorschriften der Verwaltungsgerichtsordnung über das Widerspruchsverfahren (§§ 68 ff. VwGO). Dem Widerspruchsverfahren kommt eine doppelte Ausrichtung zu: Es ist Verwaltungsverfahren und – zugleich – verwaltungsgerichtliches Vorverfahren.[37]

cc) Allgemeine Verfahrensgrundsätze des nichtförmlichen Verfahrens

17 Auch wenn die Gestaltung des nichtförmlichen Verfahrens grds. im Ermessen der Behörde steht, enthält das Verwaltungsverfahrensgesetz Vorschriften, die bei seiner Durchführung beachtet werden müssen und (damit) zu den formellen Rechtmäßigkeitsvoraussetzungen für den Erlass eines Verwaltungsaktes gehören. Sie gelten zudem – sofern nichts anderes bestimmt ist – für die förmlichen Verfahren (vgl. § 63 Abs. 2 VwVfG).

Aus §§ 11 bis 34 VwVfG ergeben sich dergestalt folgende **Verfahrensgrundsätze:**

- § 13 VwVfG legt fest, wer **Beteiligter** am Verwaltungsverfahren ist. Relevant wird diese Stellung für die Wahrnehmung von Verfahrensrechten, wie das Recht auf Anhörung[38] und Akteneinsicht. Beteiligtenfähig sind zum einen Beteiligte kraft Gesetzes (Antragsteller, Antragsgegner und mögliche Adressaten des Verwaltungsaktes, § 13 Abs. 1 Nr. 1 bis 3 VwVfG). Die Behörde ist – zum anderen – berechtigt, Personen im Wege der Hinzuziehung den Beteiligtenstatus an einem Verfahren zu verleihen, § 13 Abs. 1 Nr. 4 VwVfG.
- Die Beteiligungs- und Handlungsfähigkeit der Verfahrensbeteiligten ist in §§ 11, 12 VwVfG geregelt: § 11 VwVfG bestimmt, wer an einem Verwaltungsverfahren beteiligt sein kann; § 12 VwVfG legt fest, wer in Verwaltungsverfahren fähig ist, Verfahrenshandlungen vorzunehmen.
- § 20 VwVfG regelt, dass bestimmte Personen für eine Behörde im Verwaltungsverfahren nicht tätig werden dürfen, insbesondere solche, die selbst Beteiligte oder deren Angehörige sind. § 21 VwVfG will verhindern, dass an Behördenentscheidungen **befangene Amtswalter** mitwirken. Ziel der Regelungen ist, Interessenkonflikte

36 Zu Aspekten der Planerhaltung insoweit *Durner* in: Aktuelle Fragen des Fachplanungs-, Raumordnungs- und Naturschutzrechts 2006, 2006, S. 249.

37 Ausführlicher zum Widerspruchsverfahren § 19a Rn. 1 ff.

38 Dazu sogleich Rn. 18 ff.

zu vermeiden und die Unparteilichkeit der öffentlichen Verwaltung sicher zu stellen.

- Die Behörde muss den Sachverhalt von Amts wegen ermitteln, § 24 VwVfG (**Untersuchungsgrundsatz**). § 26 Abs. 1 VwVfG zählt – allerdings nicht abschließend – die ihr dafür zur Verfügung stehenden Beweismittel auf. Insbesondere kann die Behörde Auskünfte einholen, Urkunden und Akten beiziehen, Augenschein nehmen, Beteiligte anhören oder Zeugen und Sachverständige vernehmen. Gem. § 26 Abs. 2 VwVfG sollen die an einem Verwaltungsverfahren Beteiligten an der Sachverhaltsaufklärung mitwirken. Sanktionen für den Fall der Verweigerung einer angeordneten Mitwirkung sind jedoch nicht vorgesehen. Bleibt eine Tatsache trotz behördlicher Ermittlungsbemühungen unaufgeklärt, geht dies zu Lasten desjenigen, der sich auf diese Tatsache beruft.[39]
- Vor Erlass eines Verwaltungsaktes, der in Rechte eines Beteiligten des Verwaltungsverfahrens eingreift, hat der Betroffene einen Anspruch auf **Anhörung**, § 28 Abs. 1 VwVfG.[40]
- Die Beteiligten eines laufenden Verwaltungsverfahrens haben ein Recht auf **Einsicht** in die das Verfahren betreffenden **Akten**, wenn deren Kenntnis für die Geltendmachung oder Verteidigung ihrer rechtlichen Interessen erforderlich ist, § 29 Abs. 1 VwVfG.[41] Ausnahmen hält § 29 Abs. 2 VwVfG vor. Nach Erlass des Verwaltungsaktes ist das Verwaltungsverfahren zunächst abgeschlossen, so dass § 29 VwVfG keine Anwendung findet. Legt der Betroffene gegen eine (ablehnende) behördliche Entscheidung freilich Widerspruch ein, schließt sich das Rechtsbehelfs- bzw. Widerspruchsverfahren an, auf das gem. § 79 VwVfG die Vorschriften des Verwaltungsverfahrensgesetzes und damit auch § 29 VwVfG, soweit die Verwaltungsgerichtsordnung keine Sonderregelungen enthält[42], anwendbar sind – so dass ein Akteneinsichtsrecht grds. besteht. Außerhalb eines Verwaltungsverfahrens lag die Gewährung von Akteneinsicht lange Zeit im behördlichen Ermessen.[43] Inzwischen ermöglicht aber neben einzelnen Informationsgesetzen der Länder das Informationsfreiheitsgesetz des Bundes einen interessenfreien und verfahrensunabhängigen Zugang zu Unterlagen der Behörden.[44]
- Der Behörde obliegt gegenüber den Verfahrensbeteiligten eine **Beratungs- und Auskunftspflicht**, § 25 VwVfG. Wird dem nicht entsprochen, können den Betroffenen Amtshaftungsansprüche erwachsen.[45]

Wichtigstes Element des Verwaltungsverfahrens und verfassungsrechtlich fundiertes Recht[46] ist die gem. § 28 VwVfG erforderliche **Anhörung** (s.o.). Sie muss im Rahmen 18

39 *Detterbeck*, Rn. 941.

40 Dazu sogleich Rn. 18 ff.

41 Im Umweltbereich gilt (in Umsetzung völkerrechtlicher Verträge und europäischer Richtlinien) ein weitergehender Informationsanspruch; z.B. hat gem. § 3 UIG jeder einen Anspruch auf freien Zugang zu Informationen über die Umwelt, die bei einer Behörde vorhanden sind.

42 Zum Widerspruchsverfahren näher § 19a Rn. 1 ff.

43 Vgl. BVerwGE 61, 15, 22.

44 Näher zu den Informationsfreiheiten und dem Informationsfreiheitsgesetz des Bundes *Meusching*, VR 2006, 1; *Beckemper*, LKV 2006, 300; *Fluck*, DVBl. 2006, 1406; *Raabe/Helle-Meyer*, NVwZ 2004, 641. Zum Auskunftsanspruch der Presse gegenüber Unternehmen der öffentlichen Hand *Köhler*, NJW 2005, 2337. Zu generellen Informationsansprüchen gegenüber kommunalen Unternehmen *Kühne/Czarnecki* LKV 2005, 481.

45 Zum Amtshaftungsanspruch § 33.

46 Vgl. bereits § 2 Rn. 4. Zu den unterschiedlichen verfassungsrechtlichen Begründungen der Anhörung *Maurer*, § 19 Rn. 20.

der formellen Rechtmäßigkeit eines Verwaltungsaktes immer geprüft werden. Die übrigen Verfahrensgrundsätze sind lediglich dann näher zu behandeln, wenn dem Sachverhalt Hinweise darauf zu entnehmen sind, dass sie verletzt sein können.

b) Anhörung als besonderes Verfahrenserfordernis

19 Mit der Anhörung hat die Behörde dem Betroffenen Gelegenheit zu geben, sich zu den für die Entscheidung erheblichen Tatsachen zu äußern; sie muss sein Vorbringen zur Kenntnis nehmen und in ihrer Entscheidung darauf eingehen.[47]

20 Die Anhörung hat vor Erlass von Verwaltungsakten zu erfolgen, die in Rechte eines Beteiligten eingreifen, § 28 Abs. 1 VwVfG. Fraglich ist, ob eine Anhörung auch dann erforderlich ist, wenn ein begünstigender Verwaltungsakt abgelehnt werden soll. Das Bundesverwaltungsgericht verneint dies mit der Begründung, dass lediglich ein „Mehr an Rechten" nicht gewährt werde.[48] Der Ansicht kann jedoch dann nicht gefolgt werden, wenn der ablehnende Verwaltungsakt eine der Präventivkontrolle dienende Erlaubnis (präventives Verbot mit Erlaubnisvorbehalt) versagen soll.[49] Eine solche negative Entscheidung stellt für den Bürger einen Eingriff in seine dem Antrag zugrunde liegenden Freiheitsrechte dar.[50] Darüber hinaus wird vertreten, dass ein ablehnender Verwaltungsakt für den Betroffenen oft nicht weniger schwerwiegende Folgen nach sich ziehen kann als ein eingreifender Verwaltungsakt. Deshalb sollen nicht nur Verwaltungsakte, die eine vorhandene Rechtsposition entziehen, sondern alle den Bürger belastende Verwaltungsakte einschließlich entsprechender Nebenbestimmungen einer Anhörung bedürfen.[51]

In diesem Zusammenhang bleibt freilich zu berücksichtigen, dass der Ablehnung eines begünstigenden Verwaltungsaktes häufig ein Antrag vorgeschaltet ist, mit dem der Betroffene die Möglichkeit hat(te), in der Sache Stellung zu beziehen. Darin kann eine Anhörung des Betroffenen liegen, wenn den zuvor genannten Anforderungen[52] Rechnung getragen wird. Auf die Erforderlichkeit der Anhörung kommt es dann letztlich nicht an.

21 In Fällen des § 28 Abs. 2 und 3 VwVfG kann auf eine Anhörung ausnahmsweise verzichtet werden. Wegen der verfassungsrechtlichen Bedeutung des Rechts auf Anhörung[53] sind an solche Ausnahmen strenge Anforderungen zu stellen. Praktisch relevant sind vor allem die von § 28 Abs. 2 Nr. 1, 4 und 5 VwVfG erfassten Fälle:

- Von der Anhörung kann gem. Nr. 1 abgesehen werden, wenn eine sofortige Entscheidung wegen Gefahr im Verzug oder im öffentlichen Interesse notwendig erscheint. Diese Ausnahme betrifft vor allem Eilentscheidungen auf dem Gebiet des Polizei- und Ordnungsrechts, d.h. wenn eine Gefahr für die öffentliche Sicherheit unmittelbar droht.
- Nach Nr. 4 kann eine Behörde u.a. beim Erlass einer Allgemeinverfügung auf die Anhörung verzichten, etwa beim Aufstellen von Verkehrszeichen.

47 BVerwGE 66, 111.
48 BVerwGE 66, 184, 186.
49 Hierzu § 12 Rn. 37.
50 So auch OVG Münster, NVwZ 1983, 746; *Maurer*, § 19 Rn. 20.
51 In diese Richtung *Maurer*, § 19 Rn. 20; *Kopp/Ramsauer*, § 28 Rn. 25.
52 Vorstehend Rn. 19.
53 Vgl. § 2 Rn. 4.

- Nr. 5 entbindet Maßnahmen in der Verwaltungsvollstreckung von einer Anhörung. Dazu zählen z.B. Festsetzung und Anwendung von Zwangsmitteln[54], nicht hingegen der Kostenbescheid,[55] weil es sich hierbei um eine Maßnahme nach Abschluss der Vollstreckung handelt.

Der Ausschluss der Anhörung bei Vorliegen der Voraussetzungen des § 28 Abs. 2 Nr. 1 bis 5 VwVfG tritt nicht automatisch ein. Vielmehr steht der Verzicht auf die Anhörung im Ermessen der Behörde; sie muss also eine ermessensfehlerfreie Entscheidung unter Abwägung aller Umstände treffen.[56]

▶ **ZU FALL 9:** Die Gaststättenerlaubnis ist ein begünstigender Verwaltungsakt. Nach der Rechtsprechung des Bundesverwaltungsgerichts ist eine Anhörung bei der Ablehnung begünstigender Verwaltungsakte nicht erforderlich; danach würde eine fehlende Anhörung keine Rechtswidrigkeit der Versagung der Gaststättenerlaubnis nach sich ziehen. Die Gegenauffassung hält die Anhörung jedenfalls dann, wenn es wie hier um eine (grund)rechtlich geschützte Position (Art. 12 GG) geht, für erforderlich.[57] Folgt man dieser Sichtweise, war die Entscheidung der Behörde schon wegen unterbliebener Anhörung formell rechtswidrig.[58] Ferner ergibt sich aus § 20 Abs. 1 S. 1 Nr. 2 i.V.m. Abs. 5 S. 1 Nr. 6 VwVfG, dass S als Schwager des G von der Bearbeitung des Falles ausgeschlossen war. Auch dieser Verstoß führt zur formellen Rechtswidrigkeit der Genehmigung.[59] ◀

3. Form

Eine besondere Form ist für den Verwaltungsakt nicht vorgeschrieben. Er kann mündlich, schriftlich, elektronisch[60] oder in anderer Weise, etwa konkludent, erlassen werden (§ 37 Abs. 2 bis 4 VwVfG). 22

Zu beachten sind jedoch spezialgesetzliche Vorschriften, z.B. für die

- Beamtenernennung durch Aushändigung einer Urkunde (§ 5 BRRG),
- Einbürgerung durch Aushändigung einer Urkunde (§ 16 Abs. 1 S. 1 StAG) und
- Schriftform bei Verwaltungsakten, die ein förmliches Verfahren abschließen (§ 69 Abs. 2 S. 1 VwVfG).

§ 39 Abs. 1 VwVfG bestimmt, dass ein schriftlicher oder elektronischer Verwaltungsakt zu begründen ist. **Begründung** bedeutet in diesem Zusammenhang, dem Betroffenen die wesentlichen tatsächlichen und rechtlichen Gründe mitzuteilen, welche die Behörde zu ihrer Entscheidung bewogen haben, § 39 Abs. 1 S. 2 VwVfG.[61] Die Begründung von Ermessensentscheidungen[62] soll auch die Gesichtspunkte erkennen lassen, von denen die Behörde bei der Ausübung ihres Ermessens ausgegangen ist (§ 39 Abs. 1 S. 3 VwVfG). In den Ausnahmefällen des § 39 Abs. 2 VwVfG ist keine Begründung erforderlich. 23

54 Zu den Maßnahmen der Verwaltungsvollstreckung § 19.

55 Hierzu § 19 Rn. 27.

56 *Kopp/Ramsauer*, § 28 Rn. 44 f.

57 Vgl. Rn. 20.

58 Zur Heilung einer fehlenden Anhörung § 15 Rn. 17.

59 Dieser Verstoß kann nicht geheilt werden, vgl. wie vor.

60 Zum eGovernment und elektronischen Verwaltungsakt *Dietlein/Heinemann*, NWVBl. 2005, 53.

61 Eingehend zur schriftlichen Begründung von Verwaltungsakten in der vollzugspolizeilichen Praxis *Robrecht*, SächsVBl. 2005, 241.

62 Zum behördlichen Ermessen Rn. 36 ff.

4. Rechtsbehelfsbelehrung als Formerfordernis der Verwaltungsgerichtsordnung

24 Die Rechtsbehelfsbelehrung ist keine Voraussetzung der formellen Rechtmäßigkeit eines Verwaltungsaktes; sie stellt ein besonderes Formerfordernis der Verwaltungsgerichtsordnung dar, an deren Fehlen nicht die Rechtswidrigkeit des Verwaltungsaktes geknüpft ist. Eine unterbliebene oder unrichtige Rechtsbehelfsbelehrung wirkt sich gem. § 58 Abs. 2 VwGO vielmehr dahingehend aus, dass sich die Frist für die Einlegung von Rechtsbehelfen von einem Monat (§§ 70, 74 VwGO) auf ein Jahr verlängert.

III. Materielle Rechtmäßigkeit

25 Die materielle Rechtmäßigkeit bestimmt sich in erster Linie anhand von Anforderungen der **Rechts- bzw. Ermächtigungsgrundlage** an den Verwaltungsakt. Ermächtigungsgrundlagen enthalten regelmäßig eine Tatbestands- und eine Rechtsfolgenseite.

Die **Tatbestandsseite** stellt Voraussetzungen auf, die von der den Verwaltungsakt erlassenden Behörde einzuhalten sind. Im Tatbestand einer Norm können **unbestimmte Rechtsbegriffe**[63] verwendet werden, die von der Behörde im Einzelfall ausgelegt werden müssen. Ausnahmsweise sind der Verwaltung für die Beurteilung solcher Rechtsbegriffe Entscheidungsspielräume eröffnet, sog. **Beurteilungsspielräume.**[64] Die **Rechtsfolgenseite** regelt die Handlungsmöglichkeiten der Verwaltung. Insoweit kann der Behörde **Ermessen**[65] eingeräumt sein, das ihr einen (Entscheidungs-)Spielraum hinsichtlich der näher anzuordnenden Rechtsfolgen belässt. Ist kein Ermessen zugewiesen, handelt es sich um eine **gebundene Entscheidung.**[66] Die Verwaltung muss dann die gesetzlich vorgesehenen Rechtsfolgen aussprechen, wenn die tatbestandlichen Voraussetzungen der Norm gegeben sind. Anderenfalls hat die Maßnahme zu unterbleiben. Hält sich die Behörde hieran nicht, handelt sie (materiell) rechtswidrig. Die Unterscheidung zwischen unbestimmten Rechtsbegriffen auf Tatbestandsseite und Ermessen auf der Rechtsfolgeseite wird in der Literatur mit guten Gründen, insbesondere mangels einer entsprechenden Differenzierung auf europäischer Verwaltungsrechtsebene in Frage gestellt.[67] Begrifflich folgt aber der Gesetzgeber der herkömmlichen Sichtweise (vgl. § 40 VwVfG, § 114 VwGO).

Der Verwaltungsakt muss ferner nicht nur die Anforderungen seiner Ermächtigungsgrundlage erfüllen, sondern hat überdies mit **höherrangigem Recht** bzw. allgemeinen Rechtsgrundsätzen in Einklang zu stehen, insbesondere den **Grundrechten** und **rechtsstaatlichen Grundsätzen** wie dem Bestimmtheitsgebot und dem Verhältnismäßigkeitsprinzip zu entsprechen. Dies gilt auch für gesetzesfreie Verwaltungsakte, die ohne rechtliche Grundlage erlassen werden dürfen, gleichwohl (natürlich) der Bindung an Recht und Gesetz unterliegen (Vorrang des Gesetzes).[68]

Hinsichtlich der materiellen Rechtmäßigkeit ergibt sich danach als allgemeine Prüfungsfolge:

---

63 Hierzu sogleich Rn. 26.

64 Dazu nachfolgend Rn. 27 ff.

65 Hierzu Rn. 36 ff.

66 Vgl. bereits § 12 Rn. 43; vertiefend *Fraenkel/Haeberle*, DÖV 2005, 808.

67 Dazu *Schmidt-Aßmann*, 4. Kap. Rn. 46, 48.

68 Vgl. § 8 Rn. 1 f. und § 12 Rn. 43.

- **Übereinstimmung mit den Tatbestandsvoraussetzungen der Rechtsgrundlage** (unbestimmte Rechtbegriffe müssen ausgelegt werden, bei eingeräumten Beurteilungsspielräumen dürfen keine Beurteilungsfehler vorliegen);
- zulässige **Rechtsfolge** (insbesondere: keine Ermessensfehler);
- **Übereinstimmung mit sonstigen Rechtsgrundsätzen und höherrangigem Recht** (Verhältnismäßigkeit, kein Verstoß gegen Grundrechte, Bestimmtheit, keine tatsächliche oder rechtliche Unmöglichkeit u.a.m.).

1. Unbestimmte Rechtsbegriffe und Beurteilungsspielraum

▶ **FALL 10:** In der mündlichen Prüfung des J zum Zweiten Juristischen Staatsexamen ist einiges schief gelaufen: Sein Aktenvortrag wurde von der Prüfungskommission mit 0 Punkten bewertet, weil die Prüfer eine von J verfolgte Auffassung nicht geteilt haben, obwohl diese im Schrifttum vertreten wird. Darüber hinaus hat der Prüfer im Öffentlichen Recht als Einstieg für den Fall eines Asylbewerbers aus Mali 10 Minuten lang allgemeine Fragen über diesen Staat gestellt und sodann Spezialfragen aus dem Asylrecht zum Gegenstand der Prüfung gemacht. Nach Ende der Prüfung vermochten sich die Prüfer nicht darüber zu einigen, ob die (Gesamt-)Prüfungsleistung des J noch als für das Bestehen ausreichend angesehen werden konnte. Schließlich haben sie mit dem Argument, dass der Arbeitsmarkt für Juristen ohnehin übersättigt sei, die Prüfung als nicht bestanden gewertet. Kann J die Aufhebung der Prüfungsentscheidung verlangen? ◀

a) Unbestimmte Rechtsbegriffe

Das Gesetz kann nicht alle erdenklichen Lebenssachverhalte in Vorschriften aufnehmen und starr regeln. Vielmehr muss es der Verwaltung möglich sein, Gesetze auch auf atypische, unvorhersehbare Situationen anzuwenden. Das realisiert der Gesetzgeber in der Weise, dass der Wortlaut von Vorschriften als Grundlage des Verwaltungshandelns in gewissem Umfang offen gehalten wird. Solches variiert allerdings von Norm zu Norm. Es gibt weitgehend klar umrissene Formulierungen wie Orts- und Zeitangaben und andere, die zwar aus sich heraus nicht ohne weiteres bestimmbar sind, jedoch durch Rechtsprechung und (weitere) gesetzliche wie untergesetzliche Maßgaben nähere Konkretisierung erfahren haben, etwa die Begriffe „Sache“, „Eigentum“ oder „Gewerbe“.[69] Daneben enthalten einige Normen generalklauselartige Formulierungen, sog. **unbestimmte Rechtsbegriffe.** Dazu zählen Begriffe wie Unzuverlässigkeit (§ 35 Abs. 1 S. 1 GewO), Zuverlässigkeit (§ 4 Abs. 1 Nr. 1 GastG), öffentliche Sicherheit (§ 13 SOG M-V), Stand der Technik (§ 3 Abs. 6 BImSchG)[70] und öffentliche Belange (§ 35 Abs. 2 BauGB). 26

Für die Anwendung auf den konkreten Fall bedarf es besonderen Aufwandes bei der Auslegung jener Rechtsbegriffe. Hilfestellung bieten der Verwaltung insoweit einschlägige Interpretationen der Rechtsprechung, ferner solche durch Verwaltungsvorschriften.[71]

b) Beurteilungsspielraum

Umstritten ist, ob die Verwaltungsgerichte die behördlich vorgenommene Auslegung, d.h. die Subsumtion eines konkreten Sachverhalts unter einen (derartigen) unbe- 27

69 *Maurer*, § 7 Rn. 27.

70 Zur diesbezüglichen verfassungsrechtlichen Zulässigkeit etwa *Seibel*, BauR 2004, 1718.

71 Vgl. dazu näher § 24.

stimmten Rechtsbegriff, in vollem Umfang kontrollieren dürfen und berechtigt sind, eine von ihnen für unzutreffend gehaltene Anwendung eines unbestimmten Rechtsbegriffs durch eigene Entscheidung zu ersetzen – oder ob den Behörden insoweit ein gerichtlich nicht im Einzelnen überprüfbarer **Beurteilungsspielraum** zusteht. Im Schrifttum wird ein solcher Beurteilungsspielraum mit der Konsequenz einer lediglich beschränkten gerichtlichen Überprüfbarkeit der Auslegung und Anwendung von unbestimmten Rechtsbegriffen teilweise anerkannt.[72] Danach sind die Gerichte auf die Kontrolle beschränkt, ob sich die Verwaltung an die Grenzen des ihr zustehenden Entscheidungsspielraums gehalten hat. Diese Auffassung geht von der Annahme aus, dass der Gesetzgeber die Verwaltung durch die Verwendung unbestimmter Rechtsbegriffe zu eigenverantwortlichen, gerichtlich nur eingeschränkt überprüfbaren Entscheidungen ermächtigt. Gerade weil unbestimmte Rechtsbegriffe unterschiedliche Wertungen zuließen, sei es gerechtfertigt, der Verwaltung, die größere Erfahrung und Sachkunde besitze und den konkreten Verwaltungsproblemen näher stehe, eine Letztentscheidungsbefugnis zuzubilligen.[73] Die verwaltungsgerichtliche Rechtsprechung lehnt dagegen einen gerichtlich nur beschränkt kontrollierbaren behördlichen Beurteilungsspielraum grds. ab.[74] Es könne jeweils nur eine richtige Entscheidung geben – so diene bspw. etwas entweder dem öffentlichen Interesse oder nicht. Die Rechtsprechung kann die Rechtsschutzgarantie des Art. 19 Abs. 4 GG für sich anführen, die eine uneingeschränkte Überprüfung der angegriffenen Verwaltungsmaßnahme in rechtlicher und tatsächlicher Sicht nahelegt.[75]

28 Eine Ausnahme von der vollständigen gerichtlichen Kontrolle unbestimmter Rechtsbegriffe macht die Rechtsprechung allerdings dann, wenn die Nachprüfung aufgrund atypischer Sachumstände außergewöhnlichen Schwierigkeiten begegnet und gesteigerte Akzeptanz gegenüber der Entscheidung durch die Verwaltung wegen ihrer besonderen Sachkompetenz besteht. Dementsprechend werden der Verwaltung in folgenden Fällen **Beurteilungsspielräume** zuerkannt:[76]

aa) Prüfungs- und prüfungsähnliche Entscheidungen

29 Prüfungsentscheidungen (Abitur oder Staatsexamen und diesbezügliche Noten) erfüllen die Tatbestandsmerkmale eines Verwaltungsaktes.[77] Die Leistungsanforderungen für ein erfolgreiches Bestehen von Prüfungen werden i.d.R. durch unbestimmte Rechtsbegriffe beschrieben.[78] Solche Prüfungsentscheidungen eröffnen den Behörden (bzw. Prüfern) einen Beurteilungsspielraum, wenn komplexe **prüfungsspezifische Bewertungen,** wie die Einordnung des Schwierigkeitsgrades einer Aufgabenstellung, die Würdigung der Qualität einer Darstellung im Gesamtzusammenhang des Prüfungsverfahrens oder die Beurteilung, ob eine Leistung durchschnittlich oder unterdurchschnittlich war, getroffen werden müssen.[79] Diese Beurteilungen beruhen auf pädago-

72 So die Lehre vom Beurteilungsspielraum, wonach der Behörde ein gerichtlich nicht nachprüfbarer Beurteilungsspielraums zusteht, wenn der Gesetzgeber unbestimmte Rechtsbegriffe verwendet hat, *Bachof*, JZ 1955, 97. Ausführlich dazu *Maurer*, § 7 Rn. 31; vgl. auch neuere Sichtweisen, etwa *Ramsauer* in: Festgabe 50 Jahre Bundesverwaltungsgericht, 2003, S. 699: (lediglich) nachvollziehende Kontrolle.

73 Dazu wie vor.

74 BVerwGE 94, 307; BVerwGE 100, 221, 225; BVerwGE 88, 35, 37 ff.

75 *Detterbeck*, Rn. 359; *Peine*, Rn. 229.

76 Zu den Fallgruppen des Beurteilungsspielraums auch *Beaucamp*, JA 2002, 314.

77 Zum Verwaltungsaktscharakter von Prüfungen bzw. Noten § 12 Rn. 16.

78 Vgl. § 5d DRiG.

79 Grundlegend BVerwGE 12, 359.

gisch-wissenschaftlichen Erfahrungen der prüfenden Personen und sind in erheblichem Maße durch deren subjektive Einschätzungen geprägt. Im nachfolgenden gerichtlichen Verwaltungsstreitverfahren einzelner Prüflinge lassen sie sich nicht ohne weiteres nachvollziehen und sind daher ihrer Natur nach nicht oder nur sehr beschränkt objektivier- und damit überprüfbar.[80] Gleiches gilt für prüfungsähnliche Entscheidungen, insbesondere im Schulbereich (z.B. Versetzung in die nächsthöhere Klasse), für die den Behörden ebenfalls ein Beurteilungsspielraum eingeräumt wird.[81]

Die Anerkennung eines den Prüfern zustehenden Beurteilungsspielraums zieht eine Einschränkung der gerichtlichen Kontrolle von prüfungsspezifischen Bewertungen nach sich; sie sind nur dahingehend – auf **Beurteilungsfehler** – überprüfbar, dass 30

- die Prüfungsbestimmungen bzw. Verfahrensvorschriften (ordnungsgemäße Ladung, Protokollierung einer mündlichen Prüfung, keine unzumutbaren Lärmbelästigungen für die Prüfungskandidaten)[82] und die rechtsstaatlichen Verfahrensgrundsätze (Unabhängigkeit der Prüfer) beachtet worden sind,[83]
- der Prüfung ein zutreffender Sachverhalt zugrunde gelegt wurde,[84]
- der Prüfer bei der Bewertung keine sachfremden Erwägungen angestellt hat und
- kein Verstoß gegen das Fairnessgebot (d.h. eine sachliche und unvoreingenommene Bewertung der Prüfungsleistung) vorliegt[85].

Den bei Prüfungsentscheidungen eingeräumten Beurteilungsspielraum hat das Bundesverfassungsgericht bei berufsbezogenen Prüfungen, deren Ablegung Voraussetzung für den Zugang zu Berufen ist (etwa juristische oder medizinische Staatsprüfung), in fachwissenschaftlicher Hinsicht begrenzt.[86] **Fachlich-wissenschaftliche** Richtigkeitskontrollen eröffnen den Prüfern keinen Beurteilungsspielraum. Dies ergibt sich aus der beim Zugang zu Berufen zu beachtenden Schutzfunktion des Art. 12 Abs. 1 GG (aber auch aus Art. 3 Abs. 1, 19 Abs. 4 GG), die besondere Anforderungen an die Beurteilung derartiger Prüfungsteile stellt. Deshalb dürfen fachliche Meinungsverschiedenheiten zwischen Prüfer und Prüfling einer gerichtlichen Kontrolle nicht entzogen werden. Nachprüfbar muss insbesondere sein, ob der Prüfling vertretbar argumentiert hat resp. zu vertretbaren Ergebnissen gelangt ist; bspw. darf bei der Bewertung im juristischen Examen eine Meinung nicht als abwegig bezeichnet werden, wenn sie im Schrifttum vertreten wird.[87] 31

bb) Weitere unbestimmte Rechtsbegriffe mit Beurteilungsspielraum

Dienstrechtliche Einstellungsentscheidungen und **Beurteilungen von Beamten** sind ebenso wie Prüfungsentscheidungen nur begrenzt objektivierbar, so dass auch insoweit ein Beurteilungsspielraum eröffnet ist.[88] Hierzu gehört z.B. die Beurteilung der 32

80 *Ipsen*, Rn. 484.
81 BVerwGE 8, 272.
82 Zu unzumutbaren Lärmbelästigungen BVerwGE 94, 64.
83 Zur Befangenheit von Prüfern VGH Mannheim, NVwZ 2002, 235.
84 BVerwGE 70, 143, 145 f.
85 Vgl. BVerwGE 78, 55.
86 Vgl. die Grundsatzentscheidungen BVerfGE 84, 34 und 84, 59.
87 BVerfGE 84, 34, 55.
88 Grundlegend BVerwGE 12, 29.

Verfassungstreue eines Bewerbers[89] und die Einschätzung der Eignung, Befähigung und fachlichen Leistung nach Art. 33 Abs. 2 GG[90].

33 Eine weitere Fallgruppe, in der ein Beurteilungsspielraum der Verwaltung seit längerem Anerkennung gefunden hat, sind **wertende Entscheidungen pluralistisch besetzter staatsunabhängiger Gremien**. Dabei handelt es sich häufig um künstlerische, moralisch-ethische oder pädagogische Werturteile von Sachverständigen oder Ausschüssen, etwa die Bewertung von Weizensorten nach dem Saatgutverkehrsgesetz[91] durch unabhängige Sachverständigenausschüsse[92], die Prüfung der Befähigung zum Architekten durch einen unabhängigen Sachverständigenausschuss[93] oder die Zulassung zur Börse durch einen Börsenausschuss[94]. Solche Entscheidungen sind durch wertende Elemente geprägt und als Ergebnis des Zusammenwirkens verschiedener Repräsentanten unterschiedlicher gesellschaftlicher Gruppen kaum vor Gericht zu reproduzieren und damit nicht vollständig überprüfbar.

Der Anerkennung eines behördlichen Beurteilungsspielraums sind freilich bei grundrechtsrelevanten Entscheidungen Grenzen gesetzt.[95] So hat das Bundesverwaltungsgericht den vormals zugestandenen Beurteilungsspielraum der Bundesprüfstelle für jugendgefährdende Medien hinsichtlich der Aufnahme in die Liste jugendgefährdender Medien nach §§ 17 ff. JuSchG wieder eingeschränkt.[96] Die Entscheidung der Prüfstelle, die auf eine Abwägung der Kunstfreiheit mit Interessen des Kinder- und Jugendschutzes hinausläuft, soll der vollständigen gerichtlichen Kontrolle unterliegen; ein nur eingeschränkt nachprüfbarer Beurteilungsspielraum sei mit dem Schutzauftrag des Art. 5 Abs. 3 S. 1 GG nicht vereinbar.[97]

34 Teilweise wird von der Rechtsprechung auch **Prognoseentscheidungen und Risikobewertungen im Umwelt- und Wirtschaftsrecht** ein Beurteilungsspielraum zugebilligt.[98] Eine einheitliche Linie ist insoweit bislang nicht erkennbar.[99]

35 In Anlehnung an die für die eingeschränkte gerichtliche Kontrolle von **Prüfungsentscheidungen** entwickelten Beurteilungsmaßstäbe[100] ist die gerichtliche Überprüfung in Fällen sonstiger Beurteilungsspielräume darauf begrenzt, dass

- der richtige Sachverhalt ermittelt wurde,
- die Verfahrensvorschriften eingehalten wurden,
- allgemeine Bewertungsgrundsätze beachtet wurden, und
- keine sachfremden Erwägungen zur Entscheidung geführt haben.

89 Vgl. BVerfG, NVwZ 2002, 1368.

90 BVerwG, BayVBl. 2003, 533, 534.

91 Gesetz vom 20.08.1985 i.d.F.d. Bek. vom 16.07.2004, BGBl. I S. 1673.

92 BVerwGE 62, 331.

93 BVerwGE 59, 213.

94 BVerwGE 72, 195.

95 Vgl. für berufsbezogene Prüfungen bereits Rn. 31.

96 Noch für §§ 1 ff. des Gesetzes über die Verbreitung jugendgefährdender Schriften und Medieninhalte (GjSM) BVerwGE 39, 197, 203 f.

97 BVerfGE 83, 130, 148 f. Vgl. aber BVerwGE 91, 211, 215 ff., wonach der Verwaltung ein Entscheidungsvorrang bei der Abwägung zwischen Kunstfreiheit einerseits und Jugendschutz andererseits zugebilligt wird.

98 Z.B. für „Stand von Wissenschaft und Technik" i.S.v. § 7 Abs. 2 Nr. 3 AtomG, vgl. BVerwGE 72, 300, 316; für die Beeinträchtigung der öffentlichen Verkehrsinteressen durch Neuzulassung von Taxen, vgl. BVerwGE 82, 295, 299 ff.; zur planerischen Abwägung *Erbguth/Wagner*, § 5 Rn. 145 ff., 158.

99 Kein Beurteilungsspielraum wurde bspw. bei der Entscheidung nach § 15 Abs. 1 Pflanzenschutzgesetz anerkannt, vgl. BVerwGE 81, 12, 17; anders bei § 13 Abs. 2 Nr. 2 PBefG, BVerGE 82, 260.

100 Vorstehend Rn. 30.

▶ **zu Fall 10:** Grds. steht den Prüfern bei der Bewertung von Examensleistungen ein Beurteilungsspielraum zu; ihre Entscheidungen sind aber auf Beurteilungsfehler kontrollierbar.[101] Fragen zum Staat Mali zählen nicht zum Prüfungsstoff im juristischen Staatsexamen. Insoweit war unzulässiger Stoff Gegenstand der Prüfung, der diese verfahrensfehlerhaft macht.[102] Ebenso dürfen in die Gesamtbewertung der Prüfungsleistung keine sachfremden Erwägungen, wie die Arbeitsmarktlage der Juristen, einbezogen werden. Auch unter diesem Aspekt ist die Prüfungsentscheidung gerichtlich überprüfbar und aufzuheben. Vorliegend ist darüber hinaus zu berücksichtigen, dass es sich um eine berufsbezogene Prüfung handelte, weil sie Voraussetzung für die Tätigkeit als Rechtsanwalt, Richter, Notar oder Staatsanwalt ist. Ihre fachwissenschaftlichen Prüfungsteile unterliegen einer umfassenden Richtigkeitskontrolle durch die Verwaltungsgerichte.[103] Daraus folgt, dass eine vertretbare Auffassung im Rahmen des Aktenvortrags nicht als falsch bewertet werden durfte.[104] Die diesbezügliche Vergabe von 0 Punkten war daher ebenfalls fehlerhaft. Im Ergebnis muss die gesamte Prüfungsentscheidung aufgehoben werden. ◀

2. Ermessen

▶ **Fall 11:** Türsteher G betreibt ohne erforderliche Genehmigung ein Bewachungsgewerbe i.S.d. § 34a GewO. Der Sachbearbeiter K versagt G die Fortsetzung seines Gewerbes, weil G ihm vergangene Woche den Zutritt zu einer Diskothek verwehrt und ihn vor seiner Freundin blamiert hat. Dabei berücksichtigt K nicht, dass die Voraussetzungen für die Erteilung einer Genehmigung nach § 34a Abs. 1 GewO für G vorlagen. Ist die Verfügung des K rechtmäßig? ◀

a) Begriff

Normen bestehen aus Tatbestand und Rechtsfolge.[105] Wenn ein konkreter Sachverhalt die Tatbestandsvoraussetzungen einer Norm erfüllt, dann soll die vom Gesetz dafür vorgesehene Rechtsfolge eintreten. Z.T. knüpft das Gesetz an den Tatbestand nur eine allein mögliche Rechtsfolge; die Behörde muss dann wie angeordnet handeln – sog. **gebundene Verwaltungsentscheidung(en)**.[106] Bspw. ist gem. § 3 Abs. 1 StVG eine Fahrerlaubnis zu entziehen, wenn ihr Inhaber zum Führen von Kraftfahrzeugen ungeeignet ist; eine Gaststättengenehmigung ist nach § 3 GastG zu erteilen, wenn kein in § 4 GastG genannter Versagungsgrund vorliegt. In vielen Fällen ordnen Normen die Rechtsfolge indes nicht zwingend an, sondern eröffnen der Verwaltung einen gewissen Entscheidungsspielraum bzw. geben mehrere Handlungsmöglichkeiten vor, von denen sie eine wählen kann. So „kann" gem. § 12 Abs. 2 BBG eine Beamtenernennung zurückgenommen werden, wenn gegen den Beamten in einem Disziplinarverfahren auf Entfernung aus dem Beamtenverhältnis erkannt wurde; die Behörde hat bei Vorliegen der Tatbestandsvoraussetzungen die Wahl, besagte Entscheidung zu treffen oder nicht. Solche Vorschriften räumen der Verwaltung **Ermessen** ein. Die auf der Rechtsfolgenseite einer Norm enthaltenen Ermessenszuweisungen sind von unbe- 36

101 Vgl. Rn. 29 f.

102 BVerwGE 78, 55, 58.

103 Siehe Rn. 31.

104 BVerfGE 84, 34, 55.

105 Vgl. bereits vorstehend Rn. 25; auch zum Nachfolgenden.

106 Bereits vorstehend Rn. 25.

stimmten Rechtsbegriffen mit Beurteilungsspielräumen, die den Tatbestand einer Norm prägen (können), zu unterscheiden.[107]

37 Verwaltungsermessen muss **durch Rechtsnorm(en)** eröffnet werden. Das geschieht auf unterschiedliche Art und Weise. Zuweilen erfolgt eine ausdrückliche Zuweisung, so durch §§ 13, 14 SOG M-V. In den meisten Fällen wird die Ermessensermächtigung im jeweiligen Gesetz durch Wörter wie „kann", „darf", „ist berechtigt", „ist befugt" und dergleichen vermittelt. Bspw. „kann" gem. § 31 Abs. 2 BauGB das Bauvorhaben unter bestimmten Voraussetzungen von den Festsetzungen des Bebauungsplanes befreit werden. Demgegenüber weisen die Ausdrücke „muss", „ist zu erteilen", „darf nicht versagt werden" etc. auf eine gebundene Entscheidung hin. Das Ermessen kann sich ferner aus dem Gesetzeszusammenhang oder der Systematik von Gesetzen ergeben. Nach § 48 StVO ist etwa derjenige, der Verkehrsvorschriften nicht beachtet, auf Vorladung der zuständigen Behörde verpflichtet, an einem Verkehrsunterricht teilzunehmen. Ausdrücklich räumt diese Vorschrift kein Ermessen ein. Es ist aber anerkannt, dass wegen der Formulierung „auf Vorladung" eine Ermessenszuweisung vorliegt.[108] Die Behörde muss also nicht jeden Verkehrssünder zum Unterricht einbestellen. Sog. „Soll-Vorschriften" verpflichten die Behörde bei Vorliegen der gesetzlichen Voraussetzungen im Normalfall zum Tätigwerden (Entscheidungsbindung). Abweichungen sind aber in atypischen, d.h. Ausnahmefällen eröffnet.[109] Nach § 20 Abs. 2 BImSchG z.B. „soll" (d.h. im Regelfall) eine immissionsschutzrechtliche Anlage, die ohne die erforderliche Genehmigung errichtet, betrieben oder wesentlich geändert wird, stillgelegt oder beseitigt werden.

38 Indem der Verwaltung bei Ermessensvorschriften ein gewisser Entscheidungsspielraum zusteht[110], wird sie für die zu wählende Rechtsfolge in die Lage versetzt, Besonderheiten des jeweiligen Sachverhalts zu berücksichtigen. In Anbetracht dessen richtet sich die Betätigung des Ermessens darauf, unter Einbeziehung der **konkreten Umstände** und der **gesetzlichen Zwecksetzung(en)** im Wege der **Abwägung** eine dem Einzelfall **angemessene** und **sachgerechte Lösung** zu finden.[111]

b) Arten von Ermessen

39 Das Ermessen kann sich zum einen darauf beziehen, **ob** die Verwaltung überhaupt tätig wird – dann handelt es sich um sog. **Entschließungsermessen.** Beispiele bilden §§ 48, 49 VwVfG[112]: Sofern die jeweiligen Voraussetzungen gegeben sind, steht es im Ermessen der Behörde, ob der Verwaltungsakt zurückgenommen bzw. widerrufen wird. Zum anderen wird der Verwaltung in einigen Bestimmungen ein Entscheidungsspielraum dergestalt eröffnet, **wie** sie tätig wird, d.h. welche der von einer Norm zur Verfügung gestellten Maßnahmen – auch welchem Adressaten gegenüber – sie ergreift, sog. **Auswahlermessen.** §§ 48, 49 VwVfG räumen der Verwaltung die Befugnis ein, zu entscheiden, in welchem Umfang (ganz oder teilweise) und mit welcher zeitlichen Wirkung (für die Zukunft oder die Vergangenheit) ein Verwaltungsakt aufgehoben wird und weisen damit zugleich Auswahlermessen zu. Eine (weitere) Kombination von Entschließungs- und Auswahlermessen enthalten die polizeilichen Gene-

107 Vgl. vorstehend Rn. 26 ff.

108 BVerwGE 36, 119, 120 f. Vgl. auch *Detterbeck*, Rn. 318; *Maurer*, § 7 Rn. 9.

109 BVerwGE 88, 1, 8.

110 Vgl. vorstehend Rn. 36.

111 Vgl. *Maurer*, § 7 Rn. 13; *Peine*, Rn. 206.

112 Zu Rücknahme und Widerruf von Verwaltungsakten nach diesen Vorschriften näher § 16.

ralklauseln.[113] Bei einer Gefahr für die öffentliche Sicherheit hat die zuständige Polizei- oder Ordnungsbehörde zunächst eine Ermessensentscheidung dahingehend zu treffen, ob sie im konkreten Fall einschreitet. Entscheidet sie sich für ein Tätigwerden, steht es sodann in ihrem Ermessen, welche Maßnahme sie ergreift bzw. gegen wen sie diese richtet.

Die Rechtsprechung des Bundesverwaltungsgerichts kennt daneben das sog. **intendierte Ermessen.**[114] Es soll vorliegen, wenn einem Gesetz für den Regelfall zu entnehmen ist, wie das Ermessen ausgeübt werden muss; vorausgesetzt wird also, dass ein bestimmtes Ergebnis im Grundsatz gesetzlich gewollt ist und dass nur ausnahmsweise davon abgesehen werden darf. In solchen Fällen soll das Erfordernis konkreter Abwägung (s.o.) entfallen – und dementsprechend auch das einer Begründung der Entscheidung durch die Verwaltung (z.B. beim Widerruf nach § 49 Abs. 2 Nr. 2 und 3 VwVfG). Die Rechtsprechung kann nicht überzeugen.[115] Das charakteristische Element einer Ermessensentscheidung ist gerade die Abwägung, in deren Rahmen auch der Gesetzeszweck und die sonstigen im Gesetz enthaltenen Direktiven berücksichtigt werden. Will der Gesetzgeber ein bestimmtes, als Normalfall gewolltes Ergebnis vorgeben, kann er dies mit „Soll-Vorschriften“[116] deutlich machen. Der Rechtsfigur des intendierten Ermessens bedarf es dafür nicht. 40

c) Rechtsbindung des Ermessens

Obwohl mit der Zuweisung von Ermessen Entscheidungsspielräume denknotwendig verbunden sind, ist die Behörde hinsichtlich der Wahl ihrer Entscheidung nicht völlig frei; vielmehr muss sie schon aus rechtsstaatlichen Gründen das ihr zustehende Ermessen ordnungsgemäß ausüben. § 40 VwVfG bestimmt in diesem Zusammenhang, dass die Behörde ihr Ermessen entsprechend dem Zweck der Ermächtigung zu betätigen und die gesetzlichen Grenzen des Ermessens einzuhalten hat. Daraus folgt für die entscheidungsbefugte Behörde die Pflicht, nach Maßgabe des Gesetzeszwecks das Für und Wider ihres Handelns und die betroffenen Interessen sorgfältig gegeneinander abzuwägen.[117] Hält sich die Behörde nicht an diese rechtlichen Bindungen, handelt sie ermessensfehlerhaft und rechtswidrig.[118] Nicht ermessensfehlerhaft ist es dagegen, wenn die Behörde nur nicht die optimale Handlungsalternative wählt (z.B. bzgl. Mittel und Adressat), sich aber in den Grenzen des Ermessens bewegt. Dann ist die Entscheidung zwar unzweckmäßig, jedoch ermessensfehlerfrei und rechtmäßig. 41

§ 114 S. 1 VwGO begrenzt die verwaltungsgerichtliche Überprüfung des ausgeübten Ermessens in Anlehnung an § 40 VwVfG darauf, ob die Entscheidung rechtswidrig ist, weil die gesetzlichen Grenzen des Ermessens überschritten sind oder vom Ermessen in einer dem Zweck der Ermächtigung nicht entsprechenden Weise Gebrauch gemacht worden ist.[119] Die Verwaltungsgerichte dürfen im Rahmen der Rechtmäßigkeitsprüfung eines Verwaltungsaktes mithin das von der Behörde ausgeübte Ermessen nur dahingehend überprüfen, ob Ermessensfehler unterlaufen sind. Daraus folgt zum 42

113 Z.B. § 13 SOG M-V.
114 Vgl. BVerwGE 72, 1, 6; BVerwGE 105, 55, 57 f.; BVerwG, NJW 1998, 2233, 2234.
115 *Detterbeck*, Rn. 323; *Maurer*, § 7 Rn. 12; vgl. hierzu auch *Erbguth*, JuS 2002, 333.
116 Dazu vorstehend Rn. 37.
117 Zur Begründungspflicht der Behörde bei Ermessensentscheidungen vorstehend Rn. 23.
118 Zu den Ermessensfehlern sogleich Rn. 43 ff.
119 Möglichkeit zur Ergänzung der Ermessenserwägungen durch die Verwaltung im gerichtlichen Verfahren nach § 114 S. 2 VwGO; dazu § 15 Rn. 22 f.

einen, dass die Gerichte keine eigenen Ermessenserwägungen an Stelle derjenigen der Behörde setzen dürfen. Eine ermessensfehlerfreie, aber unzweckmäßige Entscheidung kann – zum anderen – nur von der Behörde selbst oder von der Widerspruchsbehörde im Widerspruchsverfahren (§ 68 VwGO)[120] aufgehoben werden.

d) Ermessensfehler

43 Ein Ermessensfehler liegt vor, wenn die Behörde bei ihrer Entscheidung die aus § 40 VwVfG und allgemeinen Grundsätzen folgenden Anforderungen an die Ermessensbetätigung überschritten hat. Hinsichtlich der Kategorisierung von Ermessensfehlern besteht weitestgehend Einigkeit, lediglich die Bezeichnungen variieren mitunter. In Betracht kommt:

44 Der **Ermessensausfall** (bzw. Ermessensnichtgebrauch) liegt vor, wenn die Behörde von dem ihr eingeräumten Ermessen überhaupt keinen Gebrauch gemacht hat – etwa weil sich die Behörde irrig in ihrer Entscheidung für gebunden hielt. Der Ermessensausfall kann sich darauf richten, dass die Behörde keine Erwägungen anstellt, ob sie tätig werden soll (Entschließungsermessen), ferner, ob es zu der von ihr gewählten Maßnahme auch Alternativen gibt (Auswahlermessen).[121]

45 Um den Fehler der **Ermessensüberschreitung** handelt es sich, wenn die Behörde zwar erkennt, dass ihr Ermessen eingeräumt ist und auch alle Handlungsvarianten erfasst, sie aber irrtümlich oder bewusst annimmt, dass ihr gesetzlich ein größerer Entscheidungsspielraum zusteht als dies tatsächlich der Fall ist. Der Fehler kommt nur beim Auswahlermessen vor und bedingt, dass die Behörde entweder eine zusätzliche, vom Gesetz nicht vorgesehene Handlungsvariante ergreift oder den gesetzlich vorgegebenen Rahmen über- bzw. unterschreitet. Wenn das Gesetz bspw. einen Bußgeldrahmen von 100 bis 200 Euro vorsieht, stellt sowohl die Festsetzung eines Bußgelds von 201 Euro als auch eines von 99 Euro eine Ermessensüberschreitung dar. Eine solche liegt ferner dann vor, wenn die Behörde eine Ermessensreduzierung übersieht.[122]

46 Von **Ermessensfehlgebrauch/Ermessensmissbrauch** spricht man, wenn die Behörde weiß, dass ihr Ermessen eingeräumt ist, sie alle Handlungsvarianten erkennt und sich mit der Entscheidung auch innerhalb der durch die Norm vorgegebenen Grenze hält, der Fehler aber bei der Abwägung unterläuft. Die Behörde missbraucht ihr Ermessen, sofern sie

- nicht alle nach Lage der Dinge entscheidungserheblichen Tatsachen ermittelt,
- Tatsachen unzutreffend vorgewichtet (etwa Präjudizien bildet),
- bei der Abwägung die Gewichtung im Einzelfall verkennt, z.B. einen seit langem unfallfrei Fahrenden wegen eines einmaligen und geringfügigen Verkehrsverstoßes zum Verkehrsunterricht vorlädt,[123]
- unsachliche Erwägungen anstellt, etwa den Abriss eines rechtswidrig errichteten Gebäudes anordnet, weil der Eigentümer seine Hundesteuer nicht regelmäßig bezahlt hat.[124]

47 **Objektive Schranken** des Ermessens sind die Grundrechte und der Grundsatz der Verhältnismäßigkeit.[125] Ein Verstoß führt mithin zur Ermessensfehlerhaftigkeit der

120 Zum Widerspruchsverfahren näher § 19a Rn. 1 ff.

121 Vgl. BVerwGE 15, 196, 199.

122 Zur Ermessenreduzierung sogleich Rn. 48.

123 Vgl. BVerwGE 36, 119, 120 f.; vgl. bereits Rn. 37.

124 Zum Ganzen *Peine*, Rn. 219 ff.

Entscheidung. Insbesondere muss die Behörde bei ihren Entscheidungen den Gleichheitssatz (Art. 3 Abs. 1 GG) beachten. Sie ist mithin verpflichtet, bei gleich gelagerten Fällen auch gleich zu entscheiden, sofern es keinen sachlichen Grund für eine Ungleichbehandlung gibt. Eine gleichmäßig geübte Verwaltungspraxis führt zu einer Selbstbindung der Verwaltung,[126] von der nicht ohne weiteres abgewichen werden kann. Wenn z.B. eine Gemeinde ihre Stadthalle bislang an politische Parteien für die Veranstaltung von Parteitagen vermietet hat, darf sie einer ihr politisch unerwünschten Partei grds. den Zugang nicht verwehren, es sei denn, sie kann sachliche Gründe dafür anführen, warum sie in diesem Fall von der sonst üblichen Verwaltungspraxis abweicht. Beachtlich bleibt, dass der Gleichbehandlungsgrundsatz bei bislang ermessensfehlerhafter Verwaltungspraxis keinen Anspruch auf Fehlerwiederholung gewährt (keine Gleichheit im Unrecht).[127]

e) Ermessensreduzierung auf Null

Ausnahmsweise kann eine **Ermessensreduzierung** auf Null – oder auch Ermessens- **48**
schrumpfung – eintreten. Dies ist der Fall, wenn von den im Gesetz vorgesehenen Handlungsmöglichkeiten im Einzelfall nur eine rechtlich zulässige übrig bleibt, und zwar regelmäßig aus Gründen höherrangigen Rechts. Dann ist allein diese eine Entscheidung ermessensfehlerfrei möglich – und die Wahl einer Handlungsalternative wäre fehlerhaft. Dergestalt wird aus der Ermessensbetätigung der Verwaltung faktisch eine gebundene Entscheidung. So kann das hinsichtlich der Verlängerung einer Aufenthaltserlaubnis gem. §§ 1 Abs. 1, 5 Abs. 1 Nr. 1, 17 Abs. 1 AuslG bestehende behördliche Ermessen wegen Art. 6 Abs. 1 GG bei einem verheirateten Ausländer mit Familie dahin reduziert sein, dass nur noch die Entscheidung, die Aufenthaltserlaubnis zu verlängern, verfassungskonform ist.[128] Weitere Beispiele für eine Ermessensreduzierung bilden Fälle, in denen die Polizei wegen erheblicher Gefahr für hochrangige Rechtsgüter (wie Leben und Gesundheit) einschreiten muss, obwohl die polizeilichen Generalklauseln Ermessen einräumen.[129]

f) Anspruch auf ermessensfehlerfreie Entscheidung

Auch Ermessensvorschriften können subjektiv-öffentliche Rechte vermitteln (z.B. die **49**
polizeiliche Generalklausel); es gelten die diesbezüglichen allgemeinen Anforderungen.[130] Zu beachten bleibt freilich, dass der Bürger im Falle einer subjektiv-öffentlich zu verstehenden Ermessensnorm grds. keinen Anspruch auf Vornahme von Handlungen oder Entscheidungen hat, die als gesetzliche Rechtsfolge zugelassen sind. Er kann vielmehr nur einen Anspruch auf ermessensfehlerfreie Entscheidung geltend machen, der darauf gerichtet ist, dass die Behörde überhaupt in jenem Rahmen entscheidet. Zu einem Anspruch auf Vornahme einer bestimmten Handlung erwächst dies lediglich,

125 Zur Verhältnismäßigkeit sogleich Rn. 53.

126 Die Selbstbindung der Verwaltung wird häufig durch ermessenslenkende Verwaltungsvorschriften ausgelöst, die Vorgaben enthalten, wie das Ermessen zu betätigen ist. Dazu näher § 24 Rn. 2, 7.

127 Vgl. *Battis*, S. 146.

128 Vgl. auch BVerwGE 47, 280, 283, wonach die im Ermessen stehende Erteilung einer straßenrechtlichen Sondernutzungserlaubnis für das Aufstellen von Plakaten mit Blick auf Art. 21 Abs. 1 und 38 Abs. 1 GG zu einer Pflicht, die Erlaubniserteilung vorzunehmen, wird, wenn eine Partei während des Wahlkampfes ein Wahlplakat aufstellen will. Vgl. auch § 27 Rn. 9.

129 BVerwGE 11, 95, 97.

130 Vgl. § 9 Rn. 3 ff.

wenn das Ermessen auf Null reduziert[131], d.h. allein eine Entscheidung rechtmäßig ist.

▶ **ZU FALL 11:** Gem. § 15 Abs. 2 S. 1 GewO kann die Fortsetzung des Betriebes von der zuständigen Behörde verhindert werden, wenn ein Gewerbe ohne die dafür erforderliche Zulassung betrieben wird. Für sein Bewachungsgewerbe benötigt G gem. § 34a Abs. 1 GewO eine Erlaubnis, die er nicht besitzt. Der Tatbestand des § 15 Abs. 2 S. 1 GewO ist erfüllt. Der Behörde ist bei der Entscheidung über die Versagung der Fortsetzung des Bewachungsgewerbes Ermessen eingeräumt, das ordnungsgemäß ausgeübt worden sein muss. K hat insoweit persönliches Missfallen gegenüber K einfließen lassen und damit der Entscheidung unsachliche Erwägungen zugrunde gelegt. Damit liegt ein Ermessensfehler in Form des Ermessensmissbrauchs vor; die Entscheidung ist materiell rechtswidrig.[132] Darüber hinaus könnte sich ein Ermessensfehler aus der Verletzung des Verhältnismäßigkeitsgrundsatzes ergeben.[133] Gegenüber der Versagung des Bewachungsgewerbes kam vorliegend als milderes, gleich zwecktaugliches Mittel die Erlaubniserteilung an G gem. § 34a Abs. 1 GewO in Betracht, weil hierfür alle Voraussetzungen vorlagen. Auch unter diesem Aspekt (fehlende Erforderlichkeit)[134] ist die Entscheidung ermessensfehlerhaft und rechtswidrig. Sie muss vom Gericht aufgehoben werden, §§ 113, 114 VwGO. ◀

3. Koppelungsvorschriften

50 Sog. Koppelungsvorschriften[135] enthalten zwar wie andere Bestimmungen auch[136] einen unbestimmten Rechtsbegriff auf Tatbestands- und Ermessen auf der Rechtsfolgenseite; sämtliche Abwägungen sind indes schon bei der Auslegung des unbestimmten Rechtsbegriffs anzustellen – insbesondere dann, wenn jene Begriffe nicht weiter konkretisiert sind (etwa: „öffentliche Belange“, „öffentliche Interessen“ o.ä.). Bspw. können nach § 35 Abs. 2 BauGB sonstige Vorhaben im Außenbereich (solche, die keine privilegierten Vorhaben i.S.v. § 35 Abs. 1 BauGB sind) zulässig sein, wenn „öffentlichen Belange“ nicht beeinträchtigt werden. Insoweit sollen schon auf Tatbestandsseite alle denkbaren Belange zu berücksichtigen sein, so dass hierfür bei der Ermessensentscheidung kein Raum verbleibt. § 35 Abs. 2 BauGB findet sich demzufolge als gebundene Entscheidung verstanden, die „Kann“-Regelung mutiert zur „Muss“-Vorschrift.[137]

51 Das ist zwar für den Bauwilligen vorteilhaft: Der unbestimmte Rechtsbegriff bei § 35 Abs. 2 BauGB ist voll überprüfbar, die Begrenzung des § 40 VwVfG bei der Kontrolle auf Ermessensfehler kommt nicht zum Tragen.[138] Der Einordnung des § 35 Abs. 2 BauGB als Koppelungsvorschrift wie auch der Akzeptanz jener Rechtsfigur als solcher widerstreitet jedoch die gesetzgeberische Ermessenszuweisung. Daran kann nur höherrangiges Recht etwas ändern – bei § 35 Abs. 2 BauGB eine verfassungskonforme Auslegung anhand von Art. 14 Abs. 1 S. 2 GG.[139]

131 Dazu vorstehend Rn. 48.

132 Vgl. Rn. 46 f.

133 Näher zur Verhältnismäßigkeit von Verwaltungsakten Rn. 53.

134 Vgl. wie vor.

135 Vgl. BVerwGE 46, 175, 176 f.

136 Vorstehend Rn. 25 ff.

137 BVerwGE 18, 247, 250.

138 BVerwGE 18, 247, 250.

139 Vgl. nur *Erbguth/Wagner*, § 8 Rn. 74.

4. Übereinstimmung mit sonstigen Rechtsgrundsätzen und höherrangigem Recht

Verwaltungsakte haben nicht nur mit ihrer jeweiligen Rechts- oder Ermächtigungsgrundlage übereinzustimmen, sie dürfen auch nicht gegen allgemeine Rechtsgrundsätze und höherrangiges Recht verstoßen.[140] 52

a) Verhältnismäßigkeit

▶ **Fall 12:** Die Behörde ordnet die Erhöhung eines Fabrikschornsteins um 40 m an, damit Rauchbelästigungen für die Umgebung verhindert werden. Noch vor Beginn der Bauarbeiten wird festgestellt, dass der Einbau einer preisgünstigeren Filteranlage den gleichen Erfolg versprechen würde. Ist die Anordnung rechtmäßig? ◀

Der Grundsatz der Verhältnismäßigkeit als Ausdruck des Rechtsstaatsprinzips genießt Verfassungsrang.[141] Er gilt für alle staatlichen Maßnahmen und ist insbesondere bei der Überprüfung belastender Verwaltungsakte auf ihre Rechtmäßigkeit zu beachten.[142] Als Folge des Verhältnismäßigkeitsgrundsatzes darf die Freiheit des Einzelnen nur soweit eingeschränkt werden, als es im Interesse des Gemeinwohls unabdingbar ist.[143] Der Verwaltungsakt muss geeignet, erforderlich und angemessen sein.[144] **Geeignet** ist er, wenn mit seiner Hilfe das angestrebte Ziel gefördert oder (gar) erreicht werden kann. Der Verwaltungsakt erfüllt die Anforderung der **Erforderlichkeit**, wenn es kein milderes Mittel gibt, das den Erfolg mit gleicher Sicherheit und vergleichbarem Aufwand herbeiführen würde. **Angemessen** ist er, wenn das mit ihm verfolgte (öffentliche) Ziel in seiner Wertigkeit nicht außer Verhältnis zur Intensität des Eingriffs steht. In einigen Vorschriften ist die Beachtung der Verhältnismäßigkeit spezialgesetzlich festgeschrieben, etwa im Polizei- und Ordnungsrecht (z.B. § 15 SOG M-V). 53

▶ **zu Fall 12:** Problematisch ist die Verhältnismäßigkeit der Anordnung, den Schornstein zu erhöhen. Die Verfügung der Behörde ist geeignet, Rauchbelästigungen für die Umgebung zu verhindern. Erforderlich ist die Maßnahme aber nur, wenn der Behörde kein milderes, gleich gut geeignetes Mittel zur Verfügung steht. Als milderes Mittel kommt hier die für den Betroffenen preisgünstigere Variante der Installation einer Filteranlage in Betracht. Laut Sachverhalt ist diese gleichermaßen geeignet, Rauchimmissionen zu vermeiden. Die Behörde hat folglich nicht das erforderliche Mittel gewählt und demnach eine unverhältnismäßige, rechtswidrige Entscheidung getroffen. ◀

b) Bestimmtheit

▶ **Fall 13:** A beantragt die Erlaubnis zum Betreiben einer Kegelbahn. Die Erlaubnis wird ihm schriftlich erteilt. Sie ordnet an, dass durch bauliche Maßnahmen die Einhaltung von Lärmwerten sichergestellt werden muss. Handelt es sich dabei um einen dem Bestimmtheitsgrundsatz entsprechenden Verwaltungsakt? ◀

---

140 Vgl. vorstehend Rn. 25.

141 Zur näheren Herleitung des Verhältnismäßigkeitsprinzips *Sachs* in: Sachs, Art. 20 Rn. 145 ff.; BVerfGE 19, 342, 348.

142 Bei Ermessensentscheidungen lässt sich die Verhältnismäßigkeit bereits als objektive Grenze des Ermessens prüfen, siehe Rn. 47; bei gebundenen Entscheidungen wird deren Unverhältnismäßigkeit regelmäßig nicht diese, sondern ihre Rechts-/Ermächtigungsgrundlage rechtswidrig machen – (eben) weil der Verwaltung aufgrund der Bindung keine (verhältnismäßigen) Entscheidungsalternativen offen standen.

143 Vgl. *Maurer*, § 10 Rn. 17.

144 Vgl. *Pieroth/Schlink*, Rn. 279.

54 Jeder Verwaltungsakt muss seinem Inhalt nach hinreichend bestimmt abgefasst sein. Ebenso wie die Verhältnismäßigkeit ist auch der Bestimmtheitsgrundsatz verfassungsrechtlich verankert;[145] für Verwaltungsakte ist er in § 37 Abs. 1 VwVfG einfach-gesetzlich normiert.

Die Bestimmtheit erfordert, dass aus dem Verwaltungsakt erkennbar wird, wer von wem was verlangt. Die Bestimmtheit bezieht sich demzufolge auf

- die den Verwaltungsakt erlassende Behörde (näher § 37 Abs. 3 und 5 VwVfG),
- den Adressaten, der mit Name und Adresse bezeichnet werden muss,[146] und
- den Regelungsgehalt, damit der Betroffene weiß, was von ihm verlangt wird[147].

Lässt ein schriftlicher oder elektronischer Verwaltungsakt die erlassende Behörde nicht erkennen, so ist er nicht nur rechtswidrig, sondern zugleich nichtig, § 44 Abs. 2 Nr. 1 VwVfG. Sind die übrigen Anforderungen an die Bestimmtheit nicht erfüllt, ist der Verwaltungsakt grds. materiell rechtswidrig.[148]

▶ **ZU FALL 13:** Die Anordnung, die Einhaltung der genannten Lärmwerte durch bauliche Maßnahmen sicherzustellen, genügt nicht dem Bestimmtheitsgrundsatz. Sie ist hinsichtlich ihres Regelungsgehaltes zu unbestimmt: Für den Adressaten der Anordnung ist nicht erkennbar, durch welche Art baulicher Maßnahmen und in welchem Umfang dies geschehen soll; somit weiß er nicht, was von ihm verlangt wird. ◀

c) Tatsächliche und rechtliche Unmöglichkeit

▶ **FALL 14:** E ist Eigentümer eines Mehrfamilienhauses, dessen Wohnräume er an verschiedene Familien vermietet hat. Die Behörde fordert den E auf, das Haus sofort zu räumen, andernfalls müsse man zwangsweise vorgehen. Die Einwände des E hinsichtlich der bestehenden Mietverträge stoßen bei der Behörde auf taube Ohren. Darf die Behörde die Räumung verlangen? ◀

55 Rechtmäßig kann ein Verwaltungsakt nur sein, wenn er vom Adressaten nichts tatsächlich oder rechtlich Unmögliches verlangt.[149] Der Verwaltungsakt muss also ausführbar sein. **Tatsächliche Unmöglichkeit** meint, dass seine Rechtsfolge aus tatsächlichen Gründen nicht eintreten kann (objektive Unmöglichkeit i.S.d. Zivilrechts). Ein solcher Verwaltungsakt (z.B. die Verpflichtung zur Herstellung eines technisch nicht realisierbaren Kanalanschlusses) ist nichtig, § 44 Abs. 2 Nr. 4 VwVfG. Ein Verwaltungsakt verlangt etwas **rechtlich Unmögliches**, wenn nicht sein Adressat, aber ein anderer ihn ausführen kann (subjektive Unmöglichkeit). Derartige Verwaltungsakte sind nicht nichtig, jedoch rechtswidrig.[150] Kann niemand den Verwaltungsakt (rechtlich) ausführen, tritt freilich Nichtigkeit ein.[151]

---

145 Er folgt ebenfalls aus dem Rechtsstaatsprinzip, hierzu *Degenhart*, Rn. 349 ff.

146 Besonderheiten gelten bei Allgemeinverfügungen, bei denen eine Bezeichnung der Betroffenen nach allgemeinen Merkmalen ausreichend sein kann, z.B. „alle Hauseigentümer der Straße X"; vgl. auch § 12 Rn. 22 f.

147 Vgl. BVerwGE 31, 15, 18.

148 Allerdings kann die zunächst fehlende Bestimmtheit eines Verwaltungsakts nachträglich (im gerichtlichen Verfahren) herbeigeführt werden, BVerwG, NVwZ 2005, 933, 938; zur Nichtigkeit von Verwaltungsakten wegen fehlender Bestimmtheit § 15 Rn. 5.

149 *Hendler*, Rn. 230 f.; *Maurer*, § 10 Rn. 19.

150 Zu Rechtswidrigkeit und Nichtigkeit von Verwaltungsakten § 15 Rn. 1 ff.

151 Nach § 44 Abs. 1 VwVfG; vgl. § 15 Rn. 5.

▶ **zu Fall 14:** Die Räumungsanordnung könnte wegen Unmöglichkeit ihrer Ausführbarkeit rechtswidrig sein. Hier liegt ein Fall der rechtlichen Unmöglichkeit vor. Die Mietverträge räumen den Mietern das Recht zum Wohnen ein. E verstieße gegen seine aus dem Mietvertrag resultierende Verpflichtung zur Gebrauchsgewährung (§ 535 BGB), wenn er von den Mietern die Räumung das Haus verlangen würde. Damit die Anordnung der Behörde ausführbar wird, muss sie sich auch an die Mieter wenden. Dies kann im Wege des Erlasses einer Verfügung an die Mieter geschehen, die Räumung ihrer Wohnungen zu dulden.[152] ◀

d) Kein Verstoß gegen sonstiges höherrangiges Recht

Ferner darf der Verwaltungsakt nicht im Widerspruch mit sonstigem höherrangigen Recht stehen,[153] insbesondere nicht gegen Grundrechte[154] oder Europarecht[155] verstoßen. 56

IV. Wiederholungs- und Verständnisfragen

1. Welches sind die Anforderungen, die an die formelle Rechtmäßigkeit eines Verwaltungsaktes zu stellen sind?
2. Welche rechtlichen Konsequenzen hat eine fehlende oder fehlerhafte Rechtsbehelfsbelehrung?
3. Gewähren unbestimmte Rechtsbegriffe der Verwaltung einen Beurteilungsspielraum?
4. In welchem Umfang sind Prüfungsentscheidungen gerichtlich überprüfbar?
5. Wann ist der Behörde Ermessen eingeräumt?
6. Was gilt für die gerichtliche Kontrolle von Ermessensentscheidungen?
7. Welches sind die Voraussetzungen für die materielle Rechtmäßigkeit von Verwaltungsakten?

Übersicht 12:
Prüfungsschema zur Rechtmäßigkeit eines Verwaltungsaktes

I. Ermächtigungs-/Rechtsgrundlage für den Erlass des Verwaltungsaktes
   1. Erfordernis einer Ermächtigungsgrundlage
   2. Rechtmäßigkeit der Ermächtigungsgrundlage

II. Formelle Rechtmäßigkeit des Verwaltungsaktes
   1. Zuständigkeit (insbesondere sachliche und örtliche Zuständigkeit)
   2. Verfahren (insbesondere Anhörung)
   3. Form

III. Materielle Rechtmäßigkeit
   1. Vereinbarkeit des Verwaltungsaktes mit den Tatbestandsmerkmalen der Ermächtigungsgrundlage (Auslegung unbestimmter Rechtsbegriffe, Beachtung der Grenzen bei Beurteilungsspielräumen)

152 BVerwGE 88, 97, 100 f. Vgl. auch BVerwGE 40, 101, 103, wonach das Fehlen einer Duldungsverfügung nicht zur Rechtswidrigkeit der Räumungsverfügung, sondern nur zu einem (Verwaltungs-)Vollstreckungshindernis (Durchsetzung der Räumung) führt; dazu § 19 Rn. 22; auch OVG Greifswald, NordÖR 2005, 28.

153 Die Vereinbarkeit mit der Ermächtigungsgrundlage ist früher zu prüfen, vgl. Rn. 25.

154 Bereits als objektive Schranken der Ermessensbetätigung, vgl. vorstehend Rn. 47.

155 Vgl. § 3.

2. Rechtsfolge (bei Ermessenszuweisung: keine Ermessensfehler)
3. Übereinstimmung mit allgemeinen Rechtsgrundsätzen und höherrangigem Recht
   a. Verhältnismäßigkeit des Verwaltungsaktes
   b. Bestimmtheit des Verwaltungsaktes
   c. Tatsächliche und rechtliche Möglichkeit der Befolgung des Verwaltungsaktes
   d. Kein Verstoß gegen sonstiges höherrangiges Recht

§ 15 Rechtsfolgen fehlerhafter Verwaltungsakte

▶ **Fall 14:** G hat ohne die erforderliche Genehmigung auf seinem Wochenendgrundstück ein Gartenhaus errichtet. Als die zuständige Bauaufsichtsbehörde dies bemerkt, erlässt sie gegen G, ohne ihn vorher angehört zu haben, eine Abrissverfügung. Hiergegen hat G ordnungsgemäß Widerspruch erhoben, mit dem er geltend macht, auch seine Gartennachbarn hätten kleine Häuser auf ihren Grundstücken errichtet, die von der Behörde schon seit Jahren geduldet würden. Der Widerspruch des G wird als unbegründet zurückgewiesen. Zur Begründung führt die Widerspruchsbehörde u.a. an, das Haus von G sei mit denen seiner Gartennachbarn nicht vergleichbar. Es habe ein festes Fundament und sei aus Stein gebaut, während die Häuser der Nachbarn lediglich aus Holz errichtet seien. Hat eine Anfechtungsklage, mit der G die formelle Rechtswidrigkeit der Abrissverfügung geltend machen will, Aussicht auf Erfolg? ◀

I. Rechtsunwirksamkeit und Rechtswidrigkeit von Verwaltungsakten

Die Unterscheidung zwischen Rechtswirksamkeit und Rechtswidrigkeit[1] ist von grundlegender Bedeutung für die Fehlerfolgen beim Verwaltungsakt. Die Frage der **Rechtswidrigkeit** eines Verwaltungsaktes richtet sich auf seine Vereinbarkeit mit höherrangigem Recht; der Verwaltungsakt ist rechtswidrig, wenn er hiergegen verstößt.[2] Die Rechtswidrigkeit kann dabei sowohl in einem Rechtsverstoß beim Vorgang seines Erlasses (formelle Rechtswidrigkeit)[3] liegen als auch aus einer (rechtlichen) Unzulässigkeit der im Verwaltungsakt getroffenen Regelung (materielle Rechtswidrigkeit)[4] folgen. Demgegenüber betrifft die **Rechtswirksamkeit** die Frage, ob die mit dem Verwaltungsakt beabsichtigte Regelung gegenüber dem bzw. den Adressaten Geltungskraft erreicht. Voraussetzung der Wirksamkeit ist zunächst, dass überhaupt ein Verwaltungsakt vorliegt – dazu muss dieser bekannt gegeben sein, § 43 Abs. 1 VwVfG.[5] I.Ü. gilt: Auch ein rechtswidriger Verwaltungsakt ist im Interesse der Rechtssicherheit grds. wirksam (§ 43 Abs. 2 VwVfG);[6] er kann nur durch behördliche bzw. gerichtliche Aufhebung beseitigt werden oder sich erledigen.[7] Dabei ist zu beachten, dass bestimmte formelle Fehler heilbar (§ 45 VwVfG) oder unbeachtlich sind (§ 46 VwVfG).[8] Leidet der Verwaltungsakt allerdings an einem besonders schwerwiegenden Fehler, so ist er von Anfang an nichtig und unwirksam; er kann folglich seine Regelungswirkung nicht entfalten, §§ 43 Abs. 3, 44 VwVfG.[9] Einer Anfechtung resp. Aufhebung bedarf es dann nicht. 1

1. Nichtigkeitsgründe

Wann ein Verwaltungsakt nichtig ist, regelt § 44 VwVfG in abschließender Weise. 2
Die Norm enthält eine Generalklausel (§ 44 Abs. 1 VwVfG), eine Positivliste absoluter Nichtigkeitsgründe (§ 44 Abs. 2 VwVfG), einen Negativkatalog von Fehlern, die

1 Vgl. bereits § 13 Rn. 1.
2 Dazu bereits § 14.
3 Siehe § 14 Rn. 8 ff.
4 Siehe § 14 Rn. 25 ff.
5 Dazu bereits § 13 Rn. 5 ff.
6 Vgl. § 13 Rn. 1.
7 § 43 Abs. 2 VwVfG, siehe Rn. 8 ff.
8 Hierzu Rn. 14 ff.
9 Siehe dazu sogleich Rn. 2 ff.

nicht zur Nichtigkeit des Verwaltungsaktes führen (§ 44 Abs. 3 VwVfG), eine Regelung zur Teilnichtigkeit (§ 44 Abs. 4 VwVfG) und eine solche zur Feststellung der Nichtigkeit durch die Behörde (§ 44 Abs. 5 VwVfG). Aus Gründen der Spezialität hat die Prüfung mit den Nichtigkeitsgründen des Abs. 2 zu beginnen; danach ist Abs. 3 und erst anschließend die Generalklausel des Abs. 1 zu untersuchen.

3 **§ 44 Abs. 2 VwVfG** nennt absolute Nichtigkeitsgründe (**Positivliste**). Der Verwaltungsakt ist hiernach zwingend nichtig, wenn er

Nr. 1: schriftlich oder elektronisch erlassen worden ist, aber die erlassende Behörde nicht erkennen lässt[10] – weil der Betroffene in einem solchen Fall nicht weiß, von welcher Behörde der Verwaltungsakt stammt und ihn deshalb nicht angreifen kann,

Nr. 2: nach einer Rechtsvorschrift nur durch die Aushändigung einer Urkunde erlassen werden kann, aber dieser Form nicht genügt ist, z.B. bei Einbürgerung eines Ausländers ohne die nach § 16 Abs. 1 StAG erforderliche Aushändigung der Einbürgerungsurkunde,

Nr. 3: unter Verstoß gegen die örtliche Zuständigkeit der belegenen Sache (§ 3 Abs. 1 Nr. 1 VwVfG) erlassen worden ist und die Behörde dazu nicht ermächtigt war,[11] bspw. Erteilung einer Baugenehmigung durch den Landrat für ein Grundstück, das sich im Nachbarkreis befindet,

Nr. 4: aus tatsächlichen Gründen nicht ausgeführt werden kann (tatsächliche Unmöglichkeit),[12] z.B. eine Abrissverfügung für ein bereits beseitigtes Haus,

Nr. 5: die Begehung einer Straftat oder einer Ordnungswidrigkeit verlangt, etwa Anordnung zum Eindringen in eine Wohnung unter Verletzung des § 123 StGB, oder

Nr. 6: gegen die guten Sitten verstößt, z.B. ein baurechtlicher Vorbescheid, der von einer kostenlosen Grundstücksabtretung abhängig gemacht wird.

4 Umgekehrt führen die in der **Negativliste** des **§ 44 Abs. 3 VwVfG** genannten Rechtsverstöße gerade nicht zur Nichtigkeit eines Verwaltungsaktes; dies gilt selbst dann, wenn die Fehler schwerwiegend und offenkundig i.S.d. Abs. 1[13] sind.[14]

5 Nach der **Generalklausel des § 44 Abs. 1 VwVfG** ist ein Verwaltungsakt nichtig, soweit er an einem besonders schwerwiegenden Fehler leidet und dies bei verständiger Würdigung aller in Betracht kommenden Umstände offensichtlich ist. Zunächst ist danach festzustellen, dass der Verwaltungsakt an einem **Rechtsfehler** leidet, er also rechtswidrig ist. Darüber hinaus muss der zur Rechtswidrigkeit führende Fehler besonders **schwerwiegend** sein. Ein solcher Rechtsverstoß ist anzunehmen, wenn der Verwaltungsakt unvereinbar mit tragenden Verfassungsprinzipien ist oder der Rechtsordnung so sehr widerspricht, dass es unerträglich wäre, wenn die mit ihm bezweckten Wertvorstellungen einträten.[15] Zudem muss der schwerwiegende Fehler nach näherer Maßgabe der Vorschrift **offensichtlich** sein. Offenkundigkeit in diesem Sinne

10 Siehe bereits § 14 Rn. 54.
11 Vgl. auch § 14 Rn. 12.
12 Vgl. auch § 14 Rn. 55.
13 Dazu sogleich Rn. 5.
14 *Sachs* in: Stelkens/Bonk/Sachs, § 44 Rn. 153.
15 Vgl. BVerwG, DVBl. 1992, 568, 569.

liegt vor, wenn sowohl die Fehlerhaftigkeit des Verwaltungsaktes als auch die besondere Schwere seiner Rechtswidrigkeit von einem aufmerksamen und verständigen Durchschnittsbetrachter, der mit den in Betracht kommenden Umständen vertraut ist, erkannt werden können.[16] Es kommt also weder auf das Erkenntnisvermögen des jeweils Betroffenen noch auf die Beurteilungsfähigkeit einer juristisch geschulten Person an. Schwerwiegende und offenkundige Fehler sind z.B. die Erlaubnis zur Vornahme strafbarer Handlungen[17] oder ein auf einen (generell) rechtlich unmöglichen Erfolg gerichteter Verwaltungsakt, wie die Versetzung eines Nichtbeamten in den Ruhestand.[18] Auch ein grober Verstoß gegen das Gebot der Bestimmtheit kann zur Nichtigkeit des Verwaltungsaktes führen, etwa ein Abgabenbescheid, der die Art der festgesetzten Abgabe oder den Abgabenbetrag nicht bezeichnet.[19] Umgekehrt begründet die Verletzung von Gemeinschaftsrecht allein noch keinen schweren und offenkundigen Fehler des Verwaltungsaktes.[20]

§ 44 Abs. 4 VwVfG betrifft Fälle, in denen nur ein **Teil des Verwaltungsaktes** nichtig 6
ist. Die **Teilnichtigkeit** erfasst hiernach den gesamten Verwaltungsakt, wenn der nichtige Teil so wesentlich ist, dass die Behörde den Verwaltungsakt ohne ihn nicht erlassen hätte. Wesentlich ist der nichtige Teil, wenn der verbleibende Teil keine selbständige Bedeutung hat; Entsprechendes gilt dann, wenn der übrige Teil durch die Nichtigkeit einen anderen Sinn erhalten und dadurch den Zweck verfehlen würde, den der Verwaltungsakt insgesamt erfüllen sollte.[21] Anderenfalls ist nach Maßgabe des Behördenwillens[22] von bloßer Teilnichtigkeit auszugehen.[23] Für den behördlichen Willen ist nicht die subjektive Vorstellung der handelnden Behörde maßgebend; vielmehr entscheidet sich dies nach objektiven Gesichtspunkten. Es kommt darauf an, wie eine gesetzestreue Behörde gehandelt hätte oder hätte handeln müssen.[24] Der restliche Verwaltungsakt muss z.B., ohne dass es auf einen etwaigen entgegenstehenden Willen der Behörde ankommt, aufrechterhalten bleiben, wenn die Behörde bei gebundenen Entscheidungen zum Erlass des verbleibenden rechtmäßigen Teils verpflichtet ist.[25] Bei Ermessensentscheidungen ist zu fragen, wie die Behörde in Kenntnis der Teilnichtigkeit ihr Ermessen hinsichtlich der Restregelung in zulässiger und vernünftiger Weise betätigt hätte.[26]

2. Nichtigkeitsfolgen

Ein nichtiger Verwaltungsakt ist gem. § 43 Abs. 3 VwVfG unwirksam – und zwar 7
ohne dass dazu ein Feststellungsakt oder eine behördliche bzw. gerichtliche Aufhebung vonnöten wäre.[27] Die Behörde darf einen nichtigen Verwaltungsakt nicht zwangsweise durchsetzen, die Bürger brauchen ihn nicht zu befolgen. Dem Betroffenen bleibt es jedoch unbenommen, die Feststellung der Nichtigkeit des Verwaltungs-

16 BVerwG, NJW 1971, 578; grds. kritisch *Leisner*, DÖV 2007, 669.
17 OLG Celle, NJW 1969, 2250.
18 Weitere Beispiele bei *Sachs* in: Stelkens/Bonk/Sachs, § 44 Rn. 108 ff.
19 *Kopp/Ramsauer*, § 44 Rn. 26.
20 OVG Magdeburg, LKV 2006, 413.
21 *Erichsen* in: Erichsen/Ehlers, § 15 Rn. 30.
22 Vgl. vorstehend.
23 *Kopp/Ramsauer*, § 44 Rn. 60 f.
24 *Kopp/Ramsauer*, § 44 Rn. 61.
25 *Kopp/Ramsauer*, § 44 Rn. 63.
26 *Erichsen* in: Erichsen/Ehlers, § 15 Rn. 31.
27 Vorstehend Rn. 1, a.E.

aktes durch die Behörde (§ 44 Abs. 5 VwVfG) oder das Verwaltungsgericht (Feststellungsklage, § 43 Abs. 1 VwGO)[28] zu beantragen. Behördliche und gerichtliche Nichtigkeitsfeststellung sind unabhängig voneinander zulässig.[29] Darüber hinaus besteht die Möglichkeit, Anfechtungsklage gegen einen nichtigen Verwaltungsakt zu erheben (arg. § 43 Abs. 2 S. 2 VwGO).

Die Eröffnung der Anfechtungsklage ist für den Rechtsschutz des Betroffenen von besonderer Bedeutung, weil sie auch im Fall bloßer Rechtswidrigkeit, also wenn das Gericht bspw. den Eintritt der Nichtigkeit nach § 44 Abs. 1 VwVfG (doch) nicht für gegeben ansieht, begründet ist.[30] Anders als die verwaltungsgerichtliche Feststellungsklage ist die Anfechtungsklage jedoch fristgebunden und setzt ein Widerspruchsverfahren voraus (§§ 68, 70, 74 VwGO).[31]

II. Anfechtbarkeit und Aufhebbarkeit

8 Fehlerhafte (rechtswidrige) Verwaltungsakte sind anfechtbar. **Anfechtbarkeit** bedeutet aus der Sicht des (betroffenen) Bürgers, dass Verwaltungsakte mit den zur Verfügung stehenden Rechtsbehelfen (Widerspruch und Anfechtungsklage)[32] angegriffen und beseitigt werden können. Die **Aufhebbarkeit** eines Verwaltungsaktes richtet sich an Behörden und Verwaltungsgerichte. Sie meint die Befugnis, einen Verwaltungsakt tatsächlich zu beseitigen. Nicht jede Anfechtung führt zu einer gerichtlichen Aufhebung des Verwaltungsaktes (bspw. kann es an der erforderlichen Rechtsverletzung fehlen). Umgekehrt kann ein Verwaltungsakt auch außerhalb eines Rechtsbehelfsverfahrens durch die Behörde aufgehoben werden (vgl. §§ 48, 49 VwVfG).[33]

1. Anfechtbarkeit

Gegen Verwaltungsakte stehen dem Bürger im Wesentlichen zwei Rechtsbehelfe zur Verfügung: **Widerspruch** gem. §§ 68 ff. VwGO und **Anfechtungsklage** nach § 42 Abs. 1, 1. Alt. VwGO.[34]

a) Widerspruch und Anfechtungsklage

9 Im Widerspruchsverfahren kommt es zu einer erneuten **behördlichen** Überprüfung des Verwaltungsaktes auf seine Rechtmäßigkeit, aber auch dahingehend, ob sein Erlass bzw. sein Inhalt zweckmäßig erscheinen. Findet sich die Rechtswidrigkeit festgestellt, führt dies aufgrund Art. 20 Abs. 3 GG grds. zur Aufhebung[35] des Verwaltungsaktes.[36] Wird der Widerspruch hingegen als unzulässig oder unbegründet zurückgewiesen, innerhalb von drei Monaten nicht beschieden (§ 75 VwGO) oder ist ein Widerspruchsverfahren gem. § 68 Abs. 1 S. 2 VwGO nicht erforderlich, kann der Rechtsschutzsuchende vor dem Verwaltungsgericht Anfechtungsklage gegen den Verwaltungsakt erheben, § 42 Abs. 1, 1. Alt. VwGO. Im **verwaltungsgerichtlichen**

28 Hierzu bereits § 11 Rn. 4; näher § 10 Rn. 10 ff.

29 *Kopp/Ramsauer*, § 44 Rn. 69.

30 VGH Mannheim, NVwZ 1994, 1233.

31 Näher § 19a.

32 Dazu § 19a.

33 Hierzu § 16.

34 Vgl. näher § 19a; Sonderregelungen gelten bspw. in Ordnungswidrigkeits- und Steuersachen, vgl. §§ 67 ff. OWiG und §§ 347 ff. AO.

35 Nachfolgend Rn. 11.

36 Näher hierzu und zum Nachfolgenden § 19a.

Verfahren erfolgt eine reine Rechtmäßigkeitskontrolle; einer Überprüfung des Behördenhandelns auf Zweckmäßigkeit stünde das rechtsstaatliche Gewaltenteilungsprinzip entgegen.[37] Hält das Gericht die Klage für begründet, hebt es den rechtswidrigen Verwaltungsakt auf, § 113 Abs. 1 S. 1 VwGO.

b) Bestandskraft von Verwaltungsakten

Als hoheitliche Regelungen sollen Verwaltungsakte verbindlich und rechtsbeständig 10
sein.[38] Vor diesem Hintergrund wird in Anlehnung an das prozessrechtliche Vorbild der Rechtskraft (gerichtlicher Entscheidungen) bei Verwaltungsakten von Bestandskraft gesprochen[39] und zwischen formeller und materieller Bestandskraft unterschieden. **Formelle Bestandskraft** bedeutet Unanfechtbarkeit.[40] Ein Verwaltungsakt ist unanfechtbar, wenn er wegen Versäumnis der Fristen für die Einlegung von Rechtsbehelfen (etwa Widerspruch und Anfechtungsklage) oder nach Verwirkung[41] von bzw. Verzicht auf Rechtsbehelfe(n) vom Betroffenen nicht mehr gerichtlich angreifbar ist. Das gilt auch für den Fall seiner Rechtswidrigkeit. Lediglich der Behörde verbleibt die Möglichkeit, im Wege eines Wiederaufgreifens des Verfahrens (§ 51 VwVfG)[42], einer Rücknahme oder eines Widerrufs (§§ 48, 49 VwVfG)[43] einen bestandskräftig gewordenen Verwaltungsakt zu beseitigen. Die **materielle Bestandskraft** bezieht sich auf die Bindungs-, ggf. auch Tatbestands- und Feststellungswirkung des Verwaltungsaktes[44] und steht unter dem Vorbehalt behördlicher Aufhebbarkeit.[45] Nichtige Verwaltungsakte können, weil sie unwirksam sind,[46] nicht in Bestandskraft erwachsen.

2. Aufhebbarkeit

Unter Aufhebbarkeit eines Verwaltungsaktes wird die Beseitigung seiner Rechtswirk- 11
samkeit durch besonderen Spruch einer Behörde oder eines Gerichts verstanden.[47] Sie kann innerhalb eines Rechtsbehelfsverfahrens erfolgen (Widerspruchsverfahren, Anfechtungsklage)[48], aber auch außerhalb eines solchen (Antrag auf Wiederaufgreifen des Verfahrens, Rücknahme und Widerruf[49]) – letzterenfalls unabhängig von einer Unanfechtbarkeit des Verwaltungsaktes.[50]

37 Vgl. auch § 1 Rn. 3.

38 *Maurer*, § 11 Rn. 2.

39 Vgl. Überschrift Abschnitt 2 VwVfG.

40 Vgl. nur *Sachs* in: Stelkens/Bonk/Sachs, § 43 Rn. 18 m.w.N.

41 Z.B. wenn ein Nachbar, dem die Baugenehmigung des Bauherrn nicht bekannt gegeben wurde, trotz für ihn sichtbarer Bautätigkeit nicht innerhalb eines Jahres Widerspruch gegen diesen Verwaltungsakt erhebt, vgl. § 13 Lösung zu Fall 6; § 19a Rn. 10 (a.E.), 30.

42 Dazu § 17.

43 Dazu § 16.

44 *Maurer*, § 11 Rn. 5 ff.; *Detterbeck*, Rn. 568. Zur Bindungs-, Tatbestands- und Feststellungswirkung vgl. § 13 Rn. 3.

45 Vgl. Rn. 11.

46 Vgl. Rn. 1 ff.

47 Rn. 8; *Jachmann*, Rn. 138.

48 Vorstehend Rn. 9 ff.

49 Näher § 17 und § 16.

50 Bereits Rn. 14.

3. Teilrechtswidrigkeit, Teilanfechtbarkeit und Teilaufhebbarkeit

12 Ebenso wie nur ein Teil eines Verwaltungsaktes nichtig sein kann, ist es möglich, dass er lediglich teilweise rechtswidrig ist (sog. Teilrechtswidrigkeit).[51] Es gelten die entsprechenden Grundsätze.[52] Angesichts dessen liegt Teilrechtswidrigkeit bspw. vor, wenn die Bauaufsichtsbehörde den Abriss eines Hofes verfügt und die Verfügung nur bezogen auf das Altenteilerhaus rechtswidrig ist. Die Behörde hat i.Ü. die Möglichkeit, einen rechtswidrigen Verwaltungsakt nur „teilweise" zurückzunehmen (§ 48 Abs. 1 S. 1 VwVfG) oder einen rechtmäßigen Verwaltungsakt „teilweise" zu widerrufen (§ 49 Abs. 1, 2 VwVfG). Die Möglichkeit der Teilaufhebung eines rechtswidrigen Verwaltungsaktes folgt für die Anfechtungsklage aus § 113 Abs. 1 S. 1 VwGO, wonach der angefochtene Verwaltungsakt „soweit" aufgehoben wird, als er rechtswidrig ist und den Kläger in seinen Rechten verletzt. Für den Widerspruch gilt dies entsprechend.[53]

13 Teilrechtswidrigkeit mit der Folge, dass der restliche Teil des Verwaltungsaktes rechtmäßig bleibt, liegt unter folgenden, § 44 Abs. 4 VwVfG[54] nachgebildeten Voraussetzungen vor:

- Der Verwaltungsakt muss teilbar sein und zwar dergestalt, dass der nach Abtrennung des für sich genommen rechtswidrigen Teils verbleibende Rest-Verwaltungsakt noch eine sinnvolle Regelung darstellt. Im vorstehenden Beispiel beseitigt ein Teilabbruch die Gefahrenlage; es verbleibt daher eine sinnvolle Verfügung.
- Der restliche Verwaltungsakt muss rechtmäßig sein.
- Der verbleibende Teil des Verwaltungsaktes muss überdies vom mutmaßlichen Willen der Behörde gedeckt sein. Wie im Rahmen der (Teil-)Nichtigkeit ist nicht die subjektive Intention des einzelnen Beamten maßgebend, sondern der objektivierte, ggf. gesetzeskonform gedeutete Wille der Behörde.[55]

III. Folgen von Verfahrens- und Formfehlern

14 Hinsichtlich der Fehlerfolgen in Fällen der formellen Rechtswidrigkeit von Verwaltungsakten ergeben sich aus §§ 45, 46 VwVfG Besonderheiten: Bestimmte Verstöße gegen Verfahrens- und Formvorschriften können geheilt werden (§ 45 VwVfG) oder führen nicht zur Aufhebbarkeit des Verwaltungsaktes (§ 46 VwVfG). Der Grund für die Regelungen liegt auf dem ersten Blick nahe: Ein Verwaltungsakt kann trotz formeller Rechtswidrigkeit mit dem materiellen Recht in Einklang stehen; er hätte bei Beachtung der formellen Vorschriften inhaltlich die gleiche Regelung enthalten (müssen) bzw. könnte mit demselben Inhalt erneut erlassen werden. Die Verfahrensökonomie lässt es dann widersinnig erscheinen, den Verwaltungsakt allein wegen seiner formellen Rechtswidrigkeit aufzuheben.[56] Das entspricht zugleich dem herkömmlichen Verständnis von der **dienenden Funktion** des Verfahrensrechts.[57]

51 *Sachs* in: Stelkens/Bonk/Sachs, § 44 Rn. 200 ff. Zur Teilbarkeit von Verwaltungsakten mit Nebenbestimmungen § 18 Rn. 17.

52 Vgl. vorstehend Rn. 6 und nachfolgend Rn. 13.

53 *Hufen*, § 7 Rn. 13 ff.

54 Vorstehend Rn. 6.

55 *Erichsen* in: Erichsen/Ehlers, § 15 Rn. 32; *Maurer*, § 10 Rn. 49. Vorstehend Rn. 6.

56 *Bull/Mehde*, Rn. 774.

57 Dazu *Ziekow*, NVwZ 2005, 263; *Schmidt-Aßmann*, NVwZ 2007, 40, 41.

Bei näherer Betrachtung erweisen sich §§ 45, 46 VwVfG indes zumindest rechtspolitisch als nicht bedenkenfrei, weil sie bspw. Beteiligtenpositionen zu bloßen Formalien stempeln und damit unzulässig entwerten. Auch **europarechtlich** befinden sich die Bestimmungen keineswegs auf der sicheren Seite:[58] Nach dem (französisch und angelsächsisch geprägten) Verständnis des Europäischen Gerichtshofs hat das Verfahren grds. einen Eigenwert; es steht für **Richtigkeitsgewähr**, sichert mithin eine materiell richtige Entscheidung. Verfahrensfehler können also durchaus auf die Rechtswidrigkeit der Entscheidung durchschlagen.[59] Auch sekundärrechtlich[60] kommt diese gegenüber der deutschen Tradition andersartige Bedeutung von Verfahrensfehlern zum Ausdruck. So unterscheidet die völkerrechtlich initiierte[61] Öffentlichkeitsbeteiligungs-Richtlinie der Gemeinschaft[62] nicht zwischen materiellen und formellen (Umwelt-)Rechtsverletzungen, so dass es jedenfalls im Anwendungsbereich dieses Rechtsaktes zu einer europarechtskonformen Anpassung der §§ 45, 46 VwVfG kommen muss.[63]

Mit Blick auf die Auswirkungen der Fehlerhaftigkeit legen §§ 45, 46 VwVfG fest, wann ein formeller Mangel ohne Folgen bleibt. Freilich können die Vorschriften nur zur Anwendung gelangen, wenn der Verwaltungsakt nicht schon nach § 44 VwVfG nichtig ist. Die Nichtigkeit eines Verwaltungsaktes kann weder geheilt werden noch unerheblich sein.

1. Heilung von Verfahrens- und Formfehlern

Nach § 45 VwVfG können bestimmte formelle Fehler des Verwaltungsaktes durch Nachholung der versäumten Handlung bereinigt werden. Beachtet also die Behörde die von § 45 Abs. 1 VwVfG aufgeführten Verfahrens- und Formvorschriften nicht, ist der Verwaltungsakt zunächst einmal formell rechtswidrig. Holt die Behörde die entsprechenden Förmlichkeiten nach, wird der Rechtsverstoß geheilt, d.h. der Verwaltungsakt ist formell rechtmäßig. Nach h.M. beseitigt die Heilung den formellen Mangel **ex tunc**, also rückwirkend.[64] Daran scheitern sowohl der Erfolg eines Rechtsbehelfs (§§ 68, 113 VwGO) als auch eine Rücknahme (§ 48 VwVfG). 15

Nur die in § 45 Abs. 1 VwVfG genannten Verstöße können geheilt werden, andere nicht. Im Einzelnen sind nachholbar: 16

- ein vor Erlass des Verwaltungsaktes zu stellender Antrag (Nr.1),
- die erforderliche Begründung des Verwaltungsaktes (Nr. 2),
- die erforderliche Anhörung (Nr. 3),

58 Es handelt sich insgesamt um (rechts)grundsätzliche Fragen, vgl. – am Beispiel des neugefassten BauGB – etwa *Erbguth*, DVBl. 2004, 802; ferner zur Europäisierung des Verwaltungsverfahrens und der -fehlerlehre *Alleweldt*, DÖV 2006, 621; *Dolde*, NVwZ 2006, 857, 859; *Ziekow*, NVwZ 2005, 263; *Lecheler*, GewArch 2005, 305.

59 EuGH, Slg. 2004, I-723 Rn. 54; näher *Wahl*, DVBl. 2003, 1285, 1290 ff.; *Ehlers*, Verw 37 (2004), 255, 260; *Ruffert*, Verw 36 (2003), 293, 306; *Knill/Winkler*, VerwArch 98 (2007), 1, am Beispiel der Umweltverträglichkeitsprüfung.

60 Zum europäischen Sekundärrecht allgemein § 7 Rn. 13.

61 Näher *v. Danwitz*, NVwZ 2004, 272.

62 Richtlinie 2003/35/EG v. 26.5.2003 über die Beteiligung der Öffentlichkeit bei der Ausarbeitung bestimmter umweltbezogener Pläne und Programme und zur Änderung der Richtlinien 85/337/EWG und 96/61/EG, ABl. EG, L 156, S. 17.

63 *Ziekow*, NVwZ 2005, 263, 265 ff.; *Ekardt*, NuR 2006, 221, 227; anders aus einer § 48 VwVfG in den Vordergrund rückenden Sichtweise, die Bedenken an § 45 VwVfG und (damit zugleich) europarechtliche Zweifel relativiert, *Durner*, VerwArch 97 (2006), 345.

64 *Meyer* in: Knack, § 45 Rn. 15; *Sachs* in: Stelkens/Bonk/Sachs, § 45 Rn. 18. A.A.: formeller Fehler wird ex nunc, d.h. ab dem Zeitpunkt der Nachholung der Verfahrenshandlung, beseitigt, *Kopp/Ramsauer*, § 45 Rn. 14.

- der Beschluss eines Ausschusses, dessen Mitwirkung für den Erlass des Verwaltungsaktes erforderlich ist (Nr. 4), und
- die erforderliche Mitwirkung einer anderen Behörde (Nr. 5).

An einer Heilbarkeit fehlt es von vorneherein, wenn ein Verfahrensakt zwingend vor Erlass des Verwaltungsaktes vorschrieben ist und ein Nachholen dem Schutzzweck der Norm nicht gerecht werden kann; so lässt sich die aus Gründen des Entlassungsschutzes erforderliche vorherige (!) Anhörung des Personalrates bei fristloser Entlassung eines Beamten auf Probe nicht nachholen.[65] Ansonsten bleibt die (allerdings großzügige) **zeitliche Grenze** des § 45 Abs. 2 VwVfG beachtlich: Verfahrens- und Formfehler können bis zum Abschluss der letzten Tatsacheninstanz des verwaltungsgerichtlichen Verfahrens[66] geheilt werden.[67]

17 Besonderes Augenmerk gebührt der Heilung des Fehlers nach § 45 Abs. 1 Nr. 3 VwVfG (fehlende Anhörung eines Beteiligten, § 28 VwVfG). In der Praxis spielt die **Nachholung der Anhörung** im Rahmen des Widerspruchsverfahrens eine große Rolle. Heilung gem. § 45 Abs. 1 Nr. 3 VwVfG tritt ein, wenn die (Ausgangs- oder Widerspruchs-)Behörde das Vorbringen des Widerspruchsführers bei ihrer Entscheidung aufgreift und dazu Stellung nimmt.[68] An weiteren Einschränkungen ist zu berücksichtigen:

- Eine Heilung der unterbliebenen Anhörung im Widerspruchsverfahren scheidet aus, wenn sich die Behörde im Widerspruchsbescheid auch auf solche Tatsachen stützt, die dem Bürger nicht bekannt waren und zu denen er sich nicht geäußert hat.[69]
- Auch bei Ermessensentscheidungen kann die nachträgliche Anhörung neben der Ausgangsbehörde durch die Widerspruchsbehörde vorgenommen werden, wenn Letztere den Verwaltungsakt hinsichtlich seiner Rechtmäßigkeit und Zweckmäßigkeit überprüft. Ist hingegen die Prüfungskompetenz der Widerspruchsbehörde aufgrund besonderer gesetzlicher Bestimmung auf die Rechtmäßigkeit des Verwaltungsaktes beschränkt (z.B. in Selbstverwaltungsangelegenheiten, wenn Ausgangs- und Widerspruchsbehörde nicht identisch sind, vgl. § 73 Abs. 1 S. 2 Nr. 3 VwGO[70]), darf nur die Ausgangsbehörde die unterbliebene Anhörung nachholen.

18 Von der Heilung bei Verfahrensfehlern, insbesondere der Nachholung einer fehlenden Begründung (§ 45 Abs. 1 Nr. 2 VwVfG), ist das **Nachschieben von Gründen** zu unterscheiden.[71] Eine fehlende Begründung kann nachgeholt werden, wenn sie gänzlich unterblieben ist oder nicht den Anforderungen des § 39 VwVfG entspricht und der Verwaltungsakt deshalb formell rechtswidrig ist. Das Nachschieben von Gründen betrifft demgegenüber den Fall, dass im Verwaltungsprozess die formell ordnungsgemäße, aber sachlich unzureichende Begründung des angefochtenen Verwaltungsaktes ge-

65 BVerwGE 66, 291.
66 Zum Instanzenzug der Verwaltungsgerichtsordnung vgl. § 19c.
67 Kritisch dazu *Erbguth*, Zur Vereinbarkeit der jüngeren Deregulierungsgesetzgebung im Umweltrecht mit dem Verfassungs- und Europarecht, 1999, S. 79 ff.
68 BVerwG, DVBl. 1983, 271. Zu den Voraussetzungen einer ordnungsgemäßen Anhörung § 14 Rn. 19.
69 BVerwGE 66, 184, 189 f.
70 BVerwGE 66, 111, 115.
71 Ausführlich zum Nachschieben von Gründen *Brischke*, DVBl. 2002, 429.

ändert oder ergänzt wird.[72] Das Nachschieben von Gründen ist bei gebundenen und Ermessensentscheidungen möglich (zu Letzteren § 114 S. 2 VwGO)[73].

Übersicht 13:
Voraussetzungen für die Heilung von Verfahrens- und Formfehlern nach § 45 VwVfG

I. Formell rechtswidriger, aber nicht nichtiger Verwaltungsakt
II. Fehler (Rechtswidrigkeitsgrund) ist heilbar, § 45 Abs. 1 Nr. 1 bis 5 VwVfG
III. Fehlende Handlung wird bis zum Abschluss der letzten Tatsacheninstanz des verwaltungsgerichtlichen Verfahrens nachgeholt

2. Unerheblichkeit von Verfahrens- und Formfehlern

Kann ein formell rechtswidriger Verwaltungsakt nicht nach § 45 VwVfG geheilt werden, führt dies nicht automatisch zur Aufhebbarkeit des Verwaltungsaktes. Möglicherweise ist der Verstoß nach § 46 VwVfG unbeachtlich, so dass er keine Konsequenzen zeitigt. Liegen die Erfordernisse des § 46 VwVfG vor, bleibt der Verwaltungsakt zwar weiterhin rechtswidrig, jedoch **ohne Sanktion** – selbst durch einen Rechtsbehelf kann seine Aufhebung nicht erreicht werden.[74] 19

Voraussetzung für die Anwendung des § 46 VwVfG ist zunächst, dass Vorschriften über Verfahren, Form oder örtliche Zuständigkeit verletzt worden sind und diese Verletzung nicht zur Nichtigkeit gem. § 44 VwVfG führt. Darüber hinaus darf der formelle Mangel, um im obigen Sinne unerheblich zu sein, die Sachentscheidung offensichtlich nicht beeinflusst haben. Gemeint ist damit, dass die Entscheidung in der Sache – also die materielle Regelung – auch bei Beachtung sämtlicher Verfahrensvorschriften nicht anders ausgefallen wäre.[75] Bei **gebundenen** Verwaltungsakten ist dies immer dann gegeben, wenn seine materiellen Voraussetzungen vorliegen. Bei **Ermessensentscheidungen** liegt die Voraussetzung vor, wenn sich der Ermessensspielraum der Behörde auf Null reduziert hat,[76] also nur eine Entscheidung inhaltlich richtig ist. Anderenfalls besteht bei Ermessensentscheidungen immer die Möglichkeit, dass die Beachtung der Verfahrensvorschrift(en) Einfluss auf die Ermessensausübung genommen und die Behörde eine andere Entscheidung getroffen hätte. Weil in einem solchen Fall die Auswirkung des Verfahrensfehlers auf das Ergebnis nicht eindeutig ausgeschlossen werden kann, ist die (gegenteilige) Feststellung der Offensichtlichkeit praktisch ausgeschlossen.[77] Entsprechendes gilt für Entscheidungen mit Beurteilungsspielräumen.[78] Ausnahmen bilden lediglich Gründe tatsächlicher Einflusslosigkeit (etwa Bewertungsfehler im Prüfverfahren, der sich rechnerisch nicht ausgewirkt haben kann).[79] 20

72 BVerwGE 38, 191, 195.
73 Näher *Kopp/Schenke*, § 114 Rn. 49 ff.
74 Vgl. *Peine*, Rn. 242.
75 *Maurer*, § 10 Rn. 41.
76 Zur Ermessensreduzierung auf Null vgl. § 14 Rn. 48.
77 Strittig, wie hier und näher *Kopp/Ramsauer*, § 46 Rn. 32 ff.
78 *Kopp/Ramsauer*, § 46 Rn. 33 f.
79 BVerfG, NJW 1991, 2005.

Übersicht 14:
Voraussetzungen für die Unbeachtlichkeit von Verfahrens- und Formfehlern nach § 46 VwVfG

I. Formell rechtswidriger, aber nicht nichtiger Verwaltungsakt
II. Offensichtlichkeit, dass die Vorschriftenverletzung die Entscheidung in der Sache nicht beeinflusst hat

IV. Umdeutung fehlerhafter Verwaltungsakte

21 Ein rechtswidriger Verwaltungsakt kann in Anlehnung an § 140 BGB unter den in § 47 VwVfG genannten Voraussetzungen in einen anderen, rechtmäßigen umgedeutet werden.[80] Die Umdeutung bewirkt, dass die ursprüngliche Regelung des Verwaltungsaktes durch einen abweichenden Inhalt bei gleicher Zielrichtung ersetzt wird.[81] Es wird kein neuer Verwaltungsakt erlassen, sondern der ursprüngliche mit neuem Inhalt festgestellt. Nach h.M. ist daher die Umdeutung kein selbständiger Verwaltungsakt, sondern ein reiner Erkenntnisakt.[82] In der Praxis spielt die Umdeutung keine große Rolle. Sie wurde bspw. als Umdeutung der fristlosen Entlassung eines Probebeamten in eine fristgemäße zugelassen.[83]

22 Zulässig ist eine Umdeutung unter folgenden Voraussetzungen:

- Der ursprüngliche Verwaltungsakt muss mit einem Fehler behaftet sein (Rechtswidrigkeit des Verwaltungsaktes), § 47 Abs. 1 VwVfG.
- Die ursprüngliche und die neue Regelung des Verwaltungsaktes müssen die gleiche Zielrichtung verfolgen, § 47 Abs. 1 VwVfG.
- Der neue Regelungsinhalt darf nicht im Widerspruch zum Recht (§ 47 Abs. 1 VwVfG) und zur erkennbaren Absicht der Behörde stehen, § 47 Abs. 2 S. 1 VwVfG.
- Infolge der Umdeutung darf der Bürger nicht ungünstiger stehen als vorher, § 47 Abs. 2 S. 1 VwVfG.
- Der ursprüngliche Verwaltungsakt muss rücknehmbar sein, § 47 Abs. 2 S. 2 VwVfG.
- Bei einer behördlichen Umdeutung muss eine Anhörung des Bürger stattfinden, § 47 Abs. 4 i.V.m. § 28 VwVfG.
- Ein gebundener Verwaltungsakt darf nicht in einen Ermessensverwaltungsakt umgedeutet werden, § 47 Abs. 3 VwVfG.

V. Sonstige Fehlerfolgen

23 Verwaltungsakte können unrichtig sein, ohne damit (Rechts-)Fehler aufzuweisen. Das gilt für Schreibfehler, Rechenfehler o.ä. offenbare Unrichtigkeiten.[84] Der Verwaltungsakt ist dann mit seinem wahren, wenn auch nur unvollkommen zum Ausdruck

80 Die überwiegende Meinung hält eine Umdeutung auch bei nichtigen Verwaltungsakten für möglich, so *Sachs* in: Stelkens/Bonk/Sachs, § 47 Rn. 31; *Maurer*, § 10 Rn. 44; BVerwGE 110, 111, 114 f. A.A. *Meyer* in: Knack, § 47 Rn. 8.

81 *Hendler*, Rn. 252.

82 BVerwGE 48, 83; so auch *Maurer*, § 10 Rn. 44; *Sachs* in: Stelkens/Bonk/Sachs, § 47 Rn. 10 ff. Dieser Auffassung folgend kann die Umdeutung nicht nur durch Verwaltungsbehörden, sondern auch durch Verwaltungsgerichte vorgenommen werden; anders *Meyer* in: Knack, § 47 Rn. 29 f.

83 BVerwGE 91, 73.

84 Bei Fehlern im elektronischen Datenverarbeitungsprogramm wird eine derartige Unrichtigkeit nur angenommen werden können, wenn diese mit Rechenfehlern des Sachbearbeiters zu vergleichen sind, BVerwG, NJW 1976, 532; *Kopp/Ramsauer*, § 42 Rn. 5, mit Hinweis auf abweichende Meinungen.

gelangten Inhalt wirksam. Die Unrichtigkeit, aber auch eine nicht gewollte Unklarheit, kann von der Behörde bereinigt werden (sog. **Berichtigung,** § 42 VwVfG).[85] „Offenbar" sind solche Unrichtigkeiten, die sich jedermann aufdrängen müssen, der in die Lage der Beteiligten versetzt wird.[86]

▶ **zu Fall 14:** Die Abrissverfügung war wegen fehlender Anhörung gem. § 28 Abs. 1 VwVfG formell rechtswidrig. § 45 Abs. 1 Nr. 3 VwVfG ermöglicht freilich die Heilung einer unterbliebenen Anhörung durch Nachholung. Das könnte im Wege der Durchführung des Widerspruchsverfahrens geschehen sein. Neben der Ausgangsbehörde ist grds. auch die Widerspruchsbehörde zur Heilung berechtigt.[87] Voraussetzung ist jedoch, dass dem Betroffenen Gelegenheit gegeben wird, sich zu den für die Entscheidung wesentlichen Tatsachen zu äußern. Überdies muss die Behörde das Vorbringen zur Kenntnis nehmen und bei ihrer Entscheidung in Erwägung ziehen.[88] Das ist hier geschehen. G hat zunächst seine Einwände gegen die Abrissverfügung vorgebracht. Insbesondere hat er geltend gemacht, dass eine unterschiedliche Behandlung für sein Haus und die Häuser seiner Nachbarn nicht einzusehen sei. Die Auffassung des G hat die Widerspruchsbehörde in ihrer Entscheidung berücksichtigt und zu dieser Frage gesondert Stellung bezogen. Damit liegt eine ordnungsgemäße Nachholung der Anhörung vor; der formelle Mangel ist beseitigt. Insoweit hat eine Klage des G keine Aussicht auf Erfolg. ◀

VI. Wiederholungs- und Verständnisfragen

1. Wie verhält es sich mit der Rechtswidrigkeit und Rechtswirksamkeit von Verwaltungsakten?
2. Wie kann sich ein Betroffener gegen einen rechtswidrigen Verwaltungsakt zur Wehr setzen?
3. Was versteht man unter der Aufhebbarkeit eines Verwaltungsaktes?
4. Worin liegt der Unterschied zwischen der Regelung des § 45 VwVfG und derjenigen des § 46 VwVfG?

85 Anschaulich zur Berichtigung gem. § 42 VwVfG und § 129 AO anhand von Beispielsfällen *Kraus*, ThürVBl. 2007, 1; zur Möglichkeit, im Verwaltungsakt einen Berichtigungsvorbehalt aufzunehmen, *Axer*, DÖV 2003, 271.

86 BVerwG, NVwZ 1986, 198; weitergehend BVerwG, NVwZ 2000, 553; zu anderen Sichtweisen *Kopp/Ramsauer*, § 42 Rn. 12.

87 Vgl. zur Ausnahme Rn. 17.

88 BVerwGE 66, 111, 113.

§ 16 Rücknahme und Widerruf von Verwaltungsakten

I. Begriffe: Rücknahme und Widerruf

1 Rücknahme und Widerruf sind Instrumente, mit denen die Behörde – auf eigene Initiative oder auf Antrag des Bürgers – Verwaltungsakte außerhalb eines Rechtsbehelfsverfahrens aufheben kann.[1] Bezieht sich die behördliche Aufhebung auf einen **rechtswidrigen** Verwaltungsakt, spricht § 48 VwVfG von **Rücknahme.** Soll demgegenüber von einer Behörde ein **rechtmäßiger** Verwaltungsakt beseitigt werden, handelt es sich gem. § 49 VwVfG um einen **Widerruf.** Bedeutsam ist für Rücknahme und Widerruf, dass sie auch nach Eintritt der Bestandskraft eines Verwaltungsaktes, d.h. nach Unanfechtbarkeit,[2] seine Aufhebung zulassen. Zu den Voraussetzungen, unter denen die Behörde zur Rücknahme bzw. zum Widerruf berechtigt ist, hatte sich vor Erlass des Verwaltungsverfahrensgesetzes eine umfangreiche Rechtsprechung entwickelt, die dann in weiten Teilen Eingang in die gesetzlichen Regelungen der §§ 48 und 49 VwVfG gefunden hat.[3]

2 Rücknahme und Widerruf stehen im Spannungsfeld von Vertrauensschutz bzw. Rechtssicherheit und dem Prinzip der Gesetzmäßigkeit der Verwaltung (Art. 20 Abs. 3 GG). Die Rücknahme dient der Korrektur rechtswidriger Entscheidungen; der Widerruf ist auf die Anpassung eines Verwaltungsaktes an eine veränderte Sach- und Rechtslage gerichtet.[4] Diese Ziele geraten teilweise mit den Interessen des Bürgers in Konflikt: Ihm wird es häufig darum gehen, begünstigende Verwaltungsakte aufrecht zu erhalten, während er gegen die Aufhebung belastender Entscheidungen i.d.R. nichts einzuwenden hat. Zum Zweck des Ausgleichs jener öffentlichen und privaten Belange hebt das Gesetz bei der Rücknahme bzw. beim Widerruf nicht nur auf die Rechtswidrigkeit resp. Rechtmäßigkeit des Verwaltungsaktes ab, sondern stellt zusätzlich unterschiedliche Anforderungen hinsichtlich der Aufhebung belastender oder begünstigender Verwaltungsakte.

3 Bei §§ 48, 49 VwVfG handelt es sich um allgemeine Vorschriften über Rücknahme und Widerruf. Sie werden aufgrund § 1 Abs. 1, 2 VwVfG verdrängt, soweit spezielle Regelungen betreffend die Aufhebung von Verwaltungsakten eingreifen, etwa hinsichtlich der Rücknahme § 15 GastG, § 47 WaffG, § 9 BRRG, § 73 AsylVfG, §§ 44, 45 SGB X, § 17 UAG und für den Widerruf § 21 BImSchG, § 73 AsylVfG, § 47 WaffG.

1 Vgl. bereits § 15 Rn. 15 f. Auch der Gesetzgeber kann sich abweichend von dem Grundsatz, dass eine Änderung der Rechtslage existierende Verwaltungsakte nicht berührt, dazu entscheiden, solche Altfälle aufzuheben oder zu ändern; näher zu den Voraussetzungen *Beaucamp*, DVBl. 2006, 1401.

2 Dazu § 15 Rn. 10.

3 Vgl. hierzu ausführlich *Maurer*, § 11 Rn. 21 ff.

4 Vgl. *Bull/Mehde*, Rn. 789 ff.

Übersicht 15:
Aufhebung von Verwaltungsakten

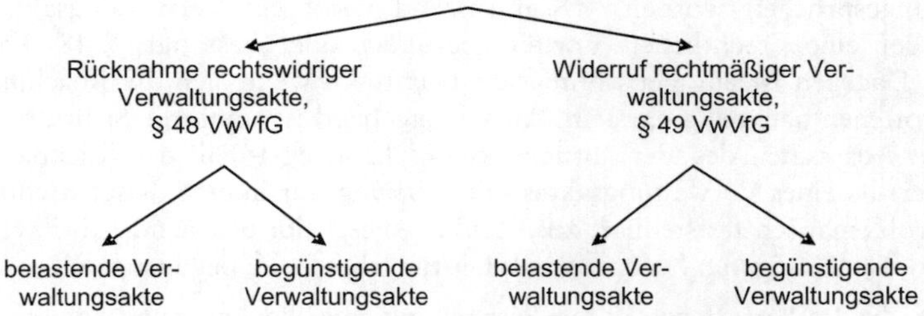

1. Unterscheidung rechtmäßige und rechtswidrige Verwaltungsakte

Für die Frage, ob es um die Aufhebung eines rechtswidrigen oder rechtmäßigen Verwaltungsaktes geht, d.h. ob § 48 VwVfG oder § 49 VwVfG Anwendung findet, ist auf den Zeitpunkt des Erlasses des Verwaltungsaktes abzustellen.[5] Eine danach eintretende Rechtswidrigkeit oder Rechtmäßigkeit des Verwaltungsaktes ist für die Einordnung im Verhältnis von § 48 und § 49 VwVfG grds. irrelevant. 4

Hierzu hat das Bundesverwaltungsgericht zwei Modifikationen entwickelt:[6]

- Wirkt eine nach Erlass des Verwaltungsaktes eintretende Rechtswidrigkeit aus besonderen Gründen auf den Zeitpunkt des Erlasses zurück, liegt ein ursprünglich rechtswidriger Verwaltungsakt vor, dessen Aufhebung sich nach § 48 VwVfG richtet (z.B. im Fall der rückwirkenden Aufhebung eines rechtmäßigen Gesetzes, das Grundlage des Verwaltungsaktes war).
- Fallen die Voraussetzungen eines auf eine laufende Geldleistung gerichteten Verwaltungsaktes später weg, ist für die Aufhebung dieses Verwaltungsaktes ab dem Zeitpunkt des Entfallens ebenfalls § 48 VwVfG einschlägig (etwa beim Wegfall der Bedürftigkeit eines Sozialhilfeempfängers).

Zu beachten bleibt, dass Verwaltungsakte, deren formelle Fehler Heilung nach § 45 VwVfG erfahren haben, nicht rechtswidrig und demzufolge nicht rücknehmbar sind.[7] Eine Rücknahme kommt auch bei Verwaltungsakten, die gem. § 42 VwVfG berichtigt oder nach § 47 VwVfG umgedeutet wurden, nicht in Betracht. Leidet der Verwaltungsakt hingegen an einem i.S.d. § 46 VwVfG unbeachtlichen formellen Fehler, wird seine Rechtswidrigkeit nicht nachträglich hergestellt,[8] so dass die Verwaltung nicht gehindert ist, diesen (rechtswidrigen) Verwaltungsakt zurückzunehmen.[9] 5

Rücknahme und Widerruf beziehen sich nur auf wirksame Verwaltungsakte. Nichtige Verwaltungsakte können weder widerrufen noch zurückgenommen werden;[10] hier kommt lediglich die behördliche Feststellung der Nichtigkeit gem. § 44 Abs. 5 VwVfG in Betracht.[11]

5 Siehe dazu *Erichsen* in: Erichsen/Ehlers, § 17 Rn. 11 m.w.N.
6 BVerwGE 84, 111, 113 f.
7 Vgl. § 15 Rn. 15, 19.
8 Vgl. § 15 Rn. 19 f.
9 *Meyer* in: Knack, § 46 Rn. 40; *Sachs* in: Stelkens/Bonk/Sachs, § 46 Rn. 12; a.A., wonach die Rücknahme in den Fällen des § 46 VwVfG ausgeschlossen ist, *Kopp/Ramsauer*, § 46 Rn. 46.
10 Ebenso *Meyer* in: Knack, § 48 Rn. 30; anders *Kopp/Ramsauer*, § 48 Rn. 18.
11 Vgl. § 15 Rn. 7.

2. Unterscheidung belastende und begünstigende Verwaltungsakte

6 Die Unterscheidung zwischen belastenden und begünstigenden Verwaltungsakten ist bereits angesprochen worden.[12] Begünstigend wirkt ein Verwaltungsakt, der ein Recht oder einen rechtlichen Vorteil begründet oder bestätigt, § 48 Abs. 1 S. 2 VwVfG. Dagegen ist ein Verwaltungsakt belastend, wenn sich die Regelung als für den Betroffenen nachteilig darstellt. Ausschlaggebend ist somit die Sicht des Betroffenen bzw. Adressaten des Verwaltungsaktes.[13] Im (Regel-)Fall der Rücknahme oder des Widerrufs eines Verwaltungsaktes mit Wirkung nur in eine dieser Richtungen ist das unproblematisch feststellbar, z.B. Zahlungsbescheid: belastend, Abrissverfügung: belastend, Genehmigung: begünstigend, Leistungsbescheid: begünstigend.

7 Auf die Sicht des Betroffenen ist zur Feststellung einer Begünstigung oder einer Belastung auch in folgenden, weniger einfach zu beurteilenden Fallkonstellationen abzustellen:

- **Verschärfung einer Belastung:** Wurde der Betroffene zwar durch den ursprünglichen Verwaltungsakt belastet, die Belastung aber durch eine Änderung noch verschlimmert, stellt sich das dem Betroffenen gegenüber als eine Aufhebung des weniger belastenden und damit eines ihn begünstigenden Verwaltungsaktes dar. Die Aufhebung dieses Verwaltungsaktes ist daher nach den Regeln über Rücknahme bzw. Widerruf eines begünstigenden Verwaltungsaktes zu beurteilen.[14] Beispiel ist hierfür ein Abgabenbescheid über 100 Euro, der durch einen solchen über 200 Euro ersetzt wird. Der erste Verwaltungsakt ist bereits belastend, im Vergleich zur Änderung wirkt er für den Betroffenen jedoch weniger belastend. Demzufolge wird die für den Betroffenen vorteilhaftere (also begünstigende) Regelung zugunsten einer belastenderen aufgehoben.
- **Verbesserung einer Vergünstigung:** Für den entgegengesetzten Fall der Verbesserung einer Vergünstigung gelten die Regeln über die Aufhebung belastender Verwaltungsakte.[15] Wird bspw. eine Subvention von 600 Euro monatlich bewilligt, obwohl nach den einschlägigen Bestimmungen ein Anspruch auf 900 Euro besteht, und ändert die Behörde den Bewilligungsbescheid nach Entdeckung ihres Fehlers dahingehend, dass nunmehr monatlich 900 Euro ausgezahlt werden, so richtet sich die Aufhebung des ursprünglichen Bescheids nach den Bestimmungen über die Rücknahme belastender Verwaltungsakte.

8 Bei **Verwaltungsakten mit Drittwirkung** ist die Einordnung, ob es sich um einen belastenden oder begünstigenden Verwaltungsakt handelt, ebenfalls aus Sicht des Adressaten der Aufhebung zu beurteilen. Bspw. ist eine an A gerichtete Baugenehmigung, auf deren Grundlage seinem Nachbarn N die Aussicht versperrt würde, ein begünstigender Verwaltungsakt (mit belastender Drittwirkung[16]). Die Aufhebung der Genehmigung richtet sich nach den Vorschriften über die Rücknahme oder den Widerruf eines begünstigenden Verwaltungsaktes. Wird hingegen ein belastender Verwaltungsakt mit begünstigender Drittwirkung erteilt, etwa A gegenüber eine Abrissverfügung für seine Garage erlassen, in deren Gefolge Nachbar N wieder eine

12 Vgl. dazu § 12 Rn. 39 ff.

13 *Detterbeck*, Rn. 686.

14 *Maurer*, § 11 Rn. 15; *Erichsen* in: Erichsen/Ehlers, § 17 Rn. 19.

15 BVerwGE 71, 220, 226.

16 Zu den Besonderheiten bei Rücknahme und Widerruf von begünstigenden Verwaltungsakten mit belastender Drittwirkung Rn. 32 f; allgemein bereits § 12 Rn. 41.

schöne Aussicht von seinem Grundstück aus genießen könnte, beurteilt sich ihre Aufhebung nach den Vorschriften über die Rücknahme oder den Widerruf eines belastenden Verwaltungsaktes.

II. Rücknahme

▶ **FALL 15:** B hat sein Jurastudium mit 11,5 Punkten erfolgreich abgeschlossen und möchte nun promovieren. Zur Finanzierung seiner Promotion bewirbt er sich um ein Stipendium nach dem Landesgraduiertenförderungsgesetz (LGFG). Dabei verschweigt er, dass ihm für sein Promotionsvorhaben bereits 35.000 Euro von einer privaten Stiftung gewährt worden sind. B weiß, dass die Landesförderung in diesem Fall ausgeschlossen ist (§ 7 Nr. 2 LGFG). Das Stipendium wird ihm am 25.7.2006 per Bescheid gewährt, weil ansonsten alle Voraussetzungen vorliegen. Obwohl der zuständigen Behörde die Förderung durch die private Stiftung schon am 14.8.2006 bekannt wird, entschließt sie sich erst am 03.9.2007, den Bewilligungsbescheid mit Wirkung für die Vergangenheit aufzuheben und das bereits gezahlte Geld zurückzufordern. Mit Recht? ◀

Die Rücknahme eines rechtswidrigen Verwaltungsaktes ist ein Instrument zur Selbst- 9
korrektur behördlicher Entscheidungen und entspringt dem Grundsatz der Gesetzmäßigkeit der Verwaltung. Soweit sich beim von der Rücknahme Betroffenen ein schutzwürdiges Interesse am Fortbestand des Verwaltungsaktes gebildet hat, muss dieses in die Entscheidung über die Rücknahme einbezogen werden.[17] Die Rücknahmeentscheidung ist ihrerseits ein Verwaltungsakt, der formell und materiell rechtmäßig zu sein hat.

Hinsichtlich der **formellen Rechtmäßigkeit** ist Folgendes zu beachten:

- Sachlich zuständig für die Rücknahme ist die Behörde, die zum Zeitpunkt der Rücknahmeentscheidung für den Erlass des aufzuhebenden Verwaltungsaktes zuständig wäre.[18] Die Bestimmung der örtlichen Zuständigkeit richtet sich nach § 48 Abs. 5 VwVfG, der auf § 3 VwVfG verweist.
- Ansonsten gelten die allgemeinen formellen Rechtmäßigkeitsanforderungen auch für die Rücknahme von Verwaltungsakten.[19] Insbesondere ist der Betroffene vor Rücknahme oder Widerruf eines begünstigenden Verwaltungsaktes (§ 48 Abs. 1 S. 2, § 49 Abs. 2 VwVfG) gem. § 28 Abs. 1 VwVfG anzuhören.[20]

Die **materiellen Voraussetzungen** für die Rechtmäßigkeit der Rücknahme ergeben sich aus § 48 VwVfG:

- Ein rechtswidriger Verwaltungsakt kann nach der Grundregel des § 48 Abs. 1 S. 1 VwVfG jederzeit zurückgenommen werden. Die Entscheidung über die Rücknahme steht also im Ermessen der Behörde. Dieses Ermessen bezieht sich auf die Entscheidung über das „Ob“ der Rücknahme, über den Umfang (eine Teilrücknahme ist möglich) und darauf, ab wann ein Verwaltungsakt zurückgenommen werden soll (mit Wirkung für die Zukunft oder für die Vergangenheit).

17 Dazu Rn. 10 ff.

18 Wurde der Verwaltungsakt von einer unzuständigen Behörde erlassen, so ist für die Rücknahme nicht die (unzuständige) Erlassbehörde zuständig, sondern die für den Erlass des Verwaltungsaktes tatsächlich berufene Behörde, BVerwG, NJW 2000, 1512, 1514.

19 Dazu § 14 Rn. 8 ff.

20 Zur Anhörung § 14 Rn. 18 ff.

- Bei der näheren Prüfung der Rücknahmevoraussetzungen ist zwischen belastenden und begünstigenden Verwaltungsakten und hinsichtlich der Letzteren nochmals zwischen leistungsgewährenden und sonstigen begünstigenden Verfügungen zu unterscheiden.

1. Belastende Verwaltungsakte

10 Die im Ermessen der Behörde stehende Rücknahme belastender Verwaltungsakte (§ 48 Abs. 1 S. 1 VwVfG) ist ohne weitere oder besondere Voraussetzungen möglich. Rechtswidrige belastende Verwaltungsakte können nach der Vorschrift zudem ganz oder teilweise sowohl für die Zukunft (ex nunc) als auch für die Vergangenheit (ex tunc) zurückgenommen werden. Eine derartige Rücknahme(möglichkeit) steht in Einklang mit dem Prinzip der Gesetzmäßigkeit der Verwaltung; unter dem Gesichtspunkt des Vertrauensschutzes ist sie i.d.R. unproblematisch. Ein **Anspruch** auf Rücknahme besteht indes grds. **nicht**, weil eine ausnahmslose Pflicht, rechtswidrige belastende Verwaltungsakte auch nach ihrer Unanfechtbarkeit zurückzunehmen, die Rechtsbehelfsfristen praktisch bedeutungslos werden ließe.[21] Insoweit wird dem Grundsatz der Rechtssicherheit (und Bestandskraft) Rechnung getragen, der dem Verwaltungsakt im Gefolge des (behördlichen) Rücknahmeermessens eine erhöhte Rechtsbeständigkeit verleiht.[22] Es besteht daher nur ein Anspruch auf ermessensfehlerfreie Entscheidung. Allenfalls ausnahmsweise kann sich dieser (Entscheidungs-)Freiraum[23] im Gefolge des Gebots materieller Gerechtigkeit i.S.e. Anspruchs auf Rücknahme eines bestandskräftigen Verwaltungsaktes reduzieren[24] – wenn dessen Aufrechterhaltung „schlechthin unerträglich" ist[25], etwa im Fall extremer Rechtsverletzung.

Das Vorstehende gilt entsprechend für **europarechtswidrige** Verwaltungsakte; eine einklagbare Pflicht der Behörde zur Rücknahme besteht nur bei zusätzlichen, (eben) besonderen Gründen.[26]

2. Begünstigende Verwaltungsakte

11 Die Interessenlage bei der Rücknahme rechtswidriger begünstigender Verwaltungsakte stellt sich wie folgt dar: Einerseits ergibt sich aus dem Prinzip der Gesetzmäßigkeit der Verwaltung ein öffentliches Interesse an der Aufhebung der rechtswidrigen Verfügung. Der Begünstigte hat andererseits ein Interesse daran, dass der Verwaltungsakt bestehen bleibt. Er wird regelmäßig auf den Bestand des Verwaltungsaktes vertraut haben, so dass Vertrauensschutz beachtlich werden kann. Begünstigende Verwaltungsakte dürfen deshalb nur unter bestimmten Einschränkungen zurückgenommen werden, § 48 Abs. 1 S. 2 VwVfG. Innerhalb der Rücknahme von begünstigenden

21 Vgl. *Peine*, Rn. 932. Für die behördliche Rücknahmeentscheidung kommt jedoch in Ausnahmefällen eine Ermessensreduzierung auf Null in Betracht; dazu § 14 Rn. 48.

22 Vgl. *Hendler*, Rn. 309.

23 Dazu allgemein § 14 Rn. 36 ff.

24 Allgemein zur Ermessensreduzierung auf Null vgl. § 14 Rn. 48.

25 BVerwG, DÖV 2005, 651.

26 EuGH, Slg. 1998, I-4782 Rn. 23 f.; ferner EuGH, Slg. 2004, I-837 (auch § 12 Rn. 31 mit Fn. 98); ausführlich zur behördlichen Aufhebungsverpflichtung, wenn sich aus einer nachträglichen Rechtsprechung des EuGH eine Unvereinbarkeit des Verwaltungsaktes mit dem Europarecht ergibt, einschließlich entsprechender Möglichkeiten im Rahmen der §§ 48, 49, 51 VwVfG, *Lenze*, VerwArch 97 (2006), 49; *Würtenberger*, Rn. 72, mit Zweifeln an der Verbandskompetenz der Gemeinschaft für derart tiefe Eingriffe in die nationale Verfahrensautonomie.

Verwaltungsakten wird zwischen **leistungsgewährenden Bescheiden** (§ 48 Abs. 2 VwVfG) und **sonstigen begünstigenden Bescheiden** (§ 48 Abs. 3 VwVfG) differenziert.

a) Rücknahme leistungsgewährender Verwaltungsakte

12 **Leistungsgewährend** ist ein Verwaltungsakt, der eine einmalige oder laufende Geldleistung, eine teilbare Sachleistung gewährt oder Voraussetzung für die Gewährung der erwähnten Leistungen ist, § 48 Abs. 2 S. 1 VwVfG. Ein Verwaltungsakt gewährt eine Leistung, wenn er eine Anordnung trifft, die das Vermögen des Begünstigten unmittelbar vermehrt. Eine Geldleistung ist bezifferbar, z.B. die Auszahlung einer Subvention i.H.v. 100.000 Euro.[27] Eine teilbare Sachleistung kann in der Übereignung eines körperlichen Gegenstandes oder dessen sonstiger Überlassung zum Gebrauch liegen (etwa Lieferung von Gütern oder Überlassung von Wohnraum).[28] Beispiel für einen Verwaltungsakt, der die Voraussetzung für die Gewährung von Leistungen bildet, ist die Festsetzung des Besoldungsdienstalters als Bemessungsgrundlage für die Zahlung von Beamtenbezügen.[29]

13 § 48 Abs. 2 S. 1 VwVfG enthält ein Rücknahmeverbot für rechtswidrige begünstigende Verwaltungsakte leistungsgewährender Art. Sie dürfen nicht aufgehoben werden, soweit der Betroffene auf den Bestand des Verwaltungsaktes vertraut hat und sein Vertrauen unter Abwägung mit dem öffentlichen Interesse an einer Rücknahme[30] schutzwürdig ist. Überwiegt der Vertrauensschutz dergestalt, erfährt der Verwaltungsakt **Bestandsschutz.**[31]

aa) Vertrauenstatbestand

14 Wesentliches Element des § 48 Abs. 2 S. 1, insbesondere aber von S. 2, 3, VwVfG ist somit der Schutz des Vertrauens. Vertrauen als solches in den Bestand des Verwaltungsaktes ist anzunehmen, wenn der Betroffene davon überzeugt war, der Leistungsbescheid würde nicht aufgehoben – was dann ausgeschlossen ist, wenn die Leistungsgewährung unter einem Vorbehalt stand. Wesentlich(er) ist, dass das Vertrauen schutzwürdig sein muss – dies entscheidet sich anhand einer Abwägung zwischen dem Interesse des Begünstigten an der Aufrechterhaltung des Verwaltungsaktes und dem öffentlichen Interesse an seiner Rücknahme. Das Gesetz liefert insoweit sowohl Regelbeispiele für das Überwiegen des Vertrauensschutzes (§ 48 Abs. 2 S. 2 VwVfG) als auch Ausschlussgründe, die dem Begünstigten ein schutzwürdiges Vertrauen versagen (§ 48 Abs. 2 S. 3 VwVfG).

bb) Schutzwürdigkeit

15 Es bietet sich an, zuerst die Ausschlussgründe, also die Voraussetzungen zu prüfen, unter denen sich der Begünstigte nicht auf den Vertrauensschutz berufen kann.[32] Das ist gem. § 48 Abs. 2 S. 3 VwVfG immer dann der Fall, wenn er

27 *Peine*, Rn. 935.

28 Teilbarkeit nicht nur in sachlicher, sondern auch in zeitlicher Hinsicht, etwa Zurverfügungstellung einer Wohnung für bestimmte Zeit, *Kopp/Ramsauer*, § 48 Rn. 88.

29 *Hendler*, Rn. 314.

30 Zum öffentlichen Interesse als ausschließlichem Maßstab für die Rücknahme eines rechtswidrigen Vermögenszuordnungsbescheids BVerwG, LKV 2006, 558.

31 Siehe dazu *Maurer*, § 11 Rn. 28; allgemein zum Bestandsschutz § 16 Rn. 14.

32 Vgl. *Maurer*, § 11 Rn. 31.

Nr. 1: den Verwaltungsakt durch **arglistige Täuschung, Drohung oder Bestechung** erwirkt hat. Das Tatbestandsmerkmal der Täuschung ist wie das der Drohung dem Zivilrecht (§ 123 BGB) und das der Bestechung dem Strafrecht (§ 334, aber auch § 333 StGB) entlehnt; ihnen kommt die dort zugrundegelegte Bedeutung zu. „Erwirkt" hat der Leistungsempfänger den Verwaltungsakt, wenn sein vorangegangenes Verhalten (z.B. Antrag oder Vorgespräch) entscheidungserheblich für den Erlass des Verwaltungsaktes und kausal für dessen Fehlerhaftigkeit war.[33] Auf ein Verschulden kommt es nicht an.[34]

Nr. 2: den Verwaltungsakt durch **Angaben, die in wesentlicher Beziehung unrichtig oder unvollständig** waren, erwirkt hat. Dabei ist irrelevant, ob dem Begünstigten die Unrichtigkeit oder Unvollständigkeit der Angaben bekannt war, solange der Fehler in seinen Verantwortungsbereich fällt.[35]

Nr. 3: Kenntnis oder grob fahrlässige Unkenntnis von der Rechtswidrigkeit des Verwaltungsaktes hatte.[36] Der Leistungsempfänger hat Kenntnis von der Rechtswidrigkeit, wenn ihm bewusst ist, dass die gewährte Leistung ihm nicht zusteht. Grob fahrlässig ist seine Unkenntnis, wenn sich die Rechtswidrigkeit geradezu aufdrängen musste, wobei persönliche Kenntnisse und Fähigkeiten des Leistungsempfängers zu berücksichtigen sind.[37]

Liegt einer der genannten Fälle vor, wird der Verwaltungsakt i.d.R. mit Wirkung für die Vergangenheit zurückgenommen, § 48 Abs. 2 S. 4 VwVfG. Da die Rücknahme jedoch im Ermessen der Behörde steht (vgl. § 48 Abs. 1 S. 1 VwVfG), ist sie auch befugt, unter Darlegung besonderer Gründe den Verwaltungsakt aufrechtzuerhalten.[38]

16 Ist die Schutzwürdigkeit des Vertrauens nicht nach § 48 Abs. 2 S. 3 VwVfG ausgeschlossen, wird prüfungsrelevant, ob eines der in § 48 Abs. 2 S. 2 VwVfG (nicht abschließend) aufgezählten Regelbeispiele für die Schutzwürdigkeit des Vertrauens vorliegt, ob also der Begünstigte die gewährten Leistungen verbraucht oder Vermögensdispositionen getroffen hat, die er nicht mehr oder nur unter unzumutbaren Nachteilen rückgängig machen kann.

Die Leistung ist **verbraucht**, wenn sie ausgegeben worden ist, und zwar ohne damit einhergehende anderweitige Vermögensvermehrung auf Seiten des Leistungsempfängers.[39] Der Verbrauch ist nach bereicherungsrechtlichen Grundsätzen zu beurteilen (Saldotheorie, § 818 Abs. 3 BGB).[40] Es kommt nicht darauf an, ob die Leistung tatsächlich ausgegeben wurde. Vielmehr gilt es danach zu fragen, ob sie wertmäßig noch im Vermögen des Betroffenen vorhanden ist (dann kein Verbrauch) oder nicht (dann

33 Strittig, ebenso *Kopp/Ramsauer*, § 48 Rn. 113; *Erichsen* in: Erichsen/Ehlers, § 17 Rn. 30; *Meyer* in: Knack, § 48 Rn. 100; a.A. *Ossenbühl*, DÖV 1964, 511, 518; hierzu auch *Sachs* in: Stelkens/Bonk/Sachs, § 48 Rn. 158.

34 BVerwG, NVwZ 1983, 144; a.A. *Schäfer* in: Obermayer, § 48 Rn. 62.

35 BVerwGE 74, 357, 364; BVerwGE 78, 139, 142. Sind die unvollständigen Angaben durch die Behörde veranlasst worden, so fällt die Fehlerhaftigkeit des Verwaltungsaktes in ihren Verantwortungsbereich – mit der Folge, dass der Ausschlussgrund des § 48 Abs. 2 S. 3 Nr. 2 VwVfG nicht einschlägig ist.

36 Dabei kommt es auf den Zeitpunkt an, in dem sich der Vertrauenstatbestand (Verbrauch der Leistung oder Vermögensdisposition, vgl. dazu Rn. 16) gebildet hat, *Battis*, S. 183.

37 *Meyer* in: Knack, § 48 Rn. 102. Zu den Besonderheiten bei der Rückforderung gemeinschaftsrechtswidrig gewährter Beihilfen Rn. 34 f.

38 *Kopp/Ramsauer*, § 48 Rn. 127.

39 *Sachs* in: Stelkens/Bonk/Sachs, § 48 Rn. 147.

40 *Detterbeck*, Rn. 700.

Verbrauch). Ein Verbrauch in diesem Sinne liegt bspw. vor, wenn Geld für die Verbesserung der Lebensführung oder für Geschenke an andere ausgegeben wird. Dagegen ist die Leistung nicht verbraucht, wenn sie gewinnbringend angelegt oder für die Tilgung von Schulden verwendet worden ist, weil sie sich dann noch im Vermögen des Empfängers befindet.[41]

Eine **Vermögensdisposition** ist getroffen worden, wenn der Betroffene über die gewährte Leistung verfügt hat oder eine sein Vermögen berührende Verpflichtung eingegangen ist (etwa im Vertrauen auf den Pensionsfestsetzungsbescheid sein Leben auf einem bestimmten Niveau eingerichtet oder Abzahlungsverpflichtungen übernommen hat).

Da es sich hierbei um Regelbeispiele handelt, ist in anderen als den genannten Fällen der Vertrauensschutz nicht a priori ausgeschlossen. Diese müssen sich aber an den Regelbeispielen messen lassen.[42]

Im Gegensatz zu den absolut wirkenden Ausschlussgründen überwiegt das Vertrauen bei Bejahung der Schutzwürdigkeit nach § 48 Abs. 2 S. 2 VwVfG nicht zwingend. Durch den Ausdruck „in der Regel" macht der Gesetzgeber deutlich, dass das öffentliche Interesse auch bei Verbrauch oder Disposition der empfangenen Leistung Vorrang haben kann und eine Rücknahme bei Vorliegen besonderer Gründe möglich ist.[43] Es wird also immer eine die gesetzliche Grundwertung ergänzende **konkrete Abwägung** erforderlich.

Ist das Vertrauen weder nach § 48 Abs. 2 S. 3 VwVfG ausgeschlossen noch nach Abs. 2 S. 2 der Vorschrift als schutzwürdig anzuerkennen, hat für die Rücknahmeentscheidung eine Abwägung des öffentlichen Interesses an der Rücknahme mit dem Interesse des Begünstigten am Fortbestand der Vergünstigung gem. § 48 Abs. 2 S. 1 VwVfG zu erfolgen. Insoweit muss die Behörde eine ermessensfehlerfreie Entscheidung hinsichtlich des „Ob" der Rücknahme und ihres Umfangs (des „Wie") treffen. Dabei sind insbesondere folgende Kriterien in die Entscheidung für bzw. wider eine Rücknahme einzubeziehen: 17

- Auswirkungen der Rücknahme bzw. Nichtrücknahme für den Begünstigten, die Allgemeinheit oder dritte Personen,
- Ausmaß der Rechtswidrigkeit des (Ausgangs-)Verwaltungsaktes,
- Zeitablauf seit Erlass des Verwaltungsaktes und
- die Art des Zustandekommens des Verwaltungsaktes; je förmlicher das Verwaltungsverfahren, desto eher darf der Begünstigte auf den Bestand des Verwaltungsaktes vertrauen.[44]

b) Rücknahme sonstiger begünstigender Verwaltungsakte

Im Unterschied zu § 48 Abs. 2 VwVfG enthält der die Rücknahme eines **sonstigen begünstigenden Verwaltungsaktes** (z.B. Erteilung einer Baugenehmigung, Gaststättenerlaubnis, Verleihung der Staatsangehörigkeit) regelnde § 48 Abs. 3 VwVfG keine Rücknahmebeschränkungen, sondern lediglich eine Entschädigungsklausel: Er ge- 18

41 Vgl. BVerwG, DVBl. 1993, 947, 948.

42 *Sachs* in: Stelkens/Bonk/Sachs, § 48 Rn. 150 f.

43 *Maurer*, § 11 Rn. 32.

44 Vgl. *Hendler*, Rn. 316; *Maurer*, § 11 Rn. 33.

währt Vermögensschutz, nicht Bestandsschutz.[45] Sonstige begünstigende Verwaltungsakte können von der Behörde nach Ermessen zurückgenommen werden; insofern gilt § 48 Abs. 1 S. 1 VwVfG.

Umstritten ist, ob die Behörde ein etwaiges (ggf. schützenswertes[46]) **Vertrauen** des Betroffenen auf den Bestand des Verwaltungsaktes im Rahmen des Ermessens zu berücksichtigen hat. Einerseits lässt sich als Konsequenz der unterschiedlichen Regelungen in § 48 Abs. 2 und Abs. 3 VwVfG ableiten, dass ein Vertrauen des Betroffenen in die Fortgeltung des Verwaltungsaktes nicht dessen Bestand betreffen, sondern allenfalls einen Entschädigungsanspruch auslösen kann.[47] Die Ermessensentscheidung hat dann nicht unter Berücksichtigung des Vertrauensschutzes, sondern unter Abwägung anderer Gesichtspunkte zu erfolgen. Nach gegenteiliger Auffassung sind auch Gesichtspunkte des Vertrauensschutzes in die Ermessensentscheidung mit einzubeziehen.[48] Dies überzeugt jedenfalls dann, wenn eine Geldentschädigung keinen oder keinen ausreichenden Ausgleich für die Rücknahme der Vergünstigung gewährt (etwa Rücknahme der Baugenehmigung betreffend ein außergewöhnlich günstig erworbenes Grundstück). Auch führt letztere Auffassung – anders als bei § 48 Abs. 2 S. 2 VwVfG – nicht dazu, dass schützenswertes Vertrauen in den Bestand des Verwaltungsaktes eine Rücknahme im Regelfall hindert. Angesichts dessen sollte Vertrauensschutz als Belang in die Abwägung nach allgemeinen Grundsätzen mit einbezogen werden; dann kann er einer Rücknahme (nur) entgegenstehen, wenn er gegenüber dem öffentlichen Interesse an der Aufhebung des Verwaltungsaktes überwiegt.[49]

19 Die Rücknahme sonstiger begünstigender Verwaltungsakte vermag besagte Ausgleichs-, d.h. Entschädigungspflicht der Behörde auszulösen. Die Entschädigung ist gem. § 48 Abs. 3 S. 1 VwVfG nur zu gewähren, soweit das Vertrauen des Begünstigten auf den Bestand des Verwaltungsaktes unter Abwägung mit dem öffentlichen Interesse schutzwürdig ist. Der Ausschluss des Vertrauens nach § 48 Abs. 2 S. 3 VwVfG gilt auch hier (S. 2 der Vorschrift). Die Entschädigung wird nur auf Antrag gewährt, der innerhalb eines Jahres zu stellen ist, § 48 Abs. 3 S. 1, 5 VwVfG. Ausgeglichen wird der Vermögensnachteil, der dem Betroffenen durch sein schutzwürdiges Vertrauen auf den Bestand des Verwaltungsaktes entstanden ist, § 48 Abs. 3 S. 1 VwVfG (vgl. – einengend – auch § 48 Abs. 3 S. 3 VwVfG).

3. Rücknahmefrist

20 Nach § 48 Abs. 4 VwVfG kann die Behörde, wenn sie von Tatsachen Kenntnis erhält, welche die Rücknahme rechtfertigen, einen begünstigenden Verwaltungsakt nur innerhalb eines Jahres zurücknehmen, sofern der Begünstigte den Verwaltungsakt nicht durch arglistige Täuschung, Drohung oder Bestechung erwirkt hat. Die Auslegung dieser Vorschrift war in Literatur und Rechtsprechung heftig umstritten und hat schließlich zu einer Entscheidung des Großen Senats beim Bundesverwaltungsge-

45 Siehe dazu auch die Darstellung bei *Ipsen*, Rn. 732 f.; anders *Maurer*, § 11 Rn. 28: nur formell, nicht auch sachlich richtig; am Beispiel der Einbürgerung *Engst*, JuS 2007, 225.

46 Vgl. vorstehend Rn. 14.

47 BVerwG, GewArch 1987, 274; *Erichsen/Brügge*, Jura 1999, 155, 162 m.w.N.

48 *Kopp/Ramsauer*, § 48 Rn. 137; *Meyer* in: Knack, § 48 Rn. 110.

49 Ähnlich *Maurer*, § 11 Rn. 34.

richt[50] geführt. Das hat die Kritik an der Rechtsprechung indes nicht verstummen lassen.[51]

21 Sinn und Zweck der Frist richten sich auf den Schutz des Bürgers; er soll sich nach Ablauf einer bestimmten Zeit endgültig darauf verlassen können, dass der Verwaltungsakt nicht zurückgenommen (oder widerrufen, vgl. § 49 Abs. 6 Satz 2 VwVfG) wird.[52] Aus diesem Grund greift § 48 Abs. 4 VwVfG auch dann ein, wenn die Behörde zwar vom zutreffenden Sachverhalt ausgegangen ist, aber später erkennt, dass sie das Recht falsch ausgelegt oder angewendet hat; die Regelung bezieht sich demnach nicht nur auf Tatsachen-, sondern auch auf **Rechtsanwendungsfehler.**[53]

22 Umstritten ist der **Zeitpunkt des Fristbeginns.** Nach der Rechtsprechung des Bundesverwaltungsgerichts beginnt die Frist nicht schon mit Kenntnis der Rechtswidrigkeit zu laufen, sondern erst dann, wenn die Behörde alle für die Rücknahmeentscheidung relevanten Tatsachen erfahren hat.[54] Dies ist der Fall, wenn sie die Voraussetzungen für die Rücknahme (bzw. den Widerruf), insbesondere die im Rahmen des § 48 Abs. 2 VwVfG den Vertrauensschutz begründenden oder ausschließenden und die für die Ermessensausübung wesentlichen Umstände, ermittelt hat. Damit ist die Frist nicht eine nach Kenntnis der Rechtswidrigkeit beginnende Bearbeitungsfrist, sondern eine nach Aufklärung aller Tatsachen einsetzende Entscheidungsfrist.[55] Eine derart weite Ausdehnung der Rücknahmefrist erscheint nicht unproblematisch. Einerseits wird als Rechtfertigung angeführt, dass die Behörde angesichts der Gefahr des Fristablaufs nicht zur Rücknahme vor Eintritt der Entscheidungsreife gezwungen werden soll.[56] Andererseits bleibt zu bedenken, dass die Rücknahmefrist – wie erwähnt – dem Schutz des Bürgers dient und zeitlich begrenzt sein soll. Dieser Zweck wird verfehlt, wenn die Behörde es in der Hand hat, durch Aufnahme von neuen Ermittlungen die Frist jederzeit erneut in Gang zu setzen.[57]

23 Strittig ist schließlich, ob die Kenntniserlangung der Behörde oder des behördenintern zuständigen Sachbearbeiters entscheidend ist. Mit Behörde ist nach Ansicht des Bundesverwaltungsgerichts[58] der **zuständige Sachbearbeiter** gemeint.[59] Auch das ist aufgrund der das Verwaltungshandeln im Außenverhältnis prägenden Ausrichtung auf den Behördenbegriff[60] kritikwürdig.

Übersicht 16:
Prüfungsschema für die Rücknahme von Verwaltungsakten

I. Ermächtigungsgrundlage: § 48 VwVfG
II. Formelle Rechtmäßigkeit: Zuständigkeit, Verfahren, Form
III. Materielle Rechtmäßigkeit
1. Rechtswidrigkeit des Verwaltungsaktes

50 BVerwGE 70, 356.
51 Vgl. dazu nur *Maurer*, § 11 Rn. 35 f.
52 *Maurer*, § 11 Rn. 35a.
53 BVerwGE 70, 356, 362.
54 BVerwGE 70, 356, 362 f.
55 *Maurer*, § 11 Rn. 35a.
56 BVerwGE 70, 356, 362 f.
57 Vgl. auch *Erbguth*, JuS 2002, 333, 334; *Peine*, Rn. 953.
58 BVerwGE 30, 356.
59 Auch *Maurer*, § 11 Rn. 35a.
60 Vgl. § 6 Rn. 5 ff.

2. Weitere Voraussetzungen:
   a. **Bei belastenden Verwaltungsakten:**
      - Rücknahme ohne weitere Voraussetzung möglich
      - Rechtsfolgeseite: Ermessen, § 48 Abs. 1 S. 1 VwVfG
   b. **Bei leistungsgewährenden Verwaltungsakten:**
      - Liegt ein Verwaltungsakt i.S.d. § 48 Abs. 2 S. 1 VwVfG vor?
      - Wenn der Begünstigte auf den Bestand des Verwaltungsaktes vertraut hat: Ist das Vertrauen schutzwürdig (§ 48 Abs. 2 S. 1 VwVfG)?
      - Ausschlusstatbestand des § 48 Abs. 2 S. 3 Nr. 1 bis 3 VwVfG, Rücknahme i.d.R. mit Wirkung für die Vergangenheit, § 48 Abs. 2 S. 4 VwVfG
      - Vermutung des § 48 Abs. 2 S. 2 VwVfG, Vertrauen i.d.R. schutzwürdig bei Verbrauch oder Vermögensdisposition
      - Liegen die Voraussetzungen des § 48 Abs. 2 S. 3, 2 VwVfG nicht vor, steht die Rücknahme im Ermessen: Abwägung des öffentlichen und des privaten (Vertrauens-)Interesses, § 48 Abs. 2 S. 1 VwVfG.
   c. **Bei sonstigen begünstigenden Verwaltungsakten**
      - Gem. § 48 Abs. 3, Abs. 1 S. 1: Ermessen
      - Ohne Einschränkungen des § 48 Abs. 2 VwVfG (h.M.)
      - Entschädigungspflicht nach Maßgabe von § 48 Abs. 3 VwVfG
3. Rücknahmefrist, § 48 Abs. 4 VwVfG

▶ **ZU FALL 15:** Vorliegend geht es um die Rechtmäßigkeit zweier Verwaltungsakte, die Rücknahme des begünstigenden Verwaltungsaktes und die Rückforderung des bereits gezahlten Geldes. Die Rücknahme der Gewährung des Stipendiums richtet sich nach § 48 VwVfG i.V.m. § 7 Nr. 2 LGFG. Der Rücknahme könnte entgegenstehen, dass B auf den Bestand des Verwaltungsaktes vertraut hat und sein Vertrauen unter Abwägung mit dem öffentlichen Interesse an einer Rücknahme schutzwürdig ist, § 48 Abs. 2 S. 1 VwVfG. Ob dies wegen Verbrauchs nach § 48 Abs. 1 S. 2 VwVfG anzunehmen ist, bedarf keines näheren Eingehens. Auf Vertrauen kann sich B von vornherein nicht berufen, weil er das Stipendium durch arglistige Täuschung erwirkt hat (§ 48 Abs. 2 S. 3 Nr. 1 VwVfG).

Dabei ist zwar umstritten, ob die Täuschung (aber auch die Drohung oder Bestechung) für den Erlass des Verwaltungsaktes und dessen Fehlerhaftigkeit kausal sein muss.[61] Dies bejaht die überwiegende Ansicht: Aus Sinn und Zweck des § 48 Abs. 2 S. 3 Nr. 1 VwVfG folge, dass es gerade auf das „Erwirken" des rechtswidrigen Verwaltungsaktes ankomme.[62] Die Regelung findet demzufolge keine Anwendung, wenn der Fehler des Verwaltungsaktes nicht auf Täuschung (Drohung oder Bestechung) beruht.[63] B täuscht hier indes mit der Nichtangabe seiner weiteren finanziellen Förderung vor, dass er die Voraussetzungen für die Vergabe eines Stipendiums nach dem LGFG erfüllt, woraufhin ihm ein solches bewilligt und ausbezahlt wird. Vornahme und Rechtswidrigkeit der Stipendienvergabe beruhen daher auf einer Täuschung durch B.

In solchen Fällen läuft die Jahresfrist für die Rücknahme nicht, § 48 Abs. 4 S. 2 VwVfG. Deshalb konnte die Behörde im Rahmen des ihr zustehenden Ermessens den Verwaltungsakt zurücknehmen, obwohl sie erst über ein Jahr nach Kenntnisnahme von der Täuschung durch B tätig geworden ist. Besondere Gesichtspunkte, die hier gegen eine Rücknahme

61 Vgl. bereits Rn. 15.
62 *Meyer* in: Knack, § 48 Rn. 100.
63 Vgl. *Kopp/Ramsauer*, § 48 Rn. 113.

sprechen, sind nicht ersichtlich. Der Verwaltungsakt wird – sofern ein Ausschlussgrund des § 48 Abs. 2 S. 3 VwVfG vorliegt – i.d.R. mit Wirkung für die Vergangenheit zurückgenommen, § 48 Abs. 2 S. 4 VwVfG.

Gem. § 49a VwVfG ist die Behörde ferner berechtigt, die an B bereits gezahlten Beträge zurückzufordern, und zwar durch Verwaltungsakt, § 49a Abs. 1 S. 2 VwVfG.[64] ◀

III. Widerruf

▶ **Fall 16:** Gastronom G möchte auf dem Bürgersteig einer durch die Stadt S in Mecklenburg-Vorpommern führenden Kreisstraße Tische und Stühle für einen Biergartenbetrieb aufstellen. Die nach § 22 StrWG M-V erforderliche Sondernutzungserlaubnis wird ihm unter dem Vorbehalt des jederzeitigen Widerrufs im April 2006 erteilt. Im Mai 2006 widerruft die zuständige Behörde die Erlaubnis ohne nähere Begründung, nur unter Hinweis auf den Widerrufsvorbehalt. Ist der Widerruf rechtmäßig? ◀

Der Widerruf soll es der Verwaltung ermöglichen, auf eine Veränderung der Sach- und Rechtslage zu reagieren.[65] In deren Gefolge dürfte der Verwaltungsakt jetzt nicht mehr erlassen werden; der ursprünglich rechtmäßige Verwaltungsakt widerspricht der nunmehr geltenden Sach-/Rechtslage. Wie bei der Rücknahme handelt es sich beim Widerruf um einen Verwaltungsakt, der formell und materiell rechtmäßig sein muss. Zuständig ist die Behörde, welche für den Erlass des aufzuhebenden Verwaltungsaktes zuständig wäre. § 49 Abs. 5 VwVfG enthält für die örtliche Zuständigkeit eine § 48 Abs. 5 VwVfG entsprechende Regelung. Die materiellen Voraussetzungen des Widerrufs sind in § 49 Abs. 1 bis 3 VwVfG zu finden. Auch hier muss zwischen belastenden und begünstigenden Verwaltungsakten unterschieden werden. 24

1. Belastende Verwaltungsakte

Die materiellen Anforderungen an den Widerruf eines rechtmäßigen „nicht begünstigenden“ Verwaltungsaktes ergeben sich aus § 49 Abs. 1 VwVfG: ganz oder teilweise, mit Wirkung nur für die Zukunft, im Ermessen der Behörde. Eine Ausnahme von der Widerrufsmöglichkeit ist für zwei Fälle vorgesehen: 25

- Der Widerruf ist ausgeschlossen, wenn ein Verwaltungsakt gleichen Inhalts erneut erlassen werden müsste, mithin ein rechtlich gebundener Verwaltungsakt vorliegt und die Voraussetzungen für seinen Erlass noch bestehen. Hat eine Behörde bspw. eine Gewerbeausübung gem. § 35 GewO wegen Unzuverlässigkeit des Gewerbetreibenden in rechtmäßiger Weise untersagt, darf der Verwaltungsakt nach § 49 Abs. 1 VwVfG nicht widerrufen werden; denn die Behörde müsste sofort wieder eine derartige Verfügung erlassen, weil ein Gewerbe im Falle der Unzuverlässigkeit des Gewerbetreibenden zwingend zu untersagen ist.
- Die Unzulässigkeit des Widerrufs kann sich auch aus anderen Gründen ergeben. Damit sind Konstellationen angesprochen, in denen der Widerruf infolge gesetzlicher Regelungen, allgemeiner Rechtsgrundsätze oder unter Beachtung des Gleichheitssatzes ausgeschlossen ist (etwa wenn die Behörde in vergleichbaren Fällen bislang von einem Widerruf abgesehen hat).[66]

64 Zum Erstattungsanspruch auch Rn. 31.

65 Rn. 2; vgl. näher zum Widerruf *Erichsen/Brügge*, Jura 1999, 496.

66 *Maurer*, § 11 Rn. 51.

2. Begünstigende Verwaltungsakte

26 Die Möglichkeit, rechtmäßige begünstigende Verwaltungsakte zu widerrufen, kann nur eingeschränkt eröffnet sein. Die Gesetzmäßigkeit der Verwaltung und der Vertrauensschutzgedanke sprechen für den Bestand derartiger Verfügungen. Demzufolge kann nach § 49 Abs. 2 und Abs. 3 VwVfG ein begünstigender Verwaltungsakt ganz oder teilweise mit Wirkung für die Zukunft (§ 49 Abs. 2 VwVfG) oder auch für die Vergangenheit (§ 49 Abs. 3 VwVfG) lediglich bei Vorliegen der in den Vorschriften abschließend aufgezählten Widerrufsgründe aufgehoben werden.

Den „**normalen**" begünstigenden Verwaltungsakt darf die Behörde gem. § 49 Abs. 2 S. 1 VwVfG nur widerrufen,

Nr. 1: wenn der **Widerruf durch Rechtsvorschrift zugelassen oder im Verwaltungsakt vorbehalten** ist. Das zieht die Frage nach sich, ob die Behörde von einem rechtswidrigen, aber (mit dem Verwaltungsakt) unanfechtbar gewordenen Widerrufsvorbehalt[67] Gebrauch machen darf. Nach Auffassung des Bundesverwaltungsgerichts berechtigt auch ein rechtswidriger (jedoch nicht nichtiger) Widerrufsvorbehalt zur Aufhebung.[68] Da der Widerruf jedoch im Ermessen der Behörde steht, ist die Rechtswidrigkeit des Widerrufsvorbehalts im Rahmen der Ermessensentscheidung zu berücksichtigen. Die Berufung auf einen rechtswidrigen Widerrufsvorbehalt wird in der Abwägung regelmäßig dazu führen, den Verwaltungsakt nicht aufzuheben. Gleiches gilt für eine rechtswidrige Auflage, § 49 Abs. 2 S. 1 Nr. 2 VwVfG. Der Widerruf unter Bezugnahme auf den Widerrufsvorbehalt muss ferner selbst durch sachliche Gründe gerechtfertigt sein. Legt die Behörde in ihrer Entscheidung solche Gründe nicht dar, sondern beruft sich allein auf das Bestehen eines Widerrufsvorbehalts, ist der Widerruf wegen Nichtgebrauchs des Ermessens rechtsfehlerhaft.[69]

Nr. 2: wenn der Verwaltungsakt mit einer Auflage[70] verbunden ist und der Begünstigte diese nicht oder nicht innerhalb der ihm gesetzten Frist erfüllt hat. Der Widerrufsgrund steht in besonderem Maße unter dem Vorbehalt der Verhältnismäßigkeit. Insbesondere muss vor Erlass eines Widerrufs geprüft werden, ob nicht zunächst als weniger einschneidendes Mittel (Erforderlichkeit) der Versuch unternommen werden kann, die Auflage durchzusetzen (Mahnung oder Fristsetzung).[71]

Nr. 3: wenn die Behörde aufgrund nachträglich eingetretener Tatsachen berechtigt wäre, den Verwaltungsakt nicht zu erlassen, und wenn ohne den Widerruf das öffentliche Interesse gefährdet würde. Der Widerrufsgrund bedarf einer einschränkenden Auslegung bei Bewertungen von (Prüfungs-)Leistungen; er ist unanwendbar, wenn nach Sinn und Zweck der einschlägigen Regelung die Beurteilung (durch Verwaltungsakt)[72] vom Fortbestand der jeweiligen

67 Zum Widerrufsvorbehalt als Nebenbestimmung eines Verwaltungsaktes vgl. § 18 Rn. 5.

68 BVerwG, NVwZ 1987, 498, 499; auch BVerwG, NVwZ-RR 1994, 580, mit der Einschränkung, dass die Befugnis zum Erlass eines Widerrufsvorbehaltes gegeben sein muss.

69 *Sachs* in: Stelkens/Bonk/Sachs, § 49 Rn. 43.

70 Zu Auflagen als Nebenbestimmungen eines Verwaltungsaktes vgl. § 18 Rn. 6; Näheres zum Widerruf wegen Verstoßes gegen Auflagen zur Beachtung des Vergaberechts bei *Attendorn*, NVwZ 2006, 991, 992.

71 Umstritten ist hierbei, ob die Auflage vor dem Widerruf zwangsweise (im Wege der Verwaltungsvollstreckung) durchgesetzt werden muss; hierzu *Kopp/Ramsauer*, § 49 Rn. 39.

72 Insbesondere Abschlussnoten bzw. -zeugnisse, vgl. § 12 Rn. 16.

Leistungen unabhängig sein soll.[73] So kommt kein Widerruf des Abiturs oder juristischen Staatsexamens mit der Begründung in Betracht, man habe im Fach Mathematik oder im allgemeinen Verwaltungsrecht nicht mehr die erforderlichen Kenntnisse.

Nr. 4: wenn die Behörde aufgrund einer **geänderten Rechtsvorschrift** berechtigt wäre, den **Verwaltungsakt nicht zu erlassen,** soweit der Begünstigte von der Vergünstigung **noch keinen Gebrauch gemacht** oder noch **keine Leistungen** aufgrund des Verwaltungsaktes empfangen hat, und wenn ohne den Widerruf **das öffentliche Interesse gefährdet** würde.

Nr. 5: um **schwere Nachteile für das Gemeinwohl** zu verhüten oder zu beseitigen. Hierbei handelt es sich um eine Auffangklausel, die eng auszulegen ist.[74]

Auf **leistungsgewährende** Verwaltungsakte[75] (insbesondere Subventionen betreffend), für die auch bei der Rücknahme eine Sonderregelung gilt (§ 48 Abs. 2 VwVfG), findet § 49 Abs. 3 S. 1 VwVfG Anwendung. Im Unterschied zu sonstigen begünstigenden Verwaltungsakten können solche leistungsgewährender Art auch mit Wirkung für die Vergangenheit (ganz oder teilweise)) widerrufen werden,[76] 27

Nr. 1: wenn die behördlich erbrachte Leistung nicht, nicht alsbald nach der Erbringung oder nicht mehr **für den im Verwaltungsakt bestimmten Zweck verwendet wird.** Die Regelung eröffnet neben § 49 Abs. 2 S. 1 Nr. 2 VwVfG eine zusätzliche Widerrufsmöglichkeit.[77] Der Zweck einer Subvention ist bspw. nicht erreicht, wenn sie für den Kauf von Omnibussen zur Beförderung von Schülern vergeben worden ist, ihr Empfänger das Geld jedoch für die Anschaffung eines Reisebusses zur Veranstaltung von Wochenendreisen nutzt.

Nr. 2: wenn mit dem Verwaltungsakt eine **Auflage** verbunden ist und der Begünstigte diese **nicht oder nicht innerhalb einer** ihm gesetzten **Frist** erfüllt hat. Ist z.B. der Bewilligung einer finanziellen Förderung die Anordnung beigefügt, Verwendungsnachweise zu erbringen, und wird dem keine Folge geleistet, kann die Zuwendung mit Wirkung für die Vergangenheit widerrufen werden.

Vertrauensschutz spielt in den ersten beiden Fällen des § 49 Abs. 2 S. 1 VwVfG und bei Abs. 3 S. 1 keine Rolle, weil gerade kein schutzwürdiges Vertrauen gebildet werden konnte. Deshalb sieht § 49 Abs. 6 VwVfG eine Entschädigung nur im Falle eines Widerrufs nach § 49 Abs. 2 S. 1 Nr. 3-5 VwVfG vor. Wird unter diesen Voraussetzungen ein Verwaltungsakt aufgehoben, so hat die Behörde den Betroffenen auf Antrag für den Vermögensnachteil zu entschädigen, der dadurch entstanden ist, dass er in schutzwürdiger Weise auf den Bestand des Verwaltungsaktes vertraut hat; § 48 Abs. 3 S. 3-5 VwVfG gilt entsprechend (§ 49 Abs. 6 S. 1, 2 VwVfG). 28

Anerkannt ist, dass **rechtswidrige** Verwaltungsakte nicht nur nach § 48 zurückgenommen, sondern gem. § 49 Abs. 2 und 3 VwVfG auch **widerrufen** werden kön- 29

73 *Kopp/Ramsauer*, § 49 Rn. 42.

74 Als ultima ratio für Extremfälle, *Maurer*, § 11 Rn. 44a.

75 Siehe bereits Rn. 12.

76 Die Vorschrift geht weiter als der durch sie abgelöste frühere § 44a BHO, *Maurer*, § 11 Rn. 44.

77 *Sachs* in: Stelkens/Bonk/Sachs, § 49 Rn. 108.

nen.[78] Dies beruht auf einem Erst-Recht-Schluss: Wenn schon ein rechtmäßiger Verwaltungsakt aus den Gründen des § 49 Abs. 2 und 3 VwVfG aufgehoben werden darf, muss das umso mehr für einen rechtswidrigen Verwaltungsakt gelten. Hat die Behörde z.B. ihrem Verwaltungsakt einen Widerrufsvorbehalt beigefügt, so kann sie von diesem Vorbehalt unabhängig davon, ob der Verwaltungsakt rechtmäßig oder rechtswidrig ist, Gebrauch machen (vgl. § 49 Abs. 2 S. 1 Nr. 1 VwVfG).[79]

3. Widerrufsfrist

30 Die Rücknahmefrist des § 48 Abs. 4 VwVfG gilt für den Widerruf entsprechend, § 49 Abs. 2 S. 2, Abs. 3 S. 2 VwVfG.

Übersicht 17:
Prüfungsschema für den Widerruf von Verwaltungsakten

I. **Ermächtigungsgrundlage:** § 49 VwVfG
II. **Formelle Rechtmäßigkeit:** Zuständigkeit, Verfahren, Form
III. **Materielle Rechtmäßigkeit**
   1. Rechtmäßigkeit des Verwaltungsaktes (auch rechtswidriger Verwaltungsakt: Erst-Recht-Schluss)
   2. Weitere Voraussetzungen
      a. **Bei belastenden Verwaltungsakten** (§ 49 Abs. 1 VwVfG)
         – Widerruf ganz oder teilweise mit Wirkung für die Zukunft möglich, es sei denn, Ausnahmen des § 49 Abs. 1 VwVfG liegen vor
         – Rechtsfolgeseite: Ermessen
      b. **Bei begünstigenden Verwaltungsakten** (§ 49 Abs. 2 VwVfG)
         – Widerruf ganz oder teilweise bei Vorliegen der Widerrufsgründe des § 49 Abs. 2 S. 1 Nr. 1-5 VwVfG, nur mit Wirkung für die Zukunft
         – Rechtsfolgeseite: Ermessen
      c. **Bei leistungsgewährenden Verwaltungsakten** (§ 49 Abs. 3 VwVfG)
         – Widerruf ganz oder teilweise bei Vorliegen der Voraussetzungen des § 49 Abs. 3 S. 1 Nr. 1, 2 VwVfG, auch mit Wirkung für die Vergangenheit
         – Rechtsfolgeseite: Ermessen
   3. Widerrufsfrist, §§ 49 Abs. 2 S. 2, Abs. 3 S. 2, 48 Abs. 4 VwVfG

▶ **ZU FALL 16:** Der Widerruf aufgrund des Widerrufsvorbehalts richtet sich nach § 49 Abs. 2 S. 1 Nr. 1 VwVfG. Er steht im Ermessen der Behörde, das sie ordnungsgemäß ausüben muss. Aus dem Vorbehalt der Widerrufsmöglichkeit folgt nicht, dass der Verwaltungsakt ohne weitere Voraussetzungen widerrufen werden darf. Knüpft der Widerrufsvorbehalt an besondere Gründe an, haben diese vorzuliegen. Sind – wie vorliegend – keine Gründe vorgegeben, muss die Behörde den Widerruf in Betätigung ihres Ermessens mit einem besonderen öffentlichen Interesse rechtfertigen und dies im Widerrufsbescheid darlegen.[80] Daran fehlt es hier; der Widerruf ist daher wegen Nichtgebrauchs des Ermessens rechtswidrig. ◀

78 BVerwG, NJW 1991, 766, 768.
79 Aber auch Rn. 26.
80 *Sachs* in: Stelkens/Bonk/Sachs, § 49 Rn. 43.

IV. Erstattungspflicht

31 Wird ein Verwaltungsakt mit Wirkung für die Vergangenheit zurückgenommen, widerrufen oder ist er infolge Eintritts einer auflösenden Bedingung unwirksam geworden, muss der Begünstigte die Leistungen, die aufgrund des Verwaltungsaktes erbracht worden sind, erstatten, § **49a Abs. 1** S.1 VwVfG[81]. Es handelt sich um eine spezialgesetzliche Regelung des öffentlich-rechtlichen Erstattungsanspruchs[82], freilich allein der Behörde gegen den Bürger; er darf also nicht mit der Entschädigungspflicht der Behörde gem. § 48 Abs. 3 bzw. § 49 Abs. 6 VwVfG verwechselt werden.[83]

Die Rückforderung der gewährten Leistung ist durch schriftlichen **Verwaltungsakt** festzusetzen, § 49a Abs. 1 S. 2 VwVfG. Dabei handelt es sich um eine selbständige Verfügung, die aber mit der Rücknahme verbunden werden kann.[84] Für den Umfang der Erstattung gelten die Regelungen der §§ 812 ff. BGB grds. entsprechend, § 49a Abs. 2 S. 1 VwVfG. Dies bedeutet, dass die Erstattungspflicht gem. § 818 Abs. 3 BGB wegen Entreicherung entfällt, wenn der Begünstigte die Leistung verbraucht hat und sie sich nicht mehr in seinem Vermögen befindet. Zu beachten ist jedoch § 49a Abs. 2 S. 2 VwVfG, wonach sich der Begünstigte nicht auf den Wegfall der Bereicherung berufen kann, soweit er die Umstände, die zur Rücknahme, zum Widerruf oder zur Unwirksamkeit des Verwaltungsaktes geführt haben, kannte oder infolge grober Fahrlässigkeit nicht kannte.

V. Rücknahme und Widerruf von begünstigenden Verwaltungsakten mit belastender Drittwirkung

32 Eine Sonderregelung für begünstigende Verwaltungsakte mit belastender Wirkung für Dritte enthält § 50 VwVfG. Danach gelten die vertrauensschützenden Begrenzungen der Aufhebbarkeit von Verwaltungsakten nach § 48 Abs. 1 S. 2 und Abs. 2 bis 4 VwVfG sowie § 49 Abs. 2 bis 4 und 6 VwVfG[85] nicht für die Aufhebung während eines durch den Dritten veranlassten Vorverfahrens (§§ 68 ff. VwGO) oder verwaltungsgerichtlichen Verfahrens[86], soweit dadurch dem Widerspruch oder der Klage abgeholfen wird. Wird also der Verwaltungsakt mit Drittwirkung dergestalt vom Dritten angegriffen, darf ihn die Behörde ohne Rücksicht auf Vertrauen des Begünstigten zurücknehmen oder widerrufen. Dem liegt die Überlegung zugrunde, dass schutzwürdiges Vertrauen beim Begünstigten erst dann entstehen kann, wenn er nicht mehr damit rechnen muss, dass der Verwaltungsakt noch von einem Dritten ange-

81 Eingehend zur Rückforderung von Zuwendungen wegen Nichteinhaltung von vergaberechtlichen Auflagen *Martin-Ehlers*, NVwZ 2007, 289 .

82 Näher zu öffentlich-rechtlichen Erstattungsansprüchen § 38.

83 § 49a Abs. 1 S. 1 VwVfG soll allerdings dann nicht einschlägig sein, wenn Grundlage der Leistung nicht der Bewilligungsbescheid war, sondern ein im Gefolge des Bescheids abgeschlossener Darlehensvertrag, (insbesondere) weil in diesem für den Fall der Unwirksamkeit des Bewilligungsbescheids nur ein Kündigungsrecht des Darlehensgebers vereinbart war: Rückforderung dann lediglich im Wege der zivilgerichtlichen Leistungsklage, BVerwG, DVBl. 2006, 119, 119 f.; dazu *Seibel*, JA 2006, 580; anders im Ansatz OVG Berlin-Brandenburg, NVwZ 2007, 294, bei gemeinschaftsrechts-, nämlich beihilferechtswidrigen Beihilfen: Rückforderung durch sofort vollziehbaren Verwaltungsakt (Grundlage: öffentlich-rechtlicher Erstattungsanspruch); demgegenüber mit Recht kritisch *Hildebrandt/Castillon*, NVwZ 2006, 298.

84 *Sachs* in: Stelkens/Bonk/Sachs, § 49a Rn. 35; die Regelungsgehalte dürfen aber nicht vermischt werden, vgl. anhand der Rechtsprechung *Erbguth*, JuS 2002, 333.

85 Der vollständige Ausschluss des § 49 Abs. 2 VwVfG ist missverständlich; er bezieht sich nach Sinn und Zweck der Vorschrift nur auf die Einschränkungen der Widerrufsmöglichkeit, nicht jedoch auf die Ermächtigungsgrundlage zum Widerruf, *Jachmann*, Rn. 138; *Meyer* in: Knack, § 50 Rn. 13.

86 Dazu § 19a.

fochten werden kann. Wird z.B. eine Baugenehmigung unter Verletzung der Vorschriften über den Grenzabstand erlassen und geht der Nachbar dagegen vor, kann die Behörde die Baugenehmigung trotz Vertrauens des Bauherrn in die Fortgeltung des Verwaltungsaktes zurücknehmen.

33 Nicht unstrittig ist, ob § 50 VwVfG auch dann zur Anwendung kommt und das Vertrauen des Begünstigten unberücksichtigt bleibt, wenn der Dritte einen unzulässigen oder unbegründeten Rechtsbehelf eingelegt hat. Weitgehende Einigkeit besteht dahingehend, dass der Widerspruch oder die (Anfechtungs-)Klage zumindest zulässig sein muss, um die Wirkungen des § 50 VwVfG auszulösen. Eine entsprechende Annahme findet sich überwiegend hinsichtlich der Begründetheit des Rechtsbehelfs, weil ansonsten die Rechtsposition des Begünstigten unzulässig entwertet würde.[87] Von anderen wird lediglich gefordert, dass der Widerspruch oder die Klage nicht „offensichtlich unbegründet" sein darf.[88] Eine – noch zurückhaltendere – Parallele zur Bewertung im Rahmen von § 80 Abs. 1, 5 S.1 i.V.m. § 80a VwGO („nicht offensichtlich unzulässig"[89]) dürfte jedenfalls ausscheiden, weil es dort nur um einstweilige Anordnungen, mithin keine endgültigen Entscheidungen geht[90].

VI. Rücknahme EG-rechtswidriger Verwaltungsakte

34 Besonderheiten gelten bei der Rücknahme von Beihilfen, die gegen gemeinschaftsrechtliche Beihilfebestimmungen (Art. 87 ff. EG) verstoßen.[91] Mit Beihilfen sind Subventionen und sonstige, einem privaten Unternehmen zukommende Vergünstigungen gemeint.[92] Art. 87 Abs. 1 EG erklärt staatliche oder aus staatlichen Mitteln gewährte Beihilfen, die den Wettbewerb verfälschen oder zu verfälschen drohen und den Handel zwischen den Mitgliedstaaten beeinträchtigen, als mit dem Gemeinsamen Markt unvereinbar. Ausnahmen von diesem Grundsatz eröffnen Art. 87 Abs. 2 und 3 EG. Die Europäische Kommission prüft fortlaufend in Zusammenarbeit mit den Mitgliedstaaten deren bestehende Beihilferegelungen (Art. 88 Abs. 1 EG). Die Mitgliedstaaten sind verpflichtet, die Kommission vor jeder beabsichtigten Einführung oder Umgestaltung von Beihilfen rechtzeitig zu unterrichten, sog. **Notifizierungspflicht** (Art. 88 Abs. 3 EG). Die Subvention darf erst dann vergeben werden, wenn ihre Zulässigkeit von der Kommission festgestellt worden ist.

35 Die Gemeinschaftsrechtswidrigkeit von Beihilfen kann sich unter zwei Aspekten ergeben: Zum einen können sie gegen die Regelung in Art. 87 Abs. 1 EG verstoßen (**materiell rechtswidrige Beihilfen**). Zum anderen ist eine Nichtbeachtung der Notifizierungspflicht des Art. 88 Abs. 3 EG denkbar (**formell rechtswidrige Beihilfen**). In beiden Fällen hat die Europäische Kommission die Möglichkeit, im Wege der Entscheidung (Art. 249 Abs. 3 EG) festzustellen, dass die betreffende Beihilfe gemeinschaftsrechtswidrig ist. Sie kann (bei formeller Rechtswidrigkeit) bzw. muss (bei auch materieller Rechtswidrigkeit) den Mitgliedstaat auffordern, die Beihilfe vom Unternehmen

87 H.M., BVerwG, NVwZ 1990, 857; *Kopp/Ramsauer*, § 50 Rn. 24 m.w.N. Einschränkend *Sachs* in: Stelkens/Bonk/Sachs, § 50 Rn. 100, 104, der die Anwendbarkeit des § 50 VwVfG nur bei offensichtlicher Unzulässigkeit bzw. Unbegründetheit ausscheiden lässt; vgl. sogleich.

88 BVerwGE 65, 321; *Sachs*, wie vor.

89 Vgl. § 19b Rn. 3, 13.

90 Vgl. § 19b.

91 Ausführlich zur Rückabwicklung gemeinschaftsrechtswidriger Subventionen *Richter*, DÖV 1995, 846; *Oldiges*, NVwZ 2001, 280 und 626; *Hildebrandt/Castillon*, NVwZ 2006, 298; OVG Berlin-Brandenburg, NVwZ 2006, 104.

92 Vgl. *Maurer*, § 11 Rn. 38a.

zurückzuverlangen.[93] Da im EG-Recht Vorschriften über Rücknahme und Rückforderung von (gemeinschafts)rechtswidrigen Beihilfen fehlen, gilt insoweit das nationale Recht; die Zuwendungsverfügungen können also, weil sie rechtswidrig sind,[94] gem. § 48 VwVfG zurückgenommen werden.[95] Für eine derartige Rücknahme ergeben sich jedoch zum Schutz des EG-Rechts (Diskriminierungsverbot und Effektivitätsgrundsatz[96]) Besonderheiten:

- Unter Aspekten des **Vertrauensschutzes**[97] (etwa: Verbrauch der empfangenen Leistung) wird fraglich, ob vom Empfänger der Beihilfe verlangt werden kann, der Einhaltung des Notifizierungsgebots durch den Mitgliedstaat nachzugehen. Bejaht man eine solche Erkundigungspflicht, kann sich der Beihilfeempfänger nicht auf schutzwürdiges Vertrauen berufen, dies wegen grob fahrlässiger Unkenntnis der Rechtswidrigkeit des Verwaltungsaktes, aufgrund dessen die Subvention gewährt worden ist, vgl. § 48 Abs. 2 S. 3 Nr. 3 VwVfG. Der Europäische Gerichtshof nimmt eine solche weitgehende Pflicht bei Unternehmern an.[98] Demgegenüber liegt nach dem Bundesverwaltungsgericht keine Verletzung der Sorgfaltspflicht i.S.d. § 48 Abs. 2 S. 3 Nr. 3 VwVfG vor.[99] Die unterschiedlichen Auffassungen wirken sich i.d.R. nicht auf die Entscheidung über die Rücknahme aus, weil das Ermessen in jenen Fällen dahingehend reduziert ist, die rechtswidrig gewährte Subvention zurückzufordern.
- In die **Interessenabwägung** gem. § 48 Abs. 2 S. 1 VwVfG sind die Belange des Gemeinschaftsrechts einzubeziehen und auf Seite der öffentlichen Interessen zu berücksichtigen. Der Durchsetzung des EG-Rechts kommt durchweg so hohes Gewicht zu, dass das Vertrauen des Begünstigten auf den Bestand des Verwaltungsaktes auch bei Verbrauch der oder Disposition über die Leistung nicht schutzwürdig ist.[100]
- Überdies bleibt grds. kein Raum für eine Ermessensentscheidung der Behörde. Das **Rücknahmeermessen** verdichtet sich insbesondere dann zu einer Rechtspflicht, den Verwaltungsakt aufzuheben, wenn die Europäische Kommission in einer bestandskräftigen Entscheidung die Rückforderung der Subvention angeordnet hat.[101]
- Auch die **Rücknahmefrist** des § 48 Abs. 4 VwVfG ist auf die Rücknahme gemeinschaftsrechtswidriger Subventionsbewilligungen zur Wahrung der Durchsetzungskraft (effet utile) des EG-Rechts nicht anzuwenden.[102] Damit soll der Gefahr vorgebeugt werden, dass die nationale Behörde jene Frist bewusst verstreichen lässt,

93 Strittig ist freilich, ob lediglich formell rechtswidrige Beihilfen zurückgefordert werden können, vgl. hierzu *Detterbeck*, Rn. 761 ff.

94 Insoweit zum Anwendungsvorrang des Gemeinschaftsrechts § 3 Rn. 2; § 7 Rn. 16.

95 BVerwG, NVwZ 1995, 703.

96 Dazu *Kopp/Ramsauer*, § 46 Rn. 8, Einführung Rn. 62 ff. m.w.N; zu Letzterem bereits § 9 Rn. 6a m.w.N.

97 Siehe vorstehend Rn. 14 ff.

98 Grundlegend EuGH, EuZW 1997, 276, 277 (Alcan). Zum Verhältnis von europäischem Gemeinschaftsrecht und nationalem Verfahrensrecht unter Berücksichtigung der Alcan-Rechtsprechung *Scholz*, DÖV 1998, 261.

99 BVerwGE 92, 81, 83; *Detterbeck*, Rn. 754.

100 EuGH, NVwZ 1990, 1161. Dies darf jedoch nicht verallgemeinert werden. Unter besonderen Umständen ist auch Vertrauensschutz im Gemeinschaftsrecht und bei Vollzug des Gemeinschaftsrechts zu berücksichtigen. Siehe hierzu EuGH, EuZW 1998, 499 und 603.

101 BVerwGE 92, 81, 84.

102 EuGH, NVwZ 1998, 45; BVerwG, NVwZ 1995, 703.

um die Subvention nicht zurückfordern zu müssen und letztlich doch gewähren zu können.

- Schließlich verstößt die Rückforderung trotz Mitverantwortung der nationalen Behörde für die gemeinschaftsrechtswidrige Beihilfe nicht gegen **Treu und Glauben**; ebenso wenig steht ihr steht der Einwand des **Wegfalls der Bereicherung** beim Empfänger der Beihilfe entgegen.[103]

VII. Wiederholungs- und Verständnisfragen

1. Auf welchen Zeitpunkt kommt es für die Beurteilung der Rechtmäßigkeit bzw. Rechtswidrigkeit eines Verwaltungsaktes an, wenn über die Anwendung von § 48 VwVfG oder § 49 VwVfG zu entscheiden ist?
2. Worin liegt der Unterschied zwischen der Rücknahme leistungsgewährender Verwaltungsakte und sonstiger begünstigender Verwaltungsakte?
3. Ist ein Widerruf auch mit Wirkung für die Vergangenheit zulässig?
4. Wie bestimmt sich die Frist für Rücknahme und Widerruf?
5. Welche Besonderheiten sind bei der Rücknahme EG-rechtswidriger Beihilfen zu beachten?

103 EuGH, EuZW 1997, 276, 278 f.; zur Verwaltungsaktsbefugnis bei der Rückforderung vertraglich gewährter Beihilfen im Fall eines Verstoßes gegen Beihilfevorschriften des EG-Vertrags vgl. OVG Berlin-Brandenburg, NVwZ 2006, 104: bejahend aus Gründen des Schutzes des Gemeinschaftsrechts; demgegenüber mit guten Gründen kritisch *Hildebrandt/Castillon*, NVwZ 2006, 298; auch *Hoffmann/Bollmann*, EuZW 2006, 398; bereits vorstehend Rn. 31 mit Fn. 83.

§ 17 Wiederaufgreifen des Verfahrens

▶ **FALL 17:** D hat an einer amerikanischen Hochschule den „Doctor of Chiropractic (D.C.)" erworben. Sein Antrag auf Genehmigung, diesen Doktortitel in Deutschland führen zu dürfen, wird von der zuständigen Behörde ablehnend beschieden. Zur Begründung hebt sie hervor, es gäbe keine hinreichenden Belege dafür, dass es sich bei der amerikanischen Einrichtung um eine wissenschaftliche Hochschule handele. Widerspruch und Anfechtungsklage des D bleiben ohne Erfolg. Nach einigen Jahren stellt D erneut den Antrag auf Genehmigung der Titelführung in Deutschland. Zur Begründung verweist er auf neue Stellungnahmen amerikanischer Institutionen und Behörden, welche die Auffassung vertreten, dass die in Rede stehende Bildungseinrichtung eine wissenschaftliche Hochschule sei. Kann D ein Wiederaufgreifen des Verfahrens erreichen? ◀

Ebenso wie gerichtliche Entscheidungen nicht jeder Änderungsmöglichkeit nach Eintritt der Rechtskraft entzogen sind und unter bestimmten Voraussetzungen einer erneuten sachlichen Überprüfung zugeführt werden können (§§ 154 VwGO, 580 ZPO)[1], sind auch Verwaltungsakte trotz Eintritts der Bestandskraft aufhebbar (vgl. bereits §§ 48, 49 VwVfG). § 51 VwVfG regelt zunächst die verfahrensrechtliche Frage, wann und unter welchen Voraussetzungen ein **Betroffener** von der Behörde verlangen kann, dass ein abgeschlossenes Verfahren erneut aufgerollt wird.[2] Findet sich das Verfahren wieder aufgegriffen, folgt eine Entscheidung in der Sache, d.h. darüber, ob der Verwaltungsakt bestehen bleibt oder aufgehoben wird. Mit Blick auf das Wiederaufgreifen des Verfahrens verfolgt der Betroffene demnach **zwei Begehren:**[3] 1

- Die Behörde soll zum Wiederaufgreifen des Verfahrens veranlasst werden und den Verwaltungsakt erneut überprüfen.
- Aufgrund dieser Prüfung soll sie den Verwaltungsakt aufheben.

Dementsprechend muss zunächst der Antrag auf Wiederaufnahme des Verfahrens zulässig und begründet sein. Nur dann wird die Behörde über die Aufhebung des Verwaltungsaktes befinden.

Daraus rühren wiederum drei behördliche Entscheidungsvarianten: 2

- Die Behörde kann das Wiederaufgreifen des Verfahrens ablehnen. In diesem Fall erlässt sie eine **wiederholende Verfügung**, mit der über die Ablehnung des Wiederaufgreifens des Verfahrens entschieden und eine verfahrensrechtliche Regelung getroffen wird. Insofern handelt es sich dabei um einen (feststellenden) Verwaltungsakt.[4]
- Sie greift das Verfahren wieder auf, überprüft den Verwaltungsakt und erhält ihn aufrecht. In diesem Fall erlässt sie einen Verwaltungsakt, und zwar einen (negativen) **Zweitbescheid**, mit dem sie die Aufhebung des Verwaltungsaktes ablehnt.
- Die Behörde greift das Verfahren wieder auf und beseitigt den Verwaltungsakt. Hier wird die Aufhebung des Verwaltungsaktes in einem (positiven) **Zweitbescheid** geregelt.

1 Zu verwaltungsgerichtlichen Entscheidungen insoweit nachfolgend Rn. 9.

2 Ausführlich *Erichsen/Ebber*, Jura 1997, 424.

3 *Hendler*, Rn. 361.

4 Siehe § 12 Rn 14.

I. Zulässigkeit des Antrags auf Wiederaufgreifen des Verfahrens

3 Voraussetzungen für die Zulässigkeit des Antrags auf Wiederaufgreifen sind:

- Der Betroffene muss einen Antrag auf Wiederaufgreifen des Verfahrens stellen, § 51 Abs. 1 VwVfG.
- Der Verwaltungsakt muss unanfechtbar sein, § 51 Abs. 1 VwVfG, regelmäßig aufgrund Ablaufs der Rechtsbehelfsfristen. Die Unanfechtbarkeit des Verwaltungsaktes kann auch auf der Rechtskraft eines verwaltungsgerichtlichen Urteils beruhen.[5]
- Der Betroffene muss schlüssig darlegen, dass ein Wiederaufgreifensgrund gem. § 51 Abs. 1 Nr. 1–3 VwVfG vorliegt.
- Der Betroffene muss ohne grobes Verschulden außerstande gewesen sein, den Grund für das Wiederaufgreifen in dem früheren Verfahren, insbesondere durch Rechtsbehelf (Widerspruch oder Anfechtungsklage), geltend zu machen, § 51 Abs. 2 VwVfG.
- Der Antrag ist innerhalb einer Frist von drei Monaten von dem Tag an, an dem der Betroffene von dem Grund für das Wiederaufgreifen Kenntnis erhalten hat, zu stellen, § 51 Abs. 3 VwVfG.

4 Liegt eine dieser Voraussetzungen nicht vor, ist der Antrag auf Wiederaufgreifen des Verfahrens unzulässig. Die Entscheidung über die Ablehnung des Wiederaufgreifens des Verfahrens ist eine (wiederholende) Verfügung.[6] Hiergegen sind Widerspruch und Verpflichtungsklage mit dem Ziel des Wiederaufgreifens des Verfahrens und der Aufhebung des Verwaltungsaktes möglich.[7] Kommt die Behörde zu dem Ergebnis, dass der Antrag zulässig ist, kann sie sogleich prüfen, ob der Antrag begründet ist und eine neue Sachprüfung erfolgen muss.[8]

II. Begründetheit des Antrags auf Wiederaufgreifen des Verfahrens

5 Die Begründetheit des Antrags hängt davon ab, ob ein Wiederaufgreifensgrund gem. § 51 Abs. 1 Nr. 1–3 VwVfG gegeben ist. Liegt ein solcher vor, muss die Behörde das Verfahren wieder aufgreifen.

Nr. 1: Das ist der Fall, wenn sich nach Erlass des Verwaltungsaktes die **Sach- oder Rechtslage** zugunsten des Betroffenen **geändert** hat. Eine Änderung der Sachlage liegt in der Veränderung von tatsächlichen Umständen, die zum Erlass des ursprünglichen Verwaltungsaktes geführt haben (z.B. Lebensalter, Eignung des Betroffenen).[9] Die Rechtslage verändert sich durch Aufhebung oder Neufassung von Rechtsvorschriften, die dem Erlass des Verwaltungsaktes zugrunde lagen. Eine Änderung der Rechtsprechung bedeutet hingegen keine Änderung der Rechtslage.[10]

Nr. 2: Auch wenn **neue Beweismittel** vorliegen, die eine für den Betroffenen günstigere Entscheidung herbeigeführt hätten, muss das Verfahren wieder aufge-

5 BVerwG, NVwZ 1995, 388.

6 Vgl. bereits Rn. 2.

7 Wiederaufgreifen des Verfahrens und Aufhebung des Verwaltungsaktes kann nach der Rechtsprechung des BVerwG in einem Verfahren geltend gemacht werden, weil zwischen beiden Entscheidungen ein untrennbarer Zusammenhang besteht, so BVerwG, DVBl. 1982, 998, 1000. A.A. *Sachs* in: Stelkens/Bonk/Sachs, § 51 Rn. 68 ff.

8 *Sproll*, Bd. 2, § 12 Rn. 104; zu Verwaltungsakten mit Drittwirkung insoweit *Sanden*, DVBl. 2007, 665.

9 Überblick bei *Detterbeck*, Rn. 770.

10 BVerwG, NVwZ-RR 1995, 1097.

griffen werden. Beweismittel sind die in § 26 VwVfG genannten Erkenntnismittel. Sie sind neu, wenn sie erst nach Abschluss des Verfahrens bekannt geworden sind. Sie müssen sich aber auf Tatsachen beziehen, die schon zur Zeit des Erlasses des Verwaltungsaktes vorlagen.[11] Ein neues Sachverständigengutachten, das lediglich zu einer anderen Bewertung der (bereits bekannten) Tatsachen gelangt, erfüllt die Voraussetzungen dieses Wiederaufgreifensgrundes nicht; erforderlich ist vielmehr, dass ein solches Gutachten selbst auf neuen Tatsachen, die zum Zeitpunkt der Erstentscheidung noch nicht bekannt waren, beruht.[12]

Nr. 3: Auch wenn **Wiederaufnahmegründe i.S.d. § 580 ZPO** vorliegen, ist das Verwaltungsverfahren wieder aufzugreifen.

Im Falle eines begründeten Antrags tritt die Behörde ohne weitere Verfahrensentscheidung in die Prüfung ein, ob in der Sache eine neue Entscheidung zu treffen ist. 6

III. Begründetheit des Antrags auf Aufhebung des Verwaltungsaktes

Umstritten ist, auf welcher Rechtsgrundlage die neue Sachentscheidung – die Frage, ob der Verwaltungsakt aufrechterhalten werden kann oder aufgehoben werden muss – zu erfolgen hat. Teilweise werden insoweit §§ 48, 49, 50 VwVfG herangezogen.[13] Als Folge ergibt sich, dass die Aufhebung des Verwaltungsaktes im Ermessen der Behörde steht. Die überwiegende Meinung hingegen wendet als Prüfmaßstab das dem Verwaltungsakt zugrunde gelegte materielle Recht an.[14] Angesichts der Funktion des § 51 Abs. 1 Nr. 1 VwVfG ist der letztgenannten Auffassung zu folgen: In Anlehnung an das gerichtliche Wiederaufnahmeverfahren dient § 51 VwVfG dazu, das (Verwaltungs-)Verfahren in denselben Zustand wie vor der Erstentscheidung zu versetzen, d.h. die Behörde zu einer neuen Sachentscheidung auf der Grundlage des für den Erlass des Verwaltungsaktes geltenden Rechts bzw. im Fall des § 51 Abs. 1 Nr. 1 VwVfG unter Zugrundelegung der neuen Sach- oder Rechtslage zu verpflichten.[15] 7

Zu beachten bleibt, dass der Zweitbescheid nicht zu einer Verböserung gegenüber dem Erstbescheid führen darf; § 51 VwVfG dient ausschließlich dem Interesse des Antragstellers und liefert keine sachliche Legitimation für seine Schlechterstellung.[16]

IV. Aufhebung außerhalb von § 51 Abs. 1 VwVfG

Neben dem Wiederaufgreifen des Verfahrens nach § 51 Abs. 1 VwVfG ist die Behörde jederzeit befugt, einen Verwaltungsakt nach Maßgabe von §§ 48 Abs. 1 S. 1, 49 Abs. 1 VwVfG zu korrigieren.[17] Dies folgt aus § 51 Abs. 5 VwVfG, nach der jene Regelungen unberührt bleiben. Die Entscheidung, ob die Behörde ein entsprechendes Verfahren einleitet, steht in ihrem Ermessen. Der Betroffene hat lediglich einen An- 8

11 *Maurer*, § 11 Rn. 59.

12 BVerwG, NJW 1981, 2595.

13 *Maurer*, § 11 Rn. 61; w.N. bei *Sachs* in: Stelkens/Bonk/Sachs, § 51 Rn. 29 ff.

14 BVerwG, DVBl. 1982, 998, 1000; *Meyer* in: Knack, § 51 Rn. 20 m.w.N.

15 Vgl. auch *Peine*, Rn. 999; ausführlich *Erichsen* in: Erichsen/Ehlers, § 20 Rn. 5.

16 *Sachs* in: Stelkens/Bonk/Sachs, § 51 Rn. 42 ff.; zur Verböserung im Widerspruchsverfahren vgl. § 19a Rn. 13 ff.

17 Hierzu § 16.

spruch auf ermessensfehlerfreie Entscheidung.[18] Dieses Verfahren wird auch als Wiederaufgreifen i.w.S. bezeichnet, dasjenige des § 51 VwVfG dann als solches i.e.S.

V. Exkurs: Wiederaufnahme des verwaltungsgerichtlichen Verfahrens

9 Nicht zu verwechseln mit dem Wiederaufgreifen des (Verwaltungs-)Verfahrens aufgrund § 51 VwVfG ist die verwaltungs**gerichtliche** Wiederaufnahme des Verfahrens nach § 153 VwGO. Sie stellt kein klassisches Rechtsmittel[19], sondern einen **außerordentlichen Rechtsbehelf** dar, der die Korrektur bereits rechtskräftiger gerichtlicher Entscheidungen ermöglicht. Das Verfahren wird gem. § 153 Abs. 1 VwGO durch die entsprechenden Vorschriften der Zivilprozessordnung bestimmt. Das Gesetz unterscheidet zwischen Nichtigkeits- und Restitutionsklage, § 153 Abs. 2 VwGO.

Die **Nichtigkeitsklage** dient einer Geltendmachung der in § 579 ZPO genannten schweren Verfahrensmängel, die über den Verweis in § 153 Abs. 1 VwGO auch im Verwaltungsprozess beachtlich sind. Sofern ein solcher Fehler tatsächlich besteht, ist die angegriffene Entscheidung aufzuheben, und zwar unabhängig davon, ob der Mangel für den Inhalt der Enscheidung in irgendeiner Weise ursächlich geworden ist. In der Hauptsache muss dann gem. § 153 Abs. 1 VwGO i.V.m. § 590 Abs. 1 ZPO neu entschieden werden.

Unter der Voraussetzung, dass ein in § 580 ZPO aufgeführter Restitutionsgrund vorliegt, der sich auf den Inhalt der zu untersuchenden Entscheidung ausgewirkt hat, also kausal war, ermöglicht die **Restitutionsklage** eine Aufhebung dieser Entscheidung und eine Neuentscheidung in der Hauptsache. Die Zuständigkeit des Gerichts bemisst sich nach § 584 ZPO i.V.m. § 153 Abs. 1 VwGO.

Die Entscheidung über die Wiederaufnahmeklage kann gem. § 591 ZPO i.V.m. § 153 Abs. 1 VwGO im Wege der Berufung bzw. Revision[20] überprüft werden.

▶ **ZU FALL 17:** Das Wiederaufgreifen des Verfahrens gem. § 51 VwVfG setzt voraus, dass ein entsprechende Antrag zulässig und begründet ist. Letzteres erscheint im Hinblick auf den erforderlichen Wiederaufnahmegrund fraglich. In Betracht kommt das Vorliegen neuer Beweismittel, was nach § 51 Abs. 1 Nr. 2 VwVfG zur Wiederaufnahme verpflichtet. Auch Sachverständigengutachten sind grds. neue Beweismittel (§ 26 Abs. 1 Nr. 2 VwVfG), so dass D insoweit ein Wiederaufgreifen des Verfahrens erreichen könnte. Zu beachten ist jedoch, dass nachträglich erstellte Sachverständigengutachten mit lediglich anderer Würdigung desselben Sachverhalts als neue Beweismittel nicht ausreichen. Erforderlich ist vielmehr, dass sie ihrerseits auf neuen Tatsachen beruhen.[21] Anderenfalls bestünde die Möglichkeit, allein durch eine neue Stellungnahme ein Verfahren wieder aufzurollen. Ein Gutachten als (neues) Beweismittel muss daher zu der sicheren Überzeugung führen (können), dass die Behörde damals von falschen tatsächlichen Voraussetzungen ausgegangen ist und in Kenntnis der wirklichen Verhältnisse zugunsten des Betroffenen entschieden hätte.[22] Vorliegend stellen die neuen Auskünfte und Stellungnahmen über die Einordnung als wissenschaftliche Hochschule lediglich eine andere Auffassung dar, als sie der ursprünglichen Entscheidung zugrunde gelegt worden ist. Sie vermitteln keine neuen, damals nicht be-

18 Die Ermessensausübung kann jedoch im Gefolge einer Ermessensreduzierung auf eine rechtlich allein zulässige Entscheidung beschränkt sein, BVerwGE 95, 86; bereits § 16 Rn. 10 und § 14 Rn. 48 f.

19 Dazu § 19c.

20 Zu Berufung und Revision unter § 19c.

21 Siehe Rn. 5.

22 BVerwGE 82, 272, 277.

kannten Erkenntnisse über den Sachverhalt der Anerkennung. Somit kann D allein aufgrund neuer bzw. anderer Bewertungen zur wissenschaftlichen Anerkennung der Bildungseinrichtung, an der er seinen „Doctor of Chiropractic (D.C.)" erworben hat, kein Wiederaufgreifen des Verfahrens erreichen. ◀

VI. Wiederholungs- und Verständnisfragen

1. Welche zwei Begehren werden mit dem Antrag auf Wiederaufgreifen des Verfahrens nach § 51 VwVfG verfolgt? Welche Entscheidungsalternativen sind denkbar?
2. Welche Gründe führen zu einer Wiederaufnahme des Verfahrens?
3. Worin unterscheidet sich der Antrag nach § 51 VwVfG von einem solchen auf Rücknahme und Widerruf eines Verwaltungsaktes?
4. Was versteht man – demgegenüber – unter Wiederaufnahme des verwaltungsgerichtlichen Verfahrens?

§ 18 Nebenbestimmungen zum Verwaltungsakt

▶ **Fall 18:** E beantragt eine Baugenehmigung für ein Geschäftshaus im Stadtzentrum. Diese wird ihm unter Gewährung einer Befreiung wegen Überschreitung der zulässigen Geschosszahl mit der Maßgabe erteilt, dass er Einstellplätze für insgesamt 20 Fahrzeuge schafft **(a)**. D, der in diesem Geschäftshaus eine Diskothek betreiben will, erhält die hierfür erforderliche Genehmigung mit dem Zusatz, dass er maximal 500 Personen in die Disko einlassen darf **(b)**. Um welche Art von Nebenbestimmung handelt es sich jeweils? ◀

1 Jeder Verwaltungsakt enthält definitionsgemäß eine für ihn wesentliche Regelung, die sog. Hauptregelung.[1] Diese kann behördlicherseits mittels einer Nebenbestimmung[2] ergänzt oder begrenzt werden. Welche Arten von Nebenbestimmungen für die Behörden verfügbar sind, regelt § 36 VwVfG. Danach sind Bedingungen, Befristungen, Auflagen, Widerrufs- und Auflagenvorbehalte als Zusätze zu einem Verwaltungsakt möglich.

Aus § 36 Abs. 1 VwVfG ergibt sich auch einer der Hauptgründe für die Verwendung von Nebenbestimmungen. Sie sollen sicherstellen, „dass die gesetzlichen Voraussetzungen des Verwaltungsaktes erfüllt werden." Wenn z.B. der Bürger eine Baugenehmigung beantragt, aber (noch) nicht alle Voraussetzungen des Genehmigungstatbestandes erfüllt sind, könnte die Behörde mit einem strikten „Nein", also der Genehmigungsverweigerung, reagieren. Sie kann aber auch mit einem „Ja, aber ..." antworten, also mit einer Genehmigung unter Nebenbestimmung, bei deren Erfüllung alle Voraussetzungen, derer es für die Zulassung bedarf, vorliegen.[3] Begrifflich setzt eine Nebenbestimmung eine „Hauptregelung" voraus, die selbständig Bestand haben kann.[4] Umgekehrt ist wesentliches Merkmal der Nebenbestimmung ihre Akzessorietät zur Hauptregelung. Entfällt Letztere, ist auch die Nebenbestimmung gegenstandslos.

2 Vornehmlich ergeben sich im Zusammenhang mit Nebenbestimmungen zwei Problemkreise:

- In materiell-rechtlicher Hinsicht fragt sich, unter welchen Voraussetzungen die Behörde einen Verwaltungsakt mit Nebenbestimmungen versehen darf.[5]
- Bei prozessualer Betrachtung wird klärungsbedürftig, ob bzw. wann ein isoliertes Vorgehen im Klagewege gegen eine Nebenbestimmung statthaft ist.[6]

Beides setzt nähere Kenntnis der Nebenbestimmungen voraus.

I. Arten von Nebenbestimmungen, Rechtsnatur, Abgrenzung

1. Befristung

3 Die Befristung (§ 36 Abs. 2 Nr. 1 VwVfG) ist eine Bestimmung, derzufolge eine Vergünstigung oder Belastung,

1 Zum Regelungsmerkmal des Verwaltungsaktes siehe § 12 Rn. 10 ff.

2 Ausführlich zu Nebenbestimmungen zum Verwaltungsakt *Axer*, Jura 2001, 784.

3 Zu den Einsatzmöglichkeiten von Nebenbestimmungen *Heitsch*, DÖV 2003, 367.

4 Vgl. *Ipsen*, Rn. 552.

5 Dazu Rn. 13 f.

6 Dazu Rn. 15 ff.; ferner, wann Nebenbestimmungen selbständig vollstreckbar sind; dazu ansatzweise nachfolgend Rn. 6, 8, 10; *Erbguth/Wagner*, § 13 Rn. 30, am Beispiel des Bauordnungsrechts.

- zu einem bestimmten Zeitpunkt beginnt (aufschiebende Befristung, Anfangstermin),
- zu einem bestimmten Zeitpunkt endet (auflösende Befristung, Endtermin) oder
- für einen bestimmten Zeitraum gilt (Zeitraumbefristung).

Sie begrenzt folglich die zeitliche Geltungsdauer des Verwaltungsaktes. Der Eintritt des begrenzenden Ereignisses ist **gewiss**, obgleich der genaue Zeitpunkt seines Eintritts noch nicht bekannt sein muss. Eine Befristung liegt auch dann vor, wenn der Zeitraum lediglich bestimmbar ist (etwa: „Ostersonntag"/Erteilung einer Aufenthaltsbewilligung „bis" zum Ablauf eines Jahres, §§ 5 Abs. 2 Nr. 2, 28 AuslG).

2. Bedingung

Im Gegensatz dazu hängt bei einer Bedingung (§ 36 Abs. 2 Nr. 2 VwVfG) der Eintritt oder der Wegfall einer Vergünstigung oder Belastung von dem **ungewissen** Eintritt eines zukünftigen Ereignisses ab. Die Ungewissheit kann sich sowohl auf den Zeitpunkt des Eintritts des Umstandes als auch darauf beziehen, ob das Ereignis überhaupt stattfinden wird. Soll das Ereignis zur Folge haben, dass die Vergünstigung oder Belastung (erst dann) eintritt, handelt es sich um eine **aufschiebende Bedingung** (etwa Erlaubnis zum Betrieb einer Verbrennungsanlage, sobald ein ganz bestimmter Filter eingebaut ist). Soll hingegen die Begünstigung oder Belastung im Gefolge des Ereignisses wegfallen, liegt eine **auflösende Bedingung** vor; Beispiel ist hierfür die Aufenthaltserlaubnis eines Ausländers für die Dauer der Beschäftigung bei einem bestimmten Arbeitgeber (ungewisses, nicht bestimmbares Ereignis). Die Bedingung kann sowohl an Gegebenheiten geknüpft werden, die in der Hand des Betroffenen liegen (z.B. Nachweis bestimmter Fähigkeiten), als auch an solche, die sich seinem Einwirkungsbereich entziehen (etwa Gewährung einer staatlichen Beihilfe „unter dem Vorbehalt der Genehmigung" durch die Kommission der Europäischen Gemeinschaft[7]). 4

3. Widerrufsvorbehalt

Mit Hilfe des Widerrufsvorbehalts (§ 36 Abs. 2 Nr. 3 VwVfG) behält sich die Behörde die Möglichkeit vor, durch eine zukünftige Erklärung die Wirksamkeit eines Verwaltungsaktes zu beenden.[8] In Anbetracht dessen kann der Widerrufsvorbehalt als besonderer Fall der auflösenden Bedingung bezeichnet werden.[9] Sinn und Zweck des Widerrufsvorbehalts ist es, das Entstehen schutzwürdigen Vertrauens zu verhindern (vgl. § 49 Abs. 2 S. 1 Nr. 1 VwVfG[10]). So kann eine Subventionsbewilligung mit dem Vorbehalt verbunden werden, der Bescheid werde im Fall zweckwidriger Verwendung der Leistung widerrufen. Gem. § 49 Abs. 4 VwVfG wird mit Wirksamwerden des Widerrufs der widerrufene Verwaltungsakt unwirksam, soweit die Behörde keinen anderen Zeitpunkt bestimmt hat. 5

4. Auflage

Die Auflage (§ 36 Abs. 2 Nr. 4 VwVfG) ist eine Bestimmung, durch die dem Begünstigten ein Tun, Dulden oder Unterlassen vorgeschrieben wird. Sie ist nur bei begüns- 6

7 Näher *Koenig/Pickartz*, NVwZ 2002, 151; zur Zulässigkeit einer Einberufung zum Wehrdienst vorsorglich für den Verteidigungsfall BVerwGE 27, 263.

8 Zum „Berichtigungsvorbehalt" als Nebenbestimmung *Axer*, DÖV 2003, 271, 275.

9 *Maurer*, § 12 Rn. 7.

10 Vgl. näher § 16 Rn. 26.

tigenden Verwaltungsakten zulässig. Im Unterscheid zur Befristung, Bedingung und zum Widerrufsvorbehalt begründet die Auflage eine eigenständige, zusätzliche Verpflichtung, die selbständig vollstreckbar ist.[11] Dennoch bezieht sich die Auflage – wie auch die anderen Nebenbestimmungen – auf den Hauptverwaltungsakt und ist in ihrem Bestand von der Wirksamkeit dieser Regelung abhängig (akzessorisch).[12] Um einen Verwaltungsakt mit einer derartigen Nebenbestimmung handelt es sich bspw. bei einer Baugenehmigung für ein Wohnhaus mit der Maßgabe, dass der Bauherr den hinteren, unbebauten Teil des Grundstücks begrünt.

5. Auflagenvorbehalt

7 Schließlich besteht die Möglichkeit, einen Verwaltungsakt mit einem Auflagenvorbehalt zu versehen (§ 36 Abs. 2 Nr. 5 VwVfG). Im Wege des Auflagenvorbehalts kündigt die Behörde an, dass sie ggf. später durch Aufnahme, Änderung oder Ergänzung einer Auflage auf den Verwaltungsakt Einfluss nehmen wird. In seiner Funktion ähnelt der Auflagenvorbehalt dem Widerrufsvorbehalt und schließt wie jener die Entstehung schutzwürdigen Vertrauens aus. Ein Beispiel für einen Auflagenvorbehalt stellt die Genehmigung einer industriellen Anlage mit der Maßgabe dar, dass der Einbau eines zusätzlichen Filters angeordnet werden kann, falls der Schadstoffausstoß einen bestimmten Grenzwert übersteigen sollte.

6. Rechtsnatur der Nebenbestimmungen

8 Befristung, Bedingung und Widerrufsvorbehalt bestimmen den Beginn oder das Ende der Wirksamkeit eines Verwaltungsaktes. Demzufolge fehlt ihnen ein eigenständiger sachlicher Regelungsgehalt; sie begrenzen lediglich die Hauptverfügung.[13] Hingegen[14] enthält die Auflage als Verpflichtung des Begünstigten zu einem Tun, Dulden oder Unterlassen eine **eigene Sachregelung.** Deshalb wird der Auflage überwiegend Verwaltungsaktsqualität[15] zugesprochen – mit der Folge, dass diese auch isoliert vollstreckbar ist.[16] Umstritten ist die Rechtsnatur des Auflagenvorbehalts. Vorzugswürdig erscheint die Einordnung als Verwaltungsakt, weil dem Auflagenvorbehalt aufgrund der in ihm zum Ausdruck kommenden Befugnis zur nachträglichen Festsetzung selbständig durchsetzbarer Anordnungen eigener Regelungscharakter zukommt.[17]

7. Abgrenzung

a) Auflage und Bedingung

9 Auflage und Bedingung können mitunter schwer voneinander zu unterscheiden sein, vor allem dann, wenn ein begünstigender Verwaltungsakt in Abhängigkeit von einem Tun, Dulden oder Unterlassen des Adressaten gestellt ist. Beide Nebenbestimmungen

11 P. *Stelkens*/U. *Stelkens* in: Stelkens/Bonk/Sachs, § 36 Rn. 27a. Zur Rechtsnatur der Nebenbestimmungen nachfolgend Rn. 8.

12 Vgl. vorstehend Rn. 1.

13 *Detterbeck*, Rn. 655; *Maurer*, § 12 Rn. 8.

14 Vgl. in diesem Zusammenhang die Formulierung in § 36 Abs. 2 VwVfG: Auflagen und Auflagenvorbehalte werden mit dem Verwaltungsakt „verbunden"; Befristungen, Bedingungen und Widerrufsvorbehalte werden hingegen mit dem Verwaltungsakt „erlassen".

15 *Peine*, Rn. 526 ; *Maurer*, § 12 Rn. 9 m.w.N.

16 Rn. 11; zur Verwaltungsvollstreckung näher § 19.

17 *Mauer*, § 12 Rn. 14; P. *Stelkens*/U. *Stelkens* in: Stelkens/Bonk/Sachs, § 36 Rn. 47. A.A. *Ipsen*, Rn. 578. Zum Tatbestandsmerkmal Regelung § 12 Rn. 10 ff.

können in diesen Fällen eine ähnliche Formulierung erfahren. Dann wird zweifelhaft, ob dem Verwaltungsakt eine Bedingung oder Auflage beigefügt werden sollte (etwa, wenn dem Gastwirt G die gewünschte Genehmigung zum Betreiben einer Gaststätte, §§ 2 Abs. 1, 3 GastG, mit der Maßgabe erteilt wird, über die bereits vorhandenen (fünf) Toiletten hinaus eine weitere einzurichten). Eine Unterscheidung ist gleichwohl geboten: Zum einen deshalb, weil Auflagen und Bedingungen jeweils unterschiedliche Rechtsfolgen zeitigen. Zum anderen kann sich die Einordnung auf den Rechtsschutz gegen die Nebenbestimmung auswirken.[18]

Mit Blick auf die unterschiedlichen **Rechtswirkungen** von Bedingung und Auflage ergibt sich Folgendes: Im Fall der Verbindung mit einer Auflage ist der Verwaltungsakt zunächst wirksam. Wäre die im obigen Beispiel zusätzlich angeordnete Installation einer Toilette als Auflage zu qualifizieren, könnte G seine Gaststätte aufgrund einer wirksamen Erlaubnis sofort betreiben. Wird die Auflage nicht erfüllt, hat die Behörde nach § 49 Abs. 2 S. 1 Nr. 2 VwVfG die Möglichkeit, den Verwaltungsakt, hier die Gaststättengenehmigung, zu widerrufen (für leistungsgewährende Verfügungen vgl. § 49 Abs. 3 S. 1 Nr. 2 VwVfG). Ansonsten kann die Auflage als selbständiger Verwaltungsakt im Wege der Verwaltungsvollstreckung vollstreckt werden.[19] Im Gegensatz dazu würde die unter einer Bedingung erlassene Genehmigung nicht wirksam, solange die mit ihr verbundene Anordnung nicht befolgt worden ist. Erfüllt also G die Bedingung (zusätzliche Toilette) nicht und nimmt dennoch den Betrieb seiner Gaststätte auf, so tut er dies unerlaubt, mithin rechtswidrig. Es gilt daher der Satz: „Die Bedingung suspendiert, zwingt aber nicht, die Auflage zwingt, suspendiert aber nicht."[20] 10

Die Abgrenzung zwischen Auflage und aufschiebender Bedingung erfolgt mittels **Auslegung:** Entscheidend kommt es auf den Willen der Behörde an, der anhand der jeweiligen Umstände nach dem Empfängerhorizont zu ermitteln ist[21]. Die Bezeichnung als Bedingung oder Auflage ist nicht entscheidend; sie stellt nur ein Indiz für das von der Behörde Gewollte dar. Zur Ermittlung des behördlichen Willens sind folgende Kriterien heranzuziehen: 11

- Wenn die Nebenbestimmung für die Behörde so **wichtig** war, dass sie die Wirksamkeit des Verwaltungsaktes davon abhängig machen wollte, liegt eine Bedingung vor.
- Ist eine Bedingung im konkreten Fall unzulässig, die Auflage aber zulässig, so wird eine Auflage vorliegen, weil davon auszugehen ist, dass die Behörde stets **rechtmäßig** handeln will.
- **Im Zweifel** ist eine **Auflage** anzunehmen, weil diese für beide Beteiligten günstiger ist: für den Bürger, weil er auch bei Nichterfüllung die Rechte aus dem begünstigenden Verwaltungsakt zunächst behält; für die Behörde wegen der Möglichkeit, die Auflage zu vollstrecken[22].

Im Beispiel ergibt sich unter Berücksichtigung des Vorgenannten: Angesichts der vorhandenen Toiletten und weil der Betrieb des Lokals bereits mit dieser Ausstattung unter (sozial)hygienischen Aspekten zugelassen werden kann, besitzt die Anordnung für

18 Dazu sogleich Rn. 15 ff.

19 Vorstehend Rn. 6, 8; näher zur Verwaltungsvollstreckung § 19.

20 Auf *Savigny*, System des heutigen römischen Rechts, Bd. III, 1840, S. 231, zurückgehend.

21 Vgl. nur OVG Bautzen, UPR 2006, 452, 452 f.

22 Vgl. vorstehend Rn. 6, 8, 10.

die Behörde nicht die Bedeutung, dass die Gaststättenerlaubnis erst mit der Errichtung einer weiteren Toilette wirksam werden soll. Daher ist eine Auflage anzunehmen. Etwas anderes würde gelten, wenn noch keinerlei Toiletten vorhanden wären. In einem solchen Fall spräche alles für die Annahme einer aufschiebenden Bedingung.

b) Auflage und modifizierende Auflage

12 Die Auflage ist des Weiteren von der „modifizierenden Auflage" abzugrenzen. Bei Letzterer handelt es sich um eine Rechtsfigur der Rechtsprechung; gemeint ist eine vorhabenbezogene Regelung, welche die eigentlich beantragte Genehmigung inhaltlich verändert, also modifiziert (etwa, wenn der Bauherr eine Baugenehmigung für ein Haus mit Giebeldach begehrt, die Behörde ihm aber ein Haus mit Flachdach genehmigt[23]).

In der Literatur ist der Begriff der modifizierenden Auflage vielfach auf Kritik gestoßen: Der Terminus sei begrifflich irreführend, der Rechtsfigur bedürfe es zudem nicht.[24] In der Sache erscheint zutreffend, dass mit der modifizierenden Auflage im Gegensatz zur Auflage i.S.d. § 36 Abs. 2 Nr. 4 VwVfG nichts Zusätzliches verlangt, sondern anstelle der beantragten Verfügung ein „aliud" gewährt wird. Der Inhalt des Verwaltungsaktes erfährt im Vergleich zum Beantragten eine qualitative Veränderung. Berechtigt ist daher die im Schrifttum vertretene Auffassung, dass es sich bei der modifizierenden Auflage nicht um eine Nebenbestimmung, sondern um eine Inhaltsbestimmung handelt, welche selbst die Regelung des Verwaltungsaktes darstellt.[25]

Im Ergebnis wirkt sich der Meinungsstreit nicht aus. So ist unstreitig, dass der Betroffene rechtswidrig, nämlich ohne Genehmigung handelt, wenn er die „modifizierende" Auflage bzw. Inhaltsbestimmung nicht einhält. Insbesondere gehen Rechtsprechung und Schrifttum gleichermaßen gehen davon aus, dass die modifizierende Auflage bzw. Genehmigung wegen ihres besonderen Charakters nicht isoliert anfechtbar und aufhebbar ist.[26] Begehrt der Adressat eine Genehmigung entsprechend seinem Antrag, kann er dies nur im Wege einer Verpflichtungsklage[27] auf Erlass der gewünschten Genehmigung erreichen.[28]

II. Rechtliche Zulässigkeit von Nebenbestimmungen

13 Es gibt Verwaltungsakte, die ihrem Wesen nach nicht mit einer Nebenbestimmung versehen werden können, wie Prüfungsentscheidungen (Staatsexamen, Abitur), Einbürgerungen oder Beamtenernennungen. Ansonsten ergibt sich die Zulässigkeit von Nebenbestimmungen entweder aus einer spezialgesetzlichen Regelung (z.B. § 17 BImSchG, § 14 AuslG) oder, falls eine solche nicht vorhanden ist, aus § 36 VwVfG. Zu unterscheiden sind hiernach gebundene Verwaltungsakte (§ 36 Abs. 1 VwVfG) und Ermessensakte (§ 36 Abs. 2 VwVfG): Nach Abs. 1 sind Nebenbestimmungen bei **rechtlich gebundenen Entscheidungen** (also bei solchen, auf die bei Vorliegen der Voraussetzungen ein Anspruch besteht) nur zulässig, wenn – wie häufig – Spezialvorschriften (s.o.) dies eröffnen oder die Möglichkeit besteht, durch Nebenbestimmun-

23 Vgl. *Kopp/Ramsauer*, § 36 Rn. 36.

24 *Peine*, Rn. 170; *Maurer*, § 12 Rn. 16.

25 *Maurer*, § 12 Rn. 16; *Ipsen*, Rn. 600; *Bull/Mehde*, Rn. 724.

26 BVerwG, DÖV 1974, 380; vgl. auch *Axer*, Jura 2001, 748, 750; *Maurer*, § 12 Rn. 16; *Erbguth* in: Tettinger/Erbguth/Mann, Rn. 1233.

27 Zur Verpflichtungsklage § 19a Rn. 18 ff.

28 Zu den Rechtsschutzmöglichkeiten gegen Nebenbestimmungen sogleich Rn. 15 ff.

gen die Erfüllung noch fehlender gesetzlicher Voraussetzungen sicherzustellen. Bei **Verwaltungsakten,** deren Erlass im **Ermessen** der Behörde steht, sind Nebenbestimmungen nach Maßgabe ordnungsgemäßer Ermessensbetätigung zulässig, § 36 Abs. 2 VwVfG. Das liegt auf der Hand: Wenn es im Ermessen der Behörde liegt, ob sie den Verwaltungsakt überhaupt erlässt, so muss sie auf jeden Fall berechtigt sein, diesen ermessensfehlerfrei unter Nebenbestimmungen zu erteilen.

Damit wird zugleich deutlich, dass die Beifügung einer Nebenbestimmung insoweit nicht im freien Belieben der Behörde steht; vielmehr hat sie die aus § 40 VwVfG resultierenden Ermessensgrenzen[29] zu beachten. Die Nebenbestimmung muss danach im Zusammenhang mit dem Zweck der Ermächtigungsgrundlage stehen[30]. § 36 Abs. 3 VwVfG präzisiert dies dahingehend, dass eine Nebenbestimmung dem Zweck des Verwaltungsaktes nicht zuwiderlaufen darf (Koppelungsverbot[31]). Angesichts dessen wäre die Rücknahme einer Abrissverfügung unter der Bedingung, dass der Betroffene die seit längerer Zeit fälligen Müllabfuhrgebühren entrichtet, unzulässig. Ferner müssen Nebenbestimmungen die rechtsstaatlichen Prinzipien der Verhältnismäßigkeit und Bestimmtheit wahren. 14

III. Rechtsschutz gegen Nebenbestimmungen

Nicht abschließend geklärt ist, ob und, wenn ja, welche Nebenbestimmungen isoliert angegriffen werden können, oder ob eine Beseitigung von Nebenbestimmungen nur zusammen mit der Hauptregelung möglich ist. Im ersten Fall wäre Anfechtungsklage (§ 42 Abs. 1, 1. Alt. VwGO)[32] auf Aufhebung der Nebenbestimmung zu erheben. Hat die Klage Erfolg, findet sich lediglich die rechtswidrige Nebenbestimmung beseitigt; der Hauptverwaltungsakt bleibt hingegen bestehen. Im zweiten Fall müsste die Behörde dagegen zum Erlass eines neuen, nebenbestimmungsfreien Verwaltungsaktes verpflichtet werden – die Verpflichtungsklage (§ 42 Abs. 1, 2. Alt. VwGO)[33] wäre einschlägig. Bei Obsiegen würde der Hauptverwaltungsakt samt Nebenbestimmung aufgehoben und die Behörde zum Erlass eines neuen Verwaltungsaktes ohne Nebenbestimmung verpflichtet. 15

1. Meinungsstand

Überblicksartig können folgende Grundpositionen – die jeweils weitere Verästelungen nach sich gezogen haben – unterschieden werden:[34] 16

- Nach einer Ansicht im Schrifttum ist ein isoliertes Vorgehen gegen Nebenbestimmungen im Wege der Anfechtungsklage ausgeschlossen, weil es dem Kläger der Sache nach um eine Erweiterung seiner Rechtsposition gehe.[35] Deshalb müsse immer **Verpflichtungsklage** auf Erlass eines uneingeschränkten Verwaltungsaktes eingelegt werden.

29 Zum Ermessen allgemein § 14 Rn. 36 ff.

30 Allgemein § 14 Rn. 41.

31 Vgl. *Detterbeck*, Rn. 663; P. *Stelkens*/U. *Stelkens* in: Stelkens/Bonk/Sachs, § 36 Rn. 80a; vgl. auch § 21 Rn. 14.

32 Näher zur Anfechtungsklage § 19a Rn. 17 ff.

33 Näher zur Verpflichtungsklage § 19a Rn. 18 ff.

34 Vgl. zum Rechtsschutz gegen Nebenbestimmungen *Sproll*, NVwZ 2001, 3221; J. *Schmidt*, BWVBl. 2004, 81; *Hufen/Bickenbach*, JuS 2004, 867 und 966.

35 *Stadie*, DVBl. 1991, 613.

- Teilweise wird nach der **Art der Nebenbestimmung** unterschieden:[36] Befristung, Bedingung und Widerrufsvorbehalt seien untrennbare und damit unselbständige Teile des Verwaltungsaktes. Gegen solche Nebenbestimmungen lasse sich nur Verpflichtungsklage auf Erlass eines nebenbestimmungsfreien Verwaltungsaktes erheben. Auflage und Auflagenvorbehalt stellten dagegen selbständige Verwaltungsakte dar[37], so dass Anfechtungsklage auf Aufhebung dieser Nebenbestimmungen eingelegt werden könne.
- Eine weitere Auffassung unterscheidet danach, ob es sich bei dem Hauptverwaltungsakt um einen **Ermessensverwaltungsakt** oder einen **rechtlich gebundenen Verwaltungsakt** handelt.[38] Bei einem Ermessensakt sei die separate Aufhebung einer Nebenbestimmung bedenklich, weil der Behörde dann ein Verwaltungsakt aufgezwungen werde, den sie in dieser Form nicht habe erlassen wollen. Um den Ermessensspielraum der Behörde zu wahren, müsse Verpflichtungsklage erhoben werden. Bei gebundenen Entscheidungen soll hingegen eine isolierte Anfechtung von Nebenbestimmungen möglich sein.
- Nach heute überwiegend vertretener Meinung ist eine **isolierte Anfechtung aller Nebenbestimmungen** zulässig,[39] sofern sie vom Hauptverwaltungsakt abtrennbar sind.[40]

2. Beurteilung

17 Der Auffassung, die ausschließlich auf die Erhebung einer Verpflichtungsklage verweist, wird mit Recht entgegengehalten, dass sie die eigenständigen Regelungen von Nebenbestimmungen (insbesondere die der Auflage), die eine isolierte Angreifbarkeit nahe legen, übersieht. Zudem geht **§ 113 Abs. 1 S. 1 VwGO** („soweit der Verwaltungsakt rechtswidrig ... ist“) davon aus, dass ein Verwaltungsakt nur in Teilen aufgehoben werden kann. Die solcherart eröffnete Teilanfechtung bzw. Teilaufhebbarkeit spricht auch dagegen, den Rechtsschutz von der Art der Nebenbestimmung abhängig zu machen und nur bei Auflagen und Auflagenvorbehalten eine Anfechtungsklage gegen die Nebenbestimmung zuzulassen. Rechtswidrige Bestandteile eines Verwaltungsaktes sollen im Gefolge der Wertung des § 113 Abs. 1 S. 1 VwGO grds. separat angefochten und aufgehoben werden können. Voraussetzung dafür ist eine entsprechende Teilbarkeit des Verwaltungsaktes, die bei Nebenbestimmungen in aller Regel anzunehmen sein wird: Ihre zusätzlichen Regelungen bzw. Teilgehalte dürften vom restlichen Verwaltungsakt sachlich trennbar sein; der Hauptverwaltungsakt wird normalerweise auch ohne die jeweilige Nebenbestimmung Sinn ergeben.[41] In Anbetracht dessen folgt aus § 113 Abs. 1 S. 1 VwGO regelmäßig die Möglichkeit einer isolierten Anfechtung sämtlicher Nebenbestimmungen. Eine solche Vorgehensweise steht auch im Interesse des Bürgers: Sein Ziel ist durchweg die bloße Beseitigung bzw. Anfechtung der (einschränkenden) Nebenbestimmung bei Aufrechterhaltung des begünstigenden Hauptverwaltungsaktes. Mit einer Verpflichtungsklage auf Erlass eines neuen Verwaltungsaktes hingegen wäre er zur Aufgabe der hauptsächlichen Begünstigung gezwungen.

36 So insbesondere die frühere Rechtsprechung des BVerwG, z.B. BVerwGE 29, 261, 265.

37 Zur Auflage insoweit OVG Bautzen, UPR 2006, 452; vgl. vorstehend Rn. 8.

38 So die späteren Entscheidungen des BVerwG, vgl. BVerwGE 55, 135, 136 ff.

39 BVerwGE 65, 139, 142; BVerwGE 112, 221; kritisch *Lahrenz*, NVwZ 2007, 161, allerdings im Ergebnis zustimmend, wenn auch mit anderer Begründung.

40 Auch *Erbguth/Wagner*, § 11 Rn. 28.

41 *Maurer*, § 12 Rn. 25.

Allein die Inhaltsbestimmung bzw. modifizierende Auflage ist nicht vom Restverwaltungsakt trennbar. Eine isolierte Aufhebung würde die von der Behörde gewährte Begünstigung durch eine Begünstigung ganz anderen Inhalts ersetzen. Insofern ist unstreitig, dass in diesen Fällen eine Anfechtungsklage ausschließlich auf Aufhebung der Inhaltsbestimmung bzw. Modifizierung nicht in Betracht kommt, sondern Verpflichtungsklage auf Erteilung der uneingeschränkten resp. beantragten Genehmigung zu erheben ist.[42]

Ansonsten wird die Frage, ob die Teilanfechtung zur isolierten Aufhebung der Nebenbestimmung führt, erst im Rahmen der Begründetheitsprüfung geklärt.[43] Eine isolierte Anfechtbarkeit der Nebenbestimmung kann nur Erfolg haben, wenn einerseits die Nebenbestimmung rechtswidrig ist und andererseits der Hauptverwaltungsakt ohne die Nebenbestimmung in sinnvoller und rechtmäßiger Weise bestehen bleiben kann.[44] Eine derartige Aufhebung kann insbesondere dann erfolgen, wenn die Behörde bei gebundenen Entscheidungen zum Erlass des (Rest-)Verwaltungsaktes verpflichtet ist.[45] Bei Ermessensentscheidungen ist die Klage begründet, wenn der (Haupt-)Verwaltungsakt erlassen werden durfte und die Behörde ihn bei objektiver Betrachtung auch in Kenntnis der Fehlerhaftigkeit der Teilregelung erlassen hätte.[46] Ist das nicht der Fall oder würde der verbleibende Verwaltungsakt nach Beseitigung der Nebenbestimmung rechtswidrig, kommt eine isolierte Aufhebung nicht in Betracht.[47] Dann kann der Kläger nur mit einer Verpflichtungsklage erfolgreich sein, wenn er einen Anspruch auf uneingeschränkte Begünstigung hat. Dergestalt wird zugleich den Bedenken an einer isolierten Aufhebbarkeit von Nebenbestimmungen bei Ermessensverwaltungsakten[48] Rechnung getragen. Ggf. hat das Gericht den Kläger nach § 86 Abs. 3 VwGO auf die Folgen der von ihm gestellten Anträge hinzuweisen und auf sachdienliche Anträge hinzuwirken.[49]

▶ **zu Fall 18:** Die Zusätze enthalten weder eine zeitliche Beschränkung, mithin keine Befristung, noch einen Widerrufs- bzw. Auflagenvorbehalt. Vielmehr statuieren sie für den jeweils Begünstigten eine Pflicht. Daher kann es sich entweder um Auflagen handeln, die dem Begünstigten ein Tun vorschreiben (§ 36 Abs. 2 Nr. 4 VwVfG), oder um aufschiebende Bedingungen, von deren Eintritt die Begünstigung abhängt (§ 36 Abs. 2 Nr. 2 VwVfG). Bei der Abgrenzung von Bedingung und Auflage ist zunächst die Bedeutung der Zusätze für den Gesamtverwaltungsakt zu berücksichtigen. Da E bereits im Wege der Befreiung eine über den allgemeinen Rahmen hinausgehende Nutzungsmöglichkeit zugesagt bekommen hat, spricht Überwiegendes dafür, dass diese erweiterte Nutzung nur dann erlaubt sein soll, wenn E die Einstellplätze errichtet hat. Die Befolgung des Zusatzes ist für die Baugenehmigung derart wichtig, dass davon deren Wirksamkeit abhängt. Bei **(a)** ist der Zusatz

42 Vgl. bereits vorstehend Rn. 12; *Erbguth/Wagner*, § 11 Rn. 28.

43 BVerwGE 112, 221; *Ipsen*, Rn. 589; *Hufen*, § 14 Rn. 61 ff.; zur Begründetheitsprüfung bei Anfechtungs- und Verpflichtungsklage vgl. § 19a Rn. 31 ff.

44 BVerwGE 112, 221, 224.

45 Dies entspricht den Kriterien, die zur Annahme einer Teilnichtigkeit bzw. -rechtswidrigkeit von Verwaltungsakten führen – und die insofern herangezogen werden können, vgl. *Erichsen* in: Erichsen/Ehlers, § 15 Rn. 33. Zur Teilnichtigkeit § 15 Rn. 6; zur Teilrechtswidrigkeit § 15 Rn. 12 f.

46 *Erichsen* in: Erichsen/Ehlers, § 15 Rn. 33.

47 Vgl. BVerwGE 81, 185, 186; BVerwGE 112, 221, 224; *Kopp/Schenke*, § 113 Rn. 18. Nach a.A. ist die Anfechtungsklage auch für den Fall eines rechtswidrigen Restverwaltungsaktes begründet und die Behörde muss diesen gem. §§ 48, 49 VwVfG aufheben, vgl. *Hufen/Bickenbach*, JuS 2004, 966, 967; *Maurer*, § 12 Rn. 27.

48 Vgl. vorstehend Rn. 16 f.

49 Vgl. auch *Hufen/Bickenbach*, JuS 2004, 966, 968.

daher als (aufschiebende) Bedingung zu qualifizieren. Hinsichtlich **(b)** ergibt sich, dass D seine Diskothek betreiben darf. Er ist im Rahmen des Betriebes lediglich gehalten, nur eine begrenzte Zahl an Besuchern einzulassen. Die Genehmigung soll daher (gerade) ohne vorherige Erfüllung der Nebenbestimmung wirksam werden; es liegt eine Auflage vor.[50] ◀

IV. Wiederholungs- und Verständnisfragen

1. Wie können Bedingungen und Auflagen voneinander unterschieden werden, wenn sie ein Tun, Dulden oder Unterlassen des Begünstigten fordern?
2. Was ist eine modifizierende Auflage?
3. Unter welchen Voraussetzungen können einem Verwaltungsakt Nebenbestimmungen beigefügt werden?
4. Sind Nebenbestimmungen isoliert anfechtbar?

50 Die Zulässigkeit einer Auflage bei Erteilung einer Gaststättenerlaubnis ist spezialgesetzlich in § 5 Abs. 1 Nr. 1 GastG geregelt. Danach muss sie vor Gefahren für Leben und Gesundheit der Gäste schützen.

§ 19 Vollstreckung von Verwaltungsakten

▶ **Fall 19:** J stellt seinen PKW auf einer vor seinem Wohnhaus gekennzeichneten, am Straßenrand befindlichen Parkfläche ab und fährt für drei Wochen in den Urlaub. In dieser Zeit werden auf der Straße von der zuständigen Behörde mobile Halteverbotsschilder aufgestellt, weil dort ein Radweg errichtet werden soll. Das Fahrzeug von J behindert den Beginn der Bauarbeiten, woraufhin die Behörde es vom Abschleppunternehmer U vier Tage nach Aufstellen der Verkehrsschilder auf dessen Hof abschleppen lässt. Zu Recht (exemplarisch anhand §§ 6 ff. VwVG)? ◀

Unter Verwaltungsvollstreckung ist allgemein die **zwangsweise Durchsetzung** per Verwaltungsakt begründeter (öffentlich-rechtlicher) Verpflichtungen zu verstehen, dies durch die Verwaltungsbehörden und in einem besonderen Verwaltungsverfahren.[1] 1

I. Grundstrukturen der Verwaltungsvollstreckung

1. Begriff und Bedeutung

Durch den Erlass von Verwaltungsakten beschafft sich die Verwaltung zugleich **Vollstreckungstitel**, die sie mit Hilfe eigener Vollstreckungsorgane durchsetzen kann.[2] Die Verwaltungsvollstreckung ist mithin Selbstvollstreckung. Darin liegt ein wesentlicher Unterschied zur Rechtsposition des Bürgers. Will dieser seine Ansprüche durchsetzen, muss er sich zunächst im Wege der Anrufung von Gerichten einen Vollstreckungstitel beschaffen (i.d.R. ein Urteil) und zu dessen Durchsetzung die staatlichen Vollstreckungsorgane (Gerichtsvollzieher, Vollstreckungsgericht) in Anspruch nehmen. 2

Dem Verwaltungsakt als Handlungsform der Verwaltung kommt entscheidende Bedeutung für die Verwaltungsvollstreckung zu: Nur wenn die Behörde befugt ist, durch Verwaltungsakt zu handeln, ist auch eine Verwaltungsvollstreckung zulässig. Zwangsweise durchsetzbare Verwaltungsakte sind allerdings lediglich befehlende Verwaltungsakte, die ein Gebot oder Verbot enthalten.[3] Nicht vollstreckungsfähig sind gestaltende und feststellende Verwaltungsakte.[4] Es fehlt hier an einem vollstreckungsfähigen Inhalt; die Rechtsfolgenanordnung tritt bereits mit ihrer Wirksamkeit ein. 3

Besteht keine Befugnis, einen Verwaltungsakt zu erlassen, muss auch die Verwaltung die Gerichte anrufen, einen vollstreckbaren Titel (Urteil) erwirken und die Vollstreckung des Titels durch außerhalb der Verwaltung stehende Vollstreckungsorgane veranlassen. Auf diese Weise sind z.B. privatrechtliche Forderungen der Verwaltung durchzusetzen.[5] Gleiches gilt für Ansprüche aus öffentlich-rechtlichen Verträgen. Eine Ausnahme bilden öffentlich-rechtliche Verträge mit Unterwerfungsklausel, §§ 54 S. 2,

1 Vgl. die Definition bei *Detterbeck*, Rn. 1005. Zur Verwaltungsvollstreckung auch *App*, JuS 2004, 786; *Horn*, Jura 2004, 447 und 597.

2 Sog. Vollstreckungs- bzw. Titelfunktion des Verwaltungsaktes; vgl. auch § 12 Rn. 31.

3 Hierzu § 12 Rn. 34.

4 Hierzu § 12 Rn. 35 ff.

5 Es sei denn, das Landesrecht enthält Bestimmungen, wonach auch privatrechtliche Forderungen im Wege der Verwaltungsvollstreckung durchgesetzt werden dürfen, z.B. § 66 HessVwVG, § 296 LVwG SH.

61 VwVfG[6]; auf sie finden die Vorschriften der Verwaltungsvollstreckung Anwendung.

2. Rechtliche Grundlagen

4 Die Verwaltungsvollstreckung des Bundes ist im Verwaltungsvollstreckungsgesetz und im Gesetz über den unmittelbaren Zwang geregelt. In den Bundesländern gelten regelmäßig die Landesverwaltungsvollstreckungsgesetze.[7] Diese allgemeinen Gesetze werden durch Sonderregelungen ergänzt, auf Bundesebene z.B. durch das Abgaben- oder Sozialversicherungsrecht, auf Länderebene vor allem durch die Polizei- und Ordnungsgesetze. Das (Bundes-)Verwaltungsvollstreckungsgesetz und auch die Vollstreckungsgesetze der Länder differenzieren zwischen der Vollstreckung von Geldforderungen (sog. Beitreibung, §§ 1 ff. VwVG) und derjenigen zur Erzwingung von Handlungen, Duldungen und Unterlassungen (sog. Verwaltungszwang, §§ 6 ff. VwVG).

II. Erzwingung von Handlungen, Duldungen und Unterlassungen

1. Überblick über die Zwangsmittel

5 Für die Erzwingung von Handlungen, Duldungen und Unterlassungen dürfen nur die im Verwaltungsvollsteckungsgesetz normierten Zwangsmittel eingesetzt werden: Ersatzvornahme (§ 10 VwVG), Zwangsgeld (§ 11 VwVG) oder unmittelbarer Zwang (§ 12 VwVG).[8]

a) Ersatzvornahme

6 Kommt der Adressat eines Verwaltungsaktes der hierin angeordneten Verpflichtung nicht nach, kann die Vollzugsbehörde im Wege der Ersatzvornahme einen anderen mit der Vornahme der Handlung auf Kosten des Pflichtigen beauftragen, § 10 VwVG. Die Ersatzvornahme ist freilich nur bei vertretbaren Handlungen zulässig (z.B. Abriss eines Hauses), nicht jedoch bei höchstpersönlichen Handlungen (wie Ableistung des Wehrdienstes) oder Unterlassungen und Duldungen. Klassisches Beispiel für eine Ersatzvornahme ist das Abschleppen eines verkehrswidrig parkenden Fahrzeugs durch einen von der zuständigen Behörde beauftragten privaten Abschleppunternehmer.[9] Zwischen der Behörde und dem die Ersatzvornahme ausführenden Dritten wird ein zivilrechtlicher Vertrag (i.d.R. Werkvertrag nach § 631 BGB) geschlossen, aufgrund dessen der private Unternehmer sein Entgelt gegenüber der Behörde geltend machen kann. Zwischen dem Unternehmer und dem Pflichtigen bestehen keine unmittelbaren Rechtsbeziehungen. Der Pflichtige muss allerdings die Ersatzvornahme durch den privaten Unternehmer dulden. Etwaiger Widerstand des Pflichtigen

6 Vgl. § 21 Rn. 28.

7 Wobei es in Mecklenburg-Vorpommern kein LVwVG gibt und sich der Vollzug von Verwaltungsakten dort generell nach den Bestimmungen über das Vollstreckungsverfahren des SOG M-V richtet, vgl. § 110 VwVfG M-V.

8 Ausführlich zum Verwaltungszwang *Werner*, JA 2000, 902.

9 BVerwGE 102, 316; anschaulich OVG Hamburg, JuS 2006, 1042, zur Nachforschungspflicht des Polizeibediensteten im Vorfeld einer Abschleppmaßnahme (bei Hinweiszettel mit Telefonnummer oder Anschrift des Fahrers im Fahrzeug).

kann durch Vollzugsbeamte, nicht aber durch den Unternehmer gebrochen werden, und zwar im Wege des unmittelbaren Zwangs.[10]

Das Verhältnis zwischen der die Ersatzvornahme anordnenden Behörde und dem Pflichtigen ist öffentlich-rechtlicher Natur. Die entstandenen Kosten lässt sich die Behörde vom Pflichtigen erstatten. Auch wenn der private Unternehmer vom Pflichtigen direkt Zahlung verlangt, wie es Praxis der Abschleppfälle ist, handelt es sich dabei um die Geltendmachung der behördlichen Forderung.[11]

Übersicht 18:
Rechtsbeziehungen bei der Ersatzvornahme

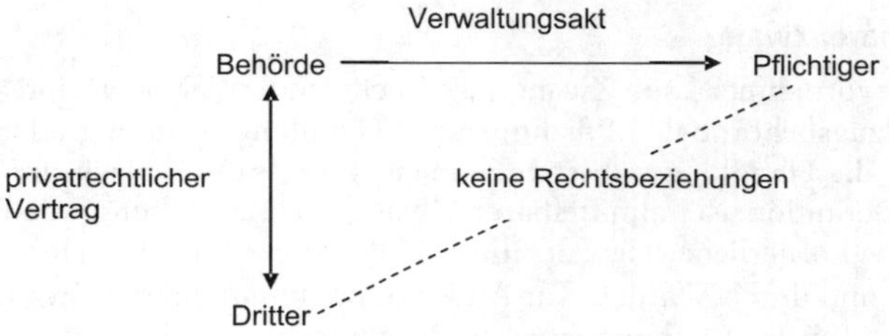

7 Zu beachten ist, dass nach den Regelungen des Verwaltungsvollstreckungsgesetzes nur die behördlicherseits veranlasste Fremdvornahme durch einen Dritten eine Ersatzvornahme darstellt. Die meisten Vollstreckungsgesetze der Länder verstehen darunter weitergehend auch die von der Behörde, genauer: ihren Bediensteten, ausgeführte Selbstvornahme (vgl. § 89 Abs. 1 SOG M-V); dann kann die Abgrenzung zum unmittelbaren Zwang klärungsbedürftig werden.[12]

b) Zwangsgeld

8 Zwangsgeld soll den Pflichtigen zur Vornahme der geschuldeten Handlung oder Unterlassung anhalten. Es kommt bei unvertretbaren Handlungen in Betracht, solchen also, die durch einen anderen nicht vorgenommen werden können, und bei Duldungen und Unterlassungen, § 11 Abs. 1 VwVG. Bspw. kann einem Gastwirt, der wiederholt gegen die Sperrzeitregelung verstößt, Zwangsgeld angedroht werden. Zur Durchsetzung vertretbarer Handlungen lässt sich Zwangsgeld verhängen, wenn eine Ersatzvornahme untunlich ist, insbesondere dann, wenn der Pflichtige nicht imstande ist, die Kosten zu tragen, die aus der Ausführung durch einen anderen entstehen, § 11 Abs. 2 VwVG.

Das Zwangsgeld ist ein Beugemittel und keine Strafe für begangenes Unrecht.[13] Es darf daher nicht mehr vollstreckt werden, wenn der Pflichtige seiner Verpflichtung nachgekommen ist.[14] I.Ü. kann Zwangsgeld wiederholt und gesteigert festgesetzt werden. Seine Beitreibung richtet sich nach den Regeln über die Vollstreckung öffentlich-rechtlicher Geldforderungen.[15]

10 Hierzu Rn. 9.
11 Vgl. auch BGH, NVwZ 2006, 964.
12 Dazu sogleich Rn. 9.
13 BVerwG, DVBl. 1965, 768, 769.
14 *Maurer*, § 20 Rn. 15.
15 Dazu Rn. 28.

Die Höhe des Zwangsgeldes ist von der Behörde nach pflichtgemäßem Ermessen festzulegen, wobei die Verwaltungsvollstreckungsgesetze unterschiedliche Bemessungsrahmen vorhalten. Maßgebliche Kriterien für die Bestimmung der Höhe des Zwangsgeldes sind die Bedeutung der Angelegenheit, die Intensität des zu brechenden Widerstandes sowie die Einkommens- und Vermögensverhältnisse des Pflichtigen.[16]

Lässt sich das Zwangsgeld nicht beitreiben, kann Zwangshaft verhängt werden, § 16 VwVG. Die Zwangshaft ist kein selbständiges Zwangsmittel, sondern eine Steigerung des Zwangsgeldes.[17] Wegen des Richtervorbehalts in Art. 104 Abs. 2 GG darf nicht die Vollstreckungsbehörde die Zwangshaft anordnen, sondern allein das (Verwaltungs-)Gericht.

c) Unmittelbarer Zwang

9 Führen Ersatzvornahme resp. Zwangsgeld nicht zum Ziel oder sind sie untunlich, kann die Vollzugsbehörde den Pflichtigen zur Handlung, Duldung oder Unterlassung zwingen oder die Handlung selbst vornehmen, § 12 VwVG. Nach der in § 2 UZwG enthaltenen Definition ist unmittelbarer Zwang die Einwirkung auf Personen oder Sachen durch körperliche Gewalt, ihre Hilfsmittel (z.B. Fesseln, Wasserwerfer, Diensthunde) und durch Waffen. Zur Anwendung unmittelbaren Zwangs zählt bspw. das Aufbrechen einer Wohnung oder die Vorführung einer Person zwecks Gesundheitsuntersuchung. Unmittelbarer Zwang als schärfstes Zwangsmittel darf nur als letztes Mittel (ultima ratio) angewendet werden. Bei seinem Einsatz ist besonderes Augenmerk auf die Wahrung des Verhältnismäßigkeitsgrundsatzes zu legen, § 4 UZwG.

Der Unterschied zur Ersatzvornahme (nach dem Verwaltungsvollstreckungsgesetz) besteht darin, dass beim unmittelbaren Zwang die Behörde selbst und nicht ein Dritter tätig wird. Soweit landesrechtlich zur Ersatzvornahme auch die Selbstvornahme gezählt wird,[18] ist die Abgrenzung wie folgt vorzunehmen: Eine Ersatzvornahme in Gestalt der Selbstvornahme ist gegeben, wenn die Behörde anstelle des Pflichtigen tätig wird, bspw. einen auf seinem Grundstück befindlichen morschen Baum, der umzufallen droht, durch Bedienstete des städtischen Bauhofs[19] beseitigt. Unmittelbarer Zwang ist hingegen anzunehmen, wenn die Behörde durch ihr Handeln direkt ein bestimmtes (insbesondere unvertretbares) Verhalten des Pflichtigen erreichen will, etwa Auflösung einer Demonstration durch Einsatz von Wasserwerfern.[20]

2. Voraussetzungen

10 Damit die jeweilige Vollstreckungsmaßnahme rechtmäßig ist, müssen ferner die Vollstreckungsvoraussetzungen vorliegen, das Vollstreckungsverfahren ist ordnungsgemäß durchzuführen und es dürfen keine Vollstreckungshindernisse bestehen. Mit Blick auf die Vollstreckungsvoraussetzungen ist das **gestreckte** Vollstreckungsverfah-

16 *Lemke*, S. 274 f.

17 *Peine*, Rn. 1294.

18 Nach dem Recht der Bundesländer bis auf Berlin. Vgl. z.B. § 89 Abs. 1 SOG M-V: „...die Vollzugsbehörde (kann) die Handlung auf Kosten des Pflichtigen ausführen oder durch einen Beauftragten ausführen lassen (Ersatzvornahme)." Vgl. bereits vorstehend Rn. 7.

19 Ein städtischer oder gemeindlicher Bauhof ist eine selbständige Organisationseinheit der kommunalen Verwaltung, jedoch rechtlich nicht selbständig.

20 *Peine*, Rn. 493.

ren vom gekürzten Verfahren (Sofortvollzug oder **sofortiger** Vollzug) zu unterscheiden.

a) Gestrecktes Verfahren

Dem regulären gestreckten Vollstreckungsverfahren zur Erzwingung von Handlungen, Duldungen und Unterlassungen geht ein von der Behörde erlassener (Grund-)Verwaltungsakt voraus. Will die Behörde nun mit der Vollstreckung dieses Verwaltungsaktes beginnen, muss sie regelmäßig ein bestimmtes Zwangsmittel androhen, festsetzen und schließlich gegen den Pflichtigen anwenden. So hat die zuständige Behörde zur zwangsweisen Durchsetzung einer Abrissverfügung dem betreffenden Bauherrn gegenüber eine Ersatzvornahme (d.h. die Vornahme der Beseitigung durch einen anderen) anzudrohen, für den Fall der nicht fristgerechten Erfüllung der Aufforderung das Zwangsmittel festzusetzen und schließlich anzuwenden. Wegen dieser drei Verfahrensschritte ist die Bezeichnung dreiaktiges oder mehraktiges Vollstreckungsverfahren üblich. 11

aa) Grundverfügung

Der Verwaltungsakt, der die Grundlage für die Verwaltungsvollstreckung bildet, wird als **Grundverwaltungsakt** oder **Grundverfügung** bezeichnet. Er darf mit Zwangsmitteln durchgesetzt werden, „wenn er unanfechtbar ist oder sein sofortiger Vollzug angeordnet oder dem Rechtsmittel keine aufschiebende Wirkung beigelegt ist", § 6 Abs. 1 VwVG.[21] Der Verwaltungsakt ist unanfechtbar, wenn die Frist für die Erhebung von Widerspruch oder Anfechtungsklage abgelaufen (§§ 70, 74 VwGO) oder das verwaltungsgerichtliche Verfahren beendet ist. Ein Verwaltungsakt, der noch nicht unanfechtbar ist, darf vollstreckt werden, wenn er sofort vollziehbar ist. Dann haben Widerspruch und Anfechtungsklage keine aufschiebende Wirkung (vgl. § 80 Abs. 1 S. 1 VwGO). Die sofortige Vollziehbarkeit kann von der Behörde, die den Verwaltungsakt erlassen hat, angeordnet werden, § 80 Abs. 2 S. 1 Nr. 4 VwGO. Darüber hinaus entfällt die aufschiebende Wirkung in den Fällen des § 80 Abs. 2 S. 1 Nr. 1 – 3 VwGO per Gesetz und der Verwaltungsakt ist sofort vollziehbar. Von besonderer praktischer Bedeutung ist insoweit § 80 Abs. 2 S. 1 Nr. 2 VwGO (unaufschiebbare Anordnungen und Maßnahmen von Polizeivollzugsbeamten).[22] Im oben genannten Beispielsfall der Abrissverfügung ist diese vollstreckbar, wenn die Frist für die Einlegung von Rechtsbehelfen (Widerspruch und Anfechtungsklage) abgelaufen oder von Behörde die sofortige Vollziehung der Verfügung angeordnet worden ist. 12

Voraussetzung für jegliche Verwaltungsvollstreckung ist die **Wirksamkeit** des (Grund-) Verwaltungsaktes. Nichtige Verwaltungsakte dürfen nicht vollzogen werden, sie stellen keine Vollstreckungsgrundlage dar.[23] Eine auf einem nichtigen Verwaltungsakt beruhende Vollstreckung ist rechtswidrig. Auf die Rechtmäßigkeit des der Vollstreckung zugrundeliegenden Verwaltungsaktes kommt es hingegen grds. nicht an.[24] Dies gilt unstreitig, wenn die Grundverfügung unanfechtbar ist. Der Vollzug eines solchen Verwaltungsaktes ist – sofern die weiteren Vollstreckungsvoraussetzungen erfüllt sind 13

21 Aus den weitgehend identischen landesgesetzlichen Regelungen z.B. § 110 VwVfG M-V i.V.m. §§ 79, 80 SOG M-V, Art. 19, 29 BayVwZVG, § 55 Abs. 1 VwVG NW.

22 Zum Vorstehenden näher § 19b Rn. 4 f.

23 *Wolff/Bachof/Stober*, Bd. 2, § 64 Rn. 82; zum Nachfolgenden näher *Sattler* in: Für Sicherheit, für Europa, Festschrift für Volkmar Götz, 2005, S. 405.

24 Zum Rechtswidrigkeitszusammenhang insoweit *Sattler*, wie vor; *Weiß*, DÖV 2001, 277, 275. Vgl. zur Unterscheidung Rechtswidrigkeit/Nichtigkeit eines Verwaltungsaktes § 15 Rn. 1 f.

– rechtmäßig, d.h. die Rechtswidrigkeit des Grundverwaltungsaktes kann mit Rechtsbehelfen im Vollstreckungsverfahren nicht geltend gemacht werden. Andernfalls würde die Bestandskraft des Verwaltungsaktes ausgehebelt.[25] Mit der ganz h.M. hat auch die Rechtswidrigkeit eines Verwaltungsaktes, der noch nicht unanfechtbar, aber sofort vollziehbar ist, keinen Einfluss auf die Rechtmäßigkeit der Vollstreckung. Die Fehlerhaftigkeit der Grundverfügung infiziert demzufolge nicht das Vollstreckungsverfahren, sondern muss gegen den Verwaltungsakt selbst geltend gemacht werden.[26] Aus der Bindungswirkung eines befehlenden Verwaltungsaktes folgt für den Adressaten, dass er bereits vor Unanfechtbarkeit verpflichtet ist, das ausgesprochene Gebot oder Verbot unabhängig von seiner Rechtmäßigkeit zu befolgen (vgl. § 43 Abs. 2 VwVfG).[27] Der Grundsatz einer effektiven Durchsetzung von Gesetzen bzw. Gefahrenabwehrmaßnahmen rechtfertigt insoweit eine Ausnahme von der Gesetzesbindung der Verwaltung (Art. 20 Abs. 3 GG).[28]

bb) Androhung des Zwangsmittels

14 Zwangsmittel müssen schriftlich angedroht werden, § 13 Abs. 1 S. 1 VwVG.[29] Es ist eine Frist zu bestimmen, innerhalb derer der Vollzug dem Pflichtigen zuzumuten ist, § 13 Abs. 1 S. 2 VwVG. Die Androhung kann durch selbständigen Bescheid erfolgen, wird aber üblicherweise mit der Grundverfügung verbunden, § 13 Abs. 2 VwVG. Sie muss sich auf ein bestimmtes Zwangsmittel beziehen, die gleichzeitige Androhung mehrerer Zwangsmittel ist unzulässig.[30] Ebenso wenig darf sich die Behörde die Wahl des Zwangsmittels in der Androhung vorbehalten, § 13 Abs. 3 VwVG. Wird ein Zwangsgeld angedroht, muss zugleich die Höhe des Zwangsgeldes festgelegt werden, § 13 Abs. 5 VwVG. Als Androhung des Schusswaffengebrauches gilt die Abgabe eines Warnschusses, § 13 Abs. 1 S. 1 UZwG. Bei der Ersatzvornahme hat die Androhung gem. § 13 Abs. 4 VwVG einen Kostenvoranschlag zu umfassen.

Die Androhung ist selbst ein Verwaltungsakt, weil sie über die Art des Zwangsmittels und den Zwangsmitteleinsatz in regelnder Weise entscheidet.[31]

cc) Festsetzung des Zwangsmittels

15 Befolgt der Pflichtige den Verwaltungsakt nicht innerhalb der in der Androhung genannten Frist, ist das angedrohte Zwangsmittel förmlich festzusetzen; eine eigenständige Festsetzung ist allerdings nur im Bundesrecht (§ 14 VwVG) und in einigen Bundesländern vorgesehen.[32] Androhung und Festsetzung müssen sich inhaltlich entsprechen; weichen sie voneinander ab, ist die Festsetzung rechtswidrig. Auch bei der Festsetzung handelt es sich um einen selbständigen Verwaltungsakt.[33]

25 Auch *Koch/Rubel/Heselhaus*, § 7 Rn. 33.

26 *Werner*, JA 2000, 902, 903 m.w.N.; auch BVerfG, NVwZ 1999, 290, 292.

27 Vgl. zur Bindungswirkung von Verwaltungsakten § 13 Rn. 3.

28 *Enders*, NVwZ 2000, 1232, 1237; *Weiß*, DÖV 2001, 277, 279. Zum Rechtsschutz in der Verwaltungsvollstreckung Rn. 23 ff.

29 Vgl. auch § 110 VwVfG M-V i.V.m. § 87 SOG M-V, Art. 36 BayVwZVG, § 63 VwVG NW.

30 Anders einige landesrechtliche Bestimmungen, wonach die Androhung mehrerer Zwangsmittel zulässig ist, wenn angegeben wird, in welcher Reihenfolge sie angewendet werden, z.B. § 87 Abs. 4 S. 1 SOG M-V, § 63 Abs. 3 S. 2 VwVG NW.

31 Ebenso BVerwG, NVwZ-RR 1998, 393. Vgl. auch § 18 Abs. 1 VwVG, dazu Rn. 26.

32 § 5 Abs. 2 VwVfG Bln i.V.m. § 14 VwVG Bln, § 24 VwVG BB, § 64 VwVG NW. Die übrigen Länder (bis auf Bayern) kennen eine Festsetzung nur beim Zwangsgeld, z.B. § 88 Abs. 2 SOG M-V. Art. 31 Abs. 3 S. 2, 23 Abs. 1 BayVwZVG verlangen nicht einmal beim Zwangsgeld eine Festsetzung.

33 BVerwG, NVwZ 1997, 381, 382.

dd) Anwendung des Zwangsmittels

Im letzten Schritt des gestreckten Verfahrens wird das Zwangsmittel angewendet, § 15 VwVG.[34] Die Anwendung muss dem Grundsatz der Verhältnismäßigkeit entsprechen, § 9 Abs. 2 VwVG. Widerstand des Pflichtigen kann mit Gewalt gebrochen werden, § 15 Abs. 2 VwVG. 16

Umstritten ist, ob die Anwendung einen Verwaltungsakt oder schlicht-hoheitliches Handeln darstellt. Richtigerweise ist sie als Realakt zu qualifizieren, weil hierin Ausübung von Zwang in tatsächlicher Hinsicht und keine weitere Regelung liegt.[35]

b) Sofortiger Vollzug

Verwaltungszwang kann ohne vorausgehenden Verwaltungsakt vorgenommen werden, und zwar als sofortiger Vollzug zur Verhinderung einer rechtswidrigen Tat, die einen Straf- oder Bußgeldtatbestand verwirklicht, oder wenn der sofortige Vollzug zur Abwendung einer drohenden Gefahr notwendig ist; die Behörde muss hierbei im Rahmen ihrer gesetzlichen Befugnisse handeln, § 6 Abs. 2 S. 1 VwVG.[36] Sofortvollzug durch einen Polizeibeamten ist z.B. gegeben, wenn er eine Person, die mit dem Messer auf einen Passanten einsticht, überwältigt und damit den Angriff abwehrt. 17

Sowohl § 6 Abs. 1 als auch § 6 Abs. 2 VwVG gebrauchen die Formulierung „sofortiger Vollzug“, verstehen darunter indes jeweils etwas anderes: In Abs. 1 geht es um die sofortige Vollziehung eines Verwaltungsaktes i.S.d. § 80 Abs. 2 S. 1 Nr. 4 VwGO, in Abs. 2 um Verwaltungszwang, ohne dass vorher ein zu vollziehender Verwaltungsakt erlassen wurde. Im fehlenden Erlass einer Grundverfügung liegt denn auch der Unterschied zum gestreckten Verfahren. Daraus folgt eine weitere Besonderheit gegenüber dem mehraktigen Vollstreckungsverfahren: Für die Rechtmäßigkeit dieser Vollstreckung kommt es auf die Rechtmäßigkeit des vorher ergangenen Verwaltungsaktes nicht an; jener muss nur unanfechtbar oder sofort vollziehbar sein.[37] Beim Sofortvollzug ist demgegenüber die Rechtmäßigkeit der Vollstreckung von derjenigen des (fiktiven) Grundverwaltungsaktes abhängig.[38] Die Behörde darf also im Wege des sofortigen Vollzugs nur vollstrecken, was sie nach der materiellen Rechtslage durch eine **rechtmäßige Verfügung** hätte anordnen dürfen; m.a.W.: Der hypothetische (fiktive) Verwaltungsakt muss rechtens sein.

Dieser Unterschied zum gestreckten Verfahren beruht darauf, dass beim Sofortvollzug die Pflicht des Betroffenen gerade nicht vorher in einem Verwaltungsakt konkretisiert wird. Das darf jedoch zu keiner Ausweitung der behördlichen Befugnisse führen.[39] Demzufolge muss die Behörde nach § 6 Abs. 2 VwVG beim Sofortvollzug „innerhalb ihrer gesetzlichen Befugnisse“ handeln.

Das für den Sofortvollzug eingesetzte Zwangsmittel braucht nicht angedroht zu werden, § 13 Abs. 1 S. 1 Hs. 2 VwVG. Gleichermaßen entfällt – soweit überhaupt vorge- 18

34 Nach Bundesrecht entsprechend der Festsetzung, § 15 Abs. 1 VwVfG; vgl. zum Landesrecht aber vorstehend Rn. 15.

35 *Maurer*, § 20 Rn. 24; *Werner*, JA 2000, 902, 907; a.A. BVerwGE 26, 161, 164. Zu Realakten § 20.

36 Vgl. an entsprechenden landesgesetzlichen Regelungen z.B. § 81 SOG M-V, § 55 Abs. 2 VwVG NW, Art. 53 Abs. 2 BayPAG. Jedoch ist die Bezeichnung nicht einheitlich: Teilweise heißt der Sofortvollzug oder sofortige Vollzug unmittelbare Anwendung, so in § 8 PolG BW, § 7 HbgSOG, § 6 SächsPolG. In einigen Ländern gibt es neben dem sofortigen Vollzug die unmittelbare Ausführung. Dazu Rn. 20.

37 Siehe bereits Rn. 12, 13.

38 *Horn*, Jura 2004, 597, 598 f.

39 *Ipsen*, Rn. 894.

sehen[40] – die Festsetzung des Zwangsmittels, § 14 S. 2 VwVG. Indem sich diese Variante der Verwaltungsvollstreckung auf die Anwendung des Zwangsmittels beschränkt, wird sie als einaktiges oder abgekürztes Vollstreckungsverfahren bezeichnet. Zwangsmittel des sofortigen Vollzugs können lediglich die Ersatzvornahme und der unmittelbare Zwang sein. Zwangsgeld kommt nicht in Betracht, weil es notwendigerweise eine vorherige Androhung voraussetzt, die hier definitionsgemäß unterbleibt.[41]

19 Nach seinem Wortlaut betrifft § 6 Abs. 2 VwVG nur die Konstellation, dass die Behörde überhaupt keinen Verwaltungsakt erlassen hat. Die Vorschrift muss aber auch dann – entsprechend – anwendbar sein, wenn ein (rechtmäßiger) Grundverwaltungsakt vorhanden ist, das gestreckte Vollstreckungsverfahren aber aus einem anderen Grund scheitern musste, etwa weil wegen Eilbedürftigkeit das Zwangsmittel nicht angedroht und festgesetzt werden konnte: Wenn die Behörde schon ohne Verwaltungsakt vollstrecken darf, dann erst recht unter denselben Voraussetzungen auch einen vorhandenen Verwaltungsakt.[42]

20 Neben dem Sofortvollzug kennt das Polizei- und Ordnungsrecht einiger Bundesländer die **unmittelbare Ausführung.**[43] Es geht dabei um behördliches Handeln ohne vorhergehenden Verwaltungsakt im tatsächlichen oder vermuteten Einverständnis des Pflichtigen. Unmittelbare Ausführung stellt mithin keine Maßnahme des Verwaltungszwangs dar, mit der, wie beim sofortigen Vollzug, ein tatsächlicher oder vermuteter Willen des Pflichtigen gebrochen werden soll. Sie liegt bspw. in folgendem Fall vor: Ein unbesetzter LKW, dessen Bremsen sich gelöst haben, rollt auf eine Abfertigungsbaracke der Bundesgrenzstellen zu. Um den LKW anzuhalten und schweren Schaden abzuwenden, schießt ein Beamter in den Reifen des LKW. Mit dieser Maßnahme zur Gefahrenabwehr wird kein Zwang ausgeübt, gehandelt wird vielmehr im vermuteten Einverständnis des Pflichtigen (Fahrer bzw. Halter des LKW). Keine unmittelbare Ausführung liegt dagegen vor, wenn ein LKW mit hoher Geschwindigkeit auf eine Grenze zufährt, um sich der Kontrolle zu entziehen, ein Beamter das Fahrzeug durch einen Schuss in den Reifen zum Stehen bringt und den Fahrer damit zum Halten zwingt.[44] Dabei handelt es sich um (sofortigen) Vollzug durch Ausübung unmittelbaren Zwangs, indem der entgegenstehende Wille des LKW-Fahrers gebrochen wird.[45]

21 Die Rechtsnatur des Sofortvollzugs und der unmittelbaren Ausführung ist umstritten. Nach einer sich im Vordringen befindlichen, zutreffenden Meinung sind sie als reine Tathandlungen den Realakten zuzuordnen.[46]

40 Vgl. vorstehend Rn. 15.

41 OVG Münster, OVGE 7, 27, 31.

42 *Sadler*, § 6 Rn. 126.

43 Z.B. § 70a SOG M-V, Art. 9 BayPAG, § 15 ASOG Bln, § 9 SOG S-A, § 9 ThürPAG; aus dem Bundesrecht z.B. § 19 BGSG; im Verhältnis zu den polizeirechtlichen Standardmaßnahmen vgl. *Heintzen*, DVBl. 2005, 1038, 1041 f.

44 Ebenso wenig ist das Abschleppen eines Fahrzeugs, das in einem durch Verkehrszeichen angeordneten Parkverbot steht (Fußgängerzone), nach den Grundsätzen der unmittelbaren Ausführung zu beurteilen, OVG Greifswald, LKV 2006, 225.

45 In Ländern, die nur die unmittelbare Ausführung oder den Sofortvollzug regeln, ist auf beide Fallgestaltungen die jeweils normierte Sofortmaßnahme anwendbar.

46 *Maurer*, § 20 Rn. 24; *Koch/Rubel/Heselhaus*, § 7 Rn. 62 f.; zur früher h.M., die den Sofortvollzug als Verwaltungsakt betrachtete, *Wolff/Bachof/Stober*, Bd. 2, § 64 Rn. 101; zur Rechtsnatur der polizeilichen Ingewahrsamnahme *Finger*, JuS 2005, 116, 117 f.; zu Realakten allgemein § 20.

3. Keine Vollstreckungshindernisse

Dem Vollzug durch die Verwaltung dürfen keine Vollstreckungshindernisse entgegenstehen. Die Voraussetzungen für die Verwaltungsvollstreckung sind nicht gegeben, wenn die Behörde von dem Betroffenen etwas objektiv oder subjektiv Unmögliches verlangen würde. Beispiel für eine rechtliche Unmöglichkeit ist der Fall einer gegen den Eigentümer ergangenen Beseitigungsverfügung für sein Wohnhaus, die nicht erfüllt werden kann, solange nicht auch gegenüber dem Mieter eine Duldungsverfügung erlassen worden ist.[47] Zu Vollstreckungshindernissen gehören ferner nachträgliche materielle Einwände gegen die Grundverfügung (wie Erfüllung). Ohnehin ist die Vollstreckung als (bloßes) Beugemittel einzustellen, sobald ihr Zweck erreicht ist, § 15 Abs. 3 VwVG. 22

4. Rechtsschutz

Rechtsschutz im Zusammenhang mit der Verwaltungsvollstreckung kann sich gegen den Grundverwaltungsakt, gegen einzelne Vollstreckungsmaßnahmen oder gegen den Vollstreckungskostenbescheid richten.[48] 23

a) Gegen die Grundverfügung

Zunächst besteht die Möglichkeit, gegen die **Grundverfügung** Widerspruch und Anfechtungsklage[49] einzulegen. Beide Rechtsbehelfe haben grds. aufschiebende Wirkung – mit der Folge, dass die Vollziehung des Verwaltungsaktes gehemmt wird und er nicht vollstreckt werden darf, § 80 Abs. 1 S. 1 VwGO.[50] Wird der Verwaltungsakt im Anfechtungsprozess aufgehoben, ist damit die Vollstreckungsgrundlage entfallen. Nachfolgende Vollstreckungsmaßnahmen wären rechtswidrig. Hat die Behörde einen angefochtenen, aber sofort vollziehbaren Verwaltungsakt tatsächlich vollstreckt und erweist sich dieser in der gerichtlichen Überprüfung als rechtswidrig, kann der betroffene Bürger über § 113 Abs. 1 S. 2 VwGO die Rückgängigmachung der Vollzugsfolgen verlangen.[51] 24

Ist der Verwaltungsakt aufgrund behördlicher Anordnung für sofort vollziehbar erklärt worden (§ 80 Abs. 2 S. 1 Nr. 4 VwGO) oder entfällt seine aufschiebende Wirkung per Gesetz (§ 80 Abs. 2 S. 1 Nr. 1–3 VwGO), steht dem Betroffenen neben der Einlegung von Widerspruch und Anfechtungsklage offen, bei Gericht gem. § 80 Abs. 5 S. 1 VwGO[52] einen Antrag auf Anordnung (in den Fällen des § 80 Abs. 2 S. 1 Nr. 1-3 VwGO) bzw. Wiederherstellung (bei § 80 Abs. 2 S. 1 Nr. 4 VwGO) der aufschiebenden Wirkung zu stellen. In diesem Verfahren prüft das Gericht summarisch, ob das Interesse des Bürgers an der Anordnung der aufschiebenden Wirkung gegenüber dem öffentlichen Interesse an sofortiger Vollziehung überwiegt. Dabei hat das Gericht vorrangig die Erfolgsaussichten des Hauptsacheverfahrens, also der Anfechtungsklage gegen den Verwaltungsakt zu berücksichtigen. Bei offensichtlicher Aus-

47 Vgl. hierzu bereits § 14 Rn. 55; OVG Greifswald, NordÖR 2005, 28.

48 Allgemein zum verwaltungsgerichtlichen Rechtsschutz, soweit nachfolgend einschlägig, vgl. § 10 Rn. 9 ff., § 19a, § 19b, § 20 Rn. 8 ff.

49 Dazu § 19a.

50 Die Rechtsfolge der aufschiebenden Wirkung ist umstritten. Z. T. wird angenommen, sie hemme die Wirksamkeit des Verwaltungsaktes. Nach h.M. bewirkt die aufschiebende Wirkung lediglich die Hemmung des Vollzugs. Hierzu bereits § 15 Rn. 12; näher § 19b Rn. 2.

51 Sog. Vollzugsfolgenbeseitigungsanspruch, vgl. § 19a Rn. 32, § 37 Rn. 2.

52 Allgemein näher § 19b.

sichtslosigkeit der Hauptsacheklage überwiegt i.d.R. das Vollzugsinteresse, bei offensichtlicher Erfolgsaussicht überwiegt das Aussetzungsinteresse.[53]

25 Umstritten ist, ab welchem **Zeitpunkt** die gerichtliche Anordnung der aufschiebenden Wirkung nach § 80 Abs. 5 VwGO wirkt: ex tunc, d.h. auf den Zeitpunkt des Beginns der Vollstreckung mit der Konsequenz, dass etwaigen Vollstreckungsmaßnahmen der Rechtsgrund fehlt und sie rechtswidrig sind,[54] oder ex nunc, also erst ab dem Zeitpunkt der gerichtlichen Entscheidung, so dass bis zur Entscheidung getroffene Maßnahmen rechtmäßig bleiben.[55] Vorzugswürdig ist die Annahme einer ex tunc-Wirkung; denn § 80 Abs. 5 S. 1 VwGO nimmt seiner Zielrichtung nach Bezug auf den in § 80 Abs. 1 S. 1 VwGO enthaltenen Grundsatz der aufschiebenden Wirkung, und zwar auch in (deren) zeitlicher Hinsicht[56]; nur so wird die „Waffengleichheit" zwischen Behörde und Bürger wiederhergestellt.[57] Dem Gericht verbleibt freilich die Möglichkeit, die aufschiebende Wirkung lediglich teilweise, also (ausdrücklich) nur für die Zukunft, wiederherzustellen, § 80 Abs. 5 S. 1 VwGO.

b) Gegen Vollstreckungsmaßnahmen

26 Soweit sich die Vollzugsmaßnahmen als Verwaltungsakte darstellen,[58] kommen als Rechtsbehelfe gegen sie Widerspruch und Anfechtungsklage in Betracht. Dies gilt zunächst für die Festsetzung des Zwangsmittels. Für die Androhung statuiert § 18 Abs. 1 S. 1 VwVG ausdrücklich die Möglichkeit der Anfechtbarkeit. Ist die Androhung des Zwangsmittels mit dem zugrunde liegenden Verwaltungsakt verbunden, erstreckt sich das Rechtsmittel zugleich auf die Grundverfügung, soweit sie nicht bereits Gegenstand eines Rechtsbehelfsverfahrens ist, § 18 Abs. 1 S. 2 VwVG. Ist die Androhung separat vom zu vollstreckenden Verwaltungsakt erfolgt und dieser unanfechtbar geworden, kann die Androhung nur insoweit angegriffen werden, als eine Rechtsverletzung durch die Androhung selbst verfolgt wird, § 18 Abs. 1 S. 3 VwVG. Die Vorschrift trägt der mit Unanfechtbarkeit eintretenden Bestandskraft von Verwaltungsakten Rechnung und verhindert eine Umgehung der durch die Verwaltungsgerichtsordnung für Widerspruch und Anfechtungsklage normierten Fristen.

Da die Anwendung des Zwangsmittels (etwa bei Ersatzvornahme oder unmittelbarem Zwang) einen Realakt darstellt,[59] ist sie mit der (allgemeinen) Leistungs- oder Feststellungsklage anzugreifen. Gegenüber der Leistungsklage ist Letztere nicht nach § 43 Abs. 2 S. 1 VwGO subsidiär.[60] Beim Rechtsschutz gegen den Sofortvollzug nach Bundesrecht (§ 6 Abs. 2 VwVG) ist eine Besonderheit zu beachten: Obwohl er als Realakt einzustufen ist, sind gegen ihn die Rechtsmittel zulässig, die gegen Verwaltungsakte allgemein gegeben sind, § 18 Abs. 2 VwVG.[61]

53 *Kopp/Schenke*, § 80 Rn. 158 ff.; für das öffentliche Baurecht etwa *Erbguth/Wagner*, § 15 Rn. 118; näher zu alldem § 19b.

54 Vgl. *Dünchheim*, VR 1994, 123, 125 m.w.N.

55 So *Löwer*, DVBl. 1966, 251, 253.

56 Dazu § 19b Rn. 2.

57 *Dünchheim*, VR 1994, 123, 125 m.w.N. in Fn. 12.

58 Vorstehend Rn. 14 ff.

59 Oben Rn. 16.

60 So die Rechtsprechung; anders *Kopp/Schenke*, § 43 Rn. 28 m.w.N.; näher bereits § 10 Rn. 12.

61 In den Bundesländern (bis auf Berlin, § 5 Abs. 2 S. 1 VwVfG Bln i.V.m. 18 VwVG Bln) fehlt eine vergleichbare Regelung. Zur Gültigkeit dieser Norm *Lemke*, S. 437.

c) Gegen den Kostenbescheid

Die bei Vollstreckungsmaßnahmen anfallenden Auslagen und Aufwendungen kann die Behörde vom Bürger ersetzt verlangen.[62] Sie werden mittels Kostenbescheids, der ein selbständiger Verwaltungsakt ist und ebenfalls vollstreckt werden kann, festgesetzt. Bei Maßnahmen auf dem Gebiet der Gefahrenabwehr regeln die Landesgesetze die Befugnis, einen Kostenbescheid zu erlassen. Dieser muss formell und materiell rechtmäßig sein. Hinsichtlich der formellen Rechtmäßigkeit ist zu beachten, dass vor Erlass des Kostenbescheids der Kostenschuldner anzuhören ist.[63] Materiell-rechtlich muss die jeweilige Zwangsmaßnahme ordnungsgemäß gewesen sein. Die Verwaltung darf die Erstattung von Kosten nur für rechtmäßige Vollstreckungsmaßnahmen verlangen.[64] Die Kostenforderung muss außerdem nach Art und Höhe gerechtfertigt sein. Gegen den Kostenbescheid kann sich ein Betroffener mit der Anfechtungsklage wehren.[65] 27

Übersicht 19:
Rechtmäßigkeit des Verwaltungszwangs

Gestrecktes Verfahren (§ 6 Abs. 1 VwVG)	**Sofortvollzug mit Grundverfügung (§ 6 Abs. 2 VwVG analog)**	**Sofortvollzug ohne Grundverfügung (§ 6 Abs. 2 VwVG)**
1. Vollstreckungsvoraussetzungen		
Grundverfügung auf Handlung, Duldung oder Unterlassung ist – wirksam und – unanfechtbar oder sofort vollziehbar (§ 80 Abs. 2 VwGO)	– Rechtmäßigkeit der Grundverfügung – zur Abwendung einer drohenden Gefahr oder Verhinderung einer rechtswidrigen Tat notwendig	– Grundverfügung nicht erforderlich – Rechtmäßigkeit der fiktiven Grundverfügung – zur Abwendung einer drohenden Gefahr oder Verhinderung einer rechtswidrigen Tat notwendig

62 Nach dem VwVG kann nur die Erstattung der Kosten für eine Ersatzvornahme vom Bürger verlangt werden.

63 Die Ausnahme des § 28 Abs. 2 Nr. 5 VwVfG ist nicht einschlägig, weil die Festsetzung der Kosten keine innerhalb, sondern eine außerhalb der Verwaltungsvollstreckung liegende Maßnahme ist; bereits § 14 Rn. 21.

64 BVerwG, NJW 1984, 2591, 2592; es gilt also Ähnliches wie beim Sofortvollzug, vgl. vorstehend Rn. 17.

65 Ausführlich zum Rechtsschutz gegen den Vollsteckungskostenbescheid *Enders*, NVwZ 2000, 1232.

Gestrecktes Verfahren (§ 6 Abs. 1 VwVG)	**Sofortvollzug mit Grundverfügung (§ 6 Abs. 2 VwVG analog)**	**Sofortvollzug ohne Grundverfügung (§ 6 Abs. 2 VwVG)**
2. Vollstreckungsverfahren		
– richtiges Zwangsmittel (Ersatzvornahme, Zwangsgeld, unmittelbarer Zwang) – Androhung (§ 13 VwVG) – (ggf.) Festsetzung (§ 14 VwVG) – ordnungsgemäße Anwendung (§ 15 VwVG), insbesondere Verhältnismäßigkeit	– richtiges Zwangsmittel (Ersatzvornahme, Zwangsgeld, unmittelbarer Zwang) – Androhung entbehrlich – Festsetzung entfällt – ordnungsgemäße Anwendung (§ 15 VwVG), insbesondere Verhältnismäßigkeit	– richtiges Zwangsmittel (Ersatzvornahme, Zwangsgeld, unmittelbarer Zwang) – Androhung entbehrlich – Festsetzung entfällt – ordnungsgemäße Anwendung (§ 15 VwVG), insbesondere Verhältnismäßigkeit
3. Keine Vollstreckungshindernisse		

III. Vollstreckung wegen Geldforderungen

1. Ablauf des Vollstreckungsverfahrens

28 Die Vollstreckung öffentlich-rechtlicher Geldforderungen wie Steuern, Gebühren, Beiträge (sog. Beitreibung) wird durch die **Vollstreckungsanordnung** eingeleitet, § 3 Abs. 1 VwVG. Voraussetzungen ergeben sich aus § 3 Abs. 2 VwVG. Der Schuldner ist zunächst durch **Leistungsbescheid** zur Zahlung aufzufordern. Darüber hinaus muss die Leistung fällig und die Frist von einer Woche seit Bekanntgabe des Leistungsbescheids abgelaufen sein. I.d.R. soll der Schuldner eine weitere Mahnung mit Zahlungsfrist von einer Woche erhalten, § 3 Abs. 3 VwVG.

Die Vollstreckungsanordnung ist eine verwaltungsinterne Maßnahme, die dem Vollstreckungsschuldner gegenüber keine unmittelbaren Rechtsfolgen setzt.[66] Vielmehr bekundet die Behörde, die den Zahlungsanspruch geltend macht, hiermit gegenüber der Vollstreckungsbehörde (§ 4 VwVG), dass die Vollstreckung zulässig ist und erfolgen soll.

Das Vollstreckungsverfahren richtet sich grds. nach den Vorschriften der Abgabenordnung (§ 5 Abs. 1 VwVG), die wiederum teilweise auf die Zivilprozessordnung verweisen. Vollstreckungsmittel sind die Vollstreckung in das bewegliche Vermögen (in Sachen oder Forderungen und andere Rechte) oder die Vollstreckung in das unbewegliche Vermögen (durch Zwangsversteigerung, Eintragung einer Sicherungshypothek, Zwangsverwaltung).

66 *Wolff/Bachof/Stober*, Bd. 2, § 64 Rn. 33.

2. Rechtsschutz

Es ist ebenfalls[67] zwischen dem Rechtsschutz gegen den Leistungsbescheid und demjenigen gegen die Vollstreckungsmaßnahme zu unterscheiden: Der Leistungsbescheid ist ein Verwaltungsakt, der mit Widerspruch und Anfechtungsklage[68] angegriffen werden kann. Insofern gilt das für den Rechtsschutz bei der Vollsteckung von Handlungen, Duldungen und Unterlassungen Dargestellte.[69] Im Fall der Vollstreckung wegen Geldforderungen wird die Regelung des § 80 Abs. 2 S. 1 Nr. 1 VwGO relevant. Nach dieser Vorschrift kommt Rechtsbehelfen gegen die Anordnungen von öffentlichen Abgaben und Kosten keine aufschiebende Wirkung zu. Sie sind sofort vollziehbar, d.h. der Bürger muss zahlen. Freilich kann auch hier ein Antrag nach § 80 Abs. 5 S. 1 VwGO[70] gestellt werden. 29

Die Art des Rechtsschutzes gegen die Vollstreckungsmaßnahme selbst ist wiederum von deren Rechtscharakter abhängig. Soweit sie sich als Verwaltungsakt darstellt, wie die Sachpfändung[71], kann sie mit Widerspruch und Anfechtungsklage angegriffen werden. Gegen Vollstreckungsmaßnahmen, die von einem ordentlichen Gericht oder einem Gerichtsvollzieher verhängt werden, stehen im ordentlichen Rechtsweg die Rechtsbehelfe der Zivilprozessordnung zur Verfügung (insbesondere die Erinnerung gem. § 766 ZPO).

Fraglich ist, auf welche Rechtsbehelfe sich der Schuldner einer öffentlich-rechtlichen Geldforderung berufen kann, um nach Eintritt der Unanfechtbarkeit des Leistungsbescheides gegen die darin erhobene Forderung Einwendungen, wie Erfüllung oder Aufrechung, erheben zu können. Dass in einem solchen Fall Rechtsschutz gewährt werden muss, gebietet Art. 19 Abs. 4 GG. Die Meinungen über das richtige prozessuale Mittel gehen indes auseinander. Teilweise wird die Vollstreckungsgegenklage entsprechend § 767 ZPO über § 173 VwGO auch vor Verwaltungsgerichten für zulässig erachtet.[72] Nach überwiegender Sichtweise soll jedoch ein Rückgriff auf die Zivilprozessordnung in verwaltungsgerichtlichen Verfahren ausgeschlossen sein, weil den Klagearten der Verwaltungsgerichtsordnung Vorrang zukomme. Die insoweit vertretenen Auffassungen reichen über die Möglichkeit einer Klage auf Feststellung (§ 43 VwGO), dass die Vollstreckung aus dem Leistungsbescheid unzulässig ist oder die mit dem Leistungsbescheid geltend gemachte Forderung nicht mehr besteht, bis hin zu der Ansicht, dass eine Verpflichtungsklage (§ 42 Abs. 1, 2. Alt. VwGO) auf behördliche Unzulässigkeitserklärung der Vollstreckung zu erheben ist.[73] 30

67 Vgl. vorstehend Rn. 23 ff.; allgemein zum hier einschlägigen verwaltungsgerichtlichen Rechtsschutz § 19a, § 19b.

68 Zur Anfechtungsklage näher § 19a Rn. 17 ff.

69 Oben Rn. 23 ff.

70 Vgl. vorstehend Rn. 24 und näher § 19b.

71 BVerwGE 54, 314, 316.

72 So OVG Berlin, NVwZ-RR 1989, 510. Zu Besonderheiten der Vollstreckungsabwehrklage im Verwaltungsprozessrecht *Guckelberger*, NVwZ 2004, 662.

73 Eine Übersicht über die prozessualen Möglichkeiten gibt *Detterbeck*, Rn. 1027.

Übersicht 20:
Rechtmäßigkeit der Betreibung von Geldforderungen

I. Vollstreckungsvoraussetzungen
- Leistungsbescheid, § 3 Abs. 2 a VwVG
- vollstreckbar, d.h. wirksam und unanfechtbar oder sofort vollziehbar (§ 80 Abs. 2 VwGO)
- grds. Fälligkeit der Leistung, § 3 Abs. 2 b VwVG
- Wartefrist: eine Woche seit Bekanntgabe oder Fälligkeit des Leistungsbescheids, § 3 Abs. 2 c VwVG
- i.d.R. weitere Mahnung mit Zahlungsfrist, § 3 Abs. 3 VwVG

II. Vollstreckungsverfahren
- Vollstreckungsanordnung, § 3 Abs. 1 VwVG

III. Keine Vollstreckungshindernisse (z.B. Erfüllung, Aufrechnung)

▶ **ZU FALL 19:** Fraglich ist, ob es sich bei der Abschleppmaßnahme um eine rechtmäßige Ersatzvornahme nach § 10 VwVG handelt. Im Entfernen des PKW liegt eine vertretbare Handlung, weil sie auch durch einen anderen vorgenommen werden kann; insofern kommt eine Ersatzvornahme als Zwangsmittel in Betracht. Sie könnte im mehraktigen oder gestreckten Vollstreckungsverfahren gem. § 6 Abs. 1 VwVG angewendet worden sein. Dann müsste zunächst ein wirksamer Grundverwaltungsakt vorliegen. Verkehrszeichen sind Verwaltungsakte in Form einer Allgemeinverfügung (§ 35 S. 2 VwVfG).[74] Die Wirksamkeit eines Verwaltungsaktes setzt seine Bekanntgabe gegenüber demjenigen, für den er bestimmt oder der von ihm betroffen ist, voraus, §§ 41, 43 Abs. 1 VwVfG. Die Bekanntgabe erfolgt nach den Vorschriften der Straßenverkehrsordnung durch Aufstellung des Verkehrsschildes. Sind Verkehrszeichen so aufgestellt und angebracht, dass sie ein durchschnittlicher Kraftfahrer bei Einhaltung der nach § 1 StVO erforderlichen Sorgfalt mit einem raschen und beiläufigen Blick erfassen kann, äußern sie ihre Rechtswirkung gegenüber jedem von der Regelung betroffenen Verkehrsteilnehmer, gleichgültig, ob er das Verkehrszeichen tatsächlich wahrnimmt oder nicht. Verkehrsteilnehmer und somit Adressat der durch das Verkehrszeichen getroffenen Anordnung ist auch der Halter eines am Straßenrand geparkten Fahrzeugs, solange er Inhaber der tatsächlichen Gewalt über das Fahrzeug ist.[75]

Der (wirksame) Verwaltungsakt müsste ferner unanfechtbar oder sofort vollziehbar sein. Da die Fristen für die Einlegung von Rechtsbehelfen bei nur kurzzeitig aufgestellten mobilen Halteverbotsschildern i.d.R. nicht abgelaufen sind, kommt nur die sofortige Vollziehbarkeit in Betracht. Sie ergibt sich für den vorliegenden Fall aus § 80 Abs. 2 S. 1 Nr. 2 VwGO. Dessen Wortlaut betrifft zwar nur unaufschiebbare Maßnahmen von Polizeibeamten, ist aber analog auf das Aufstellen von Verkehrsschildern anzuwenden.[76] Androhung (§ 13 VwVG) und Festsetzung (§ 14 VwVG) des Zwangsmittels sind unterblieben. Darauf kann aber, auch im Fall eines vollstreckbaren Grundverwaltungsaktes, in analoger Anwendung des § 6 Abs. 2 VwVG verzichtet werden, wenn der sofortige Vollzug zur Verhinderung einer rechtswidrigen Tat erforderlich ist. Im verkehrswidrigen Parken liegt ein Verstoß gegen die Straßenverkehrsordnung, bei dem es sich um eine Ordnungswidrigkeit und damit eine rechtswidrige Tat, die einen Bußgeldtatbestand verwirklicht, handelt (vgl. §§ 49 Abs. 1 Nr. 12, 12 Abs. 1 Nr. 6 StVO, 24 StVG). Somit liegt ein Fall des § 6 Abs. 2 VwVG vor.

74 Hierzu bereits § 12 Rn. 23.

75 Zum Vorstehenden BVerwGE 102, 316; § 13 Rn. 12.

76 *Kopp/Schenke*, § 80 Rn. 64; vgl. § 19b Rn. 4.

Zu prüfen bleibt, ob die Ersatzvornahme verhältnismäßig war. Das Bundesverwaltungsgericht sieht keinen Verstoß gegen das Verhältnismäßigkeitsprinzip, wenn ein zunächst erlaubtermaßen geparkter PKW vier Tage nach dem Aufstellen eines Halteverbotszeichens abgeschleppt wird. Der Fahrzeughalter muss mit Situationen rechnen, die kurzfristig eine Änderung bestehender Verkehrsregelungen verlangen.[77] Die Vollstreckungsmaßnahme ist daher rechtmäßig. ◀

IV. Wiederholungs- und Verständnisfragen

1. Welche Zwangsmittel gibt es?
2. Darf ein rechtswidriger Verwaltungsakt vollstreckt werden?
3. Welche Anforderungen sind beim Verwaltungszwang an das Vollstreckungsverfahren zu stellen?
4. Worin unterscheidet sich das gestreckte bzw. dreiaktige Vollstreckungsverfahren vom sofortigen Vollzug?
5. Wonach richtet sich die Vollstreckung von Geldforderungen und was ist dabei zu beachten?

77 BVerwGE 102, 316.

§ 19a Rechtsschutz im Widerspruchs- und Klageverfahren gegen und auf Verwaltungsakte

▶ **Fall 20:** Der Reihenhausbesitzer A findet einen vom Oberbürgermeister der vorpommerschen Stadt S unterzeichneten und mit Dienstsiegel versehenen Gebührenbescheid über die Kosten für den Anschluss an das Abwassernetz der Stadt vor. A hält den darin festgestetzten Betrag von 20.000 € für überhöht, weil sämtliche Nachbarn in seiner Straße bei vergleichbarer Bebauung und ähnlichen Grundstücksgrößen nur 8.000 € zahlen mussten. Sein ordnungsgemäß erhobener Widerspruch bleibt erfolglos, der Widerspruchsbescheid ergeht ohne Rechtsbehelfsbelehrung. Unterstellt, der Verwaltungsrechtsweg ist eröffnet – wäre eine verwaltungsgerichtliche Klage gegen den Bescheid zulässig? ◀

▶ **Fall 21:** B besitzt in der kreisangehörigen mecklenburgischen Stadt P ein Grundstück in bester Lage, das er mit einem Hotel bebauen möchte. Als er auf seinen bei der zuständigen Behörde gestellten Bauantrag trotz wiederholter Nachfragen nach sechs Monaten noch immer keine Reaktion erhalten hat, will B die Baugenehmigung vor dem Verwaltungsgericht einklagen. Wäre eine solche Klage zulässig? ◀

▶ **Fall 22:** C ist bereits Betreiber eines Hotels, aber auch er hat Ärger mit der Bauaufsicht. Diese hat nämlich wegen angeblicher baulicher Mängel eine sofort vollziehbare Nutzungsuntersagung für sein Hotel erlassen. Zwei Wochen nachdem C vor dem Verwaltungsgericht Klage gegen die im Widerspruchsverfahren bestätigte Nutzungsuntersagung erhoben hat, wird das in Wahrheit mangelfreie Hotel infolge einer verheerenden Explosion, die durch eine neben der zum Hotel führenden Gasleitung detonierende Fliegerbombe aus dem zweiten Weltkrieg ausgelöst wurde, völlig zerstört. C will dennoch an der Klage festhalten, um anschließend seinen Verdienstausfall vor den Zivilgerichten einzuklagen. Ist das statthaft? ◀

1 Dem Verwaltungshandeln im Wege des Erlasses von Verwaltungsakten als Gegenstand der vorangegangenen Darstellung kommt immer noch große praktische Bedeutung zu; Entsprechendes gilt für den hierauf bzw. dagegen gerichteten **Rechtsschutz**, um den es nunmehr gehen soll.

Insoweit sind dem Grundsätzlichen nach zwei Konstellationen zu unterscheiden: Die Anfechtungssituation, in der die Aufhebung eines Verwaltungsaktes angestrebt wird, und die Verpflichtungssituation, in der es um den Erlass eines bestimmten Verwaltungsaktes geht. Zur Verfolgung dieser Ziele stellt die Verwaltungsgerichtsordnung dem Rechtsschutzsuchenden an Rechtsbehelfen einerseits die **Anfechtungsklage**[1] und andererseits die **Verpflichtungsklage** zur Verfügung (§ 42 Abs. 1 VwGO); beidem vorgeschaltet ist regelmäßig das **Widerspruchs**(- bzw. Vor)**verfahren** (§§ 68 ff. VwGO).[2] Auch erledigte Verwaltungsakte können unter bestimmten Voraussetzungen mit Hilfe der **Fortsetzungsfeststellungsklage** (§ 113 Abs. 1 S. 4 VwGO) einer gerichtlichen Kontrolle zugeführt werden. Schließlich gibt es Möglichkeiten des einstweiligen Rechtsschutzes in **Eilverfahren** vor Gericht, nämlich nach §§ 80, 80a VwGO in der Anfechtungssituation und nach § 123 VwGO (u.a.) in der Verpflichtungssituation; diese werden gesondert, und zwar nach der Behandlung von Widerspruchsver-

1 Bereits § 15 Rn. 8 f.

2 Vgl. vorstehende Fn.

fahren, Anfechtungs- und Verpflichtungsklage sowie Fortsetzungsfeststellungsklage dargestellt[3].

I. Widerspruchsverfahren

Im Widerspruchsverfahren kommt es zu einer erneuten behördlichen Überprüfung des Verwaltungsaktes auf seine Rechtmäßigkeit und ggf. Zweckmäßigkeit.

Hiermit werden vor allem drei Ziele verfolgt: 2

- **Selbstkontrolle** der Verwaltung: Im Rahmen des Widerspruchsverfahrens wird die angegriffene Verwaltungsentscheidung in rechtlicher wie tatsächlicher Hinsicht überprüft. Letzteres ermöglicht es der Widerspruchsbehörde, etwa bislang fehlende Ermessenserwägungen nachzuholen oder sonstige Ermessensfehler[4] zu bereinigen.
- **Rechtsschutz** des Bürgers: Durch das Widerspruchsverfahren wird dem Betroffenen eine vorgerichtliche und damit zusätzliche Rechtsschutzmöglichkeit eröffnet.
- **Entlastung** der Gerichte: Das Vorverfahren kann schließlich dazu beitragen, die Gerichte zu entlasten, wenn Streitigkeiten sich schon aufgrund der erneuten Überprüfung im Verwaltungsbereich erledigen.

Beim Widerspruchsverfahren handelt es sich sowohl um ein Verwaltungsverfahren (i.S.d. § 9 VwVfG) als auch um ein gerichtliches (Vor-)Verfahren; trotz dieser Janusköpfigkeit hat das Verfahren seine wesentliche Regelung in der Verwaltungsgerichtsordnung gefunden, vgl. §§ 68 ff. VwGO. § 79 VwVfG ermöglicht freilich die ergänzende Anwendung des (jeweiligen) Verwaltungsverfahrensgesetzes. In gewissem Umfang können auch sonstige Vorschriften der Verwaltungsgerichtsordnung entsprechend herangezogen werden.[5]

Überwiegend gleichen Aufbau und Prüfungsreihenfolge des Widerspruchs(verfahrens) denen der Anfechtungs- resp. Verpflichtungsklage(verfahren). Da Letztere im Anschluss näher betrachtet werden,[6] beschränkt sich die Darstellung des Widerspruchsverfahrens auf allgemeine Hinweise zu seinem Verständnis und auf seine Spezifika.

1. Ablauf des Widerspruchsverfahrens

Im Ablauf gestaltet sich das Widerspruchsverfahren wie folgt:

Das Verfahren beginnt mit der **Erhebung des Widerspruchs**, § 69 VwGO. Dem Widerspruch kommt nach § 80 Abs. 1 VwGO **aufschiebende Wirkung** zu.[7] Dies bedeutet nach h.M.,[8] dass der Verwaltungsakt nicht vollziehbar, also zunächst nicht mit Zwangsmitteln o.ä. durchsetzbar ist (Suspensiveffekt).[9] Legt bspw. der Bauherr gegen eine an ihn adressierte Abrissverfügung der Bauaufsichtsbehörde Widerspruch ein, darf die Behörde vor Erlass des Widerspruchsbescheides den Abriss des Hauses nicht veranlassen. Beachtlich bleibt freilich, dass § 80 Abs. 2 VwGO Ausnahmen von der aufschiebenden Wirkung enthält (etwa § 80 Abs. 2 S. 1 Nr. 3 VwGO i.V.m. § 212a 3

3 Vgl. § 19b.

4 Zu den Ermessensfehlern § 14 Rn. 43 ff.

5 *Kopp/Schenke*, Vorb § 68 Rn. 4; zum aktuellen Stellenwert des Widerspruchsverfahrens *Biermann*, NordÖR 2007, 139.

6 Nachfolgend Rn. 17 ff.

7 Entsprechendes gilt für die Anfechtungsklage in Fällen des § 68 Abs. 1 S. 2 VwGO.

8 Vollziehbarkeits- oder Vollzugstheorie; zum Streit näher § 19b Rn. 2.

9 Zur zwangsweisen Durchsetzung von Verwaltungsakten § 19.

Abs. 1 BauGB: keine aufschiebende Wirkung des Nachbarwiderspruchs im Baurecht; auch i.V.m. § 126 Abs. 3 Nr. 3 BRRG: keine aufschiebende Wirkung gegen beamtenrechtliche Abordnung oder Versetzung).[10]

4 Hinsichtlich des (weiteren) behördlichen Verfahrens ist zu unterscheiden:

- Zunächst wird der Verwaltungsakt, gegen den der Betroffene Widerspruch erhoben hat, durch die Behörde, von der er erlassen worden ist (Ausgangsbehörde), erneut überprüft. Hält sie den Widerspruch für (zulässig und) begründet, muss sie ihm abhelfen; das geschieht durch Aufhebung oder Abänderung der Verfügung (**Abhilfeentscheidung**, § 72 VwGO).
- Kommt die Ausgangsbehörde zum gegenteiligen Ergebnis, leitet sie den Widerspruch an die nächsthöhere Behörde (Widerspruchsbehörde[11]) zur Entscheidung weiter (Devolutiveffekt). Diese erlässt den **Widerspruchsbescheid**: Hält die Widerspruchsbehörde den Widerspruch für zulässig und begründet, hebt sie den Verwaltungsakt auf oder ändert ihn ab. Kommt sie hingegen zu dem Ergebnis, dass der Widerspruch unzulässig oder/und unbegründet ist, wird dieser durch Widerspruchsbescheid zurückgewiesen und der Verwaltungsakt bestätigt. Möglich sind zudem Zwischenformen und neue Belastungen.[12]

2. Zuständige Widerspruchsbehörde

5 Welche Behörde zuständig für die Entscheidung über den Widerspruch ist, ergibt sich aus § 73 VwGO. Erfolgt kein Abhilfebescheid (s.o.), entscheidet, soweit nicht durch Gesetz etwas anderes bestimmt wird, die **nächsthöhere Behörde** (§ 73 Abs. 1 S. 2 Nr. 1 VwGO); diese wiederum ergibt sich jeweils aus den organisationsrechtlichen Bestimmungen des Bundes- und Landesrechts über den Behördenaufbau.[13] Abweichendes gilt, wenn die nächsthöhere Behörde eine oberste Bundes- oder Landesbehörde ist (§ 73 Abs. 1 S. 2 Nr. 2 VwGO[14]), oder der Verwaltungsakt in Selbstverwaltungsangelegenheiten, d.h. weisungsfreien Angelegenheiten des eigenen Wirkungskreises,[15] ergangen ist; dann fungiert die Ausgangsbehörde zugleich als Widerspruchsbehörde.

3. Zulässigkeitsvoraussetzungen des Widerspruchs

Wie jeglicher Rechtsbehelf hat der Widerspruch Erfolg, wenn er zulässig und begründet ist. Die zunächst anzusprechenden Zulässigkeitsvoraussetzungen finden sich in §§ 68 ff. VwGO.[16]

10 Näher § 19b Rn. 2 ff.

11 Hierzu sogleich unter Rn. 5.

12 Näheres zur Teilaufhebung § 15 Rn. 12 f.; zur reformatio in peius (Verböserung) sogleich unter Rn. 13 ff.

13 Vgl. zur Verwaltungsorganisation § 6.

14 Die Vorschrift betrifft vor allem Länder mit zweistufigem Verwaltungsaufbau (M-V, SH, BB, Saarl, Hbg, Bln, Brem); sie bezweckt, die obersten Verwaltungsbehörden zu entlasten und von Einzelfallentscheidungen freizuhalten. Selbst entscheiden müssen diese hingegen, wenn sie Verwaltungsakte erlassen und abweichend von § 68 Abs. 1 S. 2 Nr. 1 VwGO ein Widerspruchsverfahren vorgeschrieben ist, etwa nach § 126 Abs. 3 BRRG.

15 Insbesondere im kommunalen Selbstverwaltungsbereich nach Art. 28 Abs. 2 S. 1 GG; vgl. allgemein § 6 Rn. 14 ff.

16 Ausführlich zu den Zulässigkeitsvoraussetzungen des Widerspruchs *Hufen*, § 6 Rn. 1 ff.

a) Eröffnung des Verwaltungsrechtswegs (§ 68 i.V.m. § 40 VwGO analog[17])

Gem. § 68 VwGO ist das Widerspruchsverfahren der Anfechtungs- und Verpflichtungsklage[18] vorgeschaltet; deshalb muss bereits im (behördlichen) Vorverfahren untersucht werden, ob für die eventuell anschließend zu erhebende Klage der Verwaltungsrechtsweg eröffnet wäre; es gilt also das insoweit Behandelte.[19] Stellt sich eine allein zivilrechtliche Rechtswegeröffnung heraus, ist der Widerspruch kein zulässiger Rechtsbehelf. 6

b) Statthaftigkeit des Widerspruchs (§ 68 i.V.m. § 42 Abs. 1 VwGO analog)

Die Statthaftigkeit kann speziellen Regelungen (z.B. § 126 Abs. 3 BRRG) zu entnehmen sein; ansonsten folgt sie allgemein aus § 68 Abs. 1 S. 1 VwGO i.V.m. § 42 Abs. 1 VwGO analog. Danach muss Gegenstand des Widerspruchs immer ein **Verwaltungsakt**[20] sein, sei es, dass es um seine Beseitigung geht, sei es, dass eine solche Verfügung begehrt wird. In Anlehnung an die entsprechenden Klagearten[21] wird deshalb begrifflich zwischen Anfechtungs- und Verpflichtungswiderspruch unterschieden. 7

In Fällen, in denen nach § 68 Abs. 1 S. 2 VwGO ein Vorverfahren entbehrlich ist,[22] wird es zugleich als unzulässig angesehen;[23] ihm fehlt damit die Statthaftigkeit.

c) Widerspruchsbefugnis (§ 68 i.V.m. § 42 Abs. 2 VwGO analog)

In entsprechender Anwendung des § 42 Abs. 2 VwGO ist der Widerspruch nur zulässig, wenn der Widerspruchsführer geltend machen kann, durch den Verwaltungsakt bzw. dessen Ablehnung oder Unterlassung in seinen Rechten verletzt zu sein. Maßgeblich wird damit das zur **Klagebefugnis** Dargestellte.[24] Da im Rahmen des Widerspruchsverfahrens zugleich eine Zweckmäßigkeitskontrolle (s.o.) durchgeführt wird, lässt sich die Widerspruchsbefugnis auch aus der Unzweckmäßigkeit der ursprünglichen (Ermessens-)Entscheidung ableiten, wenn dadurch rechtlich geschützte Interessen beeinträchtigt werden können.[25] 8

d) Form und Frist des Widerspruchs (§ 70 Abs. 1 VwGO)

Nach § 70 Abs. 1 VwGO ist der Widerspruch **schriftlich** oder **zur Niederschrift** bei der Behörde zu erheben,[26] die den Verwaltungsakt erlassen hat. Dabei genügt es, 9

17 Siehe Rn. 1, a.E.

18 Siehe dazu Rn. 17 ff.

19 Zur Eröffnung des Verwaltungsrechtsweges vgl. § 5 Rn. 22 ff.

20 Zu den Voraussetzungen für das Vorliegen eines Verwaltungsaktes siehe § 12 Rn. 3 ff.

21 Vgl. bereits vorstehend Rn. 1 und nachfolgend Rn. 17 ff.

22 So dass eine Klage ohne Vorverfahren zulässig ist, vgl. nachfolgend Rn. 21.

23 *Kopp/Schenke*, § 68 Rn. 16.

24 § 9 Rn. 7 ff.

25 *Kopp/Schenke*, Vorb § 68 Rn. 12, § 69 Rn. 6; in der Klausur wird Solches aber regelmäßig nicht zum Tragen kommen und werden allein die rechtliche Seite und darauf bezogen subjektiv-öffentliche Rechte zu untersuchen sein.

26 Unsicher ist, ob ein Widerspruch auch in elektronischer Form eingelegt werden kann, mithin die Anwendbarkeit von § 3a VwVfG im Rahmen des § 70 VwGO; mangels ausdrücklicher gesetzgeberischer Entscheidung dürfte ein elektronischer Widerspruch bislang unzulässig sein; näher *Dietlein/Heinemann*, NWVBl. 2005, 53, 57; differenzierend *Geis* in: Sodan/Ziekow, VwGO, Kommentar, 2. Aufl., 2005, § 70 Rn. 8 ff.

wenn der Absender den Willen zu erkennen gibt, dass er sich durch einen bestimmten Verwaltungsakt beschwert fühlt und dessen Nachprüfung begehrt.[27]

Die **Widerspruchsfrist** beträgt einen Monat ab Bekanntgabe[28] des Verwaltungsaktes gegenüber dem Widerspruchsführer; durch zufälliges Bekanntwerden oder Bekanntgabe an Dritte beginnt die Frist ihm gegenüber nicht zu laufen.[29] Für die Berechnung der Frist gelten über die Verweisung der §§ 79, 31 VwVfG die Vorschriften der §§ 187-189 BGB. Bei fehlender, unrichtiger oder unvollständiger Rechtsbehelfsbelehrung[30] hat der Betroffene gem. §§ 70 Abs. 2, 58 Abs. 2 VwGO ein Jahr lang die Möglichkeit, Widerspruch einzulegen. Im Fall der unverschuldeten Versäumung der Frist, bspw. bei Krankheit oder urlaubsbedingter Abwesenheit[31], kann dem Widerspruchsführer auf Antrag Wiedereinsetzung in den vorigen Stand gewährt werden (§§ 60, 70 Abs. 2 VwGO); hiernach wird die Zulässigkeit des Rechtsbehelfs wiederhergestellt – mit der Folge, dass auch die bereits eingetretene Bestandskraft[32] des Verwaltungsaktes nachträglich entfällt. Vorausgesetzt ist freilich, dass innerhalb von zwei Wochen nach dem Wegfall des Hindernisses – spätestens aber innerhalb eines Jahres[33] – die versäumte Rechtshandlung (Einlegung des Widerspruchs) nachgeholt wird und die Tatsachen zur Begründung des Antrags glaubhaft gemacht werden (§ 60 Abs. 2 VwGO).

e) Allgemeines Rechtsschutzbedürfnis

10 Am (allgemeinen) Rechtsschutzinteresse fehlt es bspw., wenn die Entscheidung dem Widerspruchsführer keine nennenswerten Vorteile bringen kann[34] oder es einfachere und effektivere Möglichkeiten der Rechtsverfolgung gibt. Kein Rechtsschutzbedürfnis besteht ferner, wenn der Widerspruch nach objektiven Gesichtspunkten offensichtlich rechtsmissbräuchlich ist oder nur den Zweck hat, dem Gegner zu schaden[35]. Entsprechendes bewirken beim Widerspruch eines Dritten die Konstellationen der **Verwirkung**, wie sie im Zusammenhang mit der Anfechtungs- und Verpflichtungsklage dargestellt sind.[36]

f) Sonstige Sachentscheidungsvoraussetzungen

11 Die Beteiligten- und Handlungsfähigkeit sowie die etwaige Legitimation eines Bevollmächtigten als weitere Zulässigkeitsvoraussetzungen im Widerspruchsverfahren

27 *Kopp/Schenke*, § 70 Rn. 5 ff.

28 Näher dazu § 13 Rn. 5.

29 Eventuell kommt eine Unzulässigkeit des Widerspruchs wegen Verwirkung in Betracht, dazu sogleich Rn. 10.

30 Vgl. bereits § 14 Rn. 24.

31 Sofern der Betroffene nicht wegen besonderer Umstände mit dem Zugang des Schriftstücks rechnen musste; bei längerer Abwesenheit müssen die erforderlichen Vorkehrungen getroffen werden. Näheres hierzu bei *Kopp/Schenke*, § 60 Rn. 9 ff. Zur Fristversäumung aufgrund Organisationsverschuldens OVG Saarlouis, NVwZ-RR 2005, 448.

32 Dazu bereits § 15 Rn. 10.

33 §§ 70 Abs. 2 i.V.m. 60 Abs. 3 VwGO.

34 Z.B. Widerspruch gegen die Ablehnung eines Baugenehmigungsantrags bei ersichtlich fehlender Berechtigung zum Bauen, BVerwGE 61, 128, 130; Widerspruch gegen die Ablehnung einer nicht erforderlichen Ausnahmebewilligung, BVerwGE 61, 145, 150.

35 Vgl. m.w.N. *Kopp/Schenke*, Vorb § 40 Rn. 52.

36 Nachfolgend Rn. 30.

richten sich nach §§ 79, 11, 12, 14 VwVfG. Zudem darf in derselben Sache noch kein Widerspruchsbescheid ergangen sein.[37]

4. Begründetheit des Widerspruchs

12 Der **Anfechtungswiderspruch** ist begründet, wenn der umstrittene Verwaltungsakt entweder rechtswidrig[38] ist und den Widerspruchsführer in seinen Rechten verletzt[39] oder zwar rechtmäßig, aber nicht zweckmäßig ist (vgl. § 68 Abs. 1 VwGO, § 113 Abs. 1 S. 1 VwGO analog). Zweckmäßigkeitserwägungen sind freilich nur bei Ermessenserwägungen anzustellen; bei der Überprüfung gebundener Verwaltungsakte ist dafür kein Raum. Letzteres gilt auch im Falle einer Ermessensreduzierung auf Null.[40]

Der **Verpflichtungswiderspruch** ist begründet, soweit die Ablehnung des begehrten Verwaltungsaktes rechtswidrig und der Widerspruchsführer dadurch in seinen Rechten verletzt ist (§ 68 Abs. 1 S. 1 i.V.m. § 113 Abs. 5 S. 1 VwGO analog).[41] Rechtswidrig ist die Ablehnung bei einer gebundenen Entscheidung oder einer Ermessensreduzierung, wenn der Widerspruchsführer einen Anspruch auf den Erlass des beantragten Verwaltungsaktes hat, ansonsten, wenn ihm ein Anspruch auf ermessensfehlerfreie Entscheidung zusteht. Letzterenfalls ist der Widerspruch auch begründet, sofern die Ausgangsbehörde den Verwaltungsakt in zweckwidriger Weise versagt hat.

5. Reformatio in peius

13 Eine Reformatio in peius (kurz: rip), also **Verböserung** bzw. Verschlechterung im Widerspruchsverfahren liegt vor, wenn der mit dem Widerspruch angegriffene Verwaltungsakt in seiner belastenden Wirkung durch den Widerspruchsbescheid verstärkt wird.

▶ **BEISPIEL:** Der Betroffene legt gegen einen Gebührenbescheid über 50 Euro Widerspruch ein. Im Rahmen der Überprüfung bemerkt die zuständige (Widerspruchs-)Behörde, dass sich die Gebührenschuld eigentlich auf 100 Euro beläuft. Daraufhin weist sie durch Widerspruchsbescheid den Widerspruch als unbegründet ab und erhöht den Betrag entsprechend. ◀

In Anbetracht dessen handelt es sich um keine derartige Verböserung, wenn lediglich Entscheidungsgründe ausgewechselt werden[42] oder die Behörde den Verwaltungsakt nicht abändert, sondern im Rahmen des Widerspruchsverfahrens („bei Gelegenheit" – und schon deshalb unzulässig) einen gänzlich neuen erlässt.[43]

---

37 Vgl. die Aufstellung der Zulässigkeitsvoraussetzungen bei *Kopp/Schenke*, Vorb § 68 Rn. 12.

38 Zu den Rechtmäßigkeitsvoraussetzungen des Verwaltungsaktes vgl. § 14.

39 Siehe § 9 Rn. 1 ff.; die Voraussetzungen für die Begründetheit der Anfechtungsklage gelten also im Widerspruchsverfahren entsprechend, vgl. nachfolgend Rn. 31.

40 Hierzu § 14 Rn. 41 f.; die Prüfungskompetenz der Widerspruchsbehörde umfasst jedoch dann nicht die Zweckmäßigkeit, wenn sie in Selbstverwaltungsangelegenheiten (vgl. § 6 Rn. 17 f.) der einem anderen Verwaltungsträger angehörenden Ausgangsbehörde entscheidet, weil die Aufsicht insoweit auf eine Rechtmäßigkeitskontrolle beschränkt ist und anderenfalls das Selbstverwaltungsrecht des Trägers der Ausgangsbehörde verletzt würde, vgl. *Detterbeck*, Rn. 1371. Diese Problematik stellt sich jedoch in den meisten Fällen nicht, weil gem. § 73 Abs. 1 S. 2 Nr. 3 VwGO in Selbstverwaltungsangelegenheiten Ausgangs- und Widerspruchsbehörde regelmäßig identisch sind; vgl. Rn. 4.

41 Vgl. nachfolgend Rn. 31.

42 *Hufen*, § 9 Rn 15.

43 Ebenfalls von der „rip" zu trennen ist die Fallkonstellation, dass ein begünstigender Verwaltungsakt mit belastender Drittwirkung (vgl. § 12 Rn. 41) auf Widerspruch des Dritten hin aufgehoben wird.

14 Jenseits der Fälle, in denen eine „rip" spezialgesetzlich ausdrücklich vorgesehen ist (etwa § 367 Abs. 2 S. 2 AO, § 3 Abs. 5 S. 2 KAG RhlPf), ist ihre Zulässigkeit grds. **umstritten.**[44] Ablehnende Stimmen argumentieren zum einen mit der Rechtsschutzfunktion des Widerspruchsverfahrens (s.o.). Hiermit sei es nicht zu vereinbaren, dass sich der Rechtsschutzsuchende mit Einlegung des Widerspruchs stets dem Risiko einer Verschlechterung seiner Lage aussetzen müsse; zum anderen sähen weder die Verwaltungsgerichtsordnung noch das Verwaltungsverfahrensgesetz eine allgemeine Verschlechterungsmöglichkeit dieser Art vor. Letzterem wird entgegen gehalten, dass immerhin §§ 71, 79 Abs. 1 Nr. 2, Abs. 2 VwGO den Fall einer erstmaligen Beschwer durch den Widerspruchsbescheid kennen, auch wenn deren Voraussetzungen nicht geregelt sind. Für die Möglichkeit, die Belastungsintensität zu erhöhen, spricht des Weiteren die grundgesetzlich verankerte Gesetzesbindung der Verwaltung (Art. 20 Abs. 3 GG). Darüber hinaus dient das Widerspruchsverfahren zugleich der behördlichen Selbstkontrolle (s.o.); Konsequenz kann nur eine umfassende Nachprüfungskompetenz der Widerspruchsbehörde sein, was ebenfalls auf die Zulässigkeit der „rip" schließen lässt – zumal für einen Vorrang der Rechtsschutzfunktion gegenüber derjenigen der Selbstkontrolle keine gesetzlichen Anhaltspunkte ersichtlich sind. Auch hat der Widerspruchsführer das Eintreten der Bestandskraft durch die Rechtsbehelfseinlegung selbst verhindert und sich so (freiwillig) der Vertrauensgrundlage begeben. Schließlich muss angesichts §§ 48, 49 VwVfG,[45] wonach der Behörde eine (teilweise) Aufhebung von Verwaltungsakten sogar nach Eintritt der Bestandskraft eröffnet ist, eine für den Betroffenen nachteilige Abänderung der Entscheidung im Rahmen des Widerspruchsverfahrens – erst recht – zulässig sein.

15 Was bleibt, ist die Frage nach den rechtlichen **Maßstäben und Grenzen** einer derartigen Verböserung.[46] § 68 Abs. 1 S. 1 VwGO ordnet die Überprüfung der Recht- und Zweckmäßigkeit des Verwaltungsaktes im Vorverfahren an. Eine solche Kontrolle kann nur anhand derjenigen Kriterien stattfinden, die auch für die Ausgangsbehörde maßgeblich waren. Mithin muss sich die „rip" an den rechtlichen Grundlagen für den Erlass des Ausgangsverwaltungsaktes messen lassen;[47] nach Maßgabe des Einzelfalls können freilich Gesichtspunkte des Vertrauensschutzes zu Gunsten des Bürgers berücksichtigungsbedürftig werden.

Übersicht 21:
Prüfungsschema für das Widerspruchsverfahren

16 **A. Zuständige Widerspruchsbehörde, § 73 Abs. 1 VwGO**
B. Zulässigkeit
  I. Eröffnung des Verwaltungsrechtswegs
    1. § 68 i.V.m. aufdrängender Sonderzuweisung, z.B. § 126 Abs. 1 BRRG analog
    2. § 68 i.V.m. § 40 Abs. 1 VwGO analog (Generalklausel)
      a) öffentlich-rechtliche Streitigkeit

44 Zur Zulässigkeit der „rip" und den mit ihr verbundenen prozessualen und materiell-rechtlichen Problemen näher *Meister*, JA 2002, 567.

45 Nähere Darstellung in § 16.

46 Eingehende Streitdarstellung bei *Schenke*, Rn. 687.

47 Ein Rückgriff auf §§ 48, 49 VwVfG scheidet schon deshalb aus, weil § 43 Abs. 2 VwVfG die Rücknahme und den Widerruf gerade neben der Aufhebung in sonstiger Weise (z.B. im Rahmen eines Rechtsbehelfsverfahrens) erwähnt; vertiefend insoweit *Meister*, JA 2002, 567.

b) nichtverfassungsrechtlicher Art
c) keine abdrängende Sonderzuweisung

II. Statthaftigkeit, § 68 i.V.m. § 42 Abs. 1 VwGO analog
Anfechtungswiderspruch: Widerspruchsführer muss die Aufhebung eines Verwaltungsaktes begehren, § 42 Abs. 1, 1. Alt. VwGO analog
Verpflichtungswiderspruch: Widerspruchsführer begehrt Erlass eines Verwaltungsaktes, § 42 Abs. 1, 2. Alt. VwGO analog

III. Widerspruchsbefugnis, § 68 i.V.m. § 42 Abs. 2 VwGO analog: Möglichkeit der Verletzung eigener Rechte des Klägers

IV. Ordnungsgemäße Widerspruchserhebung, § 70 VwGO
1. Form: schriftlich oder zur Niederschrift, § 70 Abs. 1 S. 1 VwGO
2. Frist: § 70 Abs. 1 VwGO – ein Monat;
§§ 70 Abs. 2, 58 Abs. 2 VwGO – ein Jahr

V. Allgemeines Rechtschutzbedürfnis: Durch Klagebefugnis indiziert, nur bei Anlass prüfen.

C. Begründetheit

I. Anfechtungswiderspruch
Der Anfechtungswiderspruch ist begründet, soweit der erlassene Verwaltungsakt rechtswidrig und der Widerspruchsführer dadurch in seinen Rechten verletzt ist (§ 68 Abs. 1 S. 1 i.V.m. § 113 Abs. 1 S. 1 VwGO analog) oder soweit der (Ermessens-)Verwaltungsakt von der Ausgangsbehörde in zweckwidriger Weise erlassen wurde (§ 68 Abs. 1 S. 1 VwGO).

II. Verpflichtungswiderspruch
Der Verpflichtungswiderspruch ist begründet, soweit die Ablehnung oder Unterlassung des beantragten Verwaltungsaktes rechts-/zweckwidrig und der Widerspruchsführer dadurch in seinen Rechten verletzt ist (§ 68 Abs. 1 S. 1 i.V.m. § 113 Abs. 5 VwGO analog).

II. Anfechtungs- und Verpflichtungsklage

1. Statthaftigkeit

a) Anfechtungsklage

Die Statthaftigkeit einer Klage vor den Verwaltungsgerichten bestimmt sich aufgrund 17
§ 88 VwGO nach dem Begehren des Klägers. Sofern es auf die gerichtliche Aufhebung eines Verwaltungsaktes gerichtet ist, ist die Anfechtungsklage die richtige Klageart, § 42 Abs. 1, 1. Alt. VwGO. Ob das angegriffene Verwaltungshandeln einen Verwaltungsakt darstellt, beurteilt sich anhand der **begrifflichen Merkmale** des § 35 VwVfG, wie sie bereits dargestellt worden sind.[48] Nicht entscheidend ist danach, in welcher Form die Behörde hätte tätig werden dürfen bzw. müssen,[49] sondern in welcher Form sie objektiv erkennbar gehandelt hat.[50] Wurde eine unzutreffende Form gewählt – etwa anstelle der gebotenen privatrechtlichen Kündigung eines Dauerschuldverhältnisses ein Verwaltungsakt erlassen –, steht damit nicht das Vorliegen eines Verwaltungsaktes in Frage und folglich ebenso wenig die Statthaftigkeit der An-

48 Vgl. § 12 Rn. 3 ff.
49 Weil es sich insoweit um materielle Maßgaben handelt, die für die Begründetheit der Klage, nicht aber für ihre hier interessierende Zulässigkeit von Relevanz sind; vgl. sogleich im Text.
50 Vgl. *Ehlers*, Jura 2004, 30, 176; *Hufen*, § 14 Rn. 2; *Sodan/Ziekow*, § 98 Rn. 2; bereits § 5 Rn. 15.

fechtungsklage; vielmehr betrifft dies die Rechtmäßigkeit des Verwaltungsaktes und demzufolge die Begründetheit der Klage.[51]

b) Verpflichtungsklage

18 Will der Rechtsschutzsuchende den Erlass eines **abgelehnten** oder **unterlassenen Verwaltungsaktes** klageweise durchsetzen, ist die Verpflichtungsklage statthaft, § 42 Abs. 1, 2. Alt. VwGO, und zwar auch dann, wenn der Adressat des begehrten Verwaltungsaktes ein Dritter ist[52]. Im letzteren Fall kann das Vorliegen eines subjektiv-öffentlichen Rechts[53] und damit der Klagebefugnis nach § 42 Abs. 2 VwGO[54] problematisch werden. Für die Statthaftigkeit der Verpflichtungsklage zählt hingegen allein, dass es um den Erlass eines Verwaltungsaktes i.S.d. § 35 VwVfG geht, nicht aber, wer sein Adressat sein soll.

Durch das **Verpflichtungsurteil** wird, wie schon der Begriff verdeutlicht, der begehrte Verwaltungsakt nicht etwa erlassen oder ersetzt; vielmehr gibt es der beklagte Verwaltung aus Gründen der Gewaltenteilung lediglich den Erlass der Verfügung auf. Das Urteil wirkt mithin nicht unmittelbar rechtsgestaltend, sondern ist auf Tätigwerden gerichtet. Die Verpflichtungsklage stellt danach eine besondere, nämlich auf Erlass eines Verwaltungsaktes beschränkte Leistungsklage dar.[55] Da sie gegenüber der allgemeinen Leistungsklage[56] besondere Zulässigkeitsvoraussetzungen aufweist, ist die insoweit richtige Klageart bereits eingangs der Zulässigkeitsprüfung zu ermitteln. Nichts Abweichendes gilt, wenn lediglich ein **Bescheidungsurteil** begehrt wird; das ist in Fällen fehlender Spruchreife, wie § 113 Abs. 5 VwGO es formuliert, regelmäßig der Fall, etwa wenn der Verwaltung beim Erlass des Verwaltungsaktes Entscheidungs-, insbesondere Ermessensspielräume[57] zustehen, die sich auch nicht im Einzelfall auf Null reduziert haben.[58] Denn die „Bescheidungsklage" ist aufgrund der eindeutigen Zuordnung in § 113 Abs. 5 S. 2 VwGO ebenfalls eine Verpflichtungsklage.[59]

19 In Abhängigkeit vom Klagebegehren kann sich die Verpflichtungsklage ggf. als **Konkurrentenklage** darstellen. Der Begriff bezeichnet keine besondere Klageart, sondern eine bestimmte verfahrensrechtliche Situation (Verteilungsstreit). Insoweit können folgende Konstellationen[60] unterschieden werden:

Will sich der Kläger gegen die Zulassung oder Begünstigung eines Konkurrenten zur Wehr setzen, ohne jedoch eine eigene Begünstigung zu verfolgen, spricht man von einer **negativen Konkurrentenklage.**[61] Da sich der Kläger in diesen Fällen gegen ein ihn belastendes Verwaltungshandeln wendet, handelt es sich i.d.R. um eine Anfechtungs-

51 *Würtenberger*, Rn. 269; unter materiellen Gesichtspunkten bereits § 12 Rn. 9.

52 Vgl. *Ehlers*, Jura 2004, 310; *Kopp/Schenke*, § 42 Rn. 10.

53 Dazu im Einzelnen § 9.

54 Dazu näher § 9 Rn. 7 ff.; nachfolgend Rn. 20.

55 Bereits § 10 Rn. 12.

56 Zur allgemeinen Leistungsklage § 20 Rn. 9 ff.; ansatzweise § 10 Rn. 12.

57 Vgl. näher § 14.

58 Dazu § 14 Rn. 48.

59 Eingehend *Bickenbach*, Das Bescheidungsurteil als Ergebnis einer Verpflichtungsklage, 2006.

60 Siehe dazu auch *Wernsmann*, Verw 36 (2003), 67. Zunehmende Bedeutung erlangen Konkurrentenklagen im Bereich ärztlicher Tätigkeit, dazu *Steinhilper*, MedR 2004, 682; *Seiler/Vollmöller*, DVBl. 2003, 235; *Vollmöller*, DVBl. 2004, 433; zum Krankenhausrecht *Stollmann*, NVwZ 2006, 425.

61 Ausführlich *Miebach*, JuS 1987, 956.

klage gegen die dem Dritten durch Verfügung gewährte Begünstigung (Beispiel: Taxiunternehmer U wehrt sich gegen die dem Konkurrenten K erteilte Konzession).

Begehrt der Kläger dagegen seine eigene Begünstigung, so handelt es sich um eine **positive Konkurrentenklage.**[62] Dabei kann es zum einen darum gehen, dass er (nur) die Gleichstellung mit dem Konkurrenten erstrebt, sog. **Konkurrentengleichstellungsklage.** Soweit die angestrebte Vergünstigung durch Verwaltungsakt zu gewähren ist, kann sie prozessual mit einer Verpflichtungsklage, andernfalls mit der allgemeinen Leistungsklage durchgesetzt werden. Da die Begünstigung des Dritten in diesem Fall unberührt bleibt, handelt es sich unproblematisch um eine Verpflichtungs- bzw. Leistungsklage (Beispiel: Nachdem Mitbewerber B eine Subvention in Form eines zinsverbilligten Darlehens gewährt worden ist, will K unter Berufung auf Art. 3 Abs. 1 GG dieselbe Vergünstigung erhalten).

Problematisch sind dagegen die Fälle, in denen der Kläger anstelle des Konkurrenten begünstigt werden will, sog. **Konkurrentenverdrängungsklage.**[63] Wenn das Kontingent der zu vergebenden Stellen o.ä. erschöpft ist, muss der Kläger eigentlich die Zulassung eines oder mehrerer/aller zugelassenen Mitbewerber anfechten, um mit seinem Verpflichtungsantrag überhaupt Erfolg haben zu können: Verpflichtungsklage auf eigene Begünstigung bei gleichzeitiger Anfechtungsklage gegen die Begünstigung des/der Dritten. Letztere Vorgehensweise birgt für den Kläger ersichtlich ein erhebliches Prozess- und Kostenrisiko. Sind bspw. 50 Konkurrenten zum Weihnachtsmarkt zugelassen und ist Schausteller S als 51. Bewerber abgelehnt worden, so müsste S entweder die Begünstigung aller anderen Bewerber anfechten; da nicht sämtliche Zulassungsentscheidungen rechtswidrig sein werden, kann S mit einem (Groß-)Teil seiner Klagen nicht obsiegen. Oder S sucht sich einige Zulassungen heraus mit dem Risiko, dass sich diese im Ergebnis doch als rechtmäßig erweisen und nur andere (nicht angefochtene) Entscheidungen möglicherweise rechtswidrig sind. Angesichts dessen muss der Kläger nach neuerer Auffassung des Bundesverwaltungsgerichts zusätzlich Anfechtungsklage(n) nur erheben, wenn er einen uneingeschränkten Verpflichtungsantrag stellt;[64] begehrt er dagegen lediglich eine erneute Bescheidung, ist diese Art der Verpflichtungsklage ausreichend.[65] Zur Begründung wird auf die Möglichkeit verwiesen, dass die Behörde im Fall einer vom Gericht für rechtswidrig gehaltenen Verteilungsregelung ihre Entscheidung von sich aus korrigiert. Der Kläger kann sich daher auf eine (Bescheidungs-)Verpflichtungsklage beschränken, ohne die Zulassung eines anderen/anderer Konkurrenten anfechten zu müssen. **Beachte:** Besonderheiten gelten für die beamtenrechtliche Konkurrentenklage. Hier erledigt sich nach h.M. ein Anfechtungs- oder Verpflichtungsbegehren[66] des unterlegenen Bewerbers, sobald der Konkurrent wirksam ernannt worden ist, weil die Ernennung nach den beamtenrechtlichen Vorschriften nicht mehr rückgängig gemacht werden kann (§ 59 BRRG). Da ein Amt nur zusammen mit der Einweisung in eine freie Planstelle besetzt werden darf (§ 49 I BHO), steht die nunmehr besetzte Planstelle nicht mehr zur Verfügung.[67]

62 *Würtenberger*, Rn. 291.

63 *Schenke*, Rn. 275 f.

64 BVerwG, DVBl. 1989, 557.

65 Weitergehend *Schenke*, Rn. 276: auch bei uneingeschränktem Verpflichtungsantrag.

66 Strittig: nach der Rechtsprechung Anfechtungsklage, nach der Gegenmeinung Verpflichtungsklage; dazu und für Letzteres *Schenke*, Rn. 277.

67 Vgl. BVerwG, NVwZ 1989, 158; ausführlich zur beamtenrechtlichen Konkurrentenklage *Tegethoff*, ZBR 2004, 341; *Verlage*, DVP 2005, 359; *Wernsmann*, DVBl. 2005, 276.

Hervorgehobene Bedeutung kommt daher vorbeugendem[68] und einstweiligem Rechtsschutz[69] zu.

2. Besondere Sachentscheidungsvoraussetzungen von Anfechtungs- und Verpflichtungsklage

Für Anfechtungsklage wie Verpflichtungsklage gelten die in §§ 42 Abs. 2, 68 ff. VwGO geregelten besonderen Zulässigkeitsvoraussetzungen.

a) Klagebefugnis

20 Gem. § 42 Abs. 2 VwGO sind Anfechtungs- und Verpflichtungsklage – vorbehaltlich einer abweichenden gesetzlichen Anordnung – nur zulässig, wenn der Kläger durch den angegriffenen resp. abgelehnten bzw. unterlassenen Verwaltungsakt möglicherweise in seinen Rechten verletzt ist. In der zweiten Konstellation (Verpflichtungsklage) richtet sich die Frage nach überwiegender Auffassung spiegelbildlich darauf, ob ein Anspruch des Klägers auf den begehrten Verwaltungsakt nicht ausgeschlossen werden kann; ausreichend ist (Bescheidungsklage![70]) ein Anspruch auf ermessensfehlerfreie Entscheidung, wenn hiervon subjektiv-öffentliche Rechte des Klägers betroffen sein können.[71] Prüfungsrelevant wird i.Ü. das bereits Dargestellte.[72]

b) Widerspruchsverfahren

21 Die Zulässigkeit einer Anfechtungsklage setzt regelmäßig die vorherige Durchführung eines Widerspruchsverfahrens voraus, in dem Rechtmäßigkeit und Zweckmäßigkeit des Verwaltungsaktes überprüft werden, § 68 Abs. 1 S. 1 VwGO.[73] Nach § 68 Abs. 2 VwGO gilt dies auch für die Verpflichtungsklage, wenn der Antrag auf Vornahme des Verwaltungsakts abgelehnt worden ist. § 68 Abs. 1 S. 2 VwGO benennt **Ausnahmen** von dem Erfordernis des Widerspruchsverfahrens:[74] Wenn ein Gesetz dies bestimmt (vgl. etwa § 75 S. 1, 1. Alt. VwGO), oder der in Rede stehende Verwaltungsakt von einer obersten Bundes- oder Landesbehörde erlassen worden ist, § 68 Abs. 1 S. 2 Nr. 1 VwGO. Entsprechendes gilt, wenn der Abhilfe- bzw. der Widerspruchsbescheid erstmalig eine Beschwer enthält, § 68 Abs. 1 S. 2 Nr. 2 VwGO; das ist bspw. der Fall, wenn ein Nachbar gegen die dem Bauherrn erteilte Baugenehmigung erfolgreich Widerspruch eingelegt hat.[75] Dann kann der Bauherr direkt Klage beim Verwaltungsgericht erheben. Ein weiteres Beispiel bildet die „rip".[76]

Einen quasi gesetzesinternen Fall des § 68 Abs. 1 S. 2 Hs. 1 VwGO stellt § 75 S. 1 VwGO dar; danach ist eine Klage direkt zulässig, wenn über einen Widerspruch oder über einen Antrag auf Vornahme eines Verwaltungsaktes ohne zureichenden Grund in angemessener Frist sachlich nicht entschieden worden ist. Für diesen Fall der sog. **Untätigkeitsklage** sieht § 75 S. 2 VwGO vor, dass sie nicht vor Ablauf von drei Mo-

68 Dazu § 20 Rn. 13.

69 Nachfolgend § 20 Rn. 13 mit Fn. 53; allgemein § 19b Rn. 30 f.; § 20 Rn. 18 ff.

70 Vorstehend Rn. 18; vgl. *Sodan/Ziekow*, § 99 Rn. 5.

71 Vgl. allgemein § 9; näher bereits § 14 Rn. 49.

72 Vgl. § 9 Rn. 7 ff.

73 Zum Widerspruchsverfahren näher vorstehend Rn. 1 ff.

74 Zur ersten Variante der Vorschrift eingehend *Biermann*, ZUR 2006, 282, 286 f.; vgl. das Optionsmodell des § 13a Gesetz zur Ausführung des Gerichtsstrukturgesetzes M-V.

75 Zum Verwaltungsakt mit Drittwirkung § 12 Rn. 41.

76 Dazu vorstehend Rn. 13.

naten seit der Einlegung des Widerspruchs oder seit dem Antrag auf Vornahme des Verwaltungsaktes erhoben werden kann, außer wenn besondere Umstände eine kürzere Frist gebieten.[77]

c) Klagefrist

Die Anfechtungsklage muss nach § 74 Abs. 1 VwGO innerhalb eines Monats nach Zustellung des Widerspruchsbescheides oder – bei dessen Entbehrlichkeit – einen Monat nach Bekanntgabe des Verwaltungsaktes erhoben werden. 22

Für die Fristberechnung verweist **§ 57 Abs. 2 VwGO** auf **§ 222 Abs. 1 ZPO**, der seinerseits die einschlägigen Vorschriften des BGB, nämlich **§§ 187 ff. BGB**, für anwendbar erklärt. Beachtlich bleibt, dass die einmonatige Klagefrist gem. § 74 Abs. 1 VwGO nur für den Fall einer ordnungsgemäß erteilten Rechtsbehelfsbelehrung gilt, vgl. § 58 Abs. 1 VwGO; unterbleibt eine solche oder ist sie fehlerhaft, indem sie etwa das unzuständige Gericht oder als Frist vier Wochen benennt, beträgt die Frist aufgrund § 58 Abs. 2 VwGO ein Jahr. Voraussetzung für jeglichen Beginn des Fristlaufs, also nach § 74 VwGO wie § 58 VwGO, ist freilich die Zustellung des Widerspruchsbescheides bzw. Bekanntgabe des Verwaltungsaktes.[78] Sofern es daran fehlt, kann die Klage nicht aufgrund Verfristung, sondern allenfalls wegen Verwirkung[79] unzulässig sein.[80]

Ist ein Antrag auf Erlass eines Verwaltungsaktes abgelehnt worden, gilt das Vorstehende nach § 74 Abs. 2 VwGO auch für die Verpflichtungsklage. Wurde dagegen über einen Antrag auf Vornahme des Verwaltungsaktes oder über einen Widerspruch ohne zureichenden Grund in angemessener Frist sachlich nicht entschieden (§ 75 S. 1 VwGO), wird keinerlei (Ablauf-)Frist für die Zulässigkeit der Klage in Gang gesetzt. 23

d) Klagegegner

Nach Abs. 1 Nr. 1 des § 78 VwGO ist richtiger Klagegegner der Bund, das Land oder die Körperschaft, deren Behörde den angegriffenen Verwaltungsakt erlassen bzw. den beantragten Verwaltungsakt unterlassen hat. Eine Ausnahme von diesem als **Rechtsträgerprinzip** bezeichneten Grundsatz statuiert § 78 Abs. 1 Nr. 2 VwGO. Hiernach ist in der Anfechtungs- oder Verpflichtungssituation[81] die Behörde selbst Klagegegner, soweit es das Landesrecht bestimmt.[82] Von der Ermächtigung haben mit Brandenburg,[83] Mecklenburg-Vorpommern,[84] Niedersachsen,[85] Nordrhein-Westfalen,[86] 24

77 Liegt für die Verzögerung ein zureichender Grund vor, setzt das Gericht das Verfahren bis zum Ablauf einer von ihm gesetzten Frist aus, § 75 S. 3 VwGO. Wird innerhalb dieser Frist der beantragte Verwaltungsakt oder ein Abhilfebescheid erlassen, erklärt das Gericht gem. § 75 S. 4 VwGO die Hauptsache für erledigt. Weiterführend *Leisner*, VerwArch 91 (2000), 227.

78 Zur Bekanntgabe und Zustellung insoweit siehe § 13 Rn. 5 ff.

79 Zur Verwirkung siehe Rn. 30.

80 *Gersdorf*, Rn. 52.

81 Erfasst werden neben der Anfechtungs- und Verpflichtungsklage auch Klageverfahren, die einen Verwaltungsaktsbezug i.w.S. aufweisen (Fortsetzungsfeststellungsklage, § 113 Abs. 1 S. 4 VwGO, vgl. nachfolgend Rn. 36 ff., und Nichtigkeitsfeststellungsklage, dazu § 10 Rn. 10 ff.), und die Verfahren einstweiligen Rechtsschutzes zur Anfechtungs-/Verpflichtungsklage (§§ 80, 80a und § 123 VwGO); vgl. nur *Detterbeck*, Rn. 1342.

82 Ausführlich zum sog. Behördenprinzip *Klenke*, NWVBl. 2004, 85.

83 § 8 Abs. 2 Verwaltungsgerichtsgesetz BB.

84 Näher sogleich im Text.

85 § 8 Abs. 2 Ausführungsgesetz VwGO Nds.

dem Saarland,[87] Sachsen-Anhalt[88] und Schleswig-Holstein[89] sieben von sechzehn Bundesländern, wenn auch mit unterschiedlicher Reichweite, Gebrauch gemacht. Eine uneingeschränkte Öffnung i.S.d. § 78 Abs. 1 Nr. 2 VwGO findet sich bspw. in § 14 Abs. 2 AGGerStrG M-V[90].

Strittig ist allerdings, ob es sich insoweit überhaupt um eine Sachentscheidungsvoraussetzung oder nicht vielmehr um eine in der Begündetheit der Klage zu klärende Frage handelt. Nach überwiegender Auffassung in der Literatur regelt § 78 VwGO die **passive Prozessführungsbefugnis** auf Seiten des Beklagten; darunter ist die Befugnis des tatsächlich Beklagten zu verstehen, den Prozeß im eigenen Namen führen zu können. Es handelt sich hiernach um eine Zulässigkeitsvoraussetzung der Anfechtungs- wie Verpflichtungsklage.[91] Rechtsprechung und Teile des Schrifttums ordnen hingegen § 78 VwGO der **Passivlegitimation** zu.[92] Passivlegitimiert ist derjenige, gegen den sich das Klagebegehren nach materiellem Recht richtet;[93] die hierauf gerichtete Prüfung gehört deshalb nicht in die Zulässigkeit, sondern in die Begründetheit der Klage.

Sowohl der Wortlaut des § 78 VwGO („Die Klage ist zu richten…“) als auch die Gesetzessystematik – die Vorschrift steht im 8. Abschnitt der Verwaltungsgerichtsordnung, der ansonsten ausschließlich die besonderen Zulässigkeitsvoraussetzungen von Anfechtungs- und Verpflichtungsklagen zum Gegenstand hat – sprechen dafür, dass es sich bei § 78 VwGO um ein Zulässigkeitskriterium handelt. Dies lässt sich zudem aus Abs. 1 Nr. 2 der Vorschrift ableiten, wonach bei entsprechender landesgesetzlicher Regelung auch Behörden Klagegegner sind. Da Behörden nicht Träger von Rechten bzw. Pflichten sein können (sondern nur die Verwaltungsträger selbst),[94] vermag § 78 Abs. 1 Nr. 2 VwGO keine die Passivlegitimation betreffende Regelung, sondern nur eine solche der passiven Prozessführungsbefugnis zu sein.[95] Abs. 1 Nr. 2 des § 78 VwGO ist nun aber Ausnahmevorschrift zu § 78 Abs. 1 Nr. 1 VwGO (Rechtsträgerprinzip, s.o.); dann muss auch § 78 Abs. 1 Nr. 1 VwGO und damit § 78 VwGO insgesamt als passive Prozessführungsbefugnis und dergestalt als Zulässigkeitsvoraussetzung eingeordnet werden.

3. Allgemeine Sachentscheidungsvoraussetzungen

25 Neben den besonderen Sachentscheidungsvoraussetzungen haben die für alle verwaltungsgerichtlichen Verfahren geltenden **allgemeinen Zulässigkeitserfordernisse**[96] auch bei der Anfechtungs- und Verpflichtungsklage vorzuliegen. Mit Ausnahme der Eröffnung des Verwaltungsrechtswegs bergen sie in aller Regel keinen größeren Problemstoff und sollten daher knapp abgehandelt werden.

86 § 5 Abs. 2 Ausführungsgesetz VwGO NW.

87 § 19 Abs. 2 Ausführungsgesetz VwGO Saarl.

88 § 8 S. 2 Ausführungsgesetz VwGO S-A.

89 § 6 S. 2 Ausführungsgesetz VwGO SH.

90 Gesetz zur Ausführung des Gerichtsstrukturgesetzes M-V.

91 *Hufen*, § 12 Rn. 41 f. m.w.N.; so auch *Schenke*, Rn. 546; dazu schon *Freitag*, VerwArch 67 (1976), 26.

92 BVerwG, NVwZ RR 1990, 44; *Würtenberger*, Rn. 597; zum vorstehenden „Verwirrspiel“ *Rozek*, JuS 2007, 601.

93 *Hufen*, § 12 Rn. 39.

94 Vgl. § 6 Rn. 3 f.

95 Vgl. *Gersdorf*, Rn. 53.

96 Vgl. dazu bereits § 5 Rn. 4 ff., 22 ff., § 10 Rn. 17, § 11 Rn. 4 ff.

a) Eröffnung des Verwaltungsrechtswegs

Es gilt das zu § 40 VwGO Behandelte.[97]

b) Beteiligtenfähigkeit

Die Beteiligten- oder Parteifähigkeit ist die Fähigkeit, als Träger eigener prozessualer Rechte und Pflichten am Verfahren beteiligt zu sein.[98] Ihre Regelung findet sie in § 61 VwGO. Diese rechtliche (!) Beteiligtenfähigkeit darf nicht mit der – in § 63 VwGO beschriebenen – tatsächlichen Beteiligung am Verfahren, der Beteiligungseigenschaft,[99] verwechselt werden. 26

Beteiligtenfähig sind gem. § 61 VwGO natürliche und juristische Personen (Nr. 1), Vereinigungen, soweit ihnen ein Recht zustehen kann (Nr. 2), und Behörden, wenn das Landesrecht dies bestimmt (Nr. 3). Die Beteiligtenfähigkeit natürlicher und juristischer Personen wirft meist keine besonderen Probleme auf; sie kann (und sollte) daher in aller Kürze festgestellt werden. Mit Nr. 2 des § 61 VwGO sind auch solche Vereinigungen erfasst, die zwar nicht rechtsfähig, aber Zuordnungssubjekte von Rechten und/oder Pflichten sind,[100] wie ein nichtrechtsfähiger Verein im Hinblick auf die (Grund-)Rechte der Versammlungs-[101] und Vereinigungsfreiheit. Ein Beispiel für landesrechtliche Regelungen, die aufgrund § 61 Nr. 3 VwGO Behörden die Beteiligungsfähigkeit verleihen, bildet § 14 Abs. 1 AGGStrG M-V.[102] Fehlt es an einer solchen Bestimmung, ist auf den Rechtsträger der Behörde, eben den Verwaltungsträger, zu rekurrieren, der als juristische Person nach § 61 Nr. 1 VwGO beteiligtenfähig ist.

Sofern die Handlung einer Behörde im Streit steht, ist freilich zu beachten, dass Behörden nur nach Maßgabe des § 78 Abs. 1 Nr. 2 VwGO und damit nur in der, hier freilich interessierenden Anfechtungs- oder Verpflichtungssituation Klage- resp. Antragsgegner sein können. Für die übrigen (gerichtlichen) Verfahrensarten gilt das Rechtsträgerprinzip.[103] Dann ist auch im Rahmen der Beteiligtenfähigkeit auf den Rechtsträger (der als juristische Person nach § 61 Nr. 1 VwGO beteiligtenfähig ist) und nicht etwa auf die handelnde Behörde abzustellen: „§ 78 Abs. 1 Nr. 1 VwGO bricht § 61 Nr. 3 VwGO."

c) Prozess- und Postulationsfähigkeit

Prozessfähig ist, wer selbst oder durch einen Bevollmächtigten wirksam Prozesshandlungen vornehmen kann.[104] Im Unterschied zur Beteiligtenfähigkeit, die an die Rechtsfähigkeit bzw. die Rechtssubjektivität anknüpft, entspricht die Prozessfähigkeit 27

97 Vgl. § 5 Rn. 4 ff., 22 ff.

98 Dazu *Dolde* in: System des verwaltungsgerichtlichen Rechtsschutzes, Festschrift für Christian-Friedrich Menger, 1985, S. 423; *v. Mutius*, Jura 1988, 470; *Hufen*, § 12 Rn. 20.

99 *Schenke*, Rn. 455.

100 *Hufen*, § 12 Rn. 24; im Gefolge der Rechtsprechung des BGH (NJW 2001, 1056, 1060) zur Rechtsfähigkeit einer (Außen-)Gesellschaft bürgerlichen Rechts ist eine solche nach § 61 Nr. 2 VwGO beteiligtenfähig und nach § 62 Abs. 3 VwGO prozessfähig.

101 *Schenke*, Rn. 455.

102 Gesetz zur Ausführung des Gerichtsstrukturgesetzes M-V; ferner (insgesamt wieder „7 von 16", vgl. vorstehend Rn. 24): § 8 Abs. 1 Verwaltungsgerichtsgesetz BB, § 8 Abs. 1 Ausführungsgesetz VwGO Nds, § 5 Abs. 1 Ausführungsgesetz VwGO NW, § 19 Abs. 1 Ausführungsgesetz VwGO Saarl, § 8 S. 1 Ausführungsgesetz VwGO S-A, § 6 S. 1 Ausführungsgesetz VwGO SH.

103 Siehe dazu § 19a Rn. 24.

104 *Schenke*, Rn. 477.

der Geschäftsfähigkeit.[105] Wer prozessfähig ist, bestimmt § 62 VwGO: nach bürgerlichem Recht Geschäftsfähige (Abs. 1 Nr. 1) und beschränkt Geschäftsfähige, soweit ihre durch Vorschriften des bürgerlichen oder öffentlichen Rechts[106] verliehene Geschäftsfähigkeit reicht (Abs. 1 Nr. 2). Geschäftsunfähige und beschränkt Geschäftsfähige außerhalb ihrer Geschäftsführungsbefugnis bedürfen zur Vornahme von Prozesshandlungen (z.B. Klageerhebung, Antragstellung) **gesetzlicher Vertretung**. Auch für Vereinigungen und Behörden handeln die gesetzlichen Vertreter bzw. Vorstände oder besonders Beauftragte, § 62 Abs. 3 VwGO. Prozessunfähigkeit auf Seiten des Klägers führt zur Unzulässigkeit der Klage; beim Beklagten zieht sie die schwebende Unwirksamkeit der Prozesshandlung(en) nach sich; in beiden Fällen ist freilich eine nachträgliche Genehmigung durch den gesetzlichen Vertreter möglich.[107]

28 **Postulationsfähigkeit** bedeutet, selbst und ohne Einschaltung eines **rechtsgeschäftlichen Vertreters** (i.d.R. eines Anwalts) Prozesshandlungen vornehmen zu können. Soweit sich, wie für Verfahren vor den Verwaltungsgerichten, keine Prozessvertretung angeordnet findet, ist jeder, der die Prozessfähigkeit besitzt, auch postulationsfähig. Für Verfahren vor den Oberverwaltungsgerichten sowie dem Bundesverwaltungsgericht muss sich nach § 67 Abs. 1 VwGO hingegen jeder Beteiligte für den Fall der Antragstellung von einem Rechtsanwalt oder einem Rechtslehrer an einer deutschen Hochschule vertreten lassen (Anwaltszwang).

d) Rechtsschutzbedürfnis

29 Das allgemeine Rechtsschutzbedürfnis[108] ist eine ungeschriebene, aber allgemein anerkannte Zulässigkeitsvoraussetzung.[109] Es soll sicherstellen, dass die Gerichte nur von demjenigen in Anspruch genommen werden können, der ihrer Hilfe zur Durchsetzung seiner Rechte wirklich bedarf.[110] Bei Vorliegen der sonstigen Zulässigkeitsvoraussetzungen, vor allem der Klagebefugnis, wird das Rechtsschutzbedürfnis grds. indiziert.[111] Seine Prüfung ist angesichts dessen nur erforderlich, wenn besondere Anhaltspunkte ein Fehlen des Rechtsschutzdürfnisses nahe legen. Dies ist der Fall, wenn (1.) ein einfacherer Weg zur Erreichung des Klageziels offen steht (z.B. bei Klage der Verwaltung, obwohl für die Durchsetzung ihres Anspruchs gegen den Bürger die Verwaltungsaktsbefugnis angeordnet ist, vgl. § 49a Abs. 1 S. 2 VwVfG[112]), (2.) der Kläger sein Ziel nicht (mehr) erreichen kann (z.B. bei Klage auf Erteilung der Genehmigung eines Steges an einem Fließgewässer, das in Kürze umgeleitet wird) oder (3.) wenn die Inanspruchnahme des Gerichts missbräuchlich ist (weil etwa der Kläger offensichtlich allein eine Schädigung des Beklagten beabsichtigt)[113].

30 Auch unter dem Aspekt der **Verwirkung** kann das Rechtsschutzinteresse entfallen. Das wird überwiegend mit dem allgemeinen Rechtsgedanken des § 242 BGB („Treu

105 *Hufen*, § 12 Rn. 29; ausführlich dazu *Laubinger* in: Verwaltung im Rechtsstaat, Festschrift für Carl Hermann Ule, 1987, S. 161.

106 Solche Vorschriften sind z.B. §§ 112, 113 BGB; § 12 AsylVfG; § 80 AufenthaltsG.

107 *Detterbeck*, Rn. 1347.

108 Ansatzweise bereits § 10 Rn. 17; zum Widerspruch insoweit vorstehend Rn. 10.

109 Vgl. nur *Detterbeck*, Rn. 1349; *Hufen*, § 23 Rn. 10; vertiefend *Christonakis*, Das verwaltungsprozessuale Rechtsschutzinteresse, 2004; *Kramer*, NVwZ 2002, 1476.

110 *Schenke*, Rn. 477.

111 Ähnlich bereits zum Widerspruch, vgl. vorstehend Rn. 10, und zur Feststellungsklage, vgl. § 10 Rn. 17; zur Klagebefugnis siehe § 9 Rn. 7 ff.

112 Dazu § 16 Rn. 31.

113 *Hufen*, § 23 Rn. 10.

und Glauben“) begründet.[114] Der Kläger kann dergestalt die Durchsetzung seines Rechts verwirken, wenn er eine ihm bekannte, formal nicht verfristete Rechtsschutzmöglichkeit für so lange Zeit nicht nutzt, dass mit der Geltendmachung seines Rechts vernünftigerweise nicht mehr gerechnet werden muss. Eine starre Frist, nach deren Ablauf die Verwirkung eintritt, gibt es nicht, weil die Umstände des Einzelfalles von entscheidender Bedeutung sind; die Dauer der für Rechtsbehelfe gegen Verwaltungsakte mit Rechtsbehelfsbelehrung geltenden Frist (§§ 70, 74, 58 Abs. 1 VwGO: ein Monat) wird aber in jedem Fall zu überschreiten sein.[115] Im öffentlichen Baurecht geht man von einer solchen Verwirkung aus, wenn der Nachbar, dem die Baugenehmigung nicht bekannt gegeben worden ist, es versäumt, binnen eines Jahres ab sichtbarem Baubeginn (Widerspruch bzw.) Anfechtungsklage zu erheben.[116] Diese zum Wegfall des Rechtsschutzinteresses führende Verwirkung der verfahrensrechtlichen Abwehrmöglichkeiten ist zu unterscheiden von der **materiellen Verwirkung** als Unterfall der materiellen Präklusion.[117]

4. Begründetheit von Anfechtungs- und Verpflichtungsklage

a) Anfechtungsklage

Die Anfechtungsklage ist begründet, soweit der angegriffene Verwaltungsakt rechts- 31
widrig und der Kläger dadurch in seinen Rechten verletzt ist, § 113 Abs. 1 S. 1 VwGO.[118] Hieraus folgt ein zweistufiger Prüfungsaufbau. Zunächst geht es um die **Rechtmäßigkeit** des Verwaltungsaktes in formeller wie materieller Hinsicht.[119] Für den Fall seiner Rechtswidrigkeit wird die **Rechtsverletzung** des Klägers – als zweite Prüfungsstufe – indiziert: Ein rechtswidriger Eingriff in das subjektiv-öffentliche Recht (das bereits im Rahmen der Klagebefugnis bestimmt und bejaht worden ist[120]) muss regelhaft die Verletzung dieser Position nach sich ziehen. Anders ist es nach h.M. nur dann, wenn die Rechtswidrigkeit allein auf einem Verstoß gegen eine Vorschrift beruht, die nicht drittschützend ist (z.B. Vorsorgepflicht nach § 5 Abs. 1 S. 1 Nr. 2 BImSchG[121]), insbesondere bei Nichteinhaltung von Verfahrensvorschriften, die nicht zugleich der Wahrung einer materiellen Rechtsposition dienen (etwa Verstoß gegen Jedermann-Beteiligung – bspw. im Planfeststellungsrecht, § 73 Abs. 4 VwVfG –, wenn der vom Verfahren Ausgeschlossene nicht mit dem Kläger identisch ist)[122]. Entsprechendes gilt, wenn der Kläger mit seinem durch den Verwaltungsakt beeinträchtigten Recht präkludiert ist.[123] Keinen Ausfall der Rechtsverletzung bilden hingegen Fälle, in denen formelle Mängel des Verwaltungsaktes nach § 45 VwVfG

114 *Schenke*, Rn. 675; *Würtenberger*, Rn. 259; kritisch *Hufen*, § 23 Rn. 14.

115 BVerwG, NVwZ 1991, 1182; *Hufen*, § 23 Rn. 15.

116 Der Rechtsgedanke des § 58 Abs. 2 VwGO wird herangezogen, vgl. *Erbguth* in: Tettinger/Erbguth/Mann, Rn. 1321; *Troidl*, NVwZ 2004, 315.

117 Zur materiellen Präklusion § 9 Rn. 9.

118 Eine Sonderregelung zu § 113 Abs. 1 S. 1 VwGO findet sich für Anfechtungsklagen nach dem URG, § 2 Abs. 5 S. 1 Nr. 1 URG; vgl. oben § 9 Rn. 10; ferner *Schlacke*, NuR 2007, 8, 12 f.

119 Zur Rechtmäßigkeit des Verwaltungsaktes siehe §§ 14 f.; zur Rechtmäßigkeit und (isolierten) Anfechtbarkeit von Nebenbestimmungen vgl. § 18.

120 Vgl. § 9 Rn. 3 ff., 7 ff.

121 Vgl. für die h.M. nur *Kopp/Schenke*, § 42 Rn. 105.

122 *Schenke*, Rn. 502, anhand der Klagebefugnis; deutlich(st) anhand der Umweltverträglichkeitsprüfung OVG Münster, ZUR 2007, 376; zur Kritik allgemein § 15 Rn. 14.

123 Zur materiellen Präklusion siehe § 9 Rn. 9.

geheilt worden sind[124] (dann fehlt es schon an seiner Rechtswidrigkeit), oder wenn ein nach § 46 VwVfG unbeachtlicher Verfahrensfehler[125] vorliegt (es fehlt am Aufhebungsanspruch vor Gericht[126]).

Da sich Sach- wie Rechtslage nach dem Erlass des Verwaltungsaktes ändern können, kommt dem Zeitpunkt, auf den für die Beurteilung seiner Rechtmäßigkeit abgestellt wird, ggf. entscheidende Bedeutung zu. Die überwiegende Auffassung stellt grds. auf die letzte Verwaltungsentscheidung ab (i.d.R. Widerspruchsbescheid).[127] Lediglich bei der Überprüfung von Dauerverwaltungsakten (etwa Gaststättenerlaubnis/Gewährung eines Doktorandenstipendiums durch das Bildungsministerium) bzw. noch nicht vollzogenen Verwaltungsakten soll der Zeitpunkt der letzten mündlichen Verhandlung maßgeblich sein; in diesen Fällen sei es der Verwaltung zuzumuten, die Rechtmäßigkeit des Verwaltungsaktes ständig zu kontrollieren.[128] Nach a.A. ist dagegen stets der Zeitpunkt der letzten mündlichen Verhandlung entscheidend.[129]

32 Über die Aufhebung des Verwaltungsaktes hinaus kann die Beseitigung seiner Vollzugsfolgen vom Rechtschutzinteresse des Klägers erfasst sein. Dazu bedarf es eines hierauf gerichteten Annexantrags nach **§ 113 Abs. 1 S. 2 VwGO**. Er dient der vereinfachten Durchsetzung des **Vollzugsfolgenbeseitigungsanspruchs**[130] vor Gericht – vereinfacht deshalb, weil für den Antrag nach § 113 Abs. 1 S. 2 VwGO wegen seiner Verbindung mit dem Haupt(anfechtungs)begehren keine gesonderten Zulässigkeitsvoraussetzungen bestehen. Der Antrag geht auf (schlichte) Leistung oder auf Verpflichtung, je nachdem, ob die Rückgängigmachung des Vollzugs lediglich schlichten Verwaltungshandelns oder eines Verwaltungsaktes bedarf (Ersteres, wenn es um Rückzahlung bereits entrichteter Abgaben, etwa aufgrund eines Erschließungsbeitragsbescheids, geht; Letzteres, wenn sich der Antrag im Gefolge der Anfechtungsklage des Hauseigentümers gegen die Einweisung eines Obdachlosen auf dessen Ausweisung aus dem Gebäude richtet). Handelt es sich um einen Anspruch auf Bereinigung von Folgen, die auf keinem Vollzug des Verwaltungsaktes im vorstehenden Sinne beruhen, kommt nicht der Annexantrag nach § 113 Abs. 1 S. 2 VwGO, wohl aber ein solcher gem. **§ 113 Abs. 4 VwGO** in Betracht (etwa im Wege der Verbindung des Anfechtungsantrags gegen die fristlose Entlassung aus dem Beamtenverhältnis mit einem Antrag auf Gehaltsnachzahlung).

Übersicht 22: Prüfungsschema für die Anfechtungsklage

33 **A. Zulässigkeit**

I. Eröffnung des Verwaltungsrechtswegs
   1. Aufdrängende Sonderzuweisung, z.B. § 126 Abs. 1 BRRG
   2. § 40 Abs. 1 VwGO (Generalklausel)
      a) öffentlich-rechtliche Streitigkeit

124 Zur Heilung (verfahrens)fehlerhafter Verwaltungsakte vgl. § 15 Rn. 15 ff.

125 Zur Unbeachtlichkeit formeller Fehler des Verwaltungsaktes siehe § 15 Rn. 19 ff.

126 Zuzugeben ist allerdings, dass der fehlende Aufhebungsanspruch diese Konstellation in die Nähe einer fehlenden Rechtsverletzung (s.o. im Text) rückt.

127 BVerwGE 34, 155, 158; *Hufen*, § 24 Rn. 8; *Würtenberger*, Rn. 613.

128 *Gersdorf*, Rn. 61 ff; zu Dauerverwaltungsakten *Wehr*, BayVBl. 2007, 385.

129 *Schenke*, Rn. 782 ff. m.w.N; letzlich soll aber das materielle Recht entscheiden, vgl. anhand des Baurechts *Erbguth/Wagner*, § 15 Rn. 68.

130 Zum Vollzugsfolgenbeseitigungsanspruch vgl. § 37 Rn. 2.

b) nichtverfassungsrechtlicher Art
c) keine abdrängende Sonderzuweisung

II. Statthaftigkeit, § 42 Abs. 1, 1. Alt. VwGO
Kläger muss die Aufhebung eines Verwaltungsaktes begehren

III. Klagebefugnis, § 42 Abs. 2 VwGO
Möglichkeit der Verletzung eigener Rechte des Klägers

IV. Widerspruchsverfahren, § 68 Abs. 1 VwGO
Frist: § 70 Abs. 1 VwGO – ein Monat;
§§ 70 Abs. 2, 58 Abs. 2 VwGO – ein Jahr
Ggf. gem. §§ 68 Abs. 1 S. 2, 75 VwGO entbehrlich

V. Klagefrist, § 74 Abs. 1 VwGO
§ 74 Abs. 1 VwGO – ein Monat; § 58 Abs. 2 VwGO – ein Jahr

VI. Klagegegner, § 78 VwGO
§ 78 Abs. 1 Nr. 1 VwGO – Rechtsträger;
§ 78 Abs. 1 Nr. 2 VwGO i.V.m. landesrechtlicher Regelung – Behörde

VII. Beteiligtenfähigkeit, § 61 VwGO

VIII. Prozessfähigkeit, § 62 VwGO

IX. Allgemeines Rechtschutzbedürfnis:
Durch Klagebefugnis indiziert, nur bei Anlass prüfen.

X. Zuständigkeit des Gerichts
1. sachlich: §§ 45 ff. VwGO
2. örtlich: § 52 VwGO

B. Begründetheit

I. Rechtswidrigkeit des Verwaltungsaktes

II. Rechtsverletzung beim Kläger durch den Verwaltungsakt

III. ggf. Anspruch auf Vollzugsfolgenbeseitigung

b) Verpflichtungsklage

Die Anforderungen an die Begründetheit der Verpflichtungsklage ergeben sich aus 34
§ 113 Abs. 5 VwGO: Zunächst muss die Ablehnung oder Unterlassung des Verwaltungsakts rechtswidrig und der Kläger dadurch in seinen Rechten verletzt sein. Das ist der Fall, wenn der Kläger einen Anspruch auf Erlass der begehrten Verfügung hat. Ist die Sache des Weiteren **spruchreif**, verpflichtet das Gericht den Beklagten zum Erlass des vom Kläger beantragten Verwaltungsaktes, § 113 Abs. 5 S. 1 VwGO. Spruchreife setzt voraus, dass das Gericht nach Klärung der Sach- und Rechtslage eine abschließende Entscheidung über das Klagebegehren treffen kann.[131] Hieran fehlt es, wenn der Verwaltung ein gerichtlich nicht voll überprüfbarer Beurteilungs- oder Ermessensspielraum eingeräumt und dieser (im Einzelfall) nicht auf Null reduziert ist.[132] Dann wird der Beklagte gem. § 113 Abs. 5 S. 2 VwGO lediglich zu einer Neubescheidung unter Beachtung der Rechtsauffassung des Gerichts verurteilt („Bescheidungsurteil“[133]). Maßgeblicher Zeitpunkt ist bei der Verpflichtungklage derjenige der letzten mündlichen Verhandlung.

131 *Würtenberger*, Rn. 340.
132 Zum Beurteilungsspielraum siehe § 14 Rn. 27 ff.; zum Ermessen vgl. § 14 Rn. 36 ff.
133 Auch vorstehend Rn. 18 f.

Übersicht 23:
Prüfungsschema für die Verpflichtungsklage

35 **A. Zulässigkeit**
I. Eröffnung des Verwaltungsrechtswegs
1. Aufdrängende Sonderzuweisung, z.B. § 126 Abs. 1 BRRG
2. § 40 Abs. 1 VwGO (Generalklausel)
a) öffentlich-rechtliche Streitigkeit
b) nichtverfassungsrechtlicher Art
c) keine abdrängende Sonderzuweisung
II. Statthaftigkeit, § 42 Abs. 1, 2. Alt. VwGO
Kläger muss den Erlass eines Verwaltungsaktes begehren
III. Klagebefugnis, § 42 Abs. 2 VwGO
Möglichkeit der Verletzung eigener Rechte des Klägers
IV. Widerspruchsverfahren, § 68 Abs. 2, 1 VwGO
Frist: § 70 Abs. 1 VwGO – ein Monat,
§§ 70 Abs. 2, 58 Abs. 2 VwGO – ein Jahr
Ggf. gem. §§ 68 Abs. 1 S. 2, 75 VwGO entbehrlich
V. Klagefrist, § 74 VwGO
§ 74 Abs. 2, 1 VwGO – ein Monat; § 58 Abs. 2 VwGO – ein Jahr
VI. Klagegegner, § 78 VwGO
§ 78 Abs. 1 Nr. 1 VwGO – Rechtsträger;
§ 78 Abs. 1 Nr. 2 VwGO i.V.m. landesrechtlicher Regelung – Behörde
VII. Beteiligtenfähigkeit, § 61 VwGO
VIII. Prozessfähigkeit, § 62 VwGO
IX. Allgemeines Rechtschutzbedürfnis
Durch Klagebefugnis indiziert, nur bei Anlass prüfen.
X. Zuständigkeit des Gerichts
1. sachlich: §§ 45 ff. VwGO
2. örtlich: § 52 VwGO

B. Begründetheit
I. Rechtswidrigkeit der Ablehnung bzw. Unterlassung des Verwaltungsaktes
II. Rechtsverletzung beim Kläger durch die Ablehnung bzw. Unterlassung
Regelmäßig umkehren: Anspruch des Klägers auf Erlass des Verwaltungsaktes
III. Spruchreife

III. Fortsetzungsfeststellungsklage

1. Statthaftigkeit

36 Strebt der Kläger die gerichtliche Überprüfung eines bereits erledigten Verwaltungsaktes an, so scheidet die auf Beseitigung des Verwaltungsaktes gerichtete Anfechtungsklage als Rechtsbehelf aus. Begründet findet sich das naheliegenderweise damit, der Wegfall des Regelungsgehalts schließe eine Aufhebung des Verwaltungsaktes aus;[134] andere sehen die Anfechtungsklage dagegen nicht als unstatthaft, sondern wegen fehlenden Rechtsschutzinteresses als unzulässig an.[135] Jedenfalls kommt anstelle

134 *Hufen*, § 18 Rn. 58.
135 *Schenke*, Rn. 588, 313.

der Anfechtungsklage in solchen Konstellationen die Fortsetzungsfeststellungsklage[136] in Betracht. Die Klageart ist als solche in der Verwaltungsgerichtsordnung nicht ausdrücklich erwähnt, findet jedoch in § 113 Abs. 1 S. 4 VwGO ihre Grundlage. Danach stellt das Gericht auf Antrag die Rechtswidrigkeit des erledigten Verwaltungsaktes durch Urteil fest, wenn der Kläger ein berechtigtes Interesse an dieser Feststellung hat.

Ein Verwaltungsakt ist **erledigt**, wenn er keine Rechtswirkungen mehr entfaltet, seine Beschwer also entfallen ist.[137] Dies kann gem. § 43 Abs. 2 VwVfG durch Rücknahme und Widerruf,[138] anderweitige Aufhebung (z.B. Erlass eines Zweitbescheides, Eintritt einer auflösenden Bedingung) sowie durch Zeitablauf und auf andere Weise (etwa Tod des Adressaten) eintreten.[139] Ein Vollzug des Verwaltungsaktes[140] führt dagegen nur dann zu seiner Erledigung, wenn ein Anspruch auf Vollzugsfolgenbeseitigung[141] ausscheidet.[142] Denn der Vollzugsfolgenbeseitigungsanspruch setzt die Aufhebung des Verwaltungsaktes als Ergebnis der Anfechtungsklage voraus (vgl. § 113 Abs. 1 S. 2 VwGO),[143] was bei bereits erledigten Verwaltungsakten nicht möglich ist. Nach umstrittener Aufassung sollen Vollzug und Erledigung ausnahmsweise dann zusammenfallen, wenn sich die rechtliche Wirkung des Verwaltungsaktes im Vollzug erschöpft oder der Vollzug irreversible Tatsachen nach sich zieht[144] (Tötung eines tollwütigen Hundes). 37

Der systematischen Stellung des § 113 Abs. 1 S. 4 VwGO entsprechend findet die Fortsetzungsfestellungsklage unmittelbare Anwendung nur in den Fällen, in denen sich der Verwaltungsakt **nach** Erhebung einer Anfechtungsklage erledigt. Bereits **vor** Klageerhebung erledigte Verwaltungsakte sind von der Regelung nicht erfasst. Da Gründe effektiven Rechtsschutzes (Art. 19 Abs. 4 GG) auch in derartigen Konstellationen Rechtsschutz gebieten, liegt eine planwidrige Regelungslücke vor. Des Weiteren ist es für das Klägerinteresse an einer Feststellung der Rechtswidrigkeit des erledigten Verwaltungsaktes irrelevant, ob dessen Erledigung vor oder nach Erhebung der Klage eingetreten ist; dies umso mehr, als der Zeitpunkt der Erledigung häufig vom Zufall abhängt.[145] Aufgrund planwidriger Regelungslücke und vergleichbarer Interessenlage gilt daher § 113 Abs. 1 S. 4 VwGO analog bei bereits vor Erhebung einer Anfechtungsklage erledigten Verwaltungakten.[146] 38

Entsprechende Erwägungen führen zum Einsatz der Fortsetzungsfeststellungsklage in der **Verpflichtungssituation**. Bei Erledigung des beantragten, aber abgelehnten Verwaltungsaktes nach Erhebung der Verpflichtungsklage wird § 113 Abs. 1 S. 4 VwGO daher einfach, bei Erledigung vor Klageerhebung doppelt analog angewendet.[147] Nicht statthaft ist die Fortsetzungsfeststellungsklage dagegen in Fällen erledigter Re- 39

136 Zur Fortsetzungsfeststellungsklage auch *Ehlers*, Jura 2001, 415; *Ogorek*, JA 2002, 222; *Stein*, DVP 2005, 232.

137 BVerwGE 66, 75, 77; *Kopp/Ramsauer*, § 43 Rn. 40 ff.

138 Zur Rücknahme von Verwaltungsakten siehe § 16 Rn. 1 ff., 9 ff., zum Widerruf vgl. § 16 Rn. 1 ff., 24 ff.

139 Ausführlich dazu *Schenke*, Rn. 310 ff.

140 Zum Vollzug im Wege der Verwaltungsvollstreckung vgl. § 19.

141 Dazu vorstehend Rn. 32.

142 *Schenke*, Rn. 314; *Hufen*, § 18 Rn. 61.

143 Dazu vorstehend Rn. 32.

144 *Rozek*, JuS 1995, 414, 418; *Würtenberger*, Rn. 643; a.A. *Schenke*, JZ 1996, 998, 1011.

145 *Gersdorf*, Rn. 108.

146 BVerwGE 12, 87, 90; BVerwG NJW 1991, 581; *Hufen*, § 18 Rn. 63 f.; *Rozek*, JuS 2000, 1162; a.A. und für Anwendbarkeit der allgemeinen Feststellungsklage *Ehlers*, Jura 2001, 415; *Weber*, BayVBl. 2003, 488; *Finger*, VR 2004, 145.

147 BVerwG, NVwZ 1992, 1092; BVerwG, NVwZ 1998, 1295; *Detterbeck*, Rn. 1423; *Schenke*, Rn. 330.

alakte, also schlicht-hoheitlichen Handelns, weil dafür mit der allgemeinen Feststellungsklage nach § 43 VwGO ein Rechtsbehelf zur Verfügung steht;[148] es fehlt mithin an der für eine analoge Anwendung erforderlichen Regelungslücke.[149]

2. Besondere Sachentscheidungsvoraussetzungen

Aufgrund des Umstands, dass die Fortsetzungsfeststellungsklage an die Stelle der ursprünglich statthaften Anfechtungs- bzw. Verpflichtungsklage tritt, unterliegt sie grds. deren Zulässigkeitsvoraussetzungen.

a) Klagebefugnis

40 So gilt das Erfordernis der Klagebefugnis und damit § 42 Abs. 2 VwGO entsprechend für die Fortsetzungsfeststellungsklage.[150]

b) Widerspruchsverfahren

41 Die Notwendigkeit, vor Erhebung einer Fortsetzungsfestellungsklage ein Widerspruchsverfahren (§ 68 ff. VwGO)[151] zu durchlaufen, ist umstritten. Im Ausgangspunkt besteht freilich Einigkeit dahingehend, dass die Fortsetzungsfeststellungsklage nicht an die Stelle einer unzulässigen Anfechtungs- oder Verpflichtungsklage treten darf.[152] Hat(te) also der Verwaltungsakt wegen Verstreichenlassen der Widerspruchsfrist des § 70 VwGO vor seiner Erledigung Bestandskraft erlangt, ist eine gerichtliche Überprüfung auch im Wege der Fortsetzungsfeststellungsklage ausgeschlossen. Dergestalt zeitigt § 68 VwGO Wirkung für die Fortsetzungsfeststellungsklage, und zwar unabhängig davon, ob sich die Verfügung vor oder nach Klageerhebung erledigt hat.[153]

42 Die abweichende Situation, also Erledigung des Verwaltungsaktes vor Eintritt der Bestandskraft, wird hingegen unterschiedlich beurteilt. Die h.M. hält die Durchführung eines Widerspruchsverfahrens für unstatthaft,[154] während nach a.A. ein Vorverfahren durchaus notwendig und sinnvoll ist.[155] Die Mindermeinung beruft sich zum einen auf den engen Zusammenhang zwischen Anfechtungs- und Fortsetzungsfeststellungsklage; zum anderen soll dem Widerspruchsverfahren auch nach Erledigung des Verwaltungsaktes Rechtsschutzfunktion zukommen, weil in diesem Rahmen ebenfalls die Rechtswidrigkeit des Verwaltungsaktes und eine daraus resultierende Rechtsverletzung des Klägers festgestellt werden kann[156](vgl. auch § 44 Abs. 5 VwVfG). Mit Berechtigung wird dem allerdings entgegengehalten, dass das Widerspruchsverfahren auf die Aufhebung (bzw. den Erlass) eines Verwaltungsaktes zielt und darauf zugleich beschränkt ist. Wird dies aufgrund der Erledigung des Verwaltungsaktes unmöglich, verliert das Widerspruchsverfahren seinen Gegenstand.[157] Außerdem ist eine behördliche Feststellung der Rechtswidrigkeit eines Verwaltungsaktes in der Verwaltungsge-

148 Zum Rechtsschutz gegen Realakte siehe § 20 Rn. 8 ff., § 10 Rn. 9 ff.
149 *Detterbeck*, Rn. 1424; *Würtenberger*, Rn. 645.
150 Zur Klagebefugnis vgl. § 9 Rn. 7 ff.
151 Zum Widerspruchsverfahren siehe § 19a Rn. 1 ff.
152 *Hufen*, § 18 Rn. 83; *Detterbeck*, Rn. 1428.
153 *Schenke*, Rn. 665.
154 BVerwGE 26, 161, 165; BVerwGE 81, 226, 229; *Detterbeck*, Rn. 1430 f.; *Hufen*, § 18 Rn. 83.
155 *Schenke*, Rn. 666 m.w.N.
156 *Schenke*, Rn. 666.
157 *Hufen*, § 18 Rn. 83.

richtsordnung nicht vorgesehen.[158] Daher ist ein Widerspruchsverfahren gegen nicht bestandskräftige, erledigte Verwaltungsakte unstatthaft.

c) Klagefrist

Strittig ist gleichermaßen die Fristgebundenheit der Fortsetzungsfeststellungsklage. 43
Auch hier wird zwischen zwei Konstellationen unterschieden: der Erledigung **vor** Klageerhebung und derjenigen **nach** Klageerhebung. In letzterem Falle gilt nach einhelliger Auffassung das Fristerfordernis des § 74 VwGO analog – eine verfristete Anfechtungs- oder Verpflichtungsklage darf eben durch Umwandlung in eine Fortsetzungsfeststellungsklage nicht zulässig werden.[159] Wird die Klage dagegen erst nach Erledigung des Verwaltungsaktes erhoben, soll nach herrschender Auffassung keine Fristbindung bestehen, weil der mit § 74 VwGO verfolgte Zweck, die Bestandskraft des Verwaltungsaktes zu sichern, mit Erledigung des Verwaltungsaktes hinfällig wird.[160] Die Gegenauffassung geht auch hier von einer analogen Anwendbarkeit des § 74 VwGO aus. Da der Eintritt der Erledigung häufig allein vom Zufall abhänge, sei eine unterschiedliche Behandlung der Klagen anhand dieses Ereignisses mit Art. 3 Abs. 1 GG nicht zu vereinbaren.[161] Der Streit zeitigt allerdings meist keine Konsequenzen für das Ergebnis. Denn die dem Verwaltungsakt beigefügte Rechtsbehelfsbelehrung wird sich regelmäßig auf die Möglichkeit des Widerspruchs richten, nicht jedoch auf die Erhebung der Fortsetzungsfeststellungsklage bei Erledigung des Verwaltungsaktes. Mit Eintritt der Erledigung ist sie daher fehlerhaft; dann aber gilt statt der Monatsfrist des § 74 VwGO die Jahresfrist nach § 58 Abs. 2 VwGO.[162]

d) Klagegegner

Der Gegner der Fortsetzungsfeststellungsklage wird in analoger Anwendung des § 78 44
VwGO bestimmt.[163]

e) Fortsetzungsfeststellungsinteresse

Neben den aus der Anfechtungs- bzw. Verpflichtungslage rührenden besonderen 45
Sachentscheidungsvoraussetzungen muss der Kläger aufgrund § 113 Abs. 1 S. 4 VwGO ein berechtigtes Interesse an der Feststellung der Rechtswidrigkeit des Verwaltungsaktes haben, das sog. Fortsetzungsfeststellungsinteresse. Dieses Erfordernis leitet sich daraus ab, dass mit der Erledigung des Verwaltungsaktes das ansonsten vermutete allgemeine Rechtsschutzinteresse[164] regelmäßig entfällt.[165] Das Fortsetzungsfeststellungsinteresse wird in folgenden Fallgruppen als gegeben angesehen:

- **Wiederholungsgefahr:** Die Gefahr der Wiederholung besteht, wenn es nicht nur theoretisch, sondern auch konkret möglich erscheint, dass sich der Streitfall unter

158 *Detterbeck*, Rn. 1431.
159 *Ehlers*, Jura 2001, 415, 417; *Schenke*, Rn. 703.
160 BVerwGE 109, 203, 207; *Detterbeck*, Rn. 1434; *Ehlers*, Jura 2001, 415, 422.
161 So *Gersdorf*, Rn. 115; vgl. auch *Schenke*, Rn. 703.
162 *Würtenberger*, Rn. 659.
163 *Gersdorf*, Rn. 116; zur Bestimmung des Klagegegners nach § 78 VwGO siehe Rn. 24.
164 Zum allgemeinen Rechtsschutzinteresse vgl. Rn. 29 f.
165 *Würtenberger*, Rn. 652.

vergleichbaren tatsächlichen und rechtlichen Umständen in absehbarer Zeit erneut ereignen wird[166] (Beispiel: wiederum ausgesprochenes Demonstrationsverbot).

- **Rehabilitationsinteresse:** Geht von der angegriffenen Maßnahme eine diskriminierende Wirkung aus, besteht auf Seiten des Klägers regelmäßig ein aus dem allgemeinen Persönlichkeitsrecht des Art. 2 Abs. 1 i.V.m Art. 1 Abs. 1 GG abzuleitendes Rehabilitationsinteresse[167] (etwa: körperliche Untersuchung).
- **Präjudizwirkung:** Verfolgt der Kläger wegen der den Gegenstand der Fortsetzungsfeststellungsklage bildenden Maßnahme einen Staatshaftungsanspruch vor den ordentlichen Gerichten, kommt einem verwaltungsgerichtlichen Feststellungsurteil nach § 113 Abs. 1 S. 4 VwGO für die Beurteilung der Rechtmäßigkeit des behördlichen Handelns[168] gem. § 121 VwGO Bindungswirkung zu. Hat sich der Verwaltungsakt nach Klageerhebung erledigt, soll dem Kläger nicht zugemutet werden, vor den Zivilgerichten gänzlich von vorn anzufangen.[169] Darüber hinaus wird sich bei erfolgreicher Fortsetzungsfeststellungsklage ein Zivilprozess häufig erübrigen. In diesem Fall wird daher das besondere Feststellungsinteresse bejaht.[170] Anders liegen die Dinge dagegen bei bereits vor Klageerhebung erledigten Verwaltungsakten. Da die ordentlichen Gerichte zur Klärung der öffentlich-rechtlichen Fragen nicht auf die Verwaltungsgerichte angewiesen sind, ist aus Gründen der Prozessökonomie sogleich der Zivilrechtsweg zu beschreiten.[171]
- **Schwerwiegender Grundrechtseingriff:** Schließlich soll ein besonderes Feststellungsinteresse auch dann vorliegen, wenn die streitbefangene Maßnahme einen schwerwiegenden Grundrechtseingriff enthält.[172] Dem widerstreitet, dass das in Art. 19 Abs. 4 GG enthaltene Gebot effektiven Rechtsschutzes nicht auf schwerwiegende Eingriffe beschränkt ist.[173] Jedenfalls aber fehlen klare Kriterien, anhand derer die Schwere eines Eingriffs eindeutig zu bestimmen wäre. Es erscheint daher vorzugswürdig, das Vorliegen eines Grundrechtseingriffs nicht als eigenständige Fallgruppe, sondern nur als zusätzliches Indiz für ein aus den zuvor genannten Gründen rührendes Feststellungsinteresse heranzuziehen.[174]

3. Allgemeine Sachentscheidungsvoraussetzungen

46 Auch die Fortsetzungsfestellungsklage unterliegt den zuvor behandelten allgemeinen Sachentscheidungsvoraussetzungen.[175] Lediglich das allgemeine Rechtsschutzbedürfnis wird durch das speziellere Erfordernis des Fortsetzungsfeststellungsinteresses[176] aus § 113 Abs. 1 S. 4 VwGO verdrängt.

166 BVerwG, NJW 2004, 2510, 2512; *Hufen*, § 18 Rn. 72.
167 *Schenke*, Rn. 582; *Würtenberger*, Rn. 654.
168 Vgl. dazu allgemein § 33 Rn. 8 ff.
169 *Hufen*, § 18 Rn. 77.
170 BVerwGE 72, 38, 42; *Christonakis*, BayVBl. 2002, 390, 392.
171 BVerwGE 81, 226, 227; *Hufen*, § 18 Rn. 77 f.; *Schenke*, Rn. 585.
172 BVerfGE 96, 27, 39; *Würtenberger*, Rn. 655.
173 *Gersdorf*, Rn. 121.
174 So *Hufen*, § 18 Rn. 80.
175 Vorstehend Rn. 25 ff.
176 Dazu vorstehend Rn. 45.

4. Begründetheit der Fortsetzungsfeststellungsklage

Die Begründetheit der Fortsetzungsfeststellungsklage setzt neben der Rechtswidrigkeit des angegriffenen Verwaltungsaktes bzw. der Versagung des beantragten Verwaltungsaktes eine Rechtsverletzung beim Kläger voraus. Zwar ist in § 113 Abs. 1 S. 4 VwGO nur die Feststellung der Rechtswidrigkeit erwähnt; das Erfordernis einer Verletzung in eigenen Rechten ergibt sich jedoch aus der Anbindung der Fortsetzungsfeststellungsklage an die Anfechtungs- bzw. Verpflichtungssituation, die hierin ihre „Verlängerung" findet. Hinsichtlich der Begründetheitsprüfung kann daher auf das zur Anfechtungs- und Verpflichtungsklage Dargestellte[177] verwiesen werden. 47

Übersicht 24:
Prüfungsschema für die Fortsetzungsfeststellungsklage

A. Zulässigkeit 48

I. Eröffnung des Verwaltungsrechtswegs
   1. Aufdrängende Sonderzuweisung, z.B. § 126 Abs. 1 BRRG
   2. § 40 Abs. 1 VwGO (Generalklausel)
      a) öffentlich-rechtliche Streitigkeit
      b) nichtverfassungsrechtlicher Art
      c) keine abdrängende Sonderzuweisung

II. Statthaftigkeit, § 113 Abs. 1 S. 4 VwGO
   1. Anfechtungssituation: Klage ist auf Feststellung der Rechtswidrigkeit eines nach Klageerhebung erledigten Verwaltungsaktes gerichtet, § 113 Abs. 1 S. 4 VwGO, bei Erledigung vor Klageerhebung § 113 Abs. 1 S. 4 VwGO analog
   2. Verpflichtungssituation: Klage ist auf Feststellung der Rechtswidrigkeit der Ablehnung des begehrten Verwaltungsaktes gerichtet/ bei Erledigung nach Klageerhebung § 113 Abs. 1 S. 4 VwGO analog, bei Erledigung vor Klageerhebung § 113 Abs. 1 S. 4 VwGO doppelt analog

III. Klagebefugnis, § 42 Abs. 2 VwGO analog
   Möglichkeit der Verletzung eigener Rechte des Klägers

IV. Widerspruchsverfahren, § 68 Abs. 1 VwGO analog
   Erledigung nach Eintritt der Bestandskraft – § 68 Abs. 1 VwGO analog anwendbar
   Erledigung vor Eintritt der Bestandskraft – Anwendbarkeit des § 68 Abs. 1 VwGO strittig

V. Klagefrist, § 74 Abs. 1 VwGO analog
   Erledigung nach Klageerhebung – § 74 Abs. 1 VwGO analog anwendbar
   Erledigung vor Klageerhebung – Anwendbarkeit des § 74 Abs. 1 VwGO strittig

VI. Klagegegner, § 68 VwGO analog
   § 78 Abs. 1 Nr. 1 VwGO – Rechtsträger;
   § 78 Abs. 1 Nr. 2 VwGO i.V.m. landesrechtlicher Regelung – Behörde

VII. Beteiligtenfähigkeit, § 61 VwGO

VIII. Prozessfähigkeit, § 62 VwGO

IX. Fortsetzungsfeststellungsinteresse, § 113 Abs. 1 S. 4 VwGO, gegeben bei
   – Wiederholungsgefahr,

177 Vorstehend Rn. 31 ff.

- Rehabilitationsinteresse,
- Vorbereitung eines Schadensersatzprozesses vor den Zivilgerichten (nur bei Erledigung nach Klageerhebung)

X. Zuständigkeit des Gerichts
1. sachlich: §§ 45 ff. VwGO
2. örtlich: § 52 VwGO

B. Begründetheit

I. Rechtswidrigkeit des Verwaltungsaktes bzw. seiner Ablehnung

II. Rechtsverletzung beim Kläger durch den Verwaltungsakt bzw. seine Ablehnung

▶ **ZU FALL 20:** Fraglich ist die Zulässigkeit einer Klage gegen den Gebührenbescheid.

1. Statthaftigkeit: Da von der Eröffnung des Verwaltungsrechtswegs auszugehen ist, stellt sich zunächst die Frage nach der statthaften Klage. Diese bestimmt sich gem. § 88 VwGO anhand des Klagebegehrens. Vorliegend könnte die Anfechtungsklage richtige Klageart sein. Dann müsste der Kläger die Aufhebung eines Verwaltungsaktes begehren, § 42 Abs. 1, 1. Alt. VwGO. A strebt die Aufhebung des überhöhten Gebührenbescheides an, der einen Verwaltungakt i.S.d. § 35 VwVfG darstellt. Somit ist die Anfechtungsklage statthaft.

2. Klagebefugnis: Die Anfechtungsklage kann zulässigerweise nur erheben, wer nach § 42 Abs. 2 VwGO klagebefugt ist, also die mögliche Verletzung eigener Rechte geltend macht. Eine derartige Möglichkeit ist schon dann gegeben, wenn nicht von vornherein unter allen denkbaren Gesichtspunkten eine Rechtsverletzung ausgeschlossen werden kann. Da A Adressat eines belastenden Verwaltungsaktes ist, der ihn zur Zahlung von 20.000 Euro verpflichtet, kann zumindest eine Verletzung des Grundrechts der allgemeinen Handlungsfreiheit aus Art. 2 Abs. 1 GG nicht ausgeschlossen werden. A ist somit klagebefugt.

3. Vorverfahren: Auch das gem. § 68 Abs. 1 VwGO vor Erhebung der Anfechtungsklage erforderliche Widerspruchsverfahren hat A erfolglos durchgeführt.

4. Klagegegner: Nach § 78 Abs. 1 Nr. 1 VwGO ist die Klage gegen den Rechtsträger der handelnden Behörde zu richten, aufgrund § 78 Abs. 1 Nr. 2 VwGO indes gegen die Behörde selbst, sofern das Landesrecht dies bestimmt. Eine solche landesrechtliche Bestimmung stellt § 14 Abs. 2 AGGerStrG M-V[178] dar. Die Klage ist folglich gegen den Oberbürgermeister der Stadt S zu richten.

5. Klagefrist: Da der Widerspruchsbescheid ohne die erforderliche Rechtsbehelfsbelehrung ergangen ist, gilt anstelle der Monatsfrist des § 74 Abs. 1 VwGO die Jahresfrist des § 58 Abs. 2 VwGO. A muss also innerhalb eines Jahres nach Zustellung des Widerspruchsbescheids Klage erheben.

6. Beteiligtenfähigkeit: Die Beteiligtenfähigkeit ergibt sich aus § 61 VwGO. A ist als natürliche Person nach § 61 Nr. 1 VwGO, der Oberbürgermeister als Behörde aufgrund landesrechtlicher Bestimmung gem. § 61 Nr. 3 VwGO, § 14 Abs. 1 AGGerStrG M-V[179] beteiligtenfähig.

7. Prozessfähigkeit: A ist mangels entgegenstehender Anhaltspunkte geschäftsfähig und damit nach § 62 Abs. 1 Nr. 1 VwGO prozessfähig; für den Oberbürgermeister als Behörde handelt gem. § 62 Abs. 3 VwGO der gesetzliche Vertreter, also die das Amt bekleidende natürliche Person.

8. Allgemeines Rechtsschutzbedürfnis: Das allgemeine Rechtschutzbedürfnis ist durch die Klagebefugnis des A indiziert; gegenteilige Anhaltspunkte sind nicht ersichtlich.

178 Gesetz zur Ausführung des Gerichtsstrukturgesetzes M-V.

179 Vgl. vorstehende Fn.

9. Ergebnis: A könnte somit zulässigerweise Anfechtungsklage gegen den Gebührenbescheid erheben. ◀

▶ **Zu Fall 21:**
1. Eröffnung des Verwaltungsrechtswegs: In Ermangelung einer aufdrängenden Sonderzuweisung kommt die Eröffnung des Verwaltungsrechtsweges nach § 40 Abs. 1 VwGO in Betracht. Danach ist der Verwaltungsrechtsweg in allen öffentlich-rechtlichen Streitigkeiten nichtverfassungsrechtlicher Art gegeben, sofern keine anderweitige Zuweisung vorgeht. Öffentlich-rechtlich ist eine Streitigkeit, die sich nach Normen des öffentlichen Rechts beurteilt. Die für die Baugenehmigung des A maßgeblichen Normen sind solche des öffentlichen Baurechts; mithin ist eine öffentlich-rechtliche Streitigkeit gegeben. Da vorliegend nicht zwei am Verfassungsleben i.e.S. beteiligte Parteien um die Anwendung und Auslegung von Verfassungsrecht streiten, fehlt es an der für eine verfassungsrechtliche Streitigkeit geforderten doppelten Verfassungsunmittelbarkeit. Somit ist der Rechtsstreit nichtverfassungsrechtlicher Natur. Eine abdrängende Sonderzuweisung ist nicht ersichtlich, der Verwaltungsrechtsweg nach § 40 Abs. 1 VwGO mithin eröffnet.
2. Statthafte Klageart: Die statthafte Klageart bestimmt sich nach dem Klagebegehren, § 88 VwGO. Gem. § 42 Abs. 1, 2. Alt. VwGO ist die Verpflichtungsklage richtige Klageart, wenn der Kläger den Erlass eines abgelehnten oder unterlassenen Verwaltungsaktes begehrt. B verlangt die bislang unterbliebene Erteilung der Baugenehmigung, einen Verwaltungsakt i.S.d. § 35 VwVfG. Daher ist die Verpflichtungsklage statthaft.
3. Klagebefugnis: Der Kläger müsste nach § 42 Abs. 2 VwGO klagebefugt sein. Das ist der Fall, wenn dem Kläger ein Anspruch auf den begehrten Verwaltungsakt zustehen kann. Die Bauordnungen der Länder halten durchweg (wegen Art. 14 Abs. 1 S. 2 GG) einen Anspruch auf Erteilung einer Baugenehmigung vor, wenn das Vorhaben den öffentlich-rechtlichen Vorschriften entspricht. Die unterlassene Erteilung der Baugenehmigung hat damit möglicherweise den B in seinem Recht auf Erteilung der Baugenehmigung verletzt; die Klagebefugnis liegt damit vor.
4. Widerspruchsverfahren: Nach § 68 Abs. 2, 1 VwGO ist vor Erhebung der Klage ein Widerspruchsverfahren durchzuführen, wenn der Antrag auf Vornahme des Verwaltungsaktes abgelehnt worden ist. Der Antrag des B auf Erteilung der Baugenehmigung ist nicht abgelehnt worden; er blieb vielmehr seitens der Behörde unbeschieden. § 75 S. 1, 2. Alt. VwGO sieht für den Fall, dass über einen Antrag auf Vornahme eines Verwaltungsaktes ohne zureichenden Grund in angemessener Frist sachlich nicht entschieden worden ist, die Entbehrlichkeit des Widerspruchsverfahrens vor. Die Klage kann in diesem Fall frühestens drei Monate nach Antragstellung erhoben werden, § 75 S. 2, 2. Alt. VwGO. So liegen die Dinge hier. Ohne ersichtlichen Grund wurde über die von B beantragte Baugenehmigung seit nunmehr sechs Monaten nicht entschieden. Demzufolge ist für die Verpflichtungsklage des B als Unterlassungsklage eine vorherige Durchführung des Widerspruchsverfahrens nicht erforderlich.
5. Klagefrist: Im Fall der Untätigkeitsklage ist keine Klagefrist einzuhalten.
6. Klagegegner: Nach § 78 Abs. 1 Nr. 1 VwGO ist die Klage gegen den Rechtsträger der handelnden bzw. untätigen Behörde zu richten, nach § 78 Abs. 1 Nr. 2 VwGO gegen die Behörde selbst, sofern das Landesrecht dies bestimmt. Eine solche landesrechtliche Bestimmung findet sich in § 14 Abs. 2 AGGerStrG M-V[180]. Die Klage ist folglich gegen den (untätigen) Landrat als untere Bauaufsichtsbehörde zu richten, § 57 Abs. 1 Nr. 1, Abs. 2 S. 1 BauO M-V.

180 Vgl. dazu die vorstehende Falllösung.

7. Beteiligten- und Prozessfähigkeit: B ist als natürliche Person gem. § 61 Nr. 1 VwGO beteiligtenfähig und als geschäftsfähige Person nach § 62 Abs. 1 Nr. 1 VwGO prozessfähig. Die Beteiligtenfähigkeit des Landrats ergibt sich aus § 61 Nr. 3 VwGO i.V.m. § 14 Abs. 1 AGGerStrG M-V[181], die Prozessfähigkeit aus § 62 Abs. 3 VwGO.
8. Rechtsschutzbedürfnis: Das allgemeine Rechtsschutzbedürfnis ist indiziert.
9. Ergebnis: B kann eine zulässige Vepflichtungsklage auf Erteilung der Baugenehmigung erheben. ◀

▶ **Fall 22:** Maßgeblich für die Statthaftigkeit der Klage ist das Begehren des Klägers, § 88 VwGO. Ursprünglich hat C die Aufhebung der Nutzungsuntersagung angestrebt. Sofern diese einen Verwaltungsakt darstellt(e), wäre die Anfechtungsklage gem. § 42 Abs. 1, 1. Alt. VwGO statthaft gewesen. Die Nutzungsuntersagung ist jedoch wegen der völligen Zerstörung des Hotels gegenstandslos geworden. Somit könnte die Fortsetzungsfeststellungsklage nach § 113 Abs. 1 S. 4 VwGO richtige Klageart sein. Dann müsste die Nutzungsuntersagung einen nach Erhebung der Klage erledigten Verwaltungsakt i.S.d. § 35 VwVfG darstellen. Sie begründet ein Nutzungsverbot und trifft damit eine Regelung. Die Nutzungsuntersagung ergeht ferner nach Bauordnungsrecht und ist daher dem öffentlichen Recht zugehörig. Da sie an den außerhalb der Verwaltung stehenden C adressiert ist, hat sie Außenwirkung. Die Nutzungsuntersagung erfüllt schließlich die übrigen Begriffsmerkmale des § 35 VwVfG und stellt folglich einen Verwaltungsakt dar. Da das Hotel, auf das sich die Nutzungsuntersagung bezieht, nicht mehr existiert, ist sie gegenstandslos und hat sich somit nach § 43 Abs. 2 VwVfG auf sonstige Weise erledigt. Die Erledigung ist überdies nach Klageerhebung eingetreten. Angesichts dessen ist die Fortsetzungsfeststellungsklage gem. § 113 Abs. 1 S. 4 VwGO statthaft. ◀

IV. Wiederholungs- und Verständnisfragen

1. Welches sind die Funktionen des Widerspruchsverfahrens?
2. Wie läuft das Widerspruchsverfahren ab?
3. Wonach bestimmt sich die Zuständigkeit der Widerspruchsbehörde?
4. Was ist bei der Begründetheitsprüfung eines Widerspruchs insbesondere zu beachten?
5. Was bedeutet reformatio in peius und ist eine solche zulässig?
6. Wonach bestimmt sich die Statthaftigkeit einer Klage?
7. Welches Ziel kann mit der Anfechtungsklage, welches mit der Verpflichtungsklage verfolgt werden?
8. Was versteht man unter einer Untätigkeitsklage?
9. Wie wirkt sich eine fehlende bzw. fehlerhafte Rechtsbehelfsbelehrung aus?
10. Was ist Gegenstand der Begründetheitsprüfung einer Anfechtungsklage?
11. Was versteht man unter Spruchreife?
12. Unter welchen Voraussetzungen wird ein Fortsetzungsfeststellungsinteresse anerkannt?

181 Vgl. dazu die vorstehende Falllösung.

§ 19b Einstweiliger Rechtsschutz gegen und auf Verwaltungsakte

▶ **Fall 23:** A ist überzeugter Globalisierungsgegner und in der Vergangenheit bei Demonstrationen wiederholt strafrechtlich in Erscheinung getreten. Anlässlich des G8-Gipfels in Heiligendamm 2007 erwartet die Polizei gewalttätige Protestkundgebungen entlang der Sicherheitszone um Heiligendamm und in Rostock. In Anbetracht dessen wird einschlägig bekannten gewaltbereiten Personen ein Platzverweis für das Gebiet der Hansestadt Rostock sowie das Areal im Abstand von bis zu 1000 m vor der Sicherheitszone um Heiligendamm erteilt. Dieser Platzverweis gilt für einen Zeitraum von 14 Tagen, beginnend eine Woche vor dem ersten Treffen der Staats- und Regierungschefs, und wird A weitere drei Tage zuvor zugestellt. A möchte jedoch unbedingt an den Demonstrationen in der Nähe des Gipfeltreffens teilnehmen. In welchem Verfahren kann er dies vor Gericht verfolgen? ◀

I. Funktion und Arten einstweiligen Rechtsschutzes

Neben den verwaltungsgerichtlichen Klagearten[1], die der abschließenden Klärung rechtlicher Streitigkeiten dienen („Hauptverfahren"), stellt die Verwaltungsgerichtsordnung Instrumente bereit, die bis zur Herbeiführung einer endgültigen Entscheidung vorläufigen Rechtsschutz gegen oder auf behördliche Maßnahmen bieten. Einstweiliger Rechtsschutz ist aus Gründen effektiven Rechtschutzes (Art. 19 Abs. 4 GG) unerlässlich; nur auf diesem Weg lässt sich vielfach der Eintritt irreversibler Folgen vor der gerichtlichen Entscheidung im Klageverfahren, das mehrere Jahre in Anspruch nehmen kann, verhindern.[2] 1

Die Regelungen zum vorläufigen Rechtsschutz finden sich in §§ 80, 80a, 80b VwGO einerseits, § 123 VwGO andererseits und in § 47 Abs. 6 VwGO. Letzteres wird im späteren Zusammenhang mit dem Normenkontrollverfahren behandelt.[3] Von besonderer praktischer wie rechtsdogmatischer Bedeutung sind der in §§ 80 ff. VwGO geregelte vorläufige Rechtsschutz gegen Verwaltungsakte (durch Anordnung oder Wiederherstellung der aufschiebenden Wirkung von Widerspruch und Anfechtungsklage) und die in allen übrigen (Klage-)Fällen mögliche einstweilige Anordnung nach § 123 VwGO.[4] An dieser Stelle sind zunächst die Regelungen der §§ 80 ff. VwGO von Interesse.

II. Aufschiebende Wirkung von Widerspruch und Anfechtungsklage

1. Begriff und Rechtsfolgen

Gem. § 80 Abs. 1 S. 1 VwGO kommt Widerspruch und Anfechtungsklage aufschiebende Wirkung zu: **Suspensiveffekt.**[5] Dem unterliegen nach § 80 Abs. 1 S. 2 VwGO auch rechtsgestaltende[6] und feststellende Verwaltungsakte[7] sowie solche mit Doppelwirkung[8]. Was die(se) Rechtsfolge des § 80 Abs. 1 S. 1 VwGO anbelangt, besteht 2

1 Bspw. Anfechtungs- und Verpflichtungsklage, vorstehend § 19a Rn. 17 ff.

2 Zum Baurecht näher insoweit *Erbguth* in: Tettinger/Erbguth/Mann, Rn. 1356.

3 Vgl. § 24a Rn. 10 ff.

4 Dazu § 20 Rn. 18 ff.

5 Vgl. zum Widerspruch bereits § 19a Rn. 3.

6 Dazu § 12 Rn. 35.

7 Allgemein § 12 Rn. 38.

8 Dazu noch nachfolgend; bereits § 12 Rn. 40 f.

Einigkeit dahingehend, dass ein suspendierter Verwaltungsakt vom Adressaten nicht befolgt werden muss und umgekehrt weder vom Adressaten noch von der Behörde verwirklicht werden darf. Ebenfalls unstreitig kommt der Suspendierung Rückwirkung zu, und zwar auf den Zeitpunkt, in dem der Verwaltungsakt erlassen worden ist.[9] Soweit der Verwaltungsakt vor der Einlegung des Rechtsbehelfs bereits vollzogen wurde, ist dies zu revidieren, freilich nach Maßgabe der Verhältnismäßigkeit[10]. Jenseits dessen finden sich aber Unterschiede im rechtlichen Verständnis des § 80 Abs. 1 S. 1 VwGO.

So führt der Suspensiveffekt nach der **strengen Wirksamkeitstheorie** zur Unwirksamkeit des Verwaltungsaktes, und zwar bis zur endgültigen Entscheidung über den Rechtsbehelf. Wird der Rechtsbehelf abgewiesen, soll der Verwaltungsakt erst von diesem Zeitpunkt an, also ex nunc, wirksam werden.[11] Demgegenüber geht die (herrschende) **Vollziehbarkeitstheorie** davon aus, dass die Wirksamkeit des Verwaltungsaktes von Widerspruch und Anfechtungsklage nicht tangiert wird, sondern lediglich seine Vollziehbarkeit rückwirkend[12] gehemmt ist.[13] Dem kommt die Theorie von der **eingeschränkten Wirksamkeit** recht nahe; hiernach ist der suspendierte Verwaltungsakt zunächst schwebend unwirksam – und wird mit Eintritt seiner Bestandskraft oder rechtskräftigen Bestätigung ex tunc wirksam.[14]

Für die Vollziehbarkeitstheorie spricht zunächst der Wortlaut der §§ 80 Abs. 2 S. 1 Nr. 4, 80 Abs. 3, 80a Abs. 1 Nr. 1 VwGO, wonach die Vollziehbarkeit der Gegenbegriff zur aufschiebenden Wirkung ist. Darüber hinaus ist § 43 Abs. 2, 3 und § 44 VwVfG zu entnehmen, dass ein Verwaltungsakt, der nicht nichtig ist, seine Wirksamkeit nur durch Rücknahme, Widerruf, Aufhebung oder Erledigung einbüßt. Die Suspendierung unterfällt dem nicht und ist folglich ohne Einfluss auf die Wirksamkeit des Verwaltungsaktes. Demzufolge sollte der Vollziehbarkeitstheorie gefolgt werden.

Relevant wird der Streit allerdings nur dann, wenn der eingelegte Rechtsbehelf ohne Erfolg bleibt, also abgewiesen wird. Sind Widerspruch oder Anfechtungsklage dagegen erfolgreich, wird der Verwaltungsakt ohnehin rückwirkend aufgehoben.[15]

2. Voraussetzungen der aufschiebenden Wirkung

3 Der Eintritt des Suspensiveffekts ist an Voraussetzungen geknüpft, die insbesondere an seinen (Bezugs-)Gegenstand, also das Verwaltungshandeln, in geringerem Ausmaß auch an den eingelegten Rechtsbehelf gestellt werden. So vermögen Widerspruch und Anfechtungsklage naturgemäß[16] die aufschiebende Wirkung nur bei einem **Verwaltungsakt** i.S.d. § 35 VwVfG auszulösen. Dieser muss gem. § 41 VwVfG bekannt gegeben und darf nicht bereits bestandskräftig sein, weil die aufschiebende Wirkung

9 *Detterbeck*, Rn. 1479.

10 Insbesondere zugunsten des Inhabers der Genehmigung in Fällen der Drittanfechtung (dazu § 9 Rn. 3 ff., 7 f.), wenn dieser von der Genehmigung schon z. T. Gebrauch gemacht, etwa mit dem Bau begonnen hat, näher *Detterbeck*, Rn. 1479.

11 *Erichsen/Klenke*, DÖV 1976, 833; *Schoch*, NVwZ 1991, 1121, 1122.

12 Das gilt nach zutreffender Auffassung auch für die (Rück-)Wirkung der Anordnung bzw. Wiederherstellung der aufschiebenden Wirkung nach § 80 Abs. 5 S. 1 VwGO; dazu bereits § 19 Rn. 25.

13 BVerwGE 13, 1, 4; BVerwGE 55, 218, 222; *Brühl*, JuS 1995, 627; *Hufen*, § 32 Rn. 3 f.

14 *Schenke*, Rn. 953; vgl. auch § 80b VwGO.

15 *Schenke*, Rn. 951.

16 Vgl. § 19a Rn. 17 f.

u.a. mit Eintritt der Unanfechtbarkeit endet, § 80b Abs. 1 S. 1 Hs. 1 VwGO.[17] Ausgeschlossen ist der Suspensiveffekt auch bei erledigten Verwaltungsakten – was bereits erledigt ist, kann nicht mehr aufgeschoben werden.[18] Demgegenüber steht die Nichtigkeit eines Verwaltungsaktes (§ 44 VwVfG) dem Eintritt der aufschiebenden Wirkung nicht entgegen.[19]

Die aufschiebende Wirkung tritt ferner **unabhängig von der Begründetheit** des eingelegten Rechtsbehelfs ein; selbst evident unbegründete Widersprüche bzw. Anfechtungsklagen haben aufschiebende Wirkung. Streitig ist hingegen, ob der Rechtsbehelf zulässig sein muss. Während eine Mindermeinung dies verlangt,[20] soll nach überwiegender Auffassung nur die **offensichtliche Unzulässigkeit** des Rechtsbehelfs,[21] nach a.A. hingegen das (auch nicht evidente) Fehlen bestimmter wesentlicher Zulässigkeitsvoraussetzungen[22] den Suspensiveffekt ausschließen.[23] § 80 Abs. 1 S. 1 VwGO ist indes keine Beschränkung auf zulässige oder partiell zulässige Widersprüche bzw. Anfechtungsklagen zu entnehmen; überdies bietet eine Abhängigkeit der aufschiebenden Wirkung von nicht einfach zu beurteilenden Sachentscheidungsvoraussetzungen keine ausreichende Rechtssicherheit. Demzufolge ist der Eintritt des Suspensiveffekts nur bei rechtsmissbräuchlichen, nämlich **offensichtlich unzulässigen** Rechtsbehelfen ausgeschlossen.[24]

3. Ausnahmetatbestände

Abweichungen vom Regelfall der aufschiebenden Wirkung statuiert § 80 Abs. 2 VwGO. Zu unterscheiden sind Ausnahmen kraft Gesetzes (§ 80 Abs. 2 S. 1 Nr. 1-3, S. 2 VwGO) von solchen aufgrund behördlicher Anordnung (80 Abs. 2 S. 1 Nr. 4 VwGO).[25]

a) Ausnahmen kraft gesetzlicher Regelung

- § 80 Abs. 2 S. 1 Nr. 1 VwGO nimmt Verwaltungsakte, welche die Anforderung von öffentlichen Abgaben und Kosten zum Gegenstand haben, vom Suspensiveffekt des § 80 Abs. 1 VwGO aus. **Abgaben** i.S.d. Vorschrift sind Steuern[26], Gebüh- 4

17 Die aufschiebende Wirkung endet außerdem dann, wenn die Anfechtungsklage im ersten Rechtszug abgewiesen worden ist, und zwar drei Monate nach Ablauf der gesetzlichen Begründungsfrist des gegen die abweisende Entscheidung gegebenen Rechtsmittels, § 80b Abs. 1 S. 1 Hs. 2 VwGO.

18 *Detterbeck*, Rn. 1480.

19 *Kopp/Schenke*, § 80 Rn. 5, 16.

20 *Huba*, JuS 1990, 382, 385; *Schmaltz*, DVBl. 1992, 231.

21 *Detterbeck*, Rn. 1481; *Würtenberger*, Rn. 505; jeweils m.w.N.

22 Dazu zählen nach *Schenke*, Rn 957 ff., die Zuständigkeit der deutschen Gerichtsbarkeit, die Eröffnung des Verwaltungsrechtswegs, das Vorliegen eines Verwaltungsaktes, die Klage- bzw. Widerspruchsbefugnis und die Einhaltung der Rechtsbehelfsfrist.

23 BVerwG, DVBl 1993, 256; *Schenke*, Rn. 957 ff.

24 *Würtenberger*, Rn. 505.

25 Eingehend *Schoch*, Jura 2001, 671.

26 Die Legaldefinition des Steuerbegriffs findet sich in § 3 Abs. 1 AO. Steuern sind danach Geldleistungen, die nicht eine Gegenleistung für eine besondere Leistung darstellen, und die von einem öffentlich-rechtlichen Gemeinwesen zur Erzielung von Einnahmen allen auferlegt werden, bei denen der Tatbestand zutrifft, an den das Gesetz die Leistungspflicht knüpft; die Erzielung von Einnahmen kann Nebenzweck sein.

ren[27], öffentlich-rechtliche Beiträge[28] sowie sonstige Sonderabgaben zur Aufwandsdeckung des Abgabengläubigers;[29] unter Kosten versteht man Gebühren und Auslagen des Verwaltungsverfahrens[30].

- Keine aufschiebende Wirkung kommt auch Widerspruch und Anfechtungsklage gegen unaufschiebbare Anordnungen und Maßnahmen von **Polizeivollzugsbeamten** zu, § 80 Abs. 2 S. 1 Nr. 2 VwGO. Die Regelung dient der effektiven Gefahrenabwehr. Angesichts dessen wird sie auf Verkehrszeichen, die Ge- bzw. Verbote enthalten (auch abgelaufene Parkuhren[31]) und dergestalt polizeilichen Maßnahmen der fraglichen Art funktional vergleichbar sind, analog angewendet.[32]
- Nach § 80 Abs. 2 S. 1 Nr. 3 VwGO können durch Bundesgesetz oder (für Landesrecht) durch Landesgesetz weitere Ausnahmen vom Grundsatz der aufschiebenden Wirkung vorgesehen werden, insbesondere für Widersprüche und Klagen Dritter gegen Verwaltungsakte, die **Investitionen** oder die Schaffung von Arbeitsplätzen betreffen. Praxisrelevantes Beispiel für eine solche Regelung ist § 212a BauGB, der bauaufsichtliche Zulassungen (Baugenehmigungen[33] und Bauvorbescheide[34]) vom Suspensiveffekt des § 80 Abs. 1 S. 1 VwGO ausnimmt.
- Schließlich gibt es nach Maßgabe des § 80 Abs. 2 S. 2 VwGO weitere landesgesetzliche Ausschlussmöglichkeiten.

b) Ausnahme kraft behördlicher Anordnung

5 Die aufschiebende Wirkung von Widerspruch und Anfechtungsklage entfällt auch dann, wenn die Behörde im öffentlichen Interesse oder im überwiegenden Interesse eines Beteiligten die sofortige Vollziehung des Verwaltungsaktes anordnet, § 80 Abs. 2 S. 1 Nr. 4 VwGO. Das kann von Amts wegen wie auf Antrag (bspw. nach § 80a Abs. 1 Nr. 1 oder Abs. 2 VwGO) geschehen.[35] Die Anordnung der sofortigen Vollziehung stellt nach zutreffender Auffassung keinen eigenständigen Verwaltungsakt dar; vielmehr ist sie **Bestandteil** des zu vollziehenden Verwaltungsaktes.[36] Zum einen dürfte es bei der Anordnung sofortiger Vollziehung anders als bei einem Verwaltungsakt kaum zum Eintritt formeller Bestandskraft kommen können; jedenfalls aber kann sie nicht selbstständig vollzogen werden. Zum anderen sind als Rechtsschutzmöglichkeiten gegen die Anordnung nach § 80 Abs. 2 S. 1 Nr. 4 VwGO nicht Widerspruch und Anfechtungsklage gesetzlich vorgesehen, sondern ausschließlich die in § 80 Abs. 4 und 5 sowie § 80a VwGO geregelten Verfahren.

27 Gebühren sind zur (zumindest anteilmäßigen) Kostendeckung bestimmte öffentlich-rechtliche Gegenleistungen in Geld für individuell zurechenbare öffentliche Leistungen, *Schenke*, Rn. 964; dazu zählen bspw. Rundfunkgebühren und Straßenreinigungsgebühren.

28 Unter Beiträgen versteht man Geldleistungen, die zur (zumindest anteilmäßigen) Deckung des Aufwands einer öffentlichen Einrichtung von denjenigen zu zahlen sind, denen die Einrichtung (potenzielle) Vorteile gewährt. Vgl. *Schenke*, Rn. 965; Beispiele sind Erschließungsbeiträge, die nach §§ 127 BauGB etwa zur Kostendeckung für die Herstellung der Straßen in einem Neubaugebiet von den Anliegern erhoben werden, und Ausbaubeiträge nach den Kommunalabgabengesetzen der Länder, hinsichtlich derer Entsprechendes bei Verbesserungsmaßnahmen an Straßen gilt.

29 *Kopp/Schenke*, § 80 Rn. 57.

30 *Gersdorf*, Rn. 176.

31 BVerwG, NVwZ 1988, 624.

32 *Würtenberger*, Rn. 516.

33 Dazu *Gronemeyer*, BauR 1998, 413.

34 *Otto*, NJ 2000, 666.

35 *Schenke*, Rn. 972.

36 *Detterbeck*, Rn. 1482; *Schenke*, Rn. 973, m.w.N. zur Gegenansicht.

Auch als Bestandteil des Verwaltungsaktes muss die Vollziehungsanordnung **rechtmäßig** sein,[37] und zwar in formeller wie materieller Hinsicht:

aa) Formelle Rechtmäßigkeit der Vollziehungsanordnung

In formeller Hinsicht ist zunächst ein Handeln der **zuständigen Behörde** vorausgesetzt. Das ist gem. § 80 Abs. 2 S. 1 Nr. 4 VwGO die Ausgangs- oder die Widerspruchsbehörde. Die Zuständigkeit der Widerspruchsbehörde beginnt nach vorzugswürdiger Auffassung allerdings erst mit der Einlegung des Widerspruchs und endet mit dem Abschluss des Widerspruchsverfahrens. Die h.M. hält demgegenüber die Widerspruchsbehörde auch außerhalb des Widerspruchsverfahrens für zuständig; begründet wird dies mit dem Wortlaut des § 80 Abs. 2 S. 1 Nr. 4, Abs. 3 VwGO.[38] Tatsächlich enthalten die Vorschriften keine explizite Beschränkung der Widerspruchsbehörde auf das Vorverfahren; sie schließen Derartiges aber auch nicht aus. Zur Vermeidung sich überschneidender Zuständigkeiten von Ausgangs- und Widerspruchsbehörde begründet sich daher aus teleologischer Sicht die Zuständigkeit der Ausgangsbehörde außerhalb und die der Widerspruchsbehörde innerhalb des Widerspruchsverfahrens.[39] 6

Umstritten ist weiter, ob der Vollziehungsanordnung eine **Anhörung** nach § 28 VwVfG vorangehen muss. Da die Anordnung – wie festgestellt[40] – kein Verwaltungsakt ist, kommt allenfalls eine analoge Anwendung des § 28 VwVfG in Betracht. Selbst dafür ist aber infolge des abschließenden Charakters der §§ 80 ff. VwGO und des vom Regelfall des § 28 VwVfG abweichenden Eilcharakters der Vollziehungsanordnung kein Raum.[41]

Einziges Formerfordernis der Vollziehungsanordnung ist ihre **schriftliche Begründung** gem. § 80 Abs. 3 S. 1 VwGO. Zu begründen ist nicht etwa das allgemeine Interesse am Erlass des Verwaltungsaktes, sondern das besondere Interesse an der sofortigen Vollziehung. Formelhafte Wendungen oder bloße Wiederholungen des Gesetzeswortlauts stellen keine ausreichende Begründung dar; vielmehr muss sie die wesentlichen Gründe für die Anordnung der sofortigen Vollziehung erkennen lassen.[42] Mangelt es an einer ordnungsgemäßen Begründung, führt dies zur Rechtswidrigkeit der Vollziehungsanordnung, nicht zu ihrer Nichtigkeit. Eine Heilung der Rechtswidrigkeit durch Nachholung der Begründung scheidet aus, weil die Heilungsvorschrift des § 45 VwVfG wie auch das (allerdings materiell wirkende) Nachschieben von Gründen nach § 114 S. 2 VwGO allein auf Verwaltungsakte anwendbar sind.[43] Eine Ausnahme vom Begründungserfordernis statuiert § 80 Abs. 3 S. 2 VwGO für als solche bezeichnete Notstandsmaßnahmen, die bei Gefahr im Verzug im öffentlichen Interesse getroffen werden.

---

37 Eingehend *Schenke*, VerwArch 91 (2000), 587; *Schoch*, Jura 2001, 671; *Weidemann/Barthel*, DVP 2003, 165.

38 Vgl. nur *Hufen*, § 32 Rn. 15 m.w.N.

39 Zum Vorstehenden, aber für die h.M. *Detterbeck*, Rn. 1483, unter zusätzlichem Hinweis auf die Entwicklung des § 80 Abs. 4 S. 1 VwGO.

40 Vorstehend Rn. 5.

41 *Schwab*, VD 1992, 61, 62; *Hamann*, DVBl. 1989, 969, 971; *Schenke*, Rn. 978; anders wohl *Renck*, DVBl. 1990, 1038.

42 *Würtenberger*, Rn. 521.

43 *Detterbeck*, Rn. 1485; a.A. *Tietje*, DVBl. 1998, 124, 127 ff.

bb) Materielle Rechtmäßigkeit der Vollziehungsanordnung

7 Materiell rechtmäßig ist die Anordnung der sofortigen Vollziehung, wenn sie im öffentlichen Interesse oder im überwiegenden Interesses eines Beteiligten (bspw. des durch den Verwaltungsakt Begünstigten) getroffen wird, § 80 Abs. 2 S. 1 Nr. 4 VwGO. Dem liegt der Gedanke zugrunde, dass die aufschiebende Wirkung eines Rechtsbehelfs die Regel darstellt, die Vollziehungsanordnung als Ausnahme von dieser Regel mithin einer **besonderen Rechtfertigung** bedarf.[44] Das Interesse an sofortiger Vollziehung ist folglich nicht mit dem den Erlass des Verwaltungsaktes rechtfertigenden Interesse gleichzusetzen; es muss grds. darüber hinausgehen.[45] Es kann sich daraus ergeben, dass der Verwaltungsakt den Schutz bedeutender Rechtsgüter wie Leben und Gesundheit bezweckt; das Interesse kann aber auch rein fiskalischer Natur sein (vgl. § 80 Abs. 2 S. 1 Nr. 1 VwGO), wenn es nur gewichtig genug ist.[46] Insofern ist der Grad der dem zu schützenden Rechtsgut drohenden Gefahr mit zu berücksichtigen. **Gemeinschaftsrecht** vermag ebenfalls das besondere Vollziehungsinteresse zu begründen. So kann sein gleichmäßiger Vollzug eine Anordnung erforderlich machen; § 80 Abs. 2 S. 1 Nr. 4 VwGO eröffnet hierfür den notwendigen Regelungsspielraum.[47]

Der Rechtmäßigkeit des Verwaltungsaktes kommt für die materielle Rechtmäßigkeit der Vollziehungsanordnung eher untergeordnete Bedeutung zu. Lediglich die offensichtliche Rechtswidrigkeit des Verwaltungsaktes lässt das Interesse an der sofortigen Vollziehung entfallen.[48] Umgekehrt stellt selbst die offensichtliche Rechtmäßigkeit des Verwaltungsaktes keinen ausreichenden Grund für die Vollziehungsanordnung dar, sondern kann lediglich die an das (rechtfertigende) Interesse zu stellenden Anforderungen reduzieren.[49] Die Anordnung der sofortigen Vollziehung steht im pflichtgemäßen **Ermessen**[50] der Behörde. Sofern die Vollziehungsanordnung im Interesse eines Beteiligten ergeht, kann das Gebot effektiven Rechtsschutzes (Art. 19 Abs. 4 GG) eine Ermessensreduzierung auf Null[51] nach sich ziehen.[52]

III. Antrag auf Anordnung oder Wiederherstellung der aufschiebenden Wirkung allgemein

8 Auf Antrag kann das Gericht gem. § 80 Abs. 5 S. 1 VwGO die aufschiebende Wirkung in den Fällen des § 80 Abs. 2 S. 1 Nr. 1-3 VwGO[53] anordnen, bei § 80 Abs. 2 S. 1 Nr. 4 wiederherstellen, und zwar in beiderlei Hinsicht ganz oder teilweise. Das setzt – wie bei der verwaltungsgerichtlichen Klage – die Zulässigkeit und Begründetheit des Antrags voraus.[54]

44 BVerfGE 35, 382, 402; BVerfGE 51, 268, 284; BVerfGE 69, 233, 244; *Würtenberger*, Rn. 520.

45 BVerfGE 35, 382, 402; *Schenke*, Rn. 885; ausführlich dazu *Kopp/Schenke*, § 80 Rn. 92; ansatzweise vorstehend Rn. 6.

46 Vgl. *Detterbeck*, Rn. 1487.

47 EuGH, Slg. 1990, 2879, 2908; *Schenke*, Rn. 985; *ders.*, VBlBW 2000, 56, 64 f.; *Würtenberger*, Rn. 73; *Schoch*, DVBl. 1997, 289, 291; *ders.*, Jura 2001, 671, 672.

48 *Detterbeck*, Rn. 1487.

49 BVerfG, NVwZ 1996, 58, 59; *Schenke*, Rn. 985.

50 Siehe dazu § 14 Rn. 36 ff.

51 Dazu § 14 Rn. 48.

52 Vgl. *Würtenberger*, Rn. 522.

53 Analog auch im Fall des § 80 Abs. 2 S. 2 VwGO, weil es dort ebenfalls um einen gesetzlich eintretenden Ausschluss der aufschiebenden Wirkung geht.

54 Dazu auch *Schoch*, Jura 2002, 37.

1. Zulässigkeit des Antrags

a) Statthaftigkeit

Die Statthaftigkeit des Antrags nach § 80 Abs. 5 S. 1 VwGO verlangt zunächst, dass der Antragsteller die Suspendierung eines Verwaltungsaktes begehrt; aus seiner Sicht muss daher in der Hauptsache die Anfechtungsklage die richtige Klageart sein.[55] Untersuchungsbedürftig wird folglich, ob ein **Verwaltungsakt** i.S.d. § 35 VwVfG vorliegt, der weder bestandskräftig noch erledigt ist;[56] auch ein fingierter, d.h. aufgrund bloßen Zeitablaufs gesetzlich als ergangen unterstellter Verwaltungsakt reicht aus.[57] Gegenüber der Verfügung dürfen Widerspruch und Anfechtungsklage des Weiteren aufgrund § 80 Abs. 2 VwGO **keine aufschiebende Wirkung** haben. 9

Umstritten ist, ob der Antrag die vorherige Einlegung eines **Rechtsbehelfs** (Widerspruch, Anfechtungsklage) voraussetzt. Die ablehnende Auffassung verweist auf den Wortlaut des § 80 Abs. 5 S. 2 VwGO, wonach der Antrag schon vor Erhebung der Anfechtungsklage gestellt werden kann.[58] Die Vorschrift dürfte indes vom Normalfall des vor Erhebung der Anfechtungsklage zu durchlaufenden Widerspruchsverfahrens ausgehen; dann nimmt sie lediglich den Antrag auf Anordnung/Wiederherstellung der aufschiebenden Wirkung eines Widerspruchs vom Erfordernis der Erhebung einer Anfechtungsklage aus.[59] Auch das Argument, das Erfordernis der vorherigen bzw. gleichzeitigen Einlegung eines Rechtsbehelfs schmälere die volle Ausschöpfung der Rechtsbehelfsfristen in der Hauptsache,[60] dürfte kaum tragfähig sein; denn für denjenigen, der einstweiligen Rechtsschutz begehrt, ist eine kurzfristige Einlegung des entsprechenden Rechtsbehelfs nicht nur ohne weiteres zumutbar, sondern auch naheliegend. Schließlich ist die gesetzlich vorgesehene Anordnung bzw. Wiederherstellung der aufschiebenden Wirkung eines Rechtsbehelfs denklogisch ausgeschlossen, wenn es an einem solchen fehlt.[61] 10

§ 80 Abs. 5 S.1, 1. Alt. VwGO ist analog – genauer: erst recht – anwendbar, sofern der Rechtsschutzsuchende die aufschiebende Wirkung des eingelegten Rechtsbehelfs **feststellen** lassen möchte, weil die Behörde den Verwaltungakt trotz Suspensiveffekts faktisch zu vollziehen sucht.[62] Eine entsprechende Entscheidung ist zwar nicht vollstreckbar; die Behörde kann aber mit einem Annexantrag nach § 80 Abs. 5 S. 3 VwGO (ebenfalls analog) zur Unterlassung der weiteren Vollziehung verpflichtet werden.[63] Im Regelfall dient der Annexantrag nach § 80 Abs. 5 S. 3 VwGO allerdings der Vollzugsfolgenbeseitigung. Er wird – wie der entsprechende Antrag im Rahmen der Anfechtungsklage (§ 113 Abs. 1 S. 2 VwGO)[64] – zusätzlich zum Antrag nach § 80 Abs. 5 S. 1 VwGO gestellt. Besondere Zulässigkeitsvoraussetzungen bestehen dafür (auch hier) nicht. 11

55 *Detterbeck*, Rn. 1497.

56 Siehe § 19b Rn. 3.

57 *Detterbeck*, Rn. 1497; bspw. Vorgehen des Nachbarn gegen eine nach § 63 Abs. 2 S. 2 LBauO M-V fingierte Baugenehmigung des Bauherrn.

58 Vgl. *Kopp/Schenke*, § 80 Rn. 139.

59 *Detterbeck*, Rn. 1498.

60 *Schenke*, Rn. 993.

61 *Würtenberger*, Rn. 529.

62 OVG Berlin, NVwZ 1995, 399; *Söhnlein*, VA 2000, 21.

63 *Schenke*, Rn. 1016.

64 Dazu § 19a Rn. 32.

b) Weitere Zulässigkeitsvoraussetzungen

12 Die **besonderen** Sachentscheidungsvoraussetzungen für einen Antrag nach § 80 Abs. 5 S. 1 VwGO entsprechen weitestgehend denen der Anfechtungsklage. So setzt ein zulässiger Antrag nach § 80 Abs. 5 S. 1 VwGO voraus, dass der Antragsteller eine Verletzung eigener Rechte geltend machen kann, also antragsbefugt ist; **§ 42 Abs. 2 VwGO**[65] gilt analog, um Popularanträge auszuschließen. Der **Antragsgegner** bestimmt sich in entsprechender Anwendung des § 78 VwGO.[66] Die Durchführung eines **Vorverfahrens** ist dagegen keine Voraussetzung für einen Antrag auf Anordnung bzw. Wiederherstellung der aufschiebenden Wirkung: Vor der Antragstellung ist, wie zuvor behandelt,[67] zwar ein Rechtsbehelf, also Widerspruch resp. Anfechtungsklage, einzulegen – aber eben nur dies ist für die Zulässigkeit nach § 80 Abs. 5 S. 1 VwGO erforderlich. Die Einhaltung der **Antragsfrist** bedarf keiner gesonderten Prüfung; hierum geht es bereits im Rahmen der Statthaftigkeit des Antrags unter dem Aspekt der Bestandskraft.[68] Die **allgemeinen** Sachentscheidungsvoraussetzungen gelten auch im Rahmen des einstweiligen Rechtsschutzes; es ergeben sich – mit Ausnahme des Rechtsschutzinteresses, auf das sogleich eingegangen wird – keine Besonderheiten; insoweit kann deshalb verwiesen werden.[69]

13 Für das allgemeine **Rechtsschutzinteresse** gelten bei einem Antrag nach § 80 Abs. 5 S. 1 VwGO zunächst die bereits dargestellten Anforderungen.[70] Darüber hinaus wird verlangt, dass der eingelegte Rechtsbehelf, dessen Suspensiveffekt anzuordnen bzw. wiederherzustellen ist, nicht offensichtlich unzulässig ist, weil ein solcher Rechtsbehelf keine aufschiebende Wirkung[71] zu entfalten vermag.[72] Keine generelle Voraussetzung für die Bejahung des allgemeinen Rechtsschutzinteresses ist dagegen ein vorheriger Antrag auf Anordnung bzw. Wiederherstellung des Supensiveffekts bei der **Behörde.** Ein solcher Antrag ist nur nach Maßgabe des § 80 Abs. 6 VwGO erforderlich, also nur bei Anträgen, die die Anordnung der aufschiebenden Wirkung eines Rechtsbehelfs gegen Verwaltungsakte zur Anforderung öffentlicher Abgaben und Kosten zum Gegenstand haben.[73]

2. Begründetheit des Antrags

14 Bei der Prüfung der Begründetheit ist zwischen dem Antrag auf Anordnung der aufschiebenden Wirkung und jenem auf Wiederherstellung der aufschiebenden Wirkung zu unterscheiden. Der Antrag nach **§ 80 Abs. 5 S. 1, 1. Alt. VwGO** ist begründet, wenn das Aussetzungsinteresse (des Antragstellers) das Interesse an der Vollziehung des Verwaltungsaktes überwiegt. Das richtet sich in erster Linie nach den Erfolgsaussichten im Hauptsacheverfahren, die nur dann bestehen, wenn der zu vollziehende Verwaltungsakt rechtswidrig und der Antragsteller dadurch in seinen Rechten verletzt

65 Ausführlich zur Klagebefugnis unter § 9 Rn. 7 ff.

66 Zur Bestimmung des Klagegegners nach § 78 VwGO siehe § 19a Rn. 24.

67 Vgl. Rn. 10.

68 Siehe Rn. 9.

69 Zu den allgemeinen Sachentscheidungsvoraussetzungen siehe § 19a Rn. 25 ff., § 5 Rn. 4 ff., 22 ff.

70 Dazu § 19a Rn. 29 f.

71 Vorstehend Rn. 3.

72 *Detterbeck*, Rn. 1499.

73 Näher *Schenke*, Rn. 999, mit überzeugender Ablehnung einer diesbezüglichen Unterscheidung zwischen direkt belastenden und drittbelastenden Verwaltungsakten.

ist.[74] Darüber hinaus soll im Rahmen der Interessenabwägung die in § **80 Abs. 2 S. 1 Nr. 3 VwGO** zum Ausdruck kommende gesetzgeberische Wertung, die einen grundsätzlichen Vorrang des Vollziehungsinteresses gegenüber dem Aussetzungsinteresse vorsehe, zu berücksichtigen sein (etwa im Fall des Nachbarschutzes gegen eine Baugenehmigung[75]).[76] Die Anordung der aufschiebenden Wirkung erfordert danach ein gesteigertes, nämlich durch ungewöhnliche Umstände begründetes besonderes Interesse an der Vermeidung vollendeter Tatsachen.[77] Dem ist entgegenzuhalten, dass der gesetzlichen Ausnahmeregelung des § 80 Abs. 2 S. 1 Nr. 3 VwGO keine (vor)gewichtende Aussage zu der konkreten, im Einzelfall anzustellenden Abwägung zu entnehmen ist.[78] Außerdem würde so die Einschränkung des Nachbarschutzes in ihrer Wirkung verdoppelt, was sich zum einen schwerlich mit Art. 19 Abs. 4 GG vereinbaren ließe; zum anderen müsste Entsprechendes auch für die in § 80 Abs. 2 S. 1 Nr. 1 und 2 VwGO geregelten Konstellationen gelten – die zur Begründung der Vorgewichtung herangezogene gesetzgeberische Wertung ist nämlich dieselbe.[79] Die **Rechtmäßigkeit** des Verwaltungsaktes ist in der Klausur oder Hausarbeit – anders als im gerichtlichen Verfahren, in dem eine nur summarische Prüfung erfolgt[80] – umfassend zu untersuchen und abschließend zu beurteilen.[81] Insoweit und hinsichtlich der **Rechtsverletzung** gilt das zur Anfechtungsklage Ausgeführte.[82]

Der Antrag auf Wiederherstellung der aufschiebenden Wirkung gem. § **80 Abs. 5 S. 1, 2. Alt. VwGO** ist ebenfalls begründet, wenn das Aussetzungsinteresse das Vollziehungsinteresse überwiegt. Das ist zum einen der Fall, wenn der Verwaltungakt **rechtswidrig** und der Antragsteller dadurch in seinen **Rechten verletzt** ist; insoweit besteht kein Unterschied zum Antrag auf Anordnung der aufschiebenden Wirkung. Darüber hinaus ist der Antrag jedoch auch – und schon – begründet, wenn die **Anordnung der sofortigen Vollziehung** rechtswidrig ist.[83] Die Begründetheitsprüfung eines Antrags auf Wiederherstellung der aufschiebenden Wirkung ist also zweistufig. I.Ü. findet sich die Auffassung, bei allein formell rechtswidriger Vollziehungsanordnung dürfe lediglich deren Aufhebung angeordnet werden, weil anderenfalls die Behörde am Erlass einer neuen, rechtmäßigen Vollziehungsanordnung gehindert sei.[84] Dieser Beschränkung bedarf es jedoch nicht, weil die gerichtliche Wiederherstellung des Suspensiveffekts nur dem Erlass einer **unveränderten** behördlichen (Vollziehungs-) Anordnung entgegensteht.[85] 15

Wurde neben einem Antrag auf Anordnung bzw. Wiederherstellung der suspendierenden Wirkung noch ein **Annexantrag** auf Vollzugsfolgenbeseitigung gem. § 80

74 Vgl. *Würtenberger*, Rn. 532.

75 Vgl. vorstehend Rn. 4.

76 Vgl. VGH Mannheim, VBlBW 1995, 237, 238; OVG Hamburg, DVBl. 1997, 1446; *Kopp/Schenke*, § 80 Rn. 114.

77 *Kopp/Schenke*, § 80 Rn. 114.

78 *Erbguth* in: Tettinger/Erbguth/Mann, Rn. 1362.

79 Vgl. *Debus*, NVwZ 2006, 49, 50.

80 Die oft komplizierten Sach- und Rechtsfragen lassen sich in der kurzen Zeitspanne, in der ein Antrag auf einstweiligen Rechtsschutz zu bearbeiten ist, oft nicht abschließend klären. Da eine Entscheidung zur Gewährleistung effektiven Rechtsschutzes gleichwohl erforderlich ist, muss eine überschlägige Prüfung ausreichen.

81 Zur Rechtmäßigkeit von Verwaltungsakten siehe §§ 14, 15.

82 Vgl. § 19a Rn. 31.

83 Vgl. vorstehend Rn. 6 f.

84 OVG Schleswig, NVwZ-RR 1996, 149; OVG Münster, NWVBl. 1994, 425; OVG Weimar, DÖV 1994, 1014.

85 VGH München, BayVBl. 1988, 182; *Kopp/Schenke*, § 80 Rn. 148 m.w.N.

Abs. 5 S. 3 VwGO gestellt, ist – sofern der Hauptantrag begründet ist – das Vorliegen eines **Vollzugsfolgenbeseitigungsanspruchs**[86] zu untersuchen. Entgegen der Formulierung „kann" in § 80 Abs. 5 S. 3 VwGO besteht eine prinzipielle Pflicht zur gerichtlichen Anordnung der Rückgängigmachung des Vollzuges.[87] Auch insoweit stimmt die Regelung mit § 113 Abs. 1 S. 2 VwGO[88] überein. Einer gerichtlichen Anordnung nach § 80 Abs. 5 S. 3 VwGO kann allerdings der Verhältnismäßigkeitsgrundsatz entgegenstehen (bei begünstigten Dritten).

3. Berücksichtigung des Gemeinschaftsrechts

16 Besonderheiten sind zu berücksichtigen, wenn das Verwaltungsgericht einen auf einer gemeinschaftsrechtlichen Norm beruhenden und für sofort vollziehbar erklärten Verwaltungsakt für rechtswidrig hält. Dabei ist zu differenzieren:

a) Rechtswidrigkeit des Verwaltungsaktes aufgrund nichtigen EG-Rechts

Handelt es sich um einen Verwaltungsakt, dessen Rechtswidrigkeit nach Auffassung des Gerichts auf der Nichtigkeit einer Norm des EG-Sekundärrechts beruht, so stellt dies eine Gefahr für den einheitlichen Vollzug des Gemeinschaftsrechts dar, weil dessen Wirkungen mit der Gewährung vorläufigen Rechtsschutzes aufgeschoben werden. Trotz des Verwerfungsmonopols des Europäischen Gerichtshofs ist das nationale Gericht grds. zwar nicht gehindert, einstweiligen Rechtsschutz sicherzustellen.[89] Der Gerichtshof gewährt Solches in ständiger Rechtsprechung aber nur nach Maßgabe der **Kriterien**, die er gem. **Art. 242 EG** für die Gewährung vorläufigen Rechtsschutzes im gemeinschaftseigenen Rechtsschutzsystem entwickelt hat. Danach setzt eine positive Entscheidung nach § 80 Abs. 5 S. 1 VwGO voraus, dass

- das mitgliedstaatliche Gericht erhebliche Zweifel an der Gültigkeit der gemeinschaftsrechtlichen Norm hat, und
- das angerufene Gericht die Frage der Gültigkeit, sofern der Europäische Gerichtshof mit ihr noch nicht befasst ist, diesem selbst vorlegt;
- die Entscheidung dringlich ist sowie dem Antragsteller ein schwerer und nicht wieder gutzumachender Schaden droht, schließlich
- das mitgliedstaatliche Gericht dem Interesse der Gemeinschaft, EG-Recht nicht vorschnell außer Anwendung zu lassen, angemessen Rechnung trägt.[90]

b) Rechtswidrigkeit des Verwaltungsaktes aufgrund fehlerhaften Vollzugs von EG-Recht

Beruht die vom Verwaltungsgericht angenommene Rechtswidrigkeit hingegen darauf, dass eine gemeinschaftsrechtliche Vorschrift fehlerhaft vollzogen worden ist, so gelten die **allgemeinen Regeln** des § 80 Abs. 5 VwGO.[91]

---

86 Dazu § 37 Rn. 2 ff.

87 *Würtenberger*, Rn. 527; a.A. *Kopp/Schenke*, § 80 Rn. 176, 151: Ermessen des Gerichts.

88 Dazu § 19a Rn. 32.

89 *Huber*, BayVBl. 2001, 577, 582 ff.

90 EuGH, Slg. 1990, I-2879, I-2906; EuGH, Slg. 1991, I-415, I-542 f.; EuGH, Slg. 1995, I-3671, I-3790; EuGH, Slg. 1997, I-4517, 4555; ausführlich *Gellermann* in: Rengeling/Middeke/Gellermann, § 36 Rn. 64 ff.; *Dörr/Lenz*, Rn. 45.

91 *Huber*, BayVBl. 2001, 577, 583.

Übersicht 25:
Prüfungsschema für den Antrag auf Anordnung/Wiederherstellung der aufschiebenden Wirkung gem. § 80 Abs. 5 S. 1 VwGO

A. Zulässigkeit 17

I. Eröffnung des Verwaltungsrechtswegs
  1. Aufdrängende Sonderzuweisung, z.B. § 126 Abs. 1 BRRG
  2. § 40 Abs. 1 VwGO (Generalklausel)
    a) öffentlich-rechtliche Streitigkeit
    b) nichtverfassungsrechtlicher Art
    c) keine abdrängende Sonderzuweisung

II. Statthaftigkeit, § 80 Abs. 5 S. 1, 1. Alt. VwGO
Antragsteller muss die Suspendierung eines Verwaltungsaktes begehren

III. Antragsbefugnis, § 42 Abs. 2 VwGO analog
Möglichkeit der Verletzung eigener Rechte des Klägers

IV. Antragsgegner, § 78 VwGO analog
§ 78 Abs. 1 Nr. 1 VwGO – Rechtsträger
§ 78 Abs. 1 Nr. 2 VwGO i.V.m. landesrechtlicher Regelung – Behörde

V. Beteiligtenfähigkeit, § 61 VwGO

VI. Prozessfähigkeit, § 62 VwGO

VII. Allgemeines Rechtschutzbedürfnis
Durch Antragsbefugnis indiziert, nur bei Anlass prüfen.

VIII. Zuständigkeit des Gerichts
  1. sachlich: §§ 45 ff. VwGO
  2. örtlich: § 52 VwGO

B. Begründetheit

I. Aussetzungsinteresse überwiegt Vollziehungsinteresse, wenn
  1. ernstliche Zweifel an der Rechtmäßigkeit des Verwaltungsaktes bestehen und dadurch der Antragssteller in seinen Rechten verletzt ist
  2. und/oder ernstliche Zweifel an der Rechtmäßigkeit der Vollziehungsanordnung bestehen (nur bei Antrag auf Wiederherstellung der aufschiebenden Wirkung)

II. ggf. Anspruch auf Vollzugsfolgenbeseitigung gem. § 80 Abs. 5 S. 3 VwGO

▶ **Zu Fall 23:** Ein kurzfristiges Vorgehen gegen den Platzverweis ist ggf. im Rahmen einstweiligen Rechtsschutzes möglich. Hier kommt ein Antrag auf Anordnung bzw. Wiederherstellung der aufschiebenden Wirkung gem. § 80 Abs. 5 S. 1 VwGO in Betracht. Für dessen Statthaftigkeit ist zunächst Voraussetzung, dass A die Suspendierung eines Verwaltungsaktes begehrt. Der A möchte an den Protestkundgebungen teilnehmen, mithin den Platzverweis nicht befolgen. Jene Maßnahme erfüllt mit dem Verbot, die darin ausgewiesenen Orte zu betreten, nicht nur die Voraussetzung der Regelung(swirkung), sondern auch die übrigen Merkmale des Verwaltungsaktes nach § 35 VwVfG. Da die Anordnung erst in der Zukunft wirksam wird und die Monatsfrist des § 70 Abs. 1 VwGO noch läuft, ist der Platzverweis ferner weder erledigt noch bestandskräftig. Schließlich muss die aufschiebende Wirkung von Widerspruch und Anfechtungsklage gegen den Platzverweis ausscheiden. Dieser stellt eine unaufschiebbare polizeiliche Maßnahme i.S.d. § 80 Abs. 2 S. 1 Nr. 2 VwGO dar, so dass hiernach einem Rechtsbehelf kein Suspensiveffekt zukommt. Demzufolge kann A sein Begehren dem Grunde nach im Verfahren des § 80 Abs. 5 S. 1, 1. Alt. VwGO verfolgen. ◀

IV. Einstweiliger gerichtlicher Rechtsschutz bei Verwaltungsakten mit Drittwirkung

18 Wird durch Verwaltungsakt ein Rechtsverhältnis begründet, an dem nicht nur die Behörde und der Adressat beteiligt sind, sondern darüber hinaus noch ein Dritter (**tripolare Rechtsverhältnisse**),[92] bestehen hinsichtlich der Vollziehung des Verwaltungsaktes regelmäßig gegenläufige Interessen. So wird im Falle der Erteilung einer **Baugenehmigung** deren Inhaber bauen, der vom Vorhaben betroffene Nachbar hingegen eben dieses verhindern wollen – und die Behörde ggf. ein öffentliches Interesse an einer Verwirklichung der von ihr erteilten Genehmigung sehen. Umgekehrt geht es dem durch eine **Abrissverfügung** betroffenen Bauherrn um deren Aufhebung, dem durch die Beseitigung der Baulichkeit begünstigten Nachbarn vice versa um die Beibehaltung sowie Umsetzung des Verwaltungsaktes, während die Behörde hiermit ein Gemeininteresse, nämlich dasjenige der Gefahrenabwehr, verfolgen wird. Dem Ausgleich dieser Interessen in der Konstellation des einstweiligen Rechtsschutzes nach § 80 VwGO dienen die Regelungen des § 80a VwGO.[93]

1. Behördlicher Rechtsschutz

a) § 80a Abs. 1 Nr. 1 VwGO

19 Wenn der Dritte gegen den an einen anderen gerichteten, diesen begünstigenden Verwaltungsakt (Baugenehmigung, s.o.) einen Rechtsbehelf einlegt, so kann die Behörde auf **Antrag des Begünstigten** (des Adressaten der Verfügung) die sofortige Vollziehung nach § 80 Abs. 2 S. 1 Nr. 4 VwGO anordnen, § 80a Abs. 1 Nr. 1 VwGO. Ein solches Vorgehen ist mithin statthaft, wenn der Adressat eines begünstigenden Verwaltungsaktes die aufschiebende Wirkung des Rechtsbehelfs eines Dritten durch Anordnung der sofortigen Vollziehung beseitigen lassen will.

Beispiel: Ein Energieunternehmen möchte mehrere große Windenergieanlagen errichten und erhält die erforderliche immissionsschutzrechtliche Genehmigung. Ein in der Nähe des geplanten „Windparks“ wohnender Bauer legt dagegen Widerspruch ein, dem aufschiebende Wirkung zukommt (§ 80 Abs. 1 S. 1, 2 VwGO). Dagegen kann das Unternehmen einen Antrag auf Anordnung der sofortigen Vollziehung gem. § 80a Abs. 1 Nr. 1 i.V.m. § 80 Abs. 2 S. 1 Nr. 4 VwGO stellen.

b) § 80a Abs. 1 Nr. 2 VwGO

20 In derselben Konstellation – ein Dritter legt einen Rechtsbehelf gegen einen den Adressaten begünstigenden Verwaltungsakt ein – kann die Behörde auf **Antrag des Dritten** die Vollziehung aussetzen, also die aufschiebende Wirkung des Rechtbehelfs anordnen bzw. wiederherstellen (§ 80a Abs. 1 Nr. 2, 1. Alt. i.V.m. § 80 Abs. 4 VwGO). Der Antrag setzt voraus, dass der vom Dritten eingelegte Rechtsbehelf **keine aufschiebende Wirkung** zeitigt. Kommt ihm hingegen aufschiebende Wirkung zu, ist **§ 80a Abs. 1 Nr. 2, 1. Alt. VwGO analog** anwendbar, wenn der Adressat den Suspensiveffekt ignoriert und den Verwaltungsakt faktisch vollzieht; der Antrag ist dann auf Feststellung der aufschiebenden Wirkung des eingelegten Rechtsbehelfs gerichtet.[94] Darüber hinaus kann der Dritte einstweilige Maßnahmen zur Sicherung seiner Rechte beantragen, § 80a Abs. 1 Nr. 2, 2. Alt. VwGO.

92 Bei mehreren derartigen Dritten: mehrpolare oder -polige Rechtsverhältnisse; bereits § 12 Rn. 41, § 10 Rn. 3.
93 Zu alldem näher anhand des öffentlichen Baurechts *Erbguth* in: Tettinger/Erbguth/Mann, Rn. 1357 ff.
94 Vgl. dazu vorstehend Rn. 11; auch *Gersdorf*, Rn. 199.

Beispiel: Der Bauherr erhält die erforderliche Baugenehmigung für sein Vorhaben. Der von seinem Nachbarn eingelegte Widerspruch hat gem. §§ 80 Abs. 2 S. 1 Nr. 3 VwGO i.V.m. § 212a Abs. 1 BauGB keine aufschiebende Wirkung. Der Nachbar kann nach § 80a Abs. 1 Nr. 2, 1. Alt. VwGO die Anordnung der aufschiebenden Wirkung und zur Verhinderung weiterer Bauarbeiten die Versiegelung der Baustelle gem. § 80a Abs. 1 Nr. 2, 2. Alt. VwGO beantragen.

c) § 80a Abs. 2 VwGO

Ist dagegen der Adressat des Verwaltungsaktes durch diesen belastet (Abrissverfügung, s.o.), und legt er deswegen einen Rechtsbehelf mit aufschiebender Wirkung ein, so kann **der begünstigte Dritte** bei der Behörde die sofortige Vollziehung des Verwaltungsaktes beantragen, § 80a Abs. 2 VwGO. 21

Beispiel: Einem Grundstückseigentümer wird wegen des geplanten Neubaus einer Straßenbahntrasse mittels Verwaltungsakt aufgegeben, zugunsten eines privaten Nahverkehrsunternehmens einen größeren Teil seines Grundstücks gegen Entschädigung abzutreten. Er legt Widerspruch ein. Gegen die damit eingetretene aufschiebende Wirkung kann das Verkehrsunternehmen gem. § 80a Abs. 2 VwGO vorgehen.

2. Gerichtlicher Rechtsschutz

a) Statthaftigkeit

Das Gericht ist nach § 80a Abs. 3 S. 1 VwGO auf Antrag berechtigt, die soeben dargestellten Maßnahmen nach Abs. 1 und 2 der Vorschrift zu ändern, aufzuheben[95] oder zu treffen. Außerdem erklärt § 80a Abs. 3 S. 2 VwGO die Abs. 5 – 8 des § 80 VwGO für entsprechend anwendbar. In Anbetracht dessen gehen die Möglichkeiten einstweiligen Rechtsschutzes bei Verwaltungsakten mit Drittwirkung vor Gericht über diejenigen bei der Behörde **hinaus**. Zusätzlich zu den bereits dargestellten sind folgende Anträge statthaft: 22

aa) § 80a Abs. 3 S. 2 i.V.m. § 80 Abs. 5 S. 1 VwGO

Ein Antrag nach § 80a Abs. 3 S. 2 i.V.m. § 80 Abs. 5 S. 1 VwGO ist statthaft, wenn der **Adressat eines belastenden Verwaltungsaktes,** der einen Dritten begünstigt, die Anordnung bzw. Wiederherstellung der aufschiebenden Wirkung begehrt. 23

Beispiel: Der bereits bekannte Grundstückseigentümer soll wiederum wegen des geplanten Neubaus einer Straßenbahntrasse einen größeren Teil seines Grundstücks zugunsten eines privaten Nahverkehrsunternehmens abtreten. Wenn nun der Verwaltungsakt für sofort vollziehbar erklärt wird, entfaltet der hiergegen eingelegte Widerspruch keine aufschiebende Wirkung (§ 80 Abs. 2 S. 1 Nr. 4 VwGO). Der Grundstückseigentümer kann aber gem. § 80a Abs. 3 S. 2 i.V.m. § 80 Abs. 5 S. 1, 2. Alt. VwGO bei Gericht die Wiederherstellung der aufschiebenden Wirkung beantragen.

bb) § 80a Abs. 3 S. 2 i.V.m. § 80 Abs. 5 S. 3 VwGO

Im Gegensatz zur Behörde, die aufgrund eines Antrags nach § 80a Abs. 1 Nr. 2, 2. Alt. VwGO (auf Sicherungsmaßnahmen) lediglich noch bevorstehende Vollziehungsmaßnahmen verhindern kann, vermag das Gericht über § 80a Abs. 3 S. 2 i.V.m. § 80 24

95 Zum Verhältnis des Antrags auf Wiederherstellung der aufschiebenden Wirkung zur Aufhebung der Vollziehungsanordnung *Ehle*, BayVBl. 1997, 344.

Abs. 5 S. 3 VwGO die Beseitigung bereits eingetretener Vollzugsfolgen auszusprechen.

Beispiel: Der vom Nachbarn gegen die Baugenehmigung des Eigentümers eingelegte Widerspruch hat, wie erinnerlich[96], gem. §§ 80 Abs. 2 S. 1 Nr. 3 VwGO i.V.m. § 212a Abs. 1 BauGB keine aufschiebende Wirkung. Neben einem Antrag auf Anordnung der aufschiebenden Wirkung und einem Antrag auf einstweilige Sicherungsmaßnahmen[97] kann A nach § 80a Abs. 3 S. 2 i.V.m. § 80 Abs. 5 S. 3 VwGO den Erlass einer Abrissverfügung zur Beseitigung bereits errichteter Bauteile gegenüber dem Bauherrn beantragen.[98]

b) Weitere Zulässigkeitsvoraussetzungen

25 Die weiteren Zulässigkeitsvoraussetzungen der Anträge nach § 80a Abs. 3 VwGO sind mit denen des Antrags nach § 80 Abs. 5 S. 1 VwGO identisch; darauf sei verwiesen.[99]

Lediglich im Rahmen des allgemeinen Rechtsschutzbedürfnisses wirft das Verfahren nach § 80a VwGO neben den auch bei § 80 Abs. 5 VwGO zu beachtenden Besonderheiten eine spezifische Frage auf, und zwar im Zusammenhang mit der Verweisung in § 80a Abs. 3 S. 2 VwGO auf § 80 Abs. 6 VwGO („§ 80 Abs. 5 bis 8 gilt entsprechend"). Abs. 6 des § 80 VwGO sieht vor, dass der Antrag nach § 80 Abs. 5 VwGO nur zulässig ist, wenn zuvor ein entsprechender Antrag bei der Behörde gestellt und dieser abgelehnt bzw. in sachlich angemessener Zeit nicht beschieden wurde. Allerdings ist der Anwendungsbereich nach dem Wortlaut der Vorschrift auf Verwaltungsakte zur Anforderung öffentlicher Abgaben und Kosten beschränkt (§ 80 Abs. 6 S. 1, Abs. 2 S. 1 Nr. 1 VwGO). Umstritten ist nun, ob § 80a Abs. 3 S. 2 VwGO eine **Rechtsfolgenverweisung**[100] darstellt und damit die in § 80 Abs. 6 VwGO vorgesehene Begrenzung des Anwendungsbereichs auf Verwaltungsakte zur Anforderung öffentlicher Abgaben und Kosten keine Wirkung entfaltet.[101] Dann wäre vor jedem Verfahren nach § 80a Abs. 3 VwGO ein entsprechender Antrag bei der Behörde zu stellen. Dafür spricht neben dem einschränkungslosen Wortlaut des § 80a Abs. 3 S. 2 VwGO auch der Umstand, dass dies zu einer Entlastung der Verwaltungsgerichte führen kann. Gleichwohl handelt es sich nach herrschender Auffassung[102] um eine **Rechtsgrundverweisung,** womit die Beschränkung in § 80 Abs. 6 VwGO auf Verfahren, die Verwaltungsakte zur Anforderung öffentlicher Abgaben und Kosten betreffen, auch für Anträge nach § 80a Abs. 3 VwGO gilt.[103] Tatsächlich wäre eine unterschiedliche Ausgestaltung des Rechtsschutzes bei Verwaltungsakten mit und ohne Drittwirkung, wie sie sich als Konsequenz einer Rechtsfolgenverweisung ergeben würde, sachlich nicht zu rechtfertigen.[104]

96 Vgl. vorstehend Rn. 4, 18.

97 Dazu bereits Rn. 20.

98 Vgl. zu diesem Beispiel § 37 Rn. 9.

99 Dazu vorstehend Rn. 9 ff.

100 Bei einer Rechtsfolgenverweisung werden, wie die Bezeichnung verdeutlicht, nur die Rechtsfolgen einer Norm angewendet, ohne dass die sonst erforderlichen Tatbestandsvoraussetzungen vorliegen müssen.

101 OVG Lüneburg, BauR 2004, 1596; *Heberlein*, BayVBl. 1993, 743, 745; *Heydemann*, NVwZ 1993, 419, 420.

102 OVG Bremen, NVwZ 1993, 592, 593; OVG Koblenz, NVwZ 1993, 591; *Schenke*, Rn. 999; *Schoch*, NVwZ 1991, 1121, 1126.

103 Liegt ein Rechtsgrundverweis vor, tritt die Rechtsfolge der in Bezug genommenen Norm nur bei Vorliegen aller ihrer Tatbestandsvoraussetzungen ein.

104 Vgl. nur *Schenke*, Rn. 999.

c) Begründetheit

aa) Antrag auf Anordnung oder Wiederherstellung bzw. Feststellung der aufschiebenden Wirkung

26 Wird die Anordnung oder Wiederherstellung der aufschiebenden Wirkung eines Rechtsbehelfs angestrebt, ist der Antrag begründet, wenn das Aussetzungsinteresse des Antragstellers das Interesse an der Vollziehung des Verwaltungsaktes überwiegt. Das gilt sowohl für das Verfahren nach § 80a Abs. 3 S. 2 i.V.m. § 80 Abs. 5 S. 1 VwGO, in dem Antragsteller der durch den Verwaltungsakt belastete Adressat ist, als auch für das Verfahren gem. § 80a Abs. 3 S. 1, Abs. 1 Nr. 2, 1. Alt. VwGO, das von dem beeinträchtigten Dritten angestrengt wird. Das Aussetzungsinteresse überwiegt, wenn ernsthafte Zweifel an der **Rechtmäßigkeit** des Verwaltungsaktes bestehen und der Antragsteller dadurch in seinen Rechten **verletzt** wird. Geht es um Wiederherstellung der aufschiebenden Wirkung, ist der Antrag auch dann begründet, wenn die Anordnung der sofortigen Vollziehung (§ 80 Abs. 2 S. 1 Nr. 4, Abs. 3 VwGO) rechtswidrig ist.[105] Die Begründetheitsprüfung stimmt folglich mit der eines Antrags nach § 80 Abs. 5 S. 1 VwGO überein; die diesbezüglichen Erläuterungen können herangezogen werden.[106] Soll die aufschiebende Wirkung dagegen lediglich festgestellt werden, richtet sich die Prüfung darauf, ob einem Rechtsbehelf gegen den Verwaltungsakt tatsächlich aufschiebende Wirkung zukommt.[107]

bb) Antrag auf Anordnung der sofortigen Vollziehung und Antrag auf Aufhebung der behördlichen Aussetzung der Vollziehung

27 Ein Antrag auf Anordnung der sofortigen Vollziehung ist demgegenüber begründet, wenn das Interesse an der Vollziehung des Verwaltungsaktes das Aussetzungsinteresse überwiegt. Das wiederum ist der Fall, wenn keine ernsthaften Zweifel an der **Rechtmäßigkeit** des Verwaltungsaktes bestehen. Dieser ist mithin auf seine Vereinbarkeit mit höherrangigem Recht zu prüfen, und zwar in der Klausur (oder Hausarbeit) abweichend von der Rechtspraxis nicht nur überschlägig, sondern umfassend und abschließend.[108] Das gilt nicht nur für den Antrag auf Anordnung der sofortigen Vollziehung des begünstigten Adressaten (§ 80a Abs. 3 S. 1, Abs. 1 Nr. 1 VwGO) und des begünstigten Dritten (§ 80a Abs. 3 S. 1, Abs. 2 VwGO), sondern auch für den Antrag des Adressaten gem. § 80a Abs. 3 S. 1, Abs. 1 Nr. 2, 1. Alt. VwGO auf Aufhebung einer behördlichen Anordnung oder Wiederherstellung der aufschiebenden Wirkung.

cc) Antrag auf Vornahme von Sicherungsmaßnahmen und Antrag auf Vollzugsfolgenbeseitigung

28 Die Begründetheit eines Antrags nach § 80a Abs. 3 S. 1, Abs. 1 Nr. 2, 2. Alt. VwGO setzt zunächst voraus, dass der Antrag auf Anordnung bzw. Wiederherstellung der aufschiebenden Wirkung begründet ist. Wenn nämlich der Verwaltungsakt rechtmäßig ist und deshalb vollzogen werden darf, kommt eine Rechtsbeeinträchtigung des Antragstellers nicht in Betracht – und ebenso wenig ein Bedarf zur Sicherung seiner Rechte. Des Weiteren muss der Antragsteller einen Anspruch auf den Erlass von einstweiligen Sicherungsmaßnahmen haben. Da die im Interesse des Belasteten zu

105 Zur Rechtmäßigkeit einer behördlichen Vollziehungsanordnung siehe vorstehend Rn. 6 f.

106 Vgl. vorstehend Rn. 14.

107 Zu den Voraussetzungen des Suspensiveffekts und den Ausnahmen vorstehend Rn. 3 ff.

108 Dazu bereits Rn. 14.

treffenden Sicherungsmaßnahmen ihrerseits eine Belastung für den vom Verwaltungsakt Begünstigten darstellen, bedürfen sie aufgrund des Vorbehalts des Gesetzes regelmäßig einer Ermächtigungsgrundlage. Deshalb muss ein **gesetzlicher Anspruch** auf die Sicherungsmaßnahmen bestehen.

Auf die Begründetheit des (**Annex-**)**Antrags** auf Beseitigung der unmittelbaren Folgen eines bereits vollzogenen Verwaltungsaktes nach § 80a Abs. 3 S. 2 i.V.m. § 80 Abs. 5 S. 3 VwGO ist ebenfalls nur einzugehen, wenn zuvor diejenige des Antrags auf Anordnung bzw. Wiederherstellung des Suspensiveffekts bejaht werden konnte. Erst dann darf geprüft werden, ob die Voraussetzungen eines Vollzugsfolgenbeseitigungsanspruchs vorliegen.[109]

Übersicht 26:
Prüfungsschema für Anträge gem. § 80a Abs. 3 VwGO

29 **A. Zulässigkeit**
- I. Eröffnung des Verwaltungsrechtswegs
  1. Aufdrängende Sonderzuweisung, z.B. § 126 Abs. 1 BRRG
  2. § 40 Abs. 1 VwGO (Generalklausel)
     - a) öffentlich-rechtliche Streitigkeit
     - b) nichtverfassungsrechtlicher Art
     - c) keine abdrängende Sonderzuweisung
- II. Statthaftigkeit
  Antragsteller muss die Suspendierung oder die sofortige Vollziehung eines Verwaltungsaktes begehren, der ein tripoliges Rechtsverhältnis begründet
- III. Antragsbefugnis, § 42 Abs. 2 VwGO analog
  Möglichkeit der Verletzung eigener Rechte des Klägers
- IV. Antragsgegner, § 78 VwGO analog
  § 78 Abs. 1 Nr. 1 VwGO – Rechtsträger
  § 78 Abs. 1 Nr. 2 VwGO i.V.m. landesrechtlicher Regelung – Behörde
- V. Beteiligtenfähigkeit, § 61 VwGO
- VI. Prozessfähigkeit, § 62 VwGO
- VII. Allgemeines Rechtschutzbedürfnis
  Durch Antragsbefugnis indiziert, nur bei Anlass prüfen.
- VIII. Zuständigkeit des Gerichts
  1. sachlich: §§ 45 ff. VwGO
  2. örtlich: § 52 VwGO

B. Begründetheit
- I. Antrag auf Anordnung/Wiederherstellung der aufschiebenden Wirkung gem. § 80a Abs. 3 S. 1, Abs. 1 Nr. 2, 1. Alt. VwGO/§ 80a Abs. 3 S. 2, § 80 Abs. 5 VwGO ist begründet, wenn das Aussetzungsinteresse das Vollziehungsinteresse überwiegt, wenn also
  1. ernstliche Zweifel an der Rechtmäßigkeit des Verwaltungsaktes bestehen und dadurch der Antragssteller in seinen Rechten verletzt ist
  2. und/oder ernstliche Zweifel an der Rechtmäßigkeit der Vollziehungsanordnung bestehen (nur bei Antrag auf Wiederherstellung der aufschiebenden Wirkung)

109 Zum Vollzugsfolgenbeseitigungsanspruch siehe § 37 Rn. 1 ff.

II. Antrag auf Anordnung der sofortigen Vollziehung gem. § 80a Abs. 3 S. 1, Abs. 1 Nr. 1/§ 80a Abs. 3 S. 1, Abs. 2 VwGO ist begründet, wenn das Vollziehungsinteresse das Aussetzungsinteresse überwiegt, wenn also keine ernstlichen Zweifel an der Rechtmäßigkeit des Verwaltungsaktes bestehen

III. Antrag auf Feststellung der aufschiebenden Wirkung gem. § 80a Abs. 3 S. 1, Abs. 1 Nr. 2, 1. Alt. VwGO analog ist bei drohendem faktischen Vollzug begründet, wenn dem Rechtsbehelf aufschiebende Wirkung zukommt

IV. Antrag auf Aufhebung einer behördlich angeordneten Aussetzung der Vollziehung gem. § 80a Abs. 3 S. 1, Abs. 1 Nr. 2, 1. Alt. VwGO ist begründet, wenn das Vollziehungsinteresse das Aussetzungsinteresse überwiegt, wenn also keine ernstlichen Zweifel an der Rechtmäßigkeit des Verwaltungsaktes bestehen

V. ggf. Anspruch auf Maßnahmen zur Sicherung der Rechte des Dritten bzw. Aufhebung behördlich angeordneter Sicherungsmaßnahmen gem. § 80a Abs. 3 S. 1, Abs. 1 Nr. 2, 2. Alt. VwGO

VI. ggf. Anspruch auf Vollzugsfolgenbeseitigung gem. § 80a Abs. 3 S. 2, § 80 Abs. 5 S. 3 VwGO

V. Einstweiliger gerichtlicher Rechtsschutz in der Verpflichtungssituation

Strebt der Antragsteller eine einstweilige Anordnung mit Blick auf den **Erlass eines** 30
Verwaltungsaktes an, ist ihm mit den Anträgen nach §§ 80 und 80a VwGO nicht gedient, weil diese ausschließlich die Suspendierung bzw. die sofortige Vollziehung eines bereits erlassenen Verwaltungsaktes zum Gegenstand haben. Rechtsschutz ist dann nur im Wege der einstweiligen Anordnung nach § 123 Abs. 1 VwGO zu erreichen (vgl. auch § 123 Abs. 5 VwGO). In Abhängigkeit vom Inhalt der angestrebten Maßnahme ist entweder eine **Sicherungsanordnung** gem. § 123 Abs. 1 S. 1 VwGO oder eine **Regelungsanordnung** nach § 123 Abs. 1 S. 2 VwGO statthaft. Die näheren Zulässigkeitsvoraussetzungen des Antrags folgen weitgehend denen der Verpflichtungsklage[110]; insbesondere bestimmt sich der Klagegegner nach § 78 VwGO analog, also ggf. auch nach Abs. 1 Nr. 2 der Vorschrift.[111] Lediglich das Erfordernis eines ordnungsgemäß durchgeführten Vorverfahrens besteht im Rahmen eines Antrags nach § 123 Abs. 1 VwGO nicht.[112] Hinsichtlich der Begründetheit des auf einen Verwaltungsakt gerichteten Antrags, der einen entsprechenden **Anordnungsanspruch** sowie einen **Anordnungsgrund** voraussetzt, bestehen keine Besonderheiten gegenüber Anträgen, die auf schlicht-hoheitliches Handeln abzielen. Die nähere Darstellung des Verfahrens nach § 123 Abs. 1 VwGO findet sich daher in jenem Zusammenhang.[113]

Besonderheiten ergeben sich beim **Vollzug von Gemeinschaftsrecht**: Der Europäische 31
Gerichtshof spricht den nationalen Verwaltungsgerichten die Befugnis ab, beim Vollzug von Gemeinschaftsrecht durch mitgliedstaatliche Behörden einstweilige (Regelungs-)Anordnungen zu treffen, soweit die Regelungskompetenz bei der Kommission (vgl. Art. 211, 4. Spiegelstrich EG)[114] liegt.[115] Ferner bestehen Einschränkungen für

110 Vgl. § 19a Rn. 18 ff.

111 Dazu § 19a Rn. 24.

112 *Kopp/Schenke*, § 123 Rn. 22.

113 Vgl. § 20 Rn. 18 ff.

114 Hierbei handelt es sich etwa um eine durch Sekundärrechtsakt auf die Kommission delegierte Befugnis zur Durchführungsrechtsetzung.

den Erlass einer einstweiligen Anordnung, wenn diese zur Folge hat, dass ein Gemeinschaftsrechtsakt vorläufig unangewendet bleibt.[116] Da eine positive Anordnung des nationalen Gerichts dem abschließenden Charakter der Gemeinschaftsregelung zuwiderläuft und damit ihre effektive Durchsetzung (vorläufig) verhindert, ist die Anordnung nur unter den bereits genannten Einschränkungen zulässig.[117]

VI. Wiederholungs- und Verständnisfragen

1. Welche Rechtsbehelfe können aufschiebende Wirkung entfalten?
2. Unter welchen Voraussetzungen tritt die aufschiebende Wirkung ein?
3. Wann ist ein Antrag auf Wiederherstellung der aufschiebenden Wirkung begründet? Gilt dies auch für den Antrag auf Anordnung der aufschiebenden Wirkung?
4. Was setzt die Begründetheit eines Antrags auf Anordnung der sofortigen Vollziehung voraus?
5. Ist vor einem Antrag bei Gericht auf Anordnung der aufschiebenden Wirkung gem. § 80a Abs. 3 S. 2 VwGO ein entsprechender Antrag an die zuständige Behörde zu richten?
6. Sind europarechtliche Vorgaben bei der Gewährung einstweiligen Rechtsschutzes beachtlich?

115 EuGH, JZ 1997, 458; *Sandner*, DVBl. 1998, 262, 266; zweifelnd, ob dies mit Art. 19 Abs. 4 GG in Einklang steht, *Koenig/Zeiss*, JZ 1997, 461; *Jannasch*, VBlBW 1997, 361, 364; *Dörr/Lenz*, Rn. 461.

116 EuGH, Slg. 1995, I-3761 Rn. 28, 33; EuGH, Slg. 2000, I-665 Rn. 68 f.

117 Vgl. Rn. 16; *Dörr/Lenz*, Rn. 452 f.

§ 19c Rechtsmittel

Förmliche Rechtsbehelfe, mit denen noch nicht rechtskräftige gerichtliche Entscheidungen einer Überprüfung durch eine übergeordnete gerichtliche Instanz zugeführt werden können, bezeichnet man als Rechtsmittel. Dazu zählt neben der Berufung und der Revision auch die Beschwerde. Dies gilt dem Grundsatz nach nicht nur im Gefolge von Anfechtungs- und Verpflichtungsklagen, sondern auch der übrigen Klage- oder Antragsarten[1]. 1

Berufung kann ausschließlich gegen Urteile des Verwaltungsgerichts eingelegt werden; die Zuständigkeit liegt beim Oberverwaltungsgericht. Die Berufung bedarf gem. § 124 Abs.1 VwGO der Zulassung durch das Verwaltungsgericht (§ 124a Abs. 1 S. 1 VwGO) oder das Oberverwaltungsgericht (§ 124a Abs. 5 S. 1 VwGO) und ist nur bei Vorliegen der in § 124 Abs. 2 VwGO aufgeführten Gründe eröffnet. Im Berufungsverfahren wird die angegriffene Entscheidung sowohl unter **tatsächlichen** als auch **rechtlichen** Gesichtspunkten umfassend kontrolliert. 2

Im Gegensatz zur Berufung ist die **Revision** gegen Urteile des Verwaltungsgerichts nur ausnahmsweise zulässig, und zwar als **Sprungrevision** nach § 134 VwGO (vgl. aber auch § 135 VwGO). Ansonsten ist der Anwendungsbereich der Revision gem. § 132 Abs. 1 VwGO grds. auf Urteile und Entscheidungen im Normenkontrollverfahren beschränkt; für die Entscheidung über die Revision ist das Bundesverwaltungsgericht zuständig. Wie die Berufung bedarf die Revision der Zulassung, und zwar nach § 132 Abs. 1, 1. Alt. VwGO regelmäßig (Ausnahme: Sprungrevision) durch das Oberverwaltungsgericht. Dafür ist wiederum das Vorliegen bestimmter Gründe Voraussetzung, § 132 Abs. 2 VwGO. Wird die Revision nicht zugelassen, besteht nach § 133 VwGO die Möglichkeit, Beschwerde zum Bundesverwaltungsgericht zu erheben und auf diesem Wege die Zulassung nach § 132 Abs. 1, 2. Alt. VwGO zu erreichen. Im Rahmen der Revision wird die zu überprüfende Entscheidung allein in **rechtlicher**, nicht dagegen in tatsächlicher Hinsicht kontrolliert. 3

Das Rechtsmittel der **Beschwerde** ist gegen solche Entscheidungen des Verwaltungsgerichts, des Vorsitzenden oder des Berichterstatters statthaft, die nicht Urteile oder Gerichtsbescheide sind, vgl. § 146 Abs. 1 VwGO. Die Entscheidungen des Oberverwaltungsgerichts sind gem. § 152 Abs. 1 VwGO prinzipiell nicht beschwerdefähig. Der Beschwerde vermag das Verwaltungsgericht selbst abzuhelfen; anderenfalls muss sie unverzüglich dem Oberverwaltungsgericht zugeleitet werden, § 148 Abs. 1 VwGO. Ist die Beschwerde zulässig, wird die angegriffene Entscheidung unter tatsächlichen und rechtlichen Gesichtspunkten überprüft. 4

1 Zur Feststellungsklage § 10 Rn. 9 ff.; zur allgemeinen Leistungsklage § 20 Rn.8 ff.; zur Normenkontrolle § 24a; Überblick bei § 11 Rn. 4.

Teil 4 Weitere Handlungsformen der Verwaltung

Neben dem Verwaltungsakt stehen der Verwaltung weitere Handlungsformen zur Verfügung, derer sie sich zwecks Erfüllung öffentlicher Aufgaben bedienen kann. Ihre praktische und rechtliche Bedeutung, insbesondere diejenige des öffentlich-rechtlichen Vertrages, nimmt ständig zu.

§ 20 Realakte

▶ **Fall 1:** Im Sommer 1985 haben Lebensmittelüberwachungsbehörden festgestellt, dass bestimmte in der Bundesrepublik verkaufte Weine Diethylenglykol (DEG) enthielten, das als Frostschutzmittel und Lösungsmittel verwendet wird. Nach dem damaligen Erkenntnisstand handelte es sich bei DEG um eine gesundheitsgefährdende Substanz. Der Bundesminister für Jugend, Familie und Gesundheit gab daraufhin eine Liste DEG-haltiger Weine heraus, die u.a. das Herkunftsland, die Lagebezeichnung, den Jahrgang und die Bezeichnung des Produkts sowie den Namen der Abfüller enthielten. War er dazu befugt?

Abwandlung: Aufgrund der Veröffentlichung dieser Liste durch den Bundesminister haben wichtige Lieferanten und Abnehmer des dort aufgeführten Abfüllers A die mit ihm bestehenden Geschäftsbeziehungen abgebrochen. A ist nach eigenen Untersuchungen der von ihm abgefüllten Weine sicher, dass diese kein DEG enthalten, und vermutet daher, dass sein Eintrag in der Liste auf einer Namensverwechslung mit dem Abfüller Ä beruht. Da A sich in seiner wirtschaftlichen Existenz bedroht sieht, möchte er eine Gegendarstellung des Bundesministers erreichen. Im Ministerium lehnt man die entsprechende Anfrage des A jedoch ab. Mit welcher Klageart könnte A sein Anliegen verfolgen? ◀

1 Anstelle des Erlasses eines Verwaltungsaktes mit regelnder Wirkung hat die Verwaltung die Möglichkeit, ohne Anordnung einer konkreten Rechtsfolge tätig zu werden. Das wird unter die Begriffe schlichtes Verwaltungshandeln, schlicht-hoheitliches Handeln oder nichtförmliches Verwaltungshandeln[1] bzw. Realakte[2] gefasst.

I. Begriff

2 Realakte richten sich auf einen **tatsächlichen** Erfolg. Darin besteht der Unterschied zu dem eine unmittelbare Rechtsfolge intendierenden Verwaltungsakt. Das ihnen fehlende Element der Regelung grenzt Realakte auch von Rechtnormen und Verwaltungsverträgen ab. Häufig werden Realakte in Wissenserklärungen und tatsächliche Ausführungen unterteilt. Rechtliche Konsequenzen ergeben sich aus jener Differenzierung jedoch nicht. Zu den **Wissenserklärungen** gehören z.B. Auskünfte oder Mitteilungen von Behörden. Praktische Bedeutung als schlicht-hoheitliches Handeln haben staatliche Warnungen durch die Bundesregierung (z.B. vor gesundheitsgefährdenden Produkten oder vor Jugendsekten), deren Rechtmäßigkeit oft zweifelhaft erscheint.[3] **Tatsächliche Verrichtungen** können die Auszahlung eines Geldbetrages, störende Einwir-

1 So etwa *Ipsen*, Rn. 817 ff.

2 Vgl. bereits § 12 Rn. 12 ff.

3 Ausführlich zu formellen und materiellen Anforderungen, die an staatliche Informationen zu stellen sind, *Di Fabio*, JuS 1997, 1; OVG Hamburg, NordÖR 2005, 23. Nachfolgend Rn. 5 f. Siehe auch die Lösung zu Fall 1.

kungen durch Einrichtungen des Staates (z.B. von einer gemeindlich betriebenen Kläranlage ausgehende Geruchsimmissionen), die Fahrt mit einem Dienstfahrzeug oder der Bau eines Verwaltungsgebäudes sein.

Mit Ausnahme des Tatbestandsmerkmals der Regelung erfüllen Realakte alle Voraus- 3
setzungen des Verwaltungsaktes.[4] Realakte sind also (u.a.) Maßnahmen auf dem Gebiet des öffentlichen Rechts. Zur Abgrenzung von (öffentlich-rechtlichen) Realakten gegenüber privatrechtlichen Maßnahmen der Verwaltung können die zur Unterscheidung zwischen öffentlichem und privatem Recht entwickelten Kriterien herangezogen werden:[5] Ist das tatsächliche Handeln auf eine öffentlich-rechtliche Rechtsgrundlage zurückführbar, eignet ihm öffentlich-rechtliche Natur (wie die Anwendung unmittelbaren Zwangs, vgl. § 12 VwVG[6]); beruht es nicht auf einer gesetzlichen Regelung, ist für die Zuordnung zum öffentlichen Recht der Zusammenhang mit der Erfüllung einer öffentlichen Aufgabe entscheidend.[7]

Obwohl Realakte primär auf die Herbeiführung eines lediglich tatsächlichen Erfolges 4
gerichtet sind, können sie weitere rechtliche Folgen auslösen. So zieht die Fahrt mit einem Dienstwagen unter Einsatz von Blaulicht, bei der ein Unfall geschieht, möglicherweise eine Schadensersatzpflicht der öffentlichen Hand nach sich (Amtshaftung, § 839 BGB i.V.m. Art. 34 GG)[8].

II. Rechtmäßigkeitsvoraussetzungen von Realakten

Regelungen über Realakte sind nur selten zu finden. Demzufolge ergeben sich gesetz- 5
lich kaum spezielle Voraussetzungen, an denen sie zu messen sind. Beispiele für die wenigen gesetzlich normierten Realakte sind § 10 UIG betreffend Umweltinformationen und § 8 ProdSG über Warnungen vor nicht sicheren Produkten.

Wenn es auch vielfach an gesetzlichen Bestimmungen für Realakte fehlt, bewegen sich 6
diese doch keineswegs im rechtsfreien Raum. Insbesondere sind allgemeine Zulässigkeits- bzw. Rechtmäßigkeitsgrundsätze, die für Verwaltungsakte gelten[9], auch bei Realakten zu beachten. Dazu zählen die Einhaltung der Zuständigkeitsordnung, die Grundsätze vom Vorrang und Vorbehalt des Gesetzes sowie das Verhältnismäßigkeitsprinzip.[10] Bspw. kann die Polizei zuständigkeitsgemäß statt eines Verbotes zur Gefahrenabwehr eine entsprechende Warnung an den Betroffenen richten – mit entsprechenden Bindungen. Aus der Beachtung des **Gesetzesvorrangs** folgt, dass Realakte nicht gegen Gesetze verstoßen dürfen.[11] Der Grundsatz des **Vorbehalts des Gesetzes** verlangt, dass für Realakte etwa dann eine spezielle Ermächtigungsgrundlage zu fordern ist, wenn sie zu Grundrechtseingriffen führen.[12] Nach dem **Verhältnismäßig-**

4 *Wolff*, 11. Kapitel, Rn. 2.

5 Vgl. § 5 Rn. 6 ff.

6 Vgl. § 19 Rn. 16.

7 Vgl. § 5 Rn. 17 ff.; zum Auskunftsanspruch der Presse gegenüber Unternehmen der öffentlichen Hand *Köhler*, NJW 2005, 2337.

8 Vgl. bereits § 5 Rn. 18; zu den Amtshaftungsansprüchen vgl. § 33.

9 Dazu § 14.

10 Vgl. *Battis*, S. 255.

11 Vgl. hierzu bereits § 8 Rn. 2.

12 Zu Grundrechtseingriffen durch schlicht-hoheitliches Handeln vgl. *Pieroth/Schlink*, Rn. 240 ff.; zur allgemein weiterreichenden Geltung des Gesetzesvorbehalts § 8 Rn. 3 ff.

keitsprinzip muss das schlicht-hoheitliche Handeln der Verwaltung einem legitimen Zweck dienen und zu dessen Erreichung geeignet, erforderlich und angemessen sein.[13]

III. Informelles Verwaltungshandeln

7 Zunehmende Bedeutung in der Verwaltungspraxis gewinnen **informelle** (oder informale) **Absprachen** bzw. formlose Verständigungen.[14] Damit werden Absprachen oder sonstige Kontakte zwischen Behörden und Bürgern bezeichnet, die bspw. wesentliche Fragen des Sachverhalts und der für die Zulässigkeit eines Vorhabens geltenden Rechtslage abklären und abstimmen.[15] Zu ihnen kommt es häufig im Vorfeld von behördlichen Entscheidungen, um einvernehmliche Lösungen zu finden und Konflikte zu vermeiden bzw. zu beseitigen. Informalien dieser Art können – müssen aber nicht – in eine förmliche Entscheidung der Verwaltung (Verwaltungsakt, Vertrag) münden oder eine solche ersetzen. Vielfach dienen sie auch dazu, ein festgefahrenes Verwaltungsverfahren mit einem Kompromiss zwischen den Beteiligten zu beenden. Beispiele für informelles bzw. informales Handeln sind Absprachen über die freiwillige Beseitigung rechtswidriger Zustände zur Vermeidung staatlicher Eingriffsmaßnahmen (z.B. zur Verhinderung einer Abrissverfügung bei einem rechtswidrig errichteten Bau), ferner Absprachen zwischen der Polizei und dem Veranstalter einer Großdemonstration; im Umweltbereich sind (Vor-)Verhandlungen zwischen einem Vorhabenträger und der Behörde, durch welche die Erfüllung der Genehmigungsvoraussetzungen und die Abfassung des Genehmigungsbescheids abgestimmt werden (z.B. Errichtung einer genehmigungsbedürftigen immissionsschutzrechtlichen Anlage), keine Seltenheit.[16] Charakteristisches Merkmal informeller Absprachen ist ihre **rechtliche Unverbindlichkeit.** Darin besteht der wesentliche Unterschied zu öffentlich-rechtlichen Verträgen[17], deren Vertragsinhalt die Vertragsparteien rechtlich bindet. Dies belegt zugleich, dass informelles Verwaltungshandeln prinzipiell zum Kreis der **Realakte** gehört; problematisch kann allenfalls bei einzelnen Erscheinungsform werden, ob das Handeln über den Innenbereich der Verwaltung hinaus bürgergerichtete, mithin Wirkung nach außen zeitigt (etwa im Fall einer inneradministrativen Vorabklärung der im noch einzuleitenden Genehmigungsverfahren beizubringenden Unterlagen, vgl. dazu § 5 UVPG: Scoping).

Angesichts potentieller Gefahren im Zusammenhang mit informellen Handlungsweisen der Verwaltung (Umgehung gesetzlicher Vorgaben, Vernachlässigung von Allgemein- und Drittinteressen, Erschwerung der gerichtlichen Kontrolle) wird ihre rechtliche Zulässigkeit problematisiert.[18] Unter Berücksichtigung der Vorteile (effizientere Ausgestaltung bzw. Entlastung der Verwaltungsverfahren, Akzeptanz, Vermeidung gerichtlicher Auseinandersetzungen) finden sie sich allerdings überwiegend als zulässig erachtet.[19] Grenzen informellen Handelns folgen freilich aus der Gesetzesbindung der Verwaltung. Über deren bereits angesprochenen allgemeinen Maßgaben[20] hinaus

13 Dazu bereits § 14 Rn. 53.

14 Vgl. zu rechtsstaatlichen Vorgaben für konsensuales informelles Verwaltungshandeln *Brohm*, DVBl. 1994, 133, 136 ff.

15 *Maurer*, § 15 Rn. 14; *Bonk* in: Stelkens/Bonk/Sachs, § 54 Rn. 40.

16 Weitere Beispiele bei *Erichsen* in: Erichsen/Ehlers, § 32 Rn. 3; *Erbguth/Schlacke*, § 5 Rn. 111.

17 Siehe § 21.

18 *Erichsen* in: Erichsen/Ehlers, § 32 Rn. 4 f.

19 *Bull/Mehde*, Rn. 156; *Maurer*, § 15 Rn. 19.

20 Vgl. Fn. 6.

richtet sich dies im Besonderen auf die Wahrung von (Verfahrens-)Rechten anderer Beteiligter, des Gleichheitssatzes und des Koppelungsverbots[21].[22]

Teilweise haben kooperative Formen der Entscheidungsvorbereitung bereits Eingang in gesetzliche Regelungen gefunden: In Genehmigungsverfahren des § 71a VwVfG erörtert die Behörde etwa nach Art. 71c Abs. 2 VwVfG, falls erforderlich, vor Eintritt in das förmliche Verfahren mit dem künftigen Antragsteller die beizubringenden Unterlagen, Beteiligungsfragen, solche der gerichtlichen Vorabklärung etc.

IV. Rechtsschutz gegen und auf Realakte: allgemeine Leistungsklage und einstweiliger Rechtsschutz

Mit Blick auf jegliche Erscheinungsform schlicht-hoheitlichen Verwaltungshandelns 8
stellt sich die Frage des Rechtsschutzes für den oder die Betroffenen. Im Wege der Anfechtungsklage können Realakte nicht angegriffen werden, weil es sich um keine Verwaltungsakte handelt (§ 42 Abs. 1 VwGO). In Betracht kommt aber die allgemeine Leistungsklage (vgl. § 43 Abs. 2 S. 1 VwGO). Mit ihr kann der Bürger im Wege der **Abwehrklage** einerseits einen Folgenbeseitigungsanspruch auf Bereinigung von durch Realakt geschaffenen Tatsachen (Fakten) und Wiederherstellung des rechtmäßigen Zustandes verfolgen, soweit dies noch möglich und zumutbar ist;[23] andererseits lässt sich auf Unterlassung eines Realaktes klagen.[24] Umgekehrt kann im Wege der Leistungsklage ein begehrtes, meist begünstigendes schlicht-hoheitliches Verwaltungshandeln eingeklagt werden (auf Auskunft, Hinweis, Geldzahlung): **Vornahmeklage**. Des Weiteren stellen sich Fragen **einstweiligen Rechtsschutzes** nach § 123 VwGO.

1. Allgemeine Leistungsklage

a) Statthaftigkeit

Die allgemeine Leistungsklage findet sich in der Verwaltungsgerichtsordnung nicht 9
explizit geregelt. Sie wird jedoch von einigen ihrer Vorschriften angesprochen (§§ 43 Abs. 2 S. 1, 111 VwGO, auch § 113 Abs. 4 VwGO) – und damit als Klageart vorausgesetzt. Statthaft ist die allgemeine Leistungsklage, wenn der Kläger eine Leistung begehrt, die nicht im Erlass eines Verwaltungsaktes liegt.[25] Sie ist regelmäßig auf ein schlicht-hoheitliches Verhalten der Verwaltung gerichtet, steht aber umgekehrt auch dem Staat zur Verfügung, wenn er den Bürger aufgrund öffentlich-rechtlicher Verpflichtungen in Anspruch nehmen will.[26]

Wie soeben umrissen,[27] kann das begehrte Verhalten zum einen in der **Vornahme** einer Handlung, also positivem Tun bestehen. Dazu zählen Ansprüche auf Realakte im engeren Sinne[28] (Herausgabe von Sachen, Erfüllen einer Vertragspflicht, Löschung von Daten). Wenn allerdings die angestrebte Handlung der vorherigen Entscheidung durch Verwaltungsakt bedarf (bspw. Bewilligungsbescheid vor Auszahlung der Sub-

21 Zum Koppelungsverbot § 18 Rn. 14; § 21 Rn. 14.

22 Hierzu P. *Stelkens/Schmitz* in: Stelkens/Bonk/Sachs, § 9 Rn. 173 ff.

23 Etwa Rückbau rechtswidrig in Anspruch genommener Straßenflächen; vgl. § 37.

24 Hierzu § 37 Rn. 17.

25 *Ehlers*, Jura 2006, 351, 352.

26 So bspw. bei einer Klage auf Erfüllung eines öffentlich-rechtlichen Vertrages; *Detterbeck*, Rn. 1390.

27 Vorstehend Rn. 8.

28 *Würtenberger*, Rn. 377.

vention), ist zunächst ein Antrag auf Erlass des entsprechenden Bescheides zu stellen;[29] bei behördlicher Ablehnung ist dann insoweit nicht die allgemeine, sondern die besondere Leistungsklage (Verpflichtungsklage, § 42 Abs. 1 VwGO) statthaft.[30] Mit Hilfe der allgemeinen Leistungsklage können auch Ansprüche auf Abgabe von **Wissenserklärungen** (wie Auskünfte[31], etwa aus Registern oder anderen Datenbeständen) sowie von öffentlich-rechtlichen Willenserklärungen (z.B. auf Abschluss eines Vertrages) durchgesetzt werden.[32] Hierher gehören ferner Klagen auf Beseitigung der Folgen schlicht-hoheitlichen Handelns,[33] nicht jedoch der Folgen, die der Vollzug eines Verwaltungsaktes zeitigt – diesen ist mit einer Anfechtungsklage i.V.m. einem Antrag auf Vollzugsfolgenbeseitigung nach § 113 Abs. 1 S. 2 VwGO[34] zu begegnen.

Der Kläger kann schließlich **Abwehr-** bzw. **Unterlassungsansprüche**[35] im Wege der allgemeinen Leistungsklage geltend machen. In Abhängigkeit davon, ob gegen eine bereits eingetretene und andauernde Beeinträchtigung (bspw. durch Immissionen öffentlich-rechtlicher Einrichtungen) oder gegen eine erst bevorstehende Beeinträchtigung (z.B. bei Klage gegen einen zu erwartenden Verwaltungsakt) vorgegangen wird, kann dabei die allgemeine von der vorbeugenden Unterlassungsklage unterschieden werden.[36]

b) Besondere Sachentscheidungsvoraussetzungen

aa) Klagebefugnis

10 Ob die Zulässigkeit der allgemeinen Leistungsklage die Klagebefugnis des Klägers zur Voraussetzung hat, ist umstritten. Nach zutreffender und überwiegender Auffassung gilt **§ 42 Abs. 2 VwGO analog** auch für die allgemeine Leistungsklage.[37] Eine Übertragung des der Vorschrift zugrunde liegenden Rechtsgedankens, einer Überlastung der Gerichte durch Ausschluss von Popularklagen zu begegnen, auf die Leistungsklage ist nicht nur möglich, sondern im Interesse einer funktionsfähigen Verwaltungsgerichtsbarkeit überdies geboten.[38] Die Gegenauffassung verneint zwar das Erfordernis der Klagebefugnis, stellt aber entsprechende Erwägungen bei der Prüfung der Prozessführungsbefugnis bzw. des allgemeinen Rechtsschutzinteresses an.[39] Zu Einzelheiten der Klagebefugnis kann auf bereits Behandeltes verwiesen werden.[40]

bb) Widerspruchsverfahren und Klagefrist

11 Das vorherige (erfolglose) Durchlaufen eines Widerspruchsverfahrens (§§ 68 ff. VwGO) ist für die allgemeine Leistungsklage nicht vorgeschrieben. Dessen bedarf es

29 *Hufen*, § 17 Rn. 7.
30 Zum Verhältnis von Leistungs- und Verpflichtungsklage *Steiner*, JuS 1984, 853, 855.
31 Einen solchen Auskunftsanspruch gewährt z.B. § 3 Abs. 1 UIG; allgemein vorstehend Rn. 8.
32 *Hufen*, § 17 Rn. 4; *Würtenberger*, Rn. 381.
33 Zum Folgenbeseitigungsanspruch siehe § 37.
34 Zum Vollzugsfolgenbeseitigungsanspruch vgl. § 37 Rn. 2; zu seiner Durchsetzung im Zusammenhang mit der Anfechtungsklage § 19a Rn. 32.
35 Zum öffentlich-rechtlichen Unterlassungsanspruch siehe § 37 Rn. 17 ff.
36 *Gersdorf*, Rn. 129.
37 BVerwGE 36, 192, 199; *Schenke*, Rn. 363.
38 Vgl. *Hufen*, § 16 Rn. 15.
39 Siehe nur *Achterberg*, DVBl. 1981, 278, 279; *Erichsen*, Jura 1992, 384, 386.
40 Vgl. § 9 Rn. 7 ff.

nur in Fällen sondergesetzlicher Anordnung, wie bislang bei Leistungsklagen im Bereich des Beamtenrechts (§ 126 Abs. 3 BRRG, § 172 BBG).[41]

Ebenso wenig ist die allgemeine Leistungsklage fristgebunden; eine Ausnahme gilt wiederum für beamtenrechtliche Streitigkeiten (§§ 126 Abs. 3 BRRG, 172 BBG). Ansonsten kann sie wegen Zeitablaufs allenfalls unter dem Gesichtspunkt der Verwirkung[42] unzulässig werden.[43]

cc) Klagegegner

Der Gegner der allgemeinen Leistungsklage wird nach dem Rechtsträgerprinzip ermittelt – und nicht in (analoger) Anwendung des § 78 Abs. 1 Nr. 2 VwGO.[44] Klagegegner ist der Verwaltungsträger, für den die Behörde tätig geworden (bzw. untätig geblieben) ist. 12

dd) Qualifiziertes Rechtsschutzbedürfnis

Besonderheiten gelten im Fall der **vorbeugenden Unterlassungsklage**[45] (etwa des Schweinemastbetreibers im Außenbereich gegen die drohende Zulassung von Wohngebäuden in der näheren Umgebung); dann bedarf es des Nachweises eines qualifizierten Rechtsschutzinteresses.[46] Denn die Zulassung einer vorbeugenden Unterlassungsklage bedarf besonderer Rechtfertigung, und zwar wegen der Abweichung von dem das Verwaltungsprozessrecht prägenden System nachträglichen (repressiven) Rechtschutzes[47] bzw. als Eingriff in den verfassungsrechtlich verankerten Gewaltenteilungsgrundsatz.[48] 13

Die näheren Anforderungen sind davon abhängig, ob sich die Klage gegen ein bevorstehendes **schlicht-hoheitliches Handeln** oder einen erwarteten **Verwaltungsakt** richtet. Während bei zu unterlassenden Realakten das Vorliegen einer Wiederholungsgefahr[49] oder einer vergleichbar konkreten Erstbegehungsgefahr ausreicht,[50] ist eine vorbeugende Leistungsklage gegen den Erlass eines Verwaltungsaktes prinzipiell unzulässig.[51] Eine Ausnahme von diesem Grundsatz kommt nur in Betracht, wenn die Verweisung auf nachträglichen (auch einstweiligen[52]) Rechtsschutz für den Kläger unzumutbar erscheint. Das ist etwa der Fall, wenn mit dem Erlass des Verwaltungsaktes vollendete Tatsachen geschaffen werden (z.B. bei bevorstehender Ernennung des Mitbewerbers auf eine beamtenrechtliche Stellung[53]), oder wenn der Verwal-

41 *Schenke*, Rn. 363; *Würtenberger*, Rn. 391.
42 Zur Verwirkung siehe § 19a Rn. 30.
43 *Würtenberger*, Rn. 392.
44 Zur Anwendung des § 78 VwGO vgl. § 19a Rn. 24.
45 Vgl. vorstehend Rn. 9.
46 *Ehlers*, Jura 2006, 351, 356; *Hufen*, § 16 Rn. 25.
47 *Hufen*, § 16 Rn. 25.
48 *Gersdorf*, Rn. 132.
49 Zur Wiederholungsgefahr siehe § 19a Rn. 45.
50 Vgl. *Schenke*, Rn. 354.
51 Vgl. *Stollenwerk*, VR 1995, 493, 494.
52 Dazu § 19b.
53 Zur Sicherung der Funktionsfähigkeit der Verwaltung kann eine solche Ernennung nicht mittels Anfechtungsklage aufgehoben werden; insoweit fehlt es am Rechtsschutzbedürfnis, vgl. *Gersdorf*, Rn. 133; primär ist die Schaffung vollendeter Tatsachen (Ernennung des erfolgreichen Mitbewerbers) durch Inanspruchnahme vorläufigen Rechtsschutzes gem. § 123 VwGO (allgemein dazu Rn. 18 ff.) – sog. Stellenbesetzungsverbot – zu verhindern: ständige Rechtsprechung des Bundesverwaltungsgerichts, bestätigt durch BVerfG, NJW 1990, 501; näher *Schnellenbach*, Beamtenrecht in der Praxis, 6. Aufl., 2005, Rn. 75 ff.

tungsakt straf- bzw. bußgeldbewehrt ist.[54] Der Grund für diese restriktive Handhabung vorbeugenden Rechtsschutzes liegt darin, dass mit der Anfechtungsklage sowie den in §§ 80 f. VwGO geregelten Möglichkeiten einstweiligen (behördlichen sowie gerichtlichen) Rechtsschutzes ein effektives Instrumentarium zum Schutz vor rechtswidrigen Verwaltungsakten und ihren Folgen zur Verfügung steht, dessen Zulässigkeitsvoraussetzungen (insbesondere die Durchführung des Widerspruchsverfahrens) durch Einsatz der vorbeugenden Leistungsklage nicht umgangen werden sollen.[55]

Ob mit einer vorbeugenden Unterlassungsklage auch gegen den (drohenden) Erlass von **Rechtsnormen** vorgegangen werden kann, ist umstritten. Formelle Gesetze jedenfalls lassen sich auf diesem Wege schon deshalb nicht verhindern, weil es sich hierauf gerichtet um eine verfassungsrechtliche Streitigkeit handelt.[56] Aber auch bei untergesetzlichen Rechtsnormen wird eine vorbeugende Unterlassungsklage auszuschließen sein.[57] Angesichts § 47 Abs. 1 VwGO, der eine prinzipale Normenkontrolle nur gegen bestimmte Rechtsvorschriften (ansonsten vorbehaltlich des Landesrechts)[58] eröffnet und sie den Oberverwaltungsgerichten vorbehält, wäre es systemwidrig, eine vorbeugende Unterlassungsklage gegen jedwede untergesetzliche Rechtsnorm vor den Verwaltungsgerichten zuzulassen. Derartiges ließe sich auch mit dem Grundsatz der Gewaltenteilung nicht in Einklang bringen.[59]

c) Allgemeine Sachentscheidungsvoraussetzungen

aa) Beteiligten- und Prozessfähigkeit

14 Beteiligten- und Prozessfähigkeit werfen bei der allgemeinen Leistungsklage keine Besonderheiten auf.[60]

bb) Allgemeines Rechtsschutzbedürfnis

15 Zunächst bleibt beachtlich, dass bei einer vorbeugenden Unterlassungsklage das allgemeine Rechtschutzinteresse wegen des zu prüfenden qualifizierten Rechtsschutzbedürfnisses entfällt. Ansonsten, d.h. in Fällen der „normalen“ Leistungsklage, lässt sich die Frage aufwerfen, ob es am Rechtsschutzinteresse fehlt, wenn der Bürger zuvor keinen entsprechenden **Antrag** an die zuständige Behörde gestellt hat.[61] § 156 VwGO sieht für den Fall, dass der Beklagte durch sein Verhalten keinen Anlass zur Klage gegeben hat, allein kostenrechtliche Konsequenzen vor, nicht aber die Unzulässigkeit der Klage. Dann können aber das Rechtsschutzbedürfnis und damit die Zulässigkeit der Klage nicht von einer vorherigen erfolglosen Antragstellung abhängen.[62] Klagt – umgekehrt – der Staat gegen den Bürger, fehlt es am Rechtsschutzinteresse, wenn die Durchsetzung des Anspruchs im Wege des Erlasses eines Verwaltungsaktes

54 Vgl. *Hufen*, § 16 Rn. 25 f.
55 *Hufen*, § 16 Rn. 25.
56 Bereits § 5 Rn. 26.
57 *Schenke*, Rn. 1089.
58 Vgl. § 24a Rn. 2.
59 Ausführlich dazu *Schenke*, Rn. 1089.
60 Vgl. dazu § 19a Rn. 26 ff.
61 Für Erfordernis der Antragstellung *Hufen*, § 17 Rn. 17 m.w.N.; anders *Detterbeck*, Rn. 1393.
62 *Schenke*, Rn. 363.

möglich, ggf. auch nötig ist (§ 49a Abs. 1 S. 2 VwVfG).[63] Des Weiteren gilt das bereits früher Behandelte.[64]

d) Begründetheit

16 Die allgemeine Leistungsklage ist begründet, wenn dem Kläger ein Anspruch auf Vornahme des begehrten schlicht-hoheitlichen Handelns[65] resp. ein öffentlich-rechtlicher (Abwehr- bzw.) Unterlassungsanspruch[66] zusteht.[67] Hat das Gericht einen behördlichen Entscheidungsspielraum zu wahren, gilt § 113 Abs. 5 S. 2 VwGO analog.[68]

Übersicht 27:
Prüfungsschema für die allgemeine Leistungsklage

17 **A. Zulässigkeit**

I. Eröffnung des Verwaltungsrechtswegs
 1. Aufdrängende Sonderzuweisung, z.B. § 126 Abs. 1 BRRG
 2. § 40 Abs. 1 VwGO (Generalklausel)
  a) öffentlich-rechtliche Streitigkeit
  b) nichtverfassungsrechtlicher Art
  c) keine abdrängende Sonderzuweisung

II. Statthaftigkeit
Leistungsklage wird von VwGO vorausgesetzt (vgl. §§ 43 Abs. 2 S. 1, 111, 113 Abs. 4 VwGO)
Kläger muss ein schlicht-hoheitliches Tun/Unterlassen begehren oder abwehren wollen

III. Klagebefugnis, § 42 Abs. 2 VwGO analog
Möglichkeit der Verletzung eigener Rechte des Klägers

IV. Klagegegner
wird nach dem Rechtsträgerprinzip ermittelt

V. Beteiligtenfähigkeit, § 61 VwGO

VI. Prozessfähigkeit, § 62 VwGO

VII. Allgemeines/qualifiziertes Rechtschutzbedürfnis
 1. vorbeugende Unterlassungsklage – qualifiziertes Rechtsschutzbedürnis
  a) gegen zukünftigen Realakt – Wiederholungs- bzw. Erstbegehungsgefahr ist ausreichend
  b) gegen zukünftigen Verwaltungsakt – nur, wenn repressiver Rechtsschutz unzumutbar ist
 2. sonstige Leistungsklagen – allgemeines Rechtsschutzbedürfnis

VIII. Zuständigkeit des Gerichts
 1. sachlich: §§ 45 ff. VwGO
 2. örtlich: § 52 VwGO

63 Eine Ausnahme von diesem Grundsatz soll möglich sein, wenn ohnehin von einer Klage gegen den entsprechenden Leistungsbescheid ausgegangen werden muss. *Würtenberger*, Rn. 389.

64 Vgl. § 19a Rn. 29 f.

65 Z.B. Folgenbeseitigungsanspruch (dazu unter § 37), Herausgabeanspruch aus öffentlich-rechtlicher Verwahrung (dazu unter § 39 Rn. 6).

66 Siehe § 37 Rn. 17 ff.

67 Dezidiert zum Aufbau der Begründetheitsprüfung *Proppe*, JA 1999, 58.

68 *Detterbeck*, Rn. 1394; zu § 113 Abs. 5 S. 2 VwGO oben § 19a Rn. 34.

B. Begründetheit
- I. Anspruchsberechtigung
  1. Öffentlich-rechtlicher Unterlassungsanspruch
  2. Folgenbeseitigungsanspruch
  3. Sonstige Ansprüche
- II. Rechtsverletzung beim Kläger durch die Ablehnung bzw. Unterlassung
- III. Spruchreife

2. Einstweilige Anordnung nach § 123 VwGO

18 Effektiver Rechtsschutz auch gegen schlicht-hoheitliche Verwaltungsmaßnahmen ist oftmals nur möglich, wenn er kurzfristig erreicht werden kann. Dafür eröffnet sich nach näherer Maßgabe des § 123 VwGO einstweiliger Rechtsschutz.[69]

a) Statthaftigkeit

19 Die einstweilige Anordnung gem. § 123 Abs. 1[70] ist nach § 123 Abs. 5 VwGO gegenüber einem Antrag nach § 80 bzw. § 80a VwGO[71] subsidiär. Das gilt gleichermaßen im Verhältnis zu einem Antrag auf vorläufigen Rechtsschutz gegen eine untergesetzliche landesrechtliche Norm, weil § 47 Abs. 6 VwGO[72] insoweit die speziellere Regelung darstellt. Ein Antrag nach § 123 Abs. 1 VwGO ist demzufolge nur statthaft, wenn das Begehren des Rechtsschutzsuchenden nicht auf die Suspendierung bzw. sofortige Vollziehung eines Verwaltungsaktes oder auf die Überprüfung der Gültigkeit einer Norm gerichtet ist, m.a.W., wenn in der Hauptsache **keine Anfechtungsklage** oder **Normenkontrolle** eröffnet wäre.

20 Sodann gilt es zwischen Sicherungsanordnung gem. § 123 Abs. 1 S. 1 VwGO und Regelungsanordnung (§ 123 Abs. 1 S. 2 VwGO) zu unterscheiden. Die **Sicherungsanordnung** ist statthaft, wenn der Antragsteller seine Rechte durch Beibehaltung eines bestehenden Zustands wahren will, und ermöglicht ausschließlich sichernde Maßnahmen.[73] Sie ist somit defensiver Natur (Beispiel: Die begehrte Anordnung richtet sich auf Abdeckung einer städtischen Müllhalde in der Nachbarschaft des Antragstellers, und zwar wegen jüngst aufgetretener Geruchsimmissionen). Dagegen trägt die **Regelungsanordnung** offensiven Charakters. Sie ist einschlägig, wenn der Antragsteller seinen Rechtskreis erweitern, also seine Rechtsposition verbessern möchte[74] (Beispiel: Ein Investor verlangt von der Gemeinde eine Erklärung zum Abschluss eines öffentlich-rechtlichen Vertrages als Grundlage für die Errichtung einer Ferienhaussiedlung). Eine eindeutige Abgrenzung beider Anordnungsarten ist indes nicht immer möglich, und wird in der Rechtspraxis häufig offen gelassen. In der juristischen Klausur oder Hausarbeit wird eine Entscheidung dagegen erwartet.

b) Weitere Zulässigkeitsvoraussetzungen

21 Die übrigen Zulässigkeitsvoraussetzungen eines Antrags nach § 123 Abs. 1 VwGO gleichen denen, die an das jeweils statthafte Hauptsacheverfahren, hier also an die

69 Zum Rechtsschutz nach den §§ 80 f. VwGO siehe § 19b, zum Verfahren nach § 47 Abs. 6 vgl. § 24a Rn. 17 ff.

70 Zu § 123 Abs. 1 VwGO näher *Bender*, VBlBW 1986, 321; *Erichsen/Scherzberg*, Jura 1984, 644; *Mückl*, JA 2000, 329; *Schoch*, Jura 2002, 318.

71 Dazu § 19b.

72 Dazu § 24a Rn. 17 ff.

73 *Schenke*, Rn. 1025, *Schoch*, Jura 2002, 318, 322.

74 *Detterbeck*, Rn. 1528.

allgemeine Leistungsklage (s.o.), zu stellen wären.[75] Die entsprechenden Vorschriften finden – bis auf die für alle verwaltungsgerichtlichen Verfahrensarten geltenden Regelungen zur Partei- und Prozessfähigkeit (§§ 61 f. VwGO) – analoge Anwendung.[76] Im Rahmen der **Antragsbefugnis** muss der Antragsteller neben einem **Anordnungsanspruch** das Vorliegen eines **Anordnungsgrundes** geltend machen. Für den Anordnungsanspruch reicht es aus, wenn bei Ausbleiben der beantragten Maßnahme eine Verletzung der Rechte des Antragstellers möglich erscheint; die insoweit anzustellenden Erwägungen entsprechen denen, die auch sonst im Rahmen der Klage- bzw. Antragsbefugnis relevant sind.[77] Der Anordnungsgrund bedingt dagegen die Eilbedürftigkeit des Antrags. Ist der Antrag auf eine Sicherungsanordnung gerichtet, muss zumindest die Möglichkeit bestehen, dass bei weiterem Zuwarten die Durchsetzung der zu sichernden Rechte vereitelt oder wesentlich erschwert wird. Eine Regelungsanordnung setzt dagegen die Möglichkeit voraus, dass ohne sie wesentliche Nachteile für den Antragsteller eintreten.[78] Unabhängig von der Anordnungsart liegt ein Anordnungsgrund immer dann vor, wenn der zu verwirklichende Anordnungsanspruch durch Zeitablauf verloren gehen oder irreparabel beeinträchtigt werden kann (etwa aufgrund Verstreichens des anstehenden Termins der beantragten Demonstration).[79] Am **Rechtsschutzbedürfnis** für eine einstweilige Anordnung fehlt es regelmäßig, wenn sich der Antragsteller in der Sache nicht zuvor an die zuständige Behörde gewandt hat.[80] Abweichendes gilt, wenn eine positive Entscheidung der Behörde von vornherein ausgeschlossen ist (etwa aufgrund vorheriger eindeutiger Äußerung des zuständigen Beamten bzw. ständiger Verwaltungspraxis), und ein entsprechender Antrag deshalb reine Förmelei bedeuten würde – oder wenn ein solcher Antrag bei der Behörde aufgrund der Eilbedürftigkeit nicht mehr möglich war.[81]

c) Begründetheit

Zur Begründetheit muss der Antragsteller das Bestehen von Anordnungsanspruch und Anordnungsgrund glaubhaft machen können.[82] Dem wird entsprochen, wenn nach einer überschlägigen Prüfung deren Vorliegen überwiegend wahrscheinlich ist.[83] Im Gegensatz zur Rechtspraxis erfolgt die(se) Prüfung im Rahmen einer juristischen Klausur/Hausarbeit ohne die Einschränkung der Überschlägigkeit. Ob der Anordnungsanspruch gegeben ist, richtet sich nach materiellem Recht. Die Prüfung entspricht also derjenigen im Hauptsacheverfahren. Was den Anordnungsgrund anbelangt, so darf dem Antragsteller ein Abwarten der Entscheidung in der Hauptsache nach Abwägung seiner Interessen mit den entgegenstehenden öffentlichen Interessen und Interessen Dritter nicht zuzumuten sein.[84] Insofern gilt das zur Antragsbefugnis 22

75 Zu den Besonderheiten einer einstweiligen Anordnung, die auf den Erlass eines Verwaltungsaktes gerichtet ist, siehe § 19b Rn. 30 f.

76 Zu den Zulässigkeitsvoraussetzungen bei § 20 Rn. 11 ff.

77 *Detterbeck*, Rn. 1530; zur Klage- bzw. Antragsbefugnis siehe § 9 Rn. 7 ff.

78 *Schenke*, Rn. 1032.

79 Vgl. auch *Detterbeck*, Rn. 1531.

80 Darin liegt ein gewisser Widerspruch gegenüber dem Hauptverfahren im Fall der Leistungsklage, vgl. Rn. 15; entschärfend wirken indes die Ausnahmen vom Erfordernis vorherige Antragstellung, vgl. sogleich im Text.

81 Vgl. *Würtenberger*, Rn. 544; a.A. *Detterbeck*, Rn. 1533: vorheriger Antrag bei der Behörde nicht erforderlich.

82 Zur Glaubhaftmachung eines Anordnungsanspruchs am Beispiel einer beamtenrechtlichen Auswahlentscheidung *Sattler*, JA 2003, 370.

83 *Schenke*, Rn. 1032.

84 Vgl. *Würtenberger*, Rn. 547.

Beschriebene,[85] freilich mit der Maßgabe, dass im Rahmen der Begründetheit Umstände, welche die Eilbedürftigkeit auslösen, nicht nur möglicherweise, sondern tatsächlich bestehen und nachgewiesen werden müssen. Liegen danach Anordnungsanspruch und Anordnungsgrund vor, hat das Gericht eine einstweilige Anordnung zu erlassen; die Formulierung „kann" in § 123 Abs. 1 S. 1 VwGO ist insofern irreführend, als sie darauf hindeutet, dass der Erlass der Anordnung im Ermessen des Gerichts steht.[86] Solches ist dem Gericht lediglich mit Blick auf die Ausgestaltung (das „Wie") der zu treffenden Anordnung eingeräumt.[87]

23 Schließlich bleiben Grenzen jeder einstweiligen Anordnung zu beachten. So darf grds. die Entscheidung in der Hauptsache **nicht vorweggenommen** werden.[88] Das gilt freilich vorbehaltlich der Gewährung effektiven Rechtsschutzes; nach Maßgabe dessen kann also im Einzelfall eine Vorwegnahme der Hauptsache notwendig und damit zulässig sein (Beispiel: Der Antragsteller benötigt bestimmte Auskünfte aus öffentlich-rechtlichen Dateien, um sich bei einer in Kürze anstehenden, unaufschiebbaren Expedition wirksam vor terroristischen Angriffen zu schützen). Ferner darf mit einer Anordnung nach § 123 Abs. 1 VwGO **nicht mehr** gewährt werden, als in der Hauptsache erreicht werden kann.[89] Auch insoweit können sich jedoch Ausnahmen aus Gründen der Effektivität des Rechtsschutzes ergeben[90] (Beispiel: In der Hauptsache wäre aufgrund behördlichen Ermessenspielraums nur ein Bescheidungsurteil möglich; schließt nun die Eilbedürftigkeit der Sache eine solche Neubescheidung aus, kann das Gericht direkt eine Verpflichtung aussprechen, bspw. in Fällen der Standplatzvergabe bei unmittelbar bevorstehendem Stadtfest).

Übersicht 28:
Prüfungsschema für den Antrag auf einstweilige Anordnung gem. § 123 Abs. 1 VwGO

24 **A. Zulässigkeit**

I. Eröffnung des Verwaltungsrechtswegs
   1. Aufdrängende Sonderzuweisung, z.B. § 126 Abs. 1 BRRG
   2. § 40 Abs. 1 VwGO (Generalklausel)
      a) öffentlich-rechtliche Streitigkeit
      b) nichtverfassungsrechtlicher Art
      c) keine abdrängende Sonderzuweisung

II. Statthaftigkeit, § 123 Abs. 1 VwGO
   1. kein Fall des § 80 Abs. 5 S. 1 oder § 80a Abs. 3 VwGO, da einstweilige Anordnung gem. § 123 Abs. 5 VwGO subsidiär
   2. Sicherungs- oder Regelungsanordnung
      – wird die Beibehaltung eines bestehenden Zustandes angestrebt, ist die Sicherungsanordnung einschlägig, § 123 Abs. 1 S. 1 VwGO
      – möchte der Antragsteller seinen Rechtskreis erweitern, ist die Regelungsanordnung statthaft, § 123 Abs. 1 S. 2 VwGO

85 Vorstehend Rn. 21.

86 VGH Mannheim, NVwZ-RR 1995, 490, 491; *Huba*, JuS 1990, 988, 989; *Kopp/Schenke*, § 123 Rn. 23.

87 VGH München, BayVBl. 1989, 660; *Kopp/Schenke*, § 123 Rn. 28.

88 Eingehend *Schrader*, JuS 2005, 37; am Beispiel der Beantragung einer Baugenehmigung *Maaß*, NVwZ 2004, 572.

89 *Schenke*, Rn. 1038.

90 *Maaß*, NVwZ 2004, 572, 573; *Schrader*, JuS 2005, 37, 39 f.

III. Antragsbefugnis, § 42 Abs. 2 VwGO analog
  1. Anordnungsanspruch – Möglichkeit der Verletzung eigener Rechte des Klägers
  2. Anordnungsgrund – Möglichkeit der Eilbedürftigkeit
IV. Antragsgegner
  abhängig vom statthaften Hauptsacheverfahren:
  bei Verpflichtungsklage – § 78 VwGO analog
  in allen übrigen Fällen – Rechtsträgerprinzip
V. Beteiligtenfähigkeit, § 61 VwGO
VI. Prozessfähigkeit, § 62 VwGO
VII. Allgemeines Rechtschutzbedürfnis
  Durch Antragsbefugnis indiziert, nur bei Anlass prüfen.
VIII. Zuständigkeit des Gerichts
  1. sachlich: §§ 45 ff. VwGO
  2. örtlich: § 52 VwGO

B. Begründetheit
I. glaubhafter Anordnungsanspruch
II. glaubhafter Anordnungsgrund
III. Grenzen der einstweiligen Anordnung
  1. keine Vorwegnahme der Hauptsache
  2. Anordnung darf nicht mehr gewähren, als in der Hauptsache möglich (Ausnahmen aus Gründen effektiven Rechtsschutzes)

▶ **zu Fall 1:** Problematisch ist schon die Zuständigkeit der Bundesregierung für derartige öffentliche Warnungen. Sie besitzt keine polizei- und ordnungsrechtliche Kompetenz, weil die allgemeine Gefahrenabwehr in die Regelungskompetenz der Länder und damit in die Zuständigkeit von Landesbehörden fällt. Trotzdem hat das Bundesverwaltungsgericht der Bundesregierung eine Befugnis zur Information und Aufklärung zugesprochen; es hat diese als ureigenste verfassungsrechtliche Aufgabe aus dem Kompetenztitel des Art. 65 S. 2 GG sowie aus dem Prinzip der Gewaltenteilung abgeleitet und in der Pflicht zur Wahrnehmung von Schutzpflichten (insbesondere aus Art. 2 Abs. 2 S. 1 GG) begründet gesehen.[91]

Darüber hinaus bedarf das Handeln der Verwaltung, wenn es in Grundrechte eingreift, einer formell-gesetzlichen Grundlage. Warnungen vor bestimmten gesundheitsgefährdenden Produkten haben i.d.R. zur Folge, dass Verbraucher diese Produkte nicht mehr kaufen. Sie könnten deshalb einen Eingriff in die Berufsfreiheit (Art. 12 Abs. 1 GG) darstellen. Zwar bewirken Warnungen keinen unmittelbaren Eingriff in Gestalt eines direkten Verbots der betreffenden Produkte. Ihre tatsächliche Auswirkung für den Hersteller in Form der Meidung des Produkts durch die Käufer und des Imageverlustes ist jedoch mit der eines Warenverbots vergleichbar, kann teilweise sogar belastender sein. Diese Wirkung war überdies intendiert. Es handelt sich mithin um einen sog. faktisch-mittelbaren (Grundrechts-) Eingriff.[92] Das Bundesverwaltungsgericht hat gleichwohl im Gefolge der von ihm anerkannten verfassungsrechtlich verankerten Befugnis der Bundesregierung zu öffentlichen Warnungen eine (einfach)gesetzliche Grundlage für das Aussprechen von Warnungen nicht für erforderlich gehalten.[93] Folgt man dem, so sind dem Staat bei negativen Äußerungen jedenfalls Grenzen durch den Grundsatz der Verhältnismäßigkeit gesetzt. Es hat

---

91 BVerwGE 82, 76; BVerwGE 87, 37; kritisch dazu etwa *Schoch*, DVBl. 1991, 667.

92 BVerwGE 82, 76, 79; BVerwGE 87, 37, 42; auch BVerfG, NJW 2002, 2621 und 2626.

93 BVerwGE 87, 37.

insbesondere eine sorgfältige Abwägung zwischen der Gefährlichkeit des Produkts und den Folgen der Warnung für die betroffenen Hersteller zu erfolgen. Hier war zu berücksichtigen, dass DEG eine gesundheitsgefährdende Substanz ist. In der Bevölkerung musste deshalb große Unsicherheit darüber herrschen, in welchem Umfang Weine mit dieser Substanz versetzt waren und welches Ausmaß an gesundheitlicher Gefährdung der Genuss eines solchen Weins haben konnte. Mit Blick auf die verfassungsrechtlich verankerte Pflicht des Staates, die körperliche Unversehrtheit (Art. 2 Abs. 2 S. 1 GG) zu schützen, ist daher die Aufnahme der DEG-haltigen Weine in eine Liste zur Information der Bürger als angemessen angesehen worden.[94]

Zur Abwandlung: Die statthafte Klage beurteilt sich anhand des Klagebegehrens, § 88 VwGO. A möchte eine Gegendarstellung des Bundesministers für Jugend, Familie und Gesundheit durchsetzen. Eine solche Gegendarstellung stellt mangels Regelungsgehalts keinen Verwaltungsakt dar; eine Verpflichtungsklage kommt daher nicht in Betracht. Es handelt sich vielmehr um einen Realakt, der durch den Bundesminister in Ausübung seines Amtes vorgenommen werden soll, mithin hoheitlichen Charakter besitzt. Die für die Erzwingung einer schlicht-hoheitlichen Maßnahme und damit für das Begehren des A statthafte Klageart ist die von der Verwaltungsgerichtsordnung vorausgesetzte (vgl. § 43 Abs. 2 S. 1, § 111, auch § 113 Abs. 4 VwGO) allgemeine Leistungsklage. ◀

V. Wiederholungs- und Verständnisfragen

1. Wie sind Realakte von Verwaltungsakten und Rechtsnormen abzugrenzen?
2. Welchen Rechtmäßigkeitsanforderungen unterliegt das schlicht-hoheitliche Handeln der Verwaltung?
3. Was ist unter informellem Verwaltungshandeln zu verstehen?
4. Auf welchem Weg kann Rechtsschutz im Hauptsacheverfahren und im einstweiligen Verfahren gegen oder auf Realakte erlangt werden?
5. An welcher Stelle der Verwaltungsgerichtsordnung ist die Leistungsklage geregelt?
6. Wie wird der Klagegegner einer Leistungsklage bestimmt?
7. Wann ist die allgemeine, wann die vorbeugende Unterlassungsklage zulässig?
8. Warum ist eine vorbeugende Unterlassungsklage gegen den Erlass eines Verwaltungsaktes nur ausnahmsweise zulässig?
9. Was muss der Antragsteller glaubhaft machen, damit der Antrag nach § 123 Abs. 1 begründet ist?
10. Welche unterschiedlichen Antragsarten sind in § 123 Abs. 1 VwGO geregelt und welchen Voraussetzungen unterliegen sie?
11. Was muss das Gericht beachten, wenn es aufgrund der vom Antragsteller glaubhaft gemachten Tatsachen eine einstweilige Anordnung erlassen will?

94 BVerwGE 87, 37, 48 f. Mittlerweile haben die Landesgesetzgeber vielfach in Ausführungsgesetzen zum Lebensmittel- und Bedarfsgegenständegesetz (LMBG) spezielle Ermächtigungsgrundlagen für Warnungen eingeführt, z.B. § 13 Ausführungsgesetz LMBG BW. Vgl. auch OVG Hamburg, NordÖR 2005, 23.

§ 21 Öffentlich-rechtliche Verträge

▶ **Fall 2:** Das Bundesland X und A haben einen Vertrag geschlossen, in dem sich das Land verpflichtet, dem A für die Dauer eines ordnungsgemäßen Studiums der Zahnmedizin ein Ausbildungsdarlehen zu gewähren. A verpflichtet sich im Gegenzug dazu, das Studium in dem allgemein hierfür vorgesehenen Zeitraum zu beenden und im Anschluss an den erfolgreichen Abschluss der vorgesehenen Prüfungen mindestens acht Jahre auf einer vom Land zu bestimmenden Stelle im öffentlichen Gesundheitsdienst zu arbeiten. § 6 des Vertrages sieht vor, dass der Auszubildende bei Nichteintritt in den höheren Medizinaldienst nach Abschluss oder bei Abbruch des Studiums das erhaltene Ausbildungsdarlehen sowie einen Zuschlag von 50 % des Darlehens innerhalb von drei Monaten zurückzuzahlen hat. Nach erfolgreichem Examen kommt A zu der Erkenntnis, für den öffentlichen Gesundheitsdienst nicht geeignet zu sein. Stattdessen möchte er als praktizierender Zahnarzt tätig werden. Daraufhin fordert das Land das gewährte Ausbildungsdarlehen zuzüglich eines Zuschlags von 50 % zurück. Zu Recht? ◀

Rechtsverhältnisse auf dem Gebiet des öffentlichen Rechts können durch Verträge begründet, geändert oder aufgehoben werden, § 54 S. 1 VwVfG. Im Gegensatz zum einseitig verbindlichen hoheitlichen Handeln zielen öffentlich-rechtliche Verträge auf Konsens und Kooperation mit den Bürgern. Für die Regelung atypischer Fälle stellen sie der Verwaltung ein flexibles Handlungsinstrument zur Verfügung. Derartige Verträge sind in besonderem Maße geeignet, den Rechtsfrieden zu wahren, eine Akzeptanz der Regelungsinhalte bei den beteiligten Bürgern zu erreichen und zugleich gerichtliche Auseinandersetzungen zu minimieren.[1] Wegen dieser insbesondere gegenüber dem einseitig hoheitlichen Handeln durch Verwaltungsakt bestehenden Vorteile kommt ihnen in der Praxis nicht unerhebliche Bedeutung zu. Allgemeine Regelungen über öffentlich-rechtliche Verträge finden sich in §§ 54 bis 62 VwVfG. Spezialgesetzliche Regelungen zu öffentlich-rechtlichen Verträgen enthält insbesondere das Baurecht; § 11 BauGB betrifft etwa städtebauliche Verträge[2], in weiteren Normen des Baugesetzbuchs sind Vertragstypen wie Erschließungsverträge (§ 124 BauGB) und Ordnungsmaßnahmenverträge (§ 146 Abs. 3 BauGB) geregelt. Derartige Spezialvorschriften gehen den allgemeinen Vertragsregelungen des Verwaltungsverfahrensgesetzes vor, die freilich subsidiär anwendbar bleiben. 1

I. Anwendungsbereich

Weil auch für öffentlich-rechtliche Verträge der in §§ 1, 2 VwVfG festgelegte Anwendungsbereich des Verwaltungsverfahrensgesetzes gilt, unterfallen den Regelungen in §§ 54 ff. VwVfG[3] nur solche Verträge, welche die öffentlich-rechtliche Verwaltungstätigkeit von Behörden betreffen.[4] Insofern wird der öffentlich-rechtliche Ver- 2

1 *Bonk* in: Stelkens/Bonk/Sachs, § 54 Rn. 4.

2 Dazu etwa näher *Erbguth/Wagner*, § 5 Rn. 182 ff.

3 Zur beabsichtigten Reform der §§ 54 ff. VwVfG (Kooperationsvertrag als neuer Vertragstyp/Abbau von „Nichtigkeitsfällen") U. *Stelkens*, NWVBl. 2006, 1; H. *Schmitz*, DVBl. 2005, 17; anhand der Verankerung von Public-Private-Partnership (vgl. § 25 Rn. 23) *Reicherzer*, DÖV 2005, 603.

4 Vgl. § 1 Abs. 4 VwVfG; dazu bereits § 6 Rn. 5.

trag auch als „Verwaltungsvertrag“ oder „verwaltungsrechtlicher Vertrag“ bezeichnet.[5]

Nicht zu den Verträgen nach §§ 54 ff. VwVfG gehören demzufolge völkerrechtliche, staatsrechtliche, kirchenrechtliche Verträge sowie sog. Verwaltungsabkommen. **Völkerrechtliche Verträge** werden zwischen Rechtssubjekten des Völkerrechts abgeschlossen; hierauf richtet sich Art. 59 GG.[6] **Staats-** oder **verfassungsrechtliche Verträge** betreffen Gegenstände des Verfassungsrechts; über Streitigkeiten entscheidet insoweit das Bundesverfassungsgericht (etwa Art. 93 Abs. 1 Nr. 1 GG).[7] Ebenso wenig sind **Verwaltungsabkommen** Verträge i.S.d. §§ 54 ff. VwVfG. Dabei handelt es sich um Vereinbarungen, die zwischen verschiedenen oder allen Bundesländern oder zwischen Bund und Ländern zu Fragen der Regierungstätigkeit abgeschlossen werden.[8] Regelungen von Angelegenheiten aus dem ausschließlichen Regierungsbereich betreffen gerade kein verwaltungsrechtliches Handeln.[9] Außerdem entfalten derartige Abkommen durchweg für eine Vielzahl von Fällen, Personen und Behörden Geltung; sie sind mithin nicht auf die Regelung eines konkreten (Einzel-)Falles beschränkt, wie es den öffentlich-rechtlichen Vertrag kennzeichnet.[10] **Kirchenrechtliche Verträge** bestimmen die rechtlichen Beziehungen zwischen dem Staat und Religionsgemeinschaften; auf sie finden §§ 54 ff. VwVfG ebenfalls keine Anwendung.[11]

II. Merkmale des öffentlich-rechtlichen Vertrages

3 § 54 S. 1 VwVfG legt fest (s.o.), dass ein Rechtsverhältnis auf dem Gebiet des öffentlichen Rechts durch Vertrag begründet, geändert oder aufgehoben werden kann (soweit Rechtsvorschriften nicht entgegenstehen). Es geht also um drei zentrale Merkmale:

- Vertrag,
- mit dem Inhalt, ein Rechtsverhältnis zu begründen, zu ändern oder aufzuheben,
- auf dem Gebiet des öffentlichen Rechts.

1. Vertrag

4 Wie auch zivilrechtliche Verträge kommt der öffentlich-rechtliche Vertrag durch übereinstimmende Willenserklärungen (Angebot und Annahme) zustande, § 62 S. 2 VwVfG, §§ 145 ff. BGB. Kennzeichnendes Element eines Vertrages ist die Einigung über die Herbeiführung eines bestimmten Rechtserfolges. Darin unterscheidet sich der öffentlich-rechtliche Vertrag von einem Verwaltungsakt, der eine einseitige hoheitliche Regelung enthält.

Allerdings kann die Abgrenzung öffentlich-rechtlicher Verträge von mitwirkungsbedürftigen Verwaltungsakten[12] Schwierigkeiten bereiten. Entscheidend für die Klassifi-

5 *Maurer*, § 14 Rn. 1; ausführlich zu verwaltungsrechtlichen Verträgen *Höfling/Krings*, JuS 2000, 625, 627; zu Entwicklung und Perspektiven des Rechts des öffentlich-rechtlichen Vertrages *Ziekow/Siegel*, VerwArch 94 (2003), 593 und 95 (2004), 133, 281, 573.

6 Bspw. das Seerechtsübereinkommen der UN, BGBl. 1994 II S. 1798.

7 Wie die sog. Eingliederungsverträge Coburg/Bayern, Pyrmont/Preußen, vgl. BVerfGE 22, 221 und 229.

8 Zum Begriff des Verwaltungsabkommens *Bonk* in: Stelkens/Bonk/Sachs, § 54 Rn. 71.

9 Siehe bereits § 1 Rn. 3.

10 Vgl. sogleich Rn. 5.

11 *Tiedemann* in: Obermayer, § 54 Rn. 58.

12 Hierzu § 12 Rn. 42.

zierung ist, was die Beteiligten gewollt haben.[13] Als Indiz lässt sich das Maß der Einflussnahme des Bürgers auf den Inhalt der Regelung heranziehen: Konnte er die Ausgestaltung dessen, was gelten soll, mitbestimmen, wird ein Vertrag vorliegen. So ist bspw. die Einigung zwischen Behörde und Bürger über die Höhe einer Enteignungsentschädigung ein Vertrag, weil die Entschädigungssumme gesetzlich nicht genau vorgeschrieben ist und der Bürger deshalb Einfluss darauf nehmen kann (vgl. §§ 93 ff., 110 BauGB). Bestand lediglich die Möglichkeit, durch Verweigerung der Zustimmung den Erlass der Regelung zu verhindern, handelt es sich regelmäßig um einen Verwaltungsakt. Einen zustimmungsbedürftigen Verwaltungsakt stellt etwa die Einstellung als Beamter dar. Hier gibt es nur die Alternative, diese anzunehmen oder abzulehnen; auf den Inhalt seiner Rechte und Pflichten kann der Beamte keinen Einfluss nehmen, weil sie gesetzlich festgelegt sind (§§ 35 ff. BRRG, 52 ff. BBG).

Von öffentlich-rechtlichen Verträgen ist des Weiteren informelles Verwaltungshandeln abzugrenzen; ausschlaggebend ist in diesem Zusammenhang, ob sich die Parteien rechtlich binden wollten (dann öffentlich-rechtlicher Vertrag),[14] was ebenfalls durch Auslegung zu ermitteln ist.

2. Vertragsinhalt

Regelungsinhalt eines öffentlich-rechtlichen Vertrages muss die Begründung, Ände- 5
rung oder Aufhebung eines öffentlich-rechtlichen Rechtsverhältnisses sein. Das Merkmal der Regelung gleicht dem für Verwaltungsakte geltenden Regelungsbegriff.[15] Unter einem Rechtsverhältnis i.S.d. § 54 S. 1 VwVfG versteht man die sich aus einem konkreten Sachverhalt ergebende rechtliche Beziehung eines Rechtssubjektes zu einem anderen oder zu einer Sache.[16] Das Rechtsverhältnis muss sich auf Einzelfälle beziehen; insoweit gilt Entsprechendes wie beim Verwaltungsakt.[17] Beispiele für solche einzelfallbezogenen Regelungen sind Verträge, in denen sich Hoheitsträger verpflichten, eine Beihilfe zu gewähren (Subventionsvertrag), Verträge zwischen Polizeibehörde und Polizeipflichtigem über die Erfüllung einer Polizeipflicht, Verträge über die Benutzung einer öffentlichen Einrichtung[18] oder Verträge über straßenrechtliche Sondernutzungen[19].

3. Auf dem Gebiet des öffentlichen Rechts

Der Vertrag nach §§ 54 ff. VwVfG regelt zwingend ein Rechtsverhältnis auf dem Ge- 6
biet des öffentlichen Rechts. Die Formulierung entspringt der für Verwaltungsakte geltenden Vorschrift des § 35 S. 1 VwVfG. Das Merkmal „auf dem Gebiet des öffentlichen Rechts“ dient demnach der Abgrenzung zu privatrechtlichen Verträgen; denn Hoheitsträger sind auch befugt, privatrechtlich tätig zu werden.[20] Die Klärung der Frage, ob ein Vertrag dem öffentlichen Recht oder dem Zivilrecht unterfällt, erlangt insofern Bedeutung, als sich danach entscheidet, welches Vertragsrecht (Verwaltungs-

13 *Hendler*, Rn. 443.
14 Siehe § 20 Rn. 7.
15 Vgl. § 12 Rn. 10 ff.
16 BVerwGE 14, 235, 236. Die Definition der Verwaltungsrechtsverhältnisse i.S.d. § 43 Abs. 1 VwGO gilt auch hier; vgl. bereits § 10 Rn. 1.
17 Siehe § 12 Rn. 18 ff.
18 Dazu § 29 Rn. 1, 4.
19 Öffentlich- rechtlicher Art, zu diesen § 27 Rn. 5 ff.
20 Bereits § 5 Rn. 5; näher § 25.

verfahrensgesetz oder Bürgerliches Gesetzbuch) zur Anwendung kommt und welcher Rechtsweg (Verwaltungsgerichts- oder Zivilgerichtsbarkeit) im Falle von Streitigkeiten offen steht. Die Abgrenzung erfolgt anhand objektiver Kriterien; auf den Willen der Vertragsparteien kommt es grds.[21] nicht an. Ein öffentlich-rechtlicher Vertrag liegt nach h.M. vor, wenn sein Gegenstand dem öffentlichen Recht zuzuordnen ist.[22] Mit Vertragsgegenstand ist der geregelte Sachverhalt gemeint, wobei entscheidend ist, dass die vertraglich festgelegten Rechte oder Pflichten öffentlich-rechtlicher Natur sind. Öffentlich-rechtlich zu beurteilende Vereinbarungen sind bspw. (neben den oben genannten Regelungen) Verträge über eine baurechtlich festgelegte Pflicht zur Bereitstellung von Abstellplätzen für Fahrzeuge oder ein Schuldanerkenntnis, um eine Einbürgerung zu ermöglichen.

7 Entscheidend für die Zuordnung zum öffentlichen oder privaten Recht ist der Gesamtcharakter des Vertrages. Demzufolge können auch **gemischte Verträge oder Mischverträge**, die privatrechtliche und öffentlich-rechtliche Elemente in einem Vertragswerk verbinden, öffentlich-rechtliche Verträge sein. Maßgeblich dafür ist, dass die (privatrechtliche) Leistung in untrennbarem Zusammenhang mit der öffentlich-rechtlichen Gegenleistung steht: Mindestens eine der aufeinander bezogenen Leistungspflichten muss öffentlich-rechtlicher Natur sein; unter dieser Voraussetzung ist der gesamte Vertrag als öffentlich-rechtlich einzuordnen.[23] Eine Aufspaltung in einen öffentlich-rechtlichen und einen zivilrechtlichen Teil kommt in aller Regel nicht in Betracht. So liegt ein öffentlich-rechtlicher Vertrag vor, wenn ein Bürger einen Teil seines Grundstücks an eine Gemeinde veräußert, um im Gegenzug von ihr einen baurechtlichen Dispens (Abweichung von Festsetzungen des Bebauungsplans) zu erhalten. Der (öffentlich-rechtliche) Gesamtcharakter des Vertrages ist ebenso für die Zuordnung von Verträgen entscheidend, die eine „neutrale“ Leistungspflicht beinhalten, wie die Verpflichtung zur Zahlung eines Geldbetrages, die sowohl dem öffentlichen Recht als auch dem Zivilrecht zugeordnet werden kann. So liegt ein öffentlich-rechtlicher Vertrag vor, wenn sich ein Bürger zur Zahlung eines Geldbetrages verpflichtet, für die eine Behörde im Gegenzug eine Amtshandlung vornehmen soll.[24]

Wenn aber (die unterschiedlichen Rechtsgebieten zuzuordnenden) Leistungspflichten nicht derart aufeinander bezogen sind, dass sie in Abhängigkeit voneinander stehen, der Vertrag sich vielmehr in zwei selbständige Vereinbarungen, die lediglich in einer Vertragsurkunde zusammengefasst sind, aufteilen lässt, kann der eine Teil privatrechtlicher Natur und der andere öffentlich-rechtlich einzuordnen sein. Der nach Privatrecht zu beurteilende Vertragsteil unterfällt dann dem Bürgerlichen Gesetzbuch und nicht den Regelungen des Verwaltungsverfahrensgesetzes; für den Rechtsschutz ist der Zivilrechtsweg eröffnet (Beispiel: Kombination eines privatrechtlichen Grundstückskaufvertrages mit einem öffentlich-rechtlichen Vertrag über die Erschließung, d.h. die Herstellung von Strom-, Gas- und Wasserleitungen etc., in einer notariellen Urkunde).[25]

8 Soweit die Verwaltung ein Wahlrecht besitzt, entweder in öffentlich-rechtlicher oder privatrechtlicher Handlungsform tätig zu werden, wird (ausnahmsweise) der behördliche Wille für die Zuordnung der vertraglichen Beziehungen relevant; die Bezugnah-

21 Vgl. aber noch Rn. 8.

22 BVerwGE 42, 331, 332.

23 BVerwGE 42, 331, 332.

24 Vgl. *Maurer*, § 14 Rn. 11.

25 BVerwGE 84, 183, 185 f.

me auf den Gegenstand des Vertrages hilft in diesen Fällen nicht weiter.[26] So kann sich die Verwaltung bspw. entscheiden, eine bestimmte Nutzung der Stadtbibliothek in einem öffentlich-rechtlichen oder privatrechtlichen Vertrag auszugestalten.[27]

III. Arten öffentlich-rechtlicher Verträge

Einen abschließenden Katalog aller möglichen Vertragsarten und -inhalte gibt es nicht. Verwaltungsverfahrensrechtlich wird lediglich zwischen koordinations- und subordinationsrechtlichen Verträgen unterschieden. Zwei Arten subordinationsrechtlicher öffentlich-rechtlicher Verträge, der Vergleichs- und der Austauschvertrag, sind ausdrücklich in §§ 55, 56 VwVfG geregelt. 9

1. Koordinationsrechtliche und subordinationsrechtliche öffentlich-rechtliche Verträge

Der Unterscheidung zwischen koordinationsrechtlichen und subordinationsrechtlichen Verträgen kommt rechtliche Bedeutung zu, weil einige Regelungen über öffentlich-rechtliche Verträge nur für subordinationsrechtliche Verträge gelten, wie §§ 55, 56, 59 Abs. 2, 61 VwVfG. Kennzeichnendes Merkmal **koordinationsrechtlicher Verträge** ist, dass deren Vertragspartner gleichgeordnet sind. Es handelt sich vor allem um Verträge zwischen Hoheitsträgern, wie die Einigung zweier Gemeinden über die Unterhaltung eines an der Gemeindegrenze verlaufenden Flusses oder über den Bau einer Gemeindeverbindungsstraße[28]. Demgegenüber werden **subordinationsrechtliche Verträge** zwischen Vertragspartnern abgeschlossen, die sonst in einem latenten Verhältnis der Über- und Unterordnung zueinander stehen, also zwischen Hoheitsträgern und Privaten. Beispiel ist die vertragliche Verpflichtung einer Behörde gegenüber einem Bauherrn, eine Baugenehmigung zu erlassen. § 54 S. 2 VwVfG enthält nur eine exemplarische Beschreibung subordinationsrechtlicher Verträge. Neben der Möglichkeit, einen öffentlich-rechtlichen Vertrag anstelle des Erlasses eines Verwaltungsaktes zu schließen, lässt sich im Vertragswege auch die Verpflichtung zum Erlass eines Verwaltungsaktes begründen (vgl. vorstehendes Beispiel). Der Vertrag kann überdies mit einem Inhalt geschlossen werden, der nicht in unmittelbarem Zusammenhang mit einem derartigen Erlass steht. 10

2. Besondere Vertragstypen

Als besondere, in der Praxis häufig vorkommende Vertragstypen kennt das VwVfG den Vergleichs- und den Austauschvertrag. §§ 55, 56 VwVfG beziehen sich indes nur auf subordinationsrechtliche Vergleichs- und Austauschverträge. Das bedeutet nicht, dass es diese Art öffentlich-rechtlichen Kontrahierens nicht auch bei koordinationsrechtlichen Vertragsgestaltungen gibt; auf sie finden aber §§ 55, 56 VwVfG keine Anwendung. 11

a) Vergleichsvertrag

Der subordinationsrechtliche Vergleichsvertrag ist in § 55 VwVfG geregelt. Sein Ziel richtet sich darauf, eine bei verständiger Würdigung des Sachverhalts oder der Rechtslage bestehende Ungewissheit durch gegenseitiges Nachgeben zu beseitigen. 12

26 *Bonk* in: Stelkens/Bonk/Sachs, § 54 Rn. 75.

27 Siehe auch § 5 Rn. 13; § 25 Rn. 3.

28 VGH München, BayVBl. 2006, 766.

Die Behörde kann einen solchen Vertrag zur Beseitigung derartiger Ungewissheit abschließen, wenn sie es nach pflichtgemäßem Ermessen für zweckmäßig hält. § 55 VwVfG gelangt insbesondere bei Vergleichen im Rahmen eines Widerspruchsverfahrens zur Anwendung. Für Vergleiche vor den Verwaltungsgerichten ist § 106 VwGO (Prozessvergleich) zu beachten. Der **Prozessvergleich** hat eine Doppelnatur: Er ist Prozesshandlung und zugleich materiell-rechtlicher Vertrag.[29] Für die auf Letzteres bezogene Frage, ob die in ihm getroffenen Vereinbarungen wirksam sind, gelten im Anwendungsbereich der §§ 1 und 2 VwVfG die §§ 54 ff. VwVfG.

b) Austauschvertrag

13 In einem subordinationsrechtlichen Austauschvertrag gem. § 56 VwVfG verpflichtet sich der Vertragspartner gegenüber der Behörde zu einer Gegenleistung. Austauschverträge sind auf Leistung und Gegenleistung ausgerichtete synallagmatische Vereinbarungen. Ein solcher Vertrag liegt bereits bei einem faktischen Synallagma vor: Es muss nicht zwingend im Vertrag selbst geregelt sein, dass eine Gegenleistung zu erbringen ist; als ausreichend wird angesehen, dass die Gegenleistung Bedingung oder Geschäftsgrundlage des Vertragsschlusses ist (sog. **hinkender Austauschvertrag**).[30]

14 Austauschverträge sind nur unter den in der Vorschrift genannten Voraussetzungen zulässig. § 56 Abs. 1 VwVfG schreibt im Einzelnen vor, dass die Gegenleistung für einen bestimmten Zweck im Vertrag vereinbart wird und der Behörde zur Erfüllung ihrer öffentlichen Aufgaben dient. Darüber hinaus muss die Gegenleistung den gesamten Umständen nach angemessen sein und im sachlichen Zusammenhang mit der vertraglichen Leistung der Behörde stehen.

§ 56 VwVfG enthält mit Letzterem ein eingeschränktes **Koppelungsverbot:**[31] Durch Austauschvertrag darf nur etwas miteinander verknüpft (verkoppelt) werden, was ohnehin in innerem Zusammenhang zueinander steht. Ein solcher Zusammenhang ist gegeben, wenn die Gegenleistung es der Behörde ermöglicht oder erleichtert, die von ihr begehrte Leistung zu erbringen.[32] Zulässig ist bspw. ein Austauschvertrag, in dem A, der ein Geschäftshaus in der Innenstadt errichten möchte, von der gesetzlich vorgeschriebenen Pflicht zur Bereitstellung von Kraftfahrzeug-Stellplätzen befreit wird,[33] und er sich im Gegenzug dazu verpflichtet, 100.000 Euro für den Bau eines städtischen Parkhauses zu bezahlen. Der innere Zusammenhang zwischen Leistung und Gegenleistung liegt vor, weil mit dieser Vereinbarung die vom Geschäftshaus des A ausgehenden Einwirkungen auf die Sicherheit und Leichtigkeit des Verkehrs verringert werden.[34] Das wäre nicht anzunehmen, wenn sich A zur Zahlung eines Geldbetrages für ein städtisches Jugendheim verpflichtet hätte; denn diese Unterstützung steht nicht in einem inneren Zusammenhang zu den vom Geschäftshaus hervorgerufenen verkehrstechnischen Problemen. Ein solcher Vertrag führte zur Nichtigkeit, vgl. § 59 Abs. 2 Nr. 4 VwVfG.[35]

29 Vgl. BVerwG, DVBl. 1994, 211, 212.

30 *Jachmann*, Rn. 202; anhand städtebaulicher Verträge *Erbguth*, VerwArch 89 (1998), 189.

31 Zum Koppelungsverbot *Bonk* in: Stelkens/Bonk/Sachs, § 56 Rn. 3 ff.; *Butzer*, DÖV 2002, 881; eingehende Darstellung auch bei *Krebs* in: Liber Amicorum Hans-Uwe Erichsen, 2004, 63.

32 Vgl. BVerwG, NVwZ 1994, 485; auch VGH München, BayVBl. 2004, 692.

33 Vgl. § 48 Abs. 1 S. 1 LBauO M-V.

34 BVerwG, NJW 1980, 1294.

35 Dazu Rn. 24.

Sofern auf die Leistung der Behörde ein Anspruch besteht, wird der Bürger gem. § 56 Abs. 2 VwVfG in der Weise geschützt, dass nur eine solche Gegenleistung vereinbart werden darf, die im Falle des Erlasses eines Verwaltungsaktes Inhalt einer Nebenbestimmung nach § 36 VwVfG[36] sein könnte. 15

IV. Ordnungsgemäßes Zustandekommen öffentlich-rechtlicher Verträge

Für alle öffentlich-rechtlichen Verträge statuiert § 54 S. 1 VwVfG die Pflicht, dass sie nicht gegen Rechtsvorschriften verstoßen dürfen. Die Begrenzung erfasst zweierlei: zum einen die Zulässigkeit des Verwaltungsvertrages als Handlungsform und zum anderen dessen Ausgestaltung.[37] 16

1. Zulässigkeit der Vertragsform

Die Unzulässigkeit der vertraglichen Handlungsform (**Vertragsformverbot**) ergibt sich immer dann, wenn rechtlich eine Regelung durch Vertrag ausdrücklich oder nach Sinn und Zweck ausgeschlossen ist.[38] Das gilt etwa für die Ernennung von Beamten, die nach §§ 5 BRRG, 6 BBG sowie den entsprechenden landesgesetzlichen Vorschriften zwingend durch Verwaltungsakt vorgenommen werden muss.[39] Zu beachten sind ferner die Grenzziehungen des Verwaltungsverfahrensgesetzes, insbesondere diejenige in § 2 Abs. 3 Nr. 2 VwVfG, wonach die Vorschriften des öffentlich-rechtlichen Vertrages für behördliches Handeln in Leistungs-, Eignungs- und ähnlichen Prüfungen keine Anwendung finden. Ein im Widerspruch zu derartigen Handlungsverboten geschlossener Verwaltungsvertrag ist nichtig.[40] 17

2. Formelle Rechtmäßigkeit

a) Zuständigkeit

Die Behörde, die den öffentlich-rechtlichen Vertrag abschließt, muss dafür die örtliche, sachliche und instanzielle Zuständigkeit besitzen. Sie ist zuständig, wenn sie im Vollzug des Rechts, auf welches die Willenserklärung gerichtet ist, tätig werden darf.[41] In Fällen, in denen der öffentlich-rechtliche Vertrag den Erlass eines Verwaltungsaktes ersetzen soll, muss die für den Verwaltungsakt geltende Zuständigkeitsregelung auch beim Abschluss des Vertrages eingehalten werden. 18

b) Schriftform

Der öffentlich-rechtliche Vertrag ist schriftlich zu schließen, soweit nicht durch Rechtsvorschrift eine andere Form vorgeschrieben ist, § 57 VwVfG. So sind Verträge, die eine Verpflichtung zur Übertragung eines Grundstücks beinhalten, in entsprechender Anwendung des § 311b Abs. 1 BGB notariell zu beurkunden. Durch Rechtsvorschrift kann auf das Schriftformerfordernis verzichtet werden. Insbesondere bei Massenverträgen wird ein öffentlich-rechtlicher Vertrag nicht schriftlich abgeschlossen, bspw. beim Abschluss von Verträgen über die Benutzung einer öffentlichen Ein- 19

36 Zu Nebenbestimmungen § 18.

37 *Peine*, Rn. 255.

38 *Maurer*, § 14 Rn. 26.

39 BVerwG, DVBl. 1993, 558, 559.

40 Vgl. *Kopp/Ramsauer*, § 59 Rn. 8. Zur Nichtigkeit sogleich Rn. 23 ff.

41 *Peine*, Rn. 278.

richtung durch Kauf von Eintrittskarten.[42] Der Verzicht auf die Schriftform ergibt sich häufig aus einer Benutzungsordnung. Die Regelung des Verzichtes im Verordnungs- oder Satzungswege reicht aus: § 57 VwVfG spricht von Rechtsvorschriften, ein formelles Gesetz ist daher nicht zu fordern. Ein öffentlich-rechtlicher Vertrag, der die erforderliche Schriftform nicht beachtet, ist gem. §§ 59 Abs. 1 VwVfG, 125 BGB nichtig.

c) Zustimmung von Dritten und Behörden

20 Öffentlich-rechtliche Verträge, die in Rechte eines Dritten eingreifen, werden erst dann wirksam, wenn der Dritte schriftlich zustimmt, § 58 Abs. 1 VwVfG. „Eingriff in Rechte Dritter" meint jede Rechtsbeeinträchtigung. Die Regelung entspricht dem Grundsatz, dass Verträge zu Lasten Dritter unwirksam sind. Könnte stattdessen ein Verwaltungsakt erlassen werden, der die Zustimmung oder das Einvernehmen einer anderen Behörde verlangt, so wird der Vertrag erst wirksam, nachdem die andere Behörde in der vorgeschriebenen Form mitgewirkt hat, § 58 Abs. 2 VwVfG. Die Vorschrift soll die öffentliche Kompetenzordnung wahren. Die Mitwirkung muss durch Rechtsvorschrift zwingend vorgeschrieben sein (Gesetz oder Rechtsverordnung). Verträge, denen die erforderliche Zustimmung fehlt, sind bis zur endgültigen Zustimmung oder deren Verweigerung schwebend unwirksam.[43]

3. Materielle Rechtmäßigkeit

21 Aus § 54 S. 1 VwVfG ergibt sich weiter, dass der öffentlich-rechtliche Vertrag inhaltlich mit dem geltenden Recht in Einklang stehen muss. Denn hiernach dürfen ihm Rechtsvorschriften nicht entgegenstehen (s.o.). Darin liegt eine Konkretisierung des Grundsatzes vom Vorrang des Gesetzes.[44]

Aus § 54 VwVfG folgt die generelle Ermächtigung zum Abschluss öffentlich-rechtlicher Verträge; allgemein ist damit dem Grundsatz vom Vorbehalt des Gesetzes entsprochen – soweit dieser hier überhaupt für anwendbar gehalten wird.[45] Wegen des einvernehmlichen Zusammenwirkens der am Vertrag Beteiligten soll es i.Ü. nicht zu Grundrechtseingriffen kommen, so dass es keiner besonderen Ermächtigung bedarf.[46] Bei Vergleichs- und Austauschverträgen sind überdies die Voraussetzungen der §§ 55, 56 VwVfG zu beachten.[47]

4. Der fehlerhafte öffentlich-rechtliche Vertrag

a) Rechtswidrigkeit und Rechtsunwirksamkeit

22 Wie bei Verwaltungsakten wird auch bei öffentlich-rechtlichen Verträgen zwischen Rechtswirksamkeit bzw. Nichtigkeit und Rechtmäßigkeit resp. Rechtswidrigkeit un-

---

42 Vgl. *Kopp/Ramsauer*, § 57 Rn. 4.

43 *Henneke* in: Knack, § 58 Rn. 3, 13.

44 Auch § 8 Rn. 2.

45 Dazu, ähnlich wie hier, *Kopp/Ramsauer*, § 54 Rn. 44.

46 BVerwGE 42, 331, 335; *Maurer*, DVBl. 1989, 798, 805; ausführlich zum Streit *Höfling/Krings*, JuS 2000, 625, 630; zu städtebaulichen Verträgen *Erbguth*, VerwArch 89 (1998), 189. Näher zu den verfassungsrechtlichen Rahmenbedingungen *Schlette*, Die Verwaltung als Vertragspartner, 2001, S. 11 ff. Allgemein zum Gesetzesvorbehalt § 8 Rn. 3 ff.

47 Vgl. oben Rn. 11 ff.

terschieden;[48] § 59 VwVfG bringt dies zum Ausdruck. Unter den dort aufgeführten Voraussetzungen ist der Vertrag nichtig – ansonsten eben wirksam. Die Wirksamkeit des öffentlich-rechtlichen Vertrages besteht unabhängig von seiner Rechtmäßigkeit oder Rechtswidrigkeit. Ein (infolge eines Verstoßes gegen die oben genannten formellen und/oder materiellen Voraussetzungen) rechtswidriger, aber nicht nichtiger Vertrag ist rechtswirksam und Grundlage für Vertragsansprüche. Nur ein nichtiger Vertrag ist rechtsunwirksam. Er entfaltet keine Rechtswirkungen: Ein Verpflichtungsvertrag begründet keine Leistungspflicht, ein Verfügungsvertrag führt keine Rechtsänderung herbei.

Der Unterschied zu Verwaltungsakten liegt darin, dass für den Fall der Rechtswidrigkeit öffentlich-rechtlicher Verträge keine Aufhebbarkeit geregelt ist. Der rechtswidrige Vertrag löst kein Kündigungs-, Anfechtungs- oder Rücktrittsrecht aus.[49] Bisweilen wurde deshalb die Verfassungsmäßigkeit der Regelung in § 59 VwVfG bezweifelt. Die Bedenken werden von der h.M. indes nicht geteilt:[50] Während der Verwaltungsakt einseitig eine verbindliche Rechtsfolge herbeiführt und aus Rechtsschutzgesichtspunkten die Möglichkeit, sich dagegen zu wehren, gegeben sein muss, ist die Interessenlage bei einem öffentlich-rechtlichen Vertrag eine andere. Er beinhaltet eine freiwillige Vereinbarung. Die der Regelung des § 59 VwVfG zugrundeliegende Trennung zwischen Nichtigkeit und Rechtswidrigkeit stellt das Ergebnis einer sachgerechten Abwägung der widerstreitenden Interessen dar, nämlich einerseits der vertraglichen Bindung (wonach Fälle der Unwirksamkeit beschränkt werden müssen) und andererseits der Gesetzmäßigkeit des Verwaltungshandelns (die für eine Nichtigkeit rechtswidriger Verträge streitet).[51]

b) Nichtigkeit

§ 59 VwVfG enthält Nichtigkeitsgründe für den Verwaltungsvertrag. Zunächst ist zu prüfen, ob einer der speziellen Nichtigkeitstatbestände des § 59 Abs. 2 VwVfG vorliegt; erst dann kann die allgemeine Nichtigkeitsvorschrift des § 59 Abs. 1 VwVfG herangezogen werden. **23**

aa) Besondere Nichtigkeitsgründe

Die speziellen Nichtigkeitsgründe des § 59 Abs. 2 Nr. 1 – 4 VwVfG gelten lediglich für subordinationsrechtliche Verträge. Letztere sind nichtig, wenn auch ein Verwaltungsakt mit entsprechendem Inhalt nichtig wäre (Nr. 1). Insofern wird auf die Nichtigkeitsgründe des § 44 VwVfG verwiesen. Wäre ein gleichlautender Verwaltungsakt nicht nur wegen eines Verfahrens- oder Formfehlers i.S.d. § 46 VwVfG rechtswidrig und war dies den Vertragschließenden bekannt, so ist der öffentlich-rechtliche Vertrag ebenfalls nichtig (Nr. 2). Die Vorschrift soll verhindern, dass die Vertragspartner durch bewusstes und gewolltes Zusammenwirken (Kollusion) gesetzliche Vorschriften umgehen. Über die Nichtigkeitsgründe in Nr. 3 und Nr. 4 wird gewährleistet, dass eine Missachtung der besonderen Voraussetzungen des Vergleichs- und Austauschver- **24**

48 Vgl. § 15 Rn. 1.

49 *Peine*, Rn. 836.

50 Kritisch zur Fehlerregelung des § 59 VwVfG *Maurer*, § 14 Rn. 47 ff.

51 So *Wolff/Bachof/Stober*, Bd. 2, § 54 Rn. 41; dagegen mit Berechtigung anhand Art. 19 Abs. 4 GG *Knauff*, NVwZ 2007, 546.

trages in §§ 55, 56 VwVfG nicht sanktionslos bleibt; damit führt insbesondere ein Verstoß gegen das Koppelungsverbot[52] zur Nichtigkeit des Vertrages.

bb) Allgemeine Nichtigkeitsvorschrift

25 Die allgemeine Nichtigkeitsvorschrift des § 59 Abs. 1 VwVfG gilt sowohl für subordinationsrechtliche als auch für koordinationsrechtliche (öffentlich-rechtliche) Verträge. Sie sind nichtig, wenn sich die Nichtigkeit aus der entsprechenden Anwendung von Vorschriften des Bürgerlichen Gesetzbuchs ergibt. Daraus folgt, dass Verstöße gegen die erforderliche Form (§ 125 BGB) zur Unwirksamkeit führen. Die Nichtigkeit eines öffentlich-rechtlichen Vertrages kann ferner aus fehlender Geschäftsfähigkeit eines Vertragspartners (§ 105 BGB), Anfechtung wegen Irrtums, arglistiger Täuschung resp. widerrechtlicher Drohung (§§ 119, 120, 123, 142 BGB) oder aus Sittenwidrigkeit (§ 138 BGB) resultieren.

26 Problematisch ist, ob Nichtigkeit auch bei Verstoß gegen ein gesetzliches Verbot eintritt, **§ 134 BGB**. Eine uneingeschränkte Anwendung des § 59 Abs. 1 VwVfG (i.V.m. § 134 BGB) führte zu dem Ergebnis, dass alle rechtswidrigen Verträge nichtig wären: Die Verwaltung ist zu rechtmäßigem Tätigwerden verpflichtet (Art. 20 Abs. 3 GG); mit dem Recht nicht zu vereinbarendes Handeln ist ihr daher verboten, also auch der Abschluss eines rechtswidrigen öffentlich-rechtlichen Vertrages. Dass eine solche durchgängige Nichtigkeitsfolge bei Rechtswidrigkeit von Verwaltungsverträgen gesetzgeberisch nicht gewollt sein kann, zeigt die Regelung der speziellen Nichtigkeitsgründe in § 59 Abs. 2 VwVfG, die ansonsten überflüssig wäre.[53] Nach dem Bundesverwaltungsgericht zieht deshalb nicht jeder, sondern nur ein **qualifizierter, besonders schwerwiegender Rechtsverstoß** die Nichtigkeit des Vertrages nach sich.[54] Eine derartige Rechtsverletzung mit Nichtigkeitsfolge liegt vor, wenn eine zwingende Rechtsnorm[55] den Inhalt des Vertrages sowie seinen Erfolg verbietet und der Normzweck die Nichtigkeit im öffentlichen Interesse verlangt.[56] Ein nichtiger Vertrag wurde z.B. in einer Vereinbarung gesehen, mit der sich der Vertragspartner verpflichtet hatte, mehr als 90 % der Erschließungskosten zu tragen, obwohl nach der zwingenden Vorschrift des § 129 Abs. 1 S. 3 BauGB die Gemeinde mindestens 10 vom Hundert des beitragsfähigen Erschließungsaufwands zu übernehmen hat.[57] Ein Nichtigkeitsgrund liegt bspw. dann nicht vor, wenn ein Gesetz nur bestimmte Umstände des Rechtsgeschäfts missbilligt, etwa der Vertragspartner (der Behörde) für die nach dem Vertrag von ihm zu erbringende Leistung nach dem Gesetz eine besondere Genehmigung (bspw. Gewerbeerlaubnis nach § 34c GewO) benötigt, die er nicht besitzt.[58]

Verbotsgesetz i.S.d. § 134 BGB ist freilich § 54 S. 1 VwVfG: Ein Verstoß gegen das Vertragsformverbot führt stets zur Nichtigkeit des öffentlich-rechtlichen Vertrages.[59]

52 Vgl. vorstehend Rn. 14.

53 Zum Streitstand *Maurer*, § 14 Rn. 42 f.

54 BVerwGE 89, 7, 10.

55 Das Verbot kann sich auch aus EG-Recht ergeben, nicht aber aus Verwaltungsvorschriften, vgl. *Bonk* in: Stelkens/Bonk/Sachs, § 59 Rn. 53.

56 Vgl. *Bonk* in: Stelkens/Bonk/Sachs, § 59 Rn. 52.

57 BVerwGE 89, 7, 10; vgl. auch BGHZ 65, 368, 370.

58 Vgl. BGH, NJW 1981, 387.

59 Siehe bereits Rn. 17.

cc) Folgen der Nichtigkeit

Ein nichtiger Vertrag entfaltet keine Rechtswirkungen. Die Rückabwicklung eines nichtigen öffentlich-rechtlichen Vertrages und damit einer ohne Rechtsgrund erbrachten Leistung richtet sich nach bereicherungsrechtlichen Grundsätzen in Form des öffentlich-rechtlichen Erstattungsanspruchs.[60] Betrifft die Nichtigkeit nur einen Teil des Vertrages, gilt § 59 Abs. 3 VwVfG: Im Zweifel ist der gesamte Vertrag nichtig. Eine Teilnichtigkeit kommt nur in Betracht, wenn er entsprechend aufgeteilt werden kann und anzunehmen ist, dass der Vertrag auch ohne den nichtigen Teil geschlossen worden wäre. 27

V. Abwicklung wirksamer öffentlich-rechtlicher Verträge

1. Durchsetzung

Für die Abwicklung wirksamer öffentlich-rechtlicher Verträge gelten die Vorschriften des Bürgerlichen Gesetzbuchs entsprechend, § 62 S. 2 VwVfG. Das gilt insbesondere für Leistungsstörungen (Unmöglichkeit, Verzug, positive Vertragsverletzung, cic, §§ 280 ff. BGB).[61] Die Behörde darf ihre Ansprüche nicht durch Verwaltungsakt durchsetzen; die bei der vertraglichen Abmachung eingegangene Gleichordnung wirkt auf die Durchsetzung der Ansprüche fort.[62] Deshalb muss die Behörde vor dem Verwaltungsgericht auf Erfüllung aus dem Vertrag klagen. Das der Klage stattgebende Urteil dient als Titel für die Vollstreckung. Ansprüche aus öffentlich-rechtlichem Vertrag dürfen auch nicht im Wege der Verwaltungsvollstreckung zwangsweise durchgesetzt werden.[63] Nur bei subordinationsrechtlichen Verträgen gilt Abweichendes, sofern sich der Vertragspartner der Behörde nach § 61 Abs. 1 S. 1 VwVfG der sofortigen Vollstreckung aus dem öffentlich-rechtlichen Vertrag unterworfen hat.[64] Dann richtet sich die zwangsweise Durchsetzung nach dem jeweiligen Verwaltungsvollstreckungsrecht.[65] Für Ansprüche auf Erfüllung und Schadensersatz aus öffentlich-rechtlichen Verträgen steht der Rechtsweg vor den Verwaltungsgerichten offen, § 40 Abs. 1, Abs. 2 S. 1, 3. Alt. VwGO.[66] 28

2. Anpassung oder Kündigung

Eine besondere Regelung des Wegfalls der Geschäftsgrundlage bei öffentlich-rechtlichen Verträgen trifft § 60 Abs. 1 S. 1 VwVfG. Haben sich die Verhältnisse, die für die Festsetzung des Vertragsinhalts maßgebend gewesen sind, seit Abschluss des Vertrages so wesentlich geändert, dass einer Vertragspartei das Festhalten an der ursprünglichen vertraglichen Regelung nicht zuzumuten ist, so kann diese Vertragspartei Anpassung des Vertragsinhalts an die geänderten Verhältnisse verlangen oder, so- 29

60 Hierzu § 38.

61 Dazu *Birk* in: Erscheinungsbilder eines sich wandelnden Verwaltungsrechts, 2006, S. 91; § 39 Rn. 2.

62 BVerwGE 52, 171; auch § 14 Rn. 7.

63 Vgl. auch § 19 Rn. 3.

64 Das ist gleichfalls seitens der Behörde möglich, vgl. § 61 Abs. 1 VwVfG, insbesondere die Einschränkungen in S. 2 der Vorschrift.

65 Für den Bund näher § 61 Abs. 2 VwVfG; auf Länderebene bspw. § 61 Abs. 2 VwVfG M-V: zur Verwaltungsvollstreckung § 19.

66 Vgl. nur *Kopp/Schenke*, § 40 Rn. 23 ff.

fern das nicht möglich oder einer Vertragspartei nicht zumutbar ist, den Vertrag kündigen.[67]

Übersicht 29:
Vorliegen, Rechtmäßigkeit und Wirksamkeit eines öffentlich-rechtlichen Vertrages

I. Vorliegen eines öffentlich-rechtlichen Vertrages
1. Vertragliche Regelung: übereinstimmende Willenserklärungen (§ 62 S. 2 VwVfG i.V.m. §§ 145 ff. BGB)
2. Verwaltungsrechtlicher Regelungsgegenstand (nach dem Gesamtcharakter des Vertrages, § 54 S. 1 VwVfG)

II. Formelle Rechtmäßigkeit
1. Zuständigkeit der handelnden Behörde
2. Einhaltung der Verfahrensvorschriften, insbesondere Zustimmung Dritter (§ 58 VwVfG)
3. Wahrung der Formvorschriften (§ 57 VwVfG)

III. Materielle Rechtmäßigkeit
1. Zulässigkeit der Handlungsform (§ 54 S. 1 Hs. 2 VwVfG, vor allem kein Vertragsformverbot)
2. Besondere Voraussetzungen nach §§ 55, 56 VwVfG

IV. Wirksamkeitsvoraussetzungen
1. Keine Nichtigkeit nach § 59 Abs. 2 Nr. 1 bis 4 VwVfG
2. Keine Nichtigkeit nach § 59 Abs. 1 VwVfG i.V.m. BGB-Vorschriften (Beachtung des materiellen Rechts, § 59 Abs. 1 VwVfG i.V.m. § 134 BGB: nur bei schwerem, qualifiziertem Rechtsverstoß)

▶ **ZU FALL 5:** Das Land X ist berechtigt, das gewährte Ausbildungsdarlehen und den Zuschlag von A zurückzuverlangen, wenn die vertragliche Vereinbarung wirksam zustande gekommen ist. Als sog. Ausbildungsförderungsvertrag in Gestalt eines Austauschvertrages handelt es sich um einen öffentlich-rechtlichen Vertrag. Die in § 56 VwVfG genannten Voraussetzungen sind erfüllt. Der Zweck des Vertrages besteht darin, durch Finanzierung der Ausbildung den Beamtennachwuchs zu sichern, die gegenseitigen Leistungen (Gewährung des Ausbildungsdarlehens und Bleibeverpflichtung) stehen in innerem Zusammenhang zueinander. Angesichts der Förderungsdauer für das gesamte Studium ist die Bleibeverpflichtung des A von mindestens 8 Jahren als Gegenleistung der Ausbildungsförderung angemessen.

Die Besonderheit gegenüber üblichen Ausbildungsförderungsverträgen liegt in der vereinbarten Vertragsstrafe. Die grundsätzliche Zulässigkeit der Aufnahme einer Vertragsstrafe in einen öffentlich-rechtlichen Vertrag ist anerkannt.[68] Sie folgt aus der Möglichkeit, bei öffentlich-rechtlichen Verträgen ergänzend auf die Vorschriften des Bürgerlichen Gesetzbuchs zurückzugreifen, § 62 S. 2 VwVfG.[69] In entsprechender Anwendung des § 56 Abs. 1 S. 2 VwVfG muss die Vertragsstrafe allerdings den gesamten Umständen nach angemessen sein und im sachlichen Zusammenhang mit der vertraglichen Leistung der Behörde stehen. Die Höhe der Vertragsstrafe von 50 % des ausgezahlten Darlehens dürfte (noch) angemessen sein, weil der mit ihr verfolgte Zweck – Einhaltung der Anstellungsverpflichtung – im öffentlichen Interesse hoch zu veranschlagen ist (medizinische Versor-

67 Zum erweiterten Kündigungsrecht von Behörden vgl. § 60 Abs. 1 S. 2 VwVfG, zu formellen Anforderungen § 60 Abs. 2 VwVfG.

68 *Bonk* in: Stelkens/Bonk/Sachs, § 62 Rn. 37.

69 Vgl. zur Zulässigkeit von Ausbildungsförderungsverträgen BVerwG, NJW 1982, 1412; BVerwGE 74, 78.

gung) und nur dann erreicht werden kann, wenn für den Fall des Vertragsbruches eine fühlbare Vertragsstrafe droht. Ein sachlicher Zusammenhang mit der behördlichen Leistung (Ausbildungsförderung) besteht ebenfalls. Somit kann S die gesamte Ausbildungsförderung zuzüglich 50 % von A verlangen. ◀

VI. Wiederholungs- und Verständnisfragen

1. Wie kommt ein öffentlich-rechtlicher Vertrag zustande?
2. Welche Arten öffentlich-rechtlicher Verträge gibt es?
3. Welche Folgen zeitigt ein rechtswidriger öffentlich-rechtlicher Vertrag?
4. Auf welchem Weg darf die Behörde Ansprüche aus öffentlich-rechtlichen Verträgen, die vom Bürger nicht erfüllt werden, durchsetzen?

§ 22 Rechtsverordnungen

▶ **Fall 3:** Der Oberbürgermeister der kreisfreien mecklenburgischen Stadt R erlässt für Schank- und Speisewirtschaften sowie für Vergnügungsstätten eine Sperrzeitverordnung. Darin wird u.a. bestimmt, dass die Sperrzeit um 23 Uhr beginnt und um 7 Uhr endet. Dies soll auch in den Nächten zum Sonnabend und Sonntag gelten. S, der in R eine Spielhalle betreibt, hält die Rechtsverordnung für rechtswidrig. Hat er Recht? ◀

1 Rechtsverordnungen unterscheiden sich von Verwaltungsakten dadurch, dass sie als Rechtsnormen abstrakt-generelle Regelungen enthalten. Im Gegensatz zu ebenfalls abstrakt-generellen formellen Gesetzen sind sie ein Handlungsinstrument der Exekutive (Verwaltung) und nicht der Legislative.[1]

I. Begriff

2 Rechtsverordnungen stellen Rechtsnormen dar, die von Exekutivorganen zur Regelung staatlicher Angelegenheiten erlassen werden. Das förmlich im Grundgesetz festgeschriebene Gesetzgebungsverfahren gilt für sie nicht.

II. Rechtmäßigkeitsvoraussetzungen der Rechtsverordnung

3 Wie bei formellen Gesetzen gibt es auch bei Rechtsverordnungen solche des Bundes und der Länder. Voraussetzungen für den Erlass von Rechtsverordnungen auf Bundesebene stellt Art. 80 GG auf.[2] Eine für die Bundesländer entsprechende Regelung ist in den meisten Landesverfassungen zu finden, z.B. in Art. 57 LVerf M-V. Nachfolgend wird daher im Wesentlichen Art. 80 GG zugrunde gelegt.

1. Ermächtigungsgrundlage

4 Die Befugnis der Exekutive zum Erlass von (materiellen) Gesetzen erweist sich nicht als Durchbrechung des Gewaltenteilungsprinzips (Art. 20 Abs. 2 S. 2 GG): Sie darf nicht kraft eigenen Rechts Rechtsverordnungen erlassen, sondern nur aufgrund einer Ermächtigung in einem formellen Gesetz. Nähere Anforderungen enthält Art. 80 Abs. 1 GG. Inhalt, Zweck und Ausmaß der Rechtsverordnung müssen sich aus dem formellen Gesetz, das selbstverständlich seinerseits rechtmäßig zu sein hat, ergeben. Diesem Bestimmtheitserfordernis ist dem Bundesverfassungsgericht zufolge Genüge getan, wenn Inhalt, Zweck und Ausmaß der Ermächtigungsvorschrift nach allgemeinen Auslegungsgrundsätzen aus ihrem Sinnzusammenhang mit anderen Vorschriften des Gesetzes und aus dem von der gesetzlichen Regelung insgesamt verfolgten Ziel unter Heranziehung der Entstehungsgeschichte des Gesetzes ermittelt werden können.[3] Grenzziehend wirkt, dass für den Bürger schon aus dem ermächtigenden Gesetz selbst hinreichend deutlich zu ersehen sein muss, „in welchen Fällen und mit welcher Tendenz von der Ermächtigung Gebrauch gemacht werden wird und welchen mögli-

1 Siehe bereits § 7 Rn. 6; eingehend *Saurer*, Die Funktionen der Rechtsverordnung, 2005.
2 Ausführlich zu Rechtsverordnungen *v. Danwitz*, Jura 2002, 93.
3 BVerfGE 26, 16, 27.

chen Inhalt die aufgrund der Ermächtigung erlassenen Verordnungen haben können".[4]

§ 6 StVG beinhaltet bspw. eine Ermächtigung an den Bundesverkehrsminister, Rechtsverordnungen zu erlassen, dies gebunden an einen detaillierten Katalog von Vorgaben für die Regelungsinhalte der Verordnungen. Soweit der Katalog nicht abschließend ist („insbesondere": Nr. 1, 2, 14 des § 6 Abs. 1 StVG), widerstreitet dies nicht den Bestimmtheitsanforderungen des Art. 80 Abs. 1 GG, weil sich aus dem Kontext mit den konkret bestimmten Verordnungsinhalten ergibt, dass die nicht näher benannten Gegenstände von gleicher Qualität sein müssen. Dem Bestimmtheitsgebot genügen auch die landesrechtlichen polizeilichen Generalklauseln[5], die Verordnungsermächtigungen auf dem Gebiet der Gefahrenabwehr beinhalten. Ihr normativer Gehalt ist durch Rechtsprechung und Literatur hinreichend präzisiert worden.[6]

Grenzziehend bleibt in diesem Zusammenhang der **Parlamentsvorbehalt** bzw. die Wesentlichkeitsrechtsprechung des Bundesverfassungsgerichts zu beachten, wie dies bereits behandelt worden ist[7]. In jenem Sinne müssen alle wesentlichen, insbesondere grundrechtsrelevanten Angelegenheiten in formellen Gesetzen[8], d.h. durch das Parlament selbst geregelt werden – und unterliegen somit einem Delegationsverbot: Der Exekutive darf vom Gesetzgeber für solche Materien keine Ermächtigung zur Rechtsetzung durch Rechtsverordnung erteilt werden.

2. Formelle Rechtmäßigkeit

a) Zuständigkeit

Zuständige Organe für den Erlass von Rechtsverordnungen sind gem. Art. 80 Abs. 1 GG die Bundesregierung, ein Bundesminister oder die Landesregierungen. Auf Länderebene ist eine solche Einschränkung der Zuständigkeit auf oberste Stellen nicht zu finden. Hier sind sowohl oberste Landesbehörden (Ministerien) als auch nachgeordnete Behörden für den Erlass von Rechtsverordnungen zuständig. 5

Unter gewissen Voraussetzungen sind die auf Bundesebene zuständigen Organe ihrerseits zur Delegation des Verordnungserlasses auf andere Stellen berechtigt, jedoch nur unter den besonderen Anforderungen des Art. 80 Abs. 1 S. 4 GG: Die Weiterermächtigung an nachgeordnete Behörden muss durch das ermächtigende formelle Gesetz ausdrücklich vorgesehen sein; zur Übertragung der Befugnis zum Erlass der Rechtsverordnung bedarf es wiederum einer Rechtsverordnung.

b) Verfahren

Rechtsverordnungen, welche die in Art. 80 Abs. 2 GG bezeichneten Inhalte zum Regelungsgegenstand haben, bedürfen (vorbehaltlich anderweitiger bundesgesetzlicher Regelung) der Zustimmung durch den Bundesrat. Der Bundesrat kann ferner der Bundesregierung Vorlagen für den Erlass von Rechtsverordnungen zuleiten, die seiner 6

4 BVerfGE 1, 14, 60. Näher zur Frage, ob der Wegfall der Ermächtigungsgrundlage zur Unwirksamkeit der Rechtsverordnung führt, *Rütz*, Jura 2005, 821. Verneinend die verfassungsgerichtliche Rechtsprechung, grundlegend BVerfGE 9, 3, 12; nachfolgend statt aller BVerfGE 12, 341, 347; BVerfGE 78, 179, 198. Kritisch hierzu mit guten Argumenten *Rütz*, wie vor.

5 Z.B. § 17 SOG M-V.

6 BVerwG, NVwZ 2003, 95, 96.

7 Vgl. § 8 Rn. 6.

8 Zu den formellen Gesetzen bereits § 7 Rn. 4.

Zustimmung bedürfen; insoweit steht dem Bundesrat ein Verordnungsinitiativrecht zu. Einige Gesetze schreiben schließlich eine Anhörung vor Erlass der Rechtsverordnung vor (etwa § 51 BImSchG: Anhörung der beteiligten Kreise).

c) Form

7 In der Rechtsverordnung ist die Rechtsgrundlage anzugeben, Art. 80 Abs. 1 S. 3 GG (Zitiergebot). Schon deshalb bedarf sie der Schriftform, was aber ohnehin selbstverständlich ist. Außerdem muss die Rechtsverordnung wie jede Rechtsnorm öffentlich bekannt gegeben werden. Die Verkündung erfolgt regelmäßig im Bundesgesetzblatt (Art. 82 Abs. 1 S. 2 GG). Entsprechende Regelungen gelten auf Länderebene.

3. Materielle Rechtmäßigkeit

8 In materiell-rechtlicher Hinsicht muss sich die Rechtsverordnung inhaltlich in dem durch ihre Ermächtigungsgrundlage vorgegebenen Rahmen bewegen. Sonstige gesetzliche und verfassungsrechtliche Vorgaben (kein Verstoß gegen höherrangiges Recht, Verhältnismäßigkeit) sind selbstredend ebenfalls zu beachten.

III. Rechtswidrigkeit der Rechtsverordnung und ihre Folgen

9 Werden die beschriebenen Voraussetzungen für die Rechtmäßigkeit der Rechtsverordnung nicht eingehalten, ist sie rechtswidrig und damit grds. nichtig, entfaltet also keine Wirkung (**Nichtigkeitsdogma**). Strittig ist allerdings, ob auch lediglich verfahrensfehlerhaft erlassene Rechtsverordnungen nichtig sind. Das Bundesverfassungsgericht hat das nur bei Evidenz des Verfahrensverstoßes angenommen.[9]

10 Prozessual kann sich der Bürger auf direktem Weg gegen Rechtsverordnungen des **Bundes** nur im Wege der **Verfassungsbeschwerde** und damit vor dem Bundesverfassungsgericht wehren, wobei an besonderen Voraussetzungen der Beschwerde nach Art. 93 Abs. 1 Nr. 4a GG vor allem die Geltendmachung einer unmittelbaren Betroffenheit und die Subsidiarität der Rechtssatzverfassungsbeschwerde (vgl. § 90 BVerfGG) eingehalten werden müssen. Gegen Rechtsverordnungen der Länder ist nach § 246 Abs. 2 BauGB oder, wenn das Landesrecht dies bestimmt, Rechtsschutz über das Normenkontrollverfahren gem. **§ 47 VwGO** beim Oberverwaltungsgericht des jeweiligen Landes[10] zu erlangen.

Der Bürger kann aber auch eine **Inzidentprüfung** der Rechtmäßigkeit einer Verordnung im Rahmen einer verwaltungsgerichtlichen (**Anfechtungs-)Klage** gegen einen Verwaltungsakt auf Grundlage der Verordnung erreichen. Die Gerichte müssen entscheidungserhebliche Rechtsverordnungen auf ihre Vereinbarkeit mit höherrangigem Recht überprüfen[11] und dagegen verstoßende Vorschriften unangewendet lassen.[12]

9 BVerfGE 91, 148, 175 f.; kritisch *Maurer*, § 13 Rn. 17.

10 Näher zur Normenkontrolle § 24a.

11 Vgl. bereits § 14 Rn. 25, § 19b Rn. 31.

12 Art. 100 Abs. 1 GG, nach dem die Verwaltungsgerichte bei Zweifeln an der Verfassungsmäßigkeit nachkonstitutioneller formeller Gesetze das Verfahren aussetzen und diese Frage dem BVerfG zur Entscheidung vorlegen müssen, findet für Rechtsverordnungen keine Anwendung, vgl. nur *Sturm* in: Sachs, Art. 100 Rn. 3; zu den (eingeschränkten) Möglichkeiten des Einsatzes der Feststellungsklage insoweit BVerfG, NVwZ 2006, 923; dazu *Sachs*, JuS 2006, 1012.

Übersicht 30:
Rechtmäßigkeit der Rechtsverordnung

I. Formelle Rechtmäßigkeit
1. Zuständigkeit des Verordnungsgebers
2. Verfahren (Art. 80 Abs. 2 GG)
3. Form (Zitiergebot, Art. 80 Abs. 1 S. 3 GG; Verkündung, Art. 82 Abs. 1 S. 2 GG)

II. Materielle Rechtmäßigkeit
1. Ermächtigungsgrundlage i.S.d. Art. 80 Abs. 1 S. 1, 2, 4 GG
2. Einhaltung der Ermächtigungsgrundlage
3. Kein Verstoß gegen höherrangiges Recht

▶ **zu Fall 3:** Die Ermächtigungsgrundlage für den Erlass der Sperrzeitverordnung ergibt sich aus § 18 Abs. 1 GastG. Darin ist bestimmt, dass für Schank- und Speisewirtschaften sowie für öffentliche Vergnügungsstätten durch Rechtsverordnung der Landesregierungen eine Sperrzeit festzusetzen ist. Problematisch ist, ob der Oberbürgermeister die Rechtsverordnung erlassen durfte. Nach § 18 Abs. 1 S. 3 GastG können die Landesregierungen (wiederum) durch Rechtsverordnung die Ermächtigung auf andere Behörden übertragen. In Mecklenburg-Vorpommern ist in der Verordnung zur Ausführung des Gaststättengesetzes (Gast-VO M-V) die Zuständigkeit für den Erlass einer Sperrzeitverordnung dem Oberbürgermeister kreisfreier Städte zugewiesen. In materiell-rechtlicher Hinsicht muss die Rechtsverordnung mit höherrangigem Recht vereinbar sein. Hier wäre eine Verletzung von Art. 12 Abs. 1 GG denkbar. Die fragliche Regelung hindert S, seine Spielhalle zu bestimmten Zeiten zu öffnen. Sie stellt eine Berufsausübungsregelung dar, die verfassungsgemäß ist, wenn sie von vernünftigen Gemeinwohlerwägungen getragen wird. Als solche den Eingriff in die Berufsfreiheit rechtfertigende Gründe können der Schutz der Nachtruhe sowie die Eindämmung von Spieltrieb und Alkoholkonsum angeführt werden.[13] Die Rechtsverordnung ist danach rechtmäßig. ◀

IV. Wiederholungs- und Verständnisfragen

1. Woraus ergeben sich formelle und materielle Anforderungen an Rechtsverordnungen des Bundes?
2. Welche Rechtsschutzmöglichkeiten stehen den Bürgern gegen Rechtsverordnungen des Bundes und der Länder offen?

13 BVerwG, DÖV 1995, 645, 645 f.

§ 23 Satzungen

▶ **Fall 4:** Das Gesetz über die Kammern und die Berufsgerichtsbarkeit für Heilberufe des Bundeslandes X (Heilberufegesetz) enthält eine Ermächtigung an die Landesärztekammern, durch Satzung nähere Bestimmungen über Berufspflichten der Ärzte zu treffen. Insbesondere kann die Einschränkung der Werbung durch Ärzte geregelt werden. Daraufhin hat die Zahnärztekammer des Landes X eine Berufsordnung erlassen, die Zahnärzten Werbung gänzlich untersagt. Dr. Z, der eine Zahnklinik betreibt, hält diese Bestimmung der Berufsordnung für rechtswidrig. Ist seine Auffassung richtig? ◀

I. Begriff

1 Öffentlich-rechtliche Satzungen sind Rechtsvorschriften, die von einer dem Staat zugeordneten juristischen Person des öffentlichen Rechts[1] (regelmäßig Körperschaft) im Rahmen der ihr gesetzlich verliehenen Autonomie mit Wirkung für die ihr angehörenden Personen erlassen werden.[2]

II. Rechtmäßigkeitsvoraussetzungen der Satzung

1. Ermächtigungsgrundlage

2 Das Recht zum Erlass von Satzungen ist Ausfluss des Selbstverwaltungsrechts, das zwingend gesetzlich verliehen sein muss (für Gemeinden in Art. 28 Abs. 2 S. 1 GG).[3] Satzungen unterscheiden sich von Rechtsverordnungen dadurch, dass sie aus einer vom Staat eingeräumten Rechtsetzungsgewalt (Satzungsautonomie) hervorgehen, während Rechtsverordnungen auf delegierter staatlicher Rechtsetzungsbefugnis beruhen. Deshalb findet der für den Erlass von Rechtsverordnungen geltende Art. 80 GG bei der Aufstellung von Satzungen keine, auch keine entsprechende Anwendung.[4] Allerdings sind der Parlamentsvorbehalt und die Wesentlichkeitstheorie[5] bei der Satzungsgebung zu beachten: Wenn Satzungen grundrechtsrelevante Angelegenheiten regeln, ist eine hinreichend bestimmte formell-gesetzliche Ermächtigungsnorm erforderlich.

Bspw. ist in § 59b BRAO den Rechtsanwaltskammern das Recht verliehen worden, (die Berufsfreiheit tangierende) Berufspflichten der Rechtsanwälte in einer Berufsordnung (Satzung) zu regeln (Berufsordnung für Rechtsanwälte, BORA); um den Erfordernissen des Gesetzesvorbehalts und der Wesentlichkeitsrechtsprechung gerecht zu werden, enthält § 59b Abs. 2 BRAO eine enumerative Auflistung der Gegenstände, die durch Satzung näher bestimmt werden können. In den Gemeindeordnungen bzw. Kommunalverfassungen sind ebenfalls besondere (Satzungs-)Ermächtigungen u.a. für den Eingriffsbereich enthalten, etwa betreffend die Auferlegung eines Anschluss- und Benutzungszwangs.[6]

1 Näheres zu den juristischen Personen des öffentlichen Rechts § 6 Rn. 14 ff.

2 Vgl. bereits § 7 Rn. 7.

3 Vgl. *Ipsen*, Rn. 302; verfassungsrechtlich bei Gemeinden, Art. 28 Abs. 2 S. 1 GG, einfach-gesetzlich bei Kreisen, Art. 28 Abs. 2 S. 2 GG; bereits § 6 Rn. 18 m.w.N.

4 BVerfGE 33, 125, 156 ff.

5 Dazu § 8 Rn. 6.

6 Z.B. § 15 KV M-V.

2. Formelle Rechtmäßigkeitsvoraussetzungen

Auch für Satzungen gelten, wie für jegliche Handlungsform der Verwaltung, die formellen Rechtmäßigkeitsanforderungen Zuständigkeit, Verfahren und Form. Sie sind regelmäßig spezialgesetzlich festgeschrieben. 3

So liegt gem. § 2 Abs. 1 S. 1 BauGB die Zuständigkeit für die Aufstellung von Bebauungsplänen, die als Satzungen erlassen werden (§ 10 Abs. 1 BauGB), bei der Gemeinde (innerhalb der Gemeinde: Gemeindevertretung, also Gemeinderat, Bürgerschaft, vgl. Kommunalrecht). Über den Bebauungsplan ist zu beschließen, Anforderungen für dieses Beschlussverfahren ergeben sich aus den Gemeindeordnungen bzw. Kommunalverfassungen.[7] Unter den besonderen Voraussetzungen des § 10 Abs. 2 BauGB besteht ein Genehmigungserfordernis. Hinsichtlich der Form folgt aus § 9 Abs. 8 BauGB, dass dem Bebauungsplan eine Begründung[8] beizufügen ist. Schließlich ist die Erteilung der Genehmigung bzw. der Beschluss des Bebauungsplans gem. § 10 Abs. 3 BauGB ortsüblich bekannt zu machen.[9]

3. Materielle Rechtmäßigkeitsvoraussetzungen

Inhaltlich muss sich die Satzung im Rahmen der verliehenen Autonomie halten. Sofern eine Ermächtigungsgrundlage erforderlich ist, hat sie mit dieser in Einklang zu stehen. Generell gilt, dass Satzungen mit sonstigem höherrangigen Recht vereinbar sein müssen. 4

Anforderungen im zuletzt genannten Sinne folgen bspw. für den Bebauungsplan vor allem aus § 1 Abs. 3–7, § 9 Abs. 1, § 8 Abs. 2 BauGB.

III. Rechtswidrigkeit der Satzung und ihre Folgen

Rechtswidrige Satzungen sind grds. nichtig.[10] Es gibt aber zunnehmend Ausnahmeregelungen, nach denen formelle und/oder materielle Fehler einer Satzung unbeachtlich sind oder geheilt werden können. Derartige Vorschriften finden sich für Bebauungspläne in §§ 214, 215 BauGB. 5

Für den Rechtsschutz gegen Satzungen kann auf die Ausführungen zu den Rechtsverordnungen verwiesen werden[11] – mit der Ausnahme, dass bei Satzungen nach dem BauGB das Normenkontrollverfahren von vornherein bundesweit eröffnet ist (vgl. § 47 Abs. 1 Nr. 1 VwGO).

Übersicht 31:
Rechtmäßigkeit der Satzung

I. Formelle Rechtmäßigkeit
1. Zuständigkeit
2. Verfahren
3. Form

---

7 Z.B. §§ 24 ff. KV M-V.

8 Mit den Angaben nach § 2a BauGB (Umweltbericht).

9 Zur wirksamen Bekanntmachung einer Zweitwohnungssteuersatzung OVG Greifswald, LKV 2006, 516.

10 Nichtigkeitsdogma (bei Rechtsnormen), vgl. zur Rechtsverordnung § 22 Rn. 9. Zum Mitwirkungsverbot von Gemeindevertretern beim (Satzungs-)Beschluss über einen Bebauungsplan OVG Greifswald, LKV 2006, 222, 223.

11 § 22 Rn. 10.

II. Materielle Rechtmäßigkeit

1. Sofern keine spezielle Ermächtigungsgrundlage erforderlich ist: Einhaltung der verliehenen Satzungsautonomie
2. Sofern eine spezielle Ermächtigungsgrundlage erforderlich ist: Wahrung der in ihr enthaltenen Vorgabe(n)
3. I.Ü. kein Verstoß gegen höherrangiges Recht

▶ **ZU FALL 4:** Eine spezielle formell-gesetzliche Ermächtigung zum Erlass einer Berufsordnung für Zahnärzte als Satzung (Satzungsautonomie) folgt aus dem Heilberufegesetz des Bundeslandes X.[12] Die Zuständigkeit und weitere formelle Anforderungen sind erfüllt. Der Inhalt der Berufsordnung widerspricht jedoch den Vorgaben der Ermächtigungsgrundlage. Dort ist festgehalten, dass die Ärztekammern Einschränkungen der Werbung für Ärzte erlassen können. Sie sind folglich nicht befugt, sie gänzlich zu verbieten. Die Werbung als Außendarstellung betrifft i.Ü. die Berufsausübung und wird von Art. 12 Abs. 1 GG geschützt. Ein durchgängiges Werbeverbot stellt eine unverhältnismäßige Beschränkung der Berufs(ausübungs)freiheit dar. Die Bestimmung ist mithin materiell rechtswidrig und, weil keine Unbeachtlichkeits- oder ähnliche Vorschriften ersichtlich sind, nichtig. ◀

IV. WIEDERHOLUNGS- UND VERSTÄNDNISFRAGEN

1. Worin unterscheiden sich Satzungen von Rechtsverordnungen?
2. Welche Voraussetzungen sind an die formelle und materielle Rechtmäßigkeit von Satzungen zu stellen?

12 Das Erfordernis einer speziellen Ermächtigungsgrundlage ergibt sich aus dem Regelungsinhalt der Berufsordnung, der eine Einschränkung der Berufsausübungsfreiheit (Art. 12 Abs. 1 GG) bedeutet. Vgl. BVerfG, NJW 2000, 2734; bereits vorstehend Rn. 2.

§ 24 Verwaltungsvorschriften

▶ **Fall 5:** Nach einem Erlass des Bundesverteidigungsministers sollen verheiratete Väter von Kleinkindern und sorgeberechtigte Väter nichtehelicher Kinder nicht gem. § 21 Abs. 1 WPflG zum Wehrdienst herangezogen werden. X, sorgeberechtigter Vater eines zweijährigen nichtehelichen Sohnes, erhält einen Einberufungsbescheid. Kann er sich mit Erfolg gegen die Einberufung wenden? ◀

I. Begriff

Verwaltungsvorschriften sind generell-abstrakte Regelungen einer Behörde an eine nachgeordnete Stelle oder eines Vorgesetzten an die ihm unterstellten Verwaltungsbediensteten.[1] Sie dienen dazu, Organisation und Handeln der Verwaltung näher festzulegen. Von ebenfalls durch die Exekutive zu erlassenden generell-abstrakten Rechtsverordnungen und Satzungen unterscheiden sich Verwaltungsvorschriften dadurch, dass sie nicht auf Wirkung nach außen (den Bürgern gegenüber) zielen, sondern den Innenbereich der Verwaltung regeln. Die Bezeichnung für derartige Vorschriften ist nicht einheitlich; sie werden auch Richtlinien, Erlasse, Rundverfügungen, innerdienstliche Weisungen oder Anleitungen genannt. 1

II. Arten von Verwaltungsvorschriften

Es gibt vielfältige Arten von Verwaltungsvorschriften.[2] **Organisations- und Dienstvorschriften** betreffen die innere Organisation und den Dienstbetrieb der Behörde, z.B. die behördeninterne Gliederung, die Geschäftsverteilung, die Art der Bearbeitung der Akten, die Dienstzeit u.ä. **Gesetzesauslegende oder norminterpretierende Verwaltungsvorschriften** (Auslegungsrichtlinien) bestimmen die Auslegung und Anwendung von Rechtsnormen, insbesondere bei Vorliegen unbestimmter Rechtsbegriffe.[3] Sie stellen für nachgeordnete Behörden Interpretationshilfen dar und gewährleisten eine einheitliche Anwendung der Gesetze. In diesem Zusammenhang hat sich eine weitere Gruppe von Verwaltungsvorschriften herausgebildet, die sog. **normkonkretisierenden Verwaltungsvorschriften.**[4] Sie standardisieren unbestimmte Rechtsbegriffe, die keiner vollständigen gerichtlichen Überprüfbarkeit unterliegen.[5] **Ermessenslenkende Verwaltungsvorschriften** (Ermessensrichtlinien) bestimmen, in welcher Weise von dem der Verwaltung eingeräumten Ermessen Gebrauch gemacht werden soll. Ziel ist eine einheitliche und gleichmäßige Ermessensausübung. **Gesetzesvertretende Verwaltungsvorschriften** werden erlassen, wenn für bestimmte, normierungsbedürftige Bereiche gesetzliche Regelungen fehlen – sei es, dass überhaupt keine gesetzliche Regelung vorliegt, sei es, dass eine gesetzliche Regelung zwar besteht, aber so allgemein gehalten ist, dass konkretisierende Vorschriften noch erforderlich sind. Gesetzesfreie Bereiche und damit gesetzesvertretende Verwaltungsvorschriften sind vor allem im Subventionsrecht zu finden; Subventionsrichtlinien sind bspw. Verwaltungsvorschriften, die 2

1 Ausführlich zu Verwaltungsvorschriften *Erichsen/Klüsche*, Jura 2000, 541; *Bock*, JA 2000, 390; bereits § 7 Rn. 8.

2 Vgl. die Aufzählung bei *Detterbeck*, Rn. 855 ff.; *Maurer*, § 24 Rn. 8 ff.

3 Hierzu auch § 14 Rn. 26 ff.

4 Hierzu etwa *Erbguth*, DVBl. 1989, 473.

5 Näher nachfolgend Rn. 8.

Kriterien für die Vergabe von in Haushaltsplänen eingestellten Fördermitteln enthalten.[6]

III. Allgemeine rechtliche Anforderungen an Verwaltungsvorschriften

3 Die Ermächtigung zum Erlass von Verwaltungsvorschriften beruht auf der Befugnis der Behörden zur Organisation und Leitung ihres Geschäftsbereichs; eine spezielle gesetzliche Ermächtigungsgrundlage ist nicht erforderlich.[7] Folglich können Verwaltungsvorschriften für nachgeordnete Behörden desselben Verwaltungsträgers ohne weiteres erlassen werden; sie werden als **intrasubjektive** Verwaltungsvorschriften bezeichnet. Demgegenüber haben **intersubjektive** Verwaltungsvorschriften Bindungswirkung gegenüber Behörden anderer Verwaltungsträger. Solche Verwaltungsvorschriften müssen auf eine gesetzliche Ermächtigung zurückzuführen sein.[8] Besondere Ermächtigungen für den Erlass von Verwaltungsvorschriften sind in Art. 84 Abs. 2 und Art. 85 Abs. 2 GG zu finden. Danach ist die Bundesregierung befugt, Verwaltungsvorschriften gegenüber den Ländern zu erlassen, wenn sie Bundesgesetze als eigene Angelegenheit oder im Auftrag des Bundes ausführen. Auch § 48 BImSchG enthält bspw. eine besondere Ermächtigung der Bundesregierung, (allgemeine) Verwaltungsvorschriften aufzustellen.

4 Verwaltungsvorschriften können **formlos**, also ohne Einhaltung eines besonderen Verfahrens erlassen werden, soweit sich nicht aus gesetzlichen Vorschriften etwas anderes ergibt.[9] Sie müssen den Behörden, für die sie gelten, bekannt gegeben werden.[10]

5 Wie für jedes Verwaltungshandeln gilt auch für Verwaltungsvorschriften der **Vorrang des Gesetzes** nach Art. 20 Abs. 3 GG.[11] Verstoßen sie gegen Gesetze, sind sie rechtswidrig und damit unwirksam bzw. nichtig. Fraglich ist, ob ein Beamter eine in seinen Augen rechtswidrige Verwaltungsvorschrift anwenden muss. Die Antwort hierauf liefern §§ 56 Abs. 2 BBG, 38 Abs. 2 BRRG:[12] Sofern der Beamte Bedenken hinsichtlich der Rechtmäßigkeit einer dienstlichen Anordnung hat, ist dies dem Vorgesetzten gegenüber anzuzeigen. Der Beamte muss also von seinem Remonstrationsrecht Gebrauch machen. Verpflichtet der Vorgesetzte ihn zur Beachtung der Verwaltungsvorschrift, hat er dieser Anweisung Folge zu leisten.

IV. Rechtsnatur

6 Verwaltungsvorschriften sind Innenrecht der Verwaltung, ihnen fehlt die Rechtsnormen (formelle Gesetze, Rechtsverordnungen, Satzungen) kennzeichnende Außenwirkung. Gleichwohl besitzen sie Rechtsqualität. Die in der Verwaltung Tätigen müssen sie im Rahmen ihrer Gehorsamspflicht und Weisungsgebundenheit beachten. Für sie sind Verwaltungsvorschriften verbindlich. Bürgern gegenüber leiten sich aus Verwaltungsvorschriften indes keine unmittelbar geltenden Rechte und Pflichten ab; Verwal-

6 Hierzu schon § 8 Rn. 9 f.
7 BVerfGE 26, 338, 396; BVerwGE 67, 222, 229.
8 *Bock*, JA 2000, 390, 392.
9 Zu den Besonderheiten normkonkretisierender Verwaltungsvorschriften nachfolgend Rn. 8.
10 BVerwGE 104, 220, 227.
11 Vgl. § 8 Rn. 2.
12 Zum Problem der Anwendung für rechtswidrig erachteter Gesetze § 7 Rn. 19 f.

tungsvorschriften wirken (eben) nicht im (Außen-)Verhältnis Bürger – Verwaltung.[13] Auch für Gerichte sind sie grds. keine unmittelbare Entscheidungsgrundlage; eine behördliche Entscheidung ist gerichtlich nicht daraufhin überprüfbar, ob sie gegen eine Verwaltungsvorschrift verstößt.[14] Da sie keine Rechtsnormen mit Außenrechtsbindung darstellen, können sie ferner vor Gericht nicht direkt angegriffen werden.[15]

Zu berücksichtigen bleibt allerdings, dass Behörden im Bereich der gesetzesfreien Verwaltung und bei der Betätigung von Beurteilungs- und Ermessensbefugnissen einen von Gerichten nur eingeschränkt überprüfbaren Entscheidungsspielraum besitzen. Wird dieser mit Hilfe von Verwaltungsvorschriften ausgefüllt (gesetzesvertretende und beurteilungs- bzw. ermessenslenkende Verwaltungsvorschriften), bildet sich unter Anwendung der Verwaltungsvorschriften eine Verwaltungspraxis, durch die sich die Verwaltung selbst bindet.[16] Gleichgelagerte Fälle, in denen jene Verwaltungsvorschriften zur Anwendung kommen, dürfen dann nicht ohne sachlichen Grund unterschiedlich behandelt werden. Andernfalls kommt es zu einem Verstoß gegen den Gleichheitssatz des Art. 3 Abs. 1 GG. Der Bürger hat folglich einen aus Art. 3 Abs. 1 GG resultierenden Anspruch auf Gleichbehandlung. Da Grundrechte dem Außenrecht zugehören, entfalten Verwaltungsvorschriften hierüber eine **mittelbare Außenwirkung.**[17] Dies gilt jedoch nur, soweit die Verwaltungsvorschrift(en) und die hierauf fußende Verwaltungspraxis rechtmäßig sind; ein Anspruch auf Gleichbehandlung im Unrecht besteht nicht. I.Ü. tritt eine Selbstbindung der Verwaltung, die Voraussetzung für die Geltung des Art. 3 Abs. 1 GG ist, als sog. **antizipierte Verwaltungspraxis** schon dann ein, wenn die Verwaltungsvorschrift noch nicht angewandt worden ist, auf ihrer Grundlage vielmehr zum ersten Mal entschieden werden soll: Der Gleichbehandlungsanspruch aus Art. 3 Abs. 1 GG richtet sich darauf, dass die Behörde im ersten Fall so entscheidet, wie sie in Zukunft entscheiden muss.[18] 7

Eine derartige mittelbare Außenwirkung kommt für Organisations- und Dienstvorschriften nicht in Betracht. Sie regeln nur den verwaltungsinternen Dienstbetrieb und äußern somit keine Wirkung für die Verwaltungsentscheidung, aufgrund derer sich eine bürgergerichtete Verwaltungspraxis begründen kann.[19] Gleiches gilt im Ergebnis für norminterpretierende Verwaltungsvorschriften, die Anleitungen zum Umgang mit unbestimmten Rechtsbegriffen ohne Beurteilungsspielraum geben. Mangels administrativen Entscheidungsspielraums kann es zu keiner Selbstbindung und damit Verwaltungspraxis mit den vorstehend geschilderten Konsequenzen kommen;[20] maßgeblich für die gerichtliche Kontrolle ist allein die gesetzliche Regelung.[21] Der (norminterpretierenden) Verwaltungsvorschrift eignet allenfalls Indizfunktion für eine mögliche

13 Gleichwohl finden sich im Schrifttum Bestrebungen, Verwaltungsvorschriften generell einer unmittelbaren Rechtsgeltung sowie einer erweiterten bzw. umfassenden Bindungswirkung zuzuführen; kritische Erörterung bei *Saurer*, VerwArch 97 (2006), 249.

14 Vgl. BVerfGE 78, 214, 227.

15 So die h.M.; für Unzulässigkeit eines Normenkontrollverfahrens gem. § 47 VwGO etwa VGH München, DVBl. 2001, 311; zu nicht für verbindlich erklärten Abfallwirtschaftsplänen aber *Erbguth*, Die Abfallwirtschaftsplanung, 2. Aufl., 2004, Rn. 132 ff.

16 Vgl. nur *Maurer*, § 24 Rn. 21.

17 *Erichsen/Klüsche*, Jura 2000, 541, 545; *Detterbeck*, Rn. 870 f.

18 BVerwGE 52, 193, 199.

19 *Maurer*, § 24 Rn. 18, 28.

20 BVerwGE 45, 197, 200.

21 Vgl. *Erichsen/Klüsche*, Jura 2000, 541, 547.

Auslegung unbestimmter Rechtsbegriffe, ohne dass insoweit eine Bindung des Gerichts eintritt.[22]

8 Eine Sonderstellung nehmen nach Auffassung des Bundesverwaltungsgerichts **normkonkretisierende Verwaltungsvorschriften** im Umwelt- und technischen Sicherheitsrecht sowie neuerdings auch im Sozialrecht[23] ein.[24] Beispiele für Letztere bilden Verwaltungsvorschriften für sozialrechtliche Pauschalierungen. Ansonsten geht es um Technische Anleitungen zur Festsetzung von Grenzwerten für Immissionen und Emissionen (TA Luft[25] und TA Lärm[26]): Gem. § 48 BImSchG werden von der Bundesregierung in einem formalisierten Verfahren unter Einbeziehung von Sachverständigen mittels Verwaltungsvorschriften u.a. Immissionsgrenzwerte festlegt, um den in zahlreichen Vorschriften des Bundes-Immissionsschutzgesetzes (z.B. in §§ 3, 5, 17, 22 BImSchG) vorfindlichen unbestimmten Rechtsbegriff „schädliche Umwelteinwirkungen" näher zu bestimmen. Derartigen normkonkretisierenden Verwaltungsvorschriften wird eine unmittelbare Außenwirkung zuerkannt; Maßstab für die Überprüfung einer Einzelentscheidung der Behörde ist mithin auch die vorgelagerte generelle Regelung der Verwaltung, eben die Standardisierung im Wege der normkonkretisierenden Verwaltungsvorschrift. Freilich gelten strikte Grenzen der Außenwirkung; sie ist nur dann anzunehmen, wenn

- die Exekutive beim Erlass der Verwaltungsvorschrift höherrangigen Geboten und dem für deren Konkretisierung wesentlichen Erkenntnis- und Erfahrungsstand Rechnung getragen hat,
- die Verwaltungsvorschrift nicht durch Erkenntnisfortschritte in Wissenschaft und Technik überholt ist und
- dem Erlass der Verwaltungsvorschrift ein umfangreiches Beteiligungsverfahren vorausgegangen ist, dessen Zweck es war, vorhandene Erfahrungen und den Stand der wissenschaftlichen Erkenntnis auszuschöpfen.[27]

Darüber hinaus bedürfen derartige Verwaltungsvorschriften mit unmittelbarer Außenwirkung der Bekanntgabe, damit die davon Betroffenen Kenntnis von ihren Inhalten nehmen können; sie sind – anders als „normales" Verwaltungsinnenrecht[28] – im Normenkontrollverfahren überprüfbar.[29]

9 Aus **europarechtlicher** Sicht ist von Bedeutung, dass nach der Rechtsprechung des Europäischen Gerichtshofs Verwaltungsvorschriften, auch solche normkonkretisierender Art, mangels eindeutiger Außenwirkung und Publizität keine geeigneten Mittel zur Umsetzung von EG-Richtlinien darstellen.[30]

▶ **ZU FALL 5:** Grundlage für die Einberufung Wehrpflichtiger ist § 21 Abs. 1 WPflG. Da die Behörde an die gem. Art. 87a Abs. 1 S. 2 GG im Haushalt des Bundes festgelegte Personal-

22 *Maurer*, § 24 Rn. 29.

23 BVerwG, DÖV 2005, 605, 606: anspruchskonkretisierende Verwaltungsvorschriften.

24 BVerwGE 72, 300, 320 f.; BVerwGE 107, 338, 341; BVerwGE 110, 216, 218; *Erbguth/Schlacke*, § 6 Rn. 18.

25 Vom 24.07.2002, GMBl. S. 511.

26 Vom 26.08.1998, GMBl. S. 503.

27 BVerwGE 107, 338, 341; *Ossenbühl* in: Erichsen/Ehlers, § 6 Rn. 53 f. A.A. *Ipsen*, Rn. 155 ff.; vgl. auch die anfängliche Rechtsprechung des BVerwG, nach der solche Verwaltungsvorschriften als antizipierte Sachverständigengutachten galten, BVerwGE 55, 250, 255 ff.

28 Vorstehend Rn. 6.

29 BVerwG, DÖV 2005, 605, 607 m.w.N.; zur Neuausrichtung der höchstrichterlichen Rechtsprechung *Saurer*, DÖV 2005, 587; vgl. § 24a Rn. 5.

30 Für die TA Luft EuGH Slg. 1991, I-2567.

stärke der Bundeswehr gebunden ist, können nicht alle Wehrfähigen einberufen werden. Für die Einberufung steht ihr insofern ein Auswahlermessen zu. Der Erlass des Verteidigungsministers, der die Nichteinziehung bestimmter Personengruppen regelt, enthält Vorgaben für die Ausübung des der Behörde eingeräumten Ermessens und stellt damit eine ermessenslenkende Verwaltungsvorschrift dar. Der Erlass entfaltet zwar keine unmittelbare Außenwirkung, so dass X keinen Anspruch auf Zurückstellung vom Wehrdienst unmittelbar aus der Verwaltungsvorschrift hat. Ein Anspruch auf Aufhebung des Einberufungsbescheides könnte sich aber aus der im Gefolge des Erlasses eingetretenen behördlichen Praxis ergeben, derzufolge verheiratete und sorgeberechtigte Väter nicht zum Wehrdienst einberufen werden; denn damit ist es zu einer Selbstbindung der Verwaltung gekommen, von der wegen Art. 3 Abs. 1 GG grds. nicht ohne sachlichen Grund abgewichen werden darf. Ein solcher über das Gleichheitsgrundrecht vermittelter Anspruch setzt freilich voraus, dass die sich auf den Erlass gründende Verwaltungspraxis rechtmäßig ist. In §§ 9 ff. WPflG ist abschließend geregelt, wann private Interessen gegenüber dem öffentlichen Interesse an der Einberufung überwiegen. Danach ist das für die Auswahlentscheidung maßgebliche Kriterium die Eignung der Wehrpflichtigen. Diese gesetzlichen Vorgaben dürfen durch eine Verwaltungsvorschrift nicht unterlaufen werden, indem zusätzliche, gesetzlich nicht vorgesehene Ausnahmen aufgestellt werden. Das aber ist aufgrund der Anknüpfung an die Vaterschaft von Wehrpflichtigen der Fall. Da ein Anspruch auf Gleichbehandlung im Unrecht nicht besteht, kann A keine Aufhebung seines Einberufungsbescheids verlangen.[31] ◀

V. Wiederholungs- und Verständnisfragen

1. Worin unterscheiden sich Verwaltungsvorschriften von anderen Rechtsnormen (formelle Gesetze, Rechtsverordnungen, Satzungen)?
2. Welche Arten von Verwaltungsvorschriften gibt es?
3. Können Verwaltungsvorschriften gegenüber dem Bürger Außenwirkung entfalten?

31 Vgl. BVerwGE 34, 278; BVerwGE 36, 313.

§ 24a Normenkontrolle, § 47 VwGO

▶ **FALL 6:** Gemeinde G in Bayern hat ihren Flächennutzungsplan geändert und Eignungsgebiete für Windenergieanlagen ausgewiesen; danach dürfen nur dort, nicht aber außerhalb der (Eignungs-)Gebiete derartige Anlagen errichtet werden. A, der seit längerem einen Windpark auf seinem großflächigen Grundbesitz errichten möchte, liegt mit diesen Grundstücken in der „Ausschlussfläche". Er möchte erreichen, dass der Flächennutzungsplan gerichtlich für unwirksam erklärt wird. Wäre ein entsprechender Antrag nach § 47 VwGO zulässig? ◀

I. Begriff und Funktion

1 Als Normenkontrolle wird die gerichtliche Überprüfung von Rechtssätzen auf ihre Vereinbarkeit mit höherrangigem Recht bezeichnet. Erfolgt diese Prüfung losgelöst von einem konkreten Rechtsstreit um deren Anwendung, handelt es um eine abstrakte oder **prinzipale Normenkontrolle**. Dergestalt hat § 47 VwGO wie Art. 93 Abs. 1 Nr. 2 GG ein abstraktes Normenkontrollverfahren zum Gegenstand. Wird die Rechtsnorm dagegen als Rechtsgrundlage im Rahmen eines (konkreten) Rechtsstreits um ihre Anwendung untersucht, so findet die bereits angesprochene konkrete bzw. inzidente Normenkontrolle statt.[1]

2 Die prinzipale Normenkontrolle nach § 47 VwGO stellt, sofern sie von einer Behörde angestrengt wird, ein Verfahren rein **objektiver Beanstandung** dar, dem es um rechtsstaatliche Ziele der Bindung an Recht und Gesetz (Art. 20 Abs. 3 GG) geht, nicht aber um den Schutz individueller Rechtspositionen. Ist Antragsteller hingegen eine natürliche oder juristische Person des Privatrechts (ggf. auch Selbstverwaltungsträger, vgl. Art. 28 Abs. 2 S. 1 GG), so handelt es sich zugleich um ein **Rechtsschutzverfahren** zur Abwehr der Verletzung subjektiver Rechte durch normatives Unrecht.[2] Allerdings gilt Letzteres nur partiell, nämlich für die Zulässigkeit der Normenkontrolle, nicht für seine Begründetheit, wie § 47 Abs. 2 S. 1 Hs. 1 VwGO zeigt.[3]

II. Statthaftigkeit

3 Das Normenkontrollverfahren[4] ist nach § 47 Abs. 1 **Nr. 1** VwGO bundesweit die statthafte Verfahrensart, wenn der Antragsteller die Überprüfung der Gültigkeit von Satzungen, die nach den Vorschriften des Baugesetzbuchs erlassen worden sind, oder von Rechtsverordnungen auf Grund des § 246 Abs. 2 BauGB begehrt. Nach dem Baugesetzbuch erlassene Satzungen sind insbesondere **Bebauungspläne** (vgl. § 10 Abs. 1 BauGB), die auch die zahlenmäßig bedeutendste Fallgruppe im Rahmen der verwaltungsgerichtlichen Normenkontrolle darstellen.[5] Umstritten ist die Überprüfbarkeit von **Bebauungsplangesetzen**, die in den Stadtstaaten Berlin, Bremen und Hamburg anstelle der Satzung erlassen werden können, § 246 Abs. 2 BauGB. Z.T.

1 Vgl. § 22 Rn. 10; *Würtenberger*, Rn. 433. Gegenüber untergesetzlichen Rechtsnormen verfügen die Fachgerichte insoweit über eine eigene Verwerfungskompetenz; formelle Gesetze müssen sie dagegen nach Maßgabe des Art. 100 GG der Prüfung durch das BVerfG zuführen.

2 Einzelheiten sind streitig, vgl. etwa *Schenke*, Rn. 873.

3 Anders als bspw. bei der Anfechtungs- und der Verpflichtungsklage, vgl. § 19a Rn. 31 ff.

4 Dazu näher *Ehlers*, Jura 2005, 171.

5 Weitere aufgrund von Vorschriften des BauGB erlassene Satzungen sind solche über Veränderungssperren (§§ 16 Abs. 1, 14 BauGB), Innenbereichssatzungen (§ 34 Abs. 4 BauGB), Erschließungssatzungen (§ 132 BauGB), Sanierungssatzungen (§ 142 BauGB) und Erhaltungssatzungen (§ 172 BauGB).

soll aufgrund der funktionalen Austauschbarkeit der Handlungsformen und wegen Art. 3 Abs. 1 GG eine Gleichbehandlung bei der Gewährung von Rechtsschutz geboten und daher § 47 VwGO auch auf Bebauungsplangesetze anzuwenden sein.[6] Zu Recht verweist die Gegenansicht freilich auf den Wortlaut von § 47 Abs. 1 Nr. 1 VwGO, der nur Rechtsverordnungen im Zusammenhang mit § 246 Abs. 2 BauGB erwähnt, so dass von einer abschließenden Regelung ausgegangen werden muss. Überdies ist eine verwaltungsgerichtliche Normenkontrolle formeller Landesgesetze mit dem in Art. 100 GG verankerten Monopol des Bundesverfassungsgerichts für die Verwerfung formeller Gesetze nicht zu vereinbaren.[7]

Des Weiteren können andere, unter(landes)gesetzliche Rechtsvorschriften (also Rechtsverordnungen und Satzungen) Gegenstand der Überprüfung sein, sofern Landesrecht die Normenkontrolle hierauf erweitert, § 47 Abs. 1 **Nr. 2** VwGO. Berlin, Hamburg und Nordrhein-Westfalen haben auf eine solche Bestimmung verzichtet; in den anderen Bundesländern existieren hingegen derartige Öffnungsklauseln, freilich mit unterschiedlicher Regelungsweite.[8] 4

Was das Vorgehen gegen den **Flächennutzungsplan**[9] als gemeindeweite Entwicklungsplanung (vgl. § 5 Abs. 1 BauGB) anbelangt, so wurde nach bislang h.M. das Verfahren nach § 47 Abs. 1 VwGO als nicht eröffnet angesehen, weil dem Plan die Außenwirkung fehlt(e).[10] Tatsächlich erschöpft sich seine Wirkung regelmäßig darin, Vorgaben für Bebauungspläne oder (abgeschwächt) für Fachplanungen zu liefern (§ 8 Abs. 2 S. 1, § 7 BauGB). Anders sieht es aber aus, wenn der Gesetzgeber Inhalten von Flächennutzungsplänen unmittelbar die Steuerung des Baugeschehens eröffnet, wie dies zwischenzeitlich durch § 35 Abs. 3 S. 3 BauGB erfolgt ist; bei solchen Ausweisungen[11] liegt deshalb die Statthaftigkeit der verwaltungsgerichtlichen Normenkontrolle nicht nur „nicht fern“[12], sondern drängt sich auf. Es handelt sich um einen Fall des § 47 Abs. 1 Nr. 2 VwGO[13], weil es hiernach nicht darauf ankommt, ob die Rechtsvorschrift auf einer landesgesetzlichen Ermächtigungsgrundlage beruht (hier demgegenüber: BauGB), sondern, ob sie von einem Träger unmittelbarer oder mittelbarer Landesverwaltung (vorliegend: Gemeinde[14]) erlassen worden ist[15]. Ähnliches gilt für **Verwaltungsvorschriften.**[16] Wegen ihrer bloßen (Verwaltungs-)Innenwirkung 5

6 Vgl. BVerfGE 70, 35, 57; *Gersdorf*, Rn. 162.

7 *Detterbeck*, Rn. 1409; vgl. bereits vorstehend in Fn. 1.

8 *Detterbeck*, Rn. 1408; meist finden sich aber einschränkungslose Weiterungen, vgl. etwa § 13 Gesetz zur Ausführung des Gerichtsstrukturgesetzes M-V.

9 Dazu *Hendler*, NuR 2004, 485; *Jeromin*, NVwZ 2006, 1374.

10 BVerwG, NVwZ 1991, 262; *Schenke*, Rn. 878 m.w.N.

11 Die damit weitergehend wirken als herkömmlicherweise die für Flächennutzungspläne typischen bloßen „Darstellungen“; vgl. zu Letzeren § 5 Abs. 2 BauGB; gleichwohl verharrt § 35 Abs. 3 S. 3 BauGB bei jener Begrifflichkeit.

12 Vgl. BVerwGE 117, 287, 303; BVerwGE 119, 217, 225.

13 *Erbguth* in: Tettinger/Erbguth/Mann, Rn. 1282; auch *Detterbeck*, Rn. 1410; jeweils m.w.N.; der Flächennutzungsplan ist – auch dann – keine Satzung, „die nach den Vorschriften des Baugesetzbuchs erlassen worden“ ist, § 47 Abs. 1 Nr. 1 BauGB (es sei denn, man begreift “Satzung” nicht formal i.S.d. § 10 Abs. 1 BauGB, sondern materiell, also inhaltlich; dazu allgemein *Schenke*, Rn. 880; zu dieser generellen Frage bereits § 12 Rn. 9 m.w.N.); vgl. auch OVG Lüneburg, NordÖR 2007, 206; *Dazert*, BauR 2007, 657; *Schenke*, NVwZ 2007, 134.

14 Zur organisatorischen Einordnung allgemein § 6 Rn. 11 ff.

15 *Schenke*, Rn. 879.

16 Vgl. nachfolgend.

sind sie grds. der prinzipalen Normenkontrolle entzogen[17] Kommt ihnen allerdings ausnahmsweise Außenwirkung zu, wie normkonkretisierenden Verwaltungsvorschriften[18], ist das Verfahren nach § 47 Abs. 1 Nr. 2 VwGO statthaft.[19]

6 I.Ü. ist die Rechtsprechung relativ großzügig: Zu Rechtsvorschriften nach § 47 Abs. 1 Nr. 2 VwGO werden auch **Geschäftsordnungen** der Gemeindevertretungen gezählt (wegen der Festlegung kompetenzieller Wahrnehmungsrechte der Mandatsträger)[20], ferner **Raumordnungsziele** in Regionalplänen (§ 3 Nr. 2, § 4 Abs. 1 – 5, § 9 ROG i.V.m. Landesplanungsgesetzen), unabhängig davon, ob sie (nach Landesplanungsrecht) als Rechtsverordnungen erlassen werden[21].

7 **Ausgenommen** vom Anwendungsbereich des § 47 VwGO sind vor diesem Hintergrund Rechtsvorschriften des Bundes, und zwar jeden Ranges, sowie formelle Landesgesetze. Abweichendes soll nach verbreiteter Auffassung bei Landesgesetzen gelten, die eine Rechtsverordnung ändern und zugleich die vorgenommenen Änderungen ihrerseits der Modifikation durch Rechtsverordnung zugänglich machen.[22] Einer solche Ausnahme stehen jedoch dieselben Gründe entgegen wie der diesbezüglichen Überprüfbarkeit von Bebauungsplangesetzen (s.o.).[23]

III. Antragsbefugnis[24]

8 Die Zulässigkeit des Normenkontrollantrags einer **natürlichen oder juristischen Person** setzt weiter voraus, dass sie eine (mögliche) Verletzung eigener Rechte durch die zu überprüfende Rechtsvorschrift oder deren Anwendung geltend machen kann, § 47 Abs. 2 S. 1 Hs. 1 VwGO (Antragsbefugnis). Das beurteilt sich prinzipiell anhand der nämlichen Anforderungen, wie sie zur Klagebefugnis gem. § 42 Abs. 2 VwGO behandelt worden sind, so dass hierauf verwiesen werden kann.[25] Erweiternd gegenüber der Klagebefugnis genügt es für die Antragsbefugnis nach § 47 Abs. 2 S 1 Hs. 1 VwGO allerdings, wenn der Antragsteller in absehbarer Zeit betroffen sein wird, also die Einwirkung noch nicht erfogt ist, aber in nächster Zeit zu erwarten steht.[26] Ist Gegenstand der Normenkontrolle ein Bebauungsplan (oder eine vergleichbare Handlungsform mit Abwägungsauftrag), so kann die Antragsbefugnis überdies regelmäßig mit einem Verstoß gegen § 1 Abs. 7 BauGB (bzw. die entsprechende Abwägungsvorschrift) begründet werden, nämlich dergestalt, eigene Belange seien nicht ordnungsgemäß abgewogen worden. Selbst wenn diese Belange keinen eigenen individualrechtlichen Charakter aufweisen, etwa weil sie rein ideeller oder wirtschaftlicher Natur sind, verleiht ihnen doch § 1 Abs. 7 BauGB (o.ä.), der eine gerechte Abwägung vorschreibt, den erforderlichen individuellen Gehalt, weil die Bestimmung ein subjektivöffentliches Recht auf insoweit fehlerfreie Abwägung gewährt. Dies setzt freilich voraus, dass die vorgebrachten eigenen Belange abwägungsrelevant waren – was anzunehmen ist, wenn sie städtebaulichen Bezug aufweisen, bei Aufstellung des Bebau-

17 *Detterbeck*, Rn. 1410; siehe dazu § 24 Rn. 6 ff.

18 Vgl. § 24 Rn. 8.

19 *Schenke*, Rn. 882, a.A. *Hufen*, Rn. 22.

20 BVerwG, NVwZ 1988, 1119.

21 BVerwGE 119, 217.

22 BVerwGE 117, 313, 317 ff.; *Kreiner*, BayVBl. 2005, 106; *Sendler*, DVBl. 2005, 423; a.A. *Uhle*, DVBl. 2004, 1272.

23 Vgl. *Detterbeck*, Rn. 1409; vorstehend Rn 3.

24 Anhand des öffentlichen Baurechts näher *Erbguth/Wagner*, § 15 Rn. 23 ff.

25 Zur Klagebefugnis § 9 Rn. 7 ff.

26 *Detterbeck*, Rn. 1413; *Schenke*, Rn. 890 f.

ungsplans für die Gemeinde erkennbar waren und nicht nur geringwertige, zudem schutzwürdige Interessen des Antragstellers darstellen.[27] **Behörden** sind gem. § 47 Abs. 2 S. 1 Hs. 2 VwGO klagebefugt, ohne dass sie eine Verletzung in eigenen Rechten geltend machen müssen. Dazu wären sie auch nicht in der Lage, weil Behörden keine Träger von Rechten sein können[28]. Anstelle einer möglichen Rechtsverletzung müssen Behörden ein objektives Kontrollinteresse nachweisen; ein solches wird angenommen, wenn sie die streitgegenständliche Norm vollziehen müssen; ausreichend ist aber schon, dass die jeweilige Behörde(n) jene Vorschrift bei Ausübung ihrer Aufgaben zu beachten hat.[29]

IV. Antragsfrist

Der Antrag ist innerhalb eines Jahres nach Bekanntmachung der angegriffenen Rechtsvorschrift zu stellen, § 47 Abs. 2 S. 1 VwGO.[30] 9

V. Sachliche Zuständigkeit

Für die Durchführung des Normenkontrollverfahrens ist aufgrund § 47 Abs. 1 VwGO das Oberverwaltungsgericht (bzw. der Verwaltungsgerichtshof, § 184 VwGO) zuständig. 10

VI. Beteiligtenfähigkeit, Prozessfähigkeit und Antragsgegner

Die **Beteiligtenfähigkeit** im Rahmen des Normenkontrollverfahrens richtet sich nicht nach § 61 VwGO; § 47 Abs. 2 S. 1 VwGO enthält eine spezielle Regelung. Danach sind neben natürlichen und juristischen Personen auch Behörden beteiligtenfähig. Die **Prozessfähigkeit** beurteilt sich mangels besonderer Bestimmung hingegen nach § 62 VwGO[31]. **Antragsgegner** ist die Körperschaft, Anstalt oder Stiftung, welche die Rechtsvorschrift erlassen hat, § 47 Abs. 2 S. 2 VwGO; es gilt also wie nach § 78 Abs. 1 Nr. 1 VwGO das Rechtsträgerprinzip[32]. 11

VII. Rechtsschutzbedürfnis

Das Rechtsschutzbedürfnis wird regelmäßig durch das Vorliegen der Antragsbefugnis (s.o.) indiziert. Auf Seiten natürlicher und juristischer Personen setzt es allgemein voraus, dass die Feststellung der Unwirksamkeit der Norm die Rechtsstellung des Antragstellers zu verbessern vermag.[33] Daran kann es – ausnahmsweise – fehlen, wenn der Antragsteller unabhängig vom Ausgang des Normenkontrollverfahrens keine reale Chance hat, die von ihm geltend gemachte Beeinträchtigung abzuwehren;[34] das ist bspw. der Fall, wenn er sich letztlich gegen ein im Bebauungsplan vorgesehenes Vor- 12

27 Näher *Erbguth* in: Tettinger/Erbguth/Mann, Rn. 1292; *Würtenberger*, Rn. 454; jeweils m.w.N. und auch zum Vorstehenden.

28 Vgl. § 19a Rn. 24.

29 *Detterbeck*, Rn. 1414; *Schenke*, Rn. 898; enger *Hufen*, § 19 Rn. 43: nur Behörden, die mit dem Vollzug der Rechtsvorschrift betraut sind.

30 Umstritten ist, ob es sich dabei um eine Ausschlussfrist handelt, oder, ob nach § 60 VwGO Wiedereinsetzung in den vorigen Stand bei unverschuldetem Fristversäumnis möglich ist; *Würtenberger*, Rn. 450 m.w.N.

31 Dazu § 19a Rn. 27 f.

32 Dazu § 19a Rn. 24.

33 *Würtenberger*, Rn. 461.

34 BVerwG, ZfBR 2004, 272, 276.

haben wendet, das auch bei Ungültigkeit des Plans ohne weiteres zu genehmigen wäre (nämlich nach § 34 oder § 35 BauGB)[35]. Umgekehrt wird das Rechtsschutzinteresse nicht dadurch ausgeschlossen, dass aufgrund der angegriffenen Rechtsvorschrift bereits selbständig gerichtlich überprüfbare (Vollzugs-)Akte ergangen sind, etwa Baugenehmigungen im Gefolge des durch Normenkontrolle angegriffenen Bebauungsplans; denn eine gerichtliche Anfechtung des Vollzugsaktes lässt die Wirksamkeit der Norm unberührt, während bei Obsiegen nach § 47 Abs. 5 S. 2 Hs. 1 VwGO die Vorschrift allgemeinverbindlich für unwirksam erklärt wird. Die Normenkontrolle dient damit gerade auch in solchen Konstellationen der Prozessökonomie.[36]

VIII. Begründetheit

13 Der Normenkontrollantrag ist begründet, wenn die Rechtsvorschrift mit höherrangigem Recht unvereinbar und daher **unwirksam** ist. Nicht erforderlich ist ein Verstoß gegen Rechtsvorschriften, die dem Antragsteller subjektive Rechte einräumen. Die Normenkontrolle ist jedenfalls insoweit ein Verfahren rein objektiven Rechtsschutzes.[37] **Maßstab** der gerichtlichen Überprüfung ist neben dem Bundesverfassungsrecht das gesamte sonstige Bundesrecht, Landesrecht einschließlich des Landesverfassungsrechts und Europarecht[38]. Zu beachten bleibt jedoch § 47 Abs. 3 VwGO; danach scheidet Landesrecht als Prüfungsmaßstab aus, wenn die Rechtsvorschrift auf Grund gesetzlicher Bestimmmung nur vom jeweiligen Landesverfassungsgericht nachprüfbar ist.

14 Liegt ein Verstoß gegen höherrangiges Recht vor, stellt das Gericht die Unwirksamkeit der überprüften Rechtsnorm allgemeinverbindlich fest, § 47 Abs. 5 S. 2 VwGO. Sofern es sich bei dem Verstoß um einen beachtlichen, aber heilbaren Fehler handelt (vgl. § 214 Abs. 4 BauGB: durch ergänzendes Verfahren), ist die Norm bis zum Eintritt der Heilung schwebend unwirksam.[39]

15 Ein Verstoß gegen **europarechtliche** Vorschriften führt dagegen nicht zur Unwirksamkeit der Norm, sondern zu ihrer Unanwendbarkeit (Anwendungsvorrang zugunsten des Europarechts).[40] Entsprechendes gilt, wenn die Ungültigkeit der Norm zu einer noch gravierenderen Beeinträchtigung höherrangigen Rechts führen würde (bspw. im Fall eines gleichheitswidrigen Ausschlusses von einer Begünstigung durch Rechtsverordnung, weil sonst die Besserstellung insgesamt entfiele). Dann kommt es zu einer **Nichtanwendungserklärung** oder Rechtswidrigkeitsfeststellung (analog § 47 Abs. 5 S. 2 VwGO) hinsichtlich der Norm.[41]

35 BVerwG, NVwZ 2000, 194; *Erbguth* in:Tettinger/Erbguth/Mann, Rn. 1295 m.w.N.

36 *Schenke*, Rn. 903; auch *Erbguth/Wagner*, § 15 Rn. 30, 123.

37 Im Falle behördlichen Vorgehens sogar insgesamt, vgl. vorstehend Rn. 2.

38 BVerwG, NVwZ-RR 1995, 359; *Detterbeck*, Rn. 1417.

39 Näher dazu *Erbguth/Wagner*, § 15 Rn. 97, 103, § 5 Rn. 49 ff.

40 Vgl. allgemein § 3 Rn. 2; *Schenke*, Rn. 917.

41 Zum Vorstehenden *Detterbeck*, Rn. 1418; *Würtenberger*, Rn. 470.

Übersicht 32:
Prüfungsschema für den Normenkontrollantrag gem. § 47 Abs. 1 VwGO

A. Zulässigkeit 16

I. Eröffnung des Verwaltungsrechtswegs
   1. Aufdrängende Sonderzuweisung, z.B. § 126 Abs. 1 BRRG
   2. § 40 Abs. 1 VwGO (Generalklausel)
      a) öffentlich-rechtliche Streitigkeit
      b) nichtverfassungsrechtlicher Art
      c) keine abdrängende Sonderzuweisung

II. Statthaftigkeit, § 47 Abs. 1 VwGO
   1. § 47 Abs. 1 Nr. 1 VwGO: wenn Überprüfung nach BauGB erlassener Satzungen oder aufgrund § 246 Abs. 2 BauGB erlassener Rechtsverordnungen begehrt wird
   2. § 47 Abs. 1 Nr. 2 VwGO: wenn Überprüfung untergesetzlicher landesrechtlicher Vorschriften begehrt wird, die dieser Prüfung gem. Landesrecht zugänglich sind

III. Antragsbefugnis, § 47 Abs. 2 S. 1 VwGO
   erforderlich, wenn der Antragsteller eine natürliche oder juristische Person ist

IV. Antragsfrist, § 47 Abs. 2 S. 1 VwGO
   Antrag ist innerhalb eines Jahres nach Bekanntgabe der Norm zu stellen.

V. Antragsgegner, § 47 Abs. 2 S. 2 VwGO
   Antragsgegner ist die erlassende Körperschaft, Anstalt oder Stiftung.

VI. Beteiligtenfähigkeit, § 47 Abs. 2 S. 1, 2 VwGO
   1. als Antragsteller: natürliche und juristische Personen sowie Behörden
   2. als Antragsgegner: die erlassende Körperschaft, Anstalt oder Stiftung

VII. Rechtsschutzbedürfnis
   1. Allgemeines Rechtsschutzbedürfnis – wenn der Antragsteller eine natürliche oder juristische Person ist.
   2. Objektives Kontrollinteresse – wenn der Antragsteller eine Behörde ist.

VIII. Zuständigkeit des Gerichts
   1. sachlich: § 47 Abs. 1 VwGO – Oberverwaltungsgericht/ Verwaltungsgerichtshof
   2. örtlich: § 52 VwGO

B. Begründetheit

wenn die zu untersuchende Rechtsvorschrift wegen Unvereinbarkeit mit höherrangigem Recht unwirksam oder unanwendbar ist.

IX. Einstweilige Anordnung nach § 47 Abs. 6 VwGO[42]

1. Statthaftigkeit

Der Antrag nach § 47 Abs. 6 VwGO ist statthaft, wenn der Antragsteller vorläufigen Rechtsschutz gegen untergesetzliche Normen nach Abs. 1 Nr. 1 der Vorschrift bzw. gegen solche des Landesrechts i.S.v. § 47 Abs. 1 Nr. 2 VwGO begehrt. Insofern bestehen keine Unterschiede gegenüber der Normenkontrolle im Hauptsacheverfah- 17

42 Anhand des öffentlichen Baurechts *Erbguth/Wagner*, § 15 Rn. 123 f.

ren.[43] Ein Antrag gem. § 47 Abs. 6 VwGO hat allerdings nicht zur Voraussetzung, dass zuvor eine Normenkontrolle nach § 47 Abs. 1 VwGO beantragt worden ist.[44]

2. Weitere Zulässigkeitsvoraussetzungen

18 Die Zulässigkeitsvoraussetzungen des Antrags nach § 47 Abs. 6 VwGO entsprechen größtenteils denen des verwaltungsgerichtlichen Normenkontrollverfahrens (s.o); dessen Vorschriften finden dem Grunde nach analoge Anwendung. Die **Antragsbefugnis** liegt jedoch anders als im Hauptsacheverfahren nicht bereits dann vor, wenn der Antragsteller die Möglichkeit einer Verletzung in eigenen Rechten darlegt oder, sofern der Antragsteller eine Behörde ist, wenn ein objektives Kontrollinteresse gegeben ist.[45] Zusätzlich muss vielmehr nach seinem Vortrag die Möglichkeit bestehen, dass ohne den Erlass der Anordnung schwere Nachteile eintreten oder wichtige Belange beeinträchtigt werden (vgl. § 47 Abs. 6 VwGO). Die zweistufige Prüfung nach § 47 Abs. 6 VwGO ähnelt derjenigen, die im Rahmen einer einstweiligen Anordnung nach § 123 Abs. 1 VwGO anzustellen ist.[46] Das allgemeine **Rechtsschutzbedürfnis** wird durch die Möglichkeit, gegen einen die Rechtsvorschrift vollziehenden Einzelakt mittels Antrags nach §§ 80 f. bzw. § 123 Abs. 1 VwGO vorzugehen, entgegen anderslautenden Meinungen[47] nicht ausgeschlossen[48].

3. Begründetheit

19 Der Antrag nach § 47 Abs. 6 VwGO ist begründet, wenn die einstweilige Anordnung zur Abwehr **schwerer Nachteile** oder aus anderen **wichtigen** Gründen dringend geboten ist. Eine Verletzung subjektiver Rechte des Antragstellers wird nicht geprüft, weil das Verfahren nach § 47 Abs. 6 VwGO wie dasjenige gem. § 47 Abs. 1 VwGO in der Begründetheit ein solches rein **objektiver Beanstandung** darstellt[49]. Die Anordnung ist **dringend** geboten, wenn die Folgen, die der Erlass einer einstweiligen Anordnung im Falle der Rechtmäßigkeit der Norm hätte, gegenüber den Folgen, die eine unterlassene Anordnung im Falle der Rechtswidrigkeit der Norm hätte, weniger gravierend sind.[50] Bei dieser Folgenabwägung sind auch die Erfolgsaussichten des Hauptsacheverfahrens, also die Wahrscheinlichkeit, dass die Vorschrift tatsächlich rechtswidrig ist, zu berücksichtigen. In der juristischen Klausur oder Hausarbeit ist eine solche Abwägung kaum zu leisten. Abgesehen davon wird im Unterschied zur gerichtlichen Vorgehensweise eine umfassende Prüfung der Rechtmäßigkeit der Norm erwartet. Daher ist in der Prüfungsarbeit die Begründetheit des Antrags gegeben, wenn die Norm **rechtswidrig** ist und dem Antragsteller ohne den Erlass der einstweiligen Anordnung ein **schwerer Nachteil** droht, wovon insbesondere bei ansonsten irreversiblen oder nur schwer revidierbaren Folgen auszugehen ist.[51]

43 Dazu vorstehend Rn. 3.

44 *Detterbeck*, Rn. 1544; *Schenke*, Rn. 1044.

45 Vorstehend Rn. 8.

46 Siehe dazu § 20 Rn. 21.

47 OVG Münster, DVBl. 1981, 687; *Hufen*, § 34 Rn. 8.

48 Näher *Erbguth* in: Tettinger/Erbguth/Mann, Rn. 1368.

49 Vorstehend Rn. 2, 13.

50 *Schenke*, Rn. 1045.

51 *Detterbeck*, Rn. 1547; anhand des Baurechts näher *Erbguth* in: Tettinger/Erbguth/Mann, Rn. 1368.

Übersicht 33:
Prüfungsschema für den Antrag auf einstweiligen Rechtsschutz gem. § 47 Abs. 6 VwGO

A. Zulässigkeit 20

I. Eröffnung des Verwaltungsrechtswegs
   1. Aufdrängende Sonderzuweisung, z.B. § 126 Abs. 1 BRRG
   2. § 40 Abs. 1 VwGO (Generalklausel)
      a) öffentlich-rechtliche Streitigkeit
      b) nichtverfassungsrechtlicher Art
      c) keine abdrängende Sonderzuweisung

II. Statthaftigkeit, § 47 Abs. 6 VwGO
Antragsteller muss vorläufigen Rechtsschutz gegen eine der Normenkontrolle nach § 47 Abs. 1 VwGO zugängliche Rechtsvorschrift begehren

III. Antragsbefugnis, § 47 Abs. 2 S. 1 VwGO analog
nur erforderlich, wenn Antragsteller eine natürliche oder juristische Person ist.
   1. Möglichkeit einer Rechtsverletzung
   2. und schwerer Nachteile oder anderer wichtiger Gründe

IV. Antragsfrist, § 47 Abs. 2 S. 1 VwGO analog
innerhalb eines Jahres nach Bekanntgabe der Norm

V. Antragsgegner, § 47 Abs. 2 S. 2 VwGO analog
erlassende Körperschaft, Anstalt oder Stiftung.

VI. Beteiligtenfähigkeit, § 47 Abs. 2 S. 1, 2 VwGO analog
   1. als Antragsteller: natürliche und juristische Personen sowie Behörden
   2. als Antragsgegner: die erlassende Körperschaft, Anstalt oder Stiftung

VII. Prozessfähigkeit, § 62 VwGO

VIII. Rechtsschutzbedürfnis
   1. Allgemeines Rechtsschutzbedürfnis – wenn Antragsteller eine natürliche oder juristische Person ist.
   2. Objektives Kontrollinteresse – wenn Antragsteller eine Behörde ist.

VIII. Zuständigkeit des Gerichts
   1. sachlich: § 47 Abs. 1 VwGO Oberverwaltungsgericht/ Verwaltungsgerichtshof
   2. örtlich: § 52 VwGO

B. Begründetheit
wenn
1. die zu untersuchende Rechtsvorschrift wegen Unvereinbarkeit mit höherrangigem Recht unwirksam oder unanwendbar ist, und
2. dem Antragsteller dadurch schwere Nachteile u.ä. drohen

▶ **zu Fall 6:** Das Normenkontrollverfahren kann allein aufgrund § 47 Abs. 1 Nr. 2 VwGO statthaft sein, weil der Flächennutzungsplan, anders als der Bebauungsplan, nach dem Baugesetzbuch nicht als Satzung i.S.d. § 47 Abs. 1 Nr. 1 VwGO aufgestellt wird (vgl. § 6 BauGB). Man wird allerdings Flächennutzungspläne nicht generell als Rechtsvorschriften gem. § 47 Abs. 1 Nr. 2 VwGO einordnen können, selbst wenn, wie hier[52] eine landesrechtliche Öffnung der Normenkontrolle nach Maßgabe der (Bundes-)Vorschrift erfolgt ist. Dem Flächennutzungsplan fehlt nämlich die für Rechtsnormen vorausgesetze Außenwirkung,

52 Vgl. vorstehend Rn. 4.

weil sich seine rechtliche Wirkung grds. auf den Verwaltungsbinnenbereich beschränkt (§ 8 Abs. 2 S. 1, § 7 BauGB). Anders sieht es aber aus, wenn von Ausweisungen eines Flächennutzungsplans unmittelbar die Nutzung von Grund und Boden abhängt, wie dies vorliegend von der Gemeinde gewollt und vom Gesetzgeber auch abgesichert ist, § 35 Abs. 3 S. 3 BauGB. Dann kommt dem Flächennutzungsplan Außenwirkung zu, so dass ein Vorgehen im Normenkontrollverfahren nach § 47 Abs. 1 Nr. 2 VwGO statthaft ist. A kann sich auch auf die nach § 47 Abs. 2 S. 1 VwGO erforderliche Antragsbefugnis berufen, weil er durch die Ausweisung im Flächennutzungsplan an der baulichen Ausnutzung seiner Grundflächen gehindert wird und damit eine Verletzung seines Grundrechts aus Art. 14 GG möglich erscheint.[53] Bedenken an der Einhaltung der Antragsfrist, der Beteiligten- und Prozessfähigkeit, an § 47 Abs. 2 S. 2 VwGO sowie mit Blick auf das Rechtsschutzbedürfnis des A ergeben sich im Gefolge der Sachverhaltsangaben nicht, so dass sein Normenkontrollantrag zulässig wäre.◀

X. Wiederholungs- und Verständnisfragen

1. Was versteht man unter einer prinzipalen, was unter einer inzidenten Normenkontrolle?
2. Wer kann Beteiligter, wer kann Antragsgegner einer verwaltungsgerichtlichen Normenkontrolle sein?
3. Was muss eine Behörde, die ein Normenkontrollverfahren anstrengt, anstelle der Antragsbefugnis nachweisen?
4. Warum findet beim Normenkontrollverfahren nach § 47 Abs. 1 VwGO das Zulässigkeitserfordernis der Antragsbefugnis keine Entsprechung in der Begründetheit?
5. Inwieweit unterscheiden sich Antragsbefugnis und Begründetheit nach § 47 Abs. 6 VwGO vom Hauptsacheverfahren nach § 47 Abs. 1 VwGO?

53 Wegen Art. 14 GG bedarf es hier keines Heranziehens des subjektiv-öffentlichen Rechts auf ordnungsgemäße Abwägung der eigenen Belange; dazu vorstehend Rn. 8.

§ 25 Privatrechtliches Handeln der Verwaltung und Privatisierung

▶ **FALL 7:** Die Verkehrsbetriebe AG, deren Anteile der Stadt V gehören, vergibt an Schüler ermäßigte Schüler-Karten. Ausgenommen sind jedoch Schüler von Privatschulen; sie müssen den vollen Preis bezahlen. In der lokalen Presse wird diese Art der Tarifgestaltung als Verstoß gegen Art. 3 Abs. 1 GG kritisiert. Die Verkehrsbetriebe AG erwidert darauf, dass sie als Privatrechtsträger mit den Benutzern des öffentlichen Nahverkehrs privatrechtliche Verträge schließt und somit keiner Grundrechtsbindung unterliege. Ist ihre Auffassung zutreffend? ◀

I. Privatrechtliches Handeln

Dass die Verwaltung sich sowohl öffentlich-rechtlicher Handlungsinstrumente bedienen als auch in privatrechtlichen Formen tätig werden darf, hat bereits Erwähnung gefunden.[1] Angesichts der ihr grds. eröffneten Wahlfreiheit[2] stellt sich die Frage, ob bzw. inwieweit privatrechtlichem Verwaltungshandeln Grenzen gesetzt sind. Dabei ist das Verwaltungsprivatrecht von der rein fiskalischen Tätigkeit des Staates zu unterscheiden. 1

1. Wahrnehmung von Verwaltungsaufgaben in Form des Privatrechts: Verwaltungsprivatrecht

Öffentliche Aufgaben können in der Form des Privatrechts[3] wahrgenommen werden – freilich nicht unbegrenzt. Wo der Staat auf die ihm zur Verfügung stehenden Zwangsmittel angewiesen ist, wie im Polizei- oder Abgabenrecht, kann er auf die(se) hoheitlichen Befugnisse nicht verzichten. Die Möglichkeit, in zivilrechtlicher Form zu handeln, entfällt ferner dann, wenn öffentlich-rechtliches Handeln gesetzlich vorgeschrieben ist (z.B. im Schulrecht, bei der Gewährung von Sozialleistungen, im Strafvollzug oder, wenn ausdrücklich durch Verwaltungsakt gehandelt werden muss). 2

a) Wahlfreiheit

Das Wahlrecht kommt der Verwaltung prinzipiell im Bereich der Leistungsverwaltung zu.[4] Anwendungsfeld ist vor allem das Gebiet der Daseinsvorsorge (Verkehrs-, Wasser-, Energieversorgung), ferner die Zulassung zur Benutzung öffentlicher (vor allem kommunaler) Einrichtungen oder die Vergabe von Subventionen. Mit Ausnahme der Subventionierung, für die Besonderheiten gelten,[5] geht das Wahlrecht in zwei Richtungen: Zum einen bezieht es sich auf die Wahl der Organisationsform und zum anderen betrifft es die Ausgestaltung des Leistungsverhältnisses (Handlungsform). 3

---

1 § 5 Rn. 5; § 11 Rn. 2.

2 Vgl. Rn. 3.

3 Privatrechtliche, auftragslose Geschäftsführung eines Verwaltungsträgers für einen ordnungspflichtigen Privaten als zulässiger Anwendungsfall des Verwaltungsprivatrechts, vgl. *Linke*, DVBl. 2006, 148, 156.

4 BVerwGE 92, 56, 61 ff.; vgl. auch BGH, NJW 1985, 197, 200. Kritisch *Unruh*, DÖV 1997, 653; siehe bereits § 5 Rn. 13; eingehend U. *Stelkens*, Verwaltungsprivatrecht, 2005.

5 Vgl. nachfolgend Rn. 5 ff.

▶ **Beispiel:** Kommunen können die Wasserversorgung in eigener Regie betreiben (durch einen Eigenbetrieb)[6] oder mit dieser Aufgabe eine ihr gehörende AG oder GmbH betrauen (Eigengesellschaft)[7]. Im ersten Fall haben die Gemeinden ihr Wahlrecht zugunsten der öffentlich-rechtlichen Organisationsform ausgeübt. Dann steht ihnen ein weiteres Wahlrecht hinsichtlich der Ausgestaltung des Versorgungsverhältnisses gegenüber den Bürgern zu. Dieses kann also öffentlich-rechtlicher (wenn etwa eine Benutzungssatzung gilt) oder privatrechtlicher Natur (wenn ein zivilrechtlicher Wasserlieferungsvertrag geschlossen wird) sein. Im Falle der Entscheidung für eine privatrechtliche Organisationsform verbleibt für die Gestaltung der Leistungsbeziehungen zwischen dem Privatrechtssubjekt und den zu versorgenden Bürgern allerdings nur die Möglichkeit privatrechtlichen Handelns.[8] ◀

b) Zwei-Stufen-Theorie

4 Zur Bestimmung der Rechtsnatur von Maßnahmen im Bereich der Leistungsverwaltung, insbesondere bei einem Gemisch aus öffentlich-rechtlichen und privatrechtlichen Elementen, kann die Zwei-Stufen-Lehre herangezogen werden.[9] Sie ist für das Subventionsrecht entwickelt[10] und später auf weitere Rechtsbeziehungen ausgedehnt worden.

aa) Gewährung von Subventionen

5 Bei Subventionen handelt es sich um vermögenswerte Zuwendungen eines Trägers öffentlicher Verwaltung an Privatpersonen.[11] Die Zwei-Stufen-Theorie knüpft daran an, dass sich die Vergabe von derartigen Subventionen in zwei Verfahrensabschnitte einteilen lässt: In einem Ersten wird entschieden, ob eine Subvention gewährt wird (wer eine Leistung erhält); der Zweite betrifft die Frage der Abwicklung des Subventionsverhältnisses (Auszahlung, Zinsen, Rückzahlungsmodalitäten), mithin dessen „Wie“. Während die Entscheidung der Behörde über das „Ob“ der Subvention öffentlich-rechtlichen Charakter trägt (und i.d.R. im Erlass eines Zuwendungs- oder Bewilligungsbescheids besteht), ist die Ausgestaltung des Subventionsverhältnisses grds. privatrechtlicher Art; vielfach wird ein Darlehens- oder Bürgschaftsvertrag (§§ 488, 765 BGB) zwischen dem Bürger und der Behörde oder einer von ihr beauftragten Privatbank abgeschlossen.[12] Für Streitigkeiten im Zusammenhang mit Subventionen können deshalb – je nachdem, welcher Bereich Gegenstand des Streites ist – entweder die Verwaltungsgerichte oder die Zivilgerichte zuständig sein.

6 In der Literatur stößt die Zwei-Stufen-Theorie und die ihr zugrundeliegende Aufspaltung eines einheitlichen Vorganges in zwei Rechtsverhältnisse zunehmend auf Kritik. Die aus der Differenzierung resultierende Zweispurigkeit des Rechtsweges (Verwal-

6 Etwa § 68 KV M-V i.V.m. EigVO M-V. Eingehend zur wirtschaftlichen Betätigung von Gemeinden *Pünder*, Jura 2005, 760; zu den kommunalrechtlichen, verfassungsrechtlichen und europarechtlichen Grenzen *Frenz*, GewArch 2006, 100; umfassend zur Konkretisierung des öffentlichen Zwecks als „Wesensmerkmal“ kommunalunternehmerischer Betätigung *Scharpf*, VerwArch 96 (2005), 485.

7 Vgl. u.a. § 69 KV M-V.

8 Vgl. die Beispiele bei *Maurer*, § 3 Rn. 9.

9 Vgl. bereits § 5 Rn. 14.

10 Begründet von H.P. *Ipsen*, Öffentliche Subventionierung Privater, 1956, S. 62 ff.

11 Ausführlich zum Subventionsrecht *Gusy*, JA 1991, 287 und 327.

12 Die Anwendbarkeit der Zwei-Stufen-Theorie wird auch bei sog. verdeckten Subventionierungen bzw. Realförderungen angenommen, wenn z.B. ein gemeindeeigenes Grundstück zu einem unter dem Verkehrswert liegenden Preis zwecks Förderung von kinderreichen oder einkommensschwachen Familien veräußert wird, vgl. OVG Münster, NJW 2001, 698.

tungsgerichte/Zivilgerichte) widerspreche dem Grundsatz der Prozessökonomie.[13] Ferner beruhe die Annahme einer Zweistufigkeit subventionsrechtlicher Beziehungen oft nur auf einer Fiktion, weil die privatrechtlichen Darlehensbedingungen vielfach bereits im öffentlich-rechtlichen Bewilligungsbescheid enthalten seien.[14] Die Aufspaltung ziehe darüber hinaus z.T. erhebliche Abgrenzungsschwierigkeiten nach sich. Selbst die Rechtsprechung komme hinsichtlich der Rechtsnatur der konkreten Ansprüche aus zweistufigen Rechtsverhältnissen zu unterschiedlichen Ergebnissen, vor allem bei Zinsänderungen und Rückzahlungsansprüchen, die teils privatrechtlich[15], teils öffentlich-rechtlich[16] beurteilt würden. Als Lösung findet sich vorgeschlagen, die Vergabe von Subventionen einem einstufigen Rechtsverhältnis zuzuordnen, wofür verschiedene Handlungsformen bereitstünden: ein Verwaltungsakt mit Bedingungen oder Auflagen hinsichtlich der Geldleistung, ein öffentlich-rechtlicher oder ein privatrechtlicher Vertrag.[17]

Dem ist zuzugeben, dass Subventionsgewährungen in der Praxis tatsächlich nicht selten einstufig ausgestaltet sind. Dennoch kann auf die Zweistufigkeit nicht gänzlich verzichtet werden. Ein Subventionsverhältnis liegt insbesondere dann vor, wenn die Gewährung der Leistung unter Einschaltung eines privaten Dritten (einer Bank) erfolgt, der die einzelnen Konditionen der Darlehensgewährung mit dem Bürger aushandelt. Zunächst entscheidet die Behörde über die Bewilligung (1. Stufe, „ob“). Mit dem privaten Dritten wird sodann (auf der 2. Stufe, „wie“) ein zivilrechtlicher (Darlehens-)Vertrag abgeschlossen. Auch Bürgschaften des Staates, durch die sich eine Behörde mittels Verwaltungsaktes gegenüber dem Subventionsempfänger bereit erklärt, für dessen Verpflichtungen als Bürge einzustehen, und daraufhin mit dem Gläubiger des Subventionsempfängers einen privatrechtlichen Bürgschaftsvertrag schließt, setzen sich aus zwei Stufen zusammen, die unterschiedlichen Rechtsgebieten zugehören.[18] 7

Angesichts der Möglichkeit, dass die Behörde bei der Gewährung von Leistungen einstufig oder zweistufig vorgehen kann (von deren Zulässigkeit auch § 48 Abs. 2 S. 1 VwVfG ausgeht), ist jeweils sorgfältig zu prüfen, ob die Verwaltung eine einstufige Ausgestaltung gewählt hat oder ob die Rechtsbeziehung zweistufig ist. Ist Letzteres zu bejahen, kann für die Zuordnung der sich daraus ergebenden konkreten Rechtsbeziehungen zum öffentlichen oder privaten Recht auf die Zwei-Stufen-Theorie zurückgegriffen werden.

Ein einstufiges Rechtsverhältnis ist immer bei **sog. verlorenen Zuschüssen** anzunehmen. Dabei handelt es sich um nicht zurückzuzahlende Subventionen. Derartige Subventionsverhältnisse sind gänzlich öffentlich-rechtlich ausgestaltet. Die Subvention wird durch Verwaltungsakt bewilligt und daraufhin ausbezahlt. Dabei handelt es sich nicht um einen zweistufigen Entscheidungsprozess; die Auszahlung ist keine zweite Stufe, sondern die Erfüllung der Bewilligung.[19]

13 *Sendler*, WiVerw 1976, 2, 22.

14 Vgl. *Maurer*, § 17 Rn. 14.

15 BGHZ 40, 206; BVerwGE 41, 127.

16 BVerwGE 13, 47.

17 Zu alternativen Lösungsansätzen in der Literatur *Maurer*, § 17 Rn. 20 ff. Die Abgrenzung zwischen privatrechtlichem und öffentlich-rechtlichem Vertrag wird danach vorgenommen, was die Behörde wollte, vgl. § 21 Rn. 8.

18 Gilt auch für sog. Hermes-Bürgschaften der Bundesrepublik (Ausfuhrbürgschaften zugunsten deutscher exportierender Unternehmen), BGH, ZIP 1996, 2124, 2125.

19 Subventionen in Form verlorener Zuschüsse sind auch dann einstufig öffentlich-rechtlich geregelt, wenn die Auszahlung durch ein Kreditinstitut bewirkt wird, vgl. hierzu BGH, NVwZ 1985, 517.

bb) Zugang zu kommunalen öffentlichen Einrichtungen

8 Um den Zugang zu und die Benutzung von kommunalen Einrichtungen geht es ebenfalls häufig in zwei Verfahrensstufen. Kommunale öffentliche Einrichtungen werden von Gemeinden im öffentlichen Interesse errichtet (sowie unterhalten) und durch Widmung ihren Einwohnern zugänglich gemacht.[20] Dazu gehören vor allem Schwimmbäder, Museen, Theater, Bibliotheken. Wie bei der Vergabe von Subventionen lassen sich für Streitigkeiten um die Benutzung solcher öffentlicher Einrichtungen zwei Ebenen unterscheiden: Auf erster Stufe geht es um die Entscheidung, ob eine Benutzung gewährt wird. Die(se) Frage, ob überhaupt ein Zulassungsanspruch zu einer öffentlichen Einrichtung besteht, ist stets öffentlich-rechtlicher Natur. So bestimmt sich denn auch der Zugang zu kommunalen Einrichtungen[21] nach den Vorschriften der Gemeindeordnungen (bspw. § 14 Abs. 2 KV M-V).[22] Die zweite Stufe betrifft hingegen Streitigkeiten über das Benutzungsverhältnis, das „Wie" der Benutzung (z.B. Dauer, Entgelt für die Benutzung). Hier steht der Gemeinde ein Wahlrecht zu; sie kann das Benutzungsverhältnis privatrechtlich oder öffentlich-rechtlich ausgestalten. Maßgeblich ist also der Wille der Verwaltung. Anhaltspunkte für eine öffentlich-rechtliche Ausgestaltung des Benutzungsverhältnisses sind die Geltung einer Satzung als Benutzungsordnung und das Erheben von Benutzungsgebühren. Ein privatrechtliches Benutzungsverhältnis ist dagegen anzunehmen, wenn ein zivilrechtlicher Vertrag über die Nutzung abgeschlossen wird, allgemeine Benutzungsbedingungen (AGB) gelten und ein privatrechtliches Nutzungsentgelt erhoben wird.[23]

c) Geltung der Grundrechte

9 Zu beachten bleibt, dass sich die Verwaltung bei der Erfüllung öffentlicher Aufgaben durch die Wahl privatrechtlicher Rechtsformen nicht bestehenden öffentlich-rechtlichen Bindungen entziehen darf. Eine „Flucht ins Privatrecht" ist unzulässig. Deshalb finden die Grundrechte in vollem Umfang Anwendung.[24] Darüber hinaus gelten substanzielle Grundsätze des Verwaltungsrechts (insbesondere das Verhältnismäßigkeitsprinzip).[25] Diese Überlagerung des Privatrechts durch das öffentliche Recht wird **Verwaltungsprivatrecht** genannt.[26]

---

20 Vgl. dazu § 29 Rn. 1.

21 Zum Anspruch von Parteien gegen eine Gemeinde auf Überlassung von Räumlichkeiten für die Durchführung von Parteiveranstaltungen BVerwGE 32, 333; VGH München, BayVBl. 1993, 567; VGH Kassel, NJW 1993, 2331. Zu Entscheidungs- und Gestaltungsspielräumen der Gemeinde im Rahmen des Zulassungsanspruchs zur Benutzung öffentlicher Einrichtungen *Fügemann*, SächsVBl. 2005, 57.

22 Ein gegen die Gemeinde zu richtender Anspruch auf Zugang zu einer öffentlichen Einrichtung besteht auch dann, wenn diese privatrechtlich betrieben wird. Dann wandelt sich der kommunalrechtliche Zulassungsanspruch in einen Verschaffungsanspruch; die Gemeinde muss sich den Zugang zur kommunalen Einrichtung durch Einwirkung auf das von ihr beherrschte Unternehmen verschaffen, vgl. *Hendler*, Rn. 501. Eine Klage gegen die juristische Person des Privatrechts wäre dagegen grds. privatrechtlicher Art und vor den Zivilgerichten zu erheben, BVerwG, NJW 1990, 134; BVerwG, NJW 1991, 59; allgemein bereits § 5 Rn. 14.

23 Bereits vorstehend Rn. 3.

24 Aus neuerer Rechtsprechung BGH, DVBl. 2003, 942.

25 LG Braunschweig, NJW 1974, 800. Für die Geltung grundlegender Prinzipien der öffentlichen Finanzwirtschaft BGHZ 91, 84, 96 f.; der staatlichen Kompetenzordnung BVerfGE 12, 206; des Verbots sachwidriger Koppelung von Leistungen der Verwaltung mit Gegenleistungen des Bürgers BVerwGE 92, 56, 65.

26 Ausführlich zum Verwaltungsprivatrecht *Unruh*, DÖV 1997, 653.

2. Fiskalverwaltung

Kennzeichnendes Element der Fiskalverwaltung ist, dass die Verwaltung in diesem Bereich nicht unmittelbar öffentliche Aufgaben erfüllt, sondern sich erst die dafür erforderlichen Gegenstände, Finanzmittel und Dienstleistungen beschafft, also nur mittelbar zur Erfüllung öffentlicher Aufgaben tätig wird.[27] 10

a) Geschäfte zur Bedarfsdeckung/fiskalische Hilfsgeschäfte (Staat als Kunde)

Die Beschaffung der für die Verwaltung erforderlichen Sachgüter wie Büromaterial, Fahrzeuge oder Grundstücke einerseits sowie des Personals andererseits (Ausnahme: Beamte) erfolgt durch privatrechtliche Verträge (Kaufvertrag, Mietvertrag, Anstellungsvertrag).[28] Derartige Rechtsgeschäfte werden auch als **fiskalische Hilfsgeschäfte** bezeichnet. Die Verwaltung tritt wie ein Kunde und damit wie ein Privater auf; dem Staat stehen in diesem Bereich keine Hoheitsbefugnisse zu. Die sich aus den Verträgen ergebenden Streitigkeiten sind vor den Zivilgerichten zu klären. 11

Fraglich ist, ob die Verwaltung bei fiskalischem Handeln rechtliche Bindungen (insbesondere an die **Grundrechte**), denen sie bei ihrer öffentlich-rechtlichen Tätigkeit und im Bereich des Verwaltungsprivatrechts unterworfen ist, beachten muss. Mit dem Argument, fiskalische Hilfsgeschäfte dienten nur mittelbar der Erledigung von Verwaltungsaufgaben, findet sich eine unmittelbare Bindung an die Grundrechte abgelehnt.[29] In Betracht komme lediglich die für das Zivilrecht geltende mittelbare Drittwirkung der Grundrechte, also eine solche auf die Auslegung und Anwendung von bürgerlich-rechtlichen Generalklauseln u.ä. (wie § 242 BGB).[30] 12

Dabei bleibt schon übersehen, dass der Vergabe öffentlicher Aufträge in einem modernen Industriestaat ein besonderer Steuerungsmechanismus gegenüber der Wirtschaft zukommt. Um sachwidrige Ungleichbehandlungen zu vermeiden, muss deshalb gerade bei der Auftragsvergabe Art. 3 Abs. 1 GG unmittelbar Anwendung finden.[31] Demzufolge liegt ein Verstoß gegen das hierin verankerte Gleichbehandlungsgebot vor, wenn ein Beamter das benötigte Büromaterial nicht mehr beim bisherigen Händler bestellt, weil er eine andere politische Ansicht vertritt. Weitergehend spricht sich die Literatur unter zutreffendem Hinweis auf Art. 1 Abs. 3 GG, der die vollziehende Gewalt unabhängig davon, ob sie privatrechtlich oder öffentlich-rechtlich tätig wird, an die Grundrechte bindet, ganz überwiegend für eine unmittelbare Geltung der Grundrechte aus.[32]

Exkurs: Besonderen materiell-rechtlichen und verfahrensrechtlichen Anforderungen unterliegen solche öffentlichen Aufträge, die einen bestimmten (finanziellen) Schwellenwert überschreiten und damit in den Anwendungsbereich des **Gesetzes gegen Wettbewerbsbeschränkungen**[33] und der Vergabeverordnung[34] fallen (vgl. § 100 Abs. 1 GWB i.V.m. § 2 VgV). Die Grundsätze, nach denen die Auswahl zu erfolgen 13

27 *Hendler*, Rn. 493; siehe auch § 5 Rn. 13; die Abgrenzung zum Verwaltungsprivatrecht verschwimmt zunehmend, vgl. *Knauff*, NVwZ 2007, 546, 546.

28 *Bull/Mehde*, Rn. 31.

29 BGHZ 36, 91, 95.

30 Vgl. BVerfGE 7, 198, 205 f.; BVerfGE 73, 261, 269.

31 BGH, NJW 1977, 628, 630.

32 *Cremer*, DÖV 2003, 921, 923 f. m.w.N. in Fn. 25.

33 Die Aufnahme von Vorschriften über die Vergabe öffentlicher Aufträge (§§ 97 ff. GWB) beruht auf europarechtlichen Vorgaben.

34 Aufgrund der in §§ 7 Abs. 6, 127 GWB enthaltenen Ermächtigung erlassene Verordnung.

hat, sind in § 97 GWB geregelt. Maßgebliche Auswahlkriterien bilden insbesondere Fachkunde, Leistungsfähigkeit und Zuverlässigkeit der Bewerber und die Wirtschaftlichkeit ihres Angebots, § 97 Abs. 4 und 5 GWB. Die Auswahl eines Bieters erfolgt durch Zuschlag, § 97 Abs. 5 GWB. Der über die Durchführung des öffentlichen Auftrags abzuschließende Vertrag zwischen der Behörde und dem Privaten kommt durch den Zugang der Zuschlagsentscheidung beim erfolgreichen Bieter zustande. Mindestens 14 Tage vorher muss die Vergabestelle jedoch die leer ausgehenden Bewerber von dem anstehenden Vertragsschluss mit dem erfolgreichen Bewerber schriftlich unter Angabe seines Namens und des Grundes für die Nichtberücksichtigung der anderen Bieter unterrichten, § 13 VgV. Ein vor Ablauf der 14-Tage-Frist oder unter Nichtbeachtung der Informationspflicht abgeschlossener Vertrag ist nichtig, § 13 S. 4 VgV. Fakultativ einzurichtende Vergabeprüfstellen können die Vergabebehörden zu einem rechtmäßigen Verhalten im Vergabeverfahren anhalten, § 103 Abs. 2 GWB. Die Vergabeentscheidung unterliegt der Nachprüfung durch Vergabekammern, § 102 GWB, bei denen es sich um Verwaltungsbehörden und nicht um Gerichte handelt. Gegen Entscheidungen der Vergabekammern, die in Form eines Verwaltungsaktes (§ 114 Abs. 1 S. 1 GWB) ergehen, kann sofortige Beschwerde zum Oberlandesgericht erhoben werden, § 116 GWB.

b) Erwerbswirtschaftliche Geschäfte (Staat als Unternehmer)

14 Darüber hinaus beteiligt sich der Staat mit eigenen unternehmerischen Tätigkeiten oder über Handelsgesellschaften (insbesondere Aktiengesellschaften), die ganz oder teilweise in staatlicher Hand sind, am Wirtschaftsleben.[35] Beispiele bilden Sparkassen und Industriebetriebe (RWE, Beteiligungen des Landes Niedersachsen an der Volkswagen AG). In diesen Fällen **erwerbswirtschaftlicher Betätigung** handelt der Staat wie ein privater Unternehmer nach wirtschaftlichen Grundsätzen. Er unterliegt deshalb der Zivilrechtsordnung.

15 Die erwerbswirtschaftliche Betätigung des Staates ist freilich nicht unbeschränkt zulässig. Zwar schützen Art. 12 und 14 GG nicht vor Konkurrenz durch die öffentliche Hand; sie sollen vielmehr einen freien Wettbewerb gewährleisten. Die Grenze freier wirtschaftlicher Betätigung durch die Verwaltung ist aber dort zu ziehen, wo sie ihre Machtstellung missbraucht, etwa weil ihr eine Monopolstellung zukommt oder ein von ihr ausgehender Verdrängungswettbewerb stattfindet.[36] Für Gemeinden stellen die jeweiligen Gemeindeordnungen Grenzen der wirtschaftlichen Betätigung auf.[37] I.Ü. ist auch hier umstritten, ob die Grundrechte gegenüber staatlichen oder staatlich beeinflussten Unternehmen Anwendung finden. Die h.M. lehnt eine unmittelbare Bindung an die Grundrechte ab; diese sollen nur über die Rechtsfigur der Drittwirkung von Grundrechten[38] mittelbar Einfluss erlangen können.[39]

35 Zur wirtschaftlichen Betätigung kommunaler Unternehmen *Schink*, NVwZ 2002, 129. Sofern sich nicht sämtliche Anteile des Unternehmens in öffentlicher Hand befinden, spricht man von sog. gemischtwirtschaftlichen Unternehmen; auch Rn. 23.

36 BVerfGE 21, 245, 248; dazu auch *Erbguth/Schlacke*, NWVBl. 2002, 258; *Cremer*, DÖV 2003, 921.

37 Z.B. §§ 68, 69 KV M-V.

38 Siehe Rn. 12.

39 *Hendler*, Rn. 491.

c) Verwaltung von Vermögensgegenständen (Staat als Eigentümer)

Der Staat ist ferner Eigentümer von **Vermögensgegenständen.** Die Verwaltung bzw. Nutzung dieser Gegenstände erfolgt privatrechtlich; ein Beispiel bildet die Vermietung von Werbeflächen auf Außenwänden von Bussen, die einer Gemeinde gehören. Zur Bindung an die Grundrechte im Rahmen der Verwaltung von Vermögensgegenständen gilt das zu den erwerbswirtschaftlichen Geschäften Dargestellte entsprechend. 16

▶ **ZU FALL 6:** Die Verkehrsbetriebe AG nimmt öffentliche Aufgaben aus dem Bereich der Daseinsvorsorge wahr. Obwohl als AG eine juristische Person des Privatrechts ist sie unmittelbar an die Grundrechte gebunden.[40] Ohne Bedeutung ist in diesem Zusammenhang auch, dass die Verkehrsbetriebe AG mit den Nutzern ihrer Verkehrsmittel privatrechtliche Beförderungsverträge abschließt. Es gilt Verwaltungsprivatrecht, d.h. die Verkehrsbetriebe AG muss bei der Gestaltung ihrer Tarife (u.a.) den Gleichheitssatz des Art. 3 Abs. 1 GG beachten.[41] Ihre Auffassung, sie sei nicht an die Grundrechte gebunden, ist daher unzutreffend. ◀

II. Privatisierung

Entscheidet sich der Staat, die Erfüllung von (öffentlichen) Aufgaben (ganz oder teilweise) auf Private zu übertragen, spricht man von Privatisierung.[42] Die Gründe für derartige Privatisierungen sind vielfältig. Angesichts knapper Kassen können damit die öffentlichen Haushalte entlastet werden. Privatisierung führt ferner zur Entbürokratisierung und zu einer Stärkung der Eigenverantwortung von Wirtschaft und Bürgern. Effektivitätsgesichtspunkte sprechen dafür, dass sich die Verwaltung privaten Sachverstand zu Nutze macht; denn nicht selten kann die jeweilige Aufgabe von Privaten besser, schneller und wirtschaftlicher ausgeführt werden. Privatisierung kommt in verschiedenen Erscheinungsformen vor; eine allgemeingültige Definition fehlt bislang.[43] Anerkannt ist, dass ein generelles Privatisierungsverbot nicht besteht.[44] Nur soweit eine Aufgabe ausschließlich durch die öffentliche Verwaltung zu erfüllen ist, ergibt sich Abweichendes.[45] 17

1. Formelle Privatisierung

Die oben[46] beschriebene Konstellation der Ausführung von Verwaltungsaufgaben durch Privatpersonen stellt sich als **formelle** oder **Organisationsprivatisierung** dar. Hier bedient sich die Verwaltung organisationsrechtlich zivilrechtlicher Formen.[47] Die Erfüllung öffentlicher Aufgaben wird juristischen Personen des Privatrechts übertragen, deren Beteiligungen in öffentlicher Hand verbleiben (Eigengesellschaften). Viele Kommunen betreiben diese Art der Privatisierung zur Erfüllung ihrer öffentli- 18

40 Dazu vorstehend Rn. 9.

41 Vgl. hierzu BGHZ 52, 325.

42 Zur Privatisierung der öffentlichen Verwaltung *Dreier*, DÖV 2003, 537; *Peine*, DÖV 1997, 353; *Schoch*, DVBl. 1994, 962; *Mayen*, DÖV 2001, 110; zur Privatisierung auf kommunaler Ebene *Burgi*, NVwZ 2001, 601.

43 Vgl. die Aufzählung bei *Wolff/Bachof/Stober*, Bd. 3, Vorb § 90 Rn. 11 ff.

44 *Sproll*, Bd. 1, § 2 Rn. 88.

45 Es gelten im Wesentlichen die vorstehend bei Rn. 2 aufgeführten Grundsätze.

46 Vorstehend Rn. 2 ff.

47 *Battis*, S. 58.

chen Aufgaben, insbesondere aus dem Bereich der Daseinsvorsorge (Stadtwerke AG, Straßenbahn GmbH[48]).

Eine besondere Form der formellen Privatisierung ist die Beleihung.[49] Im Unterschied zu den vorgenannten Privatisierungsformen handeln beliehene Privatrechtssubjekte nicht privatrechtlich, sondern nehmen hoheitliche Befugnisse in Anspruch und werden damit öffentlich-rechtlich tätig.[50]

2. Funktionelle Privatisierung

19 Bei der **funktionellen** oder **funktionalen Privatisierung** wird der Vollzug, d.h. die Durchführung einer Aufgabe, auf ein Privatrechtssubjekt übertragen, an dem die Verwaltung nicht beteiligt ist. Sie behält aber die Verantwortung für die Aufgabenerledigung und übt i.d.R. Aufsicht über die private Stelle aus.[51] Typische Form dieser Art der Privatisierung stellt die Verwaltungshilfe dar. Verwaltungshelfer sind Hilfsorgane der Verwaltung, die bei der Erledigung von Verwaltungsaufgaben Unterstützung leisten (etwa § 4b BauGB).[52] Möglich ist auch die Einschaltung eines selbstständigen Unternehmers. So bedienen sich z.B. Polizeibehörden im Rahmen des ihnen obliegenden Vollzugs des Straßenverkehrs- und Ordnungsrechts privater Abschleppunternehmer.[53] Hier verbleibt die Aufgabenverantwortung ebenfalls bei der Behörde. Trotz Einschaltens des Privaten wird sie dem Bürger gegenüber öffentlich-rechtlich tätig.

3. Materielle Privatisierung

20 Schließlich kann die Wahrnehmung von Aufgaben, die bislang der Verwaltung oblagen, gänzlich auf Private verlagert werden, an denen der Staat nicht oder nicht mehrheitlich beteiligt ist. Dann spricht man von **materieller** oder **Aufgabenprivatisierung**,[54] die zu einer Verringerung des Aufgabenbestandes der Verwaltung führt. Dies kann aber nur solche Aufgaben betreffen, zu deren Erfüllung der Staat nicht verpflichtet ist.[55] Dem Staat obliegen zwingend – und damit einer materiellen Privatisierung entzogen – Aufgaben, die Ausfluss des staatlichen Gewaltmonopols sind, d.h. Maßnahmen der klassisch hoheitlichen Eingriffsverwaltung.[56] Im Gegensatz dazu ist die sog. Daseinsvorsorge grds. einer materiellen Privatisierung zugänglich.[57] Mit der Ausgliederung aus den Verwaltungsaufgaben entfällt auch die Bindung an Grundrechte; es liegt kein Verwaltungsprivatrecht vor. Vielfach verbleiben beim Staat – trotz der Entscheidung für materielle Privatisierung – Aufsichts- und Gewährleistungspflichten; ihn trifft eine Gewährleistungsverantwortung dahingehend, das Gemeinwohl unter veränderten Rahmenbedingungen zu verwirklichen.[58]

48 Vgl. auch vorstehend Fall 6.

49 *Burgi* in: Erichsen/Ehlers, § 54 Rn. 11 ff. Zur Beleihung § 6 Rn. 22.

50 Vgl. bereits § 6 Rn. 22.

51 Vgl. *Bull/Mehde*, Rn. 368; *Ipsen*, Rn. 274; P. *Stelkens*/H. *Schmitz* in: Stelkens/Bonk/Sachs, § 1 Rn. 114.

52 Bereits § 6 Rn. 22.

53 Siehe § 6 Rn. 23.

54 *Wolff/Bachhof/Stober*, Bd. 3, Vorb § 90 Rn. 13.

55 *Ipsen*, Rn. 276. Zu Grenzen der Privatisierung *Mayen*, DÖV 2001, 110, 111 ff; vorstehend Rn. 2.

56 Zur Eingriffsverwaltung § 5 Rn. 13.

57 *Mayen*, DÖV 2001, 110, 112.

58 Zum kommunalen Privatisierungsfolgenrecht *Burgi*, NVwZ 2001, 601.

Bekanntes Beispiel für eine Aufgabenprivatisierung bildet die **Post.**[59] Die ehemals zur bundeseigenen Verwaltung gehörende und damit in öffentlich-rechtlicher Form betriebene Bundespost wurde privatisiert und in Aktiengesellschaften umgewandelt – Post AG, Postbank AG und Telekom AG. Verfassungsrechtlich war dies durch eine Änderung des Grundgesetzes mit Einführung von Art. 87f und Art. 143b GG abgedeckt.[60] Die Kapitalmehrheit der Unternehmen stand zunächst dem Bund zu. Somit fand im ersten Schritt eine formelle bzw. Organisationsprivatisierung statt. Zwischenzeitlich besitzt der Bund nicht mehr die Anteilsmehrheit an den Unternehmen, so dass nunmehr eine materielle, nämlich Aufgabenprivatisierung vorliegt.[61] Indes hat sich der Staat nicht ganz aus der Aufgabenerfüllung zurückgezogen. Hoheitsaufgaben, die insbesondere der Aufsicht und Gewährleistung von Post- und Telekommunikationsdiensten dienen, verbleiben in bundeseigener Verwaltung. Sie werden von der Regulierungsbehörde für Telekommunikation und Post, einer der unmittelbaren Bundesverwaltung zugehörigen Bundesoberbehörde, wahrgenommen, vgl. Art. 87f Abs. 2 S. 2 GG.[62] 21

4. Vermögensprivatisierung

Von **Vermögensprivatisierung** spricht man schließlich, wenn der Staat seine erwerbswirtschaftlichen Beteiligungen an Wirtschaftsunternehmen (Aktien, GmbH-Anteile aus formeller Privatisierung) oder Grundstücke an Private veräußert. Als wichtige Beispiele für Vermögensprivatisierungen des Bundes sind die Veräußerungen der Industriekonzerne Veba, Viag oder Volkswagen zu nennen. 22

5. Public-Private-Partnership

In der Praxis werden die zuvor dargestellten Privatisierungsmodelle mitunter variiert und miteinander vermischt. Folge solcher Mischformen ist, dass Kooperationen zwischen öffentlicher Hand und Privaten entstehen, die unter dem Oberbegriff **Public-Private-Partnership** zusammengefasst werden.[63] Dazu gehören gemischt-wirtschaftliche Unternehmen im kommunalen Sektor, an denen Kommunen und Private beteiligt sind (etwa Entsorgungs-GmbH).[64] 23

59 Weitere Beispiele für eine Aufgabenprivatisierung sind die Privatisierung der Bundesbahn (Art. 87e, 143a GG; zum diesbezüglichen Stand der Marktöffnung *Gersdorf*, ZHR 168 (2004), 576) sowie die der Flugsicherung, näher hierzu *Droege*, DÖV 2006, 861.

60 Einzelheiten sind im PTNeuOG geregelt, BGBl. I S. 2325.

61 Für die Post AG war bis zum 01.01.2000 aufgrund von Art. 143b Abs. 2 GG nur eine eingeschränkte Aufgabenprivatisierung möglich. Bei der Postbank AG bestand gem. § 3 Abs. 2 Postumwandlungsgesetz (PostumwG vom 14.09.1994, BGBl. I S. 2325) eine befristete Verpflichtung für den Bund, eine Sperrminorität zu halten, die inzwischen weggefallen ist (Art. 1 Erstes Gesetz zur Änderung des Postumwandlungsgesetzes vom 18.01.2002, BGBl. I, 416). Bei der Telekom bestehen keine gesetzlichen Beschränkungen für die Veräußerung der Unternehmensanteile.

62 Vgl. dazu *Windthorst* in: Sachs, Art. 87f Rn. 29 ff.

63 Zu den Möglichkeiten und Grenzen von Public-Private-Partnership *Tettinger*, NWVBl. 2005, 1; *Mann* in: Erscheinungsbilder eines sich wandelnden Verwaltungsrechts, Festschrift für Günter Püttner, 2006, S. 109; zur vergaberechtlichen Problematik *Storr*, LKV 2005, 521; vgl. auch BGH, NVwZ-RR 2007, 47: Sittenwidrigkeit diesbezüglicher Verträge, wenn „offenkundig Gemeindevermögen verschleudert und der Grundsatz der Sparsamkeit und Wirtschaftlichkeit der Haushaltsführung in besonders großem Maße" verletzt wird; dazu *Roth*, NVwZ 2007, 301.

64 Zur weiteren Typisierung von Public-Private-Partnership *Wolff/Bachof/Stober*, Bd. 3, § 92 Rn. 1 ff.

III. Wiederholungs- und Verständnisfragen

1. Welche Arten privatrechtlicher Betätigung der Verwaltung können unterschieden werden?
2. Inwiefern ist die Verwaltung in diesen Bereichen der Bindung an Grundrechte unterworfen?
3. Was ist unter Privatisierung zu verstehen und welche Formen der Privatisierung gibt es?

Teil 5 Recht der öffentlichen Sachen

Sachen, die von der öffentlichen Verwaltung für die Erfüllung ihrer Aufgaben benötigt oder von ihr der Allgemeinheit zur Nutzung bereitgestellt werden, dienen dem Gemeinwohl. Sie werden als öffentlich-rechtliche Sachen bezeichnet. Dazu zählen Büroräume und Schreibmaterialien der Verwaltung, aber auch Straßen, Wasserwege u.a.m. Für sie gilt weitgehend eine verwaltungsrechtliche Sonderordnung – das Recht der öffentlichen Sachen.[1]

§ 26 Begriff, Begründung und Einteilung der öffentlichen Sachen

▶ **Fall 1:** A ist Eigentümer eines Grundstücks, B der Eigentümer des Nachbargrundstücks. Nachdem B auf seinem Grundstück ein Einfamilienhaus errichtet hat, stellt er auf der über sein Grundstück führenden Straße fünf rot-weiße Pfähle auf und macht damit die Durchfahrt zum Grundstück des A, die seit langer Zeit allgemein offen stand, unmöglich. Zu Recht? ◀

I. Begriff der öffentlichen Sachen

Öffentlich-rechtliche Sachen entsprechen nach h.M. nicht dem Sachbegriff des Privatrechts (§§ 90 ff. BGB).[2] Sie unterscheiden sich insofern von zivilrechtlichen Sachen, als sie keine nach § 90 BGB geforderte Körperlichkeit aufweisen müssen.[3] Auch „unkörperliche Objekte" wie der Luftraum, das offene Meer und der elektrische Strom fallen unter den öffentlich-rechtlichen Sachbegriff. Ferner besteht Einigkeit dahingehend, dass die Vorschriften über Sachzusammenhänge (§§ 93–95 BGB) und der zivilrechtliche Zubehörbegriff (§ 97 BGB) zur näheren Bestimmung öffentlicher Sachen keine Anwendung finden.[4] Wesentliche Bestandteile einer Sache können entgegen § 93 BGB als öffentliche Sachen einen eigenständigen Status haben (bspw. das auf einem Privatgrundstück aufgestellte Verkehrsschild). Umgekehrt ist es möglich, dass mehrere nach Privatrecht selbständige Sachen oder Sachgesamtheiten im öffentlichen Recht eine einzige öffentlich-rechtliche Sache bilden (etwa ein über mehrere Privatgrundstücke führender öffentlicher Weg, Bücher einer Bibliothek).[5] 1

II. Statusbegründung bei öffentlichen Sachen

Gegenstände werden dem öffentlichen Sachenrecht zugeordnet, wenn sie 2

- unmittelbar einem öffentlichen Zweck dienen (Gemeinwohlfunktion),
- durch besonderen Rechtsakt einen öffentlich-rechtlichen Status erhalten haben, mit dem die Sachherrschaft eines Hoheitsträgers verbunden ist (Widmung),
- tatsächlich in Dienst gestellt worden sind (Indienststellung).

1 Gegen die Einordnung des Rechts der öffentlichen Sachen als Rechtsgebiet *Axer*, Die Widmung als Schlüsselbegriff des Rechts der öffentlichen Sachen, 1994, S. 218; Überblick zu Gesetzgebung und Rechtsprechung im Recht der öffentlichen Sachen (ab 1995) bei *Peine*, JZ 2006, 593.

2 *Wolff/Bachof/Stober*, Bd. 2, § 75 Rn. 4.

3 *Peine*, Rn. 1317; *Detterbeck*, Rn. 962; a.A. *Papier*, S. 2.

4 *Detterbeck*, Rn. 963.

5 *Wolff/Bachof/Stober*, Bd. 2, § 75 Rn. 4.

3 Sachen, die zwar eine dem Gemeinwohl dienende Funktion besitzen, für die aber kein öffentlich-rechtlicher Status begründet worden ist, sondern privatrechtliche Herrschaftsverhältnisse weitergelten, sind keine öffentlichen Sachen. Dazu zählen sog. tatsächlich öffentliche Sachen und Gegenstände des Finanzvermögens. **Tatsächlich öffentliche Sachen** stehen im Privateigentum einer Person und werden von dieser der Öffentlichkeit zugänglich gemacht (Beispiel: private Krankenhäuser, private Museen). **Sachen des Finanzvermögens** (etwa erwerbswirtschaftliche Unternehmen der öffentlichen Hand[6]) finden sich primär erwerbswirtschaftlich genutzt und dienen dem öffentlichen Gemeinwesen nur mittelbar über ihre Erträge. In beiden Fällen fehlt der über eine Widmung[7] begründete öffentlich-rechtliche Status; die Sachen sind dem bürgerlich-rechtlichen Rechtsregime und -verkehr unterstellt.

1. Gemeinwohlfunktion

4 Öffentliche Sachen werden durch ihre Gemeinwohlausrichtung gekennzeichnet. Sie sollen unmittelbar einem öffentlichen Zweck dienen. Vor dem Hintergrund dieser Funktion ist es notwendig, die grds. freie Verfügungsbefugnis des Eigentümers (§ 903 BGB) derart einzuschränken, dass die Möglichkeit einer zweckwidrigen, nicht dem Gemeinwohl entsprechenden Nutzung ausgeschlossen wird. Diese Grundlage schafft das Recht der öffentlichen Sachen.

2. Begründung eines öffentlich-rechtlichen Status

5 Zwecks Begründung des öffentlich-rechtlichen Status einer Sache und der damit einhergehenden Einschränkung bzw. Ausschaltung der privatrechtlichen Verfügungsmacht sind rechtsdogmatisch zwei Vorgehensweisen denkbar:

- entweder die generelle Aufhebung des privatrechtlichen Eigentums und Begründung öffentlich-rechtlichen Eigentums durch Gesetz oder aufgrund Gesetzes
- oder die Überlagerung des privaten Verfügungsrechts durch öffentliches Recht, soweit es zur Sicherung des öffentlichen Zwecks erforderlich ist.[8]

a) Rechtsnatur der öffentlichen Sachen

6 Die Einführung öffentlichen Eigentums unter vollständiger Ausschaltung des Privateigentums hat kaum praktische Bedeutung. Allerdings sieht das Hamburgische Wegegesetz vor, dass an allen öffentlichen Wegen, Straßen und Plätzen, die der Stadt gehören, öffentliches Eigentum besteht.[9] Gegen die Rechtsfigur des öffentlichen Eigentums ist zu Recht eingewandt worden, dass es wenig Sinn mache, einerseits einen völlig neuen Begriff einzuführen, wenn er andererseits nicht gleichzeitig mit weiterem Regelungsgehalt ausgefüllt werde. Da bspw. in Hamburg gerade eine entsprechende Anwendung der sachenrechtlichen Vorschriften des Zivilrechts ausgeschlossen wird (§ 4 Abs. 1 S. 4 HWG), fehlt es an einem eigenständigen Normwerk, das Inhalt und Ausmaß der öffentlich-rechtlichen Eigentumsposition über den reinen Begriff hinausgehend ausgestaltet.

Die h.M. geht den anderen Weg und greift für die Begründung der öffentlichen Sachherrschaft auf eine Rechtsfigur des Privatrechts zurück; die Sachherrschaft entsteht

6 Vgl. § 25 Rn. 14 f.

7 Zur Widmung sogleich Rn. 9 ff.

8 *Peine*, Rn. 1319.

9 Vgl. *Detterbeck*, Rn. 972 ; zu Ausnahmen *Loos*, NordÖR 2007, 102, 106 f.

als eine auf dem Privateigentum lastende **beschränkte Dienstbarkeit des öffentlichen Rechts**. Soweit die öffentlich-rechtliche Dienstbarkeit reicht, tritt an die Stelle des privaten Eigentums eine öffentlich-rechtliche Sachherrschaft, an die Stelle des privaten Eigentümers der öffentlich-rechtliche Sachherr.[10] An öffentlichen Sachen besteht also Privateigentum; gleichzeitig unterliegen sie aber öffentlich-rechtlichen Sonderregelungen (Nutzungs- und Duldungsansprüchen sowie Unterhaltungspflichten). Verfügungen, die sich auf die Nutzung des Privateigentums stützen, sind unwirksam, soweit sie die widmungsgemäße öffentliche Zweckbestimmung beeinträchtigen würden. Die verbleibende Restherrschaft des Eigentümers beginnt erst dort, wo die eigentumsbeschränkende Wirkung der öffentlich-rechtlichen Dienstbarkeit endet.[11]

Bedingt durch die(se) **dualistische Betrachtungsweise**, die auch als **Theorie des modifizierten Privateigentums** bezeichnet wird, gibt es bei der Entstehung öffentlicher Sachen zwei Beteiligte: den privaten Eigentümer und den öffentlich-rechtlichen Sachherrn (d.h. die Behörde, der die Verfügungsgewalt über die Sache zusteht). In diesem Dualismus liegt der Vorteil gegenüber der Annahme rein öffentlich-rechtlichen Eigentums: Er vermag auch die Fälle in angemessener Weise zu lösen, in denen Eigentumsträgerschaft und öffentlich-rechtliche Sachherrschaft auseinanderfallen (wenn öffentliche Sachen im Eigentum von Privaten stehen).[12] 7

Um die Zweckbestimmung zu gewährleisten, entstehen öffentlich-rechtliche Unterhaltungspflichten im Straßenrecht etwa dahingehend, eine Straße in einem bestimmten Sinne herzustellen und in einem gebrauchsfähigen Zustand zu erhalten. Diese vom Privateigentum unabhängige, öffentlich-rechtliche Aufgabe obliegt dem **Träger der Straßenbaulast**. Die Funktion des Trägers der Straßenbaulast kommt zumeist dem öffentlich-rechtlichen Sachherrn zu, es kann aber auch eine von ihm verschiedene Behörde sein; wer dies im Einzelnen ist, richtet sich nach den einschlägigen Straßengesetzen (z.B. § 5 FStrG, §§ 12 ff. StrWG M-V). Die Vorschriften sind darauf gerichtet, Eigentum, Sachherrschaft und Unterhaltungspflicht in der Hand eines Trägers öffentlicher Verwaltung zusammenzuführen; bspw. normiert § 6 Abs. 1 FStrG für Bundesstraßen den gesetzlichen Eigentumsübergang beim Wechsel der Straßenbaulast.[13] 8

b) Widmung

Der hoheitliche Status in Form einer öffentlich-rechtlichen Dienstbarkeit an der Sache, der das Privateigentum zwar nicht verdrängt, jedoch einschränkt, entsteht durch **Widmung**.[14] Ihr kommen drei Funktionen zu: Sie begründet die öffentlich-rechtliche Sachherrschaft, bestimmt den öffentlichen Zweck, dem die Sache dienen soll, und regelt den Umfang ihrer möglichen Nutzung.[15] 9

Besondere Bedeutung hat die Widmung von Straßen.[16] Mit ihr erhalten diese ihren öffentlich-rechtlichen Status und dürfen von der Allgemeinheit bzw. von den Straßen-

10 *Peine*, Rn. 1322.

11 *Peine*, Rn. 1325.

12 *Papier*, S. 11 f.

13 An landesrechtlichen Bestimmungen etwa § 18 Abs. 1 StrWG M-V.

14 Ausführlich zur Widmung *Axer*, Die Widmung als Schlüsselbegriff des Rechts der öffentlichen Sachen, 1994, S. 17 ff.; kritisch gegenüber der Annahme einer nicht gesetzlich geregelten Widmung von Flughäfen *Cloppenburg*, DVBl. 2005, 1293. Zur Widmung als Allgemeinverfügung nach § 35 S. 2 VwVfG vgl. § 12 Rn. 23.

15 *Wolff/Bachof/Stober*, Bd. 2, § 76 Rn. 1.

16 Zum Straßenrecht *Sauthoff*, NVwZ 2004, 674.

verkehrsteilnehmern genutzt werden.[17] Die Widmung trifft ferner Aussagen darüber, welche Personen in welchem Umfang die Straße benutzen dürfen (Straßentypus, z.B. Fahrradweg, Fußgängerzone, Fernstraße).[18]

aa) Voraussetzungen der Widmung

10 Der widmende Verwaltungsträger (öffentlich-rechtlicher Sachherr) muss die privatrechtliche Verfügungsmacht über die Sache besitzen. Wenn er Eigentümer der Sache ist oder zur Nutzung dinglich Berechtigter, ergeben sich in dieser Hinsicht keine Probleme. Ist das nicht der Fall, benötigt er die Zustimmung des Eigentümers; gegen dessen Willen kann eine Widmung nicht ausgesprochen werden.[19] Da mit der Widmung zugleich auch öffentlich-rechtliche Unterhaltungspflichten entstehen, ist ferner die Zustimmung des Unterhaltungspflichtigen erforderlich, falls er nicht mit der widmenden Behörde identisch ist.[20]

Die Zustimmung ist jeweils Rechtmäßigkeitsvoraussetzung für die Widmung. Fehlt sie, ist die Widmung rechtswidrig, aber regelmäßig wirksam; sie kann (bzw. muss) angefochten werden.

bb) Arten der Widmung

11 Die Widmung stellt einen öffentlich-rechtlichen Rechtsakt dar. Eine öffentliche Sache kann in Form eines **Bundesgesetzes** (§ 5 WaStrG, danach sind die Bundeswasserstraßen öffentliche Sachen im Gemeingebrauch), einer **Rechtsverordnung** (die Gewässer II. Ordnung werden z.B. zu öffentlichen Sachen durch Aufnahme in ein Verzeichnis, das von der obersten Wasserbehörde als Rechtsverordnung aufgestellt wird, vgl. Art. 2 Abs. 1 Nr. 2, 3 BayWassG) oder einer **Satzung** (z.B. einer Schwimmbadsatzung, die den Zugang zum Schwimmbad eröffnet und dessen Benutzung regelt) und auch durch Gewohnheitsrecht (z.B. Meeresstrand als Sache im Gemeingebrauch) gewidmet werden. Zumeist erfolgt die Widmung öffentlicher Sachen (insbesondere öffentlicher Straßen) durch **Verwaltungsakt** (§ 2 Abs. 1 FStrG: Widmung von Bundesstraßen). Mit dieser Verfügung wird die Straße zugleich einer Straßenklasse zugeordnet (sog. Einstufung, z.B. als Landesstraße, Kreisstraße oder Gemeindestraße, vgl. § 3 StrWG M-V).

12 Bei der Widmung in Form eines Verwaltungsaktes handelt es sich um eine Allgemeinverfügung i.S.v. § 35 S. 2, 2. Alt. VwVfG.[21] Die Widmung ist öffentlich bekannt zu machen. Für Bundesfernstraßen ergibt sich das aus § 2 Abs. 6 FStrG, für andere Straßen aus den Landesstraßengesetzen (z.B. § 7 Abs. 2 StrWG M-V). Da sie ein (beschränkt) dingliches Recht an einer Sache begründet, wird sie auch als dinglicher Verwaltungsakt bezeichnet.[22] Wegen der erforderlichen Zustimmung des Eigentümers und u.U. der des Unterhaltspflichtigen ist sie ein mitwirkungsbedürftiger bzw. mehrstufiger Verwaltungsakt.[23]

17 Zu Straßen als öffentlich-rechtliche Sachen im Gemeingebrauch siehe § 27.

18 *Peine*, Rn. 1374.

19 Näher *Papier*, S. 52. Hinzuweisen ist auf die Möglichkeit der öffentlichen Hand, sich im Wege eines Enteignungsverfahrens (Art. 14 Abs. 3 GG, § 19 FStrG) das Eigentum an einer von ihr benötigten Sache zu verschaffen; zur Enteignung § 35.

20 *Papier*, S. 53; siehe Rn. 8.

21 Vgl. § 12 Rn. 23.

22 Siehe aber auch § 12 Rn. 23.

23 Vgl. § 12 Rn. 42.

c) Änderung der Widmung

Durch eine Umwidmung oder Änderungswidmung wird die öffentliche Zweckbestimmung der öffentlichen Sache geändert. Sie erfolgt in derselben Form wie die Widmung. Bei öffentlichen Straßen wird auf diesem Weg deren Einstufung geändert (Umstufung); sie ist als Ab- oder Aufstufung der Straßenklasse möglich, z.B. § 8 StrWG M-V. 13

d) Aufhebung der Widmung

Mit der sog. Entwidmung verliert eine öffentliche Sache ihren öffentlich-rechtlichen Status. Bei öffentlichen Straßen wird dies Einziehung genannt. 14

3. Indienststellung

Die tatsächliche Grundlage für das Wirksamwerden der Widmung bildet die Indienststellung der öffentlichen Sache, bei einer Straße deren Freigabe zum Verkehr. Dabei handelt es sich um einen Realakt. 15

Für das Entstehen einer öffentlichen Straße kann nach den straßenrechtlichen Bestimmungen einiger Länder auf eine ausdrückliche Widmung verzichtet werden, wenn der Bau bzw. die Veränderung einer Straße im Rahmen eines Planfeststellungsverfahrens erfolgt; als (fiktive) Widmung gilt dann die Indienststellung der Straße.[24]

III. Einteilung der öffentlichen Sachen

Es werden verschiedene Arten öffentlicher Sachen unterschieden. Zunächst lassen sie sich in öffentliche Sachen im **Zivilgebrauch** und öffentliche Sachen im **Verwaltungsgebrauch** einteilen. Erstere sind öffentliche Sachen, deren Nutzungsmöglichkeit Zivilpersonen offen steht. Diese Kategorie der öffentlichen Sachen lässt sich wiederum unterteilen in öffentliche Sachen im **Gemeingebrauch, Sondergebrauch** und **Anstaltsgebrauch**. Sachen im **Verwaltungsgebrauch** dienen der öffentlichen Verwaltung unmittelbar zur Erfüllung ihrer Aufgaben, sie stehen für den verwaltungsinternen Gebrauch zur Verfügung. Zum Kreis der öffentlichen Sachen gehören auch die dem kirchlichen Gebrauch dienenden Gegenstände (Kirchen sind Körperschaften des öffentlichen Rechts, Art. 140 GG, Art. 137 WRV). Sie bilden jedoch keine eigenständige Kategorie der öffentlichen Sachen, weil sie je nach ihrem Widmungszweck den Sachen im Gemein-, Anstalts- und Verwaltungsgebrauch zugeordnet sind.[25] 16

Übersicht 34:
Einteilung der öffentlichen Sachen

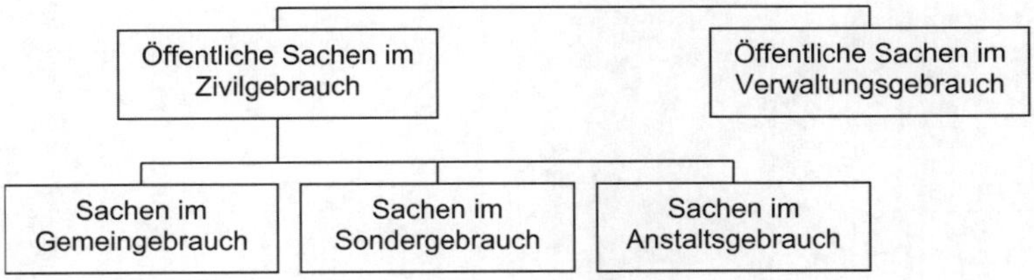

24 Z.B. § 7 Abs. 4 StrWG M-V, § 6 Abs. 7 StrG NW, Art. 6 Abs. 6 BayStrWG.
25 *Wolff/Bachof/Stober*, Bd. 2, § 75 Rn. 27.

▶ **ZU FALL 1:** Entscheidend dafür, ob B die Pfähle aufstellen durfte, ist die Beantwortung der Frage, ob die Straße eine öffentliche Sache ist. Dann wäre das Privateigentum des B durch den öffentlich-rechtlichen Charakter der Straße beschränkt und er müsste ihre Benutzbarkeit gestatten. Eine Sache bzw. Straße erhält ihre öffentlich-rechtliche Eigenschaft durch Widmung. Formal ist eine solche nach dem Sachverhalt offensichtlich unterblieben. Wurde allerdings eine Straße schon lange Zeit ohne Widerspruch durch die Öffentlichkeit genutzt, ersetzt das Rechtsinstitut der unvordenklichen Verjährung den Nachweis der Widmung.[26] Hiernach ist grds. eine widerspruchslose, andauernde Rechtsausübung von 80 Jahren erforderlich. Zum Beweis reicht das glaubhafte Zeugnis von Personen, das Recht sei innerhalb der letzten 40 Jahre ausgeübt worden und ein anderer Zustand sei ihnen in diesem Zeitraum nicht bekannt geworden.[27] Eine Straße ist also auch dann öffentlich, wenn sie über einen langen Zeitraum unter stillschweigender Duldung des Eigentümers in der Überzeugung, sie sei ein öffentlicher Weg, genutzt worden ist. Ob Letzteres hier gegeben ist, erscheint nach dem Sachverhalt nahe liegend, bedarf aber der weiteren Aufklärung. Je nachdem durfte B die Pfähle aufstellen oder nicht. ◀

26 OVG Münster, NJW 1964, 1335, 1336.
27 BGHZ 16, 238.

§ 27 Öffentliche Sachen im Gemeingebrauch

▶ **Fall 2:** K betreibt ein kleines Geschäft in der Gemeinde G, in dem er Bücher, Schreib- und Tabakwaren verkauft. An der Hauswand seines Ladens möchte er einen Zigarettenautomaten anbringen. Der 70 cm breite und 1,50 m hohe Automat würde 20 cm tief in den Luftraum der für den Straßenverkehr gewidmeten Gemeindestraße von G ragen. Darf K den Automaten anbringen? ◀

Öffentliche Sachen im Gemeingebrauch sind solche, die durch öffentlich-rechtliche Widmung einer unbeschränkten Öffentlichkeit unmittelbar und ohne besondere Zulassung zur zweckbestimmten Benutzung zugänglich gemacht worden sind. **Gemeingebrauch** bedeutet folglich, dass jedermann die öffentliche Sache im Rahmen der Widmung ohne besondere Zulassung benutzen darf.[1] Öffentliche Sachen im Gemeingebrauch sind vor allem Straßen und Wege, des Weiteren Gewässer als Verkehrswege sowie der Luftraum. Sachen im Gemeingebrauch können ferner einer über den Gemeingebrauch hinausgehenden **Sondernutzung** unterliegen,[2] die jedoch nur aufgrund besonderer Erlaubnis zulässig ist.[3] 1

I. Straßenrechtlicher Gemeingebrauch

Gemeingebrauch ist Ausfluss der auf dem Privateigentum lastenden öffentlich-rechtlichen Dienstbarkeit und diesbezüglichen Sachherrschaft des öffentlich-rechtlichen Sachherrn; der Eigentümer hat mithin jede dem Gemeingebrauch entsprechende Sachnutzung zu dulden. 2

Für Bundesfernstraßen bestimmt § 7 Abs. 1 S. 1 FStrG: „Der Gebrauch der Bundesfernstraßen ist jedermann im Rahmen der Widmung und der verkehrsbehördlichen Vorschriften zum Verkehr gestattet (Gemeingebrauch)." Hinsichtlich der anderen öffentlichen Straßen enthalten die Landesgesetze entsprechende Regelungen.[4] Daraus ergeben sich für die Bestimmung des Gemeingebrauchs zwei Maßgaben: 3

- Der Gemeingebrauch ist zum einen an den Inhalt der **Widmung** (d.h. die öffentliche Zweckbestimmung) gebunden; er orientiert sich vor allem am festgelegten Straßentypus (Gemeingebrauch an einer Fußgängerstraße bedeutet Beschränkung auf die Inanspruchnahme durch fußläufigen Verkehr, wozu aber auch Skaten und Joggen gehören).[5]
- Zum anderen ist der Gemeingebrauch auf den **Verkehrszweck**, d.h. auf Ortsveränderung[6] beschränkt.

Der (weitere) gesetzliche Hinweis auf die Verkehrsvorschriften bedeutet, dass sich die Benutzung der Straße in den vom Straßenverkehrsrecht[7] gesetzten Grenzen zu halten hat. Jene Vorschriften regeln die Zulässigkeit der konkreten Nutzung der Straße.

1 *Wolff/Bachof/Stober*, Bd. 2, § 78 Rn. 1.

2 Zur Abgrenzung Gemeingebrauch und Sondernutzung *Stuchlik*, GewArch 2004, 143; *Siems*, Jura 2003, 587; vgl. sogleich Rn. 4 ff.

3 *Detterbeck*, Rn. 978.

4 § 21 StrWG M-V: „Der Gebrauch der öffentlichen Straßen ist jedermann im Rahmen der Widmung und der Straßenverkehrvorschriften zum Verkehr gestattet.".

5 Siehe bereits § 26 Rn. 11.

6 H.M., BVerwGE 35, 326, 329. Vgl. auch *Papier*, S. 86 f. Insofern wird durch straßenrechtliche Regelungen die widmungsbedingte Zweckbestimmung vorgezeichnet.

7 StVG, StVO, StVZO.

Durch die vorgeschriebene Beachtung der verkehrsrechtlichen Vorschriften wird jedoch kein weiteres Wesensmerkmal des Gemeingebrauchs eingeführt. Vielmehr bilden das Straßenrecht und Straßenverkehrsrecht zwei voneinander zu trennende Rechtsmaterien.[8] Während das Straßenrecht den allgemeinen Status der öffentlichen Sachen (Bereitstellung der Straße, Eignung, Zweckbestimmung und -erhaltung) regelt,[9] enthält das Straßenverkehrsrecht Bestimmungen zur Ausübung des Gemeingebrauchs in konkreto (Gemeinverträglichkeit); es stellt Anforderungen an den Verkehr und die Verkehrsteilnehmer und dient der Abwehr von Gefahren, die durch eine bestimmte Art oder Häufung der bestimmungsgemäßen Nutzung der Straßen erforderlich wird.[10] Verstößt bspw. ein Verkehrsteilnehmer bei einer Fahrt mit dem Auto gegen Vorschriften der Straßenverkehrs-Ordnung (Fahrt in entgegengesetzter Richtung einer Einbahnstraße), so bewegt er sich damit nicht außerhalb des allgemeinen Gemeingebrauchs an der Straße – die Inanspruchnahme dient schließlich der Fortbewegung; er überschreitet lediglich seine (straßen)verkehrsrechtliche Nutzungsbefugnis.[11]

Zum Verkehr und damit zum Gemeingebrauch zählt auch der ruhende Verkehr. Das gilt selbst für das Dauerparken, wenn das Fahrzeug zugelassen, betriebsbereit und zum Zwecke späterer Inbetriebnahme abgestellt worden ist.[12]

II. Straßenrechtliche Sondernutzung

4 Die öffentlich-rechtliche Dienstbarkeit erstreckt sich nicht nur auf die Eröffnung des Gemeingebrauchs, sondern bezieht sich auch auf Straßennutzungen, die den zuvor dargestellten Gemeingebrauch überschreiten. Allerdings sind zwei Arten derartiger Sondernutzungen zu unterscheiden:

1. Öffentlich-rechtliche Sondernutzung

5 Zum einen gibt es Sondernutzungen, die den Gemeingebrauch beeinträchtigen. Sie stehen ebenfalls zur Disposition des öffentlich-rechtlichen Sachherrn und unterliegen der Duldungspflicht des Eigentümers. Diese Art von Sondernutzungen ist erlaubnispflichtig und bedarf einer besonderen Zulassung durch den öffentlich-rechtlichen Sachherrn, sog. **Sondernutzungserlaubnis**. Die Abgrenzung zwischen Gemeingebrauch und Sondernutzung ist anhand des Inhalts der Widmung und hier der Zweckbestimmung zum Verkehr vorzunehmen. Wegen Überschreitung der widmungsbedingten Beschränkung auf fußläufigen Verkehr stellt z.B. Autofahren auf einer reinen Fußgängerstraße eine Sondernutzung dar. Ebenso wenig dem Gemeingebrauch zugehörig ist das Aufstellen von Verkaufsständen im Straßenraum, weil dies nicht von der Verkehrsbestimmung gedeckt ist. In beiden Fällen findet sich zugleich der Gemeingebrauch beeinträchtigt. Die Entscheidung über die solcherart erforderliche Sondernutzungserlaubnis liegt im Ermessen des öffentlichen Sachherrn; die Erlaubnis wird durch Verwaltungsakt oder öffentlich-rechtlichen Vertrag gewährt.

8 BVerwGE 34, 241, 243; BVerfGE 40, 371, 378.

9 *Stuchlik*, GewArch 2004, 143, 143 f.

10 *Siems*, Jura 2003, 587, 588.

11 In Einzelfällen kann jedoch ein Verstoß gegen das Straßenverkehrsrecht zugleich den Gemeingebrauch überschreiten (z.B. Aufstellen eines Verkaufsstandes auf der Straße: Verstoß gegen § 32 StVO und gegen die gemeingebräuchlichen Befugnisse); siehe sogleich Rn. 5.

12 BVerwGE 34, 320.

Mit der Erteilung einer Sondernutzungserlaubnis kann die Pflicht, eine Sondernutzungsgebühr zu zahlen, einhergehen. Umgekehrt ist freilich die Unentgeltlichkeit der Straßennutzung kein den Gemeingebrauch wesensmäßig bestimmendes Kriterium. Aus § 7 Abs. 1 S. 4 FStrG folgt bspw., dass auch für den Gemeingebrauch Gebühren erhoben werden dürfen (Maut), allerdings nur aufgrund einer besonderen gesetzlichen Regelung.[13]

2. Privatrechtliche Sondernutzung

Von öffentlich-rechtlichen Sondernutzungen sind solche abzugrenzen, die zwar über den Gemeingebrauch hinausgehen, ihn aber nicht beeinträchtigen, sog. privatrechtliche Sondernutzungen (Beispiel: vorübergehende Nutzungen in der Tiefe des Straßenkörpers, wie Verlegung von Kabeln und Rohren). Sie unterliegen nicht dem öffentlich-rechtlichen Sonderregime und der Duldungspflicht des Privateigentümers, sondern betreffen das fortbestehende Privateigentum an der Sache. Derartige Nutzungen kann der Eigentümer (Privater oder Verwaltungsträger) daher im Wege eines privatrechtlichen Vertrages oder der Einräumung eines dinglichen Nutzungsrechts (eventuell gegen Entgelt) gestatten (**privatrechtliche Gestattung**). 6

III. Abgrenzung Gemeingebrauch und öffentlich-rechtliche Sondernutzung

Die Abgrenzung zwischen Gemeingebrauch und öffentlich-rechtlicher Sondernutzung ist nicht immer zweifelsfrei möglich. Sie bereitet insbesondere dann Schwierigkeiten, wenn ein bestimmtes Verhalten objektiv, d.h. nach außen erkennbar, dem fließenden oder ruhenden Verkehr zugeordnet werden kann, die Nutzung der Straße aber subjektiv nicht Zwecken der Fortbewegung dient (Beispiel: Ein mit Werbung „geschmücktes" Fahrzeug fährt ständig im Kreis durch die Innenstadt). Die Frage, auf welche der beiden Komponenten im Falle eines Divergierens abgestellt werden muss, ist in Rechtsprechung und Literatur nicht abschließend geklärt. Einigkeit besteht allerdings darüber, dass kein Gemeingebrauch, sondern eine Sondernutzung vorliegt, wenn es schon nach außen an einem Verkehrsverhalten fehlt (z.B. bei Errichtung von Verkaufsständen).[14] Liegt umgekehrt ein objektiv auf Fortbewegung ausgerichtetes Verhalten vor, dem aber ein subjektiver Verkehrszweck fehlt, so kann i.d.R. ebenfalls keine gemeingebräuchliche Benutzung mehr angenommen werden (vgl. vorstehendes Beispiel mit dem Fahrzeug oder im Fall der Verteilung von Prospekten durch einen sich fortbewegenden Fußgänger).[15] Von dieser Grundregel hat die Rechtsprechung Ausnahmen vor allem für grundrechtlich besonders legitimierte Straßennutzungen entwickelt: 7

1. Anliegergebrauch

Eigentümer von Grundstücken oder Gewerbetreibende sind auf eine Nutzung der anliegenden Straßenfläche in einer Weise angewiesen, die u.U. über den zuvor dargestellten Gemeingebrauch hinausgeht. Soweit diese gesteigerte Inanspruchnahme zur angemessenen Grundstücksnutzung oder derjenigen des Gewerbebetriebs erforderlich ist, sich im Rahmen des Ortsüblichen und der Gemeinverträglichkeit hält, soll sie 8

13 Was hinsichtlich des LKW-Verkehrs auf Autobahnen in Deutschland bereits der Fall ist; eine generelle Abgabenpflichtigkeit des Gemeingebrauchs soll hingegen aus sozialstaatlichen Gründen unzulässig sein, vgl. *Pappermann/Löhr*, JuS 1980, 350, 355.

14 *Papier*, S. 87.

15 *Papier*, S. 93; BVerwGE 35, 329.

über Art. 14 Abs. 1 GG gewährleistet sein. Die Straßengesetze als Inhalts- und Schrankenbestimmungen des Eigentums müssen dann diesen zulassungsfreien **Anliegergebrauch** (bzw. gesteigerten Gemeingebrauch) sicherstellen.[16] Er soll den notwendigen „Kontakt nach außen" ermöglichen. Teilweise hat der Anliegergebrauch Eingang in landesrechtliche Vorschriften gefunden.[17] Ansonsten muss der straßengesetzlich geregelte Gemeingebrauch als Inhalts- und Schrankenbestimmung des Art. 14 Abs. 1 S. 2 GG in entsprechender Weise interpretiert werden.[18] Zum Anliegergebrauch zählen z.B. das Be- und Entladen vor einem Geschäft, das vorübergehende Ablagern von Baumaterialien, das Aufstellen von Mülltonnen für die Müllabfuhr, Bauzäunen und Werbeschildern für den eigenen Gewerbebetrieb. Er umschließt auch das Recht auf Zugänglichkeit des Grundstücks zum öffentlichen Straßennetz (freie Zu- und Abfahrt vom Grundstück).[19] Nicht mehr zur angemessenen Nutzung des Anliegergrundstücks gehört hingegen etwa das Anbringen von Fremdreklame und das Aufstellen von Stühlen und Tischen vor einem Lokal.

2. Weitere Abgrenzungen zwischen Gemeingebrauch und Sondernutzung

9 Ferner ist das **Verteilen politischer Werbung** im Straßenraum dem Gemeingebrauch zugeordnet worden; dieser sei wegen der besonderen Bedeutung der Meinungsfreiheit (Art. 5 Abs. 1 GG) verfassungskonform und damit weit auszulegen.[20] Insbesondere könne der den Gemeingebrauch kennzeichnende Verkehrszweck nicht auf Fortbewegung begrenzt werden, sondern umfasse vor allem im innerörtlichen Bereich auch Kontaktaufnahmen und Kommunikation mit anderen Verkehrsteilnehmern. Die Grenze zur Sondernutzung ist jedoch erreicht, wenn objektiv ein verkehrsmäßiges Verhalten nicht mehr vorliegt (bei gegenständlicher Inanspruchnahme der Straße wie im Falle des Aufstellens von Infoständen oder Plakatständern).

Die vorgenannten Grundsätze gelten für unter den Schutz von Art. 4 GG fallende **religiöse** oder **weltanschauliche Betätigungen** im Straßenraum entsprechend.[21]

Demgegenüber wird **Straßenkunst** trotz vorbehaltloser Gewährleistung der Kunstfreiheit (Art. 5 Abs. 3 GG) vom Bundesverwaltungsgericht als Sondernutzung angesehen.[22] Die Begründung richtet sich darauf, dass die gegenständliche Inanspruchnahme, wie sie die meisten Kunstformen prägt (Bemalen der Straße, Aufstellen von Kunstgegenständen), nicht zum Zwecke des Verkehrs erfolgt und damit schon objektiv kein gemeingebräuchliches Verhalten darstellt.[23] I.Ü. sei das Verfahren zur Erteilung der Sondernutzungserlaubnis in besonderem Maße geeignet, die verschiedenen grundrechtlich geschützten Belange der Straßenbenutzer in Einklang zu bringen und entspreche deshalb dem Grundsatz der Verhältnismäßigkeit; das behördliche Ermes-

16 BVerwGE 30, 238.

17 Z.B. § 14 Abs. 4 StrG BB, § 17 HWG, § 14 Abs. 1 StrG S-A, § 14a StrWG NW, § 14 Abs. 4 ThürStrG, § 15 Abs. 1 StrG BW, Art. 17 BayStrWG, § 10 Abs. 3 StrG Bln, §§ 4, 8 BremStrG, § 39 Abs. 1 StrG RhlPf.

18 BVerwG, GewArch 1999, 374.

19 Dieses wird teilweise als vom Anliegergebrauch zu unterscheidendes Anliegerrecht bezeichnet, betrifft jedoch gleichermaßen eine über das Normale hinausgehende Inanspruchnahme der Straße und wird hier deshalb dem Anliegergebrauch zugeordnet.

20 BVerfG, NVwZ 1992, 53; zur politischen Wahlwerbung im öffentlichen Straßenraum eingehend *Hagmann*, DÖV 2006, 323.

21 BVerwG, NJW 1997, 406, 407.

22 BVerwGE 84, 71, 75 f; vgl. auch VGH Mannheim, NVwZ-RR 2003, 240.

23 BVerwG, DÖV 1981, 342; vgl. vorstehend im Text.

sen bei der Bewilligung einer Sondernutzung könne sich indes wegen der Bedeutung des Art. 5 Abs. 3 GG auf die Erteilung der Sondernutzungserlaubnis reduzieren.[24]

In Gemeinden ist des Weiteren eine Entwicklung zu beobachten, straßenrechtliche Satzungen zu erlassen, die **Betteln, Niederlassen zum Alkoholgenuss** oder ähnliche Nutzungen der öffentlichen Straßen untersagen. Würde es sich dabei um zulassungsfreies, durch jedermann wahrnehmbares gemeingebräuchliches Verhalten handeln, läge ein Verstoß gegen höherrangiges Recht (Straßen- und Wegegesetze der Länder) vor und derartige Satzungen wären rechtswidrig.[25] Insoweit ist einerseits zu berücksichtigen, dass sich die Zweckbestimmung öffentlicher Straßen und Plätze, vor allem im Innenstadtbereich, nicht auf verkehrsbezogene Zwecke beschränkt, sondern auch eine kommunikative Seite (s.o.) mit der Möglichkeit zum Aufenthalt hat. Angesichts des beabsichtigten längerfristigen Aufenthalts auf der Straße lässt sich man jedoch andererseits an einer Nutzung zu derartigen Verkehrszwecken zweifeln. Die Rechtsprechung ordnet das stille Betteln und das (zeitweilige) Niederlassen zum Alkoholgenuss überwiegend dem Gemeingebrauch zu.[26] Das Nächtigen auf der Straße ist demgegenüber eine Sondernutzung.[27]

▶ **zu Fall 2:** Fraglich ist, ob K ein Recht auf diese Art der Straßenbenutzung hat. Die Straße ist für den Straßenverkehr gewidmet. Die von K gewünschte Nutzung entspricht somit nicht dem Gemeingebrauch. Als Anlieger der Gemeindestraße könnte ihm jedoch ein gesteigerter Gemeingebrauch und damit ein Anspruch auf Anbringung des Zigarettenautomaten zustehen. Fraglich ist, ob sich Letzteres im Rahmen des Anliegergebrauchs bewegt. Die grundrechtliche Gewährleistung der Anliegernutzung reicht nur soweit, wie die angemessene Nutzung eines Anliegergrundstücks die Inanspruchnahme der Straße erfordert. Angemessen ist nicht jede Nutzung, zu der das Grundeigentum Gelegenheit bietet, sondern nur ein Gebrauch, für den nach der Nutzung des angrenzenden Grundstücks ein Bedürfnis besteht.[28] Das Ladengeschäft des K erfordert eine solche Nutzung nicht (zumal auch in seinem Geschäft Zigaretten gekauft werden können). Damit handelt es sich um eine Sondernutzung, die einer im Ermessen der Straßenbaubehörde stehenden Erlaubnis bedarf. ◀

24 BVerwGE 84, 71, 72; allgemein zur Ermessensreduzierung § 14 Rn. 48.

25 Zu dieser Problematik *Fahl*, DÖV 1996, 956; *Holzkämper*, NVwZ 1994, 148; *Kube*, JuS 1999, 179.

26 VGH Mannheim, NVwZ 1999, 406.

27 *Fahl*, DÖV 1996, 956, 957.

28 BVerwG, NJW 1975, 357.

§ 28 Öffentliche Sachen im Sondergebrauch

1 Öffentliche Sachen im Sondergebrauch stellen die Gewässer dar, soweit es um ihre wasserwirtschaftliche Nutzung (als Umweltgut) geht. Im Unterschied zu öffentlichen Sachen im Gemeingebrauch (Straßen) sind sie nur in begrenztem Umfang vorhanden und nicht beliebig vermehrbar. In Anbetracht dessen bedürfen sie eines besonderen Schutzes und einer gesteigerten Überwachung.

Ihre Inanspruchnahme ist deshalb von einer besonderen Zulassung oder Genehmigung abhängig. Das richtet sich vor allem auf solche Vorgänge, durch welche die verfügbare Wassermenge vermindert oder die vorhandene Wassergüte beeinträchtigt werden kann;[1] diese sind geeignet, die natürliche Ressource im Hinblick auf ihre Menge und ihre qualitative Zusammensetzung zu beeinflussen. Daraus erklärt sich die Beschränkung des Sondergebrauchs auf die wasserwirtschaftliche Seite der Gewässer. Der Gebrauch der Wasseroberfläche zum Zwecke der Fortbewegung (Schifffahrt) berührt das besondere Schutzinteresse nicht in gleicher Weise. In ihrer Eigenschaft als Verkehrswege stellen sie demnach, ebenso wie Straßen, Sachen im Gemeingebrauch dar.

2 Mit **Sondergebrauch** ist insbesondere das Entnehmen und Ableiten von Wasser, das Aufstauen und Absenken von Gewässern sowie das Einleiten von Stoffen in Gewässer gemeint (§ 3 Abs. 1 WHG). Nach § 2 Abs. 1 WHG bedarf die Nutzung der Gewässer zu wasserwirtschaftlichen Zwecken grds. einer behördlichen Zulassung (Erlaubnis oder Bewilligung nach §§ 7, 8 WHG). Der Gemeingebrauch, bei dem es um die zulassungsfreie Inanspruchnahme öffentlicher Sachen geht, ist nur ausnahmsweise und mit Beschränkung auf einzelne untergeordnete wasserwirtschaftliche Nutzungsarten eröffnet; § 23 WHG weist die Festlegung des Gemeingebrauchs für oberirdische Gewässer den Landesgesetzen zu. So unterfallen ihm etwa nach § 21 LWaG M-V Tätigkeiten wie Baden, Eissport, Viehtränken oder Befahren mit Fahrzeugen ohne Motorkraft. Für sämtliche bedeutsamen wasserwirtschaftlichen Nutzungsarten bedarf es hingegen eines besonderen behördlichen Zulassungsaktes (deshalb: Sachen im Sondergebrauch).

1 BVerfGE 15, 1, 15.

§ 29 Öffentliche Sachen im Anstaltsgebrauch

▶ **Fall 3:** Die Stadt R veranstaltet jedes Jahr im Dezember einen Weihnachtsmarkt mit Buden, Karussells und Verkaufsständen, der auf einem in ihrem Zentrum gelegenen, dafür gewidmeten öffentlichen Parkplatz stattfindet. Mit dem Betrieb des Weihnachtsmarktes ist die der Stadt R gehörende Weihnachtsmarkt GmbH betraut. Der in R wohnende N möchte dort an einem Verkaufsstand von ihm selbst gefertigte Kunstgewerbeartikel verkaufen. Die Weihnachtsmarkt GmbH lehnt seine Anfrage, dafür einen Verkaufsstand mieten zu dürfen, ab. Zur Begründung führt sie aus, dass sie die Anträge auf Zuteilung eines Verkaufsstandes in der Reihenfolge ihres Eingangs beschieden habe. Zum Zeitpunkt der Anfrage des N seien bereits sämtliche Stände an andere Bewerber vermietet gewesen. Wie ist die Rechtslage? ◀

Sachen im Anstaltsgebrauch sind dadurch gekennzeichnet, dass sie der Öffentlichkeit oder bestimmten Kreisen von Personen nicht erlaubnisfrei, sondern nur nach besonderer Zulassung zur Verfügung stehen.[1] Im durchgängigen Zulassungserfordernis liegt der Unterschied zu den Sachen im Gemeingebrauch[2] und zu denen im Sondergebrauch, bei denen nicht jede Inanspruchnahme einer Zulassung bedarf.[3] 1

Öffentliche Sachen im Anstaltsgebrauch können Anstalten des öffentlichen Rechts selbst sein, aber auch sonstige „öffentliche Einrichtungen".[4] Darunter fallen nicht nur solche Sachen, die zum Bestand einer Anstalt[5] gehören, sondern auch Gegenstände oder Gesamtheiten von Gegenständen sonstiger Einrichtungen (Körperschaften, Stiftungen), die für bestimmte öffentliche Zwecke gewidmet sind und deren Benutzung durch einen in der Zweckbestimmung festgelegten Personenkreis einer besonderen (auch stillschweigenden) Zulassung bedarf, wie Schwimmbäder, Museen, Theater.[6]

I. Sachenrechtliche Widmung

Die Widmung kann in unterschiedlichen Formen, etwa durch Satzung, Verwaltungsakt oder konkludent erfolgen; durch sie wird die öffentlich-rechtliche Sachherrschaft begründet.[7] Einrichtungen, die rein privatrechtlich ausgestaltet sind, verfügen über keinen öffentlich-rechtlichen Sachbestand; es fehlt an einer die öffentliche Sachherrschaft begründenden Widmung. Soweit die Einrichtungen öffentlich-rechtlich organisiert sind, beantwortet sich die Frage nach dem Status der Einrichtungsgegenstände unabhängig davon, wie das Benutzungsverhältnis – ob öffentlich-rechtlich oder privatrechtlich[8] – ausgestaltet ist.[9] Vielmehr ist maßgeblich, in welchem Umfang die Widmung der Gesamtsache auch ihre Bestandteile erfasst. Dies wird hinsichtlich eines Mindestbestandes an öffentlichen Sachen, ohne den die Einrichtung nicht ihrer 2

1 *Peine*, Rn. 1346.

2 Vgl. § 27 Rn. 1.

3 Vgl. § 28 Rn. 2.

4 Zur Unterscheidung rechtsfähiger und nichtrechtsfähiger Anstalten § 6 Rn. 20.

5 Zur Anstalt des öffentlichen Rechts § 6 Rn. 19 f.

6 So auch *Peine*, Rn. 1346.

7 Kritisch *Papier*, S. 12 ff., der in der Widmung eine unzulässige Fiktion erblickt; gegen die Annahme einer Widmung auch *Axer*, Die Widmung als Schlüsselbegriff des Rechts der öffentlichen Sachen, 1994, S. 150 ff.

8 Zu den Möglichkeiten, das Benutzungsverhältnis bei öffentlichen Einrichtungen privatrechtlich oder öffentlich-rechtlich auszugestalten, § 25 Rn. 3.

9 *Hendler*, Rn. 638.

Zweckbestimmung entsprechend funktionsfähig ist (etwa Fahrzeugpark der Polizei), ohne weiteres anzunehmen sein.

II. Nutzung von Sachen im Anstaltsgebrauch

3 Mit Blick auf die Art der Nutzung öffentlicher Sachen im Anstaltsgebrauch ist die ordentliche Benutzung von der Sonderbenutzung zu unterscheiden. Eine **ordentliche Benutzung** liegt vor, wenn sich die Nutzung der Sache nach Art, Umfang und Benutzerkreis im Rahmen der durch die Widmung festgelegten Zweckbestimmung hält.[10] **Sonderbenutzung** ist jede Inanspruchnahme von Einrichtungsgegenständen, die über die widmungsbedingten Nutzungsformen hinausgeht.[11] Dies ist zunächst der Fall, wenn sich die Art der Nutzung außerhalb der öffentlichen Zweckbestimmung bewegt, z.B. Filmaufnahmen in einem Schwimmbad. Sich innerhalb der Zweckbestimmung haltende Gebrauchsformen stellen aber auch Sonderbenutzungen dar, wenn der Nutzungsinteressierte nicht zum vorgesehenen Benutzerkreis gehört – etwa für den Fall, dass eine Gemeinde die Zweckbestimmung ihrer Turnhalle auf die Benutzung durch örtliche Vereine zur sportlichen Betätigung beschränkt hat und ein Verein des Nachbarorts in der Turnhalle seine Vereinsmeisterschaften austragen möchte.[12] Eine Sondernutzung ist ferner anzunehmen, wenn die Einrichtung gesteigert in Anspruch genommen und/oder die Gemeinnutzung anderer beeinträchtigt wird, bspw. wenn ein örtlicher Turnverein in der Turnhalle während einer vollen Woche regionale Meisterschaften in verschiedenen Disziplinen austragen möchte.[13]

4 Allgemein haben Bürger einen Anspruch auf ermessensfehlerfreie Entscheidung über die ordentliche, sich im Rahmen der Widmung bewegende Benutzung öffentlicher Sachen im Anstaltsgebrauch.[14] Bei kommunalen Einrichtungen handelt es sich aufgrund gesetzlicher Regelung (z.B. Art. 14 Abs. 2 KV M-V) um eine gebundene Entscheidung.[15] Das gilt allerdings nur, soweit die Kapazität der öffentlichen Einrichtung reicht. Ist diese überschritten, wandelt sich der Anspruch in einen solchen auf ermessensfehlerfreie Entscheidung (vgl. näher zu Fall 3). Auf Zulassung zu einer Sonderbenutzung besteht kein Anspruch, nach h.M. auch kein solcher auf fehlerfreie Betätigung des Ermessens.[16]

▶ **zu Fall 3:** Fraglich ist, ob N einen Anspruch auf Zuweisung eines Verkaufsstandes auf dem Weihnachtsmarkt hat. Gegen die privatrechtlich betriebene Weihnachtsmarkt GmbH kann N nicht vorgehen: Die Nutzung eines Verkaufsstandes erfolgt im Wege eines zivilrechtlichen Mietvertrages, auf dessen Abschluss wegen des Grundsatzes der Vertragsabschlussfreiheit kein Anspruch besteht. In Betracht kommen könnte allerdings ein Anspruch gegen die Stadt R auf Zugang zum Weihnachtsmarkt, z.B. gem. § 14 Abs. 2 KV M-V.[17]

Der Weihnachtsmarkt ist eine öffentliche Einrichtung, mit dem die Stadt Aufgaben der Daseinsvorsorge erfüllt. Der Parkplatz ist entsprechend gewidmet und allen Interessenten nach Zulassung zur Verfügung gestellt. Der diesbezügliche Anspruch besteht allerdings

10 *Hendler*, Rn. 641.

11 *Battis*, S. 279.

12 *Hendler*, Rn. 643.

13 *Papier*, S. 33; Beispiel von *Hendler*, Rn. 643.

14 Vgl. hierzu OVG Greifswald, NVwZ 2001, 446, 447; danach besteht kein Anspruch eines Unternehmens auf Überlassung von Schulräumen zum Betrieb eines Schülercafés.

15 Zum Zugang zu öffentlichen Einrichtungen auch § 25 Rn. 8.

16 BVerwGE 39, 235.

17 Vgl. bereits § 25 Rn. 8 mit Fn. 22.

nur im Rahmen von Widmung und Kapazität. Der Weihnachtsmarkt ist zwar für den Betrieb von Verkaufsständen und Karussells gewidmet. Hier sind jedoch die vorhandenen Kapazitäten begrenzt. Bei einem Nachfrageüberhang haben auch Einwohner wie N keinen Anspruch auf Erweiterung der Kapazität, um ihnen den Zugang zur öffentlichen Einrichtung zu ermöglichen.

Wenn nicht allen Bewerbern Zugang gewährt werden kann, muss die Kommune die knappen Kapazitäten ihrer Einrichtung ermessensfehlerfrei unter Beachtung des allgemeinen Gleichheitssatzes (Art. 3 Abs. 1 GG) verteilen. Dementsprechend reduziert sich der Zulassungsanspruch des N.[18] Bei der Auswahl können insoweit Kriterien wie Priorität, Wirtschaftlichkeit/Attraktivität des Bewerbers, das Prinzip „bekannt und bewährt" (bei Gewährleistung der Zugangsmöglichkeit neuer Bewerber) herangezogen werden.[19] Zur Begründung ihrer Entscheidung hat sich die Stadt darauf berufen, dass sie Verkaufsstände auf dem Weihnachtsmarkt nach Maßgabe zeitlicher Priorität der Anträge vergeben habe und N zu spät gekommen sei. Diese Vorgehensweise der Behörde dürfte bei kurzzeitiger Vermietung von Verkaufsständen (noch) sachgerecht sein und mit Art. 3 Abs. 1 GG in Einklang stehen. Folgt man dem, hat N keinen Anspruch auf Zuteilung eines Verkaufsstandes auf dem Weihnachtsmarkt. ◀

18 Zu Fragen einstweiligen Rechtsschutzes insoweit § 19 b Rn. 27, § 20 Rn. 22; zur diesbezüglichen Konkurrentenklage § 19a Rn. 19.

19 Vgl. die Falllösung von *Pinski*, DVP 2002, 513.

§ 30 Öffentliche Sachen im Verwaltungsgebrauch

1 Sachen im Verwaltungsgebrauch dienen der öffentlichen Verwaltung unmittelbar zur Erfüllung ihrer Aufgaben und werden von deren Bediensteten selbst benutzt (Verwaltungsgebäude, Rathaus, Büroeinrichtungen, Dienstwagen).[1] Ihre Zweckbestimmung (Widmung) richtet sich mithin ausschließlich auf verwaltungsinterne Nutzungen; Privaten kommen keine sachenrechtlichen Gebrauchsrechte an Sachen im Verwaltungsgebrauch zu.[2] Zwar stehen Verwaltungsgebäude i.d.R. dem Publikumsverkehr offen und können von Zivilpersonen genutzt werden. Das beruht indes nicht auf originären Nutzungsrechten oder Zutrittsansprüchen der Bürger. Zugang wird vielmehr nur zur Erledigung von Verwaltungsangelegenheiten gewährt. Das Zutrittsrecht ist ein abgeleiteter (derivativer) Anspruch, ein Annex zum Recht, Verwaltungsangelegenheiten zu verfolgen und zu erledigen.[3] Betritt z.B. ein Student das universitäre Verwaltungsgebäude, um sich für das kommende Semester einzuschreiben, besitzt er ein solches vermitteltes Recht. Für einen Obdachlosen, der sich im Verwaltungsgebäude aufwärmen will, gilt das nicht.

2 In diesem Zusammenhang kann bei einem Hinauswurf (des Obdachlosen) fraglich werden, welche Rechtsnatur ein solches **Hausverbot** hat.[4] In öffentlich-rechtlicher Form handelte es sich um die hoheitliche Regelung eines Einzelfalls mit Außenwirkung und wäre daher als Verwaltungsakt zu qualifizieren. Aus der allgemein kraft öffentlichen Rechts bestehenden Aufgabenwahrnehmung einer jeden Behörde folgt zugleich die Befugnis, für einen störungsfreien Dienstbetrieb innerhalb ihres räumlichen Verwaltungsbereichs zu sorgen. Das Hausrecht ist als „Annex zur Sachkompetenz“[5] daher öffentlich-rechtlich.

1 *Wolff/Bachof/Stober*, Bd. 2, § 75 Rn. 11.

2 *Battis*, S. 274. Eine Widmung und damit die Begründung eines dinglichen öffentlichen Rechts ablehnend *Papier*, S. 50.

3 *Papier*, S. 34.

4 Ausführlich zur Zuordnung eines ausgesprochenen Hausverbotes zum öffentlichen oder privaten Recht *Ipsen/Koch*, JuS 1992, 808, insbesondere 813 ff.

5 *Papier*, S. 36; *Maurer*, § 3 Rn. 24; näher bereits § 5 Rn. 21.

§ 31 Wiederholungs- und Verständnisfragen zu Teil 5

1. Wie gestaltet sich das Verhältnis zwischen privatem und öffentlichem Recht bei öffentlichen Sachen?
2. Durch welchen Rechtsakt entstehen öffentliche Sachen und in welchen Formen kann dieser ergehen?
3. Wie ist der straßenrechtliche Gemeingebrauch zu definieren?
4. Welche Arten der Sondernutzungserlaubnis können unterschieden werden?
5. Was sind Sachen im Sondergebrauch?
6. Worin unterscheiden sich Sachen im Anstaltsgebrauch von solchen im Gemeingebrauch und Sondergebrauch?
7. Was ist bei Sachen im Anstaltsgebrauch unter ordentlicher Benutzung und Sonderbenutzung zu verstehen?
8. Wie werden Sachen im Verwaltungsgebrauch definiert?

Teil 6 Haftung für Verwaltungshandeln

§ 32 Einführung in das Staatshaftungsrecht

1 Das Staatshaftungsrecht befasst sich damit, welche Wiederherstellungs- oder Ausgleichsansprüche ein Bürger hat, der durch rechtswidriges Verhalten oder zumindest durch die rechtswidrigen Folgen des Verhaltens eines Trägers öffentlicher Gewalt geschädigt worden ist. Staatshaftungsrecht betrifft den **Sekundärrechtsschutz**, der den Bürgern offen steht, wenn der primäre Rechtsschutz versagt oder nicht ausreicht. **Primärrechtsschutz**[1] ist auf die Abwehr rechtswidrigen Verwaltungshandelns gerichtet, Sekundärrechtsschutz auf den Ausgleich der Schäden, die durch Verwaltungshandeln entstehen.[2]

Das Staatshaftungsrecht bildet kein in sich geschlossenes System, es entstammt historisch verschiedenen Wurzeln und verfügt über unterschiedliche Haftungsinstitute.[3] Sie sind nur zum geringen Teil gesetzlich geregelt. Überwiegend besteht das Staatshaftungsrecht aus gewohnheitsrechtlich anerkannten oder richterrechtlich geprägten Grundsätzen.[4]

2 Um das Staatshaftungsrecht zu vereinheitlichen, ist 1981 ein Staatshaftungsgesetz des Bundes[5] erlassen worden. Das Gesetz wurde 1982 vom Bundesverfassungsgericht mangels diesbezüglicher Gesetzgebungskompetenz des Bundes für verfassungswidrig erklärt.[6] Mit Art. 74 Abs. 1 Nr. 25 GG ist die Staatshaftung dann im Gefolge der Verfassungsreform von 1994 Gegenstand der konkurrierenden Gesetzgebung des Bundes geworden, so dass der Weg für ein neues Staatshaftungsgesetz offen steht.[7]

3 Unter dem Begriff des Staatshaftungsrechts werden im Wesentlichen folgende Bereiche zusammengefasst[8]:

- Haftung des Staates wegen Pflichtverletzungen
  - Amtshaftungsansprüche
  - Ansprüche aus verwaltungsrechtlichen Schuldverhältnissen, einschließlich öffentlich-rechtlicher Geschäftsführung ohne Auftrag
- Beseitigung der Folgen rechtswidrigen Verwaltungshandelns
  - Folgenbeseitigungsansprüche
- Rückgängigmachung rechtsgrundlos erfolgter Vermögensverschiebungen
  - öffentlich-rechtliche Erstattungsansprüche

1 Zum verwaltungsgerichtlichen Primärrechtsschutz § 10 Rn. 9 ff., 19a, § 19b, § 20 Rn. 8 ff., § 24a.

2 Näher zum Primär- und Sekundärrechtsschutz die Berichte von *Höfling, Streinz, Epiney* und *Erbguth*, VVDStRL 61 (2002), S. 260, S. 300, S. 362, S. 221.

3 *Maurer*, § 25 Rn. 1.

4 Rechtsprechungsüberblick (2004) bei *Itzel*, MDR 2005, 545, und (2005) MDR 2006, 544; zur Wirkung von Grundrechten im Staatshaftungsrecht *Gromitsaris*, DÖV 2006, 288.

5 Gesetz vom 26.06.1981, BGBl. I S. 553.

6 Siehe BVerfGE 61, 149.

7 Auch nach der neuerlichen Föderalismusreform 2006 bleibt es bei der „Bedarfskompetenz" des Bundes für das Staatshaftungsrecht aufgrund ausdrücklicher Anordnung in Art. 72 Abs. 2 GG; zur Zustimmungsbedürftigkeit bundesrechtlicher Staatshaftungsregelungen nach altem Recht *Linke*, DÖV 2005, 289.

8 Grafische Darstellung sämtlicher Ansprüche auf staatliche Haftung bei *Kemmer*, JA 2005, 908, 911.

- Ersatzansprüche wegen Enteignung und Aufopferung
  - Enteignungsentschädigungen
  - Ansprüche wegen enteignungsgleicher oder enteignender Eingriffe
  - Aufopferungsansprüche.

§ 33 Amtshaftungsansprüche

▶ **Fall 1:** E beabsichtigt, auf seinem Grundstück ein Einfamilienhaus errichten zu lassen. Er beauftragt Architekt A mit der Erstellung der Konstruktionsunterlagen, die dieser bei der zuständigen Baubehörde zusammen mit dem Bauantrag einreicht. Die Behörde beauftragt in rechtmäßiger Weise den amtlich anerkannten Prüfingenieur für Baustatik P mit der Überprüfung der statischen Berechnungen. Da dieser keine Beanstandungen hat, wird die Baugenehmigung erteilt. Nach Fertigstellung des Hauses treten Risse im Mauerwerk auf und das Dach stürzt ein. Dabei erleidet E Verletzungen. Das Dach wird vollkommen zerstört. Es stellt sich heraus, dass P die Standsicherheit des Hauses nicht richtig beurteilt hat. Aufgrund dessen hätte die Baugenehmigung nicht erteilt werden dürfen. E verlangt Schadensersatz. Architekt A ist inzwischen vermögenslos. ◀

I. Charakterisierung des Amtshaftungsanspruchs

1 Der Amtshaftungsanspruch ist in **§ 839 BGB i.V.m. Art. 34 GG** verankert.[1] Gem. § 839 Abs. 1 S. 1 BGB hat ein Beamter dem Bürger Schadensersatz zu leisten, wenn er vorsätzlich oder fahrlässig eine diesem gegenüber bestehende Amtspflicht verletzt. Nach dem Wortlaut handelt es sich um eine Eigenhaftung bzw. Beamtenhaftung. Art. 34 S. 1 GG bestimmt demgegenüber, dass die Verantwortlichkeit grds. den Staat trifft, wenn jemand für ihn gehandelt und dabei in Ausübung eines öffentlichen Amtes die einem Dritten gegenüber obliegende Amtspflicht verletzt hat. Isoliert betrachtet, ordnet Art. 34 S. 1 GG eine unmittelbare Haftung des Staates an.

Aus der Zusammenschau beider Vorschriften ergibt sich jedoch eine **mittelbare Staatshaftung.**[2] Die Haftung trifft zunächst den Beamten selbst, sie wird aber vom Staat übernommen. Anstelle des Beamten hat der Staat Schadensersatz zu leisten; der Beamte kann nicht persönlich in Anspruch genommen werden. Seine Haftung wird mit befreiender Wirkung für ihn auf den Staat übergeleitet. Intern besteht freilich ein Rückgriffsvorbehalt des Staates bei vorsätzlichem oder grob fahrlässigem Verhalten des Beamten, Art. 34 S. 2 GG.

2 Die Kombination einer Vorschrift aus dem Bürgerlichen Gesetzbuch mit einer Regelung aus dem Grundgesetz ist historischen Ursprungs.[3] Der Entstehung jener zivilrechtlichen Norm lag die im 18. und 19. Jahrhundert herrschende Auffassung zugrunde, der Staat sei unrechtsunfähig. Ein Staatsdiener, der einen Bürger rechtswidrig schädigte, haftete deshalb persönlich im Rahmen der privatrechtlichen Haftungsvorschriften. Erst zu Beginn des 20. Jahrhunderts setzte sich durch, dass der Staat für das Fehlverhalten seiner Beamten einzustehen hat. Der Haftungstatbestand des § 839 BGB blieb erhalten, bei Vorliegen seiner Voraussetzungen sollte aber die den Beamten treffende Haftung auf den Staat übergehen. Dieser Konstruktion entspricht Art. 34 GG. Das vom Bundesverfassungsgericht für nichtig erklärte Staatshaftungsgesetz aus dem Jahre 1981 (s.o.) sah im Gegensatz zur geltenden Rechtslage eine ausschließliche, primäre und unmittelbare Staatshaftung bei Verletzung von Pflichten des öffentlichen Rechts durch die Verwaltung vor.[4]

---

1 Ausführlich zum Amtshaftungsanspruch *Sandkühler*, JA 2001, 149 und 414; *Windthorst*, JuS 1995, 791, 892 und 992; Grundfälle zum Staatshaftungsrecht bei *Durner*, JuS 2005, 793 und JuS 2005, 90; zur Rechtsprechung bzgl. der Amtshaftung von Gebietskörperschaften (2002 bis 2004) *Swierczyna*, ThürVBl. 2006, 97.

2 *Ossenbühl*, S. 10.

3 Ausführlich zur geschichtlichen Entwicklung des Amtshaftungsanspruchs *Ossenbühl*, S. 6 ff.

4 Vgl. § 1 Abs. 1 StHG.

II. Anspruchsvoraussetzungen

3 Überwiegend wird § 839 BGB als haftungsbegründende und Art. 34 GG als „daran angeseilte“ haftungsverlagernde Norm verstanden.[5] Einigkeit besteht insoweit, als § 839 BGB und Art. 34 GG eine einheitliche Anspruchsgrundlage bilden und zusammen geprüft werden müssen.

1. Handeln in Ausübung eines öffentlichen Amtes

a) Öffentliches Amt

4 Der Wortlaut von § 839 Abs. 1 S. 1 BGB spricht ausdrücklich davon, dass ein Beamter eine Amtspflicht verletzt haben muss. Damit kann nur jemand gemeint sein, der auch förmlich zum Beamten ernannt worden ist; § 839 BGB liegt der sog. **statusrechtliche** Beamtenbegriff zugrunde.[6] Demgegenüber verlangt Art. 34 S. 1 GG lediglich, dass jemand in Ausübung eines ihm anvertrauten öffentlichen Amtes gehandelt hat. Die Verfassungsnorm geht mithin inhaltlich weiter und verdrängt hinsichtlich dieser Voraussetzung § 839 Abs. 1 S. 1 BGB. Das öffentliche Amt ist hiernach **funktionell** als hoheitlicher bzw. öffentlich-rechtlicher Tätigkeitsbereich zu verstehen; Rechtsstellung bzw. Status des Handelnden sind nicht entscheidend.[7] Es kommt allein darauf an, dass das schadensersatzbegründende Verhalten des Amtswalters dem öffentlichen Recht und nicht dem Privatrecht zuzuordnen ist.[8] § 839 BGB geht i.V.m. Art. 34 GG daher vom **haftungsrechtlichen** Begriff des Beamten aus. Zu diesem gehören neben den formell ernannten Beamten (etwa Polizeibeamte) bspw. Angestellte und Arbeiter des öffentlichen Dienstes, Minister oder Parlamentsabgeordnete.[9]

5 Ferner können Privatpersonen in Ausübung eines öffentlichen Amtes handeln. Dazu zählen vor allem Beliehene, denen durch Gesetz oder aufgrund eines Gesetzes einzelne hoheitliche Aufgaben zur Wahrnehmung im eigenen Namen übertragen worden sind und die in diesem Rahmen handeln.[10]

Auch das Tätigwerden von Verwaltungshelfern[11] kann einen Amtshaftungsanspruch auslösen, wenn sie nach der **Werkzeugtheorie** in so weitgehendem Maße den Weisungen der Verwaltung unterliegen, dass sie als deren Werkzeug und damit als verlängerter Arm der staatlichen Gewalt erscheinen müssen.[12]

In vielen Fällen besteht die Einschaltung von Privatpersonen bzw. privaten Unternehmen allerdings nicht in einer derartigen Weisungsabhängigkeit; vielmehr werden die Privaten selbständig im Rahmen des ihnen erteilten Auftrages tätig. So kann insbesondere ein privater Abschleppunternehmer, der im Auftrag der Polizei ein verkehrswidrig parkendes Fahrzeug abschleppt und es dabei beschädigt, nicht in die Kategorie des „Werkzeugs“ bzw. Verwaltungshelfers eingeordnet und daraus keine dem Staat zurechenbare öffentlich-rechtliche Handlung abgeleitet werden. Angesichts des-

5 Vgl. zu den unterschiedlichen Ansichten BVerfGE 61, 149, 198; *Ossenbühl*, S. 10 f. m.w.N.; *Jarass* in: Jarass/Pieroth, Art. 34 Rn. 1.

6 *Thomas* in: Palandt, § 839 Rn. 13 ff.

7 *Detterbeck/Windthorst/Sproll*, § 9 Rn. 4; *Wienhues* in: Baldus/Grzeszick/Wienhues, Rn. 101.

8 Vgl. hierzu § 5 Rn. 6 ff.

9 Zum Begriff des Beamten *Pestalozza* in: Festschrift für Peter Raue, Köln 2006, S. 269.

10 *Wienhues* in: Baldus/Grzeszick/Wienhues, Rn. 103; auch § 6 Rn. 22.

11 Siehe § 6 Rn. 23. Zur Amtshaftung bei Schädigungen durch Verwaltungshelfer U. *Stelkens*, JZ 2004, 656.

12 BGHZ 48, 98, 103.

sen wird in Abkehr von der Werkzeugtheorie inzwischen allgemein in den Vordergrund gerückt, dass sich der Staat im Bereich der Eingriffsverwaltung einer Amtshaftung für fehlerhaftes Verhalten nicht dadurch entziehen könne, dass er die Durchführung einer von ihm angeordneten Maßnahme durch privatrechtlichen Vertrag auf einen privaten Unternehmer überträgt („keine Flucht ins Privatrecht“[13]).[14] Mit der Formel, „je stärker der hoheitliche Charakter der Aufgabe in den Vordergrund trete, je enger die Verbindung zwischen der übertragenden Tätigkeit und der von der Behörde zu erfüllenden hoheitlichen Aufgabe und je begrenzter der Entscheidungsspielraum des Unternehmers sei“, desto näher läge es, auch einen Privaten als Beamten im haftungsrechtlichen Sinn einzustufen, nimmt die Rechtsprechung in diesen Fällen eine Staatshaftung für das Fehlverhalten privater Unternehmer an.[15]

6 Liegt kein hoheitliches, sondern privatrechtliches Handeln der Verwaltung vor, kommt ein Amtshaftungsanspruch aus § 839 BGB i.V.m. Art. 34 GG nicht in Betracht. Während für die Amtshaftung der Beamtenbegriff im haftungsrechtlichen Sinn gilt, erlangt der Beamtenbegriff im statusrechtlichen Sinn bei privatrechtlichem (vor allem fiskalischem) Handeln der Beamten Bedeutung. In einem solchen Fall haftet ein Beamter (im beamtenrechtlichen Sinn)[16] nach § 839 BGB und ein sonstiger Bediensteter gem. §§ 823 ff. BGB. Eine Haftungsübernahme durch den Staat entsprechend Art. 34 GG findet nicht statt. Der Staat kann insoweit für etwaiges Fehlverhalten seiner Bediensteten nur nach den allgemeinen deliktischen Regelungen der §§ 823 ff. BGB in Anspruch genommen werden, sofern ihm deren Handeln zuzurechnen ist (§§ 31, 89, 831 BGB).

b) In Ausübung

7 Das schädigende Verhalten muss **in Ausübung** eines öffentlichen Amtes und nicht nur bei Gelegenheit oder anlässlich einer hoheitlichen Tätigkeit erfolgt sein.[17] Insoweit besteht eine Parallele zu § 831 BGB, bei dem die Rechtsgutverletzung durch den Verrichtungsgehilfen auch nicht nur bei Gelegenheit begangen worden sein darf. Zwischen der schädigenden Handlung und der öffentlich-rechtlichen Tätigkeit muss folglich ein äußerer und innerer Zusammenhang bestehen. Der **äußere Zusammenhang** erfordert, dass die Schädigung in räumlich-zeitlicher Beziehung zur hoheitlichen Betätigung erfolgt und dass die Handlung selbst vom objektiven, äußeren Geschehensvorgang her noch als dem Bereich hoheitlicher Betätigung zugehörend angesehen werden kann.[18] Dies wird regelmäßig vorliegen. Abweichendes gilt etwa dann, wenn ein Beamter außerhalb seiner Dienstzeit im Dienstgebäude eine Verabredung hat, während derer er jemanden verletzt. **Innerer Zusammenhang** meint, dass schädigende Handlung und Aufgabenerfüllung als einheitlicher, vom hoheitlichen Aufgabencharakter geprägter Lebenssachverhalt erscheinen.[19] Hieran fehlt es, wenn die Handlung losgelöst von der dienstlichen Tätigkeit stattfindet und die einzige Verbindung darin be-

13 Zu diesem Gedanken bereits § 25 Rn. 9.

14 Kritisch zur Werkzeugtheorie auch *Petersen*, Jura 2006, 411.

15 BGHZ 121, 161, 165, 166. Zur Frage, welcher Hoheitsträger haftet, vgl. Rn. 31; näher U. *Stelkens*, JZ 2004, 656.

16 Vgl. vorstehend Rn. 4.

17 *Ossenbühl*, S. 25; *Wienhues* in: Baldus/Grzeszick/Wienhues, Rn. 110.

18 *Windthorst*, JuS 1995, 791, 795.

19 BGH, NJW 1992, 1227, 1228; vgl. auch BGH, NJW 2002, 3172, wonach beim Mobbing durch einen Vorgesetzten unabhängig von Absichten und Beweggründen die Amtshaftung greift.

steht, dass sie während des Dienstes vorgenommen wird.[20] Mit dieser Formel versucht die Rechtsprechung, in Parallele zu § 831 BGB die Haftung der öffentlichen Hand einzugrenzen: Die Amtshaftung soll nicht dazu bestimmt sein, private Racheakte von Beamten und andere persönlich gefärbte Handlungen abzudecken. So handelt bspw. ein Polizeibeamter, der aus rein persönlichen Motiven während seines Dienstes auf einen Dritten schießt, nur bei Gelegenheit; eine innere Beziehung zur Amtsausübung fehlt.[21]

2. Verletzung der einem Dritten gegenüber obliegenden Amtspflicht

Sowohl § 839 BGB als auch Art. 34 S. 1 GG setzen voraus, dass der Amtsträger die ihm einem Dritten gegenüber obliegende Amtspflicht verletzt hat. 8

a) Amtspflicht

Unter Amtspflichten versteht man alle **persönlichen Verhaltenspflichten** des Amtswalters bei seiner Amtsführung.[22] Amtspflichten können sich aus dem gesamten geltenden Recht ergeben. Sie rühren nicht nur aus dem Bürger gegenüber geltenden Außenrechtssätzen (formelle Gesetze, Rechtsverordnungen, Satzungen), sondern auch aus allein den Amtswalter gegenüber seinem Dienstherrn bindendem Innenrecht (Verwaltungsvorschriften, verwaltungsinterne Weisungen). Einen abschließenden Katalog sämtlicher Amtspflichten gibt es nicht.[23] Die wichtigste Amtspflicht ist die **Pflicht zu rechtmäßigem Handeln.**[24] Denn der Amtswalter ist aufgrund der verfassungsrechtlichen Gesetzesbindung des Exekutivbereichs (Art. 20 Abs. 3 GG) bzw. der einschlägigen beamtenrechtlichen und arbeitsrechtlichen Regelungen verpflichtet, bei Erfüllung hoheitlicher Aufgaben Recht und Gesetz zu wahren.[25] Wichtige Ausprägungen der Amtspflicht zum rechtmäßigen Handeln sind: 9

- zuständigkeits- und verfahrensgemäßes Handeln,[26]
- Erteilung richtiger Auskünfte,[27]
- Verbot, unerlaubte Handlungen zu begehen,[28]
- Treffen ermessensfehlerfreier Entscheidungen,[29]
- Verbot, Entscheidungen grundlos hinauszuzögern.[30]

b) Verletzung

Die Amtshaftung setzt **amtspflichtwidriges Verhalten** des Amtswalters voraus, d.h. er muss die ihm obliegende Amtspflicht verletzen. Weil Amtspflichten nicht nur aus Au- 10

20 Vgl. auch *Maurer*, § 26 Rn. 15.

21 BGHZ 11, 181, 185 ff.

22 *Detterbeck*, Rn. 1065.

23 Aufzählung der wichtigsten Amtspflichten bei *Ossenbühl*, S. 43 ff.; auch *Wienhues* in: Baldus/Grzeszick/Wienhues, Rn. 116 ff.

24 *Windthorst*, JuS 1995, 892.

25 *Peine*, Rn. 1106.

26 BGHZ 65, 182, 187 f.

27 BGHZ 117, 83, 85 f.; BGHZ 121, 65, 69 ff.; BGH, NVwZ 2002, 1276, 1277; zur Belehrungs- und Hinweispflicht BGH, ZfBR 2005, 469.

28 BGH, NJW 1992, 1310.

29 BGHZ 18, 366, 368; BGH, NJW 2001, 1067, 1068.

30 BGHZ 30, 19, 25 ff.; BGH, NVwZ 2002, 124, 125; BGH, NVwZ 2007, 485; näher hierzu *Rohling*, BauR 2006, 947.

ßenrechtssätzen, sondern auch aus Innenrecht resultieren, gibt es Fälle, in denen Amtspflichtwidrigkeit und Rechtswidrigkeit auseinanderfallen.

So sind Amtspflichtverletzung und Rechtswidrigkeit unterschiedlich zu beurteilen, wenn der Amtswalter zwar nach außen rechtmäßig handelt, dabei aber einer innerdienstlichen Weisung nicht Folge leistet. Das ist der Fall, wenn ein Amtswalter in rechtmäßiger Weise die einem Bürger erteilte Baugenehmigung widerruft, insoweit aber einer ausdrücklichen Weisung seines Dienstvorgesetzten zuwiderhandelt (weil dieser eine Aufhebung der Genehmigung untersagt hat). Fraglich ist hier, ob in dem amtspflichtwidrigen, aber rechtmäßigen Verhalten eine Amtspflichtverletzung gesehen werden kann. Nach überwiegender Meinung gilt, dass ein intern dienstpflichtwidriges Verhalten erst dann zu einer amtshaftungsbegründenden Handlung führt, wenn damit ein Eingriff in den Rechtskreis eines anderen verbunden ist und dieser im Widerspruch zur Rechtsordnung steht.[31] Die Rechtswidrigkeit als gemeinsames Merkmal aller unerlaubten Handlungen ist für die Feststellung einer Amtspflichtverletzung gleichermaßen zu fordern. Sie fehlt im vorstehenden Beispiel, so dass eine Amtspflichtverletzung ausscheidet.

Die Beurteilung von Amtspflichtwidrigkeit und Rechtswidrigkeit fällt auch dann unterschiedlich aus, wenn ein Sachbearbeiter aufgrund einer rechtswidrigen Weisung seines Vorgesetzten einen Verwaltungsakt erlässt. Er handelt dann zwar nach außen (im Verhältnis zum Bürger) rechtswidrig, aber gegenüber seinem Vorgesetzten weisungs- und daher amtspflichtgemäß. Die fehlende Amtspflichtwidrigkeit führt indes nicht zu einem Haftungsausschluss gegenüber dem Bürger, sondern lediglich zu einer Haftungsverschiebung:[32] Unmittelbar amtspflichtwidrig und mittelbar auch rechtswidrig handelt nämlich der anweisende Amtswalter; diesem wird das an den Bürger gerichtete Verhalten des Angewiesenen zugerechnet und er somit haftbar gemacht.[33] Praktische Auswirkung hat die Haftungsverlagerung vom angewiesenen auf den anweisenden Amtswalter, wenn beide verschiedenen Anstellungskörperschaften angehören; es haftet dann die Körperschaft der anweisenden Stelle.[34]

11 Eine Amtspflichtverletzung kann auch in einem **Unterlassen** liegen, wenn gegenüber dem Geschädigten eine Rechtspflicht zum Tätigwerden bestand, z.B. wenn die Polizei es trotz Hinweises auf eine sich in einem Garten befindliche Mine unterlässt, diese zu entfernen.[35]

c) Drittrichtung der Amtspflicht

12 Sowohl nach Art. 34 S. 1 GG als auch nach § 839 Abs. 1 BGB muss die einem Dritten gegenüber obliegende Amtspflicht verletzt worden sein; das Erfordernis der Drittrichtung hat haftungsbegrenzende Funktion.[36] Eine drittgerichtete Amtspflicht liegt nicht vor, wenn die Amtspflicht ausschließlich den Interessen der Allgemeinheit bzw.

31 Dazu BGHZ 34, 375, 380.

32 *Windthorst*, JuS 1995, 892, 893.

33 BGH, VersR 1985, 588, 589.

34 Kritisch *Ossenbühl*, S. 56, weil der Tatbestand der Amtspflichtwidrigkeit und die Rechtswidrigkeit nicht in einer Person erfüllt seien und die Gefahr bestünde, der Bürger könne in Unkenntnis verwaltungsinterner Weisungen den richtigen passivlegitimierten Beklagten nicht bestimmen. Zur Frage des Haftungsträgers bei Amtshaftungsansprüchen siehe Rn. 31.

35 Vgl. *Maurer*, § 26 Rn. 22.

36 Ausdrücklich BGHZ 129, 17, 19.

des Staates dient.[37] Sie muss vielmehr zumindest auch Belange eines abgrenzbaren Personenkreises, zu dem der Geschädigte gehört, schützen. Es kommt also darauf an, ob und inwieweit durch die verletzte Vorschrift der Schutz der Interessen des Geschädigten bezweckt ist.[38] Die Drittgerichtetheit der Amtspflicht ist durch Auslegung der sie begründenden Vorschrift(en) und der Natur des Amtsgeschäftes zu ermitteln.[39] Im Einzelfall gilt zu prüfen,

- ob die Amtspflicht überhaupt Drittrichtung hat,
- ob der Geschädigte zum Kreis der geschützten Personen gehört,
- ob das beeinträchtigte Interesse oder Rechtsgut des Geschädigten von der Drittwirkung der verletzten Amtspflicht erfasst wird.

Zur Frage, ob eine Amtspflicht Drittwirkung entfaltet, hat sich eine umfangreiche Judikatur entwickelt.[40]

▶ **Beispiele:**

- Die Pflicht, keine unerlaubten Handlungen zu begehen, ist individualschützend für die Träger der durch §§ 823 ff. BGB geschützten Rechtsgüter und Rechte. Sie ist z.B. verletzt, wenn ein Beamter bei einer öffentlich-rechtlich zu beurteilenden Dienstfahrt[41] einen Unfall verursacht, durch den das Fahrzeug eines Verkehrsteilnehmers beschädigt wird.
- Die Vorschriften über die Musterung (§§ 16 ff. WPflG) für Wehrpflichtige begründen individualschützende Amtspflichten. Wird bei einer solchen eine Erkrankung übersehen, die zur Untauglichkeit des Wehrpflichtigen geführt hätte, kann der Betroffene Ersatz für Gesundheitsschäden verlangen, die sich aus seiner unberechtigten Heranziehung zum Wehrdienst ergeben. Die Amtspflicht zur ordnungsgemäßen Untersuchung soll Wehrpflichtige jedoch nur vor körperlichen Nachteilen schützen, nicht dagegen vor allgemeinen Vermögensschäden, die durch die Wehrdienstleistung trotz Untauglichkeit entstehen.[42] Vom Schutzweck der Amtspflicht wäre bspw. nicht mehr ein Anspruch auf Ersatz des Verdienstausfalls während der Zeit des (unzulässigen) Wehrdienstes erfasst.
- Die Strafverfolgungspflicht der Staatsanwaltschaft besteht nur im öffentlichen Interesse und stellt daher keine drittschützende Amtspflicht dar.[43] ◀

13 Auch **Hoheitsträger** können Amtshaftungsansprüche geltend machen, vorausgesetzt, die verletzte Amtspflicht dient zugleich deren Schutz. Der amtspflichtwidrig handelnde Hoheitsträger muss dem geschädigten Hoheitsträger in einer Weise gegenübertreten, die für das Verhältnis Staat – Bürger charakteristisch ist. Das erfordert eine außengerichtete Gegnerschaft in der Interessenwahrnehmung, die allgemein in Fällen der Schädigung von Selbstverwaltungskörperschaften bei Wahrnehmung der Angelegenheiten ihres eigenen Wirkungskreises[44] anzunehmen ist.[45]

37 Insoweit besteht eine Parallele zur Schutznormtheorie betreffend die Bestimmung subjektiv-öffentlicher Rechte, vgl. hierzu § 9 Rn. 3 ff.; *Wienhues* in: Baldus/Grzeszick/Wienhues, Rn. 124.

38 Vgl. BGHZ 140, 380, 382.

39 *Peine*, Rn. 1111; zur (Amts-)Haftung beim vorhabenbezogenen Bebauungsplan (§ 12 BauGB) BGH, DVBl. 2006, 1326; zu Fehlern im Rahmen von BSE-Tests insoweit BGH, NVwZ 2006, 966.

40 Überblick über die Rechtsprechung des BGH zur Drittbezogenheit der Amtspflichten im Baurecht bei *Hebeler*, VerwArch 98 (2007), 136.

41 Zur Frage, wann eine Dienstfahrt öffentlich-rechtlichen Charakter hat, § 5 Rn. 18.

42 BGH, NJW 1976, 186, 187; BGHZ 65, 196, 202; *Sandkühler*, JA 2001, 414, 419.

43 BGH, NJW 1996, 2373.

44 Zu Selbstverwaltungsträgern bereits § 6 Rn. 18.

14 Problematisch ist die **Amtshaftung im Bereich der Rechtsetzung**, ob also der Staat für rechtswidrige Gesetzgebungsakte (aber auch Verwaltungsvorschriften) resp. für deren rechtswidrige Unterlassung haftet.[46] Der Erlass einer Rechtsnorm stellt hoheitliche Tätigkeit dar. Mitglieder des Parlaments (die für formelle Gesetze zuständig sind), der Regierung (bei Rechtsverordnungen, vgl. Art. 80 GG) oder des Gemeinderates (die für Satzungen zuständig sind, bspw. Bebauungsplan), ferner vorgesetzte Stellen in der Verwaltung (Erlass von Verwaltungsvorschriften) sind Beamte im haftungsrechtlichen Sinne. Die an der Rechtsetzung beteiligten Personen sind verpflichtet, das höherrangige Recht zu beachten. Demnach bedeutet der Erlass einer rechtswidrigen Rechtsnorm die Verletzung einer Amtspflicht. Problematisch ist indes die Drittrichtung der Amtspflicht zum Erlass rechtmäßiger Normen. Bei Erlass von Verwaltungsvorschriften scheitert sie bereits an deren fehlender Außenwirkung.[47] I.Ü. kommt in dem generell-abstrakten Charakter von Außenrechtssätzen grds. zum Ausdruck, dass der Gesetzgeber nur im Allgemeininteresse und nicht (zugleich) im Interesse bestimmter Personen oder Personenkreise tätig wird.[48]

Lediglich ausnahmsweise, wenn Gesetze einen persönlich und sachlich eng begrenzten Bereich erfassen und somit Belange von Einzelpersonen berührt werden, kann eine Drittrichtung in Betracht kommen.[49] Das gilt etwa bei (rechtswidrigen) **Einzelfallgesetzen** (vgl. Art. 19 Abs. 1 S. 1 GG), die an einen konkreten, nicht wiederholbaren Sachverhalt anknüpfen, und im Fall von **Maßnahmegesetzen**, die nach Anlass und Inhalt ebenfalls situationsgebunden sind, aber in diesem Rahmen für eine unbestimmte Vielzahl von Fällen Geltung beanspruchen (z.B. Investitionsmaßnahmengesetz über den Neubau einer bestimmten Eisenbahnstrecke[50]).[51] Ein derartiger Drittbezug ist auch für **Bebauungspläne** anerkannt, weil sie wegen des räumlich begrenzten Plangebietes nur einen eingeschränkten Personenkreis betreffen.[52]

3. Verschulden

a) Verschuldensmaßstab

15 Der Amtshaftungsanspruch setzt nach § 839 BGB voraus, dass der Amtsträger schuldhaft – d.h. vorsätzlich oder fahrlässig – gegen seine Amtspflicht verstoßen hat. Obwohl in Art. 34 GG von Verschulden keine Rede ist, gilt diese Anforderung auch, wenn ein anderer Amtswalter als ein Beamter im statusrechtlichen Sinn gehandelt hat. Eine **vorsätzliche** Amtspflichtverletzung ist anzunehmen, wenn der Beamte die Amtshandlung willentlich und in Kenntnis der die Amtspflichtwidrigkeit objektiv begründenden Tatsachen vornimmt oder unterlässt – wenn er sich also bewusst über eine Vorschrift hinwegsetzt.[53]

45 BGHZ 116, 312, 315 ff.; eingehend zu damit zusammenhängenden Fragestellungen U. *Stelkens*, Verwaltungshaftungsrecht, 1998.

46 Zu den Besonderheiten der Haftung bei fehlerhafter oder fehlender Umsetzung von gemeinschaftsrechtlichen Rechtsakten in innerstaatliches Recht siehe § 34 Rn. 13 ff.

47 Siehe § 24 Rn. 6.

48 Ständige Rechtsprechung, vgl. nur BGHZ 56, 40, 46; für Verwaltungsvorschriften z.B. BGHZ 63, 319, 324 f.

49 BGHZ 102, 350, 367.

50 Näher zum Gesetz § 35 Rn. 10.

51 Vgl. *Detterbeck/Windthorst/Sproll*, § 9 Rn. 153.

52 Dies gilt dann, wenn die dem Bebauungsplan zugrundeliegende (verletzte) Vorschrift drittschützenden Charakter hat; vgl. BGHZ 106, 323, 333, für das Abwägungsgebot des (§ 1 Abs. 7) BauGB.

53 BGHZ 120, 176, 181.

Die **Fahrlässigkeit** bestimmt sich nach dem Sorgfaltsmaßstab des § 276 Abs. 2 BGB. Sie liegt vor, wenn das amtspflichtwidrige Verhalten nicht der gebotenen behördlichen Sorgfalt entspricht. Abzustellen ist hierbei auf den **„pflichtgetreuen Durchschnittsbeamten"**. Maßgebend sind Kenntnisse und Fähigkeiten, die für die Führung des jeweiligen Amtes im Durchschnitt erforderlich sind; über welche Fähigkeiten der Amtswalter tatsächlich verfügt, ist unbeachtlich. Sollte er die für die Führung des jeweiligen Amtsgeschäfts notwendigen Rechts- und Verwaltungskenntnisse nicht besitzen, ist er gehalten, sich diese ggf. unter Zuhilfenahme von Sachverständigen zu verschaffen.[54]

Mitglieder von Gemeinderäten sind verpflichtet, die von ihnen zu treffenden Beschlüsse sorgfältig vorzubereiten. Sie handeln bspw. in fahrlässiger Weise amtspflichtwidrig, wenn sie einen Bebauungsplan auf einem ehemaligen Deponiegelände beschließen, der dieses Gelände als allgemeines Wohngebiet festsetzt, obwohl es Hinweise auf eine Kontaminierung des Bodens durch Altlasten gibt.[55] Hier hätten die Ratsmitglieder, falls ihnen die eigene Sachkunde für die Beurteilung der Bodenverunreinigung fehlt(e), Sachverständige heranziehen müssen. Wird im Nachhinein eine Bodenverseuchung festgestellt, haben Anwohner, die in der Zwischenzeit auf diesem Gelände gebaut haben, folglich einen Amtshaftungsanspruch.

In alldem liegt zugleich eine **Objektivierung des Verschuldens**, weil es für dessen Feststellung nicht auf die persönlichen Fähigkeiten des Amtswalters ankommt.[56]

Eine weitere Objektivierung erfolgt über das sog. **Organisationsverschulden.** Das Merkmal „Verschulden eines Amtswalters" ist zu verstehen als „Verschulden irgendeines Amtswalters". Der Geschädigte braucht den Namen des schuldhaft Handelnden nicht zu nennen.[57] Das wird ihm in den meisten Fällen ohnehin nicht möglich sein, weil der Bürger einem für ihn anonymen Verwaltungsapparat gegenübersteht, dessen Organisationsstruktur von außen nicht erkennbar ist. Kommt es aufgrund behördeninterner Organisationsmängel (etwa fehlende Vertretungsregelung, unausgewogene Verteilung der Geschäfte auf die verschiedenen Sachbearbeiter) zu Schäden bei Dritten, so begründet dies den Amtshaftungsanspruch, wenn ein Organisationsverschulden bei demjenigen vorliegt, der sicherzustellen hat, dass der betreffende Mangel nicht auftritt.[58] Führt z.B. die personelle Unterbesetzung einer Behörde zu einer amtspflichtwidrigen Verzögerung der Bearbeitung von Bauanträgen, liegt die Verletzung der Amtspflicht nicht bei den Amtswaltern, welche die Anträge bearbeiten, sondern bei der Stelle, die es schuldhaft versäumt hat, für ausreichend Personal zu sorgen (i.d.R. Behördenleiter). 16

Weiter gilt: Ist die vom Amtsträger zu entscheidende **Rechtsfrage zweifelhaft oder umstritten**, muss er nach sorgfältiger rechtlicher und tatsächlicher Prüfung einer vertretbaren Rechtsauffassung folgen. Bei Beachtung dieser Grundsätze besteht die Gefahr einer Amtshaftung selbst dann nicht, wenn die entsprechende Rechtsauffassung vom Gericht verworfen wird.[59] 17

54 *Detterbeck/Windthorst/Sproll*, § 9 Rn. 177.

55 BGHZ 106, 323, 328 ff; zur aktuellen Entwicklung *Schlick* DVBl. 2007, 457.

56 *Maurer*, § 26 Rn. 24.

57 So schon RGZ 100, 102, 103.

58 Vgl. Hinweise bei *Peine*, Rn. 1121.

59 BGHZ 119, 365, 367.

18 Ein Verschulden wird im Regelfall auch dann verneint, wenn ein **Kollegialgericht** (d.h. ein mit mehreren Richtern besetztes Gericht) das Verhalten des Amtsträgers als rechtmäßig erkannt hat.[60] Dahinter steht die Erwägung, dass von einem Amtswalter keine profunderen Rechtskenntnisse verlangt werden können als von einem mit mehreren Rechtskundigen besetzten Gericht. Abweichendes gilt freilich, wenn das Gericht an entscheidender Stelle von einem unzutreffenden Sachverhalt ausgegangen ist oder evident falsch bzw. aufgrund lediglich summarischer Prüfung entschieden hat (§§ 80 Abs. 5, 123 VwGO).[61]

19 Das Verschulden muss sich auf die Amtspflichtverletzung beziehen, nicht jedoch auf den Schaden. Schuldhaft amtspflichtwidrig handelt bspw. ein Polizeibeamter, wenn er entgegen der ihm bekannten Dienstvorschrift seine Pistole im Aufenthaltsraum reinigt, wobei sich ohne sein Verschulden ein Schuss löst und seinen Kollegen verletzt. Die Amtspflichtverletzung liegt darin, dass der Beamte im Widerspruch zur dienstlichen Anordnung gehandelt hat. Da er diese kannte, hat er eine vorsätzliche Amtspflichtverletzung begangen. Unerheblich ist, dass er weder den Schuss noch die Verletzung seines Kollegen verschuldet hat.[62]

b) Beweislast

20 Trotz öffentlich-rechtlichen Streitgegenstandes ist der Amtshaftungsanspruch vor den Zivilgerichten (Art. 34 S. 3 GG, § 71 Abs. 2 Nr. 2 GVG; Landgerichte sind zuständig) geltend zu machen; es handelt sich um einen **Zivilprozess**, auf den die Vorschriften der Zivilprozessordnung Anwendung finden.[63] Insbesondere gelten der Verhandlungs- und der Beibringungsgrundsatz.[64] Der Kläger muss also alle Tatsachen und Umstände für die Begründung des Amtshaftungsanspruchs vortragen bzw. darlegen und beweisen. Das gilt auch für das Verschulden. Insoweit sind die für den Anspruch aus unerlaubter Handlung gem. §§ 823 ff. BGB geltenden Grundsätze anzuwenden. Eine **Umkehr der Beweislast** (vgl. § 280 Abs. 1 S. 2 BGB, wonach der Kläger ein Verschulden nicht beweisen muss) findet angesichts der Objektivierung des Verschuldens nicht statt. In vielen Schadensfällen kann aber aufgrund der allgemeinen Lebenserfahrung und nach dem gewöhnlichen Lauf der Dinge davon ausgegangen werden, dass die begangene Pflichtverletzung und der daraus resultierende Schaden auf einem schuldhaften Handeln beruhen.[65] Dies bedeutet, dass sich der Geschädigte bzw. Kläger darauf beschränken kann, die Amtspflichtverletzung sowie die Schädigung zu beweisen. Gelingt ihm das, spricht eine **tatsächliche Vermutung** dafür, dass der Amtswalter auch schuldhaft gehandelt hat.[66] Es ist dann Sache des Verwaltungsträgers, diese Verschuldensvermutung auszuräumen. Man spricht insoweit von einem Anscheinsbeweis.

---

60 BGHZ 17, 153, 158.

61 *Ossenbühl*, S. 75; § 19b Rn. 14; § 20 Rn. 22. Allgemein zu den Konsequenzen fehlerhafter richterlicher Tätigkeit *Hößlein*, Judikatives Unrecht, 2007, S. 54 ff.

62 BGHZ 34, 375, 380.

63 Zur abdrängenden Sonderzuweisung § 5 Rn. 27.

64 *Tremml/Karger*, Rn. 1077.

65 BGH, VersR 1969, 539, 541.

66 *Tremml/Karger*, Rn. 1087 ff.

4. Schaden

Es muss ein Schaden entstanden sein, der durch die Amtspflichtverletzung verursacht worden ist. 21

a) Kausalität

Die Feststellung der Kausalität zwischen Amtspflichtverletzung und Schaden folgt der im Schadensrecht geltenden Theorie des **adäquaten** Kausalzusammenhangs. Danach ist zu fragen, wie die Entwicklung bei pflichtgemäßem Handeln verlaufen wäre und wie sich die Vermögenslage des Betroffenen in diesem Fall darstellen würde.[67] Ein Tun oder Unterlassen ist kausal, wenn es im Allgemeinen und nicht nur unter besonders eigenartigen und ganz unwahrscheinlichen Umständen die Eignung aufweist, den Schaden herbeizuführen.[68] Schäden, die aufgrund eines außergewöhnlichen Verlaufs der Dinge eintreten, bleiben außer Betracht. 22

Bei gebundenen Entscheidungen (und einer dem gleichzusetzenden Ermessensreduzierung auf Null)[69] ist maßgeblich, wie der Amtswalter hätte entscheiden müssen (z.B. ob er eine versagte Genehmigung hätte erteilen müssen). Schwierig gestaltet sich die Prüfung der Kausalität bei ermessens- oder beurteilungsfehlerhaften Entscheidungen, die auch bei ordnungsgemäßer Ausübung des Ermessens oder Beurteilungsspielraums hätten getroffen werden können. In diesen Fällen liegt die Kausalität nach der Rechtsprechung nur vor, wenn feststeht, dass bei korrekter Handhabung des Entscheidungsspielraums der Behörde anders entschieden worden wäre.[70] 23

An der Kausalität fehlt es, wenn der Schaden auch bei pflichtgemäßem Verhalten eingetreten wäre (Einwand des sog. rechtmäßigen Alternativverhaltens). Dies gilt z.B. bei verfahrensfehlerhaften Entscheidungen, die bei Beachtung der Verfahrensvorschriften gleichermaßen hätten ergehen müssen, und entspricht der Regelung in § 46 VwVfG.[71]

b) Art und Umfang des Schadens

Nach § 839 Abs. 1 BGB ist jeder durch die Amtspflichtverletzung entstandene Vermögensschaden auszugleichen, also nicht nur der Schaden an den durch § 823 BGB geschützten Rechtsgütern. Grds. gelten für den Amtshaftungsanspruch die allgemeinen schadensrechtlichen Vorschriften der §§ 249 ff., 843 – 846 BGB, allerdings mit einer Besonderheit: Der Schadensersatzanspruch ist auf Geld gerichtet. Der dem Geschädigten zu leistende Geldersatz ist nach dem Betrag festzulegen, der erforderlich ist, um den Betroffenen so zu stellen, wie er ohne das schädigende Ereignis stünde.[72] Eine **Naturalrestitution** (Wiederherstellung des ursprünglichen Zustands), wie sie § 249 BGB vorsieht, kommt **nicht** in Betracht. Das bedingt zum einen die Konstruktion der übergeleiteten Staatshaftung: Der Anspruch aus § 839 BGB ist gegen den Beamten persönlich gerichtet. Ursprünglich handelte es sich um eine Eigenhaftung des Beamten. Dieser kann aber als Privatperson keine hoheitlichen Akte vornehmen bzw. aufheben, sondern nur Schadensersatz in Geld leisten. Aufgrund von Art. 34 GG findet sich die so beschränkte Haftung des Beamten lediglich auf den Staat übergeleitet, 24

67 *Maurer*, § 26 Rn. 26.

68 BGHZ 96, 157, 172.

69 Vgl. § 12 Rn. 43; § 14 Rn. 48.

70 BGH, NJW 1959, 1316, 1317.

71 BGHZ 63, 319, 325. Auch *Maurer*, § 26 Rn. 26; zu § 46 VwVfG vgl. § 15 Rn. 19 f.

72 BGHZ 34, 99, 105 f.

nicht aber erweitert. Vom Staat wird deshalb nicht mehr verlangt, als vom Beamten als persönlich Haftendem selbst.[73] Zum anderen soll verhindert werden, dass die ordentlichen Gerichte durch die Verurteilung zur Vornahme einer hoheitlichen Tätigkeit in den Zuständigkeitsbereich der Verwaltungsgerichte eingreifen – etwa im Falle der Aufhebung eines rechtswidrigen Verwaltungsaktes, die nur im Wege der Anfechtungsklage (§ 42 Abs. 1 VwGO) erreicht werden kann.[74] Dann würde Primärrechtsschutz und gerade nicht Sekundärrechtsschutz gewährt.[75]

5. Ausschlussgründe

25 Trotz Vorliegens der Voraussetzungen entfällt der Amtshaftungsanspruch, wenn ein Haftungsausschlussgrund eingreift.

a) Subsidiaritätsklausel

26 Ein Ausschluss des Anspruch tritt im Gefolge von. § 839 Abs. 1 S. 2 BGB ein, wenn der Amtsträger nur fahrlässig gehandelt hat, der Verletzte auf andere Weise, also von einem Dritten, Ersatz zu erlangen vermag – und wenn der anderweitige Ersatzanspruch in zumutbarer Weise tatsächlich durchgesetzt werden kann.

27 Die Subsidiaritätsklausel ist im Lichte der historischen Entwicklung des Amtshaftungsanspruches zu verstehen.[76] Sie sollte die ursprünglich bestehende persönliche Haftung des Beamten begrenzen. Mit der Haftungsübernahme durch den Staat ist ihre Berechtigung weitestgehend entfallen, so dass sie nunmehr restriktiv auslegt wird.[77] Nach der Rechtsprechung scheidet die Anwendung der Klausel in folgenden vier Fallkonstellationen aus:

- Der anderweitige Ersatzanspruch richtet sich gegen denselben oder einen anderen **Hoheitsträger** („Einheit der öffentlichen Hand").[78] Dies gilt auch bei Bestehen eines Schadensersatzanspruchs wegen gemeinschaftsrechtswidrigen Verhaltens von Organen der EG gem. Art. 288 Abs. 2 EG[79].
- Der anderweitige Ersatzanspruch richtet sich gegen eine **gesetzliche** oder **private Versicherung** (Krankenversicherung, Lebensversicherung, Kaskoversicherung), beruht mithin auf eigenen Leistungen des Geschädigten. Solche Versicherungsansprüche, die sich der Geschädigte durch eigenen Arbeitsaufwand verdient resp. unter Aufwendung eigener Mittel verschafft hat, sollen den Geschädigten absichern und nicht den Schädiger begünstigen.[80]
- Ein Amtsträger verursacht im Rahmen **hoheitlicher Tätigkeit einen Verkehrsunfall.** Hat der Geschädigte – weil an diesem Unfall außer dem Beamten noch andere Verkehrsteilnehmer schuldhaft beteiligt waren – gleichzeitig Ansprüche gegen Dritte (aus §§ 823, 253 Abs. 2 BGB), ist der Amtshaftungsanspruch nicht ausgeschlossen (Grundsatz der haftungsrechtlichen Gleichbehandlung aller Verkehrsteilnehmer[81]). Etwas anderes gilt, wenn der Amtswalter Sonderrechte nach § 35 Abs. 1, 6

73 *Detterbeck/Windthorst/Sproll*, § 11 Rn. 10.
74 Zur Anfechtungsklage § 19a Rn. 17 ff.
75 *Maurer*, § 26 Rn. 44; vorstehend § 32 Rn. 1.
76 Kritisch *Ipsen*, Rn. 1282. Für einen Wegfall der Subsidiaritätsklausel plädierend *Stangl*, JA 1995, 572.
77 Zu Sinn, Zweck und Wegfall des Schutzzwecks *Detterbeck/Windthorst/Sproll*, § 10 Rn. 8.
78 BGHZ 13, 88, 101.
79 Hierzu § 34 Rn. 2 ff.
80 BGHZ 79, 26, 31.
81 Dazu bereits § 5 Rn. 18.

StVO (Einsatz von Blaulicht oder Martinshorn) in Anspruch nimmt, weil er dann nicht wie jeder andere Verkehrsteilnehmer berechtigt und verpflichtet ist.[82]

- Der Amtshaftungsanspruch beruht auf **der schuldhaften Verletzung einer öffentlich-rechtlichen Straßenverkehrssicherungspflicht**[83]. Verursachen bspw. die Halter A und B einen Unfall, weil die Gemeinde G ihrer Streupflicht nicht nachgekommen ist, haftet G sowohl gegenüber A als auch gegenüber B aus § 839 BGB i.V.m. Art. 34 GG, obwohl A und B wechselseitige Ansprüche zustehen (§ 7 StVG).[84]

b) Richterspruchprivileg

Auch Richter als Organe der Judikativen handeln in Ausübung eines öffentlichen Amtes, so dass bei fehlerhaften gerichtlichen Entscheidungen eine Amtshaftung in Betracht kommt. Beruht die Amtspflichtverletzung aber auf einer derartigen gerichtlichen Entscheidung, besteht ein Amtshaftungsanspruch nach § 839 Abs. 2 S. 1 BGB nur, wenn in der Pflichtverletzung zugleich eine Straftat (Richterbestechlichkeit, Rechtsbeugung) liegt. Sinn und Zweck der Vorschrift ist es, nicht den Richter als Person zu privilegieren, sondern die Rechtskraft gerichtlicher Entscheidungen zu sichern.[85] Ein rechtskräftig abgeschlossenes Verfahren soll nicht mit der Begründung, der Richter habe falsch entschieden, neu aufgerollt werden können.[86] 28

c) Rechtsmittelversäumnis

Nach § 839 Abs. 3 BGB tritt die Ersatzpflicht nicht ein, wenn es der Verletzte vorsätzlich oder fahrlässig unterlassen hat, den Schaden durch Gebrauch eines Rechtsmittels abzuwenden. Rechtsmittel sind alle Rechtsbehelfe i.w.S., die eine Beseitigung oder Berichtigung der schädigenden Anordnung und zugleich Abwendung des Schadens bezwecken und ermöglichen.[87] Gemeint sind vor allem Widerspruch und verwaltungsgerichtliche Klagen (z.B. Anfechtungsklage[88]). Der Rechtsbehelf hat sich unmittelbar gegen die Amtspflichtverletzung zu richten. Die Einlegung des Rechtsmittels muss überdies zumutbar und die Nichteinlegung des Rechtsbehelfs für den Schadenseintritt i.S.d. Adäquanztheorie[89] kausal sein. Der Grund für diese Haftungsbeschränkung liegt im Gedanken des Mitverschuldens; § 839 Abs. 3 BGB konkretisiert und verschärft insoweit die Regelung des § 254 BGB. Die Beschränkung entspricht überdies dem Vorrang des Primärrechtsschutzes (Abwehr von Rechtsverletzungen) gegenüber dem Sekundärrechtsschutz (finanzieller Ausgleich für die gleichwohl erfolgte Rechtsverletzung).[90] 29

Angesichts des in § 839 Abs. 3 BGB hervorgehobenen Primärrechtsschutzes stellt sich die Frage, ob die mit der Prüfung von Amtshaftungsansprüchen betrauten Zivilgerichte an Entscheidungen der Verwaltungsgerichte (z.B. über die Aufhebung einer 30

82 Zur Differenzierung ebenfalls bereits § 5 Rdn. 18; BGHZ 85, 225, 228. Zur Amtshaftung bei rettungsdienstlichen Tätigkeiten *Ehmann*, NJW 2004, 2944.

83 Zur Unterhaltung öffentlicher Straßen vgl. § 26 Rn. 8.

84 BGHZ 75, 134, 136.

85 Vgl. *Detterbeck/Windthorst/Sproll*, § 10 Rn. 39; *Ossenbühl*, S. 101 f.

86 Nunmehr gewisse gegenläufige Tendenzen in der verfassungsgerichtlichen Rechtsprechung, zunächst auf dem Boden von Art. 19 Abs. 4, 2 Abs. 1 i.V.m. 20 Abs. 3 GG, vgl. BVerfG, NVwZ 2007, 807; anders sieht es ohnehin bei judikativen Verstößen gegen Europäisches Gemeinschaftsrecht aus, vgl. dazu § 34 Rn. 16.

87 *Thomas* in: Palandt, § 839 Rn. 69.

88 Dazu allgemein § 19a.

89 Dazu vorstehend Rn. 22 f.

90 *Maurer*, § 26 Rn. 32; *Erbguth*, VVDStRL 61 (2002), S. 221, 229 f.

rechtswidrig erteilten Genehmigung) gebunden sind. Grds. obliegt den Zivilgerichten eine vollumfängliche Überprüfung der Rechtmäßigkeit des Verwaltungshandelns.[91] An eine unanfechtbare, in Rechtskraft erwachsene verwaltungsgerichtliche Entscheidung über die Rechtmäßigkeit (bzw. Aufhebung) eines Verwaltungsaktes sind sie jedoch gebunden (vgl. § 121 VwGO); das Zivilgericht darf also mit Blick auf die Beurteilung einer hoheitlichen Maßnahme (für die Klärung eines amtspflichtwidrigen Verhaltens) nicht anders entscheiden, als dies unanfechtbar verwaltungsgerichtlich geschehen ist.[92] Umgekehrt bindet ein Zivilurteil über den Amtshaftungsanspruch die Verwaltungsgerichte nicht; denn die Frage nach der Rechtmäßigkeit der hoheitlichen Handlung betrifft nur eine Vorfrage, die nicht in materieller Rechtskraft erwächst (vgl. §§ 173 VwGO, 322 ZPO).

Demgegenüber schränkt die Bindungswirkung wirksamer Verwaltungsakte[93] bzw. deren mit Unanfechtbarkeit eintretende Bestandskraft die zivilgerichtliche Prüfungskompetenz nicht ein.[94] Im Verhältnis zu rechtskräftigen verwaltungsgerichtlichen Entscheidungen stehen sie für keinen vergleichbaren Grad an Rechtssicherheit und Rechtsbindung (insbesondere wegen der Aufhebungsmöglichkeiten nach §§ 48 – 51 VwVfG[95]), so dass es für eine ebenso starke Wirkung keine Rechtfertigung gibt.[96] Andernfalls würde gerade § 839 Abs. 3 BGB unterlaufen, weil die Vorschrift den Amtshaftungsanspruch des Geschädigten (eben) nur entfallen lässt, wenn er schuldhaft ein zur Verfügung stehendes Rechtsmittel nicht eingelegt hat; i.Ü. steht ihm trotz Bestandskraft des Verwaltungsaktes der Amtshaftungsanspruch zu.[97]

6. Schuldner des Anspruchs

31 Art. 34 S. 1 GG erklärt den Staat oder die Körperschaft, in deren Dienst der Amtsträger steht, zum Haftungssubjekt. Die Haftung trifft nicht den Staat schlechthin, vielmehr regelmäßig eine bestimmte Körperschaft. Mit Körperschaft meint die Vorschrift alle juristischen Personen des öffentlichen Rechts, also auch Anstalten und Stiftungen.[98] Entscheidend ist, dass es sich beim Haftenden um einen Träger von Hoheitsgewalt handelt.[99]

Für die Ermittlung des richtigen Klagegegners haben sich drei Theorien herausgebildet:

Die **Anstellungstheorie** fragt danach, welche Körperschaft den Amtsträger angestellt hat. Nach der **Funktionstheorie** haftet derjenige Hoheitsträger, dessen Aufgabe der Amtswalter im konkreten Fall wahrgenommen hat.[100] Der vermittelnden, vom Bundesgerichtshof favorisierten **Anvertrauenstheorie** zufolge haftet die Stelle, die dem

91 BGHZ 9, 129, 131.

92 BGHZ 9, 129, 131. Verwaltungsgerichtliche Eilentscheidungen entfalten keine Bindungswirkung, BGHZ 149, 50; kritisch hierzu *Rohling*, MDR 2004, 1089; im Zusammenhang mit der Fortsetzungsfeststellungsklage bereits § 19a Rn. 45.

93 Hierzu § 13 Rn. 3 und § 15 Rn. 10.

94 BGHZ 113, 17, 18 f.; kritisch *Jeromin*, NVwZ 1991, 543; *Stuttmann*, NJW 2003, 1432, mit einer Erwiderung von *Steinweg*, NJW 2003, 3037; vgl. auch *Beaucamp*, DVBl. 2004, 352.

95 Dazu näher § 16.

96 *Windthorst*, JuS 1995, 892, 893.

97 *Maurer*, § 26 Rn. 47a.

98 *Maurer*, § 26 Rn. 40; vgl. § 16 Rn. 14 ff.

99 *Detterbeck/Windthorst/Sproll*, § 11 Rn. 2.

100 BGHZ 99, 326, 330.

Amtsträger die Aufgaben, bei deren Wahrnehmung die Amtspflichtverletzung begangen wurde, anvertraut bzw. übertragen hat.[101] Im Regelfall ist das die Anstellungskörperschaft.

Mit der Anvertrauenstheorie lassen sich auch solche Fälle lösen, in denen die Anknüpfung an die Anstellung versagt, z.B. wenn ein Amtswalter **keine Anstellungskörperschaft** hat, etwa weil er Beliehener ist.[102] Dann haftet der Hoheitsträger, der dem Amtswalter die Erfüllung der öffentlichen Aufgabe übertragen hat.[103] Hat ein Beamter **mehrere Dienstherren**, so trifft die Haftung denjenigen Hoheitsträger, dessen Angelegenheiten im Zeitpunkt der Amtspflichtverletzung wahrgenommen wurden.[104] Wird ein Beamter an eine andere Körperschaft abgeordnet, z.B. ein Beamter des Bundeslandes H im Wege der Amtshilfe zum Land T, haftet für Amtspflichtverletzungen während der Abordnung letzteres Land, soweit es über die Dienste des Amtsträgers uneingeschränkt verfügen kann. Beamte mit zwei Dienstherren (**Beamte mit Doppelstellung**) sind bspw. Landräte. Sie sind Organe des Landkreises, aber auch untere staatliche Verwaltungsbehörde.[105] Soweit der Landrat Aufgaben der unteren staatlichen Verwaltungsbehörde wahrnimmt, haftet das Land, i.Ü. der Landkreis.

7. Verjährung des Amtshaftungsanspruchs

Mit der Schuldrechtsreform sind die zivilrechtlichen Verjährungsvorschriften, die auf Amtshaftungsansprüche Anwendung finden,[106] einem neuen Grundkonzept[107] zugeführt worden: 32

- Gem. § 195 BGB beträgt die regelmäßige Verjährungsfrist drei Jahre. Sie beginnt, wenn der Anspruch entstanden ist und der Gläubiger von den anspruchsbegründenden Umständen und der Person des Schuldners Kenntnis erlangt oder grob fahrlässig nicht erlangt hat.
- Zu beachten sind die unterschiedlichen Höchstgrenzen der Verjährung für die Geltendmachung von Schadensersatzansprüchen, die auf der Verletzung des Lebens, des Körpers, der Gesundheit oder der Freiheit beruhen (30 Jahre, § 199 Abs. 2 BGB), einerseits und von sonstigen Schadensersatzansprüchen (10 Jahre, § 199 Abs. 3 BGB) andererseits.[108]

Gem. § 204 Abs. 1 Nr. 1 BGB wird die Verjährung bei Erhebung eines Widerspruchs bzw. einer verwaltungsgerichtlichen Anfechtungsklage gehemmt.[109]

---

101 BGHZ 53, 217, 218 f.

102 BGHZ 122, 85, 87.

103 Für Amtspflichtverletzungen des TÜV im Rahmen der Fahrzeugüberprüfung nach § 39 StVZO haftet bspw. also das jeweilige Bundesland.

104 BGHZ 99, 326, 330 f.

105 Vgl. auch § 6 Rn. 18.

106 *Detterbeck*, Rn. 1095; *Maurer*, § 26 Rn. 44.

107 Die dreijährige Verjährungsfrist des § 852 BGB a.F. ist entfallen.

108 Zum Problem, ob das vielschichtige Regelungssystem der Verjährung mit seinen differenzierten Voraussetzungen analog für das öffentliche Recht Anwendung finden kann, *Heselhaus*, DVBl. 2004, 411.

109 Wegen § 839 Abs. 3 BGB wird der Geschädigte ohnehin zunächst den primären Rechtsschutz verfolgen müssen, vgl. vorstehend Rn. 29 und *Maurer*, § 26 Rn. 44.

Übersicht 35:
Voraussetzungen des Amtshaftungsanspruchs nach § 839 BGB i.V.m. Art. 34 GG

I. **Handeln in Ausübung eines öffentlichen Amtes**
   1. Öffentliches Amt: jedes öffentlich-rechtliche Handeln, Beamtenstatus nicht erforderlich
   2. In Ausübung: äußerer und innerer Zusammenhang zwischen schädigender Handlung und öffentlich-rechtlicher Tätigkeit

II. **Verletzung einer drittgerichteten Amtspflicht**
   1. Amtspflicht: jede durch (Außen-)Rechtsnormen und/oder verwaltungsinterne Regelungen auferlegte Pflicht des Amtswalters
   2. Drittrichtung der Amtspflicht, wenn
      – sie nicht nur Interessen der Allgemeinheit, sondern auch Belange eines abgrenzbaren Personenkreises schützt,
      – Geschädigter zum geschützten Personenkreis zählt und
      – das beeinträchtigte Interesse des Geschädigten von der Drittrichtung der verletzten Amtspflicht erfasst wird.

III. **Verschulden des Amtswalters**
   1. Vorsatz oder Fahrlässigkeit gemessen an einem pflichtgetreuen Durchschnittsbeamten
   2. Besonderheiten: Organisationsverschulden, bei zweifelhafter oder umstrittener Rechtslage und bei Entscheidungen durch ein Kollegialgericht

IV. **Kausalität:** zwischen Amtspflichtverletzung und Schaden i.S.d. Adäquanztheorie

V. **Kein Vorliegen von Ausschlussgründen**
   1. Fahrlässigkeit des Amtswalters und anderweitiger Ersatzanspruch, § 839 Abs. 1 S. 2 BGB
   2. Richterspruchprivileg, § 839 Abs. 2 BGB
   3. Schuldhaftes Rechtsmittelversäumnis, § 839 Abs. 3 BGB

VI. **Keine Verjährung:** §§ 194 ff. BGB

VII. **Anspruchsinhalt:** Schadensersatz in Geld gem. §§ 249 ff. BGB

▶ **zu Fall 1:** Fraglich ist, ob E einen Amtshaftungsanspruch gem. § 839 BGB i.V.m. Art. 34 S. 1 GG geltend machen kann. Die Baugenehmigung wurde aufgrund der (fehlerhaften) Prüfung des P erteilt. Dessen Handeln ist Anknüpfungspunkt für die Frage nach der Amtshaftung. Er müsste in Ausübung eines öffentlichen Amtes gehandelt haben. Baugenehmigungsbehörden können die im Rahmen des Genehmigungsverfahrens bei Bauwerken erforderliche statische Prüfung von einem Prüfingenieur für Baustatik durchführen lassen. Diesem wird freilich kein öffentliches Amt übertragen, so dass P kein Beliehener ist. Wegen der selbständigen und weisungsfreien Wahrnehmung der Aufgabe handelt er auch nicht als Verwaltungshelfer. Er wird aber durch den konkreten Prüfungsauftrag in die hoheitliche Verwaltung einbezogen und übt deren öffentliche Aufgabe aus.[110] Mithin ist er Amtswalter.

Seine fehlerhafte Berechnung der Statik muss die Verletzung einer drittgerichteten Amtspflicht darstellen. Die Bestimmungen über die statische Prüfung von Bauwerken sollen Gefahren vorbeugen, die durch den Einsturz standunsicherer Bauten drohen.[111] Sie schützen jedes Glied der Allgemeinheit, das von mangelnder Standsicherheit bedroht ist. Die

110 BGHZ 39, 358, 361.
111 BGHZ 39, 358, 365.

entsprechenden Vorschriften sind individual-, folglich auch drittschützend und E gehört als Bauherr zum Kreis der geschützten Personen.[112] Dies gilt jedoch nur im Hinblick auf Schäden an Leben, Gesundheit und (sonstigem) Eigentum, nicht aber für durch den Einsturz des Gebäudes beeinträchtigte Vermögensinteressen. Denn das Baugenehmigungsverfahren ist nicht dazu bestimmt, dem Bauherrn die Verantwortung für eine einwandfreie Durchführbarkeit seines Bauvorhabens abzunehmen. Somit kann E im Wege der Amtshaftung die verletzungsbedingten Schäden, nicht jedoch diejenigen am Dach ersetzt verlangen. D(ies)er Schadensersatzanspruch unterliegt keinem Ausschluss nach § 839 Abs. 1 S. 2 BGB, weil der weitere Anspruch gegen A infolge dessen Vermögenslosigkeit nicht zu realisieren ist. ◀

III. Sachverständigenhaftung gem. § 839a BGB

Die (deliktische) Haftung eines gerichtlich bestellten Sachverständigen ist seit dem Jahr 2002 in abschließender Weise in § 839a BGB geregelt. Die Vorschrift ordnet eine persönliche Haftung des Sachverständigen für ein vorsätzlich oder grob fahrlässig unrichtig erstattetes Gutachten an. § 839a BGB gilt sowohl für den öffentlich-rechtlichen als auch für den privatrechtlich handelnden gerichtlichen Sachverständigen.[113] Zu beachten ist, dass im Falle eines falschen Gutachtens durch einen aufgrund öffentlichen Rechts tätigen Sachverständigen die Haftung nach Art. 34 GG auf die Körperschaft übergeht, die dem Sachverständigen sein Amt anvertraut hat.[114] 33

IV. Exkurs: Staatshaftungsrecht der DDR

Im Gegensatz zur Bundesrepublik gab es in der Deutschen Demokratischen Republik ein einheitliches Staatshaftungsgesetz,[115] und zwar aus dem Jahr 1969[116]. Es wurde nach dem Einigungsvertrag in den neuen Bundesländern als Landesrecht übernommen. Um dieses Gesetz in das Rechtssystem der Bundesrepublik einzugliedern, mussten Veränderungen und Ergänzungen vorgenommen werden. Das gilt etwa für den Haftungstatbestand in § 1 Abs. 1 StHG-DDR. Dieser lautet in seiner modifizierten Fassung: „Für Schäden, die einer natürlichen oder juristischen Person hinsichtlich ihres Vermögens oder ihrer Rechte durch Mitarbeiter oder Beauftragte staatlicher oder kommunaler Organe in Ausübung staatlicher Tätigkeit rechtswidrig zugefügt werden, haftet das jeweilige staatliche oder kommunale Organ." Ein Schadensersatzanspruch „entfällt oder reduziert sich, wenn der Geschädigte schuldhaft die ihm möglichen und zumutbaren Maßnahmen zur Verhinderung oder Minderung des Schadens unterlassen hat" (§ 2 StHG-DDR) oder „auf andere Weise Ersatz zu erlangen vermag" (§ 3 Abs. 3 StHG-DDR). 34

Im Unterschied zur Amtshaftung mit schuldbefreiender Haftungsübernahme durch den Staat begründet § 1 StHG-DDR eine unmittelbare, ausschließliche und verschuldensunabhängige Haftung des Staates. Das Gesetz entsprach daher in Ansätzen dem vom Bundesverfassungsgericht für nichtig erklärten Staatshaftungsgesetz der Bundes-

112 BGHZ 39, 358, 363.

113 BGH, NVwZ-RR 2003, 402.

114 Vgl. hierzu *Detterbeck*, Rn. 1089.

115 Zu den staatshaftungsrechtlichen Besonderheiten in den neuen Bundesländern *Lühmann*, NJW 1998, 3001.

116 Gesetz vom 12.05.1969, GBl.-DDR I S. 34.

republik von 1981. Mittlerweile ist das StHG-DDR vielfach durch die neuen Bundesländer abgeändert bzw. aufgehoben worden.[117]

V. Wiederholungs- und Verständnisfragen

1. Wer ist Amtswalter i.S.v. Art. 34 GG, § 839 BGB, für dessen Fehlverhalten eine Amtshaftung in Betracht kommt?
2. Wann liegt die Verletzung einer drittbezogenen Amtspflicht vor?
3. Worauf muss sich das im Rahmen des Amtshaftungsanspruchs zu prüfende Verschulden beziehen?
4. Wie ist der durch die Amtspflichtverletzung entstandene Schaden auszugleichen?
5. Wen trifft die Haftung für die Amtspflichtverletzung?
6. Wann ist ein Amtshaftungsanspruch ausgeschlossen?

117 Vgl. *Lühmann*, NJW 1998, 3001, 3002 f.; zur Frage des Übergangs von Haftungsansprüchen nach dem StHG-DDR aufgrund des Einigungsvertrags *Kunze*, LKV 2005, 239.

§ 34 Haftung bei Verletzung europäischen Gemeinschaftsrechts

▶ **FALL 2:** Urlauber F hatte im Frühjahr 1994 eine Pauschalreise gebucht und angetreten. Nachdem der Reiseveranstalter in Konkurs gefallen war, musste er die Rückreise vom Urlaubsort aus eigener Tasche bezahlen. Die EG-Richtlinie 90/314/EWG (Pauschalreiserichtlinie) sieht für solche Fälle die Einrichtung eines Versicherungsfonds vor. Danach hat der Veranstalter bzw. Vermittler einer Reise nachzuweisen, dass im Falle der Zahlungsunfähigkeit oder des Konkurses die Erstattung gezahlter Beiträge und die Rückreise des Verbrauchers sichergestellt sind. Die Richtlinie musste bis zum 31.12.1992 umgesetzt werden. Die Bundesrepublik Deutschland hat aber erst mit Gesetz vom 24.06.1994 aufgrund besagter Richtlinie einen neuen § 651k in das Bürgerliche Gesetzbuch eingefügt, der bestimmt, dass der Reiseveranstalter dieser Verpflichtung nur durch den Abschluss einer entsprechenden Versicherung nachkommen kann. F klagt gegen die Bundesrepublik auf Schadensersatz. Mit Aussicht auf Erfolg? ◀

Im Rahmen der gemeinschaftsrechtlichen Staatshaftung sind zwei Fallkonstellationen 1
zu unterscheiden: zum einen die Haftung der Europäischen Gemeinschaft selbst (wenn Gemeinschaftsorgane oder Gemeinschaftsbehörden gegen Gemeinschaftsrecht verstoßen) und zum anderen die mitgliedstaatliche Haftung (sofern nationale Organe oder Behörden Normen des Gemeinschaftsrechts zuwiderhandeln).[1]

I. Haftung der Europäischen Gemeinschaft

Einen der (deutschen) Amtshaftung ähnelnden Schadensersatzanspruch regelt 2
Art. 288 Abs. 2 EG. Die Vorschrift bestimmt, dass die Europäische Gemeinschaft durch ihre Organe oder Bediensteten in Ausübung ihrer Amtstätigkeit verursachte Schäden nach allgemeinen Rechtsgrundsätzen, die den Rechtsordnungen der Mitgliedstaaten entsprechen, zu ersetzen hat (sog. außervertragliche Haftung).[2] Über derartige Streitsachen entscheidet der Europäische Gerichtshof (Art. 235 EG), zuständig ist das Europäische Gericht erster Instanz (EuG).[3] Im Unterschied zur Amtshaftung nach deutschem Recht wird nicht die persönliche Haftung des Amtswalters übergeleitet; die Europäische Gemeinschaft haftet vielmehr unmittelbar.[4]

1. Voraussetzungen des Anspruchs aus Art. 288 Abs. 2 EG

Der Wortlaut des Art. 288 Abs. 2 EG erweist, dass die Vorschrift keine abschließende 3
Normierung darstellt, sondern der Konkretisierung und Ergänzung bedarf. Der Europäische Gerichtshof ist insoweit zur Rechtsfortbildung und Entwicklung gemeinschaftsrechtlicher Haftungskriterien berechtigt.[5] Diese stellen sich wie folgt dar:

a) Organ oder Bediensteter der Europäischen Gemeinschaft

Ersatzfähig sind Schäden, die von Organen oder Bediensteten der Gemeinschaft ver- 4
ursacht worden sind. Unter Ersteren versteht man die in Art. 7 EG genannten Organe

1 Eingehend *Dörr*, DVBl. 2006, 598.

2 Insoweit zur neueren Rechtsprechungsentwicklung M. *Breuer*, JA 2004, 813.

3 Für Klagen natürlicher und juristischer Personen, vgl. Art. 3 Abs. 1 lit. c des Ratsbeschlusses zur Errichtung eines Gerichts erster Instanz der Europäischen Gemeinschaften vom 24.10.1988, ABl. EG, L 319, S. 1.

4 Vgl. etwa zur Haftung der EG gem. Art. 288 Abs. 2 EG wegen rechtswidriger Kommissionentscheidungen in Beihilfesachen *Koenig*, EuZW 2005, 202.

5 *Tremml/Karger*, Rn. 1459.

(Parlament, Kommission, Rat). Der Begriff des Bediensteten ist vergleichbar mit dem (nationalen) Begriff des Beamten im haftungsrechtlichen Sinn.[6] Die Europäische Gemeinschaft haftet schließlich für Personen oder Stellen, derer sie sich zur Erfüllung ihrer Aufgaben bedient (z.B. für nationale Behörden, die auf Weisung der Kommission für Bürger belastende Entscheidungen treffen).

b) In Ausübung einer Amtstätigkeit

5 Der geltend gemachte Schaden muss in Ausübung einer Amtstätigkeit verursacht worden sein. Amtstätigkeiten umfassen sowohl administrative Handlungen, d.h. Einzelrechtsakte (z.B. unzutreffende Zusage eines Organs der Europäischen Gemeinschaft über Transportzuschüsse,[7] Weisungen an Behörden zu einem bestimmten Verhalten[8]) oder Realakte (wie Beurteilungen von Beamten durch Vorgesetzte,[9] Weitergabe von Informationen[10]), als auch normsetzende Tätigkeiten (Erlass von Verordnungen, Richtlinien)[11]. „In Ausübung" einer Amtstätigkeit meint jedes Verhalten der Organe oder Bediensteten der Gemeinschaft, das eine unmittelbare innere Beziehung zu den wahrzunehmenden Tätigkeiten aufweist. Dies kann in einem positiven Handeln wie in einem Unterlassen liegen. Anders als der deutsche Amtshaftungsanspruch ist die Haftung der Europäischen Gemeinschaft nicht auf den Bereich des hoheitlichen Handelns beschränkt; vielmehr fallen auch in Form des Privatrechts ausgeführte Amtstätigkeiten unter Art. 288 Abs. 2 EG.[12]

c) Schutznormverletzung und Rechtswidrigkeit

6 Schädigendes Verhalten der Bediensteten oder Organe der Gemeinschaft führt zum Schadensersatz, wenn es rechtswidrig ist. Das setzt die **Verletzung einer Schutznorm** voraus; die Vorschrift darf nicht ausschließlich im Interesse der Allgemeinheit stehen, sondern muss zumindest auch den Schutz individueller Interessen bezwecken (z.B. Grundfreiheiten des EG-Vertrages, wie Warenverkehrsfreiheit, Art. 23–31 EG, Dienstleistungsfreiheit, Art. 49–55 EG, allgemeines Diskriminierungsverbot, Art. 12 EG, solches besonderer Art, etwa Art. 34 Abs. 2 EG).

Trotz Ähnlichkeit mit der Schutznormtheorie des innerstaatlichen Rechts[13] stellt das Gemeinschaftsrecht geringere Anforderung an den drittschützenden Charakter der jeweiligen Bestimmung. Es verlangt nicht die Verletzung subjektiv-öffentlicher Rechte; vielmehr genügt es, wenn die verletzte Norm zumindest faktisch (als Rechtsreflex) Individualinteressen dient.[14]

Der Europäische Gerichtshof fordert zusätzlich die **hinreichend qualifizierte Verletzung** einer höherrangigen, dem Schutz des Einzelnen dienenden Rechtsnorm.[15] Diese Voraussetzung hat er zunächst für Schadensersatzforderungen wegen legislativen bzw. normativen Unrechts (rechtswidrige Richtlinien, Verordnungen), insbesondere

6 *Tremml/Karger*, Rn. 1462. Siehe § 33 Rn. 4.
7 EuGH, Slg. 1965, 1197, 1233.
8 EuGH, Slg. 1986, 753, 766 f.
9 EuGH, Slg. 1987, 5367, 5387.
10 Unter Verletzung der Verschwiegenheitspflicht, EuGH, Slg. 1985, 3539, 3587.
11 Seit EuGH, Slg. 1971, 975, 983 f. (Schöppenstedt).
12 Vgl. *Detterbeck/Windthorst/Sproll*, § 5 Rn. 21 m.w.N.
13 Vgl. § 9 Rn. 3.
14 *Detterbeck/Windthorst/Sproll*, § 5 Rn. 30; vgl. § 9 Rn. 6a, 11.
15 EuGH, Slg. 1971, 975, 984 (Schöppenstedt).

im wirtschaftspolitischen Bereich aufgestellt. Sie richtete sich auf die Sicherung der den Gemeinschaftsorganen bei ihren wirtschaftspolitischen Entscheidungen zustehenden Gestaltungsräume.[16] Den Begriff der wirtschaftspolitischen Entscheidung hat der Gerichtshof i.Ü. nicht auf wirtschaftliche Maßnahmen i.e.S. beschränkt, sondern von ihm alle Bereiche, in denen politische Entscheidungen einen Gestaltungsspielraum erfordern, als erfasst angesehen.[17] In einer zwischenzeitlichen Entscheidung ist nunmehr die hinreichend qualifizierte Verletzung unabhängig davon verlangt worden, ob Schadensersatz wegen legislativen oder administrativen Unrechts begehrt wird.[18] Jenes haftungsbegrenzende Merkmal soll vielmehr auf alle allgemeinen und einzelfallbezogenen Akte Anwendung finden, soweit das entscheidende Organ über einen Ermessensspielraum verfügt.[19]

Eine gemeinschaftsrechtliche Maßnahme verletzt eine höherrangige Rechtsnorm dann in hinreichend qualifizierter Weise, wenn ein schwerwiegender Verstoß gegen eine Norm von besonderer Bedeutung (z.B. Diskriminierungsverbot, Art. 12 EG) die Schädigung einer klar abgrenzbaren Gruppe von Personen herbeiführt und dieser Schaden über das allgemeine (wirtschaftliche) Risiko, das eine Betätigung (in dem betroffenen Wirtschaftszweig) mit sich bringt, hinausgeht.[20]

Ein Verschulden des Handelnden ist nicht zu prüfen; der Anspruch aus Art. 288 Abs. 2 EG verlangt kein selbständiges subjektives Element.[21] Über das Erfordernis des qualifizierten Rechtsverstoßes können jedoch Verschuldenselemente in die Prüfung des Schadensersatzanspruchs einfließen.[22]

d) Schaden und Kausalität

Der zu ersetzende Schaden umfasst jeden Nachteil, den der Betroffene durch das Handeln hinsichtlich seines Vermögens oder seiner sonstigen rechtlich geschützten Güter erleidet. Ersatzfähig sind materielle sowie immaterielle Schäden.[23] 7

Zwischen dem fehlerhaften Verhalten und dem Schaden muss ein ursächlicher Zusammenhang bestehen. Der Kläger hat nachzuweisen, dass gerade die rechtswidrige Amtshandlung den Schaden verursacht hat. An diesem i.S.d. **Adäquanztheorie**[24] zu verstehenden Kausalzusammenhang fehlt es, wenn der gleiche Erfolg auch ohne die Amtshandlung eingetreten wäre (rechtmäßiges Alternativverhalten)[25].

Entscheidend ist, dass die schadensverursachende rechtswidrige Handlung durch ein Gemeinschaftsorgan gesetzt wurde (dies ist auch der Fall, wenn nationalen Behörden

---

16 EuGH, Slg. 1996, I-2353.

17 *Ossenbühl*, S. 596.

18 EuGH, Slg. 2000, I-5291.

19 EuGH, Slg. 2000, I-5291; damit hat sich der EuGH für eine Parallelisierung der Haftungsinstitute von außervertraglicher und mitgliedstaatlicher Haftung (hierzu Rn. 13 ff.) entschieden, vgl. M. *Breuer*, JA 2004, 813, 815.

20 EuGH, Slg. 1992, I-3061, 3132.

21 Das Verschuldenserfordernis wird seit EuGH, Slg. 1971, 325 (Lütticke) nicht mehr gefordert.

22 Etwa: Voraussehbarkeit des Schadens u.a.m., EuGH, Slg. 1973, 125, 142; EuGH, Slg. 1995, II-623, 644.

23 *Detterbeck/Windthorst/Sproll*, § 5 Rn. 35.

24 *Detterbeck/Windthorst/Sproll*, § 5 Rn. 37; *Gellermann* in: Streinz, EUV/EGV, Art. 288 EGV Rn. 27.

25 Vgl. auch § 33 Rn. 23.

bei Anwendung und Durchführung des Gemeinschaftsrechts kein eigener Handlungsspielraum verbleibt, z.B. bei Verordnungen und Entscheidungen).[26]

e) Verjährung

8 Der Anspruch verjährt innerhalb von fünf Jahren nach Eintritt des schädigenden Ereignisses.[27]

2. Verhältnis zu anderen Rechtsbehelfen

9 In Anlehnung an den im deutschen Recht geltenden Vorrang des Primärrechtsschutzes gegenüber dem Sekundärrechtsschutz[28] stellt sich die Frage, ob vor Erhebung der Schadensersatzklage nach Art. 288 Abs. 2 EG zunächst Rechtsbehelf gegen die gemeinschaftsrechtswidrige Maßnahme selbst einzulegen ist. Hinzu tritt ein (klärungsbedürftiges) Konkurrenzverhältnis zu mitgliedstaatlichen Rechtsbehelfen bzw. Schadensersatzansprüchen (insbesondere), wenn die Mitgliedstaaten gemeinschaftsrechtswidriges Recht umsetzen bzw. anwenden; denn in solchen Fällen stehen dem Betroffenen auch nationale Aufhebungs- bzw. Schadensersatzansprüche zur Seite.

a) Art. 288 Abs. 2 EG und gemeinschaftsrechtlicher (Primär-)Rechtsschutz

10 Primärrechtsschutz eröffnet sich europarechtlich als Nichtigkeits- oder Untätigkeitsklage: Mit der **Nichtigkeitsklage** (Art. 230, 231 EG) wird die Rechtmäßigkeit der Handlungen von Organen der Europäischen Gemeinschaft überwacht. Sie betrifft vor allem Klagen eines Mitgliedstaates, des Rates oder der Kommission wegen Verletzung des Vertrages oder einer bei seiner Durchführung anzuwendenden Rechtsnorm (Art. 230 Abs. 2 EG). Die Nichtigkeitsklage hält auch Anfechtungsmöglichkeiten natürlicher oder juristischer Personen des Privatrechts gegen einzelfallbezogene Entscheidungen vor; Private in diesem Sinne können sich jedoch lediglich ausnahmsweise gegen Rechtsnormen wehren, nämlich nur dann, wenn sie dadurch unmittelbar und individuell betroffen sind (Art. 230 Abs. 4 EG). Die **Untätigkeitsklage** (Art. 232 EG) steht Gemeinschaftsorganen, Mitgliedstaaten unter bestimmten Voraussetzungen (Art. 232 Abs. 2 EG) und natürlichen und juristischen Personen (vgl. Art. 232 Abs. 3 EG) offen, wenn unter Verletzung des Vertrages ein Beschluss eines (anderen) Organs der Europäischen Gemeinschaft nicht gefasst wurde.

11 Nach Auffassung des Europäischen Gerichtshofs ist mit der Schadensersatzklage nach Art. 288 Abs. 2 EG ein selbständiger Rechtsbehelf mit eigener Funktion im System der Klagemöglichkeiten geschaffen und von Voraussetzungen abhängig gemacht worden, die seinem besonderen Zweck angepasst sind.[29] Er ermöglicht daher unabhängig von Nichtigkeits- oder Untätigkeitsklagen gegen rechtswidrige Maßnahmen eine (inzidente) Kontrolle der schadensverursachenden **Rechtsnormen** auf ihre Rechtmäßigkeit. Damit geht einher, dass dem Betroffenen im normativen Bereich wegen der engen Voraussetzungen des Art. 230 (insbesondere Abs. 4, vgl. vorstehend) EG grds. die Möglichkeit verwehrt ist, Primärrechtsschutz zu erlangen.

26 Eine Haftung der EG scheidet jedoch aus, wenn die schadensrelevante Ursache in den Verantwortungsbereich der Mitgliedstaaten fällt. Dann kommt eine Haftung der Mitgliedstaaten in Betracht, siehe Rn. 13 ff.

27 Art. 43 Protokoll über die Satzung des EuGH vom 17.04.1957, BGBl. II S. 1166.

28 Vgl. § 32 Rn. 1.

29 EuGH, Slg. 1971, 325 (Lütticke); EuGH, Slg. 1971, 975, 983 f. (Schöppenstedt); allgemein zum europäischen Rechtsschutz *Ehlers*, Jura 2007, 505.

Soweit ein administrativer **Einzelrechtsakt** (Entscheidung) ergangen ist, gilt jedoch etwas anderes. Ansprüche können mit der Schadensersatzklage insoweit nicht geltend gemacht werden, als sie ihrem Gegenstand nach auf Erfüllung, Erstattung rechtswidrig oder rechtsgrundlos erhobener Geldleistungen oder auf Folgenbeseitigung gerichtet sind.[30] In einem solchen Fall wird mit der Schadensersatzklage, die auf Zahlung des der Einzelentscheidung zugrundeliegenden Betrages gerichtet ist, zugleich die Aufhebung der Einzelentscheidung begehrt. Dafür stehen aber Rechtsschutzmöglichkeiten gem. Art. 230 Abs. 4 und Art. 232 Abs. 3 EG zur Verfügung, deren Voraussetzungen nicht umgangen werden dürfen.[31] Insofern ist Primärrechtsschutz in Anspruch zu nehmen und die Schadensersatzklage nach Art. 288 Abs. 2 EG als Sekundärrechtsschutz subsidiär.

b) Art. 288 Abs. 2 EG und nationale Rechtsbehelfe

Bei Schadensersatzansprüchen aus dem Vollzug rechtswidrigen Gemeinschaftsrechts 12
durch nationale Behörden fordert der Europäische Gerichtshof vom Geschädigten aufgrund der diesem obliegenden Schadensminderungspflicht, mit Rechtsbehelfen vor nationalen Gerichten entweder unmittelbar gegen den rechtswidrigen Umsetzungsakt vorzugehen (etwa: Anfechtungsklage) oder Erstattungs- bzw. Schadensersatzansprüche durchzusetzen. Daraus folgert der Gerichtshof den prozesshindernd wirkenden **Grundsatz der Subsidiarität der außervertraglichen Haftung der Gemeinschaft** bzw. den **Vorrang nationaler Rechtsbehelfe.**[32] Der Verweis auf Letzteren gilt allerdings nur, soweit vor mitgliedstaatlichen Gerichten ein hinreichender Rechtsschutz resp. die Möglichkeit der Erlangung von Schadensersatz gewährleistet werden kann (Effektivitäts- und Zumutbarkeitsvorbehalt).[33]

Übersicht 36:
Voraussetzungen der Haftung der Europäischen Gemeinschaft nach Art. 288 Abs. 2 EG

I. **Organ oder Bediensteter der EG**
II. **Handeln in Ausübung der Amtstätigkeit**
III. **Rechtswidrigkeit der Amtspflichtverletzung**
   1. Grds. Verletzung einer Schutznorm, die nicht ausschließlich den Schutz von Allgemeininteressen, sondern auch von Individualinteressen bezweckt
   2. Bei Ermessensentscheidungen: qualifizierte Rechtswidrigkeit
IV. **Kausalität:** zwischen Amtspflichtverletzung und Schaden i.S.d. Adäquanztheorie
V. **Schaden**
VI. **Kein Haftungsausschluss**
   1. Vorrang des Primärrechtsschutzes bei administrativen Entscheidungen
   2. Subsidiarität der außervertraglichen EG-Haftung
VII. **Kein Ablauf der Verjährungsfrist**

30 EuGH, Slg. 1986, 753, 770.
31 Vgl. *von Bogdandy* in: Grabitz/Hilf, EUV/EGV, Art. 288 EGV Rn. 45.
32 *Ossenbühl*, S. 571.
33 Vgl. zur Rechtsprechung des EuGH: EuGH, Slg. 1981, 3211, 3243; EuGH, Slg. 1989, 1553, 1586; EuGH, Slg. 1979, 3091, 3112.

II. Mitgliedstaatliche Haftung

13 Art. 288 EG bestimmt lediglich die vertragliche bzw. außervertragliche Haftung der Europäischen Gemeinschaft. Eine Haftung der Mitgliedstaaten für Verstöße gegen Gemeinschaftsrecht findet sich dort nicht. Dennoch ist für solche Fälle ein gemeinschaftsrechtlich begründeter Staatshaftungsanspruch anerkannt.[34]

Besondere Bedeutung hat in diesem Zusammenhang die Haftung der Mitgliedstaaten bei nicht erfolgter, nicht fristgerechter oder unzureichender Umsetzung einer (EG-) Richtlinie.[35] Für Schäden, die wegen fehlender oder fehlerhafter Umsetzung von Richtlinien (und ggf. Verordnungen) entstehen, hilft die Geltendmachung eines Amtshaftungsanspruchs nach deutschem Recht nicht weiter. Die erforderliche Verletzung einer drittgerichteten Amtspflicht schließt regelmäßig Schadensersatzansprüche wegen Erlasses rechtswidriger Gesetze oder wegen fehlenden Erlasses von Gesetzen aus (keine Haftung für legislatives Unrecht).[36] Diese (auch nach dem Recht anderer Mitgliedstaaten zu verzeichnende) Lücke wird mit dem gemeinschaftsrechtlichen Staatshaftungsanspruch geschlossen. Ein solcher Anspruch kommt freilich nicht nur im Hinblick auf die Haftung wegen unzureichender Umsetzung von Richtlinien in Betracht. Gegenstand der gemeinschaftsrechtlichen Haftung von Mitgliedstaaten kann auch die Verletzung von Gemeinschaftsrecht durch nationale Gesetze,[37] administrative oder gerichtliche Entscheidungen sein.[38]

1. Rechtsgrundlage des Anspruchs

14 Nach Auffassung des Europäischen Gerichtshofs handelt es sich bei der gemeinschaftsrechtlichen Staatshaftung um ein Institut, das seine Grundlage unmittelbar im Europarecht findet.[39] Rechtsgrundlage sollen die in Art. 10 EG genannten Grundsätze des effet utile sein, wonach eine volle Wirksamkeit des Gemeinschaftsrechts sicherzustellen ist.

2. Voraussetzungen des Anspruchs

a) Schutznormverletzung

15 Das mitgliedstaatliche Verhalten muss gegen eine Rechtsnorm des Gemeinschaftsrechts verstoßen, die zumindest auch bezweckt, dem Einzelnen Rechte zu verleihen.[40]

▶ **BEISPIELE:**

- Solche individualschützenden Normen sind in den unmittelbar geltenden Grundfreiheiten (Primärrecht) zu sehen, bspw. Warenverkehrsfreiheit gem. Art. 28 EG.[41]

---

34 Ausführlich zur gemeinschaftsrechtlichen Staatshaftung *Fischer*, JA 2000, 348; anhand der Rechtsprechung des BGH *Dörr*, DVBl. 2006, 598.

35 EuGH, Slg. 1991, 5357 (Francovich); bestätigt durch EuGH, Slg. 1996, I-4845 (Dillenkofer). Zur Staatshaftung wegen Nichtumsetzung des europäischen Gentechnikrechts *Palme*, EuZW 2005, 109.

36 Vgl. § 33 Rn. 14; zur staatlichen Haftung unter europäischem Einfluss *Säuberlich*, EuR 2004, 954.

37 EuGH, Slg. 1996, I-1029 (Brasserie du Pêcheur).

38 Zur Haftung der Mitgliedstaaten für gemeinschaftsrechtswidrige richterliche Entscheidungen siehe Rn. 16.

39 Strittig; so EuGH, Slg. 1991, 5357, 5414 (Francovich); auch *Kischel*, EuR 2005, 441, der zugleich für Exklusivität des Anspruchs und damit gegen ein Nebeneinander mit sonstigen staatshaftungsrechtlichen Ansprüchen plädiert; vgl. ferner BGHZ 134, 30, 60; *Ossenbühl*, S. 495 ff.

40 Ein Unterschied zur Schutznormverletzung bei Art. 288 Abs. 2 EG (Rn. 6) besteht nicht.

41 Dazu EuGH, Slg. 1996, I-1029 (Brasserie du Pêcheur).

- Auch die Verletzung von Sekundärrecht, dessen Ziel es ist, dem Einzelnen Rechte zu verleihen,[42] erfüllt die Tatbestandsvoraussetzung der Schutznormverletzung. Dies trifft selbst auf Richtlinien zu, die i.d.R. nicht unmittelbar Rechte begründen, soweit sie die Verleihung von Rechten bezwecken.[43] Eine Schutznormverletzung wurde z.B. in der Nichtumsetzung der Konkursauffangrichtlinie über den Schutz von Arbeitnehmern bei Zahlungsunfähigkeit des Arbeitgebers gesehen; danach waren die Mitgliedstaaten verpflichtet, nationale Rechts- und Verwaltungsvorschriften zur Einrichtung von Garantiefonds zu erlassen, aus denen im Fall von Unternehmenskonkursen nicht erfüllte Arbeitsentgeltansprüche beglichen werden sollten.[44] ◀

Bei unterlassener oder unvollständiger Umsetzung von Richtlinien greift die mitgliedstaatliche Haftung jedoch nur subsidiär ein, und zwar dann, wenn sich der Einzelne nicht unmittelbar auf die Richtlinie berufen kann.[45]

b) Hinreichend qualifizierter Rechtsverstoß

Ein hinreichend qualifizierter Rechtsverstoß liegt vor, wenn der Mitgliedstaat in offenkundiger und schwerwiegender Weise gegen Gemeinschaftsrecht verstoßen hat.[46] Dabei sind folgende Gesichtspunkte zu berücksichtigen:[47] 16

- das Maß an Klarheit und Genauigkeit der verletzten Vorschrift,
- wie groß der Umfang des Ermessensspielraums ist, den die verletzte Norm des Gemeinschaftsrechts den nationalen Behörden bei Umsetzung oder Anwendung belässt (z.B. ob sie mehrere vertretbare Deutungsmöglichkeiten eröffnet),
- ob der Verstoß vorsätzlich oder nicht vorsätzlich begangen wurde,
- ob der Verstoß unentschuldbar oder entschuldbar wegen eines etwaigen Rechtsirrtums gewesen ist,
- eine etwaige Mitverursachung des Verstoßes durch das Verhalten eines Gemeinschaftsorgans.

Nach nunmehr gefestigter Rechtsprechung wird die Schadensersatzpflicht unabhängig davon ausgelöst, welches Organ für das Fehlverhalten verantwortlich ist.[48] Konsequenterweise hat der Europäische Gerichtshof daher auch auf **Haftung für judikatives Unrecht** erkannt.[49] Hiernach müssen die Mitgliedstaaten für Entscheidungen letztinstanzlicher Gerichte (solche, deren Entscheidungen nicht mehr mit Rechtsbehelfen des nationalen Rechts angefochten werden können) einstehen, wenn das Gericht die geltende Rechtslage und die einschlägigen Entscheidungen des Europäischen Gerichtshofs offenkundig verkannt und insoweit gegen seine Vorlagepflicht nach Art. 234 Abs. 3 EG verstoßen hat. Damit wird das für die mitgliedstaaliche Haftung entwickelte Kriterium des hinreichend qualifizierten Rechtsverstoßes auch der Haftung

---

42 Vgl. § 3 Rn. 3 f.

43 Vgl. § 3 Rn. 4.

44 EuGH, Slg. 1991, 5357 (Francovich).

45 Vgl. *Fischer*, JA 2000, 348, 350. Zur unmittelbaren Geltung von Richtlinien § 3 Rn. 4.

46 *Detterbeck/Windthorst/Sproll*, § 6 Rn. 35.

47 Vgl. auch die Aufzählung bei *Detterbeck/Windthorst/Sproll*, § 6 Rn. 37; *Ossenbühl*, S. 507; näher *Dörr*, DVBl. 2006, 598, 599 f.

48 EuGH, NJW 2003, 3539; EuGH, EuZW 2006, 561; *Seegers*, EuZW 2006, 564; ferner *Kluth*, DVBl. 2004, 393; *Wegener*, EuR 2004, 84; *Haltern*, VerwArch 96 (2005), 311.

49 EuGH, NJW 2003, 3539; dazu *Schöndorf-Haubold*, JuS 2006, 112, 113 f.; *Wegener/Held*, Jura 2004, 479; *v. Danwitz*, JZ 2004, 301; *Storr*, DÖV 2004, 545; *Kenntner*, EuZW 2005, 235, 236 f; *Sensburg*, NVwZ 2004, 179; *Kremer*, NJW 2004, 480.

für judikatives Fehlverhalten zugrunde gelegt und eine solche angenommen, wenn das Gericht objektiv willkürlich gehandelt hat und jedem der Rechtsverstoß hätte einleuchten müssen.[50] Der Europäische Gerichtshof hat zudem zwischenzeitlich das Offenkundigkeitskriterium präzisiert:[51] Ein offenkundiger Verstoß gegen das Gemeinschaftsrecht liegt etwa vor, wenn ein mitgliedstaatliches Gericht das Recht resp. die europäische Rechtsprechung fehlerhaft auslegt oder den Sachverhalt bzw. die Beweise fehlerhaft würdigt.

c) Unmittelbare Kausalität

17 Zwischen dem Verstoß gegen die dem Staat auferlegte gemeinschaftsrechtliche Verpflichtung und dem Schaden, der dem/den Geschädigten entstanden ist, muss ein unmittelbarer Kausalzusammenhang bestehen. Die Kausalität beurteilt sich anhand der Adäquanztheorie.[52]

3. Geltendmachung des gemeinschaftsrechtlichen Staatshaftungsanspruchs

18 Die Voraussetzungen des gemeinschaftsrechtlichen Staatshaftungsanspruchs wurzeln im Gemeinschaftsrecht, die Folgen des verursachten Schadens sind hingegen im Rahmen des nationalen Haftungsrechts zu beheben.[53] Dabei bleiben die durch das Gemeinschaftsrecht entwickelten Haftungskriterien vom nationalen Recht unberührt; Letzteres liefert lediglich ergänzende Maßgaben hinsichtlich der Haftungsfolgen.[54] Diese dürfen jedoch nicht hinter gleichartigen nationalen Entschädigungsansprüchen zurückbleiben (sog. Diskriminierungsverbot).[55]

Nach mitgliedstaatlichem Recht bemisst sich demnach die Bestimmung der zuständigen Gerichte und die Ausgestaltung des oder der Klageverfahren.[56] Problematisch hingegen ist die Anwendbarkeit von innerstaatlichen Haftungsbeschränkungen. Insoweit ist zu berücksichtigen, dass durch die Ausgestaltung des mitgliedstaatlichen Rechts die Erlangung einer Entschädigung nicht praktisch unmöglich gemacht oder übermäßig erschwert werden darf (sog. Effizienzgebot).[57] Die Grundsätze des Mitverschuldens (§ 254 BGB) und des Vorrangs des Primärrechtsschutzes (vgl. § 839 Abs. 3 BGB) können von den Mitgliedstaaten als Haftungsbegrenzung vorgesehen werden.[58] Demgegenüber dürfen die Einschränkungen des § 839 Abs. 1 S. 2 BGB nicht zur Abweisung des gemeinschaftsrechtlichen Anspruchs führen. Auch die Begrenzung der Haftung wegen fehlerhafter Urteile findet, wie soeben behandelt[59], keine Anwendung auf den gemeinschaftsrechtlichen Anspruch; für ihn gilt die Regelung des § 839 Abs. 2 BGB nicht. Art und Umfang der Entschädigung müssen dem zugefügten Schaden gegenüber angemessen sein; insbesondere wäre ein Ausschluss entgangenen Ge-

---

50 EuGH, NJW 2003, 3539; dazu *Dörr*, DVBl. 2006, 598, 600.

51 EuGH, EuZW 2006, 561 mit Anm. *Seegers*, EuZW 2006, 564; *Haratsch*, JZ 2006, 1176.

52 *Detterbeck/Windthorst/Sproll*, § 6 Rn. 46. Vgl. § 33 Rn. 22.

53 EuGH, Slg. 1991, 5357 (Francovich); ferner ausführlich U. *Stelkens*, DÖV 2005, 770.

54 Zu den Schwierigkeiten hinsichtlich der Grenzziehung zwischen Haftungsgrund und Haftungsfolgen *Ossenbühl*, S. 515 ff.

55 EuGH, Slg. 1997, I-4046.

56 *Ossenbühl*, S. 516.

57 EuGH, Slg. 1997, I-4046; zum Effektivitätsgebot bereits (bspw.) § 9 Rn. 6a, § 16 Rn. 35.

58 Vgl. EuGH, Slg. 1996, I-1029, 1157 (Brasserie du Pêcheur).

59 Vorstehend Rn. 16.

winns unzulässig.[60] Schließlich kann sich aus der Verjährung eine weitere Anspruchsgrenze ergeben.[61] Insoweit ist auf die für Amtshaftungsansprüche geltenden Verjährungsregelungen zurückzugreifen.[62]

Übersicht 37:
Voraussetzungen des gemeinschaftsrechtlichen Staatshaftungsanspruchs

I. **Schutznormverletzung:** Verletzung einer Rechtsnorm des Gemeinschaftsrechts, die zumindest auch bezweckt, dem Einzelnen Rechte zu verleihen
II. **Hinreichend qualifizierter Rechtsverstoß:** offenkundiger und schwerwiegender Verstoß gegen Gemeinschaftsrecht
III. **Kausalität:** Kausalzusammenhang zwischen Rechtsverstoß und eingetretenem Schaden i.S.d. Adäquanztheorie
IV. **Haftungsfolgen:**
   1. Haftungsausschluss bzw. -minderung durch Mitverschulden (§ 254 BGB) oder Vorrang des Primärrechtsschutzes (§ 839 Abs. 3 BGB)
   2. Keine Begrenzung wegen § 839 Abs. 1 S. 2 und Abs. 2 S. 1 BGB
   3. Schadensersatz
   4. Kein Ablauf der Verjährungsfrist (§§ 194 ff. BGB)

▶ **zu Fall 2:** Fraglich ist, ob F gegen die Bundesrepublik ein Schadensersatzanspruch zusteht. Zunächst könnte ein Amtshaftungsanspruch gem. § 839 BGB i.V.m. Art. 34 GG gegeben sein. Die nicht rechtzeitige Umsetzung einer EG-Richtlinie in innerstaatliches Recht stellt ein Unterlassen gesetzgeberischer Tätigkeit dar. Nach der Rechtsprechung des Bundesgerichtshofs begründet diese Art des Unterlassens keine Verletzung einer drittbezogenen Amtspflicht.[63] Es könnte aber ein Anspruch aus gemeinschaftsrechtlicher Staatshaftung in Betracht kommen. Voraussetzung dieses Anspruchs ist zunächst die Verletzung einer Schutznorm, hier in Gestalt der Richtlinie. Ziel der Pauschalreiserichtlinie ist es, die durch Konkurs bzw. Insolvenz eines Reiseveranstalters geschädigten Verbraucher zu schützen, indem sie die Erstattung gezahlter Beiträge und bei bereits angetretener Reise die Zahlung der Rückreise verlangen können. Damit bezweckt die Richtlinie, dem Einzelnen Rechte zu verleihen. Der Staatshaftungsanspruch tritt freilich subsidiär zurück, wenn die Richtlinie dem Geschädigten bei nicht fristgerechter oder fehlerhafter Umsetzung unmittelbar einen (Zahlungs-)Anspruch gewährt (unmittelbare Wirkung).[64] Dann muss aufgrund der Richtlinie selbst der Inhalt des materiellen Anspruchs feststehen, dessen Gläubiger sich aus der Richtlinie ergeben und der Schuldner des geltend gemachten Anspruchs ebenfalls bestimmt sein. Hier verlangt die Richtlinie, dass die Rückzahlung des Kaufpreises sichergestellt sein soll. Wer aber Schuldner dieses Anspruchs ist, ergibt sich aus ihr nicht, so dass eine unmittelbare Anwendung ausscheidet. Die gänzlich unterlassene oder nicht rechtzeitig erfolgte Umsetzung von Richtlinien ist ein offensichtlicher und schwerwiegender Verstoß gegen Gemeinschaftsrecht, es sei denn, andere Umstände lassen ausnahmsweise eine andere Einschätzung zu.[65] Solche besonderen Gegebenheiten liegen nicht vor. Bei rechtzeitiger Umsetzung der Richtlinie wäre F der geltend gemachte Schaden nicht entstanden, so dass auch die Kausalität zwischen Schutznormverletzung und Schaden ge-

60 Vgl. EuGH, Slg. 1996, I-1029, 1156 f. (Brasserie du Pêcheur).
61 *Ossenbühl*, S. 520.
62 Siehe § 33 Rn. 32.
63 Dazu bereits § 33 Rn. 14.
64 Hierzu vorstehend Rn. 15 und allgemein bereits § 3 Rn. 4.
65 EuGH, Slg. 1996, I-4845 (Dillenkofer).

geben ist. Somit steht F ein gemeinschaftsrechtlicher Staatshaftungsanspruch gegen die Bundesrepublik zu. ◀

III. Wiederholungs- und Verständnisfragen

1. Nach welcher Vorschrift haftet die Europäische Gemeinschaft im außervertraglichen Bereich?
2. Welches sind die Voraussetzungen für den Schadensersatzanspruch gegen die Europäische Gemeinschaft?
3. Wie verhält sich die gemeinschaftsrechtliche Schadensersatzklage zum Primärrechtsschutz?
4. Welche Fälle einer Haftung der Mitgliedstaaten wegen Missachtung von Gemeinschaftsrecht sind denkbar?
5. Welches sind die Voraussetzungen der mitgliedstaatlichen Haftung?

§ 35 Entschädigungsansprüche bei Eigentumseingriffen

I. Überblick über die Entschädigungsregelungen

Für die Entschädigung bei Eingriffen in das Eigentum stehen mehrere Haftungsinstitute zur Verfügung:[1] 1

- **Enteignungsentschädigung** für Eingriffe in das Eigentum, die auf einem den Anforderungen des Art. 14 Abs. 3 GG entsprechenden Gesetz beruhen,[2]
- **Ausgleichspflichtige Inhalts- und Schrankenbestimmungen** als Kompensation für besondere Belastungen im Rahmen der gesetzlichen Bestimmung von Inhalt und Schranken des Eigentums nach Art. 14 Abs. 1 S. 2 GG,[3]
- **Entschädigung für enteignungsgleiche Eingriffe** bei rechtswidrigen Eingriffen in das Eigentum,[4]
- **Entschädigung für enteignende Eingriffe** bei enteignend wirkenden Nebenfolgen rechtmäßigen Verwaltungshandelns[5].

II. Enteignungsentschädigung

▶ **Fall 3:** K betrieb auf seinem Grundstück eine Kiesbaggerei, in der seit 1936 Sand und Kies bis in den Grundwasserbereich hinein gefördert wurden. Die Abbauflächen lagen in der Schutzzone eines von der Stadt R errichteten Wasserwerks, die durch eine Rechtsverordnung festgesetzt worden war. K beantragte 1965 bei der zuständigen Behörde, ihm zur Fortsetzung des Kiesabbaus eine nun erforderlich werdende Erlaubnis nach dem Wasserhaushaltsgesetz zu erteilen. Der Antrag wurde mit der Begründung abgelehnt, die Entfernung seiner Abbaustellen zur Brunnenanlage des Wasserwerks sei zu kurz. Daher könnten Verunreinigungen des Baggersees den Brunnen erreichen und die öffentliche Wasserversorgung gefährden. K sah in den Neuregelungen des Wasserhaushaltsgesetzes, nach denen nunmehr eine Nutzung des Grundwassers durch den Eigentümer ohne vorherige behördliche Erlaubnis nicht gestattet ist, eine Enteignung, die seiner Meinung nach entschädigt werden musste. Hatte er Recht? ◀

Enteignungen entziehen nach Art. 14 Abs. 1 S. 2 GG (individuell) ausgeprägtes Eigentum und sind nur unter engen Voraussetzungen zulässig. Sie dürfen insbesondere lediglich durch Gesetz oder aufgrund eines Gesetzes vorgenommen werden, das gleichzeitig eine Entschädigungsregelung enthält (Art. 14 Abs. 3 S. 2 GG). Anspruchsgrundlage für die Geltendmachung von Entschädigungsansprüchen wegen Enteignungen ist somit nicht Art. 14 Abs. 3 GG, sondern das enteignende Gesetz selbst. Die über Art. 14 Abs. 1 S. 1 GG gewährleistete Bestandsgarantie des Eigentums wandelt sich im Falle von rechtmäßigen Enteignungen nach Art. 14 Abs. 3 GG in eine Wertgarantie um.[6] 2

1. Eigentum

Erste Voraussetzung einer Enteignung und des darauf gerichteten Entschädigungsanspruchs ist die Verletzung einer Eigentumsposition. Art. 14 Abs. 1 S. 1 GG gewähr- 3

1 Ausführlich zu den Entschädigungsansprüchen *Sproll*, JuS 1995, 1080, JuS 1996, 125 und 219.
2 Siehe Rn. 2 ff.
3 Vgl. Rn. 23 ff.
4 Siehe Rn. 30 ff.
5 Vgl. Rn. 41 ff.
6 *Maurer*, § 27 Rn. 39.

leistet das Eigentum.[7] Aus Art. 14 Abs. 1 S. 2 GG folgt jedoch, dass Inhalt und Schranken des Eigentums durch Gesetze festgelegt werden. Eigentum ist also kein der Rechtsordnung vorgegebenes Recht, sondern entsteht erst im Wege der Ausgestaltung durch den Gesetzgeber.[8] Dieser legt fest, was im Einzelnen unter Eigentum zu verstehen ist.

4 Hiernach zählen zum verfassungsrechtlich geschützten Eigentum i.S.v. Art. 14 Abs. 1 GG in erster Linie alle **privatrechtlich** anerkannten vermögenswerten Rechte, wie Eigentum an beweglichen und unbeweglichen Sachen, Hypotheken, Grundschulden, Pfandrechte, Patent- und Urheberrechte, privatrechtliche Forderungen und auch der Besitz (insbesondere des Mieters).[9]

Bei **öffentlich-rechtlich** vermögenswerten Rechten handelt es sich um schützenswerte Eigentumspositionen, wenn sie auf nicht unerheblichen Eigenleistungen des Bürgers beruhen, z.B. Ansprüche auf Rente aus der gesetzlichen Rentenversicherung.[10] Soweit solche öffentlich-rechtlichen Rechtspositionen ausschließlich oder überwiegend auf staatlicher Gewährung basieren und dem Einzelnen ohne eigenes Zutun zukommen, können sie nicht dem grundrechtlichen Eigentumsschutz unterfallen. Dies wird bspw. bei Wohnungsbauprämien für Bausparer und anderen staatlichen Subventionen angenommen.[11]

Das **Vermögen** als solches ist mangels einfach-gesetzlicher Zuweisung (Art. 14 Abs. 1 S. 2 GG) kein Eigentum i.S.d. Art. 14 Abs. 1 GG. Daher stellt die Auferlegung von Geldleistungspflichten (Abgaben, Steuern) grds. keinen Eigentumseingriff dar, sondern allenfalls eine Verletzung von Art. 2 Abs. 1 GG. Anders sollen nur Fälle zu beurteilen sein, in denen die Abgabenlast ein Ausmaß angenommen hat, das die Vermögensverhältnisse des Abgabenpflichtigen grundlegend beeinträchtigt (bspw. Erdrosselungssteuern).[12]

Der Umfang des in Art. 14 Abs. 1 GG verbrieften Schutzes bezieht sich auf den **Bestand** der vermögenswerten Rechtspositionen: Die Eigentumsgarantie schützt das Erworbene, nicht jedoch den Erwerb; Letzterer ist dem Schutz durch Art. 12 Abs. 1 GG zugänglich.[13] Deshalb fallen bloße Gewinn- und Erwerbschancen, also künftige Rechtspositionen, aus dem Geltungsbereich des Art. 14 Abs. 1 GG heraus.

Hiernach erfasst Art. 14 GG den **eingerichteten und ausgeübten Gewerbebetrieb**, soweit es um den (gesetzlich zugewiesenen) Schutz des Bestandes einzelner Rechte und Güter eines Unternehmens (wie Betriebsgrundstücke, Waren, Einrichtungsgegenstände) geht. Die Eigentumsgarantie hilft jedoch nicht gegen eine Änderung der geschäftlichen Rahmenbedingungen (Geschäftsverbindungen, Kundenstamm).[14]

7 Eingehend zur Eigentumsgarantie *Berg*, JuS 2005, 961; zum öffentlichen Baurecht etwa *Erbguth* in: Tettinger/Erbguth/Mann, Rn. 816 ff.

8 Hierzu *Detterbeck/Windthorst/Sproll*, § 14 Rn. 2; ein materielles Gesetz reicht aus, BVerfGE 8, 71, 79; zum Gesetzesbegriff allgemein § 7 Rn. 3 ff.; auch *Erbguth/Wagner*, § 2 Rn. 34.

9 *Detterbeck/Windthorst/Sproll*, § 14 Rn. 22. Zum Besitzrecht des Mieters BVerfGE 89, 1, 5 f.

10 BVerfG, NJW 1996, 185.

11 BVerfGE 88, 384, 401 ff.

12 Vgl. BVerfGE 87, 153, 169.

13 Vgl. *Detterbeck/Windthorst/Sproll*, § 14 Rn. 38.

14 BVerfGE 77, 84, 118; vgl. auch BGHZ 111, 349, 355.

Neben dem Bestand schützt Art. 14 Abs. 1 GG auch die **Nutzung** der Eigentumspositionen.[15] Für Straßenanlieger schließt dies die Verbindung mit dem öffentlichen Wegenetz ein; für Gewerbebetriebe muss insbesondere der notwendige „Kontakt nach außen“ gewährleistet sein (sog. Anliegergebrauch).[16]

2. Enteignung

a) Historische Entwicklung des Enteignungsbegriffs

Die Wurzeln der Entschädigung für Eigentumseingriffe finden sich im allgemeinen Aufopferungsanspruch des 18. Jahrhunderts. Diesem lag der Gedanke zugrunde, dass der Einzelne auf Rechtstiteln beruhende Rechte hat, in die der Landesherr nur aus besonderen Gründen des Allgemeinwohls und nur gegen Entschädigung eingreifen darf.[17] Positiv-rechtlich war der Anspruch erstmals im Allgemeinen Preußischen Landrecht niedergelegt.[18] Aus ihm entwickelte sich die Enteignung als eigenständiges Rechtsinstitut. Der im 19. Jahrhundert vorherrschende sog. **klassische Enteignungsbegriff** verstand die Enteignung vornehmlich als einen Güterbeschaffungsvorgang, z.B. für den Bau von Straßen und Eisenbahnlinien. Enteignungsobjekte waren ausschließlich Grundstücke oder sonstige dingliche Rechte. Als Güterbeschaffung führte die Enteignung zwingend zu einem Wechsel in der Rechtsinhaberschaft; sie erfolgte durch Einzelakt im Interesse des Gemeinwohls und war mit einer Entschädigungspflicht verbunden. In der Folgezeit hatte das Reichsgericht immer mehr Abstand von diesem engen Begriffsverständnis genommen und den Enteignungsbegriff ausgeweitet. Als möglicher Enteignungstatbestand wurde nicht mehr nur ein Güterbeschaffungsvorgang (Entzug dinglicher Rechte), sondern jede Beeinträchtigung einer vermögenswerten Position des Privatrechts angesehen. 5

Mit dem in Art. 153 WRV und später in Art. 14 GG verankerten Schutz des Eigentums fand auch das Institut der Enteignung Eingang in die Verfassung. Unter Geltung des Grundgesetzes prägte zunächst der Bundesgerichtshof die Enteignungsrechtsprechung. Er knüpfte an die weite Auslegung des Reichsgerichts an. Nach der von ihm entwickelten **Sonderopfertheorie** lag eine Enteignung vor, wenn der in Rede stehende Eigentumseingriff den Einzelnen oder eine Gruppe im Vergleich zu anderen ungleich, (eben) besonders traf und ihn oder sie zu einem den Übrigen nicht zugemuteten Opfer für die Allgemeinheit zwang.[19] Das Bundesverwaltungsgericht nahm eine Enteignung dann an, wenn sich der Eingriff in das Eigentum als schwer und unzumutbar darstellte (sog. **Schweretheorie**).[20] Neben diesen Theorien verwendeten Bundesgerichtshof und Bundesverwaltungsgericht den **Topos der Situationsgebundenheit.**[21] Dem liegt die Vorstellung zugrunde, dass Eigentumspositionen, insbesondere das Grundeigentum, in ein bestimmtes, prägendes Umfeld eingebettet sind (Grundstück in einem Naturschutzgebiet, kulturhistorisch bedeutsames Ensemble) und sich hieraus bestimmte

15 *Pieroth/Schlink*, Rn. 914.
16 Vgl. § 27 Rn. 8.
17 *Maurer*, § 27 Rn. 3.
18 Dort in §§ 74, 75 Einl. ALR. Vgl. *Detterbeck/Windthorst/Sproll*, § 16 Rn. 3.
19 BGHZ 6, 270, 280.
20 BVerwGE 5, 143, 145.
21 BGHZ 23, 30, 32 ff.; BVerwGE 15, 1, 2.

natürliche Eigentumsbeschränkungen (mit daraus resultierenden Nutzungsbeschränkungen) ergeben können, die grds. (entschädigungslos) hinzunehmen sind.[22]

b) Rechtsprechung des Bundesverfassungsgerichts

6 Nach Auffassung des Bundesverfassungsgerichts ist eine **Enteignung** die vollständige oder teilweise Entziehung einer konkreten vermögenswerten Rechtsposition i.S.d. Art. 14 Abs. 1 GG durch einen gezielten (finalen) hoheitlichen Rechtsakt (entweder in Gestalt eines formellen Gesetzes oder aufgrund eines Gesetzes, Art. 14 Abs. 3 GG, jedoch nicht durch Realakt), sog. **enger Enteignungsbegriff.**[23] Maßgeblich sind zunächst Form und Zweckrichtung der Maßnahme, nicht hingegen Intensität und Qualität des Eingriffs. Nach neuerer bundesverfassungsgerichtlicher Rechtsprechung ist die Enteignung ferner auf solche Fälle beschränkt, in denen Güter hoheitlich beschafft werden, mit denen ein konkretes, der Erfüllung öffentlicher Aufgaben dienendes Vorhaben durchgeführt werden soll.[24] Mit dieser Formel nähert sich das Bundesverfassungsgericht der beschriebenen klassischen, als Güterbeschaffungsvorgang verstandenen Enteignung an, ohne den vormals geforderten Wechsel in der Inhaberschaft zu verlangen. Beispiel für eine nach diesen Kriterien vorliegende Enteignung ist der Zugriff auf Privatgrundstücke, um sie für die Anlage eines Flughafens zu nutzen und damit die Infrastruktur zu fördern.

7 Aus der Regelungssystematik des Art. 14 GG folgt, dass Enteignungen von **Inhalts- und Schrankenbestimmungen** (Art. 14 Abs. 1 S. 2 GG) abzugrenzen sind – auch deshalb, weil die Enteignung letzteren (gesetzlichen) Rechtsakt voraussetzt.[25] Inhalts- und Schrankenbestimmungen stellen abstrakte und generelle Regelungen dar, mit denen der Gesetzgeber die Rechtsstellung des Eigentümers begründet und ausformt.[26] Anders als Enteignungen lösen Inhalts- und Schrankenbestimmungen keine Entschädigungspflicht nach Art. 14 Abs. 3 GG aus.[27] Der konkrete und gezielte Entzug einer Rechtsposition durch die Enteignung unterscheidet diese mithin von Bestimmungen nach Art. 14 Abs. 1 S. 2 GG, die Inhalt und Schranken des Eigentums für die Zukunft in allgemeiner Form festlegen.[28] Zu ihnen zählen bspw. Ausweisungen über die Bebaubarkeit von Grundstücken in Bebauungsplänen,[29] ferner naturschutzrechtliche Nutzungsverbote und -beschränkungen[30] und Bauverbote in Wasserschutzgebieten[31].

8 Trotz der formalen Unterscheidung zwischen Enteignung (konkret-individuell) und Inhalts- und Schrankenbestimmung (abstrakt-generell) vermag die Abgrenzung im Einzelfall Probleme zu bereiten. So können auf der Grundlage von Inhalts- und Schrankenbestimmungen Einzelmaßnahmen erlassen werden, die konkrete, vom Schutz des Art. 14 Abs. 1 GG umfasste Rechtspositionen entziehen. Trotzdem stellt

22 Inhalts- und Schrankenbestimmungen, dazu aber Rn. 7 f.

23 Insbesondere seit dem Nassauskiesungsbeschluss, BVerfGE 58, 300, 330 f.; vgl. auch BVerfGE 42, 263, 299; BVerfGE 52, 1, 27; vgl. zwischenzeitlich BGHZ 99, 24, 29. Ausführlich zum Enteignungsbegriff des BVerfG *Jarass*, NJW 2000, 2841; auch *Erbguth/Wagner*, § 2 Rn. 36, dort Fn. 90.

24 BVerfGE 38, 175, 179; BVerfGE 104, 1, 10.

25 Vgl. vorstehend Rn. 3.

26 BVerfGE 52, 1, 27; *Erbguth/Wagner*, § 2 Rn. 34.

27 Zu den ausnahmsweise ausgleichspflichtigen Inhalts- und Schrankenbestimmungen unten Rn. 26 ff.

28 Näher zur Inhalts- und Schrankenbestimmung sowie zur Enteignung anhand von (Grund-)Fällen *Jochum/Durner*, JuS 2005, 320 sowie 412.

29 Vgl. nur *Erbguth/Wagner*, § 2 Rn. 50.

30 BVerwG, NJW 1996, 409.

31 BVerwG, NVwZ 1997, 887, 889.

bspw. die Anordnung des Abrisses eines einsturzgefährdeten Gebäudes, obwohl sie auf den Entzug einer konkreten Eigentumsposition zielt, keine Enteignung dar. Es handelt sich vielmehr um eine bloße Konkretisierung von Inhalts- und Schrankenbestimmungen. Die in den Polizei- und Ordnungsgesetzen geregelte Zustandsverantwortlichkeit des Eigentümers, die zu derartigen gefahrenabwehrenden Maßnahmen berechtigt, ist mithin als Ausdruck der Polizei- bzw. Sozialpflichtigkeit des Eigentums (vgl. Art. 14 Abs. 2 GG) eine (zulässige) Inhalts- und Schrankenbestimmung.[32] Jenseits dessen handelt es sich nach der Rechtsprechung um Übergangsprobleme, denen u.a. mit Übergangsregelungen Rechnung getragen werden kann.[33]

3. Zulässigkeitsvoraussetzungen der Enteignung

Enteignung ist der rechtmäßige Eigentumsentzug zur Erfüllung einer öffentlichen Aufgabe. Sie ist nur unter den besonderen Anforderungen des Art. 14 Abs. 3 GG zulässig und muss auch sonst mit der Verfassung und rechtsstaatlichen Grundsätzen (kein Verstoß gegen die Verhältnismäßigkeit, Willkürverbot) in Einklang stehen. 9

a) Ermächtigungsgrundlage (aufgrund eines Gesetzes oder durch ein Gesetz)

Grundlage einer Enteignung darf nur ein formelles Gesetz sein, das selbst bestimmt, für welche Vorhaben, unter welchen Voraussetzungen und für welche Zwecke[34] eine Enteignung zulässig ist.[35] Art. 14 Abs. 3 S. 2 GG sieht vor, dass die Enteignung durch Gesetz oder aufgrund eines Gesetzes erfolgen kann; es sind mithin zwei (Enteignungs-) Arten zu unterscheiden: Legislativ- und Administrativenteignungen. 10

Erfolgt die Enteignung unmittelbar durch (formelles, s.o.) Gesetz, spricht man von **Legislativenteignung**. Weil Einzelfallgesetze grds. nicht verfassungsgemäß sein können (Art. 19 Abs. 1 S. 1 GG) und jenseits dessen Rechtsschutzmöglichkeiten des Bürgers gegen Gesetze begrenzt sind (gegen formelle Gesetze steht nur der Weg zum Bundesverfassungsgericht über die Verfassungsbeschwerde offen, Art. 93 Abs. 1 Nr. 4a GG), muss die Enteignung durch Gesetz die Ausnahme bleiben.

Beispiel für eine Enteignung unmittelbar durch ein (verfassungswidriges) Einzelfallgesetz ist das Hamburger Deichordnungsgesetz vom 29.04.1964 (DOG),[36] durch das nach einer Flutkatastrophe im Jahre 1962 Deichgrundstücke direkt in öffentliches Eigentum überführt wurden, weil die dringende Notwendigkeit bestand, das Deichsystem auszubauen. Eine Enteignung ist jedoch als Maßnahmegesetz zulässig, das an einen konkreten, situationsgebundenen Sachverhalt knüpft, aber für eine Vielzahl von Fällen gilt. Eine derartige Legislativenteignung ist etwa für ein Gesetz angenommen worden, das den Neubau einer Eisenbahnstrecke einschließlich Folgemaßnahmen wie Enteignung(en) zum Zwecke des „Aufschwungs Ost" vorsah.[37]

In Anbetracht dessen bildet die Enteignung durch sonstigen Hoheitsakt (regelmäßig Verwaltungsakt, aber auch durch Satzung oder Rechtsverordnung) aufgrund eines 11

32 Vgl. BVerfG, NJW 2000, 2573, 2574 f. Ebenso ist die Anordnung der Tötung seuchenverdächtiger oder bereits erkrankter Tiere aufgrund § 24 Abs. 1 bzw. § 66 TierSG keine Enteignung, sondern bedeutet eine Verweisung auf Inhalts- und Schrankenbestimmungen des Eigentums, BVerfG, NJW 1999, 2877.

33 Vgl. Lösung zu Fall 3.

34 Sowie mit welcher Entschädigungsfolge, Art. 14 Abs. 3 S. 2, 3 GG.

35 Vgl. *Ossenbühl*, S. 203.

36 Vgl. dazu BVerfGE 24, 367.

37 Sog. Investitionsmaßnahmegesetz „Südumfahrung Stendal", das im Rahmen der Verkehrsprojekte „Deutsche Einheit" erlassen wurde; vgl. BVerfGE 95, 1, 22.

(formellen) Gesetzes den Regelfall, sog. **Administrativenteignung**. Fachgesetze enthalten bspw. Ermächtigungen an die jeweils zuständigen Behörden, Enteignungen zum Bau von Straßenbahnanlagen (§§ 30, 31 PBefG), Bundesfernstraßen (§§ 19, 19a FStrG) oder zur Anlegung von Bundeswasserstraßen (§ 44 WaStrG) vorzunehmen.

b) Allgemeinwohl

12 Nach Art. 14 Abs. 3 S. 1 GG ist eine Enteignung nur zum **Wohle der Allgemeinheit** zulässig. Diesen unbestimmten Begriff zu konkretisieren, ist Aufgabe des Gesetzgebers; er muss folglich den Zweck der Enteignung in den jeweiligen Enteignungsgesetzen näher umreißen.[38] Enteignungen entsprechen diesem Erfordernis, wenn sie einem dringlichen, vom Gemeinwohl geforderten Vorhaben dienen, z.B. Entzug des Eigentums an einem Grundstück für Zwecke des Straßenbaus.[39] Rein fiskalische Interessen des Staates stellen hingegen kein Allgemeinwohl dar und berechtigen nicht zu einer Enteignung.[40] Die Enteignung zugunsten eines privatrechtlich organisierten Unternehmens kann zulässig sein, wenn einem solchen Unternehmen die Erfüllung einer dem Gemeinwohl dienenden Aufgabe zugewiesen ist. Damit sind bspw. Enteignungen zugunsten von privatrechtlich betriebenen Unternehmen der Daseinsvorsorge (etwa Energieversorgungsunternehmen) zulässig.[41] Der Gemeinwohlnutzen soll sich darüber hinaus auch als mittelbare Folge der Unternehmensbetätigung ableiten können, wenn z.B. die mit einer Enteignung bezweckte Unternehmenserweiterung zwar vorrangig im privatwirtschaftlichen Interesse des Unternehmens steht, zugleich aber einer Verbesserung der regionalen Wirtschaftsstruktur oder der Schaffung von Arbeitsplätzen dient.[42] Dann sind aber die grundlegenden Enteignungsvoraussetzungen, das Verfahren zu ihrer Ermittlung sowie Vorkehrungen zur Sicherung des verfolgten Gemeinwohlziels vorab gesetzlich zu regeln.[43]

c) Verhältnismäßigkeit

13 Aus allgemeinen rechtsstaatlichen Grundsätzen ergibt sich, dass die Enteignung dem Grundsatz der Verhältnismäßigkeit entsprechen muss.[44] Besonderer Prüfung bedarf die Erforderlichkeit der Enteignung. Sie darf nur als letztes Mittel zur Durchsetzung staatlicher Ziele eingesetzt werden.[45] Als gegenüber der Enteignung mildere Maßnahme kommt anstelle eines vollständigen Eigentumsentzugs die Auferlegung einer dinglichen Belastung an einem Grundstück in Betracht (bspw. für die Verlegung von Versorgungsleitungen).[46] Nicht erforderlich ist eine Enteignung auch dann, wenn die Möglichkeit besteht, das benötigte Grundstück im Wege eines privatrechtlichen Kaufvertrages zu erwerben.[47]

38 *Ossenbühl*, S. 204.

39 BVerfGE 56, 249, 278.

40 BVerfG, NJW 1999, 1176.

41 BVerfGE 66, 248, 257 f. Vgl. zu Unternehmen der Daseinsvorsorge § 5 Rn. 13 und § 25 Rn. 3.

42 Etwa im Gefolge von privatnützigen Planfeststellungen i.e.S.; vgl. dazu OVG Hamburg, NordÖR 2004, 354; *Ramsauer/Bieback*, NVwZ 2002, 277; *Jarass*, NuR 2004, 69, 71; *Erbguth*, NordÖR 2005, 55.

43 BVerfGE 74, 264, 284 ff.

44 Zur Verhältnismäßigkeit vgl. bereits § 14 Rn. 53.

45 Vgl. *Detterbeck/Windthorst/Sproll*, § 16 Rn. 133 ff.

46 Vgl. BVerwGE 29, 248, 254 ff.

47 Zum Anspruch auf Rückenteignung siehe Rn. 22.

d) Entschädigungsregelung

Das enteignende Gesetz muss eine Regelung über Art und Ausmaß der Entschädigung enthalten, Art. 14 Abs. 3 S. 2 GG (sog. **Junktimklausel**)[48]. Hiernach werden Vorschriften verlangt, welche die näheren Anforderungen der Enteignung und der damit ausgelösten Pflicht zur Zahlung einer Entschädigung in hinreichender Weise bestimmen.[49] 14

Sog. salvatorische **Entschädigungsklauseln**[50] ohne nähere Konkretisierung der Voraussetzungen sowie der Art und des Umfangs der Entschädigung, die nach dem Muster verfahren: „Sofern eine Maßnahme nach diesem Gesetz eine Enteignung darstellt, ist Entschädigung zu leisten“,[51] werden dem nicht gerecht.[52]

Fehlt eine Entschädigungsregelung oder entspricht sie nicht den Anforderungen des Art. 14 Abs. 3 GG, ist das Enteignungsgesetz und damit die Enteignung rechtswidrig. Infolge der Verfassungswidrigkeit und Nichtigkeit des enteignenden Gesetzes entfällt die Grundlage für Entschädigungszahlungen. Verwaltung und Gerichte dürfen dann auch nicht unter direktem Durchgriff auf Art. 14 Abs. 3 GG Entschädigung für eine (rechtswidrige) Enteignung gewähren.[53] Der Betroffene muss vielmehr in einem solchen Fall den rechtswidrigen Eingriff gerichtlich abwehren (Vorrang des Primärrechtsschutzes[54]). Im Falle der Administrativenteignung wird ihm regelmäßig die Möglichkeit der Anfechtungsklage (§ 42 Abs. 1, 1. Alt. VwGO) gegen die eigentumsbeeinträchtigende Maßnahme der Behörde offen stehen.[55] Gegen eine unmittelbar durch Gesetz vorgenommene Enteignung kann er Verfassungsbeschwerde zum Bundesverfassungsgericht erheben (Art. 93 Abs. 1 Nr. 4a GG).[56] 15

4. Rechtsfolge: Entschädigung

Liegt eine (rechtmäßige) Enteignung vor, steht dem Betroffenen **Entschädigung** zu, Art. 14 Abs. 3 S. 2, 3 GG. Dabei handelt es sich nicht um einen Ausgleich des entstandenen Schadens;[57] der Entschädigungsanspruch gewährt vielmehr ausschließlich Ersatz des durch den Eingriff in das Eigentum eingetretenen Vermögensverlustes.[58] Die Entschädigung soll den Betroffenen in die Lage versetzen, eine Sache gleicher Art und Güte zu beschaffen und damit seinen Verlust auszugleichen. Die Entschädigung umfasst folglich keinen Ausgleich entgangenen Gewinns. Neben dem Ersatz des 16

48 Instruktiv ThürVGH, ThürVBl. 2005, 60.

49 *Maurer*, § 27 Rn. 63.

50 Z.B. § 23 DSchG M-V.

51 Die Entstehung der salvatorischen Entschädigungsklauseln beruht auf dem (früheren) weit gefassten Enteignungsverständnis von BVerwG und BGH: Maßgebend für die Annahme von Inhalts- und Schrankenbestimmungen oder entschädigungspflichtigen Enteignungen war die Intensität bzw. Schwere des Eingriffs, was für den Gesetzgeber im Einzelfall nicht vorhersehbar war, weshalb er derart offene Entschädigungsregelungen schuf. Vgl. Rn. 5 sowie BGHZ 6, 270, 280; BVerwG 5, 143, 145.

52 BVerwGE 84, 364. Zu salvatorischen Klauseln bei ausgleichspflichtigen Inhalts- und Schrankenbestimmungen Rn. 27.

53 Seit BVerfGE 58, 300. Anders die vorher vom BGH vertretene Auffassung, wonach jeder ein Sonderopfer abverlangende Eingriff als Enteignung angesehen und wie eine Enteignung aufgrund Art. 14 GG entschädigt wurde, vgl. BGHZ 6, 270, 290; auch Rn. 5. Zu Entschädigungsansprüchen insoweit, aber außerhalb von Art. 14 Abs. 3 GG siehe Rn. 30 ff.

54 Vgl. § 32 Rn. 1.

55 Näher zur Anfechtungsklage § 19a Rn. 17 ff.

56 Vgl. vorstehend Rn. 10.

57 Zum Schadensersatz vgl. § 33 Rn. 24.

58 BGHZ 91, 243, 257.

Sachwertes erstreckt sich der Entschädigungsanspruch auf unmittelbare Folgeschäden oder Folgekosten (wie Umzugskosten).[59] Die Abgrenzung zu lediglich mittelbaren Folgekosten kann im Einzelfall Schwierigkeiten bereiten; als solche nicht entschädigungsfähigen Aufwendungen sind bspw. Maklerkosten für die Beschaffung eines anderen Hauses angesehen worden.[60]

Die Entschädigung ist i.d.R. auf Zahlung von Geld gerichtet, kann aber auch in der Verschaffung von Ersatzland oder Wertpapieren bestehen.[61]

17 Die **Höhe der Entschädigung** ist unter gerechter Abwägung der Interessen der Allgemeinheit und der Beteiligten zu bestimmen (Art. 14 Abs. 3 S. 3 GG). Maßgebend ist der Verkehrswert des entzogenen Gutes.[62] Grds. ist voller Wertersatz zu leisten. Die Auffassung, nach der sich der Wert um einen aus der Sozialpflichtigkeit des Eigentums (vgl. Art. 14 Abs. 2 GG) folgenden „Sozialabzug" reduziert, vermag nicht zu überzeugen.[63] Sie käme einer Aushöhlung der aus der Bestandsgarantie fließenden Wertgarantie des Eigentums gleich und widerspräche dem Grundsatz gerechter Lastenverteilung, nach dem ein eher zufälliger Zugriff auf das konkrete Eigentum nicht zu Lasten des Betroffenen gehen darf.[64] Vom vollen Wertersatz darf daher nur in Ausnahmefällen abgewichen werden. Besondere Umstände können freilich den Anspruch auf Entschädigung mindern. So führen etwa mitwirkendes Verschulden bei der Enteignung (§ 254 BGB)[65] oder ein zu erwartender Vorteilsausgleich (z.B. Berücksichtigung von planungsbedingten Wertsteigerungen des verbleibenden Restgrundstücks bei Teilentziehungen) zu einer Reduzierung der Entschädigung.[66]

5. Haftungsgegner

18 Die Pflicht zur Entschädigungsleistung trifft den Verwaltungsträger, der durch die Enteignung begünstigt wird.[67] Wird zugunsten eines privaten Unternehmens enteignet, ist dieses begünstigt und entschädigungspflichtig.[68] Fehlt ein Begünstigter, ist der Entschädigungsanspruch gegen den eingreifenden Hoheitsträger zu richten.[69]

6. Verjährung

19 In analoger Anwendung der §§ 195, 199 Abs. 1 BGB verjähren Ansprüche auf Enteignungsentschädigung regelmäßig in drei Jahren. Ohne Rücksicht auf die in § 199 Abs. 1 BGB genannten subjektiven Umstände gilt gem. § 199 Abs. 4 BGB eine absolute Verjährungsfrist von 10 Jahren seit Entstehung des Anspruchs.[70]

59 BGHZ 55, 294, 296 ff.; vgl. auch die gesetzlichen Regelungen in §§ 93 Abs. 2 Nr. 2, 96 BauGB.
60 Vgl. BGHZ 41, 354, 359.
61 *Detterbeck/Windthorst/Sproll*, § 16 Rn. 146.
62 Vgl. nur BGHZ 11, 156, 162.
63 Vgl. *Detterbeck/Windthorst/Sproll*, § 16 Rn. 147.
64 Vgl. *Maurer*, § 27 Rn. 69.
65 BGHZ 45, 290, 294 ff.
66 BGHZ 62, 305.
67 BGHZ 72, 211, 213; 90, 17, 20.
68 *Maurer*, § 27 Rn. 72.
69 *Ossenbühl*, S. 212.
70 *Detterbeck*, Rn. 1130; a.A. *Koch/Rubel/Heselhaus*, § 9 Rn. 121.

7. Rechtsweg

20 Soweit es nur um die Höhe der (Enteignungs-)Entschädigung geht, steht im Streitfall gem. Art. 14 Abs. 3 S. 4 GG der Rechtsweg zu den Zivilgerichten offen. Das gilt auch für die Frage, ob überhaupt ein Anspruch auf Enteignungsentschädigung besteht.[71]

8. Enteignungsverfahren

21 Die Enteignung darf nur aufgrund eines Verfahrens erfolgen, das Gewähr für die Berücksichtigung und ordnungsgemäße Abwägung aller wesentlichen rechtlichen und sachlichen Gesichtspunkte, insbesondere der Interessen des betroffenen Bürgers, bietet. Dies ist zwar nicht ausdrücklich in Art. 14 Abs. 3 GG geregelt, ergibt sich aber aus der verfahrensrechtlichen Dimension der Grundrechte.[72] Das Baugesetzbuch regelt bspw. im Rahmen seiner Enteignungsvorschriften (§§ 104 ff. BauGB) das Enteignungsverfahren; vergleichbare Vorgaben enthalten die Landesenteignungsgesetze.[73]

9. Rückenteignung

22 Gelegentlich kommt es vor, dass sich das Vorhaben, zu dessen Durchführung ein Grundstück enteignet worden ist, nicht realisieren lässt oder das Grundstück für den mit der Enteignung verfolgten Zweck nicht mehr benötigt wird. In einem solchen Fall kann der Enteignete die Rückübertragung seines ehemaligen Grundstücks verlangen, sog. **Rückenteignung.** Dieser Anspruch wird größtenteils durch die jeweiligen Gesetze (z.B. § 102 BauGB) näher geregelt. Er ergibt sich, sofern eine diesbezügliche gesetzliche Regelung fehlt, unmittelbar aus Art. 14 GG.[74] Mit der Rückenteignung wird dem engen Zusammenhang zwischen Gewährleistung des Eigentums und Enteignungsentschädigung Rechnung getragen, indem sich bei Wegfall des Enteignungszwecks die Bestandsgarantie nach Art. 14 Abs. 1 S. 1 GG wieder durchsetzt.

Übersicht 38:
Anspruchsvoraussetzungen einer Enteignungsentschädigung

I. **Anspruchsgrundlage:** Gesetz nach Art. 14 Abs. 3 S. 2 GG
II. **Tatbestandsvoraussetzungen der Anspruchsgrundlage,** insbesondere:
   1. Eigentum: Vorliegen einer von Art. 14 Abs. 1 S. 1 GG geschützten, weil nach Art. 14 Abs. 1 S. 2 GG gesetzlich zugewiesenen Rechtsposition
   2. Enteignung: gezielter hoheitlicher Zugriff auf das Eigentum
III. **Zulässigkeitsvoraussetzungen der Enteignung**
   1. Junktimklausel, Art. 14 Abs. 3 S. 2 GG: Gesetz muss Art und Ausmaß der Entschädigung regeln
   2. Enteignung zum Wohle der Allgemeinheit, Art. 14 Abs. 3 S. 1 GG
   3. Verhältnismäßigkeit der Enteignung
IV. **Verjährung:** grds. 3 Jahre, §§ 195, 199 Abs. 1 BGB analog
V. **Rechtsfolge:** Entschädigung, Art. 14 Abs. 3 S. 3 GG

71 Die Verwaltungsgerichte sind indes für die Anfechtung einer rechtswidrigen Enteignungsmaßnahme zuständig.

72 *Maurer*, § 27 Rn. 64; vgl. bereits § 2 Rn. 4.

73 Vgl. z.B. § 10 EntG M-V.

74 BVerfGE 38, 175, 179 ff.

▶ **ZU FALL 3:** Eine Enteignung gem. Art. 14 Abs. 3 GG kann nur dann vorliegen, wenn eine nach Art. 14 Abs. 1 GG geschützte Eigentumsposition entzogen wird. Die Beantwortung dieser Frage hängt hier davon ab, ob das Grundwasser Bestandteil des Grundeigentums ist. Die Ausgestaltung dessen, was als Eigentum zu verstehen ist, obliegt dem (einfachen) Gesetzgeber; er legt Inhalt und Schranken des Eigentums fest (Art. 14 Abs. 1 S. 2 GG). In Ausübung dieser Gestaltungsbefugnis hat der Gesetzgeber die Rechtsstellung des Grundeigentümers durch die entsprechenden Regelungen des Wasserhaushaltsgesetzes dahingehend ausgeformt, dass das Grundwasser nicht Bestandteil des Grundeigentums ist (§§ 1a Abs. 4, § 1 Abs. 1 Nr. 2, § 2 Abs. 1, § 3 Abs. 1 Nr. 6 WHG).[75] Hierdurch wird – sofern es um in die Zukunft gerichtete Nutzungen des Grundwassers geht – keine bereits vorhandene Rechtsposition entzogen, sondern es werden Inhalt und Schranken des Eigentums festgelegt.[76]

Anders könnte es sich allenfalls dann darstellen, wenn von einer nach früherem Recht möglichen Nutzungsbefugnis betreffend das Grundwasser bereits Gebrauch gemacht worden war, die nun mit der Neuregelung entzogen wird. Aber auch darin ist keine Enteignung zu sehen. Zu berücksichtigen ist nämlich, dass eigentumsgerichtete Maßnahmen nach geläuterter Rechtsprechung keinen Doppelcharakter haben, sie sind entweder Enteignungen oder – wie hier – Inhalts- und Schrankenbestimmungen:[77] Die Änderung der früheren Rechtslage bedeutet keinen gezielten Entzug der bisherigen Rechtsposition in Gestalt der Nutzung(sbefugnis) des Grundwassers; deren Beseitigung ist vielmehr nur Folge einer abstrakten und generellen Neugestaltung von Eigentumsrechten.[78] Es handelt sich um ein Übergangsproblem. Der Gesetzgeber muss zur Verhinderung unverhältnismäßiger Beeinträchtigungen Übergangsregelungen (vgl. § 17 WHG) treffen.[79]

Vorliegend handelt es sich daher nicht um eine Enteignung. In der Versagung der Nutzungserlaubnis liegt eine Konkretisierung der vom Gesetzgeber getroffenen Regelungen i.S.v. Art. 14 Abs. 1 S. 2 GG. ◀

III. Ausgleichspflichtige Inhalts- und Schrankenbestimmungen

▶ **FALL 4:** E ist Verleger in Frankfurt/M. und hat sich darauf spezialisiert, hochpreisige Bücher in geringer Auflage herzustellen. Nach dem Hessischen Gesetz über Freiheit und Recht der Presse sind (alle) Verleger verpflichtet, je ein Belegstück einer Druckschrift unentgeltlich bei bestimmten Bibliotheken abzuliefern. Nachdem E vier Werke zu einem Gesamtpreis von 700 Euro abliefern musste, erhob er zunächst Widerspruch und sodann Klage. Das Verwaltungsgericht legte gem. Art. 100 Abs. 1 GG dem Bundesverfassungsgericht die Frage zur Entscheidung vor, ob die hessische Regelung zur generell kostenlosen Ablieferungspflicht für Bücher mit Art. 14 GG vereinbar ist. ◀

23 Inhalts- und Schrankenbestimmungen[80] (Art. 14 Abs. 1 S. 2 GG) hat der Eigentümer – anders als Enteignungen – grds. ohne Geldausgleich hinzunehmen.

75 BVerfGE 58, 300, 336.

76 BVerfGE 58, 300, 337.

77 BVerfGE 83, 201, 211; anders noch BVerfG 52, 1, 28.

78 Was sich freilich bezweifeln lässt. I.Ü. sind Inhalts- und Schrankenbestimmungen hier zur Sicherung von Gemeinwohlbelangen unter Berücksichtigung der besonderen Bedeutung des Grundwassers für die öffentliche Wasserversorgung zulässig, vgl. BVerfGE 58, 300, 338 ff. Zur Rechtmäßigkeit von Inhalts- und Schrankenbestimmungen Rn. 24 f.

79 BVerfGE 58, 300, 351; vgl. auch *Maurer*, § 27 Rn. 52.

80 Zur Definition bereits Rn. 7; vgl. auch vorstehend Lösung Fall 3.

1. Rechtmäßigkeit von Inhalts- und Schrankenbestimmungen

Im Rahmen von Inhalts- und Schrankenbestimmungen ist der Gesetzgeber zwar befugt, das Eigentum rechtlich auszugestalten und neu zu ordnen; dabei unterliegt er jedoch verfassungsrechtlichen Anforderungen, nämlich[81] 24

- dem Gebot, den institutionellen Schutz des Privateigentums (Art. 14 Abs. 1 S. 1 GG[82]) und die Sozialpflichtigkeit des Eigentums (Art. 14 Abs. 2 GG) zu einem ordnungsgemäßen Ausgleich zu bringen,
- dem Grundsatz der Verhältnismäßigkeit,
- dem Gleichheitsgrundsatz und
- der Wesensgehaltsgarantie (Art. 19 Abs. 2 GG).

Entschädigungspflichtige Enteignungen und grds. entschädigungslos hinzunehmende Inhalts- und Schrankenbestimmungen schließen sich gegenseitig aus. Überschneidungen in der Weise, dass eine Inhalts- und Schrankenbestimmung ab einer bestimmten Eingriffsintensität in eine Enteignung umschlägt und damit deren Entschädigungspflicht auslöst, kommen nicht in Betracht.[83] Eine (rechtswidrige) Inhalts- und Schrankenbestimmung wird folglich auch dann zu keiner entschädigungspflichtigen Enteignung, wenn sie das Eigentum als Rechtsposition aushöhlt und völlig entwertet (etwa im Fall einer mit einem Abbruchverbot verbundenen denkmalschutzrechtlichen Unterschutzstellung eines leerstehenden historischen Gebäudes, das der Eigentümer abreißen möchte, weil Unterhalt und Sanierung für ihn einen erheblichen, unverhältnismäßigen Kostenaufwand bedeuten)[84]. 25

Überschreitet die Inhalts- und Schrankenbestimmung die verfassungsrechtlichen Grenzen, ist sie verfassungswidrig (und ggf. nichtig). Der Betroffene muss sie auf gerichtlichem Wege beseitigen lassen (Vorrang des Primärrechtsschutzes).[85]

2. Ausgleichspflicht bei Inhalts- und Schrankenbestimmungen

Inhalts- und Schrankenbestimmungen, die zu unverhältnismäßigen Beeinträchtigungen führen und damit im vorstehenden Sinne verfassungswidrig wären, sind jedoch ausnahmsweise mit Art. 14 GG vereinbar, wenn sie vom Gesetzgeber mit einer Ausgleichsregelung verbunden werden, welche die Unverhältnismäßigkeit kompensiert.[86] 26

▶ **Beispiel:** Nach § 42 BImSchG kann der Eigentümer einer betroffenen baulichen Anlage bei Überschreitung der durch Rechtsverordnung festgelegten Immissionsgrenzwerte grds. eine angemessene Entschädigung verlangen. Besondere Relevanz haben ausgleichspflichtige Inhalts- und Schrankenbestimmungen auch bei belastenden Nutzungsbeschränkungen des Denkmal-, Natur-, Landschafts- und Gewässerschutzes (Schutzgebietsausweisungen u.ä.). ◀

81 BVerfGE 101, 239, 259; *Detterbeck/Windthorst/Sproll*, § 14 Rn. 15 ff.; *Erbguth/Wagner*, § 2 Rn. 51; *Sellmann*, NVwZ 2003, 1417.

82 Art. 14 Abs. 1 S. 1 GG betrifft sowohl den Bestandsschutz des Eigentums als auch dessen institutionelle Garantie (Privatnützigkeit, Verfügungsfähigkeit). Näher etwa *Erbguth/Wagner*, § 2 Rn. 26 ff.

83 BVerfGE 58, 300, 331 f.; BVerfGE 83, 201, 211.

84 BVerfGE 100, 226.

85 Vgl. bereits Rn. 15, ferner § 32 Rn. 1.

86 BVerfGE 58, 137, 149 f.

27 Das Bundesverfassungsgericht stellt die Zulässigkeit von ausgleichspflichtigen Inhalts- und Schrankenbestimmungen und eines entsprechenden Ausgleichsanspruchs freilich unter bestimmte Maßgaben:[87]

- Subsidiarität des finanziellen Ausgleichs: Eine Ausgleichsregelung zur Abmilderung von unverhältnismäßigen Maßnahmen kann sich immer nur als Ausnahme darstellen. Die Gewährung von Eigentum darf nicht vorschnell in eine geldwerte Ausgleichsgarantie umschlagen. Geldausgleich zur Wahrung der Verhältnismäßigkeit ist deshalb nur als letztes Mittel zulässig.[88] Übergangsregelungen, Ausnahme- und Befreiungsvorschriften gilt es zur Wahrung der Verhältnismäßigkeit vorrangig in Betracht zu ziehen.
- Erfordernis einer gesetzlichen Grundlage: Kompensatorische Ausgleichsregelungen bedürfen einer gesetzlichen Grundlage.[89] Andernfalls ist die Inhalts- und Schrankenbestimmung rechtswidrig. Gerichten und Verwaltungsbehörden ist es in solchen Fällen nicht gestattet, eine Entschädigung von sich aus zu gewähren. Die Junktimklausel des Art. 14 Abs. 3 S. 2 GG findet freilich auf ausgleichspflichtige Inhalts- und Schrankenbestimmungen keine (analoge) Anwendung.[90] Deshalb können die zuvor dargestellten sog. salvatorischen Entschädigungsklauseln[91] prinzipiell als ausgleichspflichtige Inhalts- und Schrankenbestimmungen herangezogen werden.[92] Sie müssen aber zugleich verfahrensrechtlich sicherstellen, dass bei einem die Inhalts- und Schrankenbestimmung aktualisierenden Verwaltungsakt über den zu gewährenden Ausgleich (mit)entschieden wird (zumindest über das Bestehen des Anspruchs dem Grunde nach).[93] Dieser Anforderung genügen salvatorische Klauseln vielfach nicht.[94]
- Erfordernis einer einheitlichen Regelung: Aus Letzterem folgt allgemein, dass die ausgleichspflichtige Maßnahme aufgrund der Inhalts- und Schrankenbestimmung nur dann rechtmäßig ist, wenn die Behörde mit dem eigentumsbeschränkenden Verwaltungsakt zugleich den finanziellen Ausgleich festsetzt, jedenfalls dem Grunde nach (entsprechend der gesetzlichen Regelung, s.o.).

3. Entschädigung

28 Maßgebend für die Bestimmung der Entschädigungshöhe ist die auszugleichende übermäßige Belastung. I.Ü. kann auf die Grundsätze zur Festsetzung und Bemessung der Enteignungsentschädigung verwiesen werden.[95]

4. Rechtsweg

29 Aufgrund § 40 Abs. 2 S. 1 Hs. 2 VwGO ist für Streitigkeiten über das Bestehen und die Höhe des Ausgleichsanspruchs im Rahmen von Art. 14 Abs. 1 S. 2 GG der Rechtsweg zu den Verwaltungsgerichten eröffnet.

87 BVerfGE 100, 226.
88 BVerfG, NJW 1999, 2877, 2879.
89 BVerfGE 100, 226, 244.
90 BVerfGE 100, 226, 246.
91 Vgl. Rn. 14.
92 BVerfGE 100, 226, 247.
93 BVerfGE 100, 226, 247.
94 *Stüer/Thorand*, NJW 2000, 3737, 3741; *Roller*, NJW 2001, 1003, 1009.
95 Siehe Rn. 16 f.

▶ **zu Fall 4:** Die im Streite stehende Regelung beinhaltet eine Ablieferungspflicht für jeweils ein Exemplar eines Druckwerkes bei bestimmten Bibliotheken. Dabei handelt es sich nicht um eine Enteignung i.S.v. Art. 14 Abs. 3 GG; denn die Vorschrift enthält keine Ermächtigung an die Exekutive, durch Einzelakt auf ein bestimmtes von ihr benötigtes Belegstück zurückgreifen zu dürfen. Vielmehr wird in generell-abstrakter Weise der Inhalt des Eigentums am Druckwerk bestimmt. Es ist schon bei seiner Entstehung mit der Verpflichtung zur Ablieferung bei Bibliotheken belastet. Diese Verpflichtung wird durch die vom Verleger vorzunehmende Ablieferung bei einer bestimmten Bibliothek aktualisiert.[96] Es handelt sich daher um eine Inhalts- und Schrankenbestimmung gem. Art. 14 Abs. 1 S. 2 GG.

Problematisch ist die Verfassungsmäßigkeit dieser Inhalts- und Schrankenbestimmung. Beim Erlass von Regelungen nach Art. 14 Abs. 1 S. 2 GG hat der Gesetzgeber sowohl die grundgesetzliche Anerkennung des Privateigentums als auch seine Sozialbindung zu beachten und beide Interessen einem gerechten Ausgleich zuzuführen.[97] Publikationen sind jenseits ihrer privaten Verfügbarkeit geistiges und kulturelles Allgemeingut. Aus dieser sozialen Bedeutung ergibt sich ein legitimes Anliegen, literarische Erzeugnisse wissenschaftlich und kulturell Interessierten möglichst geschlossen zugänglich zu machen. Dem Bedürfnis kann durch eine Ablieferungspflicht bei Bibliotheken Rechnung getragen werden.[98] Die Pflicht zur unentgeltlichen Ablieferung eines Belegstücks ist danach grds. eine zulässige Regelung gem. Art. 14 Abs. 1 S. 2 GG. Dies gilt jedoch unter Verhältnismäßigkeitsgesichtspunkten nur soweit, als die daraus im Einzelfall resultierende Belastung des Verlegers nicht ins Gewicht fällt, wie es bei Massen- und Billigproduktionen der Fall ist.[99] Die unterschiedslose unentgeltliche Ablieferungspflicht wird hingegen nicht mehr von Art. 14 Abs. 1 S. 2 GG getragen, wenn Druckwerke mit großem Aufwand und nur in kleiner Auflage hergestellt werden und ihre Produktion mit hohen Kosten für den Verleger verbunden ist. Aus diesem Blickwinkel ist die Inhalts- und Schrankenbestimmung unverhältnismäßig und damit verfassungswidrig. Der hessische Gesetzgeber hatte jedoch die Möglichkeit, ihre Verfassungswidrigkeit durch Aufnahme einer Ausnahme- oder Erstattungsregelung für solche besonderen Ausnahmefälle aufzufangen.[100] ◀

IV. Enteignungsgleiche Eingriffe

▶ **Fall 5:** A fährt in der Stadt R mit seinem PKW in eine Kreuzung ein und stößt dort mit dem von B gesteuerten Fahrzeug zusammen. Es stellt sich heraus, dass die Ampelschaltung infolge eines Schaltfehlers in alle Fahrtrichtungen „Grün“ anzeigte. Zur Verhinderung der Freigabe einander feindlicher Verkehrsströme („feindliches Grün“) ist die Ampel mit einer Signalsicherung versehen, die zwar im Unfallzeitpunkt ausgefallen war, ansonsten aber stets zuverlässig funktioniert hatte. Die zuständige Straßenverkehrsbehörde weist nach, dass die mit der Aufstellung und Überwachung der Ampelschaltung beauftragten Beamten hinsichtlich der aufgetretenen Störung kein Verschulden trifft. Können A und B eine Entschädigung verlangen? ◀

1. Definition und Rechtsgrundlage des enteignungsgleichen Eingriffs

Entschädigungsansprüche bei Eigentumsbeeinträchtigungen können nach der Konzeption des Art. 14 GG (abgesehen vom Sonderfall der ausgleichspflichtigen Inhalts- 30

96 BVerfGE 58, 137, 144 (Pflichtexemplar).
97 BVerfGE 37, 132, 140 f.; vorstehend Rn. 24.
98 BVerfGE 58, 137, 149.
99 BVerfGE 58, 137, 148.
100 Vgl. näher vorstehend Rn. 26 f.

und Schrankenbestimmungen) grds. nur (rechtmäßige) Enteignungen auslösen. Für rechtswidrige Eigentumseingriffe ist keine Entschädigung vorgesehen. Sind solche Eingriffe schuldlos, scheidet auch ein Schadensersatzanspruch aufgrund Amtshaftung aus. Das entstehende Haftungsdefizit hat der Bundesgerichtshof mit der Rechtsfigur des **enteignungsgleichen Eingriffs** ausgeglichen. Aus einem Umkehrschluss folgert er, dass es erst recht für rechtswidrige Eigentumsbeeinträchtigungen eine Entschädigung geben muss, wenn schon im Wege der Enteignung ein Entschädigungsanspruch für rechtmäßige Zugriffe auf das Eigentum gewährt wird.[101] Der enteignungsgleiche Eingriff bezieht sich demnach auf rechtswidrige Eigentumsbeeinträchtigungen, die sich für den Fall ihrer gesetzlichen Zulässigkeit sowohl nach ihrem Inhalt wie nach ihrer Wirkung als Enteignung darstellen würden und dem Betroffenen ein besonderes Opfer auferlegen.[102] Der enteignungsgleiche Eingriff unterfiel zunächst dem vom Bundesgerichtshof weit verstandenen Enteignungsbegriff:[103] Als Eigentumsbeeinträchtigungen mit Sonderopfercharakter kamen gerade auch rechtswidrige Maßnahmen in Betracht. Rechtsgrundlage eines solchen Anspruchs bildete daher Art. 14 Abs. 3 GG. Die vom Bundesverfassungsgericht insbesondere im Nassauskiesungsbeschluss[104] entwickelte Enteignungsrechtsprechung stellte die Berechtigung dieses Haftungsinstituts jedoch in Frage. Seitdem sind entschädigungspflichtige Enteignungen ausschließlich rechtmäßige Eigentumseingriffe. Gegen rechtswidrige Eigentumsbeeinträchtigungen muss sich der Betroffene gerichtlich zur Wehr setzen und kann grds. keine Entschädigung verlangen (Vorrang des Primärrechtsschutzes). Dennoch bleiben Konstellationen denkbar, in denen derartige rechtswidrige Maßnahmen (vor allem unvorhergesehene, faktische Eingriffe) nicht mehr aufhebbar und rückgängig zu machen sind (Primärrechtsschutz nicht möglich oder nicht zumutbar).

▶ **Beispiele:**

- ein Bundeswehrpanzer rollt wegen leichtsinnigen Verhaltens des fahrzeugführenden Soldaten durch einen Vorgarten und beschädigt das Gartenhaus,[105]
- ein Gewerbebetrieb wird durch nicht ordnungsgemäß geplante oder durchgeführte Straßenbauarbeiten beeinträchtigt[106] ◀

Die insoweit entstehende Haftungslücke wird demzufolge durch die Rechtsfigur des enteignungsgleichen Eingriffs, die für solche Fälle einen Entschädigungsanspruch vorsieht, geschlossen.[107] Als Rechtsgrundlage des Entschädigungsanspruchs kann jedoch angesichts der verfassungsgerichtlichen Rechtsprechung nicht mehr auf Art. 14 Abs. 3 GG zurückgegriffen werden; er findet sich nunmehr aus dem allgemeinen Aufopferungsanspruch der §§ 74, 75 Einl. ALR in seiner richterrechtlichen Ausprägung abgeleitet.[108]

101 BGHZ 6, 270, 290. Kritisch zu diesem „Erst-Recht-Schluss" des BGH *Ipsen*, Rn. 1307.
102 Vgl. *Maurer*, § 27 Rn. 20.
103 BGHZ 6, 270, 290. Siehe Rn. 5.
104 BVerfGE 58, 300.
105 BGH, NJW 1964, 104.
106 BGHZ 57, 359, 362.
107 Vgl. *Maurer*, § 27 Rn. 20 ff.
108 BGHZ 90, 17, 41.

2. Voraussetzungen

a) Eigentum als Eingriffsobjekt

Der enteignungsgleiche Eingriff setzt zunächst voraus, dass eine unter den Schutz des Art. 14 Abs. 1 GG fallende Rechtsposition betroffen ist.[109] 31

b) Rechtswidriger hoheitlicher Eingriff

Als Eingriff kommen alle hoheitlichen Maßnahmen in Betracht, die eine dergestalt ge- 32
schützte Rechtsposition beeinträchtigen.[110] Der enteignungsgleiche Eingriff ist nicht auf hoheitliche **Rechtsakte** beschränkt. Als Verletzungshandlungen kommen gerade auch (öffentlich-rechtliche) **Realakte** in Betracht.[111]

Fraglich ist, ob ein **Unterlassen** der Verwaltung einen derartigen Eingriff darstellen kann. Nach h.M. zieht ein Unterlassen grds. keinen Anspruch aus enteignungsgleichem Eingriff nach sich. In einem solchen Fall wird dem Betroffenen nichts genommen, sondern nur etwas vorenthalten; eine noch nicht vorhandene, lediglich begehrte Rechtsposition unterfällt aber nicht dem Schutz des Art. 14 Abs. 1 GG.[112] Etwas anderes muss freilich gelten, wenn das Unterlassen ausnahmsweise einem in den Rechtskreis des Betroffenen eingreifenden Handeln gleichzustellen ist. Dies trifft vor allem auf Genehmigungen in Form eines präventiven Verbots mit Erlaubnisvorbehalt zu (z.B. Baugenehmigung, § 72 LBauO M-V).[113] Wird eine solche Genehmigung abgelehnt, liegt darin nur formell gesehen ein Unterlassen der Erteilung eines begünstigenden Verwaltungsaktes. Materiell wirkt die Entscheidung wie ein Eingriff in (Grund-)Rechtspositionen des Bürgers, etwa in sein Eigentum.[114] Solche Fälle werden daher zu Recht dem sog. **qualifizierten Unterlassen** zugeordnet und sind einem Eingriff durch Handeln gleichzusetzen.

Die eigentumsbeeinträchtigende Maßnahme muss ferner **rechtswidrig** sein. Aufgrund dieses Kriteriums unterscheidet sich der enteignungsgleiche Eingriff sowohl von der Enteignung[115] als auch vom enteignenden Eingriff[116].

Eine Haftung für **legislatives Unrecht** ist im Wege des enteignungsgleichen Eingriffs ebenso wenig eröffnet wie nach Amtshaftungsrecht.[117]

c) Unmittelbarkeit des Eingriffs

Der enteignungsgleiche Eingriff verlangt im Gegensatz zur Enteignung keinen geziel- 33
ten (finalen) Eingriff in das Eigentum; es genügt, dass die hoheitliche Maßnahme unmittelbar die Beeinträchtigung des Eigentums bewirkt.[118] Damit können – wie zuvor dargestellt – auch unvorhergesehene, eher zufällige Schäden in den Anwendungsbereich des enteignungsgleichen Eingriffs fallen. Unmittelbarkeit ist nicht allein anhand

109 Vgl. hierzu oben Rn. 3 f.
110 Vgl. *Hendler*, Rn. 781.
111 *Maurer*, § 27 Rn. 90; auch § 20.
112 BGHZ 92, 34; allgemein vorstehend Rn. 4.
113 Vgl. bereits § 12 Rn. 37.
114 Vgl. *Maurer*, § 27 Rn. 92; § 12 Rn. 37.
115 Siehe Rn. 5 ff.
116 Siehe Rn. 41.
117 BGHZ 100, 136; auch § 33 Rn. 14.
118 BGHZ 28, 310, 313.

von Kausalitätskriterien zu beurteilen; insbesondere muss der Eingriff nicht die zeitlich letzte Ursache für die Eigentumsbeeinträchtigung gesetzt haben. Was unmittelbar ist, ergibt sich vielmehr aufgrund einer wertenden Zurechnung.[119] Maßgebender Gesichtspunkt ist, ob sich eine in der hoheitlichen Maßnahme enthaltene typische Gefahr in Form des Eingriffs verwirklicht, es sich also nicht um lediglich zufällige Begleiterscheinungen handelt.[120]

Unmittelbarkeit ist bspw. zu bejahen, wenn infolge abirrender Geschosse bei Schießübungen von Streitkräften im Wald Holz in Brand gesetzt wird,[121] oder wenn Häuser durch Kanalisationsarbeiten beschädigt werden[122]. Demgegenüber fehlt es hieran, wenn ein von der Polizei sichergestelltes und zur Verwahrung in eine dafür angemietete Halle verbrachtes Fahrzeug von unbekannten Tätern beschädigt wird.[123]

d) Sonderopfer

34 Der enteignungsgleiche Eingriff setzt ein Sonderopfer voraus. Dieses wird durch die Rechtswidrigkeit des Eingriffs indiziert.[124]

e) Mitverschulden (§ 254 BGB)

35 Der Grundsatz vom **Vorrang des Primärrechtsschutzes**[125] gebietet es, dass der Betroffene den rechtswidrigen hoheitlichen Eingriff in sein Eigentum nach Möglichkeit abwehren muss. Dem Rechtsgedanken des § 254 BGB entsprechend sind Ansprüche aus enteignungsgleichem Eingriff ausgeschlossen, wenn es der Eigentümer schuldhaft versäumt hat, Rechtsbehelfe (in Betracht kommen bspw. Widerspruch und Anfechtungsklage[126]) einzulegen.[127] Freilich muss eine Rechtsschutzmöglichkeit überhaupt bestanden haben, die Einlegung des Rechtsmittels objektiv zumutbar gewesen sein und die Nichteinlegung dem Betroffenen subjektiv i.S.e. Verschuldens vorgeworfen werden können.[128]

Ordnet die zuständige Behörde z.B. in rechtswidriger Weise den Abriss eines Gebäudes an, ist der Eigentümer des Hauses zunächst verpflichtet, gegen die Abrissverfügung vorzugehen. Geschieht dies nicht und lässt die Behörde das Haus später abreißen, so steht dem Eigentümer wegen schuldhafter Rechtsbehelfsversäumung kein Anspruch aus enteignungsgleichem Eingriff zu. Anders liegt es hingegen in Fällen plötzlich eintretender Unfallschäden (vor allem) durch Realakte (wie Eigentumsverletzungen bei Schießübungen oder beim Panzerfahren), die nicht mit mit solchen Mitteln abgewehrt werden können.[129]

---

119 *Ipsen*, Rn. 1319 ff.; *Detterbeck/Windthorst/Sproll*, § 17 Rn. 31.

120 BGHZ 92, 34, 41.

121 BGHZ 37, 44.

122 BGH, NJW 1978, 1051.

123 BGHZ 100, 335, 337 f.

124 *Detterbeck/Windthorst/Sproll*, § 17 Rn. 33; *Hendler*, Rn. 793; *Maurer*, § 27 Rn. 94.

125 Vgl. bereits § 32 Rn. 1.

126 Dazu § 19a.

127 BGHZ 90, 17, 31. Das ist insbesondere bei rechtswidrigen Enteignungen aufgrund eines Gesetzes zu beachten, das keine oder eine den Anforderungen des Art. 14 Abs. 3 S. 2, 3 GG nicht entsprechende Entschädigungsregelung enthält, vgl. bereits vorstehend Rn. 14 f.

128 Vgl. *Detterbeck/Windthorst/Sproll*, § 17 Rn. 37.

129 Vgl. bereits Rn. 30.

§ 254 BGB ist auch auf **sonstiges Mitverschulden** (z.B. Verstoß gegen die Schadensminderungspflicht) seitens des Geschädigten analog anzuwenden.

3. Entschädigung

Art und Umfang der Entschädigung bestimmen sich nach den allgemeinen Grundsätzen über die Enteignungsentschädigung.[130] 36

4. Haftungsgegner

Die Entschädigungspflicht obliegt dem begünstigten Hoheitsträger. Dies ist zunächst derjenige, dem die zu einer Schädigung führende Maßnahme unmittelbar zugute gekommen ist.[131] Liegt ein solcher Vorteil nicht vor, handelt es sich bei demjenigen Hoheitsträger um den Haftungsgegner, zu dessen Verantwortungsbereich die Aufgabe gehört, bei deren Wahrnehmung dem Betroffenen das Sonderopfer abverlangt worden ist.[132] 37

5. Verjährung

Hinsichtlich der Verjährung kann auf das zur Enteignungsentschädigung Dargelegte verwiesen werden.[133] 38

6. Rechtsweg

Weil es sich um Ansprüche aus Aufopferung handelt, sind Entschädigungsansprüche aus enteignungsgleichem Eingriff vor den Zivilgerichten geltend zu machen, § 40 Abs. 2 S. 1 Hs. 1 VwGO. 39

7. Anspruchskonkurrenzen

Ansprüche aus enteignungsgleichem Eingriff und aus Amtshaftung stehen nebeneinander.[134] 40

Einige Polizei- und Ordnungsgesetze[135] enthalten Entschädigungsregelungen für schadensverursachendes rechtswidriges Verhalten von Polizei- und Ordnungsbehörden. Soweit solche spezialgesetzlichen Anspruchsnormen vorhanden sind, gehen sie dem allgemeinen Anspruch aus enteignungsgleichem Eingriff vor.

Übersicht 39:
Anspruchsvoraussetzungen einer Entschädigung wegen enteignungsgleichen Eingriffs

I. **Anspruchsgrundlage:** allgemeiner Aufopferungsanspruch (§§ 74, 75 Einl. ALR)

II. **Voraussetzungen**
  1. Eingriffsobjekt: vermögenswerte Rechtsposition i.S.v. Art. 14 Abs. 1 GG
  2. Rechtswidriger hoheitlicher Eingriff
  3. Unmittelbarkeit
  4. Sonderopfer: durch Rechtswidrigkeit des Eingriffs indiziert

---

130 Rn. 16 f.

131 BGHZ 76, 387, 396.

132 *Ossenbühl*, S. 263.

133 Rn. 19.

134 BGHZ 13, 88, 93 ff.

135 Z.B. § 59 Abs. 2 ASOG Bln, § 39 Abs. 1b OBG NW.

5. Mitverschulden, § 254 BGB analog
   - Vorrang des Primärrechtsschutzes
   - Sonstiges Mitverschulden

III. **Rechtsfolge:** angemessene Entschädigung

▶ **ZU FALL 5:** Schadensersatzansprüche von A und B aus Amtshaftung gem. § 839 BGB i.V.m. Art. 34 S. 1 GG kommen nicht in Betracht, weil es vorliegend an einer schuldhaft verletzten Amtspflicht fehlt. Zu prüfen ist indes, ob A und B ein Entschädigungsanspruch aufgrund enteignungsgleichen Eingriffs zusteht.

Die im Eigentum von A und B stehenden Fahrzeuge sind beschädigt worden; die Verletzung einer vermögenswerten Rechtsposition i.S.d. Art. 14 Abs. 1 GG liegt daher vor. Als Eingriff bzw. hoheitliche Maßnahme sind die Lichtzeichen der Ampelanlage zu werten, die Verwaltungsakte in Form von Allgemeinverfügungen[136] darstellen und sich an anwesende Verkehrsteilnehmer richten. Unerheblich ist, dass sie durch Automaten bzw. Computer gesteuert wurden; sie sind der Behörde bzw. deren Mitarbeitern, welche für Einstellung und Kontrolle der Ampelanlage die Verantwortung tragen, zurechenbar.[137] Irreführende Verkehrszeichen sowie Verkehrsregelungen, die geeignet sind, Verkehrsteilnehmer zu gefährden, sind rechtswidrig.[138] Unerheblich ist auch, dass die Ampelschaltung entweder nur bzgl. A oder gegenüber B rechtwidrig war, weil sie in eine Richtung richtigerweise „Grün" anzeigte. Die Freigabe einander feindlicher Verkehrsströme durch „Grün" führt insgesamt zur Fehlerhaftigkeit der Ampelschaltung und damit zur Rechtswidrigkeit der Maßnahme.

Problematisch ist, ob die Eigentumsbeeinträchtigung unmittelbar verursacht worden ist. Die Lichtzeichen „grün" bedeuteten sowohl für A als auch für B, dass der Verkehr freigegeben war (§ 37 Abs. 1 Nr. 1 StVO). Beide durften darauf vertrauen, dass sie in die Kreuzung einfahren konnten und sollten, weil sie von jedem Seitenverkehr abgeschirmt waren und insoweit nicht mit Gegenverkehr zu rechnen hatten. Bei Befolgung dieser Anordnung musste es zwangsläufig zu einem Zusammenstoß der Fahrzeuge kommen.[139] Das feindliche „Grün" hat das Verhalten von A und B und damit ihren Unfall unmittelbar verursacht. Rechtsschutz zur Abwehr der Maßnahme kam hier nicht in Betracht; auch Mitverschulden war A und B nicht vorzuwerfen.

A und B haben demnach jeweils einen Anspruch auf Entschädigung aus enteignungsgleichem Eingriff. ◀

V. Enteignende Eingriffe

▶ **FALL 6:** B ist Eigentümer eines landwirtschaftlichen Betriebes im Außenbereich der Gemeinde R. Ca. 30 m von der Grundstücksgrenze seines Hofes (ebenfalls im Außenbereich) betreibt die Gemeinde in rechtmäßiger Weise eine Mülldeponie. Seit ihrer Inbetriebnahme wurden Krähen und Möwen von den abgelagerten Abfällen angelockt. Obwohl R bemüht war, den Abfall rasch abzudecken, geschah es häufig, dass Vögel auf den Feldern des B Saatschäden verursachten. Im Herbst des vorletzten Jahres säte B Winterweizen aus. Aufgrund der milden Witterung im Winter war der Boden nicht gefroren und auch nicht von einer schützenden Schneedecke bedeckt. Als die Pflanzen einige Zentimeter hoch waren,

136 Hierzu bereits § 12 Rn. 22 f.

137 BGHZ 99, 249, 253.

138 BGHZ 99, 249, 253.

139 BGHZ 99, 249, 254 f.

wurden sie von Krähen und Möwen aus der Erde gerissen und vertrockneten. B erleidet einen kompletten Ernteausfall. Er verlangt von der Gemeinde R Entschädigung. Zu Recht? ◀

1. Definition und Rechtsgrundlage des enteignenden Eingriffs

Der enteignende Eingriff betrifft Entschädigungen für Eigentumsbeeinträchtigungen, 41
die sich als atypische und unvorhergesehene Nebenfolgen rechtmäßigen Verwaltungshandelns erweisen, aber die Grenze zum Sonderopfer überschreiten.[140] Wie der enteignungsgleiche Eingriff ist der enteignende Eingriff auf der Grundlage des allgemeinen Aufopferungsanspruchs anerkannt.[141] Von der Enteignung grenzt er sich dadurch ab, dass er atypische, unvorhersehbare Nebenfolgen hoheitlichen Handelns (meist Realakte) betrifft; die Enteignung bedingt hingegen einen gezielten (finalen) Entzug von Eigentumspositionen.[142] Der wesentliche Unterschied zum enteignungsgleichen Eingriff besteht darin, dass dieser rechtswidriges Handeln voraussetzt, während der enteignende Eingriff rechtmäßiges Verwaltungshandeln verlangt. Schwierigkeiten bereitet seine Abgrenzung zu ausgleichspflichtigen Inhalts- und Schrankenbestimmungen[143]. Beide Anwendungsbereiche überschneiden sich insoweit, als Letztere (gesetzliche) Kompensationsregelungen für Folgen eigentumsbeeinträchtigender Maßnahmen, die ebenfalls die Zumutbarkeits- bzw. Opfergrenze überschreiten, vorsehen (müssen). Vor diesem Hintergrund wird die Notwendigkeit des enteignenden Eingriffs teilweise bestritten.[144] Kompensatorische Inhalts- und Schrankenbestimmungen beziehen sich jedoch auf typisierbare, vom Gesetzgeber vorhergesehene Beeinträchtigungen. Atypische, unvorhergesehene Sachverhalte (meist Zufalls- oder Unfallschäden) werden von solchen Ausgleichsregelungen nicht erfasst. Für sie verbleibt ein (Rest-)Anwendungsbereich des enteignenden Eingriffs.[145]

▶ **Beispiel:** Beim (ordnungsgemäßen) Betrieb einer kommunalen Kläranlage entweichen nicht geklärte Abwässer in einen Fischteich und vernichten dort den Fischbestand. ◀

2. Voraussetzungen

a) Eigentum als Eingriffsobjekt

Wie beim enteignungsgleichen Eingriff muss eine Eigentumsposition i.S.d. Art. 14 42
Abs. 1 GG beeinträchtigt worden sein.[146]

b) Rechtmäßiges hoheitliches Handeln

Im Unterschied zum enteignungsgleichen Eingriff, der auf rechtswidrigem hoheitli- 43
chem Handeln beruht, betrifft der enteignungsgleiche Eingriff die unbeabsichtigte, atypische und unvorhergesehene Nebenfolge an sich **rechtmäßigen** hoheitlichen Handelns.

140 BGHZ 91, 20, 26.
141 BGH, NJW 1965, 1908.
142 Vgl. Rn. 6.
143 Zu diesen vgl. Rn. 23 ff.
144 *Osterloh*, DVBl. 1991, 913.
145 *Maurer*, § 27 Rn. 109; *Sproll*, JuS 1996, 125, 131.
146 Siehe Rn. 3 f.

c) Unmittelbarkeit des Eingriffs

44 Insoweit ergeben sich gegenüber dem enteignungsgleichen Eingriff keine Besonderheiten.[147]

d) Sonderopfer

45 Beim enteignungsgleichen Eingriff indiziert die Rechtswidrigkeit das Sonderopfer. Da der enteignende Eingriff rechtmäßiges öffentliches Handeln voraussetzt, bedarf das Sonderopfer näherer Begründung. Dabei können die vom Bundesgerichtshof und Bundesverwaltungsgericht unter Geltung des weiten Enteignungsbegriffs entwickelten Theorien (Sonderopfertheorie, Schweretheorie)[148] zur Abgrenzung von entschädigungslos hinzunehmenden Eigentumsbeeinträchtigungen und entschädigungspflichtigen Enteignungen herangezogen werden. Ein Sonderopfer ist insbesondere dann anzunehmen, wenn der Eigentumseingriff und seine unmittelbaren Folgen für den Eigentümer derart schwerwiegend sind, dass sich eine entschädigungslose Hinnahme als unzumutbar erweist.[149]

Das ist bspw. angenommen worden, wenn infolge unvermeidbarer (und daher an sich rechtmäßiger) Straßenbauarbeiten der Zugang zu einem Gewerbebetrieb (sog. Kontakt nach außen) gänzlich unterbrochen wird und dies zum Erliegen des Betriebes führt – oder wenn aufgrund ordnungsgemäß durchgeführter Ausschachtungsarbeiten Risse an einem benachbarten Haus entstehen.

46 Für die Beurteilung der Zumutbarkeit hoheitlicher Immissionen zieht der Bundesgerichtshof den Rechtsgedanken des § 906 BGB heran.[150] Danach hat der Eigentümer hoheitliche Einwirkungen auf sein Grundstück zu dulden, wenn sie nicht das Maß dessen übersteigen, was er auch von einem privaten Nachbarn ohne Ausgleich hinnehmen muss. Eine (entschädigungslose) Duldungspflicht besteht für unwesentliche Beeinträchtigungen durch die Zuführung unwägbarer Stoffe (Gase, Dämpfe, Gerüche), § 906 Abs. 1 S. 1 BGB. Unwesentliche Beeinträchtigungen liegen i.d.R. vor, wenn in Vorschriften festgelegte Grenz- oder Richtwerte von den ermittelten Einwirkungen nicht überschritten werden (§ 906 Abs. 1 S. 2 BGB).

e) Mitverschulden (§ 254 BGB)

47 Der Vorrang des Primärrechtsschutzes spielt für die Geltendmachung des Anspruchs aus enteignendem Eingriff keine Rolle: Gegen rechtmäßiges Handeln können Rechtsmittel keinen Erfolg haben. Andere Formen des Mitverschuldens (z.B. Nichtbeachtung der Schadensminderungspflicht) sind jedoch zu berücksichtigen.[151]

3. Weitere Voraussetzungen

48 Hinsichtlich der Bestimmung des Haftungsgegners, der Höhe der Entschädigung, der Verjährung und des Rechtsweges gilt das zum enteignungsgleichen Eingriff Behandelte entsprechend.[152]

147 Vorstehend Rn. 33.

148 Vorstehend Rn. 5.

149 BGH, NJW 1992, 1333; kein Anspruch bei Wertminderung eines Hauses durch Fluglärm, wenn Kläger vorbelastet war, OLG Koblenz, BauR 2006, 1880.

150 BGH, NVwZ 1992, 404, 405.

151 Vgl. Rn. 35.

152 Dazu Rn. 36 ff.

4. Anspruchskonkurrenzen

Der enteignende Eingriff kommt nicht zur Anwendung, wenn spezialgesetzliche Entschädigungsansprüche vorhanden und einschlägig sind. Dazu zählen z.B. die Vorschriften der Polizei- und Ordnungsgesetze über die Inanspruchnahme von Nichtstörern[153] und § 74 Abs. 2 S. 3 VwVfG, wonach ein Anspruch auf angemessene Entschädigung in Geld besteht, wenn in einem Planfeststellungsbeschluss Vorkehrungen zur Vermeidung nachteiliger Wirkungen auf Rechte anderer zwar erforderlich gewesen wären, aber im Einzelfall untunlich oder mit dem Vorhaben unvereinbar waren.[154] 49

Übersicht 40:
Anspruchsvoraussetzungen einer Entschädigung aufgrund enteignenden Eingriffs

I. **Anspruchsgrundlage:** allgemeiner Aufopferungsgedanke (§§ 74, 75 Einl. ALR) bei atypischen, unvorhergesehenen Nebenfolgen rechtmäßigen hoheitlichen Handelns

II. **Voraussetzungen**
   1. Eingriffsobjekt: vermögenswerte Rechtsposition i.S.v. Art. 14 Abs. 1 GG
   2. rechtmäßiger hoheitlicher Eingriff
   3. Unmittelbarkeit
   4. Sonderopfer: Schwere-/Sonderopfertheorie entsprechend
   5. Mitverschulden
      – Kein Vorrang des Primärrechtsschutzes
      – I.Ü. § 254 BGB analog

III. **Rechtsfolge:** angemessene Entschädigung

▶ **zu Fall 6:** Zu prüfen ist, ob B wegen des Verlustes seiner Ernte ein Entschädigungsanspruch aus enteignendem Eingriff zusteht. Problematisch ist zunächst, ob eine vermögenswerte Rechtsposition gem. Art. 14 Abs. 1 GG verletzt ist. Hier kommt ein Eingriff in den eingerichteten und ausgeübten Gewerbebetrieb in Betracht. Dieser stellt eine vermögenswerte Position i.S.d. Art. 14 Abs. 1 GG dar, wenn sein Bestand, wozu auch einzelne Gewerbegegenstände zählen,[155] betroffen wird. Dies ist hier der Fall; denn die Pflanzen auf dem Feld wurden vollständig vernichtet. Der Eingriff ist rechtmäßig, weil gegen die Errichtung und den Betrieb der Deponie nach dem Sachverhalt keine Bedenken bestehen.

Fraglich bleibt, ob der Eingriff direkt zur Eigentumsbeeinträchtigung geführt hat. Das könnte zweifelhaft sein, weil die Pflanzen unmittelbar durch die Vögel, nicht aber durch den Betrieb der Abfallentsorgungsanlage zerstört worden sind. Unmittelbarkeit bedeutet jedoch nicht, dass die hoheitliche Maßnahme die zeitlich letzte Ursache des Eingriffs gesetzt haben muss, sondern, dass durch sie eine Gefahrenlage begründet worden ist, die sich typischer Weise im Schadenseintritt konkretisiert hat.[156] Durch die Ablagerung großer Mengen von Hausmüll wurden nahrungssuchende Vögel in Scharen angelockt, die ihre Futtersuche zwangsläufig auf die umliegenden Felder, und damit auch auf das des B, ausdehnten und Schäden an den Pflanzen anrichteten. Bei mildem Winterwetter verwirk-

153 Z.B. §§ 72 , 73 SOG M-V, die zugleich spezialgesetzliche Regelungen des Aufopferungsanspruchs darstellen, vgl. § 36 Rn. 3.

154 BVerwG, NJW 1987, 2884, 2885. Zum Anwendungsbereich des § 74 Abs. 2 S. 3 VwVfG *Ossenbühl*, S. 281 f.

155 Näher vorstehend Rn. 4.

156 Siehe dazu Rn. 33.

licht sich dies typischer Weise in noch stärkerem Ausmaß.[157] Die Unmittelbarkeit des Eingriffs ist zu bejahen.

Der Eingriff müsste auch enteignende Wirkung haben. § 906 BGB führt hier nicht weiter, weil es sich bei der von den Vögeln verursachten Beeinträchtigung nicht um die Zufuhr unwägbarer Stoffe handelt. Demzufolge ist die Prüfung des Vorliegens eines Sonderopfers nach den früher vom Bundesgerichtshof und Bundesverwaltungsgericht allgemein aufgestellten Kriterien zur Abgrenzung von entschädigungspflichtigen Enteignungen und entschädigungslos hinzunehmenden Eigentumsbeeinträchtigungen vorzunehmen.[158]

Ein Sonderopfer ist danach gegeben, wenn die Beeinträchtigung den Einzelnen besonders trifft und ihn zu einem den Übrigen nicht zugemuteten Opfer für die Allgemeinheit zwingt. Dabei ist auch die Situationsgebundenheit des (Grund-)Eigentums, d.h. seine Lage und Beschaffenheit sowie seine Einbettung in Natur und Landschaft zu berücksichtigen. Im vorliegenden Fall wird beachtlich, dass sowohl der landwirtschaftliche Betrieb des B als auch die Deponie privilegierte Vorhaben i.S.v. § 35 Abs. 1 (Nr. 1, 4) BauGB und demzufolge vorrangig im Außenbereich anzusiedeln sind. Die Umgebung des Landwirtschaftsbetriebes wird daher schon von Gesetzes wegen potentiell durch Anlagen der hier fraglichen Art geprägt. Deponien locken Vögel zwangsläufig an, die Schäden an umliegenden Feldern anrichten (können). Als nicht (mehr) situationsbedingt stellen sich jedoch derart erhebliche Einwirkungen dar, dass die Ernte eines gesamten Feldes zerstört wird; damit ist das zumutbare Maß überschritten. Ein enteignender Eingriff liegt vor und B hat insoweit Anspruch auf Entschädigung.[159] ◀

VI. Wiederholungs- und Verständnisfragen

1. Wie lässt sich der Schutzbereich des Art. 14 Abs. 1 GG definieren?
2. Was versteht das Bundesverfassungsgericht seit dem Nassauskiesungsbeschluss unter Enteignung?
3. Unter welchen Voraussetzungen darf enteignet werden?
4. Wie sind Inhalts- und Schrankenbestimmungen zu definieren?
5. Wodurch unterscheidet sich der enteignungsgleiche vom enteignenden Eingriff?
6. Unter welchen Voraussetzungen muss aufgrund enteignungsgleichen Eingriffs und unter welchen Voraussetzungen im Gefolge enteignenden Eingriffs entschädigt werden?

157 BGH, NJW 1980, 770.
158 Vgl. vorstehend Rn. 5.
159 Vgl. BGH, NJW 1980, 770, 771; vgl. die Falllösung bei *Peine*, Rn. 1250 (Lösung Fälle 31, 32).

§ 36 Ansprüche aus (allgemeiner) Aufopferung

▶ **Fall 7:** K sitzt als Untersuchungshäftling im Untersuchungsgefängnis der Stadt S. Er wird von einem Mithäftling erheblich verletzt. Der Täter ist nicht in der Lage, den bei K entstandenen Schaden auszugleichen. Kann K Entschädigung von S verlangen? ◀

Während Ansprüche wegen Enteignung und unzumutbarer Inhalts- und Schrankenbestimmungen des Eigentums, wegen enteignungsgleicher oder enteignender Eingriffe auf Entschädigung für die Beeinträchtigung vermögenswerter Rechtspositionen nach Art. 14 Abs. 1 GG gerichtet sind, gleicht der allgemeine Aufopferungsanspruch Eingriffe in immaterielle Rechte (wie **Leben, Gesundheit, Freiheit**) aus. 1

I. Definition und Rechtsgrundlage des allgemeinen Aufopferungsanspruchs

Der allgemeine Aufopferungsanspruch geht auf §§ 74, 75 Einl. ALR zurück.[1] Unter Geltung des weiten Enteignungsbegriffs, der eine Entschädigungspflicht für sämtliche unzumutbaren, ein Sonderopfer darstellenden Eigentumseingriffe vorsah,[2] wurden die eigentumsrechtlichen Entschädigungsansprüche Art. 14 Abs. 3 GG zugeordnet und damit aus dem Anwendungsbereich der Aufopferung ausgegliedert. Die Reichweite des Anspruchs beschränkt sich folglich zunächst auf immaterielle Rechtsgüter. Diesen Kernbestand betrifft der heutige **aufopferungsrechtliche Anspruch i.e.S.,** der gewohnheitsrechtlich anerkannt ist. Nachdem auch die Entschädigungsansprüche aus enteignungsgleichem Eingriff und enteignendem Eingriff wieder dem Aufopferungsanspruch unterfallen,[3] sind jene als **aufopferungsrechtliche Ansprüche i.w.S.** zu verstehen.[4] 2

II. Anwendungsbereich

Eine Heranziehung des allgemeinen Aufopferungsanspruchs ist ausgeschlossen, wenn Entschädigungsansprüche in Spezialvorschriften geregelt sind. Derartige **Sonderregelungen** finden sich in §§ 56 ff. IfSG, die einen Ausgleich für Schäden infolge von staatlich angeordneten Impfungen vorsehen. In der Praxis kommt der polizeirechtlich geregelten Entschädigungspflicht bei Inanspruchnahme von Nichtstörern und unbeteiligten Dritten als spezialgesetzliche Ausformung große Bedeutung zu.[5] 3

III. Voraussetzungen

1. Nichtvermögenswerte Rechtsgüter

Zu den nichtvermögenswerten Rechtsgütern i.S.d. Aufopferung gehören diejenigen des Art. 2 Abs. 2 GG: Leben, Gesundheit und persönliche Freiheit. 4

2. Hoheitlicher und unmittelbarer Eingriff

Der Betroffene muss einer hoheitlichen Zwangswirkung ausgesetzt gewesen sein.[6] Dabei ist nicht ein rechtlicher oder faktischer Zwang erforderlich (wie Impfzwang). 5

1 Vgl. § 35 Rn. 5.
2 Näher § 35 Rn. 5.
3 Vgl. § 35 Rn. 30 ff., 41 ff.
4 Grundsätzlich zum Aufopferungsanspruch *Kemmler*, JA 2005, 659.
5 Z.B. §§ 72, 73 SOG M-V.
6 *Ossenbühl*, S. 135; *Sodan/Ziekow*, § 88 Rn. 3.

Eine nur psychische resp. psychologische Wirkung reicht als hoheitliche Maßnahme aus (etwa Aufforderung zur Impfung durch die Behörde).[7]

Für das Unmittelbarkeitskriterium gilt das zum enteignungsgleichen Eingriff Dargelegte.[8]

Ein Eingriff ist aber dann zu verneinen, wenn sich der Betroffene **freiwillig** in eine gewisse Gefahrenlage begibt (z.B. ein freiwilliger Polizeihelfer) oder sich **selbstverschuldet** in einer solchen Situation befindet (dazu Fall 7).[9]

Die hoheitliche Maßnahme kann entweder (wie beim enteignenden Eingriff) rechtmäßig oder (wie beim enteignungsgleichen Eingriff) rechtswidrig sein.[10]

3. Sonderopfer

6 Die Beeinträchtigung muss eine besondere Belastung und damit ein Sonderopfer darstellen.[11] Hier gilt Gleiches wie beim enteignungsgleichen bzw. enteignenden Eingriff,[12] d.h. die Rechtswidrigkeit indiziert das (Sonder-)Opfer; im Fall rechtmäßiger Eingriffen muss es positiv festgestellt werden. Bei alldem bleibt beachtlich, dass der Aufopferungsanspruch für solche Schäden keinen Ausgleich gewährt, in denen sich das allgemeine Lebensrisiko verwirklicht hat. Sie liegen unterhalb der Opfergrenze.[13] So stellen normale Impfreaktionen wie Fieber oder Unwohlsein und auch kleinere Prellungen bzw. Verstauchungen im Sportunterricht kein Sonderopfer dar.

4. Mitverschulden (§ 254 BGB)

7 Ist der Eingriff rechtswidrig, entfällt der Aufopferungsanspruch in analoger Anwendung des § 254 BGB, wenn der Geschädigte keinen Primärrechtsschutz verfolgt hat.[14] Ist der Eingriff rechtmäßig, kommt (selbstredend) Primärrechtsschutz nicht in Betracht.

Übersicht 41:
Voraussetzungen des allgemeinen Aufopferungsanspruchs

I. **Anspruchsgrundlage:** §§ 74, 75 Einl. ALR, gewohnheitsrechtlich anerkannt
II. **Voraussetzungen**
   1. Nichtvermögenswertes Rechtsgut
   2. Hoheitlicher Eingriff
   3. Unmittelbarkeit
   4. Sonderopfer
   5. Mitverschulden, § 254 BGB
III. **Rechtsfolge: angemessene Entschädigung**

▶ **ZU FALL 7:** Fraglich ist, ob K vorliegend eine Entschädigung aus allgemeiner Aufopferung verlangen kann. Eine Verletzung seiner körperlichen Unversehrtheit ist gegeben. Fraglich

7 BGHZ 24, 45; BGHZ 31, 187.
8 Vgl. § 35 Rn. 33.
9 *Detterbeck/Windthorst/Sproll*, § 16 Rn. 63.
10 *Peine*, Rn. 1172.
11 BGHZ 45, 58.
12 Hierzu bereits § 35 Rn. 34, 45.
13 *Detterbeck/Windthorst/Sproll*, § 16 Rn. 66.
14 *Peine*, Rn. 1174; *Sodan/Ziekow*, § 88 Rn. 7.

bleibt, ob diese unmittelbar durch eine hoheitliche Maßnahme verursacht worden ist. Insoweit kommt die Inhaftierung des K in Betracht. Zu beachten ist jedoch, dass sich K durch eigenes strafbares Verhalten in zurechenbarer Weise der Freiheitsentziehung und den damit verbundenen Folgen ausgesetzt hat.[15] Dann fehlt es an der Unmittelbarkeit zwischen hoheitlichem Eingriff und der Verletzung immaterieller Rechte. Ein Aufopferungsanspruch kommt nicht in Betracht. ◀

IV. Wiederholungs- und Verständnisfragen

1. Welche Arten von Aufopferungsansprüchen sind zu unterscheiden?
2. Für Eingriffe in welche Rechtsgüter gewährt der allgemeine Aufopferungsanspruch Entschädigung?
3. Welches sind Beispiele für spezialgesetzliche Regelungen des Aufopferungsanspruchs?

15 BGHZ 60, 302; ob dies auch in Fällen der hier vorliegenden Untersuchungshaft ohne weiteres angenommen werden kann, erscheint freilich zweifelhaft.

§ 37 Folgenbeseitigungsansprüche

▶ **Fall 8:** E ist Eigentümer einer Wohnung, die er an O vermietet hat. Aufgrund eines rechtskräftigen Räumungstitels des Amtsgerichts soll der Gerichtsvollzieher die Räumung der Wohnung durchführen. Da O obdachlos zu werden droht, weist ihn B, der Bürgermeister der (amtsfreien) Gemeinde, durch Verfügung in die bisherige Wohnung ein und ordnet die sofortige Vollziehung an. Die Einweisung ist auf drei Monate befristet. Trotz Ablaufs der Frist verbleibt O in der Wohnung, weil sie ihm gut gefällt. Daraufhin beantragt E beim Verwaltungsgericht, die Gemeinde zur Räumung der Wohnung zu verpflichten. B sieht sich nicht in der Lage, O anderweitig unterzubringen. Eine Ausweisung des O aus der Wohnung des E hält er zum jetzigen Zeitpunkt – es ist Winter bei strengem Frost – nicht für zumutbar. Kann E aufgrund eines Folgenbeseitigungsanspruchs die Räumung verlangen? ◀

I. Begriff des Folgenbeseitigungsanspruchs

1 Dem durch hoheitlichen Eingriff betroffenen Bürger geht es häufig nicht um Geldersatz, worauf Amtshaftungsansprüche und Enteignungsentschädigungen gerichtet sind, sondern um Wiederherstellung des vor dem Eingriff bestehenden „unrechtslastenfreien“ Zustands. Diesem Ziel dienen Folgenbeseitigungsansprüche.[1] Mit ihrer Hilfe kann die Beseitigung der unmittelbaren rechtswidrigen Folgen öffentlich-rechtlichen Handelns und damit die Wiederherstellung des ursprünglichen oder eines vergleichbaren Zustands geltend gemacht werden.[2]

Folgenbeseitigungsansprüche sind in der rechtswissenschaftlichen Literatur entwickelt worden und haben Eingang in die Rechtsprechung der Verwaltungsgerichte gefunden.[3] Teilweise sind sie spezialgesetzlich normiert, wie in § 20 BDSG für die Berichtigung, Sperrung und Löschung von Daten.

2 Zu unterscheiden sind der allgemeine Folgenbeseitigungsanspruch und der Vollzugsfolgenbeseitigungsanspruch. Beim **allgemeinen Folgenbeseitigungsanspruch** geht es um die Beseitigung der Folgen schlicht-hoheitlichen Verwaltungshandelns.[4] Der **Vollzugsfolgenbeseitigungsanspruch** hat die Beseitigung der Folgen des Vollzugs eines Verwaltungsaktes zum Gegenstand.[5]

Typische Beispiele des allgemeinen Folgenbeseitigungsanspruchs sind Ansprüche auf Widerruf hoheitlicher Äußerungen[6] (ehrverletzende Behauptungen, rechtswidrige Warnungen, Empfehlungen, Bewertungen) oder Abwehr von Immissionen, die von öffentlichen Einrichtungen ausgehen. Mit dem Vollzugsfolgenbeseitigungsanspruch kann z.B. neben der Räumung einer Wohnung, in die Obdachlose eingewiesen worden sind (Fall 8), die Rückgabe einer beschlagnahmten Sache nach Aufhebung der entsprechenden Verfügung geltend gemacht werden.

1 Zu Folgenbeseitigungsansprüchen *Schoch*, Jura 1993, 478; *Sproll*, JuS 1996, 219.
2 *Detterbeck/Windthorst/Sproll*, § 12 Rn. 1 ff.
3 Grundlegend *Bachof*, DÖV 1971, 859; BVerwG, DVBl. 1971, 858, 860.
4 Zum schlicht-hoheitlichen Verwaltungshandeln § 20.
5 Zur prozessualen Seite § 19a Rn. 32; zum Vollzug von Verwaltungsakten § 19.
6 Zum Folgenbeseitigungsanspruch bei ehrverletzenden Meinungsäußerungen *Faber*, NVwZ 2003, 159.

II. Rechtsgrundlage

Die Rechtsgrundlage des Folgenbeseitigungsanspruchs ist streitig. Er wird zwar in § 113 Abs. 1 S. 2 VwGO erwähnt; die Norm begründet den (Vollzugs-)Folgenbeseitigungsanspruch jedoch nicht selbst, sondern setzt ihn voraus und ermöglicht eine prozessual vereinfachte Geltendmachung des Anspruchs.[7] 3

Teilweise findet sich der Folgenbeseitigungsanspruch aus dem Rechtsstaatsprinzip (Art. 20 Abs. 3 GG) hergeleitet.[8] Andere wiederum greifen auf die §§ 862, 1004 BGB zugrundeliegenden Rechtsgedanken zurück.[9] Für die überwiegende Auffassung ergibt sich der Anspruch auf Folgenbeseitigung aus der Abwehrfunktion der Freiheitsgrundrechte.[10] Dieser Ansatz erweist sich – jedenfalls i.V.m. Art. 20 Abs. 3 GG – als treffende Begründung des Folgenbeseitigungsanspruchs, weil die Grundrechte dem Bürger einen Anspruch darauf vermitteln, dass der Staat Grundrechtseingriffe unterlässt bzw. wieder beseitigt.[11] Ungeachtet der Meinungsverschiedenheiten ist der Folgenbeseitigungsanspruch als Rechtsinstitut anerkannt und wird daher auch dem Gewohnheitsrecht zugeordnet.[12]

III. Voraussetzungen

1. Hoheitliches Handeln

Der Folgenbeseitigungsanspruch setzt öffentlich-rechtliches Handeln voraus, wobei jede Handlungsform erfasst wird (Rechtsakte, Realakte[13]).[14] Ausgenommen sind – wie bei Amtshaftungsansprüchen – förmliche Gesetze[15] und entsprechend § 839 Abs. 2 S. 1 BGB Maßnahmen der rechtsprechenden Gewalt.[16] 4

Bei privatrechtlichem Handeln kommt ein Folgenbeseitigungsanspruch nicht in Betracht; insoweit ist der Betroffene auf zivilrechtliche Ansprüche gem. §§ 862, 1004 BGB verwiesen.[17]

Hoheitliches Unterlassen kann keinen Folgenbeseitigungsanspruch auslösen:[18] Es gibt nichts, was wiederherzustellen wäre (bspw. kein Folgenbeseitigungsanspruch bei Unterlassung einer Beamtenernennung).[19]

---

7 Vgl. § 19a Rn. 32.

8 Zurückgehend auf *Bachof*, DÖV 1971, 859. Vgl. auch BVerwGE 69, 366, 370. Zu Gestalt und Begründung des Folgenbeseitigungsanspruchs *Brugger*, JuS 1999, 625; ferner *Erbguth*, JuS 2000, 336.

9 *Brugger*, JuS 1999, 625, 630.

10 *Maurer*, § 30 Rn. 5 m.w.N.; vgl. auch BVerwGE 82, 24, 25.

11 *Schoch*, Jura 1993, 478, 481.

12 Vgl. BVerwGE 82, 76, 95; *Hendler*, Rn. 849; *Detterbeck*, Rn. 1204; Überblick zu Rechtsgrundlage, Tatbestandsvoraussetzungen, Rechtsfolge und prozessualer Durchsetzung bei *Kemmler*, JA 2005, 908; zum Gewohnheitsrecht als Rechtsquelle vgl. § 7 Rn. 9.

13 Dazu § 11 Rn. 2.

14 BVerwG, DVBl. 1971, 858, 860.

15 Hierzu § 33 Rn. 14.

16 Dazu § 33 Rn. 28; zur mitgliedstaatlichen Haftung insoweit aber § 34 Rn. 16.

17 Zu den Kriterien für die Abgrenzung von öffentlich-rechtlichem und privatrechtlichem Handeln vgl. § 5 Rn. 6 ff.

18 BVerwGE 69, 366.

19 BVerwGE 28, 155, 164 f.

2. Verletzung subjektiver Rechte

5 Das öffentlich-rechtliche Handeln muss in ein subjektiv-öffentliches Recht des Betroffenen eingreifen.[20] Das ist bei Grundrechten (z.B. Art. 14 GG) stets der Fall. Daneben kommt die Verletzung einfach-gesetzlich begründeter Rechte in Betracht. Bei einer Verletzung von Normen, die allein dem Allgemeininteresse (wie Art. 20a GG) dienen, scheidet der Folgenbeseitigungsanspruch definitionsgemäß[21] aus.

3. Fortdauernde rechtswidrige Folgen

6 Die hoheitliche Maßnahme muss einen rechtswidrigen Zustand herbeigeführt haben. Der Folgenbeseitigungsanspruch knüpft also nicht an die Rechtswidrigkeit der hoheitlichen Maßnahme, sondern an die Rechtswidrigkeit des dadurch geschaffenen Zustandes (Erfolgsunrecht) an.[22]

Ein rechtswidriger Zustand liegt i.Ü. nur vor, wenn für den Betroffenen keine **Duldungspflicht** besteht. Bei **hoheitlichen Immissionen** kann sich in entsprechender Anwendung der §§ 906 ff. BGB, 22 BImSchG die Pflicht ergeben, einen rechtswidrigen Zustand (bei unwesentlichen Beeinträchtigungen) zu dulden.[23] Auch ein **Verwaltungsakt** kann Duldungspflichten auferlegen.

Im Hinblick auf Vollzugsfolgenbeseitigungsansprüche[24] ergibt sich daraus eine Besonderheit: Ein rechtswidriger, aber wirksamer Verwaltungsakt stellt eine Rechtsgrundlage für die Aufrechterhaltung des rechtswidrigen Zustands dar. Für die erfolgreiche Durchsetzung des Vollzugsfolgenbeseitigungsanspruchs ist es deshalb zwingend erforderlich, dass der Verwaltungsakt zunächst aufgehoben wird oder von Anfang an nichtig ist.[25] Wird z.B. ein Fahrzeug durch Verwaltungsakt in rechtswidriger Weise beschlagnahmt (Verwaltungsvollzug), ist ein auf Herausgabe der beschlagnahmten Sache gerichteter Folgenbeseitigungsanspruch unbegründet, so lange der Verwaltungsakt noch besteht. Dementsprechend lässt sich der Vollzugsfolgenbeseitigungsanspruch gem. § 113 Abs. 1 S. 2 VwGO als Annexantrag einer auf Anfechtung des Verwaltungsaktes gerichteten Klage geltend machen.[26]

Die gleiche Problemlage stellt sich bei einem rechtswidrigen, aber nicht nichtigen **öffentlich-rechtlichen Vertrag.**[27] Ein Folgenbeseitigungsanspruch kann erst mit Erfolg geltend gemacht werden, wenn der Vertrag aufgehoben (z.B. durch Kündigung) oder unwirksam (geworden) ist – wie im Falle der Nichtigkeit nach § 59 VwVfG.

7 Der rechtswidrige Zustand muss noch andauern.[28] Der Folgenbeseitigungsanspruch entfällt, wenn der rechtswidrige Zustand zwischenzeitlich **legalisiert** worden ist.[29] So kann bspw. die Beseitigung eines Straßenteils, der ohne Widmung über ein Privatgrundstück geführt worden ist, nicht mehr verlangt werden, wenn die fehlende Wid-

20 *Ossenbühl*, S. 307; vgl. zur Bestimmung von subjektiv-öffentlichen Rechten § 9 Rn. 3 ff.
21 Vgl. vorstehend Rn. 3.
22 BVerwGE 82, 76, 95.
23 *Detterbeck/Windthorst/Sproll*, § 13 Rn. 39; vgl. auch § 35 Rn. 46.
24 Vgl. vorstehend Rn. 2.
25 *Detterbeck*, Rn. 1210; *Hendler*, Rn. 861; *Maurer*, § 30 Rn. 10.
26 Näher hierzu § 19a Rn. 32.
27 Zur Nichtigkeit § 21 Rn. 22 ff.
28 Vgl. *Ossenbühl*, S. 314.
29 BVerwG, NJW 1989, 118.

mung der Straße nachgeholt worden ist.[30] Nicht ausreichend ist hingegen, dass der rechtswidrige Zustand legalisiert werden könnte. Besteht jedoch eine hinreichend gesicherte Erwartung, dass der Hoheitsträger den rechtmäßigen Zustand in Kürze herbeiführen wird, kann dem Anspruchsteller der Einwand unzulässiger Rechtsausübung entgegengehalten werden.[31]

IV. Ausschlussgründe

1. Rechtliche und tatsächliche Möglichkeit der Wiederherstellung

Der Folgenbeseitigungsanspruch ist ausgeschlossen, wenn die Wiederherstellung des ursprünglichen oder eines vergleichbaren Zustands tatsächlich oder rechtlich unmöglich ist.[32] **Tatsächliche Unmöglichkeit** der Wiederherstellung des ursprünglichen Zustands tritt z.B. ein, wenn ein zu Unrecht beschlagnahmtes Fahrzeug gestohlen wird. 8

Ein Fall **rechtlicher Unmöglichkeit** kann sich insbesondere bei „Drittbeteiligungsfällen" ergeben, etwa in der Konstellation, dass der Nachbar eine Baugenehmigung erfolgreich angefochten hat und nunmehr von der zuständigen Behörde im Wege der Folgenbeseitigung den Abriss des Gebäudes verlangt. Hier beschränkt sich die Folgenbeseitigung nicht auf das Verhältnis von Hoheitsträger und Anspruchsinhaber, vielmehr berührt sie notwendigerweise den Rechtskreis eines Dritten (Hausinhaber). Teilweise wird bereits im Folgenbeseitigungsanspruch als solchen die Legitimation zum Einschreiten der Behörde gegen den Dritten erblickt.[33] Die Beseitigung des rechtswidrigen Zustands stellt sich gegenüber dem Dritten jedoch als selbständig belastende Maßnahme dar; nach dem Vorbehalt des Gesetzes[34] kann das Vorgehen gegen ihn nur zulässig und damit die Folgenbeseitigung rechtlich möglich sein, wenn hierfür eine eigenständige Rechtsgrundlage existiert und deren Voraussetzungen erfüllt sind.[35] Im Beispielsfall ergibt sich dies aus den bauordnungsrechtlichen Grundlagen zum Einschreiten gegen baurechtswidrige Zustände.[36] Im Rahmen der Voraussetzungen des Folgenbeseitigungsanspruchs ist folglich inzident die Rechtmäßigkeit der begehrten Verfügung gegenüber dem Dritten zu prüfen. Ein den Behörden nach der jeweiligen Ermächtigungsnorm eingeräumtes Ermessen findet sich freilich mit Blick auf die Folgenbeseitigung regelmäßig auf Null reduziert.[37] 9

2. Zumutbarkeit der Wiederherstellung

Eine weitere Grenze des Folgenbeseitigungsanspruchs liegt nach Auffassung der Rechtsprechung in der **Zumutbarkeit** einer Wiederherstellung des ursprünglichen Zustands.[38] Unzumutbarkeit liegt vor, wenn diese einen unverhältnismäßig hohen Aufwand erfordern würde. Insoweit hat eine Abwägung zwischen den Kosten und dem Aufwand der Wiederherstellung des rechtmäßigen Zustands einerseits und dem Aus- 10

30 Zur straßenrechtlichen Widmung auch § 26 Rn. 9 ff.

31 Vgl. BVerwGE 80, 178.

32 *Detterbeck/Windthorst/Sproll*, § 12 Rn. 44; eingehend zu den Rechtsfolgen des Folgenbeseitigungsanspruchs *Hain*, VerwArch 96 (2004), 498.

33 *Schenke*, DVBl. 1990, 328, 331 m.w.N.

34 Vgl. § 8 Rn. 3 ff.

35 Hierzu VGH Mannheim, NJW 1987, 1101.

36 Z.B. § 80 Abs. 1 LBauO M-V; vgl. etwa *Erbguth/Wagner*, § 13 Rn. 53 ff.

37 BGHZ 130, 332, 335. Vgl. zur Ermessensreduzierung bei gefahrenabwehrrechtlichen Maßnahmen § 14 Rn. 48.

38 Vgl. BVerwG, NJW 1972, 269; BVerwG, DVBl. 2004, 1493.

maß der Rechtswidrigkeit bzw. dem Grad der Beeinträchtigung andererseits zu erfolgen.[39] Unzumutbarkeit der Wiederherstellung ist insbesondere in Fällen rechtswidriger Inanspruchnahme unbedeutender Teile eines Privatgrundstücks beim Straßenbau, die dem Eigentümer nur unter Einsatz unverhältnismäßiger Kosten hätten zurückgegeben werden können, angenommen worden.[40]

Die als Ausdruck des Verhältnismäßigkeitsprinzips verstandene Zumutbarkeitsgrenze[41] des Folgenbeseitigungsanspruchs ist jedoch bedenklich.[42] Die Verhältnismäßigkeit dient der Begrenzung staatlicher Machtausübung zugunsten des Bürgers. Sie (umgekehrt) zu Lasten des Einzelnen zwecks Beschränkung seiner Rechtsposition einzusetzen, stellt eine verfassungsrechtlich nicht tragfähige Verkehrung des rechtsstaatlichen Prinzips dar.[43] Die Zumutbarkeit kann daher allenfalls als Kriterium herangezogen werden, um sinnlose Entscheidungen zu vermeiden.[44] Überzeugender dürfte es jedoch sein, in derartigen Fällen der Unzumutbarkeit bzw. Unverhältnismäßigkeit der Folgenbeseitigung keinen Anspruchsausschluss anzunehmen, sondern einen „Umschlag" des auf Wiederherstellung gerichteten Folgenbeseitigungsanspruchs in einen **Folgenentschädigungsanspruch**.[45] Insoweit hilft der § 251 Abs. 2 S. 1 BGB zugrundeliegende Rechtsgedanke weiter, wonach der Ersatzpflichtige den Anspruchsinhaber in Geld entschädigen kann, sofern die Herstellung des ursprünglichen Zustands nur unter unverhältnismäßigen Aufwendungen möglich ist.[46] Im obigen Beispiel könnte der Eigentümer von der Behörde danach zwar keine Rückgabe verlangen, jedoch Geldersatz.

V. Mitverschulden

11 Mitverschulden (§ 254 BGB) ist als Ausdruck eines allgemeinen Rechtsgedankens auch auf den Folgenbeseitigungsanspruch anzuwenden.[47] Probleme bei der Berücksichtigung der Mitverantwortung des Anspruchsinhabers ergeben sich dann, wenn der Gegenstand der Folgenbeseitigung unteilbar ist. Zunächst hat das Bundesverwaltungsgericht diese Fälle unter Anwendung des Prinzips „alles oder nichts" entschieden, d.h. entweder den Anspruch bei einer ins Gewicht fallenden Mitverantwortlichkeit gänzlich entfallen lassen oder, bei nur geringfügigem Mitverschulden, ihn vollumfänglich gewährt.[48] Um eine gerechte Schadensverteilung vornehmen zu können, ist das Gericht von dieser strengen Sichtweise abgerückt. Es geht nunmehr davon aus, dass der Betroffene, den ein Mitverschulden trifft, in entsprechender Anwendung des § 251 Abs. 1 BGB einen auf Geldersatz gerichteten (Folgen-)Ausgleichsanspruch hat, der entsprechend seiner Mitverantwortlichkeit zu kürzen ist.[49]

39 *Detterbeck/Windthorst/Sproll*, § 12 Rn. 47.

40 So z.B. BVerwGE, NJW 1972, 269.

41 Vgl. *Detterbeck/Windthorst/Sproll*, § 12 Rn. 47.

42 So auch *Ossenbühl*, S. 322.

43 Zur Kritik am Zumutbarkeitskriterium *Erbguth*, JuS 2000, 336, 337 f.

44 Vgl. *Ossenbühl*, S. 322.

45 Vgl. VGH München, NVwZ 1999, 1237, 1238. In diese Richtung auch schon BVerwGE 82, 24, 29, wonach bei Mitverschulden eine Umwandlung des Folgenbeseitigungsanspruchs in einen auf Geld gerichteten Ausgleichsanspruch möglich ist, hierzu sogleich Rn. 11. Vgl. zum Folgenentschädigungsanspruch *v. Franckenstein*, NVwZ 1999, 158; eingehend *Hain*, VerwArch 95 (2004), 498.

46 *Erbguth*, JuS 2000, 336, 338.

47 BVerwG, NJW 1989, 2484, 2485; *Ossenbühl*, S. 323 f.

48 BVerwG, DÖV 1971, 857, 859.

49 BVerwGE 82, 24, 29; vgl. auch BVerwG, NJW 1989, 2484, 2485; dazu *Hain*, VerwArch 95 (2004), 498, 506 ff.

So kann ein Grundstückseigentümer, den ein Mitverschulden an der Beschädigung einer zwischen seinem Grundstück und einer Straße befindlichen Stützmauer trifft, keinen Folgenbeseitigungsanspruch auf sachgemäße Befestigung dieser Mauer geltend machen; ihm steht lediglich ein Ausgleichsanspruch in Geld zu, der um den Anteil seines Mitverschuldens gekürzt wird.[50]

VI. Rechtsfolge

1. Wiederherstellung des ursprünglichen Zustands

Aufgrund des Folgenbeseitigungsanspruchs soll der frühere Zustand (status quo ante) durch Beseitigung der unmittelbaren Folgen des rechtswidrigen Verwaltungshandelns wiederhergestellt werden.[51] Mehr kann über diesen Anspruch nicht erreicht werden; er ist kein allgemeiner Wiedergutmachungsanspruch.[52] 12

2. Unmittelbarkeit (Zurechenbarkeit) der Folgen

Ziel des Folgenbeseitigungsanspruchs ist die Beseitigung der unmittelbaren Folgen des öffentlich-rechtlichen Handelns, d.h. der Folgen, auf deren Herbeiführung die hoheitliche Maßnahme gerichtet war.[53] Wurde bspw. zur Erfüllung einer rechtswidrig auferlegten Bardepotpflicht (öffentlich-rechtliche Zahlungspflicht) ein Kredit aufgenommen, erfasst der Folgenbeseitigungsanspruch als unmittelbare Folge die Erstattung des zu Unrecht gezahlten Betrages, nicht dagegen die Zinsen für den aufgenommenen Kredit; denn diese stellen keine Folge des rechtswidrigen Eingriffs dar.[54] 13

Das Merkmal der Unmittelbarkeit hat (vergleichbar mit der entsprechenden Voraussetzung bei enteignungsgleichen und enteignenden Eingriffen[55]) eine haftungsbeschränkende Funktion und bestimmt sich anhand einer wertenden Zurechnung.[56] Die Folgen sind insbesondere dann nicht mehr unmittelbar, wenn erst der freie Entschluss eines Dritten die Folgen herbeiführt, bspw. wenn ein Obdachloser die Wohnung, in die er von einer Behörde eingewiesen worden ist, demoliert.[57]

VII. Haftungsgegner

Gegner des Folgenbeseitigungsanspruchs ist der Hoheitsträger, der rechtlich befugt ist, den ursprünglichen Zustand wiederherzustellen. I.d.R. ist dies der eingreifende Hoheitsträger.[58] 14

VIII. Verjährung

Folgenbeseitigungsansprüchen sind gem. § 195, § 199 Abs. 1 BGB nach drei Jahren verjährt. Die absolute Verjährungsfrist liegt aufgrund § 199 Abs. 4 BGB bei zehn Jahren. 15

50 BVerwG, NJW 1989, 2484, 2485.

51 BVerwGE 28, 155, 156. Zur Abgrenzung zum öffentlich-rechtlichen Unterlassungsanspruch Rn. 17 ff.; zur Umwandlung in einen Anspruch auf (anteiligen) geldwerten Ersatz vorstehend Rn. 10, 11.

52 *Maurer*, § 30 Rn. 11; *Peine*, Rn. 1070.

53 BVerwGE 69, 366, 373.

54 BVerwGE 69, 366, 370; *Ossenbühl*, S. 303.

55 Vgl. § 35 Rn. 33.

56 *Ossenbühl*, S. 303 ff.; vgl. auch § 35 Rn. 33.

57 BGHZ 131, 163.

58 *Ossenbühl*, S. 324.

IX. Geltendmachung des Folgenbeseitigungsanspruchs

16 Als öffentlich-rechtlicher Anspruch ist der Folgenbeseitigungsanspruch vor den Verwaltungsgerichten im Wege der allgemeinen Leistungsklage geltend zu machen.[59] Begehrt der Betroffene die Beseitigung der (Vollzugs-)Folgen eines rechtswidrigen Verwaltungsaktes, hat er die Möglichkeit, gleichzeitig mit der auf die Aufhebung des rechtswidrigen Verwaltungsaktes gerichteten Anfechtungsklage mittels eines Annexantrages die Rückgängigmachung von dessen Folgen zu beantragen (§ 113 Abs. 1 S. 2 VwGO; s.o.[60]). Wird ein Einschreiten gegen einen Dritten in Form eines Verwaltungsaktes verfolgt, ist Verpflichtungsklage zu erheben.[61]

Übersicht 42:
Voraussetzungen des Folgenbeseitigungsanspruchs[62]

I. **Rechtsgrundlage:** Grundrechte i.V.m. Art. 20 Abs. 3 GG; zunehmend: gewohnheitsrechtlich anerkannt

II. **Voraussetzungen**
   1. Hoheitliches Handeln
   2. Verletzung subjektiver Rechte
   3. Andauernde rechtswidrige Folgen

III. **Ausschlussgründe**
   1. Rechtliche und tatsächliche Unmöglichkeit
   2. Zumutbarkeit der Wiederherstellung

IV. **Mitverschulden, § 254 BGB**
   1. Wiederherstellung des ursprünglichen Zustands
   2. Beseitigung der unmittelbaren Folgen

▶ **ZU FALL 8:** Fraglich ist, ob E einen Folgenbeseitigungsanspruch auf Ausweisung des O aus seiner Wohnung hat.

Die hoheitliche Maßnahme besteht in der behördlichen Einweisung des O in die Wohnung des E. Durch das Verbleiben des O in der Wohnung nach Fristablauf wird das Eigentumsrecht (Art. 14 Abs. 1 GG) des E verletzt. Der weitere Verbleib des O in der Wohnung des E stellt sich damit zugleich als rechtswidrig dar. Folglich ist durch hoheitlichen Eingriff ein noch andauernder rechtswidriger Zustand geschaffen worden.

Mit dem Folgenbeseitigungsanspruch können nur unmittelbare Folgen des hoheitlichen Handelns beseitigt werden. Die Unmittelbarkeit könnte hier problematisch sein, weil O aus eigenem Entschluss in der Wohnung des E verbleibt und sein Aufenthalt deshalb ggf. nicht mehr als unmittelbare Folge der behördlichen Einweisung angesehen werden kann. Dass Obdachlose nach dem Ende der Einweisungszeit in den Wohnungen bleiben, ist jedoch – wenn anderer Wohnraum nicht zur Verfügung steht – zwangsläufige Folge der behördlichen Maßnahme.[63] Der durch die Einweisung gesetzte Zustand endet nicht mit Ablauf der Einweisungsfrist, sondern wirkt bis zum Auszug des Eingewiesenen fort und ist der Einweisung daher zurechenbar.

59 Vgl. Maurer, § 30 Rn. 19. Näher zur Leistungsklage § 20 Rn. 8 ff.
60 Und näher § 19a Rn. 32.
61 *Detterbeck*, Rn. 1232; vgl. § 19a Rn. 17 ff.
62 Umfassend zum Prüfungsaufbau und zu den einzelnen Voraussetzungen *Bumke*, JuS 2005, 22.
63 BGHZ 131, 163; BGHZ 130, 332, 335 f.

Fraglich kann aber die Möglichkeit der Folgenbeseitigung in sog. Drittbeteiligungsfällen werden, in denen – wie hier – der Anspruchsinhaber ein Einschreiten gegen einen Dritten begehrt. Wegen dieses besonderen Eingriffsgehalts muss die Behörde ihr Vorgehen gegen O auf eine gesetzliche Ermächtigung stützen können. Sie ergibt sich vorliegend aus der Generalklausel des einschlägigen Polizei- und Ordnungsrechts.[64] Die Voraussetzungen für ein Einschreiten zum Zwecke der Gefahrenabwehr sind gegeben: B ist als Gefahrenabwehrbehörde für den Erlass einer Ordnungsverfügung zuständig (etwa § 3 Abs. 1 Nr. 3 SOG M-V). Mit dem Verbleib des O in der Wohnung trotz Fristablaufs ist eine Störung der öffentlichen Sicherheit, die als Schutzgut auch subjektive Rechte wie das Eigentum umfasst, eingetreten. Das der Behörde nach den ordnungsrechtlichen Eingriffsermächtigungen zustehende Ermessen ist zwar regelmäßig mit Blick auf die geforderte Folgenbeseitigung auf Null reduziert.[65] Hier müssen in die Ermessensentscheidung aber besondere Gegebenheiten einfließen: Angemessener Wohnraum steht für O nicht zur Verfügung. Die drohende Obdachlosigkeit begründet für ihn – angesichts der Witterungsbedingungen – eine Gefahr für Leben oder Gesundheit. Eine dergestalt gegen das Verhältnismäßigkeitsprinzip verstoßende Räumungsverfügung gegen O wäre ermessensfehlerhaft und damit rechtswidrig. E kann daher die Räumung seiner Wohnung nicht verlangen. ◀

X. Öffentlich-rechtlicher Unterlassungsanspruch

Anders als beim Folgenbeseitigungsanspruch, der auf die Beseitigung der Folgen eines (abgeschlossenen) Eingriffs gerichtet ist, besteht die Zielrichtung des öffentlich-rechtlichen Unterlassungsanspruchs darin, drohende Rechtsverletzungen abzuwehren. Die Behörde soll zum Untätigbleiben verpflichtet werden.[66] Der öffentlich-rechtliche Unterlassungsanspruch erlangt praktische Relevanz mit Blick auf das Unterlassen öffentlich-rechtlicher Immissionen[67] und hoheitlicher Auskünfte, Hinweise und Warnungen[68] sowie ehrbeeinträchtigender Äußerungen eines Hoheitsträgers.[69] 17

1. Rechtsgrundlage

Trotz unterschiedlicher Zielrichtung steht der Unterlassungsanspruch in enger Verwandtschaft zum Folgenbeseitigungsanspruch. Zwecks Herleitung des Anspruchs wird deshalb in ähnlicher Weise auf die Abwehrfunktion der Grundrechte abgestellt, aus der sich eine Pflicht des Staates zum Unterlassen rechtswidriger Eingriffe in subjektive Rechte ergebe.[70] Teilweise findet sich wegen der Ähnlichkeit zum zivilrechtlichen Unterlassungsanspruch als Rechtsgrundlage § 1004 BGB analog herangezogen.[71] Letztendlich ist der Unterlassungsanspruch wie der Folgenbeseitigungsanspruch gewohnheitsrechtlich anerkannt, weshalb die verwaltungsgerichtliche Rechtsprechung offen lässt, auf welche Grundlage er im Einzelnen zu stützen ist.[72] 18

64 Ausführlich *Schoch*, Jura 1993, 478, 485.

65 BGHZ 130, 332, 335; bereits Rn. 9. Zur Ermessensreduzierung bei gefahrenabwehrrechtlichen Maßnahmen § 14 Rn. 48.

66 Zum öffentlich-rechtlichen Unterlassungsanspruch *Sproll*, JuS 1996, 313; *Kemmler*, JA 2005, 908, 910 f.

67 Sportplätze, BVerwG, NVwZ 1995, 993; Glockengeläut, BVerwG, NVwZ 1997, 390.

68 Warnung vor schädlichen Lebensmitteln, BVerwG, NJW 1991, 1766, 1767.

69 Herabsetzende Äußerungen in Gemeinderatssitzungen, VGH Kassel, NJW 1988, 1683.

70 Vgl. nur VGH Mannheim, NJW 1997, 754, 755; *Sproll*, JuS 1996, 313, 315.

71 Vgl. OVG Koblenz, NVwZ 1990, 279.

72 Vgl. BVerwG, DVBl. 1989, 463, 464.

2. Voraussetzungen

a) Hoheitlicher Eingriff

19 Der Unterlassungsanspruch setzt einen Eingriff in ein subjektiv-öffentliches Recht voraus.[73] Insoweit ergeben sich im Vergleich zum Folgenbeseitigungsanspruch keine Besonderheiten.[74]

b) Rechtswidrigkeit des Eingriffs

20 Der Eingriff muss sich als rechtswidrig erweisen.[75] Auch hier kann auf die Darstellung des Folgenbeseitigungsanspruchs, insbesondere hinsichtlich der die Rechtswidrigkeit ausschließenden Duldungspflichten verwiesen werden.[76]

c) Eingriff dauert an oder steht bevor

21 Der rechtswidrige Eingriff muss andauern oder bevorstehen. Letztere Situation ist gegeben, wenn die Beeinträchtigung des subjektiv-öffentlichen Rechts unmittelbar droht.[77] Hat eine Verletzung bereits stattgefunden, so dauert der Eingriff an, wenn Wiederholungsgefahr besteht.[78]

d) Prozessuale Durchsetzung

22 Der Unterlassungsanspruch ist wie der Folgenbeseitigungsanspruch mit der allgemeinen Leistungsklage geltend zu machen.[79]

Übersicht 43:
Voraussetzungen des öffentlich-rechtlichen Unterlassungsanspruchs

I. **Rechtsgrundlage:** Grundrechte; gewohnheitsrechtlich anerkannt
II. **Voraussetzungen**
   1. Hoheitlicher Eingriff in ein subjektiv-öffentliches Recht
   2. Rechtswidrigkeit des Eingriffs
   3. Eingriff dauert an oder steht bevor
III. **Rechtsfolge:** Unterlassen bzw. Abwehr des Eingriffs

XI. Wiederholungs- und Verständnisfragen

1. Welche Arten des Folgenbeseitigungsanspruchs sind zu unterscheiden?
2. Auf welche Rechtsgrundlage stützt sich der Folgenbeseitigungsanspruch?
3. Woraus können sich Pflichten zur Duldung eines rechtswidrigen Zustands ergeben?
4. Was ist in sog. Drittbeteiligungsfällen zu beachten?
5. Worin liegt der Unterschied zwischen dem Folgenbeseitigungs- und dem Unterlassungsanspruch?

73 *Hendler*, Rn. 875 f.
74 Siehe Rn. 5 f.
75 *Hendler*, Rn. 875 f.
76 Vgl. Rn. 6.
77 *Detterbeck/Windthorst/Sproll*, § 13 Rn. 20.
78 Wie vor, § 13 Rn. 18.
79 Vorstehend Rn. 16; näher § 20 Rn. 8 ff., 13; zur vorbeugenden Unterlassungsklage auch *Hufen*, § 16 Rn. 15 ff.

§ 38 Öffentlich-rechtliche Erstattungsansprüche

▶ **Fall 9:** Durch Bescheid bewilligte die Wohngeldstelle der Gemeinde G der Mutter M von S für den Zeitraum vom 1.1. bis 31.12. ein monatliches Wohngeld i.H.v. 100 Euro. Am 12.4. starb M; S ist ihr Alleinerbe. Für den Monat Mai wurde das Wohngeld trotz eines Überweisungsrückrufs noch auf das Konto von M überwiesen. Das Konto wurde am 30.5 gelöscht, das Guthaben an S überwiesen. Durch Bescheid fordert G von S die Rückzahlung der zuviel gezahlten 100 Euro. Mit Erfolg? ◀

I. Begriff der öffentlich-rechtlichen Erstattungsansprüche

1 Der öffentlich-rechtliche Erstattungsanspruch ist darauf gerichtet, zu Unrecht erfolgte öffentlich-rechtliche Vermögensverschiebungen rückgängig zu machen.[1] Diese können sich in verschiedene Richtungen bewegen und Erstattungsansprüche zwischen unterschiedlichen Beteiligten auslösen:

- Hoheitsträger gegen Private,
- Private gegen Hoheitsträger,
- Hoheitsträger gegen Hoheitsträger.

2 Hauptsächlicher Anwendungsbereich des öffentlich-rechtlichen Erstattungsanspruchs sind rechtsgrundlose öffentlich-rechtliche Zuwendungen von **Hoheitsträgern an Private** (wie Fall 9).

Öffentlich-rechtliche Erstattungsansprüche können auch von **Privaten gegenüber Hoheitsträgern** geltend gemacht werden.[2] Beispiele bilden die Rückforderung überhöhter Gebührenzahlungen eines Rundfunkteilnehmers an eine Rundfunkanstalt oder diejenige überhöht eingetriebener Erschließungsbeiträge.

Auch im Verhältnis von **Hoheitsträgern untereinander** sind öffentlich-rechtliche Erstattungsansprüche möglich. Etwa: Die Stadt S erhält vom Bund mit Rücksicht auf eine bestimmte gesetzliche Regelung einen Zuschuss zu den Versorgungsbezügen, die sie ihrem früheren Bürgermeister gewährt. Es stellt sich heraus, dass die gesetzlichen Voraussetzungen für die Gewährung des Zuschusses nicht vorliegen. Daher fordert der Bund den Zuschuss von S wieder zurück.[3]

II. Rechtsgrundlagen

3 Die Notwendigkeit öffentlich-rechtlicher Erstattungsansprüche folgt aus dem Grundsatz der Gesetzmäßigkeit der Verwaltung, der einen Ausgleich mit dem Recht nicht (mehr) übereinstimmender Vermögenslagen fordert.[4] Zu unterscheiden sind der sich aus Spezialvorschriften ergebende Erstattungsanspruch und der allgemeine öffentlich-rechtliche Erstattungsanspruch.

Wichtigster sondergesetzlicher Erstattungsanspruch ist **§ 49a VwVfG.**[5] Danach sind erbrachte Leistungen zu erstatten, soweit ein Verwaltungsakt mit Wirkung für die

1 Zum öffentlich-rechtlichen Erstattungsanspruch *Schoch*, Jura 1994, 82; *Windthorst*, JuS 1996, 894; *Kemmler*, JA 2005, 659, 660; zur Erstattung europarechtswidriger Gebühren vgl. *Gundel* in: Für Sicherheit, für Europa, Festschrift für Volkmar Götz, 2005, S. 191.

2 VGH Mannheim, NJW 1993, 1812.

3 BVerwGE 36, 108.

4 BVerwGE 71, 85, 89.

5 § 16 Rn. 31; vgl. zu weiteren spezialgesetzlichen Erstattungsansprüchen *Schoch*, Jura 1994, 82, 83 f.

Vergangenheit zurückgenommen oder widerrufen worden oder infolge Eintritts einer auflösenden Bedingung unwirksam geworden ist. Andere spezialgesetzlich normierte öffentlich-rechtliche Erstattungsansprüche stellen bspw. § 37 Abs. 2 AO und § 87 Abs. 2 BBG dar. Fehlt es an einer spezialgesetzlichen Regelung, kommt der **allgemeine öffentlich-rechtliche Erstattungsanspruch** zur Anwendung. Dabei handelt es sich um ein gewohnheitsrechtlich anerkanntes, eigenständiges Rechtsinstitut des öffentlichen Rechts.[6] Er entspricht in seiner Struktur weitgehend dem privatrechtlichen Bereicherungsanspruch der §§ 812 ff. BGB.

III. Voraussetzungen

1. Vermögensverschiebung

4 Vorausgesetzt ist zunächst eine Vermögensverschiebung zwischen zwei Rechtssubjekten.[7] Mit der Vermögensminderung des Einen muss unmittelbar ein Vermögenszuwachs des Anderen verbunden sein. Inhalt und Umfang dieses Tatbestandsmerkmals decken sich mit dem bereicherungsrechtlichen Merkmal „etwas erlangt" i.S.v. § 812 Abs. 1 S. 1 BGB.

2. Öffentlich-rechtliche Rechtsbeziehungen

5 Die Vermögensverschiebung muss im Rahmen öffentlich-rechtlicher Rechtsbeziehungen eingetreten sein, andernfalls handelt es sich um einen privatrechtlichen Anspruch nach §§ 812 ff. BGB.[8]

Die Rechtsprechung stellt darauf ab, ob die Leistung dem Erstattungsschuldner aufgrund eines öffentlich-rechtlichen Leistungsverhältnisses oder zumindest eines vermeintlich öffentlichen Verhältnisses dieser Art erbracht worden ist.[9] Dies ist unproblematisch, wenn die Vermögensverschiebung zwischen den Beteiligten unmittelbar auf öffentlich-rechtlicher Grundlage beruht, wie im Fall der Auszahlung von Geld aufgrund eines nichtigen Bewilligungsbescheids. Aus der öffentlich-rechtlichen Natur des Bewilligungsbescheids (Verwaltungsakt) kann auf eine öffentlich-rechtliche Rechtsbeziehung zwischen Anspruchsinhaber und -schuldner geschlossen werden.

Schwierigkeiten bereitet die Beurteilung, wenn es um fehlgeleitete Leistungen an Dritte geht, etwa Beihilfeleistungen, die an den Erben eines verstorbenen Beamten gezahlt worden sind. Dann stehen die Verwaltung und der Leistungsempfänger in keinem (auch nicht vermeintlichen öffentlich-rechtlichen) Leistungsverhältnis zueinander. Die Gerichte nehmen in einem solchen Fall eine privatrechtliche Vermögensverschiebung und damit einen zivilrechtlichen Erstattungsanspruch aufgrund ungerechtfertigter Bereicherung (§§ 812 ff. BGB) an.[10] Die Auffassung lässt indes unberücksichtigt, dass ein zivilrechtlicher Leistungszweck ebenso wenig gegenüber dem Empfänger verfolgt wird. Eine pauschale Zuordnung zum Privatrecht ist daher nicht gerechtfertigt.[11] In der Literatur wird deshalb zutreffend betont, dass es darauf ankommt, ob die tatsächlich erbrachte Leistung nach Maßgabe öffentlichen Rechts oder Privatrechts vorge-

6 BVerwGE 71, 85, 88; auch *Ossenbühl*, S. 423 ff.
7 *Detterbeck*, Rn. 1240; *Maurer*, § 29 Rn. 23; *Hendler*, Rn. 930.
8 *Detterbeck/Windthorst/Sproll*, § 24 Rn. 9.
9 BVerwGE 84, 274, 276.
10 VGH München, NJW 1990, 933, 934; vgl. auch BVerwGE 82, 274, 276.
11 *Schoch*, Jura 1994, 82, 87; *Hendler*, Rn. 935; *Detterbeck*, Rn. 1245 f.

nommen worden ist.[12] Im vorstehenden Beispiel erfolgten die Beihilfezahlungen aufgrund öffentlich-rechtlicher Vorschriften der Beamtengesetze und stellten daher öffentlich-rechtliche Vermögensverschiebungen dar.

3. Rechtsgrundlosigkeit der Vermögensverschiebung

6 Der öffentlich-rechtliche Erstattungsanspruch setzt ferner voraus, dass die Vermögensverschiebung ohne Rechtsgrund erfolgt oder ihr Rechtsgrund später weggefallen ist.[13]

In Fällen, in denen die Leistung durch Verwaltungsakt festgesetzt worden ist, bildet dieser den Rechtsgrund für die Leistung. Das gilt auch dann, wenn er rechtswidrig ist, weil Verwaltungsakte trotz Rechtswidrigkeit regelmäßig wirksam sind.[14] Ein Erstattungsanspruch ist daher bei Leistungen aufgrund eines Verwaltungsaktes nur gegeben, wenn dieser vorher aufgehoben (durch Widerspruch oder Anfechtungsklage[15], bei Unanfechtbarkeit durch Rücknahme[16]) worden ist, oder wenn er (ausnahmsweise) von vornherein nichtig war.[17] Eine durch (rechtswidrigen) Subventionsbescheid gewährte Zuwendung kann bspw. erst und nur dann aufgrund öffentlich-rechtlichen Erstattungsanspruchs (§ 49a VwVfG) zurückgefordert werden, wenn die Bewilligung aufgehoben worden ist. Gleichermaßen bildet ein öffentlich-rechtlicher Vertrag, auch wenn er rechtswidrig, aber nicht nichtig ist, die Rechtsgrundlage für Vermögensverschiebungen.[18]

Beruht die Vermögensverschiebung auf einem Realakt (Geldauszahlung ohne vorhergehenden Verwaltungsakt), ist ausschließlich auf die materielle Rechtslage abzustellen; rechtfertigt sie die Vermögensverschiebung, besteht kein öffentlich-rechtlicher Erstattungsanspruch.[19]

IV. Ausschlussgründe

1. Wegfall der Bereicherung

7 Die zivilrechtlichen Regelungen über den Wegfall der Bereicherung (§§ 818 Abs. 3, 819 Abs. 1 BGB) können **nicht einschränkungslos** auf den öffentlich-rechtlichen Erstattungsanspruch Anwendung finden:

8 Der Staat oder ein sonstiger Hoheitsträger kann sich nicht auf den Wegfall der Bereicherung berufen. Der Grundsatz der Gesetzmäßigkeit der Verwaltung (Art. 20 Abs. 3 GG) verlangt die Wiederherstellung des rechtmäßigen Zustandes und muss auch dann gelten, wenn die Verwaltung die Sache verbraucht (o.ä.) hat.

Beim (speziellen) Erstattungsanspruch wegen Rücknahme, Widerrufs oder Unwirksamkeit eines Verwaltungsaktes darf sich der Bürger nach § 49a Abs. 2 S. 1 VwVfG i.V.m. § 818 Abs. 3 BGB auf den Wegfall der Bereicherung berufen – allerdings mit einer Einschränkung: Im Zivilrecht kann der Bereicherte nur dann nicht den Wegfall

12 Vgl. *Detterbeck/Windthorst/Sproll*, § 24 Rn. 12.
13 *Hendler*, Rn. 938; *Detterbeck*, Rn. 1248; *Maurer*, § 29 Rn. 24.
14 Vgl. § 15 Rn. 1; auch § 37 Rn. 6.
15 Vgl. dazu § 19a.
16 Dazu § 16 Rn. 9 ff.
17 BVerwGE 48, 279, 285. Zur Nichtigkeit § 15 Rn. 2 ff.
18 Hierzu auch § 21 Rn. 22.
19 Vgl. *Detterbeck/Windthorst/Sproll*, § 24 Rn. 22.

der Bereicherung geltend machen kann, wenn er die Umstände, die zum Wegfall der Bereicherung geführt haben, kannte. Im öffentlichen Recht dagegen ist ihm die Berufung auf den Wegfall der Bereicherung auch verwehrt, soweit er jene Umstände infolge grober Fahrlässigkeit nicht kannte (§ 49a Abs. 2 S. 2 VwVfG).[20]

9 Nach vorherrschender Auffassung kann sich der Bürger zudem beim allgemeinen Erstattungsanspruch im Verhältnis zum Staat nicht auf §§ 818 Abs. 3, 819 BGB (analog) berufen. Die Funktion der zivilrechtlichen Vorschriften wird im öffentlichen Recht vom Grundsatz des Vertrauensschutzes übernommen.[21] Es muss daher eine Abwägung des privaten **Vertrauensschutzinteresses** an der Aufrechterhaltung der rechtswidrig entstandenen Vermögenslage mit dem öffentlichen Interesse an der Wiederherstellung einer dem Gesetz entsprechenden Vermögenslage stattfinden.[22] Hat ein Bürger auf den Fortbestand der Vermögensverschiebung vertraut und ist sein Vertrauen schutzwürdig, kann dadurch ein öffentlich-rechtlicher Erstattungsanspruch der Behörde ausgeschlossen sein. Richtlinien bei der Gewichtung der Interessen bilden insbesondere §§ 48 Abs. 2, 49a Abs. 2 S. 2 VwVfG.[23] Schutzwürdig ist das Vertrauen eines Bürgers z.B. dann nicht, wenn er die Rechtsgrundlosigkeit der Vermögensverschiebung kannte oder infolge grober Fahrlässigkeit nicht kannte.

2. §§ 814, 817 BGB sowie Treu und Glauben

10 Die Vorschrift des § 814 BGB, wonach der Rückforderungsanspruch ausgeschlossen ist, wenn dem Leistenden die Fehlerhaftigkeit der Vermögensverschiebung bekannt war, findet auf den öffentlich-rechtlichen Erstattungsanspruch keine Anwendung.[24] Gleiches gilt für den Rechtsgedanken des § 817 BGB.[25]

Grenzziehend wirkt demgegenüber der Grundsatz von Treu und Glauben: Der Erstattungsanspruch ist ausgeschlossen, wenn die Vermögensverschiebung derart fehlerhaft war, dass das Erstattungsverlangen den herrschenden Wertvorstellungen der billig und gerecht Denkenden widerspricht.[26] Bspw. entfällt der Erstattungsanspruch einer Ratsfraktion gegen die Gemeinde, mit dem sie die aufgrund einer Organstreitigkeit entstandenen Kosten geltend machen will, wegen Rechtsmissbrauchs, wenn sie den Rechtsstreit trotz offensichtlicher Aussichtslosigkeit geführt hat.[27]

V. Verjährung

11 Der öffentlich-rechtliche Erstattungsanspruch unterliegt – sofern spezialgesetzliche Regelungen fehlen – der dreijährigen Regelverjährung gem. § 195 i.V.m. § 199 Abs. 1 BGB. Die absolute Verjährungsfrist beträgt nach § 199 Abs. 4 BGB zehn Jahre.

20 Bereits § 16 Rn. 31.

21 BVerwGE 71, 85, 89 ff. So auch *Ossenbühl*, S. 432 ff.; *Detterbeck/Windthorst/Sproll*, § 25 Rn. 14 ff. Kritisch zur Heranziehung des Vertrauensschutzprinzips mit dem Argument, es fehle an einem Vertrauenstatbestand, *Maurer*, § 29 Rn. 28; siehe auch *Peine*, Rn. 379.

22 BVerwGE 71, 85, 90.

23 Vgl. *Windthorst*, JuS 1996, 894, 899. Zu § 48 Abs. 2 VwVfG siehe auch § 16 Rn. 12 ff.

24 BVerwG, NVwZ 2003, 993, 994.

25 BVerwG, NVwZ 2003, 993, 994.

26 *Detterbeck/Windthorst/Sproll*, § 25 Rn. 23.

27 Vgl. OVG Münster, NVwZ-RR 1993, 263, 264.

VI. Geltendmachung des Erstattungsanspruchs

Fordert die Verwaltung vom Bürger eine Leistung zurück, die durch einen Verwaltungsakt festgesetzt worden war, ist der öffentlich-rechtliche Erstattungsanspruch durch Verwaltungsakt geltend zu machen; § 49a Abs. 1 S. 2 VwVfG bildet dafür die Rechtsgrundlage.[28] 12

Vermögensverschiebungen aufgrund nichtiger öffentlich-rechtlicher Verträge dürfen grds. nicht im Wege eines Verwaltungsaktes rückgängig gemacht werden; vielmehr muss die Behörde ihren Anspruch mit einer allgemeinen Leistungsklage gegen den Bürger verfolgen.[29] Ebenso ist bei der Rückgängigmachung von Vermögensverschiebungen aufgrund schlicht-hoheitlichen Handelns zu verfahren.[30]

Erstattungsansprüche des Bürgers gegen die Verwaltung sowie zwischen verschiedenen Hoheitsträgern sind gleichfalls im Wege der Leistungsklage prozessual geltend zu machen.[31]

Übersicht 44:
Voraussetzungen des öffentlich-rechtlichen Erstattungsanspruchs

I. Anspruchsgrundlage
1. Spezialgesetzliche Vorschrift, z.B. § 49a Abs. 1 VwVfG
2. Allgemeiner öffentlich-rechtlicher Erstattungsanspruch: gewohnheitsrechtlich anerkannt

II. Voraussetzungen
1. Vermögensverschiebung
2. Öffentlich-rechtliche Rechtsbeziehung
3. Rechtsgrundlosigkeit der Vermögensverschiebung

III. Rechtsfolge:
1. Erstattung des erlangten Vermögenswertes
2. Wegfall der Bereicherung: grds. keine analoge Anwendung von §§ 818 Abs. 3, 819 BGB
   a. Nicht zugunsten von Hoheitsträgern
   b. Zugunsten Privater:
      – Beachte: spezialgesetzliche Regelungen, z.B. § 49a Abs. 2 VwVfG
      – Anspruchsausschluss bei Vertrauensschutz

▶ **zu Fall 9:** Die Behörde könnte die versehentlich an M gezahlten und an S gelangten 100 Euro im Wege eines öffentlich-rechtlichen Erstattungsanspruchs zurückverlangen. Ein gesetzlich normierter Erstattungsanspruch kommt hier nicht in Betracht; deshalb ist auf den allgemeinen Erstattungsanspruch zurückzugreifen. S hat 100 Euro erlangt. Dem Vermögensnachteil der Wohngeldbehörde entspricht der von S erlangte Vermögensvorteil.

Fraglich ist indes, ob die Vermögensverschiebung aufgrund öffentlich-rechtlicher Beziehungen eingetreten ist. Nach der hier vertretenen Auffassung[32] ist in Fällen fehlgeleiteter Leistungen entscheidend, ob die tatsächlich erbrachte Leistung nach Maßgabe öffentlichen Rechts oder Privatrechts vorgenommen worden ist. Die Wohngeldauszahlung ist auf

28 *Detterbeck*, Rn. 1256; vgl. § 14 Rn. 7; zur Leistungsklage § 20 Rn. 8 ff.
29 Vgl. bereits § 14 Rn. 7, § 21 Rn. 28.
30 *Detterbeck/Windthorst/Sproll*, § 27 Rn. 10.
31 Wie vor, § 27 Rn. 11.
32 Siehe Rn. 5.

der Grundlage des Wohngeldgesetzes, also öffentlichen Rechts erfolgt. Die Vermögensverschiebung ist daher öffentlich-rechtlicher Natur.

Für die Zahlung bestand kein Rechtsgrund. Gründe, die den Anspruch ausschließen, sind nicht ersichtlich. Daher ist S verpflichtet, 100 Euro zurückzuzahlen.[33] ◀

VII. Wiederholungs- und Verständnisfragen

1. Worauf ist der öffentlich-rechtliche Erstattungsanspruch gerichtet?
2. Unter welchen Voraussetzungen kann ein öffentlich-rechtlicher Erstattungsanspruch geltend gemacht werden?
3. Welche Ausschlussgründe gibt es beim öffentlich-rechtlichen Erstattungsanspruch?

33 Das BVerwG hat in diesem Fall keinen öffentlich-rechtlichen Erstattungsanspruch zuerkannt. Vorausgesetzt wurde, dass dem S das Wohngeld aufgrund eines zwischen der Wohngeldbehörde und ihm bestehenden wohngeldrechtlichen und somit öffentlich-rechtlichen Leistungsverhältnisses zugeflossen ist. Hier aber sei allein das Verhältnis zwischen der Mutter von S und der Wohngeldbehörde öffentlich-rechtlich gewesen; in dieses sei S nicht eingetreten; vgl. BVerwGE 84, 274, 278.

§ 39 Ansprüche aus öffentlich-rechtlichen Schuldverhältnissen

▶ **Fall 10:** E ist Eigentümer einer aus Elfenbein geschnitzten Miniatur, die auf einer Ausstellung als Exponat dienen soll. Um sie dorthin zu transportieren, verpackt er die Miniatur in eine Schachtel und verstaut diese in seiner Tasche. Während einer Rast auf einem Autobahnparkplatz fällt die Tasche samt Inhalt aus dem Auto, wird aber kurze Zeit später von einem Polizisten gefunden und der Autobahnwache übergeben. Der Inhalt – Schachtel mit Miniatur – findet sich festgestellt. Von der Wache aus wird die Tasche an das Fundbüro des Wohnortes des E verschickt. Als E die Tasche dort abholt, bemerkt er, dass sich die Schachtel mit der Miniatur nicht mehr darin befindet. Wo sie abhanden gekommen ist, lässt sich nicht feststellen. Kann E wegen Verlustes der Miniatur Schadensersatz verlangen? ◀

I. Begriff der öffentlich-rechtlichen Schuldverhältnisse

Begibt sich die Verwaltung auf die Ebene des Privatrechts und schließt sie privatrechtliche Verträge ab oder geht privatrechtliche Schuldverhältnisse ein,[1] gilt für sie das privatrechtliche Haftungsrecht.[2] Schuldrechtliche oder schuldrechtsähnliche Beziehungen zwischen der Verwaltung und den Bürgern gibt es aber auch auf dem Gebiet des öffentlichen Rechts.[3] Beispiele dafür sind der öffentlich-rechtliche Vertrag[4] oder öffentlich-rechtliche Benutzungs- und Leistungsverhältnisse (z.B. Lieferung von Wasser, Gas, Strom). 1

Das öffentlich-rechtliche Schuldverhältnis ist eine von Rechtsprechung und Lehre geschaffene Rechtskonstruktion zur Erweiterung der Verantwortlichkeit der öffentlichen Hand, um eine Gleichstellung von zivilrechtlicher und öffentlich-rechtlicher Haftung zu erreichen. Ein solches Verhältnis liegt vor, wenn besonders enge öffentlich-rechtliche Rechtsbeziehungen zwischen Verwaltungsträger und Privatrechtssubjekten bestehen, die privatrechtlichen Schuldverhältnissen ähneln.[5]

Zu den anerkannten Fallgruppen verwaltungsrechtlicher Schuldverhältnisse gehören

- öffentlich-rechtliche Benutzungs- und Leistungsverhältnisse,[6]
- die öffentlich-rechtliche Verwahrung,[7]
- die öffentlich-rechtliche Geschäftsführung ohne Auftrag,[8]
- der öffentlich-rechtliche Vertrag, für den Spezialregelungen in §§ 54 ff. VwVfG gelten.[9]

Die Haftung der öffentlichen Hand folgt zwar bereits aus spezifisch öffentlich-rechtlichen Haftungsinstituten, wie der Amtshaftung, dem enteignungsgleichen bzw. enteignendem Eingriff und dem Folgenbeseitigungs- oder Unterlassungsanspruch.[10] Dennoch haben sich diese Ansprüche in Teilbereichen als unzureichend erwiesen; 2

1 Zur Formenwahlfreiheit § 5 Rn. 13, § 11 Rn. 2, § 25 Rn. 3.

2 Vgl. *Detterbeck/Windthorst/Sproll*, § 19 Rn. 2.

3 Ausführlich zu öffentlich-rechtlichen Schuldverhältnissen *Windthorst*, JuS 1996, 605.

4 Hierzu § 21.

5 *Detterbeck/Windthorst/Sproll*, § 19 Rn. 1 ff.; *Ossenbühl*, S. 336 ff.

6 Dazu Rn. 3 ff.

7 Siehe Rn. 6.

8 Hierzu § 40.

9 Siehe § 21.

10 Dazu §§ 33, 35, 37.

auch wegen der Ähnlichkeit mit privatrechtlichen Beziehungen war die Entwicklung öffentlich-rechtlicher Schuldverhältnisse geboten.[11]

Soweit öffentlich-rechtliche Rechtsvorschriften fehlen und die Eigenart des jeweiligen Rechtsverhältnisses dies zulässt, sind wegen besagter Nähe die **schuldrechtlichen Bestimmungen des Bürgerlichen Gesetzbuchs** entsprechend anzuwenden. Ein Bedürfnis für die analoge Anwendung der Haftungsvorschriften des Zivilrechts besteht insbesondere, wenn der Verwaltung ein Wahlrecht zusteht, die Rechtsbeziehungen zum Bürger in bestimmten Bereichen öffentlich-rechtlich oder privatrechtlich zu gestalten: Dann darf die Entscheidung für eine öffentlich-rechtliche Ausgestaltung nicht zur Haftungsreduktion führen.

- Zu den BGB-Vorschriften, die Anwendung finden, zählen **§§ 275 ff. BGB** (Haftung bei Leistungsstörungen). Vor allem sind **§§ 280 ff. BGB** zu beachten, nach denen der Gläubiger wegen der Verletzung einer Pflicht aus dem Schuldverhältnis gegen den Schuldner einen Schadensersatzanspruch hat. Eine Schadensersatzpflicht besteht darüber hinaus, wenn eine Pflicht gem. § 241 Abs. 2 BGB verletzt wird, wonach ein Schuldverhältnis beide Seiten nach seinem Inhalt zur Rücksicht auf die Rechte, Rechtsgüter und Interessen des anderen Teils verpflichtet. Dies entspricht dem vor der Schuldrechtsreform gewohnheitsrechtlich anerkannten, nun aber gesetzlich geregelten Anspruch wegen positiver Vertragsverletzung (pVV).[12]
- Zu berücksichtigen ist auch, dass ein Schuldverhältnis mit den Pflichten des § 241 Abs. 2 BGB schon bei Aufnahme von Vertragsverhandlungen, bei Anbahnung eines Vertrages oder bei geschäftsähnlichen Kontakten entsteht, **§ 311 Abs. 2 BGB**. Schadensersatzansprüche sind daher denkbar, wenn die angestrebte öffentlich-rechtliche Vereinbarung aufgrund schuldhaft vorwerfbaren Verhaltens eines Beteiligten nicht oder nicht wirksam getroffen worden ist. Vor der Schuldrechtsreform wurden diese Ansprüche über das Haftungsinstitut der cic geltend gemacht.[13]
- Ebenso anerkannt ist die Haftung für Hilfspersonen gem. **§ 278 BGB**.[14] Der Verwaltungsträger muss für das schuldhafte Verhalten seiner Erfüllungsgehilfen einstehen.
- Auch der Grundsatz des anspruchsmindernden bzw. -ausschließenden Mitverschuldens, **§ 254 BGB**, findet Anwendung.[15]
- Schließlich gelten die Verjährungsvorschriften der **§§ 194 ff. BGB** analog.[16]

II. Öffentlich-rechtliche Leistungs- und Benutzungsverhältnisse

3 Bei öffentlich-rechtlichen Leistungs- und Benutzungsverhältnissen geht es i.d.R. um die Nutzung kommunaler öffentlicher Einrichtungen. Ein solches Verhältnis liegt nur vor, wenn die Nutzung der fraglichen Einrichtung öffentlich-rechtlich geregelt ist. Anzeichen für eine öffentlich-rechtliche Ausgestaltung des Benutzungs- und Leistungsverhältnisses bestehen, wenn die Benutzung und die Leistungsgewährung durch

11 *Detterbeck/Windthorst/Sproll*, § 19 Rn. 4.

12 Vgl. *Detterbeck*, Rn. 1267.

13 Vgl. hierzu BGH, DVBl. 1986, 409; zur öffentlich-rechtlichen cic beim vorhabenbezogenen Bebauungsplan (§ 12 BauGB) BGH, DVBl. 2006, 1326.

14 BGHZ 54, 299, 302 ff.

15 Vgl. etwa OVG Greifswald, NJW 2003, 3148.

16 *Detterbeck*, Rn. 1267.

Satzung geregelt oder wenn Gebühren erhoben werden.[17] Ist das Verhältnis privatrechtlich ausgestaltet, gelangen die bürgerlich-rechtlichen Vorschriften direkt zur Anwendung.

Treten in öffentlich-rechtlichen Leistungs- und Benutzungsverhältnissen Leistungsstö- 4
rungen auf, können sich vor allem Schadensersatzansprüche in entsprechender Anwendung zivilrechtlicher Regelungen ergeben, soweit spezielle öffentlich-rechtliche Vorschriften oder die Besonderheiten des öffentlichen Rechts nicht entgegenstehen. Bspw. haben betroffene Bürger auf der Grundlage zivilrechtlicher Regelungen Schadensersatzansprüche gegen die öffentliche Hand aus einem öffentlich-rechtlichen Leistungs- und Nutzungsverhältnis,

- wenn sie von einer Gemeinde mit verunreinigtem Leitungswasser beliefert werden, so dass die in einer Molkerei produzierte Butter nicht zum Verzehr geeignet ist,[18]
- wenn Tiere in einem Schlachthof infolge baulicher Mängel zu Schaden kommen,[19]
- wenn wegen eines Rückstaus der Keller eines Hauses überschwemmt wird, weil Kanalisationsrohre nicht ordnungsgemäß verlegt worden sind.[20]

Auch der öffentlichen Hand können entsprechende Schadensersatzansprüche zustehen, z.B. gegen einen Bürger, der unzulässigerweise schadstoffhaltiges Wasser in die städtische Kanalisation einleitet, wodurch die gemeindliche Kläranlage beschädigt wird.[21]

Problematisch ist, ob die öffentliche Hand ihre Haftung durch Satzung beschränken 5
bzw. ausschließen darf. Ein schuldrechtlicher Haftungsausschluss bzw. eine Haftungsbegrenzung kommt nur in Betracht,

- wenn nicht die Haftung für Vorsatz und grobe Fahrlässigkeit ausgeschlossen wird (Parallele zu § 309 Nr. 7b BGB),
- wenn es eine sachliche Rechtfertigung für die Haftungsbeschränkung gibt und
- wenn diese erforderlich und verhältnismäßig ist.[22]

III. Öffentlich-rechtliche Verwahrung

Ein öffentlich-rechtliches Verwahrungsverhältnis liegt vor, wenn die Behörde eine 6
bewegliche Sache kraft öffentlichen Rechts aufbewahrt.[23] Die Inbesitznahme der Sache kann z.B. durch Beschlagnahme oder Sicherstellung (vgl. §§ 61 ff. SOG M-V) erfolgen.

Auf die öffentlich-rechtliche Verwahrung sind die zivilrechtlichen Vorschriften über den Verwahrvertrag (§§ 688 ff. BGB) grds. analog anzuwenden.[24] Das gilt allerdings nicht für sämtliche Vorschriften, und zwar aufgrund der unterschiedlichen Bedeutung der Verwahrung im öffentlichen und im privaten Recht sowie der besonderen Stellung bzw. Aufgabe der öffentlichen Hand.

17 Dazu schon § 5 Rn. 14, § 25 Rn. 4. Diese Frage betrifft im Rahmen der Zwei-Stufen-Theorie die zweite Stufe, das „Wie", nämlich die Art und Weise der Leistungsabwicklung.

18 BGHZ 54, 299, 303, wo sogar das Kaufvertragsrecht entsprechend angewendet worden ist.

19 BGHZ 61, 7.

20 BGH, DVBl. 1992, 368.

21 VGH Mannheim, NVwZ-RR 1992, 656.

22 BGHZ 61, 7, 12 f. Amtshaftungsansprüche können hingegen nicht durch Satzung ausgeschlossen werden.

23 BGHZ 1, 369.

24 Vgl. BGHZ 1, 369.

So ist es problematisch, auf Behörden die Haftungserleichterung des § 690 BGB anzuwenden. Danach hat der Verwahrer (die Behörde) im Falle einer unentgeltlichen Verwahrung nur für diejenige Sorgfalt einzustehen, welche er in eigenen Angelegenheiten anzuwenden pflegt. Angesichts der besonderen Rechtsstellung und -bindung von Hoheitsträgern können sich diese nicht auf § 690 BGB berufen.[25]

Überdies scheidet das jederzeitige Rückforderungsrecht des Hinterlegers nach § 695 BGB aus (z.B. wenn Sachen des Bürgers beschlagnahmt worden sind), weil dieser (dann) gerade nicht berechtigt ist, die Sache im Besitz zu behalten.[26]

Besonders bedeutsam ist die Geltung der Beweislastregel des § 280 Abs. 1 S. 2 BGB, die relevant wird, wenn eine verwahrte Sache nicht herausgegeben werden kann, weil sie aus ungeklärten Gründen abhanden gekommen ist (hierzu sogleich Fall 10).

▶ **ZU FALL 10:** Zu prüfen ist, ob E einen Schadensersatzanspruch gem. §§ 695, 280 Abs. 1 BGB wegen Unmöglichkeit der Herausgabe seiner Miniatur geltend machen kann. Ein öffentlich-rechtliches Verwahrungsverhältnis kann im Wege der Entgegennahme von Fundsachen durch die Polizei begründet werden.[27] Dadurch, dass der Polizist die Tasche an sich genommen hat, um sie in der Autobahnwache abzugeben, ist ein öffentlich-rechtliches Verwahrungsverhältnis entstanden, für das die Vorschriften der §§ 688 ff. BGB analog gelten. Wird die Rückgabe einer in Verwahrung genommenen Sache infolge eines von dem Verwahrer zu vertretenden Umstandes unmöglich, so hat der Verwahrer dem Hinterleger den durch die Nichterfüllung entstehenden Schaden zu ersetzen, §§ 695, 280 Abs. 1 S. 1 BGB entsprechend. Hinsichtlich der Beweislast, ob die Unmöglichkeit der Rückgabe die Folge eines vom Verwahrer zu vertretenden Umstandes ist, gilt § 280 Abs. 1 S. 2 BGB analog.[28] Danach hat der Verwahrer, d.h. hier die Autobahnpolizei, den Beweis zu erbringen, dass ihn kein Verschulden am Verlust der Miniatur trifft. Dazu ist sie jedoch nicht in der Lage: Zum einen bleibt unaufgeklärt, wo und auf welche Weise die Miniatur verloren gegangen ist. Zum anderen konnte kein Beweis darüber erbracht werden, dass sie rechtmäßig in die Obhut eines Dritten, hier des Fundbüros, verbracht wurde. Damit kann E Schadensersatz wegen Unmöglichkeit der Herausgabe verlangen. ◀

IV. Beamtenverhältnis

7 Aufgrund der besonders engen öffentlich-rechtlichen Rechtsbeziehungen zwischen Beamten und ihren Dienstherren, die durch Nähe und Fürsorge geprägt sind, wird auch das Beamtenverhältnis zu den verwaltungsrechtlichen Schuldverhältnissen gezählt.[29] Es besteht eine Vielzahl allgemeiner und besonderer Rechte und Pflichten, die in den beamtenrechtlichen Vorschriften des Bundes und der Länder näher ausgestaltet und konkretisiert sind. Zu den Pflichten gehört insbesondere die Fürsorgepflicht, § 79 BBG und § 87 LBG M-V. Danach hat der Dienstherr im Rahmen des Dienst- und Treueverhältnisses für das Wohl des Beamten und seiner Familie zu sorgen. Werden solche Rechte und Pflichten verletzt, besteht ein unmittelbar aus dem Beamtenverhältnis folgender Schadensersatzanspruch.[30] Dies setzt freilich Verschulden des Dienstherrn voraus. Weitere Fälle, in denen die schuldhafte (Pflicht-)Verletzung durch

25 *Ossenbühl*, S. 341.

26 *Detterbeck/Windthorst/Sproll*, § 21 Rn. 6.

27 BGH, NJW 1990. 1230.

28 Vgl. BGH, NJW 1990, 1230 (noch unter Geltung von § 282 BGB a.F.).

29 BVerwGE 13, 17; *Ossenbühl*, S. 347.

30 Vgl. auch BVerwGE 25, 138; BVerwGE 53, 12.

den Dienstherrn Schadensersatzansprüche auslösen können, sind die rechtswidrige Entlassung von Beamten, der Verstoß gegen die Pflicht, nur nach Eignung, Befähigung und fachlicher Leistung zu befördern – oder die Beschädigung und der Verlust von Sachen des Beamten, die er seinem Dienstherrn zu Verwahrung gegeben hat.[31] Soweit eine abschließende Regelung im Beamtenrecht besteht, bleibt ein Rückgriff auf das Zivilrecht verschlossen. In diesem Sinne ist etwa die Schadensersatzpflicht des Beamten gegenüber seinem Dienstherrn bei vorsätzlicher oder grob fahrlässiger Verletzung der ihm obliegenden Pflichten beamtenrechtlich festgelegt (§§ 46 Abs. 1 BRRG, 78 Abs. 1 BBG und in den Beamtengesetzen der Länder, z.B. § 86 LBG M-V).

V. Rechtsweg

Ansprüche des Bürgers gegen einen Hoheitsträger aus öffentlich-rechtlicher Verwahrung sind vor den ordentlichen Gerichten zu erheben, § 40 Abs. 2 S. 1 Hs. 1 VwGO. 8
Für sämtliche Schadensersatzansprüche aus öffentlich-rechtlichen Schuldverhältnissen (außer öffentlich-rechtlichen Verträgen) ist nach § 40 Abs. 2 S. 1 Hs. 1 VwGO ebenfalls der Zivilrechtsweg eröffnet.[32] Demgegenüber ist der Verwaltungsrechtsweg gegeben, wenn ein Hoheitsträger gegen einen Privaten klagt.[33] Schuldrechtsähnliche Schadensersatzansprüche aus der Verletzung von Pflichten im Beamtenverhältnis sind nach §§ 126 BRRG, 40 Abs. 2 S. 2 VwGO auf dem Verwaltungsrechtsweg geltend zu machen.

VI. Wiederholungs- und Verständnisfragen

1. Wie können öffentlich-rechtliche Schuldverhältnisse definiert werden und welche Arten sind bislang anerkannt?

2. Was ist unter öffentlich-rechtlichen Leistungs- und Benutzungsverhältnissen zu verstehen?

3. Kann die Haftung für Vorsatz durch Satzung ausgeschlossen werden?

4. Wodurch kann ein öffentlich-rechtliches Verwahrungsverhältnis zustande kommen?

31 *Detterbeck/Windthorst/Sproll*, § 21 Rn. 16.
32 Vgl. wie vor, § 22 Rn. 2.
33 *Hendler*, Rn. 884, 889.

§ 40 Ansprüche aus öffentlich-rechtlicher Geschäftsführung ohne Auftrag (GoA)

▶ **Fall 11:** Firma F betreibt auf einem Ufergrundstück an einer Bundeswasserstraße ein Tanklager. Der das Ufergrundstück sichernde Deich ist brüchig geworden; es droht eine Überschwemmung des Grundstücks. Gefährdet ist nicht nur das Tanklager, sondern auch das Flusswasser durch mögliche Ölverunreinigungen. Nachdem F die Bundeswasserstraßenverwaltung wiederholt vergeblich aufgefordert hat, den Deich abzusichern, lässt sie den Deich auf eigene Kosten ausbessern. Kann sie von der Bundesrepublik Kostenerstattung verlangen? ◀

1 Das Institut der öffentlich-rechtlichen Geschäftsführung ohne Auftrag (GoA) ist in Rechtsprechung und Lehre grds. anerkannt.[1] Eine derartige Geschäftsführung liegt vor, wenn jemand (Geschäftsführer) ein fremdes öffentlich-rechtliches Geschäft ohne Auftrag oder sonstige Berechtigung für einen anderen (Geschäftsherr) ausführt.

I. Unterscheidungskriterium für die Abgrenzung öffentlich-rechtliche und privatrechtliche GoA

2 Zur Unterscheidung zwischen **öffentlich-rechtlicher** und **privatrechtlicher GoA** ist auf die Rechtsnatur des fremden (d.h. geführten) Geschäfts abzustellen. Eine öffentlich-rechtliche GoA liegt daher vor, wenn das vom Geschäftsführer besorgte Geschäft öffentlich-rechtlicher Natur gewesen wäre, sofern es der Geschäftsherr selbst ausgeführt hätte.[2] Die Feststellung der Rechtsnatur der hypothetischen Handlung des Geschäftsherrn richtet sich nach dem für die Unterscheidung von zivil- und öffentlich-rechtlichen Handlungen entwickelten Abgrenzungskriterium des Sachzusammenhangs.[3] Die Handlung ist mithin dem öffentlichen Recht zuzuordnen, wenn sie im engen Zusammenhang mit einer öffentlich-rechtlichen Tätigkeit steht.

Eine öffentlich-rechtliche GoA ist bspw. gegeben, wenn ein Privater anstelle des Trägers der Straßenbaulast eine öffentliche Straße in Stand setzt, weil dieses Geschäft bei Wahrnehmung durch den an sich zuständigen Hoheitsträger öffentlich-rechtlicher Natur wäre.

II. Anwendbarkeit der GoA-Vorschriften

3 Die GoA ist im Zivilrecht verankert. Sie knüpft an die Privatautonomie an und regelt den Interessenausgleich bei Hilfsbereitschaft. Für anerkannte Fälle der öffentlich-rechtlichen GoA sind die zivilrechtlichen Vorschriften der §§ 677 ff. BGB entsprechend anwendbar. Eine GoA ist in vier Konstellationen denkbar:

1. Privatrechtssubjekt handelt für ein anderes Privatrechtssubjekt

4 Wenn sowohl der Geschäftsführer als auch der Geschäftsherr Privatrechtssubjekte sind, scheidet jedoch eine öffentlich-rechtliche GoA von vornherein aus und es kommt eine privatrechtliche GoA in Betracht.[4] Weigert sich bspw. Hauseigentümer E

1 BVerwGE 80, 170; *Maurer*, § 29 Rn. 11; *Hendler*, Rn. 890. Zur öffentlich-rechtlichen GoA auch *Schoch*, Jura 1994, 241.

2 BGHZ 40, 28, 31; auch *Maurer*, § 29 Rn. 12.

3 Siehe § 5 Rn. 16 ff.

4 Vgl. dazu *Detterbeck/Windthorst/Sproll*, § 21 Rn. 36, 40.

seiner in einer Gemeindesatzung geregelten Straßenreinigungspflicht nachzukommen, kann Mieter M, der eine Reinigungsfirma mit der Räumung des Gehwegs von Schnee und Eis beauftragt hat, seine diesbezüglichen Aufwendungen nur im Wege privatrechtlicher GoA erstattet verlangen.

2. Hoheitsträger handelt für ein Privatrechtssubjekt

In dieser Konstellation entstehen Ansprüche aus öffentlich-rechtlicher GoA nicht, weil das Geschäft privatrechtlicher Natur ist, wenn der Geschäftsherr – der Private – es selbst ausgeführt hätte.[5] Für Maßnahmen aus dem Bereich der Eingriffsverwaltung sind aufgrund des Gesetzesvorbehalts[6] die Voraussetzungen, Rechtsfolgen und Kosten des hoheitlichen Tätigwerdens gegenüber Privaten ohnehin abschließend geregelt und dürfen nicht durch die Anwendung der GoA-Regeln umgangen werden.[7] Handelt ein Träger öffentlicher Gewalt aufgrund gesetzlicher Ermächtigung, ist er dem Bürger gegenüber i.S.v. § 677 BGB „sonst berechtigt", so dass eine GoA ausscheidet. Fehlt die erforderliche gesetzliche Ermächtigungsgrundlage, vermögen auch §§ 677 ff. BGB das Handeln nicht zu rechtfertigen; denn die(se) zivilrechtlichen Vorschriften können keine Eingriffsermächtigung im Verhältnis Staat – Bürger bilden und nicht als Grundlage für den Ersatz entstandener Kosten dienen.[8] Schleppt die Polizei z.B. ein verbotswidrig abgestelltes Fahrzeug eines Privaten ab, folgt der Anspruch auf Kostenerstattung aus öffentlich-rechtlichen Gesetzen (es handelt sich um eine Ersatzvornahme nach § 10 VwVG oder entsprechenden landesgesetzlichen Regelungen).[9] Diese Vorschriften sind abschließend. Die Polizei kann deshalb im Wege öffentlich-rechtlicher GoA auch dann keinen Kostenersatz verlangen, wenn die Abschleppmaßnahme rechtswidrig ist.[10] 5

3. Hoheitsträger handelt für einen anderen Hoheitsträger

Ähnliches gilt für die Fälle, in denen ein Verwaltungsträger kraft Notkompetenz oder irrtümlich Aufgaben eines anderen Verwaltungsträgers übernimmt und anschließend von ihm Übernahme der Kosten verlangt.[11] Die jeweiligen Kompetenzen und die Befugnisse zur Wahrnehmung öffentlicher Aufgaben sind gesetzlich geregelt. Ließe man zusätzlich eine Berufung auf §§ 677 ff. BGB zu, führte dies zu einer vom Gesetzgeber nicht gewollten Durchbrechung der gesetzlichen Kompetenzordnung; denn die Annahme einer berechtigten GoA würde nicht nur einen Aufwendungsersatzanspruch auslösen, sondern auch die Geschäftsführung legitimieren und somit kompetenzbegründend wirken.[12] 6

Die Zuständigkeitsverteilung wird durch eine Reihe von Not- und Eilkompetenzen (Amts- und Vollzugshilfe, Selbsteintrittsrecht, Ersatzvornahme, Eilkompetenz im Ge-

5 *Ossenbühl*, S. 343; näher im Bereich der Gefahrenabwehr *Schenke* in: Planung – Steuerung – Kontrolle, Festschrift für Richard Bartlsperger, 2006, S. 529, 531 ff.; vgl. auch *Linke*, DVBl. 2006, 148.

6 § 8 Rn. 3 ff.

7 *Detterbeck/Windthorst/Sproll*, § 21 Rn. 54.

8 *Schoch*, Jura 1994, 241, 244 f.

9 Siehe auch § 19 Rn. 6.

10 Vgl. *Detterbeck/Windthorst/Sproll*, § 21 Rn. 55; *Schoch*, Jura 1994, 241, 245. Die gegenteilige Auffassung des BGH, vgl. BGHZ 63, 167, 172, ist abzulehnen.

11 Dazu anhand gefahrenabwehrenden Handelns *Schenke* in: Planung – Steuerung – Kontrolle, Festschrift für Richard Bartlsperger, 2006, S. 529, 547 ff.

12 *Maurer*, § 29 Rn. 11.

fahrenabwehrrecht) ergänzt. Damit besitzt der ausführende Hoheitsträger in den meisten Notfällen (Eil-)Zuständigkeiten zum Handeln, so dass ein Rückgriff auf die GoA nicht in Betracht kommt.[13]

Eine öffentlich-rechtliche GoA kann bspw. nicht angenommen werden, wenn Polizeibeamte des Landes L einen bei einer nächtlichen Streifenfahrt entdeckten brennenden Papierkorb einer Gemeinde mit eigenem Feuerlöscher gelöscht haben und nun Ersatz für diesen verlangen. Hier nimmt die Polizei eine eine ihr zukommende Aufgabe im Wege der Eilkompetenz wahr und handelt nicht „ohne Auftrag", so dass sie keine Kostenerstattung im Wege öffentlich-rechtlicher GoA verlangen kann.[14]

Im Verhältnis von zwei Verwaltungsträgern zueinander muss schließlich die Verteilung der Kostenlast beachtet werden. Die Kosten trägt derjenige, der die Aufgaben wahrzunehmen hat (für das Verhältnis zwischen Bund und Ländern vgl. Art. 104a Abs. 1 GG).[15] Handelt ein Hoheitsträger auf der Grundlage einer gesetzlichen Kompetenz, ist er zugleich Träger der Kosten (es sei denn, es existieren spezialgesetzliche Erstattungsansprüche). Für die Geltendmachung der Kosten aufgrund GoA bleibt dann kein Raum.[16]

4. Privatrechtssubjekt handelt für einen Hoheitsträger

7 Dieser Bereich bildet das hauptsächliche Anwendungsfeld der öffentlich-rechtlichen GoA. Jedoch ist (erneut)[17] zu bedenken, dass Träger öffentlicher Gewalt ihre Aufgaben nach Maßgabe der gesetzlichen Kompetenzregelungen erfüllen. Mit dieser spezialgesetzlichen Aufgabenverteilung und dem der Verwaltung eingeräumten Handlungsspielraum ist es i.d.R. unvereinbar, wenn Private ohne Beauftragung durch die an sich zuständige Stelle Aufgaben von Hoheitsträgern erfüllen und hierfür auch noch Ersatz ihrer Aufwendungen und Kosten verlangen können.[18] Überdies darf das von der Rechtsordnung bereitgestellte Rechtsschutzsystem nicht unterlaufen werden; der Private muss hiernach grds. Rechtsschutzmöglichkeiten ausschöpfen, um die Behörde zur Wahrnehmung ihrer Aufgaben anzuhalten.[19]

Eine Anwendung der GoA kann daher nur in echten Nothilfe- und Dringlichkeitsfällen zulässig sein.[20] Ein solcher Fall ist z.B. anzunehmen, wenn ein Bürger einen zum öffentlichen Straßengrund gehörenden Baum, der jeden Moment auf sein Haus zu stürzen droht, durch eine Gartenbaufirma fällen lässt und die ihm dabei entstandenen Kosten vom Träger der Straßenbaulast zurückverlangt.

III. Voraussetzungen

8 Die Voraussetzungen der öffentlich-rechtlichen GoA orientieren sich an denen der zivilrechtlichen GoA, §§ 677 ff. BGB.

13 BVerwG, NJW 1991, 2435.

14 OVG Münster, NJW 1986, 2526; anders BGHZ 63, 167; BGHZ 65, 354.

15 Ausführlich dazu *Schoch*, Jura 1994, 241, 243 f.

16 Vgl. *Detterbeck/Windthorst/Sproll*, § 21 Rn. 52.

17 Vgl. vorstehend Rn. 6.

18 *Ossenbühl*, S. 344; vgl. aber auch *Schenke* in: Planung – Steuerung – Kontrolle, Festschrift für Richard Bartlsperger, 2006, S. 529, 554 ff.

19 BVerwGE 80, 170, 172.

20 Vgl. BVerwG, NJW 1989, 922.

1. Fremdes Geschäft

Ein Geschäft ist fremd, wenn es unmittelbar in einen fremden Rechts- und Interessenkreis fällt.[21] Erfüllt ein Privater anstelle eines Hoheitsträgers dessen Aufgabe, liegt ein fremdes Geschäft vor, weil die Angelegenheit dem Hoheitsträger zur alleinigen Wahrnehmung zugewiesen und sie für den Geschäftsführer folglich fremd ist.[22] 9

Als unschädlich wird angesehen, wenn der Private mit der Wahrnehmung des objektiv fremden Geschäfts gleichzeitig eigene Interessen verfolgt (sog. auch fremdes Geschäft).[23] Deshalb kann im obigen Beispiel die Entfernung des Baums, die den Interessen des Trägers der Straßenbaulast und zugleich den Interessen des Grundstückseigentümers dient, als (auch) fremdes Geschäft angesehen werden.

2. Fremdgeschäftsführungswille

Der Fremdgeschäftsführungswille ist gegeben, wenn das Bewusstsein und die Absicht bestehen, für einen anderen zu handeln.[24] Im Beispiel wollte der Grundstückseigentümer den brüchigen Baum anstelle der Behörde entfernen und handelte folglich mit Fremdgeschäftsführungswillen. 10

3. Ohne Auftrag oder sonstige Berechtigung

Diese Voraussetzung ist erfüllt, wenn der Geschäftsführer weder rechtsgeschäftlich noch gesetzlich oder in sonstiger Weise gegenüber dem Geschäftsherrn zur Wahrnehmung des Geschäfts berechtigt ist.[25] Das ist der Fall, wenn er – wie der Grundstückseigentümer im Beispiel – insoweit keine Legitimation für seine Handlung besitzt. 11

4. Berechtigte Übernahme der Geschäftsführung

Die Übernahme der Geschäftsführung muss dem Interesse und wirklichen oder mutmaßlichen Willen des Geschäftsherrn entsprechen, vgl. §§ 683 S. 1, 678 BGB. 12

Die Übernahme öffentlicher Aufgaben liegt regelmäßig im (öffentlichen) Interesse des Hoheitsträgers als Geschäftsherrn, so dass hinsichtlich dieser Voraussetzung ein öffentliches Interesse gerade an der Geschäftsführung durch einen Dritten bestehen muss.[26] Hier ist wiederum zu berücksichtigen, dass besagtes Interesse eben auf Aufgabenerfüllung durch den (zuständigen) Hoheitsträger gerichtet ist. Ein öffentliches Interesse an der Aufgabenwahrnehmung durch Private kann daher nur in echten Not- und Dringlichkeitsfällen bestehen.[27] Dann, aber nur dann, ist ein etwaiger entgegenstehender Wille der Behörde unbeachtlich, vgl. §§ 683 S. 2, 679 BGB. Im Beispielsfall drohte der Baum jeden Moment umzustürzen und damit auf der Straße und am Haus des Eigentümers Schäden anzurichten. Damit war ein echter Notfall gegeben, so dass die Geschäftsführung im (zumindest mutmaßlichen) Interesse der zuständigen Behörde lag.

21 BVerwG, NJW 1989, 922, 923.

22 *Hendler*, Rn. 901.

23 BVerwGE 80, 170, 172.

24 *Detterbeck/Windthorst/Sproll*, § 21 Rn. 63.

25 *Hendler*, Rn. 907.

26 BVerwG, NJW 1978, 1258.

27 Siehe bereits Rn. 7.

IV. Ersatzansprüche

13 Sind die Voraussetzungen der öffentlich-rechtlichen GoA erfüllt, ergeben sich folgende Rechtsfolgen:

1. Aufwendungsersatz, §§ 683, 670 BGB analog

14 Der Geschäftsführer kann vom Geschäftsherrn Ersatz seiner Aufwendungen verlangen (§§ 683, 670 BGB analog) – im Beispiel für die aus der Beauftragung der Gartenbaufirma resultierenden Kosten zur Beseitigung des Baums.

2. Schadensersatz, § 682 BGB analog

15 Der Geschäftsherr kann bei unberechtigter oder fehlerhafter GoA Schadensersatz vom Geschäftsführer verlangen.

3. Herausgabe des Erlangten, §§ 681 S. 2, 667 BGB analog

16 Der Geschäftsführer ist dem Geschäftsherrn gem. §§ 681 S. 2, 667 BGB analog zur Herausgabe des durch die Geschäftführung Erlangten verpflichtet.

4. Rechtsweg

17 Für sämtliche Klagen des Hoheitsträgers gegen einen Privaten ist der Verwaltungsrechtsweg eröffnet. Dies gilt gleichermaßen für Klagen eines Hoheitsträgers gegen einen anderen Hoheitsträger. Ebenso sind Aufwendungsersatzansprüche des Bürgers auf dem Verwaltungsrechtsweg geltend zu machen. Bei Verletzung öffentlich-rechtlicher Pflichten, die nicht auf einem öffentlich-rechtlichen Vertrag beruhen, ist jedoch nach dem Wortlaut des § 40 Abs. 2 S. 1 Hs. 1 VwGO der Zivilrechtsweg eröffnet. Das muss auch für Schadensersatzansprüche der Bürger gegen die Verwaltung gelten, die aus öffentlich-rechtlicher GoA resultieren.[28]

▶ **ZU FALL 11:** F könnte gegen die Bundesrepublik einen Anspruch auf Ersatz seiner Aufwendungen gem. §§ 683, 670 BGB analog haben. Dann müsste es sich bei der Reparatur des Deichs um eine berechtigte GoA handeln. Dies ist in der Konstellation, dass ein Privater für einen Hoheitsträger tätig wird, grds. denkbar. F hat ein fremdes Geschäft besorgt, denn die Instandhaltung von Deichen an Bundeswasserstraßen obliegt der Bundeswasserstraßenverwaltung. Die Übernahme des Geschäfts durch F geschah nach dem Sachverhalt zudem willentlich für die Bundeswasserstraßenverwaltung, ohne von ihr beauftragt oder sonstwie legitimiert worden zu sein.

Fraglich bleibt, ob die Durchführung der Ausbesserungsarbeiten im öffentlichen Interesse erfolgte. Die öffentlich-rechtliche GoA darf nicht dazu führen, dass der Verwaltung durch private eigenmächtige Selbsthilfe der Handlungsspielraum und die Entscheidung über das Wann, Wo und Wie ihrer Aufgabenerledigung aus der Hand genommen werden. Ein öffentliches Interesse an einer GoA liegt daher nur in reinen Notfällen vor, etwa wenn sie dem Schutz individueller Rechtsgüter wie Gesundheit oder Eigentum Einzelner dient.[29] Der Deichbruch, der eine Gefahr für Leib, Leben, aber auch für Vermögenswerte von Bürgern bedeutete, stand unmittelbar bevor. Es waren daher die Voraussetzungen eines echten Notfalls erfüllt. F kann somit einen Anspruch auf Ersatz ihrer Aufwendungen für die Deichreparatur gem. §§ 683, 670 BGB analog geltend machen. ◀

28 *Detterbeck/Windthorst/Sproll*, § 22 Rn. 2.

29 BVerwGE 80, 170, 175.

V. Wiederholungs- und Verständnisfragen

1. Wann liegt eine öffentlich-rechtliche GoA vor?
2. In welcher Konstellation ist eine öffentlich-rechtliche GoA grds. möglich?
3. Welche Voraussetzungen müssen für eine berechtigte öffentlich-rechtliche GoA erfüllt sein?

Sachverzeichnis

Fett gedruckte Zahlen bezeichnen die Paragraphen, mager gedruckte Zahlen die Randnummern.